旅游新业态经典译丛

托克尔岑的
运动与休闲管理

[英] **Peter Taylor** / 编著

徐茂卫 / 译

中国旅游出版社

序　言

近30年来，乔治·托克尔岑所著的这本经典教材是对运动与休闲管理介绍最全面的一本教材，一直是各类学生学习运动与休闲管理的最佳选择。而现在，感谢彼得·泰勒和专业撰稿人，本书的第六版进行了全面修订和更新，使它依然是唯一涵盖所有与现代运动与休闲管理相关教学重点的一本教材。

在新版本中，本书扩大了有志于从事运动或休闲工作的学生必须具备的实用性管理技巧的范围，并从管理员工、计划市场以及创业精神等几个方面进行了介绍。同时本书还增加了5个反映当代运动与休闲重要发展的全新章节，即家庭休闲、财务管理、质量管理、法与企业。新版本保留了之前版本的特点及优点：深度讨论了运动中的社会与文化以及休闲的来龙去脉；全面分析了公共部门、私营部门和志愿部门（经济组织中的非营利性组织部分，与公共部门和私营部门相对照）中的休闲运动；论述了主要休闲产品与服务，包括运动、旅游、艺术、游戏和自然环境中的休闲。

新版本里包含着对理论丰富的阐释及说明，它们贯穿于最新的证据、数据、案例分析以及国际例证之中。每一章节还包含一些有益于教学的特色板块，如问题讨论、实践任务及拓展阅读和资源的结构性指南。并且本书首开先河，设立了一个专业指南网站为学生和教师提供额外的学习及教学资源。

彼得·泰勒是英国谢菲尔德哈勒姆大学运动产业研究中心的运动经济学教授。他研究并撰写过许多运动与休闲经济、运动与休闲管理方面的出版物，如《运动经济与休闲》（与克里斯·格拉顿合著）。

推荐及赞誉：

1. 这本书应该作为所有学习运动、休闲以及相关专业学生的必读书目。

——利·罗宾逊，（英）斯特灵大学

2. 我发现这本书已经成为各类学习运动、休闲以及休闲管理的在校大学生的一本重要教材。这本书准确按照托克尔岑的方式撰写，同时也是对他在这一研究领域所做贡献的一种纪念及致敬。

——雷·巴克，（英）赫尔大学

3. 这一新的版本不仅涵盖了原著的经典内容，并在新素材的应用及对管理元素的清晰认识上有所加强，因此获得好评。我敢肯定，这本书将会在这一领域的众多教科书中脱颖而出，成为非常重要的教材。

——彼得·曼，（英）伯明翰大学

4. 本书在第五版的基础上，有一些重大且必须的改变。这本书将理论与最新的现代运动休闲产业实践完美地结合起来，并将其放在当前具有挑战性的经济及政治环境中进行权衡。在第六版中，写作团队做出实际影响并增添巨大价值之处在于提供了最新的案例分析以及结合运动休闲管理方面的最新统计数据。这些都为这本书提供了使用价值和公信力，使其成为有志于在这一领域发展事业的运动休闲专业在校大学生非读不可的参考书。并且这本书涵盖大量当前休闲产业的尖端信息，这令它成为对已进入这一领域工作的管理者有用的指南。

——马丁·斯蒂尔，教育发展经理，（英）运动与休闲管理学院

5. 本书将现代管理观点与运动休闲组织管理的相关理论相结合，选取一些鲜明有力的、结合现代思想的、现实生活中的案例进行分析，并贯穿于每个章节中，为上下文所研究的理论概念提供出色的载体并展现其在运动与休闲组织中的良好实践。这本书是一本多功能的读物，它可以作为独立阅读的书籍，也可作为运动与休闲管理中某一特殊方面的参考书籍，使读者能够按需求使用相关部分或章节。这本综合性书籍用一种让人容易理解的设计及方式编写，将大量现代性的重点课题与运动休闲管理有效结合。

总体来说，它在理论与可信数据之间实现了平衡，并允许学生开拓思路、进行讨论，同时可以使运动与休闲管理者基于其自身实践进行反思。

——特雷西·泰勒，（澳）悉尼技术大学

6. 彼得·泰勒对本书的修订是对原书很好的增补。作者为大学生们提供了有用的学习工具，并且用产业实例来阐述包括经济、计划、市场以及国际化旅游等一系列主题。

——格利纳·G. 鲍尔，（美）南印第安纳大学

前　言

乔治·托克尔岑于 2005 年逝世，这是休闲管理行业的巨大损失。他是英国的休闲产业之父，其成就包括设施与设备管理、产业咨询顾问、为世界休闲（World leisure）服务、专业演讲和写作。写作是他为人所知的成就，数不清的学生从他的书中获取休闲、休闲产业以及休闲管理领域的权威认知。乔治所留下的最有代表性的遗作正是《托克尔岑的运动与休闲管理（第五版）》。这是他留下的最后一版，也是在休闲管理界内的著名作品之一。

正因为如此，撰写第六版有其压力所在。乔治·托克尔岑是一位难以企及的大师。但休闲是一个动态领域，新的版本是必要的，新版在保留乔治第五版的精华及适应休闲产业的发展和改变之间小心翼翼地走出了一条新的道路。第六版对规划和管理休闲活动的基本原理进行了加强和扩充。虽然休闲管理是跨学科的，但第六版中它明显保留之前版本的组成部分：

1. 用定义和趋势做准备。

2. 回顾三大组织——商业、政府以及第三部门对休闲的支持和影响。

3. 检验提供的主要休闲产品和服务。

4. 独立分析那些根植于休闲管理实践中的管理原理。

本书的标题由之前的《休闲与娱乐管理》改为《运动与休闲管理》。这是因为，虽然休闲仍是其绑定概念，但是显而易见的是，过去许多学生和读者有浓厚兴趣的部分都是运动和体育活动。所以，在保持休闲为重点的同时，运动则成为重要的次重点。

新版本通过以下几点，将重点主要放在实用管理上：

• 从之前版本借鉴了很多历史和哲学方面的资料；

• 在第四部分添加了四个关于实用管理思考的章节，如：质量和绩效管理，财务，法律和企业；

• 对保留下来的章节做了重要的修订。

一方面，本书通过添加了一个新的"家庭休闲"章节，将休闲的含义扩大。这不仅是我们通常所认为的休闲经理们的专业领域和户外休闲的重要的竞争者，而且是关于休闲产业中一些非常重大和动态部分的课题。

另一方面，新版本中尝试了许多植入式的改变。第一，添加了许多国际化的案例。为英国读者提供一个属于英国的案例是很重要的，但同时新版本也提供了与其他国家相关的内容：书中的许多原理不仅局限于英国，还扩展到其他国家，尤其是更多的发达国家。第二，本书中包含有更多的案例。因为运动与休闲产业包含的原理是非常重要的，案例可以带给原理生命力。

本书的读者群并未改变，即任何想对运动与休闲市场、运动与休闲产业乃至想对运动与休闲管理的原理与方法方面有所了解的人。它非常适合于以下学科的大一新生，如运动与休闲管理、运动与休闲学习、运动科学、人体运动、体育教育及许多通用商业和管理专业。本书同样适用于想要熟悉运动与休闲管理学科的专科学生和研究生，及已经从事运动休闲行业并且希望发展他们自身知识与技术的人。

在这一新版本中，许多教学特征得到了应用和发展：章节起始处提出重点问题及总结；每章有500字左右的案例分析；在特定课文中穿插问题讨论；帮助读者更好地理解重点的实践任务；重要阅读性内容的结构导读；大部分章节都有网络参考文献；所有章节都有参考文献的详尽目录。

此外，这本书的补充网站还包括：每个章节的幻灯片总结；某些章节的额外文本材料；可供下载的图片和表格；某些章节额外或者扩展的案例研究；讨论问题的详细阐述；每一章节的网站链接。

致 谢

首先，最为重要的是感谢玛格丽特·托克尔岑。是她允许我将乔治的名字写在这本书上。

重写这样的一本综合性教科书，如果没有一些具备专业知识的人同意负责重写一部分专业性章节的话，将是完全不可能完成的任务。

这些撰稿人做了大量的工作，非常耐心地处理一些细节以确保其书稿符合本书的风格和目的。

他们是：

- 克里斯·库珀，牛津布鲁克斯大学，第 7 章：国际旅游；
- 林恩·克劳，谢菲尔德哈勒姆大学，第 8 章：休闲和自然环境；
- 伊丽莎白·欧文，独立顾问，第九章：艺术，博物馆和图书馆；
- 佩里·艾乐思，谢菲尔德哈勒姆大学，第 11 章：管理儿童游戏服务；
- 克里斯·沃尔西和杰夫·艾布拉姆斯，利兹城市大学，第 13 章：运动休闲中的人事管理；
- 罗布·威尔逊，谢菲尔德哈勒姆大学，第 18 章：运动休闲的财务管理；
- 彼得·契里希，谢菲尔德哈勒姆大学，第 19 章：法律与运动休闲管理；
- 局伊·马斯特曼，谢菲尔德哈勒姆大学，第 20 章：项目管理的重要性。

此外，编者还想感谢为重写这本书提供重要信息的以下人物：

- 海伦·布罗德本特，Ponds Forge 国际运动中心，为我们提供了对规划一个重要的活动中心的深刻理解；
- 彼得·詹宁斯，谢菲尔德大学 ，为我们提供了关于企业和企业家精神的宝贵建议；
- 西弥斯·可克拉卡西斯，谢菲尔德哈勒姆大学，休闲预测和运动市场预测的首席设计师，为我们提供了有关英国运动与休闲市场全貌的宝贵且独一无二的数据；

- 托尼·威尔，澳大利亚悉尼技术大学，为我们提供了关于运动与休闲的计划和政策的重要帮助。

编者从罗素·乔治，出版商泰勒·弗朗西斯出版集团以及另外八个独立审稿人那里得到关于每章初稿大量而详尽的反馈意见和建议。

这些意见和建议在最终版本的形成中发挥了重要的作用。对罗素和他的独立审核人所做出的贡献感激不尽！

最后，我想感谢贾尼斯，他比任何人都有耐心地对待我想要效仿乔治·托克尔岑的愿望。

彼得·泰勒
运动产业研究中心
谢菲尔德哈勒姆大学

目 录 CONTENTS

第一部分　休闲管理的概念和发展趋势简介

第二部分 运动与休闲供应商

第三部分　运动休闲产品与服务

第四部分　成功管理运动和休闲所需的技巧和技能

第一部分 休闲管理的概念和发展趋势简介

这一部分通过定义一些重要概念描述运动与休闲活动的概貌，并且提供了其一直以来的发展趋势，为本书其他章节建立基础。第 1 章讨论、定义了运动、休闲和管理，及其他一些如游戏、娱乐、文化等重要的相关概念，此外，还介绍了托克尔岑创造的特殊概念——"Pleisure"原理。

第 2 章定义了需要和需求。需要，是人们选择休闲的一个重要原因；而需求则是人们选择的最终结果。同时，第 2 章还提供了有关运动与休闲需求特点的统计调查数据和最能够影响运动与休闲参与的人口学和社会经济学因素，并提供了各个维度的支撑数据。

第 3 章辨析了休闲时间、运动和休闲参与、休闲支出的重要发展趋势。同时也深入研究了一些影响运动与休闲发展趋势的重要因素，包含人口数量和结构、收入不平等以及健康状况。

第 1 章
概览

本章内容

- 本书的目的和结构是什么；
- 如何定义管理，管理在运动与休闲中扮演着什么角色；
- 如何定义运动和休闲；
- 乔治·托克尔岑的"Pleisure"原理是什么。

概　要

　　本章通过探究一些关键术语，尤其是"运动"、"休闲"、"管理"的范围及意义，来构建一个休闲管理的模式。在较为发达的国家，运动与休闲是很重要的事情。然而，人们对于这一行业的主要概念并未达成一致。因为，对于不同的人来说，运动与休闲意味着不同的东西。人们有时候将运动定义为有竞争性的活动；但是，一般情况下，它包含的内容更为广泛，甚至包含了一系列非竞争的体育活动。休闲的概念是从时间、活动和存在方式三个方面来分析和定义的。由管理定义已经演化出各种齐头并进的管理理论。对于这些基础概念的清晰认识，能够使休闲管理者更清楚地关注他们的顾客以便做出决策。

　　同时，这一章还阐释了本书的结构，并且提出它的支撑原理。第一部分回顾了运动与休闲产业的基本概念和依据以及它们的发展历程。第二部分分析了运动与休闲的主要提供方。将其划分为三类：商业部门、政府部门和第三部门。第三部分探索了休闲中的主要产品和服务类型，包含有旅游、家庭运动与休闲（休闲产业最为活跃的一部分）。第四部分（所占篇幅最大的一部分）致力于研究休闲中所需要的不同管理领域：人力资源管理、市场营销、财务、质量管理和企业。

现在，我们比以前拥有更多的知识、资源和机会，正因为有了这些，我们可以实现过去从未想象的生活。休闲在现代生活方式中扮演着越来越重要的角色，但问题是：休闲是否已经通过一种令人满意的生活方式表现出其潜能？其潜力的未实现程度是提升休闲管理的根本原因。即便程度是受到限制的，运动与休闲管理的核心也是给人们参加运动与休闲活动提供机会，并管理这些活动，使得人们从中尽可能受益。

1.1　引言

人们对于休闲管理的兴趣，已不再局限于单纯为了个人娱乐的休闲，并且开始将其他人的休闲作为自己的专业兴趣。虽然休闲具有娱乐性，它同样是一项需要我们认真对待的产业。要想成功运作休闲产业就必须具备一定的知识量、分析能力、管理技巧、感知决策等。不能仅仅因为它是休闲，我们理所当然地认为或者将它降低到社会中无关紧要的位置。正如罗伯特（2004）所讲："即便是今天，小报仍然缺乏更好的标题。他们偶尔还将休闲管理、运动、旅游和媒体研究作为调侃的对象和高等教育变得'浅显化'的例子。所有这些荒诞的话题都已经过时了。"

其实并非只有记者将其理解错误——在 20 世纪 90 年代末期，英国学校的首席调查员也有意无意地贬低了现代跨学科研究，比如运动与休闲研究。这种态度与对服务业、制造业在较为发达国家的比重下降的批评与惋惜一样，都是无关紧要的。事实上，许多经济较为发达的国家在最近 30 年间的经济繁荣大部分是依赖于服务业。举个例子，在英国，1978 年服务工作在所有工作中的比重是 61.5%，而到 2009 年它的比重是 81.5%（英国国家统计局，2010）。并且，在服务业中，休闲是重要的组成部分。

我们在这几十年间将该系列书籍当作教材，来教授运动与休闲及其管理的学生们，而本书也是将休闲管理合并的一个持续的进程。在这一教育过程开始之前，运动与休闲的管理者经常是由于其外在优势——他擅长运动，而不是基于他们的管理能力而选拔他们。然而，现代的运动与休闲组织需要的管理者不仅应擅长各类休闲运动，而且要具备许多实用的管理技巧：质量管理、人力资源管理、财务、法律管理和市场管理等。本书则对这些管理知识和技巧一一进行介绍。

我们如此重视运动与休闲管理及其教育的一个原因是，在一些经济较为发达的国家，休闲已经成为一个很大并且在不断发展壮大的产业。它包含的不仅是商业组织的专业管理，还有中央政府与地方政府层面的管理，以及对于许多私人的、非营利性组织的管理。消费者在休闲服务上的支出体现了休闲的重要性。例如，在英国，2008 年休闲消费超过消费者在所有商品与服务消费的 1/4（休闲产业研究中心，2009）。1999 年，顾客的休闲消费第一次超过在食物、房产和交通上的消费。

在本书的写作过程中，全世界正呈现出暂时的经济萧条。但是，休闲消费并未消失，它只是和其他消费一样，正在遭受一段时间的增长下降甚至经济活动水平的下降。但是，按照经济的增长模式，以及经济增长的长期发展趋势，休闲产业将会继续扮演领头羊的角色。在较为发达的经济中，任何收入的增加在休闲消费中的表现都会不成比例，这是因为：当人们最基本的生活保障——衣、食、住、行得到满足的时候，休闲为人们提供一个无止境的增加愉悦和自我满足的机会。

休闲并非一个无关紧要的奢侈行为，而是人们生活方式的一个基本环节。本杰明·迪斯雷利，19 世纪的一位英国首相，他相信：财富的增加和休闲的增加是促使人类变得文明的两大利器。伯特兰·罗素（英国和平主义者、哲学家、数学家），他所持的观点是：能够明智地满足休闲是文明最好的产物。在今天，所有年龄阶段的人们对更健康的生活方式、质量服务、更多的技巧和更好的客户服务和管理有了更高的要求和期望。对于休闲产业的要求和其他产业一样多，因为休闲是人们在空闲时间个人喜好的表现形式。讲到怎么管理休闲，人们对日益重要的这一活动和产业越来越感兴趣。

另外一个让我们对休闲管理教育很重视的原因是它的复杂性。它包含两项跨学科的内容——休闲和管理。要使组织有效运行，管理需要一系列的原则和技巧。经济学家、社会学家、地理学家、政治学家、哲学家和管理学家研究、分析并重新定义了休闲这一学科定义。运动与休闲管理包含以下内容：规划和组合产品、服务、活动及其他基础设施，使之为人们提供休闲服务；管理有限的资源，并创造出高品质的服务；监督和提升以参与、享受休闲活动为形式的产出。并且，它扩展到以下方面：致力于研究影响人们的健康、生活质量和团队意识在运动与休闲方面的可能因素。所以，要理解休闲管理需要就要进行深入探讨。

讨论问题

如果你是一位学习运动与休闲管理的学生，而另外一位学习传统专业的同学（比如，历史、数学工程），指责你研究的是一门边缘学科，你怎么回答？

我们能够在个体、社区、地区、国家、世界等任何环境中感知休闲。休闲的传递是地方性的，同时也是国际性的。全球环境对于休闲的影响至关重要。全球经济环境对于地方和国际也是有影响的——2008年9月的信贷危机给我们留下深刻印象。尤其是从它对旅行与旅游的影响，可以看出经济问题还将长期存在。恐怖分子在2001年9月11日对美国进行的恐怖袭击，其影响是巨大的。不仅表现在军事、政治和经济领域，甚至包括我们的日常生活，也包含休闲领域。21世纪上半叶的文化冲突取代了20世纪上半叶意识形态的冲突。而它是由全球性以及地方性的决策表现出来的。除了全球性的原因及环境因素之外，设计和制定合适的运动休闲服务来满足地方人们的需求也是重要的。"单一的方式并不能满足所有需求！"

1.2 为什么要进行休闲管理

休闲需要管理吗？自然环境已经为我们提供了丰富的适合休闲和娱乐的资源。有些人会说，我们不需要额外昂贵的活动、服务、项目和管理，因为自然界为我们提供了土地、森林、河流、沙滩和阳光。大自然给我们带来大山、冬雪、大海和蓝天的挑战，也赋予我们美丽的环境欣赏，还有适合隐居的小城和远离尘嚣的宁静。

但是，即便是在自然环境中，运动与休闲的管理也是必要的。对一部分运动与休闲的游客——冲浪者、滑翔者、马术骑士、竞走运动员、鸟类观察者和观光客来说，享受亲近自然的舒适是必要的。但是这种亲近，需要有人来提供和管理，才能使它既满足人们游览的需求，又可以防止破坏自然环境。同时，游客还需要辅助性的食宿服务。我们需要根据特殊地区的环境问题对这些运动休闲旅行者进行管理，甚至调节不同游客之间的冲突。所有这些活动都需要规划和管理。

目前，因为人们有更多的时间和金钱可以花费在休闲上面，而且对于休闲方式有了更多的选择，人们对于运动与休闲人造环境的需求增大到前所未有的程度。我们需要为所有年龄阶段的人们提供休闲机会。年轻人需要安全、刺激的环境，老年人需要可以让他们脱离家庭环境的有趣运动。其中很重要的一点是对所提供的服务进行规划，只有这样才能在个体及团体管理活动中达到最佳的效果。

当许多青年人把精力发泄在暴力、故意毁坏公物等事情上时，我们意识到原因在于他们的需求未得到满足。休闲是否真的能提供年轻人所追寻的挑战、经验、冒险、嘈杂声、速度和独立性并且能够满足他们的需求？是的，不仅如此，休闲同样可以提供机会来满足成年人、家庭、孤独者、老人、残疾人和贫苦人群所需要的经历。休闲经理人的工作就是确保这些事情都能实现，并且使人们从中受益更多。

1.2.1 给管理下定义

管理的含义经历了许多理论发展阶段，才最终形成了当代对管理的认识：

科学管理的建立是在 20 世纪初，人们通常将其归功于弗雷德瑞克·泰勒。因为他强调将科学的系统应用于提高生产率和组织效率的必要性。

古典管理学理论在其后产生，将效率的概念延伸至组织结构与运作上。亨利·法约尔和马克思·韦伯是这一思想的倡导者。这一思想着重于 5 个管理步骤：计划、组织、指挥、协调和控制。这属于分层需求理论，人们现在批判其为墨守成规和官僚主义，然而，这仍然是目前许多组织的重要特征。

20 世纪 50～60 年代，以亚伯拉罕·马斯洛、查斯特·巴纳德、埃尔顿·梅奥等为代表的作家，在管理思想中倡导了一场更多关注组织中个人动机和个体需求的人际关系行为运动。这一活动更多关注管理效力而非组织效率。同时也关注人际关系和对士气监督的效果，以及工人的生产效率。

人际关系运动导致产生了一个更为普遍的**行为主义**管理学观点：更多关注非正式的和灵活的组织结构以及更多的员工参与。它强调使员工产生满足感的激励因素，例如：实现、认可和个人发展；还有会导致不满的保障因素的重要性，比如，工作环境、薪资、现状和职业安全感。

20 世纪末期管理理论慢慢转向以顾客为导向，管理的核心不仅仅是市场理论还有质量管理。这一方法背后的简单前提就是在设计和促销产品，以及构建组织结构和过程中应以顾客需求为出发点。

1.2.2 管理运动与休闲服务

一系列服务和设施使休闲和娱乐服务成为可能，这些服务和设施包括室内和室外、在家里和周边的、市区、郊区以及农村。如表 1－1，虽然没有列举出所有的内容，但是很有说服力。由商业部门、公共部门和第三部门提供的一系列服务和规划，可以满足个人、家庭、团体、俱乐部、社会和商业的多样需要和需求。

表1-1 运动与休闲设施：例子

室内	房间里可以用来锻炼、消遣、进行社交娱乐、休闲娱乐、爱好和日常娱乐活动的资源和器材
户外	花园和开放空间，配给的土地、娱乐场地和运动场
设备	娱乐、艺术、音乐、曲艺、图书馆活动、教育、运动和身体活动的设备：包含有礼堂、会议室、图书馆、剧院、交流中心、娱乐中心、酒吧、俱乐部、电影院、音乐厅、演播室、艺术和工艺工作室
农村	公路和铁路网络、地图和路标、中途停靠点
公共设施	观景点、野炊点、停车场、露营点和旅行车停车处、干净的沙滩和湖泊、水上娱乐活动区、走道、人行道、自然保护区等
旅游	游客信息中心、旅游中介、游客吸引物、道路、火车站和汽车站、住宿和餐饮

然而，要满足这些需求，不仅要提供基础设施和设备，还需要通过服务、管理政策和有效的管理行为来吸引人们去使用并且喜欢它们。然而，问题的出现不可避免，比如，机场罢工或是政治争端都会对商务或者休闲旅客造成极大的困扰，有时甚至会将游客困住。当然，现在同从前相比，可以利用的休闲资源变得更为丰富了。有了这些资源，随之而来的是更多的机会也伴随着更多的问题。机会需要我们去把握，而问题就需要休闲管理者来帮助解决。

讨论问题

是否有像运动或休闲一样不需要管理就能实现的事情？讨论的话题可以是乡间漫步，读一本书，或者与朋友的聊天。

1.3 本书结构

本书的目的是阐述和分析与运动和休闲管理者相关的问题，笔者希望通过这样的方式帮助管理者做出更好的决定。运动与休闲策划者、提供者和管理者处在关键位置，他们掌控资源、创造机会，以帮助人们提高生活质量。本书涉及为休闲管理者提供的重要关联信息和运动休闲管理的最佳实践原则。但是，这并不是一本有关休闲硬件设施的技术类教科书（如设施的设计和建设、器材维护要求、餐饮和酒吧要求等）；相反，这本书讲的是一些软件方面的技巧，即运动休闲市场知识，需求本质，运动休闲的服务质量、设施和经历，计划供给的原则和技巧，管理决策制定的基本原则等。

本书结构大致包含四个部分：第一部分通过了解核心概念的定义来阐述运动与休闲的范畴和发展历程；探究人们的需要本质和运动与休闲需求；定义休闲时间，参与方式和花费的趋势，同时还有一般人口统计学以及社会经济趋势对休闲的影响。第二部分关注商业部门、公共部门和第三部门中运动与休闲的服务、设备和活动的供应者，以及这些部门间的关系。第三部分回顾了运动与休闲的主要产品与服务，如旅游、乡间、艺术、运动、室内娱乐和休闲。第四部分阐释了重要的休闲管理核心理论，如人力资源管理、计划、营销、规划、质量管理、财务管理、法律、赛事管理和企业。

1.3.1 第一部分：概念和发展趋势

第1章介绍了一个重要的概念，也就是托克尔岑的重要观点——"Pleisure"原则。这一原则说明了休闲经验的本质，这一概念能帮助休闲管理者理解如何通过休闲来满足人们的需求。

第2章详细阐述了人们的需要和运动休闲需求的概念——在一个"顾客就是上帝"的时代，运动与休闲管理调查的基本原则。提出了以下问题：影响休闲活动的因素是什么？更重要的是，什么样的环境影响着它们？

第3章通过回顾过去的一些重要休闲发展趋势来建立有关休闲的统计数据，包含的内容有投入的休闲时间、休闲参与和休闲花费。休闲是一个变化着的、不断发展的产业，而且会受到立法、人口统计、技术和经济变化的影响。

1.3.2 第二部分：供应商

第4~6章关注商业部门、公共和第三部门中休闲服务和设备的重要供应商。第4章主要解决商业部门的问题。这些供应商为许多家庭提供类似于电教媒体、园艺、DIY、家庭宠物等的室内休闲活动。重要的休闲商务活动和家庭休闲活动的消耗产品都从属于重要的政府规划。户外休闲则专注于特殊的市场：户外就餐、看电影或者体育赛事、打保龄球或者玩宾果游戏，去休闲公园或者主题公园游玩等。这些包含了近期才兴起的活动，同时有些还有更多的变化趋势。

第 5 章介绍了中央和地方政府以及它们对于运动和休闲产生的影响。这些影响包含直接供给和间接规划与立法两种方式。政府授予运动与休闲供应商可以做什么的权力，同时也强制规定它们不可以做什么。本书还探究了英国的文化、传媒、体育部门作为供应的领导部门和政府代理人的影响。地方政府在提供运动和休闲机会中也扮演着重要的角色。

第 6 章中提到"第三部门"。它包含有志愿组织、非营利性公益事业以及公司、企业为员工提供的运动和休闲服务。这些机会是由成千上万的志愿者俱乐部、机构、组织提供的，它们为运动与休闲做出了巨大的贡献。有评价称，社会组织在公共部门运动与休闲服务和设施的管理中发挥着越来越重要的作用。

1.3.3 第三部分：产品和服务

第 7 ~ 11 章给出了休闲产品和服务的综述。第 7 章讲到旅游，它是最近几年休闲产业中发展规模最大以及速度最快的产业。这一章包含的内容有：游客参观概况、旅游管理问题、旅游目的地、电子旅游重要性的上升等。

第 8 章阐述了休闲以及自然环境的问题。本章回顾了在自然环境中的参与和志愿活动、服务和设备的提供范围，包括国家公园等保护区域，比如森林、绿色空间、水域、乡村公园、郊区公园等休闲供应区。自然环境是至关重要的休闲资源，但是它需要良好的政策和管理来解决其中遇到的使用权、路域和对敏感区域的破坏等问题。

第 9 章关注文化供应的重要方面——艺术、博物馆和图书馆。该章主要回顾了英国促进、支持和提供文化机会的重要代理商。政府在这些领域非常活跃，通过中央级的政策和补贴来支持中央和地方级的供应商——一个显而易见的例子是英国为民众免费进入国家级的博物馆提供资金支持。此外，尤其是在艺术馆和博物馆领域，这些志愿和商业机构扮演了一个重要的角色。

第 10 章关注运动和休闲活动——日益增加的肥胖和健康问题使休闲供应方和休闲管理在各国扮演着越来越重要的角色。运动提供的休闲机会多种多样——从以娱乐和健康为目的的休闲参与和以表演为目的的竞技性参与，到为了奖牌和冠军的精英参与。所有三个重要的提供部门，在运动与休闲活动中扮演举足轻重的角色——同媒体报道一样，商业部门在足球和健身等主要体育和活动中表现得非常活跃；从地方到国家性的体育中心，政府也一直支持、促进和提供运动机会；然而，志愿者仍是大部分体育俱乐部的根基。

第11章关注儿童娱乐活动，这是许多成年人休闲活动成长的基石。儿童娱乐活动吸引着中央政府的政策和支持，同时也得到地方政府的支持。这项工作引发了管理和政策问题——不仅仅是不同类型娱乐设施的设计和管理，还包括引导娱乐活动的游戏工作者的雇用。

第12章着重于室内休闲，尤其是当以电脑、网络、游戏机和影音系统为形式的技术的重要性日益增加时。休闲机会的供应很大一部分掌握在商业部门的手中，并且充分展示了技术变革的力量，在市场中驱动消费者需求和消费。同时，政府政策也关注像比赛、标准和审核制度的问题。计算机和网络的应用也与人们的其他休闲追求紧密联系，尤其是旅游，在一定程度上，越来越多的人在网上搜索信息和预订旅游相关产品。

1.3.4 第四部分：管理技巧和技术

第13～21章介绍和探究了一个休闲管理者需要掌握的一些核心管理知识。管理包含一套多学科的理论、原则和技能。管理者遇到的每个问题都可能涉及其中一些管理知识，然而，管理者精通其中一门并不少见，比如财务、营销、人力资源；管理者还需对其他领域的知识有所涉猎。

第13章关注人力资源管理。我们通常把休闲叫作"人的产业"，不仅是因为顾客的重要性，而且是因为员工的主要目的是满足顾客的需求。管理员工或者人力资源都包含有重要的内容，如领导能力和激发员工潜力的合适的组织结构。

第14章从两个重要的角度考虑计划：第一，正式的计划过程包含政府过程、计划政策指导、计划模型和发展计划；第二，从一个组织的视角来看，计划包含如需求前瞻和公共协商等技术内容。

第15章讲述的是运动与休闲的市场营销。本章解释了营销方法、社会营销概念、营销对潜在顾客行为的影响等内容。阐述了一些重要的营销概念，包含有使命和愿景、市场调查、营销战略、市场定位、市场细分和使用营销组合来达到市场规划的目标。

第16章列举并阐述了最重要的休闲管理技巧之一，即休闲服务和设施的规划。管理者要掌握丰富的规划知识，因为通过这种核心方式，消费者可以获得更多的运动和休闲知识，企业的目标也可得到实现。本章还讲述了规划的组成、不同的规划战略，以及针对目标市场的常见规划方法。

第17章关注当代管理的重要方面——质量管理和绩效管理。全面质量管理体系在运动与休闲产业中应用广泛，尤其是像 Quest——英国专为运动和休闲组织设计的系统。本章回顾了许多可能的质量奖励以及它们与组织绩效之间的关系。绩效管理与质量管理密切相关，绩效管理不仅依赖于组织绩效的精确评估，比如标杆分析，而且依赖于将收集的信息运用到适当的管理过程中。

第 18 章阐述了财务管理的核心原则。一方面，对于财会的了解是非常重要的，因为这是所有管理者都会遇到的基本问题。另一方面，管理会计原则能够使管理人员在提高财务绩效中做出恰当决策。

第 19 章介绍了法律在运动与休闲管理中所扮演的角色。然而，管理人员很少是法律专家，但是当他们需要做出决策时，法律是一个非常重要的内容。有关法定的责任与过失、如何与孩子一起工作、劳动法以及风险管理等基本法律条例，将有利于管理人员了解他们的法律责任以及他们的决策是否受法律约束。

第 20 章侧重于特别赛事的规划与管理。赛事是任何综合性运动与休闲项目的重要组成部分。赛事组织得好，是对所有参与者的恩惠；组织得不好，它们将会招致灾难，甚至还会让人们打消下次来参加类似活动的念头。休闲管理者必须有能力掌控整个赛事的计划和进程。本章分别为读者展示了地方性、区域性和国际水平赛事的重要性。它包含赛事规划过程并证实了赛事是如何从无到有进行管理的。

第 21 章解释了运动与休闲中的企业家和企业。它探讨了企业家的特征——是天生的还是后天环境的产物？检验一个企业需要一系列的原则和技术：可行性评价、创业融资、企业规划、投资评估和风险管理。这些都与其他管理原则有着非常紧密的联系，尤其是财务、营销和人力资源管理。企业建立最好的实施原则，不仅仅是为了抵御新的风险，也是为了企业的创新和改革。因此，将本章作为本书的最后部分再合适不过了。

1.4　关键概念的定义

在深入讨论运动和休闲的概念之前，让我们先列出一些包含在休闲概念里的其他重要概念。这些概念不是相互独立、没有联系的。本书中有单独的章节，即第三部分，它提供了更多有关休闲及其他相关概念的讨论。

休闲有许多形式——一种时间，一种社会运动或者一种生活方式。一般情况下，人们也将休闲看作一种体验活动，免费的、相对自由的选择，它有自我满足和引导自我实践的潜力，如：个人的自我实现。

娱乐——通常的定义是有组织有计划的休闲活动，有时也可是休闲的另一代替词。追本溯源，娱乐就是重新创造——一种内部消费体验会导致一种状态和精神的复兴。在这个意义上，娱乐就是更新、存储和"更换电池"的过程。体育健身休闲娱乐指的是具有养身价值的身体活动。

运动是一种非正式的或者正式计划的身体活动，但并非总是具有竞争性，它通常由一组规则和行政人员来组织。但是，如下面所阐述的，许多活动被贴上运动的标签，却没有任何运动定义的基本特征。

人们将游戏描述成可以自由选择的活动，并且它给人们带来所期望得到的满足，这些都是在 11 章里提到的。游戏是以一种比较好的方式来展现孩子的各种天性和潜能，例如爱玩、自发性、自我表达和独特的自我个性。

文化在不同国家有不同含义。在英国，文化通常用于描述活动，如艺术、遗产和图书馆。在欧洲，文化用于范围广阔的艺术和大量人口参与的社会追求，包括运动。本书在第 9 章里，更为详细地讨论了文化。

创意产业在英国用来形容一系列创新和商业活动。其中包括：一些休闲产业如音乐、广播、电视和电影制作，以及表演艺术；还有一些产业仅有一部分是属于休闲产业的，比如出版和工艺；还有一些依赖于户外休闲的产业，比如广告和建筑业。

本书中的两个核心概念是运动与休闲，我们将在后面对它们的定义进行进一步探索。运动是西方高中和大学休闲课程中学生最为感兴趣的科目。休闲包含一个范围广泛的活动和组织，其中休闲管理是本书的重点。

1.5　运动的定义

从一般观点来看，定义运动是相对简单的事情，如列举我们认为的一些体育活动，如足球、棒球和竞技项目，这些重要的体育活动是明显的运动，但是飞镖和斯诺克呢？媒体经常在运动频道报道后者，但是人们并不将它们归属为运动，因为它们对身体的益处很小。那么，爬山和长距离徒步呢？他们都对身体有益，却基本上没有竞争性。对运动的定义越来越困难，因为对身体有益和竞争性这两个特征，在我们所有贴上"运动"标签的活动中并非都能分辨。

定义为运动的活动需要具备以下特征中的一项或多项：身体运动、技术、竞争性和官方人员用来约束的条例（比如裁判或者仲裁）。罗杰斯（1977）建议，运动需要包含另外两个特征——这一活动是因为娱乐的目的而开展的（比如说身体恢复），而且它要有一个系统的组织框架结构（比如：团体、比赛、等级等）。

格拉顿和泰勒（2000）又增加了一个更加务实的标准——有一种普遍认同的理念是：活动即运动。比如，媒体和体育运动政府机构对其的定义。他们提出了对运动的三种分类：

- 运动的核心要包含有所有必要的特征，如足球和竞技项目；
- 身体的、娱乐的，但主要是非竞争性的活动，它包括健身活动、大部分的游泳和长距离徒步；
- 没有身体活动但是有竞争性的运动，同时包含有组织框架和一般的活动，比如说飞碟和斯诺克。

但是，媒体和政府会根据他们的需求和喜好去挑选和报道体育运动。媒体报道的大部分是受欢迎的大众流行体育运动，而有些体育运动，即使是世界冠军获得者，也很少被媒体提及。政府公认的运动，是为了获得收益，或者是公认的非常重大的运动，如奥运会等。然而，即使是奥运会的项目也是有选择性的——比如高尔夫，就不在奥林匹克运动会中。

另外，在英国，最近出现了一个带有政治偏向性的运动选择变化。运动，是由文化、传媒、体育部门（以下简称 DCMS）和政府提供资金的代理机构——英格兰体育理事会来组织和管理的。很长一段时间，政府与其代理机构对于运动的解释是很宽泛的，包含有竞技性的运动、一系列的运动或身体活动，比如说爬山、钓鱼和健身活动。而这些运动和身体活动共同用于实现重要的政府目标，如健康、社团凝聚力、减少犯罪和破坏行为。2008 年政府政策有所改变，DCMS 和国家体育机构把运动界定为竞技性体育。身体活动则是由健康部门和交通部门等其他政府部门来管理。

英国政府关于运动政策的转变与一直以来的运动概念不一致。这个概念是欧盟理事会在 1992 年《欧洲体育宪章》中提到的：运动指的是通过非正式或有组织参与的各种形式的身体活动，目的是放松或者提高身体健康及精神健康、建立社会关系或者在各个阶段的竞争中获得成就。这是一个非常有概括性的定义，包含有身体活动和竞技运动。它暗指一系列的运动和身体活动，一方面是正式的竞技运动，另一方面是非正式的身体活动。这些活动都有共同的基本点：建立健康、幸福、良好的社会关系。

但是，不管如何定义，总是会有一些活动会与真正的运动相冲突。例如，运动基本上包含有一些具有美学行为的活动，如体操和滑冰。舞蹈符合欧盟理事会规定的运动定义——它是身体运动，有技巧性，并且有竞争性——所以我们认为它是运动。另外一个有争议的话题是能否由主观判断来决定获胜方，比如体操、滑冰、马术、自由滑雪，甚至是拳击（击倒对方除外）。

这些概念对于运动与休闲管理者来说有多重要？一方面，大部分管理者会参与社区层面的管理。他们了解运动的竞争结构并改变许多运动参与者的想法。从顾客个人的放松减压需求、充沛精力需求和社会必须承认迎合顾客需求产品的系列相关原因，从而扩宽目标，诸如提高社区健康水平。在管理那些竞争性不强的运动时，我们需要强调的是愉快、健康福利和社会关系。但是这并非运动与身体活动之间的区别。另一方面，有一小部分运动与休闲管理者关注的是竞技水平。他们的工作集中于管理参赛者，提高参赛者运动技能和竞技水平。给运动下定义是至关重要的，因为它会带给管理者对管理目标的精确认识。

讨论问题

以下活动是否属于运动：长距离徒步、飞碟、舞蹈、滑板、极限烫衣。

1.6　休闲的定义

什么是休闲？很长一段时间以来，哲学家、研究员、演讲者、社会学家以及休闲领域的指挥者/领导者、管理者和学生对此问题进行了讨论。联合国世界人权宣言认为：

"每个人都有休息与休闲的权利，包含有适当的工作时间限制和定期的带薪休假。"

（宣言第 24 条）

"每个人都有权利自由地参与社会文化生活，欣赏艺术、分享科技的进步和它所带来的益处。"

（宣言第 27 条）

"休闲"这个词，出现在一个自我表达的层面，很多人都不难表达，但都是从普通的角度来描述休闲对于他们自己而言意味着什么。学者对于休闲还未有一个清晰的认识，更不用说给它下定义。事实上，休闲出现已经有两千多年了。艾丁顿等人（2003）就提出了与休闲和娱乐相关的 200 多个定义。

首先来研究一下这个词的来源。希腊语 "scbol" 是休闲的同义词，表明休闲就是不工作，并且该词与学习及文化相关。英语词汇 "leisure" 来源于拉丁语 "licere"，意思是 "被允许的" 或 "自由的"。所以我们可以说，至少，它们有共同的特性：为了能够休闲都需要有基本的自由来选择我们想做什么和想成为什么样的人。

休闲的概念非常广泛。人们一般认为休闲是工作的反面，但是一个人的工作也可能是另外一个人的休闲，比如艺术和工艺。休闲的一个重要吸引力是自由，但是许多不工作的活动也具备相关的义务，比如志愿活动。有些人认为休闲是有机会娱乐和享受，然而，人们通常在休闲时间里献身于服务、研究、个人发展和强化训练。不管休闲是什么，它对于人们的生活质量来说都是至关重要的。而且对于休闲专业人员来说，了解休闲是什么以及它能为人们做什么，在一个以顾客为中心的产业，这是至关重要的。

1.6.1 休闲——作为一种时间消费方式

这一观点将休闲认为是剩余的时间，是扣除所有不属于休闲的时间，如：用于工作的以及和从事其他类似于睡觉和个人卫生等必要活动的时间。但是，一些有效的时间也很难用这种方法区分出来。例如，我们将吃饭视为必要活动时间，但是当它是与家人和朋友一起时，就成为一种休闲活动。此外，我们有时将 DIY 和园艺视为必要的家庭时间，有时又将其视为休闲选择。

在所有的休闲时间中，人们要选择怎么利用它们——我们通常将利用的时间形容为可支配时间和自由时间，但是这些时间并不一定就是休闲。那些提早退休的人或者有多余的时间的人，在生活中，有时会感觉到疏离、孤立或是被剥夺了生命的意义。这种情况会影响我们对休闲的认识，甚至产生误解：休闲就是除工作和必要花费时间之外的简单时间。美国健康、体育和娱乐组织（以下简称 AAHPER）给出了他们从时间角度对休闲的认识：

"我们认为休闲是时间——这些时间是人们有自由去选择性时间。休闲有三个方面的功能——放松、娱乐和发展……休闲是没有压力的、义务工作时间之外的时间。休闲是生活的滋补剂，是对于自由时间的创造性利用。"

（AAHPER，引自艾丁顿等，2003）

讨论问题

休闲和自由时间有何区别？请分别举例说明。

1.6.2 休闲——作为一种社会活动方式

另外一个对于休闲的经典认识就是它是由一个活动或者一系列活动组成。例如，杜马迪尔（1967）认为："休闲就是活动——人们从工作、家庭、社会的义务中脱离出来，为了休息、调节心情、增加知识而自发性地参与可以自由发挥创造力的任何社会活动的总称。"

有些人认为休闲是随意选择的活动。但是，事实上，有些休闲活动并不是自由选择的。杜马迪尔（1967）用"半休闲"来形容那些个人不得不去做且能从中得到满足的活动，比如说：DIY和家庭义务。

表1-2列举了一系列在社会调查中被定义为休闲的活动。它们证实了休闲既具有环境特征也具有时间特征。当然，典型休闲名单中并不包含有 Rojek（2000）定义的具有"阴暗面"的休闲项目：软性毒品、飙车、流氓行为和涂鸦等。

表1-2　澳大利亚的休闲活动

家庭内休闲	
看电视	室内娱乐
电脑游戏	锻炼身体、减肥
在自己家或朋友的泳池游泳	玩乐器
艺术、工艺	读书
听音乐	园艺
室内游戏	在室外和孩子们玩耍
煲电话粥（持续15分钟以上）	放松、什么都不做
社会/文化的休闲	
拜访亲戚或朋友	聚餐、在外面就餐
跳舞、舞厅	去酒吧
去合法的俱乐部	电影院看电影
流行音乐会	剧院

音乐独奏会/戏剧	其他现场表演
特殊兴趣课程	教堂活动
图书馆活动	博物馆、画廊
展览	绘画、工艺
爱好	户外烧烤
公园	赛马或赛狗
观看比赛	汽车旅行
观鸟	玩电子游戏
运动	
射箭/射击	竞技比赛
澳大利亚足球	羽毛球
棒球/垒球	篮球
木球	板球
骑脚踏车	钓鱼
高尔夫球	体操
曲棍球	马术
武术	赛车
无板篮球	定向越野
溜冰	橄榄球联赛
英式橄榄球	英式足球
壁球	冲浪/救生
游泳	网球
保龄球	触身式橄榄球
水上运动——不发力的	水上运动——发力的
娱乐	
遛狗	散步
有氧运动	慢跑/跑步
丛林徒步旅行/徒步	滑板
射击/打猎	购物

同时，对于一个休闲管理者来说，考虑休闲的概念到底是什么，以及潜在客户想要从它这里得到什么是非常重要的。实际上，休闲需求最清晰的表达是人们正在做的活动。国家通过调查来询问人们做什么休闲活动来体现这一观点。表1－2来自一个最全面的国家调查——澳大利亚娱乐参与的关于休闲活动的调查（1991）。

但是，即便是这份丰富的清单也未能罗列所有的休闲活动。以家庭内的休闲方式为例，它没有包括 DIY 和听广播。并且，因为是 1991 年做的调查，它未包含网络的休闲，尤其是社交网络。还有，典型的国家休闲调查中，不包含有国内或国际的旅行。此外，这一清单详细地列举了运动所包含的内容，但是，并未列举如艺术或参观文化景点等其他活动。

休闲有很强的文化性和传统惯性，对于许多国家部分文化性和传统性都类似，就如同表1－2中所列举出来的活动一样。但是，有的时候，一些受欢迎的休闲运动对于特定的国家或地区来说是特别的，例如，芬兰的采摘浆果活动，有 60% 的人一年至少会参加一次；新西兰 12% 的人至少一个月参加一次"讲故事活动"；在香港，59% 的人每月至少去一次茶楼（库什曼等，2005）。

讨论问题

根据所处情境，认定什么样的活动是休闲，什么样的活动是工作。你认为志愿活动属于什么？

1.6.3 休闲——作为一种健康状态表达方式

在古希腊时期——至少在受教育的特权阶层中——"思想的财富"如同休闲的食粮，它们能给生活带去愉悦和情趣。因此，亚里士多德认为休闲是一种生活方式，利用工作的空余时间，用活动来实现自己的目的和目标。有理想的人应该为了艺术、音乐、运动、学校和军事服务的完美而努力。理想性的休闲是由先进的社会和好的管理组成的。同样，纽利杰（1974）认为："休闲是一种思想状态；是一种存在方式：自身生活与他做的事情保持平衡……休闲有且只有一个基本的标准：就是能够感受到自由。任何不受束缚和打扰的自由的活动，都可以被认为是休闲。休闲指的是可以自由参加活动，并且有自己的选择。"

皮珀（1952）更进一步强调一种精神观的思想："我们将休闲理解为一种心理和精神的态度——它并不仅仅是简单的外部因素，也不是空余时间（假期、周末和旅行）的必然结果。而在其中，居于第一位的，是思想的态度和精神的状态。"

对皮珀来说，休闲并不意味着结果，却是它自身的终点。休闲是一种心理或精神的态度、一种灵魂的状态。它能够产生一种内心的平静，它意味着让事情顺其自然地发生。劳克斯（2001）同样给出了精神类的定义："休闲意味着自由和选择，通常用于很多方面，但是重要的是可以满足人们思考、自我修养、放松或者快乐的需求。一般情况下，休闲在一个自发选择的活动中有多种参与形式，我们认为它是一个整体的状态或者精神的体验。"

讨论问题

将休闲作为一种生活方式有没有必要？讨论一下哪一类人适合这种生活。

1.7 "Pleisure" 原理

这一术语是由乔治·托克尔岑发明的，试图用来描述休闲生活的核心思想。用他的话来说，这是他竭力超越休闲管理者现有思想和探索他们经营产品基本含义的创造物。"Pleisure" 这一术语是托克尔岑在 1992 年开始介绍的，这一部分就是对其进行介绍，同时也是对休闲管理者的指导。

休闲管理的三个理念基石：游戏、娱乐和休闲。讨论和分析每一个项目，其中每一个项目可以看作独立的个体也可以看作一个相同的概念。通俗来讲，我们可以通过游戏界定儿童，通过有组织的娱乐活动和休闲状态界定年轻人和成年人。但是无论我们用到哪个词汇，我们对于这些经历的感受是一样的。那么，我们要考虑：用哪个比较好呢？为什么？为了消除这些疑惑，单纯地从语义学角度将它添加到术语中是非常有必要的。但是，它并不仅仅是词汇，因为我们用不同的方法来满足生活中的这三个方式。我们提供游戏空间、社区娱乐设备或者多功能的家庭休闲中心。

对于游戏、娱乐和休闲来说，它们都有相似和重叠的部分，所以我们可以用这些词来表达相同的意思。事实上，有些词，从概念或者理论的角度，都有被用来描述它们之间的共同本质：自由、非必要性、选择、自我成长、自我表达、在过程中的满足、嬉闹。当然，它们之间也存在不同。嬉闹和自发性，大部分出现在孩童的游戏中。娱乐通常含有回报性——做一些对你好的事情。休闲是无约束的，与娱乐相比，更加随意、受到的约束更少，包含有一系列的积极的和消极的，随意的和正式的追求。出于这些不同和细微的差别，不管是在游戏、娱乐还是休闲中都需要花费时间，人们才能在过程中体会到巨大的满足，好的体验能够给精神带来复苏和提升。当然，我们能够在生活的不同情形中都能有所体会，即便我们是在工作，只要我们"从容地"、"自由地"去决定，并且做自己，那样我们更能够达到我们所描述的"完整的存在"和内在、欢愉的体验。这些体验已不是这些词能表达的——但是我们仍需一个定义。

因为在英语中，没有描述这种体验的词语，托克尔岑创造了"Pleisure"。图1-1形象地描述了"Pleisure"一词，它是游戏、娱乐和休闲三者共同经历的核心。

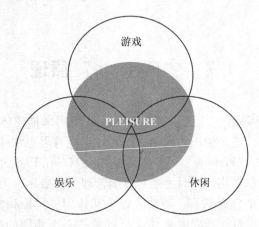

图1-1　Pleisure 是游戏、娱乐和休闲三者共同经历的核心

这一发明对于运动与休闲管理者有何益处呢？"Pleisure"原则，意味着在满足个人需求、团体或者顾客的休闲娱乐服务、设备和项目的需求时，对他们来说，更重要的是体验的质量，而不是单纯的运动、项目和参加数量或者是所产生的收入。较之运动对于一个人的意义而言，它本身或许只处于第二位。此外，人们更喜欢购买吸引他们且值得的或者能带来"Pleisure"的活动，休闲管理者应视这一目标为重点。

1.7.1 用"Pleisure"原则来分析休闲管理行为

理论用于实践并非易事。便捷是我们通常的选择，并且不可否认管理活动倾向于效率。作为休闲专业人员，提供人们体验活动的机会，并提高他们休闲活动参与率，那么我们就需要提供他们更加喜欢的环境：好的条件、满足和积极的效果。

- 好的条件：休闲项目的设计要因人而异。要有自由的选择，自我成长和自然发展的机会；
- 满足：为了让休闲可以满足人的需求，以下的一些经验需要被呈现出来：自我表达、挑战、新奇、激励、欢乐、嬉闹、"Pleisure"体验、再创造的瞬间；
- 积极的效果：休闲是有效应的，应该有一些积极的效果，例如自我实现、身体、情感、社会、心理的益处；提升自尊。

享受的体验使我们获得满足，满足会带来强烈的兴趣，而强烈的兴趣则会产生终生难忘的体验从而达到休闲的目的。同时，提供给团体与顾客这样的满足能够带来商业效益。

遗憾的是，这并非那么简单。在为了使顾客的"Pleisure"体验最大化，所提供的相关服务和项目中，存在许多个别的或者制度的障碍，原因很复杂。一般来说，人们并非按他们的意愿自愿选择，而是局限于他们在休闲服务与项目中的责任；有些人存在有身体的、心理的、社会的或者生活环境（如家庭、同龄群体、文化、资源等）的限制因素，限制了他们的选择。有些人的休闲被义务占有了，因为缺乏时间或者是没有动机和手段来利用自由时间。同时还存在许多来自身体的、社会的、经济的机会不平等。

成功的私人组织，同样与经济利益挂钩。因为将"Pleisure"经验最大化是为了更多的利益。但是，在社会中，我们想要提供"Pleisure"，尤其是政府需要有适当的目标和宗旨：

- 服务应该面向大众，并且能够满足每个个体的需要，那样每个人才能自由地选择活动；
- 优先权应该要服务于大多数人和那些有最大需要的人，要意识到那些有最大需求的才是大多数。

问题是，在强调自由的同时，"Pleisure"是否可以被组织、规划和经营？活动能够被组织，但是体验不能。管理者的角色是什么？我们通常认为是管理资源、服务、设施和项目，而运动和休闲管理者有广泛的职权。他们的角色是：

- 咨询和考察人们，然后创造符合市场利益和人们期望的环境和服务；
- 扩大活动的范围以提供广泛和多样的选择；

- 通过支持服务帮助组织——有些可以建立他们自己的机制和管理他们自己；
- 帮助雇主为他们的员工提供工作场所和工作之外的娱乐活动；
- 帮助学校、学院和组织提供休闲教育，发展休闲技能（身体的、社会的、文化的、智力的等），来帮助人们尤其是年轻人，使他们有机会发掘他们的潜能。

通过这些方法，休闲管理者和其他一些专业人士能够帮助扩大机会。这些行为实际上是在公共休闲服务中扩大"以人为本"。这个系统起源于一种信念，即每个人都有自我实现价值和自我表达的机会，整个社会也将会通过有能力和资源创造并丰富他们生活的公民身上获得价值，而这要通过休闲实现。

1.8 小结

显而易见的是，休闲是一个很复杂的概念，而且绝非"自由时间"那么简单。它包含有休闲的基本原理、自由和知情选择和适当的机会。它需要同经济消费建立好关系，而这种经济消费与休闲并非是冲突的，反而是一种个人的自由选择。同时也出现了一些阻碍休闲潜能实现的值得思考的约束力，这就是管理者所扮演的角色。休闲管理者需要了解什么是休闲，从而来满足他们顾客的需求，并且来实现休闲可以提供给个人和社会的潜在利益。

上面许多在定义自由选择的特征时，加入了一些内在动机。到底哪个才是管理扮演的角色？如果休闲是自主地选择，那么管理是否就成了休闲中一项多余的技能了呢？不管如何定义，这本书以及休闲管理专业的精髓在于管理是促进休闲的重要角色。设施和服务的管理为人们提供表达休闲需求的机会。即便是自然资源也是人类对于土地管理的典型产物：人行道和运河的提供，沿海和内陆的便利设施。政策同样扮演一个重要的角色，例如，在日本，已经通过了限制工作时间的立法。在欧洲，也有类似的《欧盟工作时间指南》。

顾客是运动休闲管理的出发点同时也是管理决策的核心。质量管理的起点就是考虑顾客的需求。可能有些人认为，市场在操纵个人自由选择的表达，但是对于市场营销人员来说，他的任务是为顾客提供产品，也就是扩大活动的选择性。即使是人力资源管理，对于员工的明确关注，最终目的也是使员工满足顾客的偏好。

实 践 任 务

1. 完成一个自己的时间使用表，算一下其中休闲所占比例。跟其他人，如亲戚、朋友的时间表比较一下（思考休闲对每个人有多重要）。

2. 学习表 1 - 2 里面的休闲活动，将你能想到的，但是表中未出现的列出来。

拓展阅读

关于与休闲和娱乐相关的众多概念的定义：

Edginton, C. , Coles, R. and McClelland, M, （2003）Leisure Basic Concepts, AALR, Reston, VA.

关于使休闲的定义发展成为一个更复杂和基础的概念所用方法的考虑：

Goodale, T. and Godbey, G. （1988）*The Evolution of Leisure*, Venture Publishing, State College, PA

关于不同国家休闲活动的实用列表：

Cushman, G. , Veal, A. J. and Zuzanek, J. （eds）（2005）*Free Time and Leisure Participation*：*international perspectives*, CABI Publishing, Wallingford.

第 2 章
大众的需要和休闲需求

本章内容

- 是否存在休闲需求；
- 休闲需要、休闲欲望、休闲需求之间的区别是什么；
- 影响"休闲参与"的因素有哪些；
- 休闲需求对休闲的规划和管理有何意义。

概　要

　　人类具有必须满足的基本需要。在动机理论中，需要被视为个体在获取满足感、乐趣和完整性以及谋求生存和安全感时的内在力量。生活中存在着很多不同层次和类型的需要，这其中包括自我实现和个人发展等重要的需要，而这些需要通过运动和休闲得以实现。所谓的"休闲需要"可能不存在，而倒不如说存在的是可以通过休闲而得到满足的人类需要。需要不只是个体的概念，我们更应该关注的是社会需要，这种社会需要包含了一系列不同类型的需要，包括规范性需要、感觉性需要、表达性需要、比较性需要、创造性需要、虚假性需要、变化性需要。

　　左右人们对休闲活动的选择和参与的因素有很多，这些因素有些是离散的，有些则相互关联，这种选择和参与是人们表达需求最明显的方式。这些影响因素包括个人因素、社会因素、环境因素和供应商提供的休闲活动项目。人们对休闲设施和服务的使用，在相当大的程度上受到管理政策和管理措施的影响，这些管理政策和管理措施的制定应该既能满足消费者的期望又能克服参与的障碍。休闲设施必须既方便使用又具有吸引力。

2.1　引言

有人可能认为对休闲的解读只具有学术意义且价值有限，除非这种解读有助于满足个人和群体的某些需求，从而具有更广泛的社会价值。

供应商宣称他们提供的休闲服务是以目标群体的需要为依据的。但是否真的如此，还是说这只是他们一厢情愿的想法呢？此外，政策制定者、休闲服务的规划者、提供者，还有管理者是否对人们的需要有充分的认识呢？他们是否应该关注人们的需要、欲望和需求这三个方面？这三者之间又有何区别？政策制定者、设施管理者、俱乐部管理者都各自在考虑他们的公民、顾客、会员们需要什么以及如何满足他们的需求。

本章首先试图阐明"需要"的概念。下面有这样一些问题：人类需要什么？休闲能满足其中一些需要吗？人类是否存在休闲需要？实际上，供应商确实面临着一种形式的需求，这种形式的需求表现为人们想要参加体育运动和休闲活动。因此，在阐明了需要、欲望、需求的区别之后，我们会重新审查这一需求。特别是我们试图用来自英国和其他国家的资料阐明人口结构和社会经济对休闲和运动参与的主要影响。这些资料可以让政策制定者和服务业的经营者掌握市场信息，政策制定者和服务业的经营者总是致力于为他们的公民和顾客规划和提供合适的休闲机会。依据其参与数据，管理者特别是市场管理者对市场进行细分，以此为特定群体规划、提供和推动服务项目（见第15章）。

2.2　需要，欲望和需求

休闲业的决策者，研究学者，规划者和管理者常常将需要和欲望或者需求等同起来。但是，在这三者之间存在着不同之处：需要是与人类的基本需求相关的物质的缺乏，可以认为体育和休闲是与健康和自我发展的需求息息相关的。休闲欲望各式各样，是对满足需要和偏好的欲望的回应。包括对如健身俱乐部、度假、电脑游戏、戏剧节目、足球赛等新休闲经历的向往。休闲需求和休闲欲望类似，但通常把它理解为实际的、已经实现的需求，即那些已经出现了的休闲活动和休闲消费。很多欲望可能只是因为资金不足而无法实现。

政策制定者和休闲规划者可能普遍关注的是如何去鉴别运动和休闲需求，

而不是去了解人们的需求。例如，大规模的政府和商业调查已经确定了人们的一些需求，却没有阐明人们参与休闲的动机和人们参与休闲的原因。"需要"在概念上很模糊，在实践中也很难捉摸，而"需求"却可触知，可测量，甚至可以预知。然而，托克尔岑指出如果研究者想要为政策制定者和规划者提供真正有价值的信息，他们必须探索人们的价值观和需要，而不应只是探索他们的需求。要达到对需求的全面了解，就不仅需要进行社会调查，弄清人们在做些什么；还需要探究人们参与和不参与活动的原因，并应对支撑需求的需要进行探究，这种探究可以通过定性研究来进行。

2.3 需要，驱动力和动机

有一种观点认为人类的需要是由某种东西的缺失引起的，是一种需求的赤字。例如，这在运动和休闲方面表现为，当体重超标时，人们就会担心健康问题；当压力过大时，人们则会产生想要放松的需要；或无聊时，需要兴奋刺激等。在这里动机是由需要引起的，而非动机本身导致。驱动力的目标是定向的，它们能释放能量。学者们通常把驱动作为个人内在的激励因素。

很多心理学家认为人类需要的动机作用和驱动力的作用一样，都与维持内部平衡有关，而驱动力是维持人相对稳定的内部状态的关键。最早对生理平衡的理解源于生理需要，例如缓解寒冷和消除饥饿的需要。需要本身更具有社会属性，不那么容易用生理平衡理论来解释，例如对成功的渴望、对自我实现的追求以及希望得到认可等。但是，施维斯（1967）在对有目的的休闲进行"再论述"时，就引用了生理平衡的理论。

"需要"通常用来表示一种驱动力或者产生驱动力的某种内在状态。例如，"人类需要睡觉"。马斯洛就采用了这一研究方法，他的需要层次理论也许是关于基本需要最著名的分析理论。马斯洛（1954，1968）把需要分为五个层次。他认为，人如果长期处于饥渴状态，获取食物和水的生理需要就会最为强烈。当对食物和水源的需要得到满足之后，新的更高层次的需要就会出现。比生理需要较高一级的是对安全、有序和一个可预测的世界的需要。当生理需要和安全需要得到满足之后，就会出现情感和归属的需要（家庭、个人和工作关系），然后是尊重的需要（成就、地位、责任心、名誉），最后是自我实现的需要，即自我成长和自我完善。运动和休闲在最高层次的需要——归属、尊重、自我实现中扮演着重要的角色。

　　然而，多平尔和高夫（1991）却不认同马斯洛的需要层次理论，他们认为：马斯洛对动机进行严格的时间层次上的排序是完全错误的。有些人对于自我实现的重视程度似乎远甚于安全——例如，登山者。在实际生活中，马斯洛的分类有时是互相融合，有时相互冲突。汤普森（1987），以及多亚尔和高夫持有相似的观点，他认为人们可能有消费某样物品的驱动力而没有需要，如酗酒；但同时有做另一件事情的需要而没有任何驱动力，如锻炼身体和节食。

　　因此，感知需要与个人的偏好相关。也许把主观感觉作为个人需要的指标并不是很可靠，但它真实地展现了个人的欲望。我们可能会对一些有严重伤害性的东西有很强的欲望，比如毒品或过量的酒精；但由于没有欲望的驱使，那些无害的东西我们不想要，如运动。休闲管理者不应该忽略这些重要的信息。他们应该免费提供一些对健康有益的、优质的、容易获得的服务和项目。当然，人们也可以选择那些他们想要的但对健康无益的商品如甜品和垃圾食品。如果人们对休闲产品和服务毫无兴趣，即使免费提供也无人问津。实际上，正因为如此，市场供给的经营决策主要取决于人们的实际需求，而非依据需要本身的基本概念。

　　discussionBox

讨论问题

　　运动或休闲活动的经营者是应该关注人们对什么样的休闲活动有兴趣，还是更应该探究休闲对人们的意义？

　　多亚尔和高夫认为需要有两种主要的形式，一种与生存、安全和健康相关，另一种与他们如何定义自主和学习相关。多亚尔和高夫认为自主是人的一个基本需要，即一个人首先应该具备个人认知和情感能力，并通过学习和教育来提高自主水平。人类不可能孤立地成长和发展，因此基本需要应放在复杂的社会背景下考虑。所以，社会创立了满足个人实际需要的机构，休闲组织和设施就是很好的例子。

　　"在动机理论中，需要被看作个人内在的力量或状态，这要么表现在生理上，即对某物的缺乏会促使人寻求获得满足，要么表现在心理上，即不完备的心理阶段会促使人追求完备的心理阶段"（IFER \ DART，1976），这似乎是关于需要和动机关系的一个合理的结论。不管是哪一种情况，需要都是动机过程的诱因——有意识或无意识的——包含在有目标导向的行为中。

　　在休闲中，契克森米哈赖和西托夫斯基对动机的理解做出了突出贡献。西托夫斯基分析了人们偏好的形成过程，他认为偏好的形成过程与生理平衡的状态相对；还指出，适当的激励是让人们自愿消费的关键因素。契克森米哈赖用"心流"一词来描述与最佳的消费经历相似的状态，即人们全身心投入活动时的整体感觉。拿踢足球来说，如果竞争的水平和踢球的标准太低的话，激励也会降低，这将会是一场很乏味的比赛。但是，如果将比赛标准定得太高，激励机制也会相应提高，这又会引起参与者的焦虑和不满。只有当激励水平比较恰当的时候，比赛才会比较愉快地进行。

根据西托夫斯基的理论，制定适当激励机制的关键因素是消费经验的新奇程度和个人处理这种新奇经验的技术。比如一个经验丰富的登山者，他有处理艰难和危险攀登项目的能力并能使激励效果达到最佳。然而一个新手可能从相对容易的攀岩活动中也得到类似的评价。许多运动俱乐部组织活动时，特别是在组织学习特定技能的活动时，都在一定程度上含蓄地认可了"适当激励"这一动机原理。

讨论问题

看电视满足了人们的什么需要和动机？这证明了电视在休闲参与中的重要性了吗？

2.4　是否存在休闲需要

"休闲"和"需要"用常识来理解似乎十分容易，但它们的概念实则相当复杂，把休闲和需要结合起来回答"休闲需要存在吗"这个问题，则更为复杂。

尽管马斯洛需要理论具有局限性，其好处之一是该理论强调了个人的发展需要，需要可以看作对紧张状态的消除，或者生理平衡的恢复。除此之外，人们一直为自我实现在奋斗。如果在此过程中，休闲占有一席之地，自我实现可能是休闲的目标之一，事实上可能是终极目标。

迪尔曼（1974）是众多研究需要和探究什么对休闲重要的学者之一。他列举的需要如下：新的体验，如冒险；放松、逃亡、幻想；认知和识别；安全——规避饥渴或者痛苦；统治——支配他人或控制他人的环境；反馈及社会互动，用于和他人联系和沟通；心理活动——用于认知和理解；创造力；服务他人——被需要的需要；体育活动和健身。

讨论问题

休闲体育满足了你的什么需要？其中一些需要是否不可以通过如带薪工作、家务活或社区劳动这样的非休闲的活动而得到满足？

然而，人们普遍误解了"休闲需要"的概念。人们的某些需要可以通过休闲得到满足，也可以因为住房、工作和家庭而得到满足。抓住休闲机会可能是满足需要的方式之一，但这并不是唯一的方式。纯粹的休闲需要也许并不存在。休闲消费者利益的实证调查研究案例涉及三个不同休闲经验的概念，这与以上鉴定的一些需要有某些相似之处。

案例研究 2.1

探讨休闲给消费者带来的益处：三个案例

如何结合实践来分析休闲需要？以下内容分析总结了《休闲管理》这一期刊中的三个案例。《休闲管理》是一个国际性的期刊，它用实验数据分析不同服务给消费者带来的益处，以及这些服务满足了消费者的何种需要。这些案例分别是"英国的板球观众"案例、"美沃斯堡动物园的观众"的案例、"希腊夏令营的孩子们"的案例。

所有三个案例都用了大量技术分析休闲对消费者的益处、消费者的休闲活动以及休闲偏好。案例通过问卷调查收集信息，然后对调查群体的反馈信息进行因素分析来区分益处的主要类型。虽然这些问题并没有用到"需要"这一专业术语，但案例分析的结果却和本章中重新考察的需要的某些概念密切相关。

在"英国的板球观众"案例中，其目的是鉴定愉快的情绪、顾客满意度、通过口头经验分享而达到的非正式推广和消费者二次消费的意图之间的关系。观看比赛是一种享乐的消费，追求的是个人的愉悦，活动中消费者满意度的一个主要驱动因素是活动所带给消费者的愉悦的感觉。关于愉悦的三个可变因素如下：

- 比赛的质量：通过比赛双方的表现来反映。特别是由个人所支持的那一方的表现来反映；
- 社群性的促进作用：由观众与朋友，家人和其他观众之间的互动，以及与其他人分享比赛的经历来体现；
- 听觉元素：由不同人群的声音所创造的氛围来体现。

研究结果显示了三个可变因素与愉悦之间的显著关系。愉悦正面影响顾客满意度，反过来顾客满意度又正面影响口头经验分享和二次参与意图。关于愉悦最重要的方面是社群性的促进作用。

在"美国沃斯堡动物园的观众"的案例中，出现了四个对消费者来说重要的主要益处：家庭和睦：一次愉快的经历让家人团聚在一起；友谊：与朋友待在一起，和朋友一起处理事情；享受野外风光：欣赏奇观并发现新事物；欣赏和学习野生动物：包括学习更多的关于野生动物的知识，并考虑如何保护野生动植物。

在"希腊夏令营的孩子们"的案例中，被调查者参与夏令营的动机主要有六个：露营经历：包括难忘的经历、集体生活和乐趣；和老朋友之间的社交；和新朋友的交流；自主独立：包括体验自由，远离父母；参与活动：户外运动和水上活动的体验；父母的决定：反映了有些孩子并非自愿参加夏令营的事实，这一点可能不能称之为益处。

所有动机中，最重要的动机是结交新朋友，体验露营经验则位列第二。

在所有三个调查案例中，社交因素的影响最为突出。并且社交因素与马斯洛的"归属需要"和蒂尔曼的"回应与社会互动的需要"高度相关。其他的消费者益处如板球比赛的品质、了解动物园野生动物的特性、夏令营的露营经历等也比较重要。这些益处之所以比较重要，更多的是因为它们能带给人们特定经历的体验。这些最符合蒂尔曼的"新经历"的需要，也可能符合马斯洛的"自我实现的需要"。

另外需要强调的是，这个案例的研究为供应商提供了重要信息，即消费者最重视的是什么，供应商则可据此来提高他们的服务质量。他们不仅乐此不疲地探究消费者的行为偏好，而且孜孜不倦地探究从他们提供的服务中消费者想得到什么，以及消费者重视服务的哪些方面。

2.5 社会需要

需要，具有重要的社会特征。布拉德肖（1972）把社会需要分为四个类型："规范性需要"、"感受性需要"、"表达性需要"和"比较性需要"。戈比和其他学者通过增加新的类型拓展了分类，新增的类型有"创造性需要"、"虚假性需要"和"变化性需要"。下面结合休闲来阐述这七个需要。

2.5.1 规范性需要和休闲

规范性需要反映了运动和休闲领域的专家所作出的价值判断，例如，政策制定者制定的当地社区所需的开放性场地的数量标准。这些标准通常被量化，量化的标准在运动和休闲规划中应用十分广泛。然而，如果把这种规范性需要作为休闲供给的主要决定因素，将会引起一系列的争议——对该问题的全面讨论会在第 14 章中介绍。

2.5.2 感受性需要和休闲

感受性需要是个人主观感受到的还没有主动表达出来的欲望，是一个人思想和行为的决定因素。感受性需要大部分是知行模式，其来自个人的或他人的经验。感受性需要受到个人眼界和对休闲机会感知能力的限制。然而，大量的交际打破了自身经验的局限，而使得他们的视野得到拓展。显然，运动和休闲管理者可以通过推销来影响个人的感受性需要。

2.5.3 表达性需要和休闲

表达性需要是可以实现的感受性需要，即个人实际参与的活动。表达性需要为休闲管理者提供了当前消费者的休闲偏好、休闲口味和休闲兴趣的信息，同时为运动和休闲规划提供了最常用的参考框架。表达性需要的应用之所以如此广泛，与它的概念相对容易界定密切相关。

然而，如果休闲资源、休闲项目和服务仅依据表达性需要的话，那会导致创造新服务和项目的诱因减少。表达性需要本身并没有展现感受性需要的全貌，或者说没有揭示人们为何参与或不参与活动的原因。

2.5.4 比较性需要和休闲

通常个体和组织会把自身与其他个体或组织作比较。这可能纯粹是出于兴趣，否则，当发现与自己有相同特征的消费者已接受某项服务而自己却没有接受时，会产生一种缺乏的心情。在用比较性方法评定需要时要谨慎——我们无法断定在某个消费者身上起作用的因素也会在其他消费者身上发挥很好的作用。

2.5.5 创造性需要和休闲

戈比指出政策制定者和专家可以创造休闲需要。创造性需要是指那些由组织推介给个人的活动，随后，他们将放弃之前参与的活动而转向参与这种组织推介的活动。换句话说，创造性需要指仅由机构单方面策划的项目、提供的服务和活动，在它们创造出来之前，消费者并没有表现出对它们的需求。有些分析学家对创造性需要持批判的态度，认为其是为了促进商业增长的拉动需求。然而埃金顿等人指出，创造性需要采用的方法对参与者和机构来说大有裨益。

很多人都乐意机构帮助他们开发之前没有考虑过的兴趣领域，而机构也可以据此促进休闲参与。在某种意义上，这种方法是体育教育的一种形式，而这种体育教育是娱乐哲学和休闲服务机构的一个重要组成部分。机构在创造和改进休闲机会的同时也能获得益处。因此，个人可能把机构作为提供创新性经历的媒介。

在休闲中有很多可以视为是创造性休闲需要的例子，这些例子都体现了创新和开拓精神，如主题公园、3D电影、廉价航空公司，甚至是快餐店。这些产品的价值的最终仍取决于消费者，这些产品的市场价值体现在消费者实际消费上。这些产品也许称之为"创造性需求"比"创造性需要"更恰当些。

2.5.6 虚假性需要和休闲

创造出来的需要不是基本需要，实际上可称为是虚假性需要。在个人所意识到的需要（感知需要）、有价值的创造性需要和被创造但非必要的需要之间存在着区别。马尔库塞（1964）认为社会激励并引导着人们形成某种类型的"需要"，这些类型的需要服务于社会的整体利益，但对个人而言可能是虚假性需要。因此，人们对汽车、洗衣机、电视机、电脑等的需要，是为了促进社会整体的经济效益，在一定程度上，这些需要并不是人的基本需要。然而，很难证实虚假性需要的存在，因为把消费者的表达性需要贴上"虚假性需要"的标签在道德上是可疑的，毕竟消费者对创新的产品和服务表现出了兴趣。

2.5.7 变化性需要和休闲

罗娜和拉波波特（1975）认为尽管每个人都有需要，但当一个人从生活的一个阶段提升到另一个阶段时，他的需要将发生变化。拉波波特的论点是所有人都有对个人身份的追求。每个人的"人生历程"都包含着不同的但是又相互联系的环节。最主要的三个环节与家庭、工作和休闲相关。在生命中至关重要的时刻，每个生命环节都会引起需要、兴趣和活动的变化，如结婚和生小孩。如果运动和休闲供应商想要为不同年龄段的人群提供最适当的需求产品，那对归属于人们生命周期不同阶段的需要的考虑是极其重要的。

社会需要的另一个维度是社会调控。本书中的一个假设前提是：那些对个人来说令人满意的、有价值、有意义的事物，在很大程度上，对团体也同样是有意义的。因此，休闲需要应该在社会和团体的背景中考虑。斯托柯维斯基（1994）认为在"群居人类"的生活中，休闲是一贯的特征，且常常具有社会调控的目的，他说："人类对休闲的需要就如同人类对食物、住所、温暖、安全和保护的需要一样。同时，在基本的社会价值概念体系中，休闲没有引起足够的重视。休闲可以认为是赐予个人和社会的某种奖赏，或是保留的惩罚，又或是一种调控社会行为的方式。"

站在这种视角，把休闲看作社会体制的一部分，另外还包括家庭、工作、教育和政府，这些决定了一个人做什么，甚至更大程度上决定一个人选择做什么。在这个体制中，休闲为遵守道德规范和受约束的人们提供机会。这点可以在偏离社会规范的案例中得到证实。英国政府在对 1981 年布里克斯顿和尼泊尔的暴动做出回应时，就曾在改善休闲机会方面做出过努力。从某一角度来看，这一应对政策是把休闲作为让不满的年轻人重新归于社会调控的手段。关于社会调控观点另一更微妙的案例是，失业的人常会减少他们对休闲的参与，不仅仅是因为他们收入减少了，还因为他们觉得自己不值得去参与休闲——他们并没有挣得它。

> **讨论问题**
>
> 讨论"想要知道运动和休闲是如何满足人们的需要"和"能够更便捷地探索出人们在休闲活动中会如何选择"这两者之间的关键区别。

2.6 运动和休闲参与

很多国家都对参与的数据进行了记录，最常用的指标就是参与率，即在一段给定的时期内统计参与活动的人口占总人口的比例或参与活动的人口的数量。表2-1给出了英国在2005~2006年间不同运动和休闲活动的参与率。这些数据来自2005年在英国开始进行的成年人（16岁以上）活动参与的调查。在英国，另一个大型的全民性调查是"Active People"，该项调查主要关注的是运动的参与情况，因此，我们会在第10章中讨论这项调查。

从对需要和需求概念上的讨论过渡到使用数据来探讨实际的需求，"参与调查"阐述了其中存在的一些问题。"参与调查"可以说是综合性的，但其并未就需要提出相关问题，其调查范围也并未涵盖所有的休闲活动，仅仅局限在表2-1所列举的7个类别的休闲活动中。并且，在每个类别中可选择的活动也是有限的。如在艺术事件中，就不包括看电影。尽管如此，"参与调查"仍比较全面地反映了全民休闲参与情况。

根据"参与调查"的结果，在英国最受欢迎的成人活动如下：

- 历史遗迹：城市（参与率52%）、建筑物（参与率37%）、公园或园林（38%）；
- 艺术事件：音乐剧26%、戏剧23%、演唱会24%、艺术展22%；
- 艺术活动：购买原始工艺品（16%）——尽管这是否是一项艺术活动仍有争议、绘画/雕刻13%、纺织工艺品13%；
- 自主性活动：室内游泳（调查的前四个月为16%）、健身运动14%、自行车运动10%；
- 赌博：全国性彩票57%、赌马12%、刮刮乐10%。

表2-1　2005~2006年英国成年人在不同活动中的年参与率

休闲活动	一年中成年人参与的百分比（%）
参观历史遗址	70
参观博物馆或美术馆	42
去图书馆	48

续表

休闲活动	一年中成年人参与的百分比（%）
参加至少一种形式的艺术事件	67
参与至少一种形式的艺术活动	53
参与至少一种形式的自主性活动	69
参与至少一种形式的博彩	65

资料来源：DCMS（2007a）

表 2－2　不同国家几种简单休闲活动的成人参与率

	英国	澳大利亚	加拿大	以色列	日本	荷兰	新西兰	俄罗斯
日　期	2002	1991	2000	1998	2003	1999	1997/98	1999
时间跨度	4 周	1 周	3 个月、1 个月或 1 年	1 年	1 年	1 年	1 个月	定期
在调查期间内参与的人口占总人口的百分比（%）								
看电视	99	94	不适用	94	不适用	不适用	95	74
听音乐	83	65	69	不适用	41	不适用	75	21
阅　读	65	70	41	77	不适用	不适用	71	28
园　艺	48	不适用	43	不适用	35	不适用	50	不适用
散　步	35	27	68	不适用	不适用	11	不适用	21
游　泳	14	16	20	不适用	20	32	不适用	不适用
摄　影	19	25	15	41	37	46	32	不适用
电影院	不适用	4	20	41	12	23	13	不适用

资料来源：Cushman et al（2005）

　　表 2－2 给出了不同国家休闲活动参与情况的一些可比性的数据，揭示了参与率的异同。然而，该项全国性的调查所提供的数据来自不同的调查时间，即调查的时间有的是去年，而有的是上个月。在调查中对某些休闲活动的定义可能也有细微的差别。这些调查方法的不同至少解释了不同国家参与率存在某些明显差别的原因。

　　由表 2－2 可以看出，看电视作为一种休闲方式普遍存在于经济发达的国家，这不仅指看电视的人口所占比例高，还指他们花费在看电视的时间也相当可观。例如，1997 年，在澳大利亚，平均每天 313 分钟的休闲时间里，人们用来看电视的时间到达 119 分钟。1998 年，在加拿大，平均每天 299 分钟的休闲时间里，有工作的人仍花费 102 分钟来看电视。2000～2001 年，在英国，每天平均313分钟的休闲时间里，人们看电视约为147分钟。所有这些证据都由库什曼等人（2005）做了记载。

案例研究2.2

指南：欧洲的运动参与

这个案例调查了7个欧洲国家可掌握的运动参与数据，且在调查过程中允许数据收集方法存在差异性（包括样本，对问题的描述，宣传方法等）。通过以上方法可以对不同国家的体育需求做出较精确的比较。

这个项目（英国体育基金会，1999）把体育参与的结构分为不参与，达到竞争水平的高强度、频繁的参与，并对其进行了考察。在表2-3中总结了主要的内容。它们揭示了在体育参与率上相当有意义的不同点，即北欧国家的参与率比较高，而南欧国家的参与率比较低。

芬兰和瑞士在高强度、频繁的活动类别中表现出高参与率，同时在低参与的活动类别中表现出低参与。相反的，意大利和西班牙则呈现出完全相反的状况。英国、爱尔兰和新西兰的整体参与率要低于芬兰和瑞士，更多的人对运动的参与停留在无规律的和随机的层次。

来自调查的数据引出了一些有趣的问题，尤其是关于为什么运动参与存在差异？参与是否简单地由天气和平均气温决定，即是否一个普通的寒冷的气候会促使人们更多地参与活动？或者是由于斯堪的纳维亚地区、拉丁和其他欧洲国家不同的体育传统和文化所导致的？可以肯定的是这些差异不是由年龄结构引起的，因为所有的国家都有相似的人口结构，并且在不同年龄层的群体中，也存在着参与率的不同。

体育服务的供应商如何来利用这些信息呢？在日益增长的国际休闲产业中，商业部门的供应商尤其需要这种类型的一致信息，以便规划他们在新国家中业务的发展。一方面，斯堪的纳维亚国家对休闲表现出强烈的需求，这说明其休闲供给市场存在值得可虑的商业潜力。另一方面，南欧国家严重的低参与率、越来越受国际关注的肥胖人群增加现象及其导致的相关健康问题，可能意味着在意大利和西班牙具有更大的潜在市场。这取决于供应商在目标市场上的经营目的以及他们计划提供什么类型的服务。

表 2 – 3　1999 年在欧洲国家成年人的运动参与

成年人口的比例

	芬兰	爱尔兰	意大利	荷兰	西班牙	瑞士	英国
竞争性的、有组织的、密集的	6	7	2	8	2	12	5
密集的	33	11	3	8	7	24	13
有规律的、竞争性的或有组织的	5	7	2	10	2	5	4
有规律的，娱乐性的	28	3	3		4	17	6
无规律的	6	15	8	25	10	11	19
偶然的	2	21	5	6	6	不适用	20
无参与但是参与其他体育活动的	16	10	37	38	43	8	5
无参与也不参与其他体育活动的	3	26	40		26	22	19

资料来源：COMPASS（UK Sport，1999）

　　表 2 – 4 中给出了英国的 11～15 岁的青年所推崇的休闲活动的资料。该表揭示了活动总参与和校外活动参与的不同，而后者更属于自愿形式。每种类型休闲活动都参与的青少年平均擅长两项活动。例如，那些参加体育活动的青少年，都平均擅长两项体育项目。其中最流行的体育活动有足球、游泳和篮球；艺术盛事有剧院和节庆；艺术活动有绘画、吹奏乐器、电脑艺术和跳舞；历史遗迹有城市、建筑物和博物馆。

　　表 2 – 1 和表 2 – 4 主要记录了英国每年至少参与一次休闲活动的成人和青少年所占总人口的比例。同时也提出了与参与有关的其他问题，这些问题包括参与的频率，不同活动的参与频率存在很大差异。一个极端是，一半以上的成人每周至少会参加 3 次强度适中的运动（不包括被动运动如掷飞镖、打保龄球和钓鱼）。另一个极端是，超过一半的成年人一年内只会参加艺术盛事或者参观博物馆和美术馆一次或者两次。

　　人们在休闲中的实际需求迹象对运动和休闲经营商来说是至关重要的，这些迹象是体现人们真实喜好的一组信号。尽管人们参与的休闲活动存在明显差异，仍有少数普遍受欢迎的活动，从这个意义上，休闲需要在很大程度上是可预测的。活动参与的证据至少就已显示的需求而言阐明了哪些是主流市场，哪些是非主流市场。

表 2 - 4　2005 ~ 2006 年英国青少年对休闲活动的年参与率

	休闲活动	11 ~ 15 岁的参与活动的青少年所占百分比（％）	
		一年内	
	全部	校外	
参观历史遗址	72	不适用	
参观博物馆或美术馆	55	45	
进图书馆	72	58	
参与至少一种类型的艺术事件	74	68	
参与至少一种类型的艺术活动	91	77	
	在前四周内		
	全部	校外	
参与至少一种类型的自主性活动	95	88	

资料来源：DCMS（2007b）

2.7　哪些因素影响休闲参与

　　影响人们休闲选择的因素很多。第一组因素与个体有关，即个人所处的人生阶段、兴趣、处世态度、能力、教养和性格。第二组因素与个体所处的环境和情景相关，即个体所属的社会背景、他们可自由支配的时间、他们的工作和收入。第三组因素与个体可得到的机会和服务相关，即资源、活动的质量、设施和项目，以及对这些服务项目的经营管理情况。

　　表 2 - 5 对这些不同的因素进行了总结——说明了影响个体休闲参与和消费的因素的复杂多样性。另外，即使人们处在完全相同的环境和机遇下，一个人对活动类型的选择可能与另一个人完全不同。这告诉我们，个人偏好十分重要。

　　个体认为影响个人参与不同休闲活动的因素有哪些呢？英国的"参与调查"对此提供了直接的证据。表 2 - 6 给出来了 2005 ~ 2006 年人们认为最主要的三个因素。在艺术和遗迹活动中，个人偏好是最普遍的约束因素，即不感兴趣。这一点对休闲经营商来说很难找到对策，因为其预示着无法直接判断哪些人是潜在的顾客，是否可以通过有效的宣传和推广促使他们产生兴趣。参与体育运动的主要约束条件是自身的健康状况，而这一点更容易被经营商所改善。

体育活动的设计，可以把所有的健康问题考虑在内，更确切地说，体育活动通常被人们作为改善健康的一种手段。人们不去图书馆的主要原因是没必要去——有可选择的其他看书途径，又或是需要的参考资料已通过网络或者购买图书而获得。

在理解了休闲参与和表 2 – 5、2 – 6 中列出的影响因素以及限制因素之间的主要关系后，休闲管理者能够预知潜在的参与者可能遭遇的阻碍，并可据此改善自身经营方式。然而，在考察这些证据时需要注意，在休闲参与时，那些影响休闲参与的因素通常会互相影响。例如收入和受教育程度就高度相关。有证据显示，受教育程度低和收入低的人群对与健康需要相关的休闲活动参与的次数最少，如中等强度的运动和体育活动。适当的政策干预是什么？减少穷人使用体育设施时的费用，还是在贫困地区有针对性地进行体育教育计划？这二者是否会对在这种政策背景下出生的人产生影响，还是说他们的成长仍然与收入和教育背景相关呢？正是由于这些问题，促进"参与"的政策被视为解决社会排斥的方法，而社会排斥本身是一系列相关因素作用的结果。

表 2 – 5　影响休闲参与的因素

个人	社会和环境	机会
年龄	职业	可利用的资源
生命周期中的阶段	受教育程度	设备：类型和质量
性别	可支配收入	意识
种族	物质财富和商品	对机遇的感知
婚姻状况	汽车拥有和使用情况	娱乐服务
伴侣和年龄	可支配的时间	设施的分布
意愿和生活目标	责任和义务	使用和位置
个人义务	家庭和社会环境	提供的活动
智谋	朋友和同龄群体	交通
休闲感知	社会角色和联系方式	成本：以前，现在，以后
态度和动机	环境因素	管理：政策和支持
兴趣和关注点	大众休闲因素	市场
身体、社会技能和能力	人口因素	组织和领导人
个性和自信	成长经历和教育背景	社交能力
健康	文化属性	政策

表 2 - 6　成年人不参与休闲活动的主要原因

	非参与者不参与原因的比例			
	不感兴趣	可自由支配时间少	健康状况不允许	没必要去
艺术活动	37	30	14	
艺术事件	31	29	16	
历史遗迹	30	30	14	
博物馆或美术馆	33	27	8	
运动	18	18	48	
图书馆	19	19		30

资料来源：DCMS（2007a）

2.7.1 个人和家庭的影响

一个人的个性、兴趣、运动和社交能力，个人的生活目标和意愿以及个人其他全部的可变因素都会影响对运动和休闲参与的选择。下面将考察其中一些重要的因素。

2.7.1.1 家庭生命周期中的年龄和阶段

年龄对运动和休闲参与有着重要的影响，其影响程度会因个人自身、机遇和活动的类型而变化。对儿童而言，在几年间就会有快速的变化，对成人而言，不同年龄阶段的人群对不同休闲活动的参与概况也不相同，如图 2 - 1 给出的"参与调查"所包括的 7 类休闲活动的参与概况。由图可以看出，人们对运动的参与随着年龄的增长而减少，对艺术活动的参与随着年龄的增长减少得更为缓慢。然而对历史遗迹、艺术事件、博物馆和美术馆的参与率的上升会一直持续到中年，随后才开始下降。这些参与概况对运动和休闲管理者确定他们市场的目标人群以及发生参与率下降的主要原因来说是重要的。以体育运动为例，就目前所知体育活动能为老年人的身体和精神健康带来益处，这表明了政策制定者和体育项目管理者面临的一个主要挑战是如何解决参与率随着年龄的增长而降低这一问题。

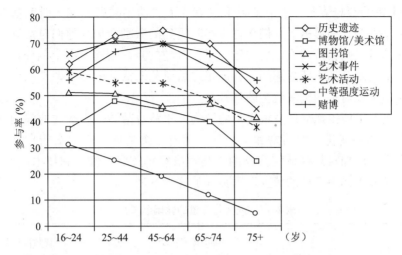

图 2 - 1　2005 ~ 2006 年英国参与休闲活动人群的年龄分布

资料来源: DCMS (2007a)

　　威尔考察了在澳大利亚的 40 个休闲活动中年龄与参与的关系,从中发现所有 40 个休闲活动中有 29 个活动的最低参与率发生在 60 岁以上的组群中,有一半以上的休闲活动的最高参与率发生在 14 ~ 19 岁的组群中。这一现象不仅出现在体育运动这样激烈的休闲活动中,同时也体现在看电影、玩乐器、听音乐、打电话、业余爱好等休闲活动中。类似的结果也出现在库什曼对加拿大、芬兰、法国、英国和中国香港的调查中。众所周知,年龄是影响休闲参与的主要因素之一。因此这使休闲管理者,尤其是正处于人口老龄化国家中的管理者,面临了一个巨大的挑战。

　　討论问题

　　根据休闲参与随年龄变化的资料,经营商是否应该花精力去试图让老年人使用他们的设施,或者他们应把注意力放在有着强烈需求的年龄段的人们身上?

　　在英国的"参与调查"中,志愿者需要把他们目前对休闲活动的参与情况和他们年幼时对休闲活动的参与情况进行比较。这是对同一志愿者不同年龄阶段休闲活动的参与情况的比较,因为不同志愿者之间体育参与的情况除受年龄的影响外还受到很多其他因素的影响。表 2 - 7 可以看到对运动、艺术和博物馆/美术馆的参与情况。表中结果不仅揭示了从幼年时期到成人时期参与率下降的活动类型，还揭示了人们在青少年时受到的激励会提高他们对活动的参与率，而这种影响会持续到他们成年之后。有趣的是，该模型有个例外：在青少年时期对艺术活动不感兴趣的人，成年之后对艺术活动的参与率却比青少年时期高，似乎是对早期错失机会的弥补。

然而，不应该孤立地考察年龄的影响，年龄对某类休闲活动的限制可能不如生命周期的变化，如结婚和生小孩。随着年龄的增长，子女的自立，退休等，个人会增加对某些休闲活动的参与。虽然年龄会对健康和精力产生影响，但是家庭和工作中责任的减少远远弥补了这些不足。

表 2-7 成人与儿童的休闲参与情况

	中等强度的体育活动（百分比）	艺术活动（百分比）	博物馆和美术馆（百分比）
受到过激励	72	86	56
没有受到过激励	29	14	44
2005~2006 年的参与情况			
受到过激励	24	58	53
没有受到过激励	15	35	29

资料来源：DCMS（2007a）

2.7.1.2 性别

男性和女性的休闲方式通常不相同。图 2-2 中给出了来自英国的调查数据。从表中可以看出，在其中三个休闲行业中，男性的参与率要高于女性，而在另外三个休闲行业中，女性的参与率则更高。

男性和女性在参与休闲活动时面临着不同的约束条件，在包括英国在内的大多数国家里，大部分男性都是全职工作者。女性的时间则更多的花在处理家务上，尤其是照看小孩；并且在英国，也有很大一部分女性有兼职工作。这些不同约束条件的净效应使女性的休闲时间通常比男性少。

时间限制及其相关因素可能是在不同休闲活动中影响男性和女性参与率不同的主要因素。例如在美国，库什曼等人（2005）列举的 31 项户外娱乐活动中，其中 24 项成年男性的参与率要高于女性。2002 年英国对普通家庭体育活动的参与调查中（福克斯和理查兹，2004），在所列举的 30 项体育活动中，其中 22 项男性的参与率高于女性，而女性仅有 5 项的参与率高于男性。

库什曼等人（2005）还指出，图中结果会依据所调查的国家和活动类型的不同而变化。如1991 年在芬兰的调查，所列举的 42 项活动中，有 20 项活动女性的参与率要高于男性，而其中只有 19 项活动男性的参与率高于女性。在 1991 年法国的调查中，所列举的 30 个体育和休闲活动中，有 16 个活动男性的参与率高于女性，有 13 个活动女性的参与率则高于男性。这些活动包括看电视、阅读书籍、去图书馆、参加园艺活动以及体育运动。在 1991 年澳大利亚的调查中，40 个被列出的运动和休闲活动中，男性有 14 个项目的参与率较高，女性有 15 项的参与率较高。在 2000 年中国香港最受欢迎的体育活动列表中，男性在 8 个项目中有较高的参与率，而女性在另外 7 个项目中有较高的参与率，这些项目包括羽毛球、慢跑、散步和武术。

在休闲时间的调查数据中可以明显看出，长期以来女性在参与休闲活动时面临比男性更多的限制条件。然而，在探索男女参与休闲活动的限制因素时有一个误区，这个误区源于很多研究调查的是传统的休闲活动。一旦人们拓宽看待休闲的视野，包括看待家庭活动、节假日、社交、娱乐等休闲的方式，那么对休闲的探索将呈现出另一番景象。

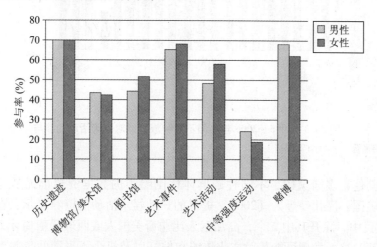

图 2 - 2　2005～2006 年英国成年人参与休闲性别比

资料来源：DCMS（2007a）

2.7.1.3 种族渊源

随着不同国家之间人口流动现象的增加，不管是从经济、政治还是其他的一些角度来看，种族渊源作为个人客观因素对休闲参与的影响正日趋重要。从图2-3可以看出英国不同种族群体对休闲活动的参与情况。

参与率最高的通常是白种人。然而，就进图书馆看书这一休闲活动来说，白种人的参与率是最低的，这也许反映了种族和收入之间的某种关系。在这里需要强调的一点是，在这些不同种族群体中，休闲活动参与率的差异非常大。例如，不同的亚洲人群对休闲活动的参与率也存在很大差异。

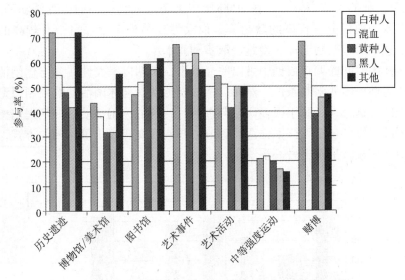

图2-3　2005~2006年英国不同种族群体对休闲活动的参与

资料来源：DCMS（2007a）

在其他许多国家中，不同种族群体休闲参与的数据资料都无从考证。然而，在美国，库什曼等人（2005）提供的户外娱乐活动的资料显示：在所列的31个项目中，除开其中2个，高加索人比非裔美国人或西班牙葡萄牙人有更高的参与率。这一发现可能是对文化传统和偏好以及机会不平等的反映，尽管该结果也可能是受到收入不平等的影响。但是，这引起了运动和休闲的规划者和管理者的注意，特别是公共部门的休闲规划者和管理者，他们需要为满足当代社会群体多样的文化需求做出努力。

討論問題

在很多休闲活动中，少数民族的低参与率是否由种族歧视导致，或者是因为文化的差异，又或者是因为其他的原因？

2.7.1.4 教育

教育的模式、受教育的时间和人们从教育中所获取的知识与人们的教养、阶级、职业、收入及其他一些因素密切相关。总的来说，受教育的程度越高，对休闲活动的参与就越多。这在过去 20 年的许多调查中都得到了证实，如图 2 -4 所示，英国的参与调查的资料也证实了这一发现。然而，政策制定者面临的一个特殊的挑战是，虽然女性在教育中的表现越来越优于男性，但在像体育运动这样的活动中由于性别导致的差异仍持续存在。

如前所述的 7 种休闲活动中，对其中 6 种而言，那些具有 A 水平以下资格的人比那些没有资格水平的人参与率要高。具有 A 水平及 A 水平以上资格的人具有最高的参与率，这种模型的一个例外就是赌博，就赌博而言，受教育程度最高的人参与率最低。

教育对休闲参与率的深远影响在国际上也有资料记载（库什曼等，2005）。在加拿大，和那些只有高中水平或小学教育程度的人相比，具有较高教育水平的人不管是对室内休闲活动还是室外休闲活动都有较高的参与率，在法国也同样如此。同时在西班牙，低教育水平者具有较高的休闲活动参与率的唯一活动就是家庭活动，如收听广播和观看电视节目。

2.7.2 社会和环境因素

影响休闲参与的社会和环境因素包括家庭背景、学校、工作环境、收入、人口流动性、时间、社会地位和社会角色等，这其中一些与休闲相关的数据资料将在下面分析探讨。

2.7.2.1 时间利用性

据莱德等（2006）在一个关于时间使用情况的全国性调查报告，英国人关于时间的平均分配情况如图 2 - 5 所示。由图可以看出休闲活动所用时间占比23%，位居第二，而位居第一的是人们用在睡眠上的时间，占比36%。然而，图 2 - 5 给出的只是成年人的一个平均水平，并且由图可以明显地看出：人们拥有的休闲时间很大程度上取决于个人所从事工作的职位和家庭内个人承担的责任，例如那些拥有全职工作的人往往有更少的休闲时间，儿童也是这样。

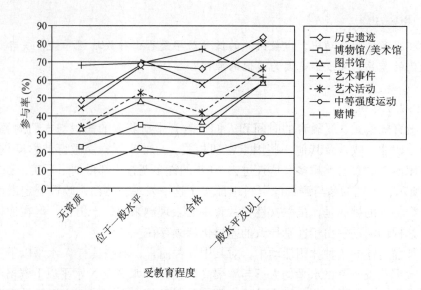

图 2 – 4　2005～2006 年英国成年人休闲参与与教育

资料来源：DCMS（2007a）

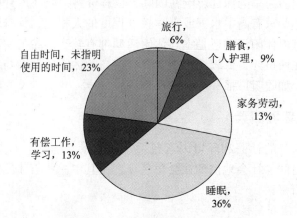

图 2 – 5　2005 年英国成年人平均使用时间

资料来源：Lader et al.（2006）

　　表 2 – 8 详细给出了英国处于不同家庭的人拥有的休闲时间的情况。由表可知，在同等的工作条件或同等家庭地位的情况下，女性比男性拥有更少的休闲时间，而造成这一差异主要原因是因为他们的家庭责任不同。平均来说，尽管妇女参加工作的人数呈上升趋势，但是她们仍承担了绝大部分的家务。总的

来说，女性花在日常家务上的时间比男性多 3 倍。尽管大家都认同新时代的男性应一起承担家庭责任。但女性在照顾小孩和年长的人上仍然要多花 2 倍的时间。

在休闲活动上时间花得最多的似乎是年龄段比较靠近两端的人，因为儿童和退休人士，他们相比中间年龄段的人有更多的可自由支配的时间，而中间年龄阶段的人则处在工作和养家的双重压力下。退休和失业的人有最多的时间用来休闲娱乐，也许这些时间应更准确地定义为自由时间而不是休闲时间。

表 2-9 提供了不同国家间人们拥有的休闲时间的一些比较。通过比较发现，他们存在着相当大的不同，这些不同可能是由于工作类型或文化差异导致，但也可简单地看作由于数据收集年份或搜集方法不同所导致。例如，在时间使用的调查中所提到的问题。

表 2-8　2000 年英国的成人休闲时间

年龄	家庭情况	每天平均的休闲时间（分钟）	
		男性	女性
8~24 岁	单身，无小孩，与父母一起住	356	319
小于 45 岁	已婚，无小孩	321	296
不限年龄	单亲父母，小孩小于 18 岁	301	264
不限年龄	父母，夫妻，小孩 0~6 岁	233	217
45~64 岁	中年夫妻，家中无小孩	319	291
65 岁以上	老夫妻	427	383
所有人		327	299

资料来源：ONS（2001）

表 2-9　不同国家的成人休闲时间

时间	国家	每天平均的休闲时间（分钟）
2000	荷 兰	380
1995	美 国	377
1998	加拿大	362
1987	芬 兰	353

续表

时间	国家	每天平均的休闲时间（分钟）
1990	以色列	335
1997	澳大利亚	313
2000	英 国	313
1998～1999	新西兰	278
1998～1999	法 国	276
1996	波 兰	271

资料来源：Cushman et al（2005）.

2.7.2.2 收入和休闲参与

收入水平和参与率是密切相关的，并且，对于许多休闲活动来说，成年人口的参与比例随着收入的增加而增加。图 2－6 对这一关系进行了总结。根据图 2－6 中的资料，7 种休闲类型中的两种没有显示参与率随着收入的提高而增加的这种关系，这两种休闲活动是看书和赌博。这可能是由不同的原因导致：就去图书馆而言，一些高收入人群可能更喜欢和更愿意去付费享有其他的商业产品，如书店和互联网。就赌博而言，背景的影响、社会阶级和文化偏好可能解释了低收入人群有更高参与率的原因。

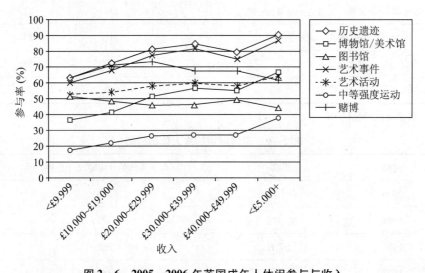

图 2－6　2005～2006 年英国成年人休闲参与与收入

资料来源：DCMS（2007a）

　　由于收入和教育与社会阶级密切相关，所以对许多休闲活动来说，收入越高的人群有越高的休闲参与率，这也许并不奇怪。如果要吸引更大量的低收入人群参与休闲活动，那么就需要通过一种更具社会化的服务途径。这是公共休闲供给中的一个很重要的环节。

2.7.2.3　社会经济阶级和休闲参与

　　对社会阶级的本质和意义的认识仍存在争议，因为阶级不仅与收入或职业相关，而且与一个人的教养和父母的背景相关。社会阶级通常以职业为基础来划分，称为社会经济阶级似乎更恰当，社会经济阶级对大多数人来说更容易被理解，是因为它和职业密切相关。然而，对于那些没有薪金的人的分类很明显是困难的，所以对退休或失业者的分类，通常的做法是，参照他们全职在家的同伴的职业或者是参照他们之前从事的职业来对他们进行分类。

　　图 2-7 给出了英国不同社会经济阶级对休闲参与的影响情况，其中涉及的大多数类型的休闲活动，图 2-7 呈现出来的结果与图 2-6 中的收入情况相互印证，这一点并不足为奇，因为职业和收入是紧密相关的。然而，对于去图书馆这一活动来说，休闲参与率和社会经济阶级之间的关系并不同于其与收入之间的关系。这同时也证明了，收入和社会阶级之间虽然有着紧密的联系，但也不能把它们完全等同，有时它们也会产生不同的影响。

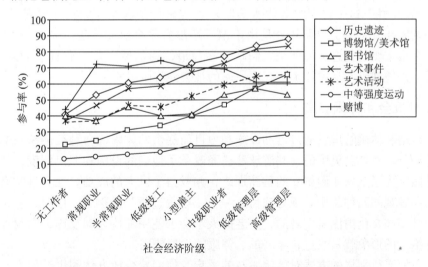

图 2-7　2005~2006 年英国成年人休闲参与与社会经济阶级

资料来源：DCMS（2007a）

库什曼等人提供了其他一些国家社会经济阶级对休闲参与的影响的资料。例如，在 1997 年的法国，所列出的 30 个休闲活动中，其中的 20 多个，高职业群体有最高的休闲参与率（这些人一般是经理或专业人士，或不是简单的手工劳动者而是有技术的人）。1991 年，在澳大利亚，所列出的 40 个休闲活动中，对于其中的 23 个活动，经理或专业人士有最高的参与率。

IFER/DART（1976）过去探讨过社会经济阶级这个话题，并指出"社会气候"的重要性。它是指除了与年龄、性别、收入、职业和教育相关因素之外的另一个复杂的因素。在人们的社会环境中，他们的态度或价值观被看作促进或阻止与休闲选择相关的一项因素。回顾上文所涉及的个人和社会环境、休闲的一些资料可以看出：收入、教育、职业这些因素间有一种强有力的相互影响的关系，这导致了休闲参与这杆秤的两端一个明显的不同。在大多数休闲活动中，那些处于收入、教育和职业的最高点的人们对大多数休闲活动如运动、艺术、遗址等都有较高的参与率。这个结论扩展到以上所提到的却没有涵盖的其他休闲活动中同样适用，如旅游。

另一方面，这一结论引出了"社会排斥性"这一术语，即人们获得的教育水平越低，收入越低，工作的技术含量越低，那么他参与休闲活动的可能性就低，这就是公共休闲政策曾致力于研究的一部分，为的是尽力改善这种局面。"社会排斥性"这个特别的专业术语暗示着这种低的参与率是由于某种约束，但是到底几分是由于约束几分是由于偏好还没有完全探究清楚。表 2－6 给出了一个很重要的信息，那就是人们缺乏参与最普遍的原因是没有真正的兴趣。然而，兴趣缺乏本身可能由一个人所属的社会经济阶级所决定。

2.7.3 机会和休闲参与

运动和休闲管理者通过运动设施和项目而提供的休闲机会是社会参与的一种过滤器。例如：英国的一些游泳池已经改革了他们的设施和职工制度，他们这样做是为了规划亚洲妇女的游泳训练，并取得了巨大的成功。社会过滤有主观的和客观的两种类型。规划项目是一个"客观过滤"的例子，同时，一个设备的外观和文化内涵是主观的，年老的人不会去使用那些运动设施，因为那些设备给人的形象就是只适合年轻的、健康的人群使用。

人们看待邻居的方式对休闲参与的影响与他们看待地方休闲供给的方式对休闲参与的影响一样重要。例如，如果居民认为他们的邻居很粗暴，尤其是年老的人，他们会对晚上的户外冒险运动感到害怕。运动休闲经营应将这些因素考虑在内，并采取措施引导人们对周围的感知朝好的方面发展，其中感知的内容不仅包括对休闲设施和他们当地的邻居，还包括对他们自己的感知。

2.7.3.1 途径和休闲参与

在户外进行的休闲参与包括旅游。旅游的方式会影响旅游者对旅游经历的满意度，它也能决定旅游时间的长短、距离和目的地。除了散步外，任何其他的旅游方式都会引起财产的流失。汽车所有权的拥有改变了人们对休闲时间的利用。根据普通家庭调查，在英国对几乎所有的活动，就汽车使用者而言休闲活动的参与机会增加了 50% ~ 100%，参与方式也被其他一些重要的因素所影响，尤其是运动或休闲设备的地理位置（见第 14 章）。

2.7.3.2 意识和休闲参与

如果人们不知道一些景观的存在，那么很明显他们不会去参观，除非偶然遇到。休闲市场的一个重要的作用是告知潜在的消费者他们所提供的休闲机会，与人们寻找购物中心或工作地点的方式不一样，人们对休闲设施的感知在于亲眼所见、亲耳所闻或在媒体上浏览过关于此类的信息。在向消费者传达各种休闲选择时，媒体的作用至关重要，网络也同样意义重大。

2.8　规划和管理对休闲参与的影响

正如我们所看到的那样，人们参与休闲活动的机会和对休闲设施的使用同时取决于一些相互分离的、不相关的因素和一系列相互关联的因素。有效的规划和管理的影响不亚于需求的影响，服务和设备管理的方式能对它们被使用的程度以及谁来使用它们产生深远影响。

显然，规划和管理影响休闲参与最直接的方式由休闲供给者所做决策的质量来体现。规划设施的地理位置和设计形式、管理政策、市场、职工的态度、对敏感消费者的服务、有技术含量的项目，这些因素反映了一个社区的"需要"。所有的这些决定有助于创造方便快捷的服务、受欢迎的氛围、有吸引力的形象以及被潜在消费者所知和重视的一系列休闲机会。甚至对某种休闲设施的管理和预订系统也可能有意识或无意识地充当社会过滤器的一种形式，即激励一些人参加活动，而阻止另一些人参加。

尽管休闲需求的许多限制因素看起来在休闲经营者的控制范围之外，例如他们不可能改变一个人的收入或受教育程度。但是这并不表示休闲经营者束手无策，他们仍然可以采取一些行动去吸引特定的群体。特别是在公共部门，常会采取明确的决策去吸引那些很难控制的人群，如被社会遗弃的人。即使一些自认为对这些活动不感兴趣的人也有可能成为管理者的目标，管理者会说服他们相信自身应该是对这些活动感兴趣的。这并不是不可能，例如，对运动设施和对外服务的经营（在特定社区所采取的移动服务）。

人们使用休闲设施的原因很多。例如，人们会去体育中心并在那进行社交活动。外出、陪伴孩子与和朋友见面聊天相比，运动本身可能是次要的，在制定经营决策和传播方式时管理者应该意识到这些动机因素。

在很大程度上，休闲规划和管理的存在是为了提供一些积极或乐观的、正规或随意的个体参与休闲活动的机会。通过有效的休闲规划和管理，在一定程度上，可以满足人们的偏好，但前提是不同的人的需要和需求已被熟知。所以，只有进行广泛的调查研究、咨询以及高程度的社会参与才能制定出合适的供给政策，这也表示可供考虑的途径如下：个人和社群利益相关者在规划和决策制定时投入和参与的增加；对社群需要有一个更好的理解；掌握人们所参与活动的精确的和最新的信息以及他们想要参与什么样的活动和这些活动是怎样被提供的。

讨论问题

哪一个对休闲供给的影响更重要，是克服参与过程中的障碍还是集中关注服务中有吸引力的事物？

2.9 小结

在运动和休闲的选择中有很多限制因素，并且在现实生活中，很少有人能自由选择他们所喜欢的，这就意味着在休闲需要（他们必须有的）、欲望（想要有的）与他们实际需求的和消费的（他们花时间和金钱资源去做的事）之间有很明显的不同之处。休闲可以为个人的活动和个人决定提供很有意义的选择，休闲提供的这种机会可以使这些决策实现。由于选择关乎个人，所以在这里有两个因素要加以强调。首先，休闲和生活中的其他因素之间联系紧密；其次，由于休闲和个体息息相关，那么个人经验的质量是很重要的。

尽管人们在接触休闲活动的过程中会面对各种困难和约束，但他们仍很享受休闲。很多人克服教育水平低的缺陷、家庭的责任、个人自身的缺陷，甚至克服低收入的困难、设备和资源的缺乏去发现他们自己需要满足的兴趣，体验这种经历并勇于实现它，所以为了促进人们的自我认知，并在休闲的选择中获得成就感，运动和休闲经营者还任重而道远。

实 践 任 务

1. 采访两个不同年龄的人，询问他们想要通过休闲活动来得到什么，并评估他们的相似和不同之处。

2. 参观一些运动或休闲设施，并评估（从年龄、性别、种族等角度）在参与某运动或使用某设施的人群中，他们受到何种程度的限制。评价既可通过比较客观的方式如项目规划，也可通过主观的方式如使用者对这些设备的印象和它本身的优势来进行。

拓展阅读

关于对休闲和需要的回顾：

IFER/DART（Institute of Family and Environmental Research and Dartington Amenity Research Trust）(1976) *Leisure Provision and Human Need*: *Stage 1 Report*（for DoE），IFER/DART，London.

关于 15 个国家的参与数据：

Cushman，G.，Veal A. J. and Zuzanek，J.（eds）(2005) *Free Time and Leisure Participation*: *international perspectives*，CABI Publishing，Wallingford.

关于对体育参与概念及其在需求决策上的经济影响的回顾：

Gratton，C. and Taylor，P.（2000）*Economics of Sport and Recreation*，E & FN Spon，London.

Search appropriate leisure and sport journals for case studies of specific target groups，analysing their needs and drawing implications for policy and management.

实 用 网 站

关于"参与调查"的报告和数据：

www. culture. gov. uk/referenc_ library/research_ and _ statistics/4828. aspx

第 3 章
休闲产业的发展趋势

本章内容

- 随着时代的发展，运动和休闲正在发生什么样的变化；
- 休闲消费与休闲时间是如何随着时间的变化而变化的；
- 电视和电脑将会取代室内休闲吗；
- 运动休闲正远离室内发展吗；
- 人口数量与社会经济趋势对运动和休闲将产生怎样的影响。

概　要

　　发展趋势使得运动和休闲的管理人员意识到随时间而产生的变化对于他们的行业是很重要的。它们帮助管理人员制订出正确的供给计划以适应日益变化的环境和人们的喜好。关键维度与休闲的发展趋势相关，如运动和休闲活动的参与程度，休闲时间的量与过程以及休闲支出的变化程度。本章重点分析室内休闲与户外休闲的发展趋势。前者虽然在英国休闲花费中仅占 1/4，但其包含着如电视、电脑及互联网的使用等具有重要发展前景的领域。这些部门体现了技术变革对于休闲产业尤其是室内休闲的发展趋势具有重要意义。在英国，随着户外饮食和海外度假成为最大的附属产业，户外休闲成了大部分人在休闲支出中的重点。

　　虽然休闲整体上是一个新兴产业，但它包含一些随着时间的推移而呈现出快速发展的分支，例如互联网的使用、度假和赌博，但是它也包含着一些发展缓慢甚至衰退的行业，例如户外阅读和酒精消费。一些行业虽然在一定时间内处于相对稳定状态，但其他行业，如海外参观的游客相对来说是不稳定的。

　　除了休闲趋势，对于休闲管理人员而言，更多地了解有关人口和社会经济趋势也是明智的，因为它们影响着当今以及未来的休闲产业。这些更为普遍的

54

趋势包括人口层次和结构的变化，收入与不平等的变化以及健康状况的变化。每一方面都对休闲的本质需求有重大影响，也是各国政府试图通过规章制度或者晋升激励机制来改变它们的方式。

3.1　引言

近年来，变化节奏的加快不仅仅体现在运动和休闲领域，更体现在我们整体生活质量的提高当中。我们现在正享受着许多年前无法想象的高标准生活，充足的食物，周到的服务，丰富的活动和多样的机遇。其根本原因是由收入的增加，科技的进步以及巨大的人口流动带来的结果。但是，许多更发达的经济体也增加了"富人"和"穷人"之间的不平等，这和休闲有着密切关系，尤其对于公共服务提供者而言。同时，超重和过度肥胖的人口所占的比例有着令人担心的趋势 —— 尤其在美国和英国以及其他一些发达国家。

本章探究与运动休闲有关的主要发展趋势，例如随时间变化而产生的变化，五年甚至更长时间。所用到的核心证据都与英国有关，是因为其可提供使用的持续数据，尤其是来自由谢菲尔德哈莱姆大学休闲产业研究中心（例如休闲产业研究中心，2009）所出版的预测的趋势和预报刊物。然而，许多涉及的问题与其他国家有关，特别是发达的国家。

休闲评论员、预测员、社会科学家和研究人员所提供的关于如休闲时间、休闲参与、消费者在休闲上的花费，旅游、经济、社会和人口结构的变化等领域的信息，这些都影响着休闲供给和参与。根据休闲供给和参与来探索过去、预测未来是计划和管理的重要工具。它们应用于多个方面，包括：关注特定领域的发展和衰退；预测消费者未来最有可能的休闲活动；计划休闲设施和服务战略；减少未来在政策和供给决策上的风险因素；为未来设施、服务和程序的营销提供信息。

趋势是未来需要和需求的重要标志。然而，它们通常是国家运动的标志。对于休闲策划者和管理者来说重要的是要记住国家范围内发生的并不表示在局部范围内也会发生。国家趋势的补充和完善需要尽可能通过地方的需求和供给量信息，以此保证精确地解读，此外，一些所谓的强调休闲产业挥发性的"趋势"都是非常短暂的。同样，预测未来趋势充满了不确定性，因为未来的趋势并不总是遵循过去的规律。人们曾经在 1960 年预言过，举例来说，英国现在应该已经进入"三个30"时代，即一生工作30年、一年工作30周、一周工作30小时。现在仅仅实现了一部分，或者说只是很少的一点。事实上，与20年前相比，现在许多全职工作者的工作时间更长了。

3.2　总体休闲趋势

3.2.1　休闲参与

随着时间的推移，许多较为发达的国家已经有了关于休闲参与变化的数据。表3－1总结了库什曼等的一些数据（2005）。这并不意味它详尽无遗地覆盖了所有的休闲活动。时间段因其活动和国家的不同而不同。但是这表格体现了不同时间段休闲参与的变化和不同国家之间休闲参与的差异。

在英国，关于休闲参与最可靠的长期数据来自英国的《总体家庭调查》，它定期针对一系列休闲与体育活动进行提问反馈。图3－1与表3－1展现了主要的国内休闲消遣在20世纪最后的25年里是很稳定的。在这个时段，图表里的大多数活动都很稳定或者保持增长趋势，只有制衣、刺绣、针织下降了。

讨论问题

你认为是什么原因导致英国的制衣、刺绣、针织参与率在20世纪最后的25年里下降了？

表3－1　不同国家随时间变化的休闲参与实例

国家	时期（年）	参与率增加	参与率降低
澳大利亚	1991～2002	艺术馆、电影院、古典音乐演唱会、图书馆、戏院	舞蹈、博物馆、歌剧、通俗音乐演唱会

续表

国家	时期（年）	参与率增加	参与率降低
加拿大	1981～1998	芭蕾	艺术馆、电影院、古典音乐/爵士乐/通俗音乐演唱会、戏剧、歌剧、博物馆、历史遗址、公园、动物园
	1988～2000	有氧健身操、园艺、高尔夫、慢跑	保龄球、自行车、游泳、网球、排球
芬 兰	1981～1991	艺术展览会、舞蹈图书馆、轮盘赌、电视	象棋、电影、音乐会、舞蹈、听音乐、广播、读书和杂志、夏日运动、戏剧
法 国	1973～1997	音乐会、舞蹈、听音乐、博物馆、读书和杂志、戏剧、电视	电影院、园艺、历史遗迹、广播
以色列	1970～1990	国内外度假、业余爱好、听音乐、酒吧/夜总会、体育、电视	电影、赌博、广播、读书和杂志、观赏性体育运动、戏剧
日 本	1982～2003	艺术展览、保龄球、电影、音乐会、国外度假、足球	羽毛球、棒球、自行车、自制品、展览/活动、钓鱼、高尔夫、慢跑、编织/缝纫、滑雪、有观众的体育运动、乒乓球、网球、戏剧
荷 兰	1979～1999	电影院、音乐会、慢跑、博物馆、独奏、戏剧、主题公园	自行车、滑冰、团队体育运动
美 国	1960～2001	露营、自行车、钓鱼、骑马、航海、游泳	打猎

说明：参与率＝在一个特定时间段里参与的人数百分比（例如一年或者一个月）

资料来源：Cushman et al（2005）

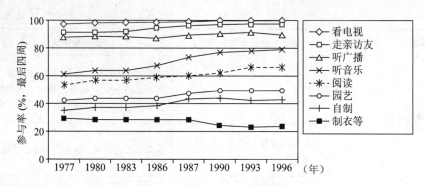

图 3 - 1　1977 ~ 1996 年英国休闲参与趋势

资料来源：General Household Survey （ONS, 1996）

　　图 3 - 2 呈现了英国体育运动的参与数据。它显示了 1987 ~ 2002 年所有主要活动的参与度呈稳定或者上升趋势，除了斯诺克/游泳/台球在这 15 年里有所下降外。2002 年散步的比例明显下降的重要原因可能是 2001 年手足口疾病在农村的爆发，它导致了很多小路的关闭以及全面宣传阻止人们参观农村。虽然这个问题在 2002 年被澄清了，但它可能对那一年的休闲散步产生了负面的影响。

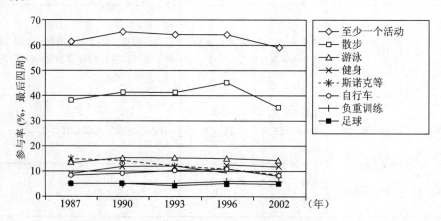

图 3 - 2　1987 ~ 2002 英国体育运动参与趋势

资料来源：General Household Survey （ONS, 1996）

3.2.2　休闲花费

　　表 3 - 2 显示了英国休闲花费总量，包括室内和室外两部分。很明显室外

休闲消费在总消费中占主导地位，在 2008 年的调查中占据了总消费的 3/4。这些为运动休闲服务管理人员提供了一个的市场，从中可以获取最直观的利润。

表 3－2　2008 年英国休闲花费

消费者的休闲花费	市值，10 亿英镑，2008
阅读	7.58
家居娱乐	22.06
家居庭园	16.16
爱好消遣	9.72
室内休闲	55.52
外出就餐	43.42
饮酒	43.26
吃喝	86.68
本地娱乐	6.37
赌博	9.94
剧烈运动	11.81
邻近休闲	28.12
观光	1.26
英国度假膳宿	10.52
海外度假	36.76
度假旅游	53.46
室外休闲	168.26
总休闲	223.78

资料来源：休闲产业研究中心（2009）

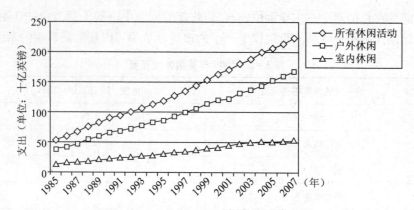

图 3 - 3　1985 ~ 2008 年英国休闲开支趋势

资料来源：休闲产业研究中心（2009）

正如图 3 - 3 中显示的，在过去的 20 年来英国人花费在休闲产品和服务上的开支几乎是过去的 4 倍。这可能与信用卡可用额度的增加有关。信用卡在当今的经济衰期遭遇了突然的逆转。休闲服务是休闲开支的最有活力的组成部分。在过去的 20 年中平均每个英国家庭在休闲服务上的花费大都增长了 1 倍，即在扣除通货膨胀因素之后（国家统计局，2008c），休闲预测（休闲产业研究中心，2009）将消费者根据时间变化而呈现的变化趋势分为四类：高增长服务，包括休闲服务；高增长产品，包括休闲产品；低增长部门，例如无酒精饮料；下降部门，例如饮酒。休闲花费在英国大约占到消费者总消费的 27%。其在 1989 年达到 28% 的巅峰值，但在近些年的消费者总消费中占的比例略有下降，可能是因为房价的大幅上涨。

讨论问题

决定你每个月在休闲活动中花费多与少的主要因素是什么？这些因素对全国的休闲支出影响有多大？

3.2.3 休闲时间

对于经济较发达国家的人们是否有更多的休闲时间已经有很多讨论。索尔（1992，2006）认为人们陷入了涉及时间的带薪工作/花费的周期循环中。然而鲁滨逊和戈德比认为"时间缩挤"是感性的，也就是说，时间压力不是由更长的带薪工作时间而是由带薪工作之外花费在各种活动上的时间的机会的大量增长以及不得不在它们之间做选择导致的。不管现实如何，对于越是生活在较为发达国家的人们而言，随着时间的推移越能感受到"时间压力"。这是设计运动和休闲服务需要重点考虑的一点，即理想情况下运动休闲时间可灵活调节。

格拉顿和泰勒（2005）所提供的来自《新收入调查》的 20 世纪近 25 年来的英国数据显示从 20 世纪 80 年代初开始，体力与非体力工人，男性与女性的实际工作时间随时间变化都稍有增加。格什缊（2000）建议人们延长工作时间以支付在休闲上不断增长的花费。对于不同处境下的人们来说，时间压力适用情况不同：马丁和梅森（1998）把人们分成时间贫穷/经济富有、时间富有/经济贫穷或者在以上两方面都贫穷这几类，并且认为这一点会对影响到他们的休闲体验。当然，很多人不从事带薪工作，因此时间压力不能仅仅归结到工作时间这一点上。

格什缊（2000）提供的数据证明不带薪工作时间，即主要为家务活时间在 1950 ~ 1970 年间有所增长，当时国内科技（例如真空吸尘器、洗衣机）对家务活工作量贡献巨大，提高了工作效率。对此最确切的解释是，科技不仅提高了生产力，而且使人们渴望增加家务活的数量和范围，例如：更高频率地换洗衣服、打扫。尽管格什缊提供的数据显示 20 世纪 90 年代照顾孩子的时间是 60 年代的 2 倍，但最近的数据表明不带薪工作时间有所减少。格什缊把照顾孩子所用时间的增长归结为家庭与服务之间逐渐的疏远，孩子们四处玩耍权利的消失和如今很多父母对他们孩子的"质量时间"的更正式的保证。照顾孩子不是简简单单的家务活，更可能是一种将不带薪工作与休闲合二为一的工作。这个特点对运动和休闲服务管理人员来说非常重要，这意味着家庭选择往往比个人选择更重要．

带薪或不带薪工作时间的变化对于英国休闲时间和休闲机会的增长有什么影响呢？据格什缊和费舍尔（1999）研究表明，休闲时间从 1961 年人均每天 285 分钟增加到 1995 年人均每天 305 分钟。此外根据莱德等（2006）的数据显示在 2005 年人均每天休闲时间已经增加到 326 分钟。这表明 45 年间人们休闲时间有 14% 的提升，几乎算不上曾经所预言的"休闲时代"的开端，但这至少是休闲时间上的一个良好趋势。同时有一点也值得注意，这一现象并非一定由人们选择更多休闲时间引起，而是由于其他结构性原因，如人口老龄化。尽管"时间压力"的感觉仍然存在，休闲时间的增加主要原因是人们想通过参与运动和休闲来放松紧张感。

美国数据显示，被定义为娱乐性活动的休闲时间，也就是除去家务活和照顾孩子之外的其他休闲活动时间，在未退休的成年男性中，在 1965～2003 年间平均每周增长了 5.6 小时，即增加了 18%，这其中很大部分是因为带薪工作中休闲时间较少。对于美国未退休成年女性来说，她们的休闲时间同期每周增加了 3.65 小时，即增加了 12%。女性休闲时间的增加是伴随着带薪工作时间而增加的，因此家务活的大量减少为她们休闲时间的增加提供了空间。

讨论问题

如果在许多国家，休闲时间的长度随着时间而不断增加，那么为什么还会感觉到时间压力？

3.2.4 对待休闲的态度

人们对休闲的期望在改变。消费者现在变得越来越具有辨识力，知识也越来越丰富，他们希望他们的钱花得有价值。商业市场发生的一切将会影响到其他部门。关于社区休闲，居民希望商业部门能够为他们提供较好的设施以及较高质量的服务。在志愿部门，俱乐部成员很少愿意腾出时间做志愿服务，俱乐部更有可能被视为开办者为满足他们自己的需求而开办的（见第 6 章）。

休闲供给和活动选择逐渐受到外部变化的影响，例如卫生、食品标准、时尚和对环境的关注。举例来说，餐饮业现在不仅在食物提供方面，在生产方法这一方面也受到更严格的监管。一些休闲活动受到监管纯粹是出于环境原因，如海外旅游业（尤其是航空运输）和自驾旅行。开发商正申请计划许可，尤其在受保护地区，将继续面临来自地方组织的压力和当局中一部分不喜欢的人的反对。休闲规划者和管理人员将不得不确保提供符合不断变化的个人、社区以及政治期望的设施。

讨论问题

在你看来，在过去 20 年里社会对休闲的态度变化了吗？请列出具体的实例，如（1）去酒吧喝酒，（2）出去看一场歌剧，（3）去健身房，（4）去国外进行一次周末旅行。

3.3　室内休闲

尽管室内休闲对休闲管理者来说是难以触及的，但事实上，它严重受制于休闲产业。休闲产业为室内休闲提供选择，并通过政府规范许多室内活动。而且，室内休闲为户外休闲的管理者提供很多的指引，尤其在为促进市场增长的科技创新使用方面。对户外休闲来说，室内休闲在休闲时间的使用和休闲花费方面都是其最大的竞争对手，因此，户外休闲的休闲服务管理者时刻留意室内休闲服务产业的策略和决策是很重要的。

如表 3 - 2 显示，室内休闲可以分为四个主要领域：家庭娱乐、打扫与园艺、阅读以及业余爱好与消遣。前两者占据英国室内休闲最大份额（休闲产业研究中心，2009）。2008 年室内娱乐吸引了消费者室内休闲花费的 39%（接近总休闲消费的 1/10）。房子和庭园也是一个较大的部门，在 2008 年里收获了家庭休闲花费的 29%。其余的在室内休闲花费中，阅读占 14%，业余爱好和消遣娱乐（包括玩具、游戏和宠物）占 18%。

这一节中，我们主要回顾室内休闲的一些趋势，在第 12 章有更详尽的调查。在图 3 - 4 中，我们分析了 20 多年来英国家庭休闲花费的发展趋势。图中显示了 1999 年室内休闲花费的强势增长，但这涨势在 2004 年变得缓慢。

图 3 - 1 显示了在一个经济较为发达的国家（如英国）特定的休闲习惯是如何养成的。调整研究表明看电视，根据莱德的调查，多达 99% 的人都会有的这种行为，还占据了人们的主要休闲时间。2006 年在英国看电视占据了普通人休闲时间的 48%，即每人每天 157 分钟。这是一个不太可能发生变化的长期趋势。最新的技术发展提供的是满足需求的服务，因而电视观众可以看最新的节目或者根据他们的选择看过去一度经典的节目。这是一个很好的生产弹性时间产品以适应市场的时间压力的实例。最初的数据表明 BBC 公司音乐播放器成功的服务已经增加了可视时间，而不是代替了直播节目的可视时间。

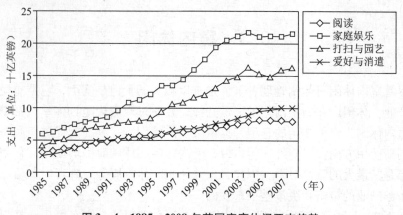

图 3 – 4   1985～2008 年英国家庭休闲开支趋势

　　科技是室内休闲发展趋势的一个重要驱动因素。视听技术显示了这一点，由于下面这些产品的开发，用在这些视听设备上的花费持续增长。例如从 DVD 到蓝光；从模拟计算机到数码；从普清屏幕到高清电视，家居应用新技术的速度在不断加快。录像机在英国花了 7 年的时间才达到 300 万英镑的销售业绩，然而 DVD 播放器仅用了 3 年时间就达到了相近的销售业绩。现在，据休闲产业研究中心（2008）估计，英国 95% 的家庭拥有一台录像机或 DVD 播放器。实现这样的市场渗透不只有技术进步，还有新技术价格降低的因素在里面。举例来说，录像机、DVD 设备的价格在 2002 年到 2007 年间下降了 18%。

　　其他室内休闲市场同样受到科技的影响，包括摄影这个近年来因从传统相机转换到数码相机而有着巨大增幅的行业。备受争议的最重要的增长趋势在于对家庭电脑和因特网使用方面。在英国家庭电脑的持有率已经从 1985 年的 13% 增长到 2007 年的 71%（国家统计局，2009a）。2002 年到 2007 年间计算机硬件的价格下降 20% 不是偶然的。休闲管理者的意图很明显，即技术革新和支付能力的结合对休闲消费者来说具有强大的吸引力。

　　在拥有完备音乐系统的家里播放音乐又是近来受到欢迎的活动——从录音机到磁带，再到 CD，最后到可以播放音乐玩电子游戏的 DVD。然而，技术再次革新，现在具有最大发展趋势的则是从因特网上下载音乐和电影。而且，传统家庭音乐系统正在被例如 MP3 和移动电话等更多的移动平台代替。移动电话不仅使得日益激增的电话和短信变得更便利，而且拥有完整的音乐系统、摄影、视频记录能力、卫星导航系统和入网功能。

　　国家统计局的数据（2009b）显示，与 2002 年的 45% 相比，2008 年有

65%的英国人在家或工作的时候使用因特网。此外，56%的家庭都有宽带连接，这些可能是由那些有钱却没有时间的消费者导致的，因而成为新技术具有强势占有力的重要证据。因特网作为一个重要的信息来源越来越多地被使用，并且可以直接预订和提供休闲机会。最高水平的体育运动和运动队用网站展示互联网的力量，他们拥有登载在线赌博、门票销售、赞助和商品推销广告的网站。2002 年，价值 1 亿英镑的赌注在全国越野障碍赛进行，其中 10%在网上。在 2003 年温网锦标赛的时候，超过 400 万的"独特用户"登录了温布尔登网站，访问量超过 2700 万，平均在线时间超过了 2 小时。

讨论问题

科技变革对休闲消费者有哪些有利影响和不利影响？

阅读是很多人日常生活中的一个重要组成部分——超过半数的英国成人有阅读书报杂志的习惯，同时 60%的英国成人有阅读报纸的习惯。超过半数的人是他们当地图书馆的会员，因而英国图书馆每年对外借出的书超过 4 亿本。很多图书馆都为满足人们借阅需求，收藏 CD、录音带，音频与视频磁带以及 DVD。图书馆部分收录见第 9 章。

按实际价值计算英国图书行业营业额在 1998 年到 2003 年间增长了 26%（扣除通货膨胀因素后）。但是与此同时传统零售行业销售额由于网络发展以及超市促销而缩减。近年来图书销量由于《哈利·波特》系列图书的出版达到顶峰（见案例研究 12.1），因此观察"后波特时代"如何发展下去将会变得很有趣。表 3 – 1 显示书报杂志的阅读趋势随国家不同而不同，例如芬兰和以色列有下降趋势，而法国则有上升趋势。

在 2005 ～ 2007 年间，英国的消费者们将他们原来平均每周 2 ～ 4 小时的上网时间翻了一番，网络使用量的明显增加也成为 2007 年书刊、杂志、报纸实际销售量下降以及预测显示此行业整体上正在衰退的重要原因之一。尽管广告收入在写作衰退期间有所下降，免费报纸杂志的增长成为传统部门的另一个威胁。诸如使用网上阅读，电子阅读器等电子阅读形式很可能导致商业阅读行业异常的下降趋势。

家居以及花园休闲主要由自己动手以及园艺修剪组成。由于搬家潮流刺激房屋和花园改进，这两部分在蓬勃发展的房地产市场中繁荣起来。DIY 在 21 世纪初英国消费者花销当中获得了强劲的增长，在 1999 ～ 2004 年间实际增长了14%。园艺花费的增长同样受到"简易园艺"趋势的刺激，"简易园艺"用现成植物以及直插植物吸引那些有钱没时间的消费者。然而，据说在电视及家用电脑这些新科技上的竞争性消费和日益增长的个人债务导致了园艺中自己动手消费量从 2004～2005 年的下降（图 3－4）。这有可能加剧了 2008～2009 年间房地产市场的衰退。而且就园艺来说，其他消极因素有市中心公寓数量以及城市地区尤其是门前花园里停车土地使用量的快速增长。

另外一个很重要的室内休闲行业是玩具和游戏，这一部分表现出英国消费者消费量（数量上以及实际价值上）在 20 世纪 90 年代到 21 世纪初的持续增长。就玩具行业而言，尽管 20 世纪 90 年代中大多数时间里 0～4 岁之间的儿童数量在下降，并且 21 世纪初年纪在 5～9 岁以及 10～14 岁之间的儿童数量也在持续下降，玩具行业的销售额仍有增加。

这说明了每个孩子花费的增长速度快于孩子数量的下降速度。玩具行业中很重要的一个趋势是玩具行业非常依赖于中国生产，因为世界上 80% 的玩具是在中国生产的，这给消费者提供了便宜玩具的优势，例如在 2002～2007 年间，玩具市场销售额价值增长 6%，然而价格同时下降了 15%。但是，当 2007 年数以百万计的玩具由于安全问题而被召回时，对出口如此之高的依赖性中的一项风险显露出来了。然而，这只是很可能持续下去的出口便宜玩具长期趋势中的一个临时性"冲击"。

在 21 世纪初，电子游戏同样在英国消费中取得了巨大的增长。由于很多成年人也参与到此类游戏中，这一部分对年轻人数量的依赖性并没有那么强。市场销售量的增长再一次得益于价格的下跌，其中主要是由于任天堂、索尼和微软 3 家公司的激烈竞争。

长远来看，宠物身上的花费在实际价值上同样显示出持续增长的势头。英国超过半数家庭养宠物，其中猫是最常见的宠物。仅仅是有孩子的年轻家庭养宠物已经成为过去，随着人们在以后生活中才去养孩子，宠物往往被看作孩子们的"替代者"。随着破碎家庭的增加，离婚率的升高以及未婚成年人独居数量的增多，宠物能够满足人们对陪伴的这一重要需求。

宠物开销中一个明显的趋势是非食物产品花费所占比例正在提升，而宠物食物所占花费比例正在下降。在 2006 年，非食物产品首次超食物产品并成为宠物市场消费量中最大份额。这从总体上反映出家庭消费中这一特征：随着时间变迁和收入增长，食物上的开销比例越来越小，而诸如家庭资产，度假等非食物项目所占开销比例越来越大。就宠物来说，非食物花费包括保险、医疗，以及总体照顾，同时花在宠物时装与配饰上的开销也在增加。对商业部门的休闲经理来讲一条很明显的暗示是通过发展和增加带有附加功能的产品来增加市场销售额。

3.4 户外休闲

表 3 - 1 显示了不同国家多种多样的户外休闲活动发展趋势。艺术画廊的参与率提高，如在澳大利亚、芬兰和日本，但在加拿大的参与度则下降了。在加拿大、芬兰、法国和以色列的影院参与度降低，但在澳大利亚、日本和荷兰这几个国家则提高了。一些体育运动的参与率在荷兰和美国提高了，但其他一些运动的参与率在日本和加拿大则降低了。各个国家趋势变化证明不只是全球趋势对体育和休闲管理者很重要，国家的趋势亦然。而且，既然在与本国趋势相比较时有所不同，那么在特定运动和休闲服务领域的管理者需要收集关于当地发展趋势的情报。

并不是文化和体育活动主导着户外休闲花费，而是更为代表性的外出餐饮和海外度假影响着户外休闲花费。休闲产业研究中心将户外休闲分为 3 个主要部分：饮食、邻近休闲（娱乐内容包括电影、生活艺术和其他的娱乐）以及度假和旅游。图 3 - 5 显示了户外休闲占到了英国休闲花费总量的 3/4（休闲产业研究中心，2009）。图 3 - 5 显示了在过去 20 多年里英国主要的户外休闲花费的发展趋势。海外度假在花费方面已经是增长速度最快的了，2007 年的总量是1985 年的 6 倍。发展最慢的是饮酒，同期相比只是增加了 3 倍。

英国成年人最常见的户外休闲活动就是外出就餐，有 95% 的成年人在他们的空余时间都会出去吃饭。从 2002 ~ 2007 年的这 5 年里，户外餐饮市场实际增长了 16%（扣除通货膨胀），价值上升了 34%。图 3 - 5 表明就花费而言，2008 年外出就餐第一次超过饮酒成为最大的户外市场。外出就餐频率增加是2007 年禁止在室内公共场所抽烟的直接结果。餐饮行业是一个非常分散的市场，因此其竞争也非常激烈。相比而言，尽管三大连锁咖啡占据了大部分市场，但在它们中间仍有激烈的竞争。

与外出就餐不同，随着时间变化，英国户外饮酒花费呈现出平稳或下降的趋势。葡萄酒和烈性酒的销量在 21 世纪初略有增长，但是啤酒的销量受到公共场所禁止抽烟和社会大众对过度饮酒的关注以及抵制醉驾法规的消极影响。据报道，在 2008 年，酒吧倒闭的数量达到了每周 27 家（英国啤酒和酒吧协会，2008），是 2005 年倒闭率的 14 倍。招待业总体上具有较高的失败率——比在英国的其他行业的失败率高 3 倍（UHY，2007）。尽管酒吧倒闭率特别地高，但很明显的是，长期的发展趋势并没有因酒吧食物的多样化、营业时间的

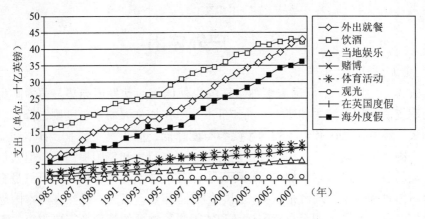

图 3 – 5　1985 ~ 2008 年英国户外休闲花费

资料来源：休闲产业研究中心（2009）

延长和更多麦芽酒产量和销量的趋势而被逆转。酒吧的减少对这一产业是不利的，人们还表达了一个共同关注的社会担忧——它威胁了联结英国社会结构和社会历史的中枢。

讨论问题

英国酒吧的减少不可避免吗？政客们应该关心那些对于地方社区来说具有重要意义的酒吧吗？

在大多数发达国家，节假日支出是休闲花费的主要形式。1997 年德国度假费用在平均家庭休闲预算中所占的比例超过了 1/4（托卡斯基和米歇尔，2005）。图 3 – 3 显示，2008 年在英国，度假和旅游占到了休闲总花费的 24%，超过 2/3 的花费是用于国外度假。旅游在世界范围内稳定上升，第 7 章将详细说明。举例来说，在荷兰，假日旅游的总数在 20 世纪 90 年代上升了 20%。在英国，海外度假和探访亲友的总数从 1990 年刚过 2500 万到 2008 年超过 5700 万，同期消费者度假花费提高了 4 倍（休闲产业研究中心，2009）。这种增长是由不断上升的可任意支配的收入、应急航线和特价航线的增加以及体验海外假日阳光的持续需求决定的。近来的经济衰退已经见证了这种增长的逆转和国内度假需求的暴涨，即所谓的"居家度假"。

相对于英国最大的室内休闲行业，博彩业所占比例很小，但是它在过去已经有了显著的变化，因为它是休闲行业中最受政府监管影响的部门。最大的变化来自 1995 年开始的国家彩票。在国家彩票发行之前，彩票只占博彩市场的 1%。1995 年，国家彩票促使英国博彩市场增长了 54%，占据了 41% 的市场份额。到 2000 年，国家彩票占英国赌博市场 47% 的份额，但从那时起，它的受欢迎程度开始减弱。据估计，2007 年的时候国家彩票业只有 25% 的市场份额（休闲产业研究中心，2008）。

通过比较，赌博在近 20 年里相对来说有着较稳定的增长，现在以 31% 的占有率重新拥有博彩市场最大的份额。它会继续增长，但它在性质上也发生了改变——从室外休闲转变到室内休闲。这是由于近年来网络赌博活动获得了最快速的发展——在 2002~2007 年的 5 年间增长超过了 6 倍。另一种有着重大增长的活动是游戏机，据估计在 2007 年，其在英国赌博市场占到了 25%，这种增长来自政府放宽了游戏机的法规限制。

英国当地娱乐业保持相对稳定的状态，20 世纪 90 年代看电影、生活艺术、观赏性体育比赛和舞蹈/俱乐部缓慢增长。但在 2002~2007 年间，这些活动的整体参与率略有下降，降幅为 7.5%（休闲产业研究中心，2008）。然而，因为这一时期的价格上升了 22%，当地娱乐业的总消费实际上也增加了。就消费者花费而言，生活艺术是最大的附属部门——2007 年占当地娱乐总消费量的 41%。然而这并不是因为有了比其他附属部门更多的到访量，而是因为生活艺术的收费价格较高。节事逐渐成为地方娱乐最重要的特色——2007 年仅注册的节事活动就超过了 400 个。在这个市场时不时会有增长，例如 2008 年利物浦主办的欧洲文化之都活动，当然还有 2012 年伦敦奥运会。

2007 年，英国有大约 1700 万成年人参加了室内体育运动和体力活动，超过 2500 万参加了户外体育运动和体力活动（包括走路），因而产生了不同种类的花费，其中在体育服饰和鞋袜上的花费占了最大的份额（2000 年年初占整个花费的 37%）。其他体育运动花费组成部分包括健身俱乐部会员、体育装备（尤其是划船运动）、为公共设施付费以及志愿俱乐部会员。有趣的是，消费者在体育装备、服饰和鞋袜上花费的增长与在体育活动参与的增长并不相匹配，在近 20 年只增长了一点点。就体育服饰和鞋袜而言，这可能仅仅是购买时尚产品的花费增加而不是体育。而就体育设备而言，消费者似乎更乐于在体育硬件上花钱而不愿意定期使用它们。

运动休闲管理者需要预测未来趋势以制定合适的服务计划。案例 3.2 考察了一个当代问题，当然，分析依赖于过去的发展趋势，2008~2009 年间的经济衰退对体育有何影响？它主要与过去经济衰退时期作了比较，尽管体育应对经济衰退的适应力已经出现了有希望的迹象。

案例研究

经济衰退对体育的影响

谢菲尔德哈莱姆大学体育产业研究中心已经分析了过去在参与和花费上的趋势，以此来鉴定2008～2009年经济衰退在英国对体育有可能产生的影响。过去的1980～1981年和1990～1991年的经济衰退期为国家低迷时期对体育市场的影响提供了依据。这些经济衰退造成了国内生产总值和国内群众消费支出的降低。1980～1981年的经济衰退，它最初的特点是能源价格高昂，1990～1991年的经济衰退是伴随着房地产市场的崩盘出现的。使得2008年至2009年经济衰退不同甚至更糟的是它不只有以上两个不利情况——能源价格高昂和房地产市场崩盘，还有金融机构过度的高风险贷款导致的信贷紧缩和金融危机。

数据表明1980～1981年和1990～1991年的经济衰退整体上对体育参与几乎没有任何负面影响。尽管可供使用的体育参与数据是周期的而不是每年都更新的，但它显示出从1977年到1980年再到1983年的稳定增长，然后是1987年到1990年的增长，接着是参与率在1993年到1996年的上升。因此没有理由相信，经济衰退将导致体育参与率下降。

然而，根据英国数据，体育花费却是随着经济衰退、居民消费水平的下降而下降了。例如，在1990年，居民消费总数实际上仅增长了0.78%，而1991年则下跌了1.61%。体育花费在1990年实际下降了0.85%，1991年再次下降2.1%。然而，当1992年经济开始复苏时，体育花费迅速增长了4.13%，相比而言，居民消费总量则以0.4%的速度缓慢增长。

1990～1991年的衰退提供了经济衰退对体育影响的不同数据，这调和了稳定的或者说上升的参与率和下降的花费之间的显著矛盾。在1990～1991年下降幅度最大的是在体育装备、滑雪商品和滑雪度假方面——相对而言昂贵且不常见的项目。另外，体育入会费在1990年增加了0.5%，在1991年增加了6.5%，这样的花费是在相对持续和便宜的项目上的。因此，很明显，人们在恶劣的经济环境下改变了消费习惯以保证他们的体育参与。

2008～2009 年经济衰退将持续多长时间以及达到怎样的深度仍然是不确定的。许多复杂和严重的情况引发了这场经济衰退，体育参与和消费能否如之前一样抵抗住经济衰退的影响也还未定。然而，现在出现了一些有希望的前兆：一方面，在体育俱乐部的一份调查报告中，CCPR（2009）报道称，英国在 2008 年遭遇经济衰退时，会员和志愿者的平均数量小幅度增加，而赢利和亏损的俱乐部的比例保持稳定。另一方面，据健身行业协会（2009）报道称，到 2009 年 3 月 31 日为止，英国健身俱乐部略有增加，这个部分的市场价值（会员总数乘以平均会员费）上升了 3%。

讨论问题

为什么当休闲时间和收入随着时间而增加后，英国的体育参与率增长得如此缓慢，或根本没有增长？

剧烈运动是政府想要影响的另一个休闲部门，尽管其影响是促进而不是限制。各种各样的政府倡议经常出现在体育市场中，试图增加参与度。第 5 章将考察政府提出这些倡议的原因，其中最重要的是强身健体。撰写本书时，英国政府的目标是至 2012～2013 年通过增加 100 万人参与来提高剧烈运动参与率，这对于近 20 年来处于相对静态的所有剧烈运动参与率来说是一个宏伟的目标。政府的意向是体育管理者重要的信号，体育管理者不仅有提高休闲市场参与率的雄心，还可能从一些相关的政府开支中受益。出人意料的是，近年来体育活动增长最快的是在商业部门，即健身俱乐部。

度假在较为发达国家的代表性地区呈现出上升趋势，这在图 3－5 中有所体现。对英国来说，表 3－2 和图 3－5 说明观光和英国假日膳宿的花费被海外度假的花费超过——后者的规模是前者的 2 倍，这是旅游市场 30 多年来的一个结构特点。海外度假还随时间变化展现出强力的增长势头——尤其是最近随着低价机票和他们施加在旅游产业的越来越激烈的竞争。第 7 章将详细解读旅游产业。

国外游客到英国旅游的市场比英国居民在国内外的旅游更趋向于反复无常。在 1995 年和 2004 年，海外游客在英国的市场实际花费的年增长率达到了两位数。另一方面，1997～1999 年、2001 年、2003 年和 2008 年这个花费量实际上降低了。这种波动由多种因素引起的，包括常发生的汇率的波动起伏、战争（如伊拉克战争）、如2001年纽约"9·11"恐怖袭击这类带来一次性负面影响的事件、2001年英国的手足口病、2003年SARS病毒的爆发和2005年伦敦"7·7"恐怖袭击。

3.5　人口和社会经济的总体趋势

很多人口和社会经济的趋势对休闲市场会有影响，正如之前与具体的休闲趋势的关系中提到的。在这一节中，我们将会从休闲的角度回顾一些重要的总体趋势。

3.5.1　人口增长

近几十年来英国人口保持稳定增长，2007年人口总数达到6100万。据预测，到2012年人口将达到6320万。这样的增长势头对于休闲业来说是很重要的，因为它促进了许多休闲市场的增长。预计世界人口将在未来50年继续保持增长，但全球人口增长率将会下降。人口增长最快的是非洲，最慢的是欧洲，而美洲、亚洲处于中间。如果一个活动的参与率——参加活动的人口百分比——保持持续增长，但人口数增加，那么其市场在扩大。如果人口和运动和休闲的参与率同时提高，那么运动和休闲市场的增长幅度将会更大。另外，如果参与率下降，就像英格兰最近体育活动参与情况一样，这可以由人口增加来补偿，以使体育市场保持相同甚至更大的规模。预知此类因素和如下面所回顾的那些关于人口的变化对一个休闲管理者来说很重要，以此来预测他们未来的市场规模以及提供相应的计划。

3.5.2　人口老龄化

2007年，英国退休人口总数首次超过了年龄低于16岁的人口总数（唐纳，2008）。导致人口老龄化的因素包括第二次世界大战后出现的"婴儿潮"一代已经到了退休年龄、同时，老年人的寿命变得更长，2007年增长最快的年龄组是80岁以上的老人。另一个因素是近几十年来女人倾向于推迟生育，这种倾向与女性接受高等教育和进入劳动力市场两方面有关。除此之外，许多女性在前一段婚姻失败或与前伴侣分手后开始一个新的家庭。

据预测，处于年轻退休年龄（60～74岁）的人口比例将会从2002年的

13.2% 上升到 2012 年的 14.8% ，将增长了的百分比和预测中增长的人口规模考虑在内，在这个年龄段的人数会增长 150 多万。同样地，年老退休者人数（大于 75 岁）在相同的 10 年期间也被预测会上升到 60 万以上。

人口老龄化改变了需求的本质。因为不同年龄的人需求不同，并且这些需求会随着时间而变化。很多休闲市场分析人士已经提醒这个行业注意，做好准备迎接不断增加力量的"灰色英镑"。在体育方面有一个实例，如很多公共设施制定了项目、价格和促销来吸引老年消费者，他们不仅在吸引消费者方面取得了成功，而且是在非高峰期做成的，例如工作日的上午或下午。通过这些方式，掌握吸引老年消费者的主动权，而且这并不需要以一种重要方式为那些通常在高峰时段参与体育休闲的传统年轻消费者让位。

讨论问题

人口老龄化对休闲供应者是威胁还是机会？

3.5.3 人口分散

英国另一个重大的社会结构变化是独居家庭的增加。1971 年他们占到家庭总数的 17% ，到 2007 年上升到 31% （国家统计局，2009a）。有很多原因，第一，决定"永不结婚"的男人数量的增加，以及决定"永不结婚"的女人数量较轻程度的增加。第二，长期分居和离婚数量的增加，2007 年在英国有 45% 的婚姻以离婚而告终（斯茅伍德，2008），尽管离婚率在 2004～2007 年间降到了自 1981 年以来的最低点。第三，大龄寡妇数量的增加。2007 年，年龄在 75 岁以上的人们中的一半以上都独自生活。另一个相关的因素是英国有着欧盟国家中最高的青少年女孩生育率。2003 年，20% 的未独立的儿童生活在单亲家庭里，几乎相当于 1981 年比例的 2 倍。

讨论问题

哪一个休闲活动可以从（1）人口老龄化，（2）更为分散的人口中得到益处？

3.5.4 少数民族的增长

体育休闲管理者需要意识到他们市场中民族组成的变更，因为不同的民族群体有着不同的运动和休闲需要和需求。很多较为发达的国家种族正变得的更加多元化。例如，自 2004 年以来，欧洲的一个主要趋势是，由于欧盟内部劳动力自由流动的规定，来自新加入欧盟的前 8 个东方集团国家的人民纷纷移民英国。从 2004 年 5 月到 2006 年 11 月有 142 万移民进入英国，举例来说，42.7 万人为了到此工作，其中绝大多数人来自波兰。然而，这些是合法的经济移民，并不是所有人都会停留在此。2009 年年初的数据表明，随着英国经济陷入低谷，从东欧过来的移民数量降低了 40%。英国从 1993 年来其本国的移民就超过去外国的移民，每年的净流入量都保持在 10 万 ~ 20 万之间。然而，英国白种人的人口比例在随时间缓慢降低，2007 年是 90%（国家统计局，2009a）。

3.5.5 收入和不平等

休闲产业是一个新兴产业，雇用 250 万人左右。收入是个人和国家整体生活标准的重要衡量手段。这直接影响了休闲行为。最常用的衡量生活标准的因素之一是可支配收入，在扣除税费和加上福利以后，人们可以根据他们的意愿来决定花钱的数量。2006 年英国家庭可支配收入实际上是 1987 年的 2 倍（扣除通货膨胀之后），这对休闲花费来说是个好消息——它在相同时期内持续上升。然而，自 2008 年经济衰退开始，收入和休闲花费就出现了逆转。

收入不平等对休闲花费也有影响，那些低收入的人群满足了必需物质要求后，几乎没有多余的钱花在休闲上，而那些高收入人群则有更多的能力和机会来为休闲付钱。运动和休闲管理人员可能没有办法为收入不平等而做些什么，但他们可以针对这样的不平等做决定，尤其是他们的服务价格。例如，在英国的公共部门，价格优惠适用于大范围的地方政府管辖内的弱势群体，包括那些低收入者——典型的是休闲卡方案的通过。甚至一些商业部门正在逐步认识到在对非高峰时期向社区的低收入人群的优惠对公司有益，如学生、老人或失业的人。

统计数据显示，英国前 20% 的富人和后 20% 的穷人收入差距正在扩大，尤其在 20 世纪 80 年代（国家统计局，2008b）。从那时起，前 20% 的人赚取了 40% 的总收入，而后 20% 的人只获得了 7% 的总收入。英国家庭消费调查数据（国家统计局，2008b）清楚地表明了收入不平等对休闲花费的影响。数据同时表明在 2007 年，底层人民将 10% 的收入花费在娱乐休闲、文化、餐馆和酒店，平均每周 28.10 英镑，这仅是每周总消费量的 16.3%。相比之下，在同样的项目上，富人阶层将其收入的 10% 花费于此，却是每周 210.20 英镑，占到每周总消费量的 21.3%。

30 多年来，英国收入分配中一个最重要变化发生在已退休家庭。1997 年，超过一半的退休家庭处在收入最低阶层的 20% 中。然而，1996 年和 1997 年间这个比例下降到 29%，并在 2006 年和 2007 年间保持着这一比例。这是因为很大一部分退休人员有养老金——只是那些靠着国家养老金生活的人才是真正的贫穷。

在英国，孩子独立的夫妻有着最高的家庭总收入。带着未独立孩子的单亲父母生活在最穷困的家庭中，将近有一半的收入来自政府补贴。单亲家庭数量的增长已经导致孩子生活在收入最低的后 20% 的家庭的比例自 1997 年到 1999 年由 19% 增加到 29%。到 2007 年，这个数字稍稍降低，达到了 25%（国家统计局，2008a）。

3.5.6 个人债务

最近在英国受到关注的一个趋势是个人债务的上升。在 1993 年和 2005 年间，英国的个人贷款实际上增加了 1 倍，总量超过了 10000 亿英镑。对于债务是否是件坏事情有一个很重要的辩论点——一方面债务需要偿还，但另一方面，它们是保存和扩大个人、公司和政府花费的重要手段。撰写本书时，政府财政紧缩，人们担心贷款突然降到很低的水平会对经济造成危害。

讨论问题

不断增长的个人债务对休闲产业来说是好还是坏？

3.5.7 健康

尽管国家医疗和先进的药物正在进步和改善，在较为发达的国家仍然存在着重要的健康隐患和健康不平等等问题。肥胖逐渐引起美国、英国、加拿大和其他国家人们的关注。在一份英国健康调查中（英国国民健康服务信息中心，2006），据报道有 65% 的人曾经超重或是肥胖，其中 22% 是现在仍然肥胖。女性中，55% 曾经超重或肥胖，其中 23% 现在仍然肥胖。这个调查发现有将近 17% 的年龄在 2~10 岁间的孩子和超过 20% 的年龄在 11~15 岁之间的孩子曾经肥胖。

超重和肥胖导致各种严重的健康问题，这个问题被称为流行病。政府已经制定了各种各样的政策试图解决这个问题，包括一系列和体育管理者有直接关系的增加体育活动的措施。健康调查揭露了体育运动和超重、肥胖之间的密切和持续的负相关关系。这可能是双向关系的反映——增加体育活动毫无疑问地有助于减肥，但超重也可能导致更少的体育运动。不管哪个是对的，体育管理者担任着减少超重和肥胖水平的潜在重要角色。这个机会代表着一个重要的和不断增长的细分市场，是一个潜在获取重要的政府资金者（为超重者建立或支持目标方案），也是现今实现最重要的社会目标之一的潜在重要贡献者。

讨论问题

什么有可能是造成结果的最大起因——体育活动促进减肥或者超重导致更少的体育活动？体育管理者可以怎样做来鼓励更多人通过体育活动来减肥？

3.6 小结

体育和休闲管理者为了针对他们未来的产品和服务中的变化，需要仔细调查休闲和总体趋势。体育休闲参与和花费的变化为社会范围变化所影响，如在时间使用、人口、收入和健康方面。专业或相关知识、不断变化的行情为产品和市场发展提供了积极的引导。一个实例如人口老龄化，不仅通过具体的步骤为发展体育和休闲市场提供了大量的机会，吸引了老年人，而且使开发出的产品更受老年人喜欢。

最简单的预测是假设过去发生的在未来也会继续发生。然而，这可能对一些总体趋势来说合理，如人口老龄化；而对更多具体趋势来说则不合理，如休闲参与和花费。在本书撰写期间，持续建立公平的趋势有很大的不稳定性。尤其表现为因为经济衰退导致的花费方面的不稳定性。这是一个提醒，即使知道事物在过去是如何改变的，未来的趋势也是不确定的。

实 践 任 务

1. 针对一个特定的国家，利用因特网或其他合适的资源来寻求 20 年来，你所选择的两种运动和休闲活动在参与率上以及在相同阶段人口上的变化。计算这两种活动在参与人数上发生了什么改变，即市场的规模。这与你计划两种体育和休闲活动提供了什么样的暗示。

2. 通过一个可靠的数据信息来源，如你所在的当地政府，分析出 20 年来当地人口结构老龄化或年轻化的程度。选择这一领域的一个合适的运动和休闲开发商，调查他们在适应当地人口年龄结构变化上到了哪种程度？思考在未来20年里当地人口年龄结构可能发生怎样的变化，以及预测在运动和休闲参与中针对这些变化会采取什么措施。

拓展阅读

所有室内和户外休闲部门趋势和预测的详细分析，以及每个部门当今形势的实况评述：

Leisure Forecasts（annual from the Leisure Industries Research Centre）.

在一些不同国家的休闲参与和时间使用趋势：

Cushman, G., Veal, A. J. and Zuzanek, J. (eds) (2005) *Free Time and Leisure Participation*: *international perspectives*, CABI Publishing, Wallingford.

英国一系列体育和休闲活动的参与趋势：

General Houselold Survey（1973，1977，1980，1983，1986，1987，1990，1993，1996，2002）

国家一系列资源的趋势概要，包括人口、家庭和家人，教育和培训，劳动力市场，收入和财富，花费，健康，社会保护，犯罪和司法，住房，环境以及交通和生活方式：

Social Trends（annual from Office for National Statistics）.

1971年以来，英国这些话题，如家庭和家人，吸烟和饮酒，耐用品消费，婚姻，养老金与健康的调查结果：

General Household Survey（annual from Office for National Statistics）.

人们在花费方式和趋势上的详细信息：

Family Spending（annual from Office for National Statistics）.

实用网站

2000年英国时间使用数据：

www. statistics. gov. uk/TimeUse/default. asp

2005年英国时间使用数据：

www. statistics. gov. uk/cci/article. asp? ID = 1600

国家统计局（ONS）：

www. statistics. gov. uk/

总体家庭调查：

www. statistics. gov. uk/ssd/surveys/general_ household_ survey. asp

休闲产业研究中心：

www. shu. ac. uk/research/sirc

第二部分　运动与休闲供应商

　　中小学校、高等院校、商业公司、非营利性公司、慈善信托和志愿者组织的大范围支持使得运动与休闲成为可能。本书将在三大重要产业部门——商业部门、公共部门和第三部门——范围内描述和分析运动与休闲服务供应商的情况。

　　过去，以上三个重要部门所提供的产品有着明显的差异。但现在，一个以上的部门提供着相似的服务、设施以及项目，使这些差异的分界渐渐模糊，部门功能逐渐重叠。此外，融资服务通常可以把这三大部门组合起来，在提供运动与休闲服务时共同合作。尽管差异性的分界越来越模糊，不同种类的服务提供商在理念和方法的类型上仍有差别，但其有时也存在着目的趋同的迹象：例如当商业组织有着明确的社会目标，或者其在合同下经营公共服务时；或是当慈善信托组织发现很难打破平衡局面，只能继续在商业管理上做同样的事情时；以及当公共部门以效益增益和减少福利为导向时。

　　每一个部门中的管理问题都是不尽相同的，例如商业部门和公共部门在对全职员工的有效管理方面有所差异，这是由于前者运营的动机主要是出于对效率和赢利的考量，而后者的动机则是公共服务。而且二者在对志愿者管理上也有所不同，不过这仅仅是因为志愿者不接受任何形式上的物质奖励。除此之外，三大部门中的有些管理方面也是类似的，例如尽量去满足顾客的需求、节约成本、在经营的过程中充分利用资金等，这都是其共同的目标。

第 4 章
商业部门中的运动与休闲

本章内容

- 商业运动与休闲是什么；
- 商业运动与休闲服务提供商的目的是什么；
- 商业运动与休闲产业的典型结构是什么；
- 全球化是如何影响商业休闲的；
- 商业休闲事业的关键驱动力有哪些；
- 主要的商业休闲产业有哪些，它们是怎样发展的。

概　要

　　至少在金融层面，商业休闲部门通常占有最大的规模，它所拥有的经费远远超过公共部门或是志愿部门。

　　商业休闲的结构可以有两种划分方式：第一，依据其提供的活动来判断；第二，依据每一个产业中各个公司的规模结构大小来判断，即依据最大的公司的市场销售比例来判断。按财务规模来看主要商业休闲产业通常包括酒的生产与销售、餐饮业、家庭娱乐（包括电视、游戏、音乐等）和外出度假。在发达国家中，商业休闲的典型结构是寡头垄断，其表现为少数公司控制整个市场供给。

　　商业休闲公司与商业公司相似，都以赢利为目的。这一目的驱使其满足股东的需求，增加公司在股票市场上的价值，并通过再投资、成长、产品多样化使其能够兼并或者接管其他公司——这样赢利就与其他目标紧紧地联系在一起了。

　　商业休闲公司的关键驱动力以往包括影响所有部门的全社会因素，例如：有空余时间的人的多少，可用于休闲的空余时间的多少，收入中不得不花费的部分的多少，以及政府颁布的法律和科学技术的改变等。

本章节将探讨一些重要的商业休闲产业，如餐饮业、博彩与赌博、商业体育运动、电影院、休闲公园、剧院、夜店和主题公园。

4.1　引言

从休闲产业研究中心（2009）的数据可以看出，2008 年英国休闲市场产值接近 2240 亿英镑，占消费总支出的 1/4。与其他的发达经济体一样，商业部门在消费支出中占很大一部分。数以百万计的顾客在其休闲时间享受商业部门所提供的服务与产品，例如参加国内外休闲旅游、购买体育装备或者电影票、频繁的外出就餐或饮酒、进行博彩或观看电视等。

商业休闲服务提供商通常被界定为通过提供休闲服务而赢利的那些，但是这种简单的界定忽视了另一些重要的复杂条件。许多其他方面的服务提供商通常使用"商业活动"来实现他们的目标，例如效能节约（即降低成本，这在公共部门经常被使用），目标市场营销（针对所有部门）和质量管理（对公共部门和商业部门来讲同样重要）。此外，商业休闲的服务提供商不仅仅只以赢利为目的，其他目的将会在后面进行探讨。

企业家精神和冒险精神通常是商业部门领导者的独有特点，例如：瑞安航空首席执行官迈克尔·奥莱利和维珍集团的李察·布莱信爵士，第 21 章将会着重介绍创业与休闲。

4.2　商业休闲部门概述

一般认为有两种主要商业休闲类型：一种是商业运营商管理营利性的商业活动，例如：酒吧旅馆、滑雪度假公司；另一种是商业运营商管理非营利性或者公共部门的设施或活动，例如：英国的承包公司 Leisure Connection、DC Leisure 及 Parkwood。

另两种也具有商业特征的休闲活动形式为：非营利性的运营商为了提升其财务业绩而进行商业活动，例如：帮助偿还资本成本、对小投资进行赔偿或者交互资助非营利性的社区活动（如在公共部门的休闲中心提供健身套房和咖啡馆），以及商业公司为了获得宣传效应、品牌知名度、有利的企业形象及增加可能的销售量而为非营利性组织提供资源，这属于商业赞助，是一种重要的市场营销手段，这将在第15章进行讨论。

表4-1用例子阐述了商业休闲的基本要素，说明了其所涉及的商业范围。根据休闲产业研究中心（2009）的报告，其中相对较大的要素包括休闲旅行和旅游（尤其是海外度假）、外出就餐、饮酒及家庭自主娱乐。而在家庭自主娱乐中最主要的要素包括电视、视频光碟（DVD）、音频、游戏和家用电脑。上一章中的表3-3提供了英国上述相关产业更为详尽的数据。此外，上一章中的图3-4及3-5显示，在过去的30年内，这些商业部门取得了显著的成长。

由于一些显而易见的原因，表4-1并没有包括那些评论者认为虽然重要但违法的商业休闲产业。否则必然会引起什么是休闲的争论，使其范围延伸至某些行业，譬如烟草业。本书在此避免这一争论，并为了明确休闲产业的定义而将非法行业排除在外。当然，对于休闲定义的争论是重要且有必要的，如果某些用于消遣的娱乐性药物被合法化，那么它们也将成为正式商业休闲产业的一部分。

> **讨论问题**
>
> 娱乐性药物是否可以被包括在商业休闲的定义中？

4.3 商业部门的目标

商业组织、公共组织、志愿者组织三者最重要的区别在于商业组织管理者的首要目标是获得财政盈余，或从投资中取得足够的回报。而公共组织及志愿者组织也许在某种情况下同样希望获得财政盈余，但谋取利益并不是其根本目的。然而在休闲产业中，营利性组织和非营利性组织具有相似性——二者都需要吸引足够多的客户、顾客或会员，否则无法维持运营。公共组织及非营利性组织的管理者也逐渐开始使用商业运营中必须具备的一些技术和技巧，例如：市场调研、针对性促销、商品创新和发展。

营利的最根本目的是保证生存并持续发展，但许多私有企业并未能赚取利润。在美国商业企业中，40%的企业明显处于不赚不赔或是破产的境地，剩下的只有50%获得边际利润，出现这种情况的最主要的问题是资本偿还债务的扩张。在这样的环境下，许多商业休闲组织发现很难维持运营。与公共部门服务相比，这个市场的竞争异常激烈，许多公司都可能败下阵来。休闲是一个不稳定的市场，休闲消费的多变性也增加了其不确定性。

赚取利润是所有商业提供商最简单的目的。多数商业部门都设有短期及中期目标需要赚取利润去达成，或是这些目标就是为增加利润而设定。这些包括：增加股票市场价值，这有时但并不总是与短期赢利能力相关；通过有组织的、内因性的生产要素及市场开发，或者通过兼并与收购取得增长；最大化销售，即使就其赢利能力而言时常具有风险性，且与增长目标紧密相连；增加市场份额，这是在市场上增加影响力的一种方式，在之后关于市场规模和结构的部分将会讨论；控制风险，例如：利用市场多元化，比如进入其他市场来发展投资组合，这一策略可以有效降低因某一部门市场中需求不稳定而引起限制供应这样的市场风险。

4.4　商业休闲公司的规模

商业休闲产业由成千上万的企业构成，从独立的健身房、工艺品小店到生产运动服装和鞋类或是生产酒精饮料的大型跨国公司，这类大型公司控制着大量的商业休闲工业。欧文和泰勒（1998）在1990年（该年的数据最具有可靠性）调查了英国15个休闲市场部门的规模和结构。通过衡量其中最大的五个公司所占有的市场销售额，他们发现这15个市场均具有很高的市场集中度，并将其称为"五公司集中率"（表4-1与图4-1）。

这15个部门的平均市场集中度（体现在"平均"一栏）是53%，范围相当广泛，在航空公司和机场、博彩与赌博以及摄影市场中，五家大公司占据着70%的市场销售额；然而在书籍、DIY和体育市场中，五家大公司的销售额不到40%。数据随着时间的变化而变化，例如在航空市场中的市场集中度已经随着低成本航空公司的成功而开始下降。

这种市场被少数大型公司所支配的情况称为"寡头垄断"，它的特点是既具有相互依赖性，又具有不确定性。其具有相互依赖性是因为某一大型公司在供应上的行为对其他大型公司都有影响，例如某一公司引起的价格下降可能会引起其他公司的需求和销售下降。这样一来，各个公司都希望保证市场的稳定性，没有任何一个公司愿意破坏良好的现状。而有时，寡头垄断企业以卡特尔

（一种垄断组织的形式）进行非法勾结，例如固定价格、阻止价格竞争。国内法和国际法（如欧盟）均反对此种行为，如果公司被证明有此种行为将会受到严厉的惩罚。

一些寡头垄断市场以极端竞争为特点，这是市场不确定性和不稳定性的根源，其可能会使大型公司的财政不稳定。这样的事件曾经发生过，在英国的团体旅游市场，甚至行业主导公司都遭受破产。这样的案例在航空业也逐渐发生，廉价航空公司激烈的价格竞争使一些大型的传统航空公司受到损害。

表 4－1　商业休闲

领域	例子	例子
艺术	读物	电影院
	光盘/唱片/磁带	电视中继服务
	无线电中继服务	摄影/电影/加工处理
	乐器	音乐、录影带
	画廊	剧院和音乐会
运动	参与（如健身俱乐部）	出席观看
	设备	服装
景点	乡间别墅	游乐园
	名胜古迹	野生动物园
	动物园	主题公园
休闲旅行 & 旅游业	旅行社	旅游经营商
	航空公司	铁路、公路承包商
	渡轮公司	海底隧道

领域	例子	例子
交通	休闲活动的往返，或者自助休闲活动，例如：自驾游，铁路旅行、划船	无
住宿	酒店	度假村
	休闲村庄	大篷车旅行
	游艇	野营
	第二住所	分时享用的度假别墅
在外就餐	餐馆	宴会厅
	快餐	小吃店
	外卖	俱乐部
酒	外卖酒执照	特许烟酒店
	家酿酒	无
赌博	电子游乐场	彩池
	宾果游戏	博彩
	赌博	福利彩票
	赌场	无
跳舞	舞蹈学校	夜店
	迪斯科	舞池
烟草	所有烟草产品	无
家庭自主娱乐	家庭自用电脑	游戏
	电视、数字化视频光盘等	音频装备
	园艺	业余爱好
	玩具	手工制作
	汽车保养	宠物和宠物食品
	艺术和古董	无
服务提供商	无	无

资料来源：欧文和泰勒（1998）

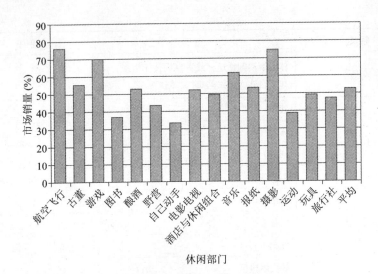

图 4 – 1   1990 年英国商业休闲行业中选出的五公司的集中率

资料来源：欧文和泰勒（1998）。

讨论问题

在啤酒行业，一个寡头市场结构的主要优势和劣势是什么？

4.5   全球化

在最近的数十年，许多商业市场越来越全球化，跨国公司都在全球范围内服务消费者。休闲业提供了许多经常被引用的例子，如：

- 麦当劳和肯德基，二者是全球知名的快餐店，在俄罗斯和中国大肆扩张；
- 迪士尼在美国本土以及法国巴黎、日本东京和中国香港不仅仅是主题公园，同时它的电影和商品也被广泛认可；
- 大型跨国连锁酒店，例如：希尔顿集团和最佳西方管理集团。它们的目的是保证无论何处都提供相同标准的设施和服务；
- 运动服装和鞋类生产商，例如阿迪达斯和耐克。

这些品牌就是"全球化"的经典案例，"全球化"这一术语在不同的领域可以指代不同的事物：在经济学上，它代表扩大的国际贸易，国际供应链条，特别是大型跨国公司生产和贸易在全球市场上所起的重要经济作用；在政治和国际关系上，全球化指的是日益重要的国际关系和逐渐降低的民族国家重要性；在社会学和文化研究上，这一术语被用来表示由国际媒体所驱动的、具有共同价值观的国际化社会的出现以及国际文化的标准化——其通常被诬蔑为"可口可乐全球化"或"麦当劳全球化"。显而易见，全球化是一种跨学科性的概念，而其核心是商业活动。从以上明显可以看出，商业休闲提供了全球化最显著的案例。

在全球化的旗帜下，许多品牌被简化了。对领先跨国品牌的国际认知让人们依据其所提供的产品与服务、顾客需求以及价值来描绘全球常态变得轻易。之前提到过市场集中度的加强，由于许多大型跨国公司在国内和国际市场销售额中占据越来越大的比例，这也使人们对领先的跨国品牌的国际认知不断提升。媒体、因特网和移动电话的普及使人们不受到有限的国内交流的限制，而科技驱动的交流指数上升也促进了人们对领先跨国品牌的国际认知。

然而这也容易过分夸大全球化的重要性。即使麦当劳遍布全球，但大多数商业洽谈都会选择在独立餐馆或者具有显著特点的连锁店。欧文和泰勒（1996）通过采访 6 位商业休闲部门经理发现，持有共同的全球化原则具有重要意义：不管商业组织的大小如何，国际活动对其都极为重要。同时他们也发现，简单的全球化概念并不适用于商业现实。国家（地区）文化、语言、宗教和政治是定义民族国家特征的重要因素，也是发展国际商业的重要参考。科技促进了国际交流，同时也增加了本地市场需求的敏感性。品牌通常可以跨越国界，不过也存在国际品牌隐藏于当地品牌之后的例子，因为在特定的国家中，当地品牌具有更高的可信度。

国际商务活动增加、国际商标的存在及影响力增加、为寻找最具有成本效益生产点的国际资金的流动增加是毫无争议的。虽然假设这其中必然大量存在商业休闲活动略有夸张，不过对于商业休闲产品的生产与销售，全球化是极其重要的经济现实。但就休闲服务而言，大量的商业活动都扎根于当地的社区，尤其是那些依赖于定制个人服务的元素。在这样的情况下，商业休闲全球化的范围受到了限制。

讨论问题

与健身中心相比较，讨论全球化对运动鞋的生产与销售所起的积极与消极作用。

4.6 商业休闲的主要驱动力

本部分主要综述商业休闲的四大驱动力：时间、金钱、政府和科技。这些因素决定着商业休闲活动的规模和属性，同时对其发展有着或限制或自由化或积极促进作用，这些来源于相关文献中的共同考量。

4.6.1 时间

在第2章中，时间被视为休闲所需要的关键决定性和限制性因素。据图2-5显示，在英国，人们每天的空闲时间占了24小时的23%。但这一情形并未发生很大改变（格拉顿和泰勒，2000；舒尼，2000），仍有确切的证据证明人们觉得时间越来越紧迫，即在其想做的事情（包括工作和休闲）上，可花费时间越来越少（罗宾森和戈比，1999）。无论休闲是由哪一个部门提供的，可用时间的多少一直是人们对休闲需求的决定性因素。表2-6显示，在英国，"很难有（空闲）时间"是最常被提到的限制休闲需求的因素。对于休闲产业经理来讲，其启示意义再明显不过：时间上的便利性是休闲服务的一个重要属性。

对不同的人群来说，可用时间的多少是具有差异性的，这尤其被年龄和工作状况所影响。表2-8通过比对不同的人群发现，年龄越大的人群每天拥有越多的闲暇时间。与经济发达国家中普遍存在的老龄化现象相呼应，老年人成为商业休闲重要且最具潜力的市场。以度假公司为例，在认识到老年人作为目标群体的重要性日益上涨之后，即对老年群体有针对性地展开了非度假高峰期时段的促销活动。

通过适当的服务设计以及科技应用能减少时间对商业休闲的限制。一些商业休闲公司对此采取了机敏的处理方法——没有什么比广播更合适了。利用Sky + Box（一种易于操作的节目录制产品）使观众可以在任何想看节目的时间观看，这比预先设置节目时间表更容易达到效果。

4.6.2 金钱

在商业部门中，要满足需求，需要的不仅仅是时间还有金钱。图3-3表明，无论在家庭内部或是户外，休闲消费已呈日益上涨的趋势，这种趋势正是由于经济发达国家的人均可支配收入增加引起的。经济合作与发展组织

（OECD）的数据显示，在过去的 20 年甚至更久远的时间中有一个共同点：即使考虑到通货膨胀，大多数时间中可支配收入都在增加。按实质计算，从 1998 年到 2008 年，英国的国民可支配总收入增加了 68%，美国增加了 73%，日本增加了 90%，澳大利亚增加了 98%，这种情况可能是由于人口增加和通货膨胀造成的。在这一时期通货膨胀率普遍较低，国民可支配总收入上升表明实际购买力也在上升。

英国家庭支出数据（国家统计局，2008）显示，2007 年英国家庭每周的娱乐和文化支出占其总支出的 13% 以上，而平均每个家庭在餐饮、酒店、酒精饮料、烟草和麻醉毒品的支出又占据了其中的 10%。显而易见，休闲消费在可支配收入中占有很大的比例。这种支出正是商业休闲行业所关注的，希望大量的家庭闲暇资金能够消费在其所提供的产品或服务上。

讨论问题

在购买更多休闲产品和服务时，什么是最重要的限制性因素？把你自己和别人放在不同的工作环境下来考虑这个问题。

4.6.3 政府调控

政府一方面促进商业休闲市场的发展，另一方面又制约其发展。英国在颁发过许可证的酒吧销售酒精饮料的例子是最好的证明，但最近几年，违规销售的情况很普遍，因此人们有更多的机会饮酒，平均每天可用于饮酒的时间也更长。并且，案例研究 4.1 表明，政府调控对酒吧所有者有着重要的影响，打破了大型酿酒公司为顾客提供啤酒这一"寡头垄断"的局面。

政府对其他多数商业休闲产业也有重要的影响，例如：广播和赌博（见第 12 章）。对广播来说，政府不仅允许公共广播机构筹集公众资金（例如英国的 BBC），也利用宏观调控来管理公司。在赌博方面，国家政府，有时是当地政府通过法律和制定法规明确规定了在一定的前提下何种赌博活动是许可的，何种赌博活动是不允许的。但是，这样也带来了一些影响，不同的州关于赌博有不同的明确规定。

4.6.4 科技

科技对商业休闲一直以来起着历史性的作用。想想铁路给英国国内度假和传统海滩胜地带来的影响，再想想航空公司多样性的发展（尤其是低成本的廉价航空的发展）对休闲旅游造成的影响。欧文和泰勒（1996）在探索影响商业休闲部门发展的几个因素中发现，科技变革已作为最重要的因素出现——即使是最简单的传真机的使用也被视为旅游公司的重要进步。

如今因特网是最具有争议性的因素，其对当前商业休闲的发展起着最具戏剧性的影响。特别是电子商务的快速发展使其他所有的商业部门积极迎接其所带来的机会和挑战。因特网正在改变商业休闲的结构，引导着休闲产品和服务的流向。特别是度假和休闲旅游（见第 7 章），越来越多的消费者在网上计划和预订其航班和酒店。对于家庭娱乐来讲，因特网也起着重要的作用。人们可以在线玩游戏，下载音乐、电影、和电视节目（见第 12 章）。

案例研究 4.1

英国政府对酒吧的调控

20 世纪 80 年代末，英国六大酿酒厂商占据着整个啤酒生产市场，这是众多商业行业中一个典型的"寡头垄断"的例子，其啤酒产量占英国啤酒生产业的 3/4，并控制着一半以上的酒吧（总 60000 个酒吧中的 32000 家）及大部分具有卖酒执照的酒馆。由酿酒厂商拥有的酒吧只售本厂酿制的啤酒，而其他不属于大型酿酒厂商运营的独立酒吧（不属于大啤酒厂）则通常与酿酒厂商达成协议，由其提供啤酒以换取贷款的优惠利率。

1986 年，英国贸易展销会总领事要求垄断与兼并调查委员会调查啤酒市场。1989 年的报告显示，当时啤酒市场被"复合垄断"控制着，使六大酿酒厂商拥有特权，它们不仅控制着啤酒产量，还控制着啤酒销售额。这阻碍了自由竞争，也限制了消费者的自主选择权。该报告建议，应当对酿酒厂商被允许拥有的酒吧数量上限进行限制。

1989 年政府颁布"啤酒令"，酿酒厂商被允许拥有的酒吧数量上限提高到 2000 家，同时要求在 1992 年 11 月之前，拥有酒吧数量多于 2000 家的酿酒厂商要么关闭其啤酒厂，要么转让其拥有的超过 2000 家部分的半数酒吧。这样使大型酿酒厂商必须退出生产或者彻底放弃对啤酒销售的控制力。"啤酒令"还要求其他有固定供应商的酒吧在销售其供应商的桶装啤酒同时，必须销售其他啤酒商的瓶装啤酒作为"客座啤酒"，以给顾客提供更多的选择。而且，政府禁止有固定供应商的酒吧销售任何无醇啤酒、低度啤酒或非啤酒的饮料，因为其中有高额的纯利润，而且几乎都被主要的酿酒厂商所控制。

主要的酿酒厂商对"啤酒令"的应对政策是卖掉酒吧，1989 年这些厂商共拥有 32000 家酒吧，但到 2004 年的这些厂商一家酒吧都不再保留。以一种新的"酒吧公司"的形式继续垄断独占酒吧行业。酒吧公司拥有并负责经营酒吧。下议院专责委员会报告（2004）认定的 7 家酒吧公司几乎每家都拥有 1000 家酒吧，其中最大的两家酒吧公司每家拥有超过 8000 家酒吧。然而所有酒吧公司的酒吧都被租赁给承包者，再由其承包者独立经营酒吧。

由此，政府对啤酒市场的调控引起了啤酒产业结构彻底的调整，使以前控制啤酒生产与销售的垂直一体化公司拆分为两个独立的产业：一个负责生产，一个负责销售。讽刺的是，这并未能使啤酒产业的市场集中度降低——六大领先的酿酒厂商所供应的啤酒在 2003 年仍占总销售额的 84%；并使酒吧公司作为一种新的"寡头垄断"在销售中出现。但是，打破啤酒生产与销售两者的所有权关联使政府所描述的"合理竞争"成为可能。此外，当生产与销售之间的链条被破坏，"啤酒令"的任务就已完成，并在 2003 年被废除了。

讨论问题

除了时间、金钱、政府调控和科技，你认为是否有其他的商业休闲驱动力，它们为什么重要？选取一个重要驱动力，并站在某一运动或者是休闲产业的管理者角度，讨论近年来的各种变化所产生的主要影响。

4.7　商业休闲产业综述

这一部分将介绍一些主要的商业休闲产业，以阐释当代休闲产业的发展。本部分重点放在室外休闲产业的发展上——第 12 章将阐述室内的主要商业休闲产业：阅读、家庭娱乐、手工制作、园艺、摄影、玩具、游戏和宠物。同时也将第 7 章所要阐述的与重大旅游业相关的休闲产业——例如食宿和交通——排除在外。

4.7.1 外出就餐和饮酒

正如案例研究 4.1 中描述的一样，尽管制酒行业被几大主要的酿酒厂商控制着，属于典型的寡头垄断行业，消费者的需求也使大量小型的、独立的啤酒厂商得以维持。在英国，酒吧是一个拥有独一无二的、具有与众不同功能的场所，从案例研究 4.1 中可以看出，其所有权也发生过戏剧性的改变。作为社会活动的焦点，酒吧销售酒精和食物、表演现场音乐，满足着人们各式各样的需求。酒吧仍然是成年人在自由时间里经常去的地方，然而，第 3 章显示，这种情况正呈直线下降趋势。

从长远来看，这种下降趋势的产生是由于人们偏好发生了改变。当前英国家庭饮酒已占酒制品销量的 40%，超市在酒的价格上的竞争异常激烈。禁止酒后驾车这一法律的颁布及人们关注健康生活的考量也对酒吧产生了消极影响。对于酒吧（特别是英格兰南部的酒吧）来说，来自法国和比利时的低价酒影响很大。从短期来看，许多评论员指出英国禁止在封闭的公共区域抽烟是引起去酒吧人数下降的最主要原因。苏格兰地区 2006 年提出了禁烟令，英国的其他地区则于 2007 年提出。普华永道会计事务所预测，由于该法令的出台，高达 5000 家酒吧将在 2011 年被关闭；据报道，在苏格兰，由于生意惨淡，1/3 的酒吧将会解雇员工。

另一个影响酒吧行业的重要因素是税收——政府最喜欢征税的目标就是该行业，如英国政府在 2008 年对酒征收的税费的增长幅度高于平均税费的增长幅度。对此，研究预测在接下来的四年里，酒精行业将会减少 75000 个工作岗位。然而政府的角色不仅仅是消极的，英国 2003 年出台的许可证法使英格兰和威尔士以前古老执照法现代化了，并使其更加灵活，允许执照存在更长的时间。

讨论问题

酒吧是否有其辉煌的时期？想一想你曾经去过的较为成功的酒吧，思考其成功的理由。

然而，酒吧市场现状已经表明酒吧可以适应不断变化的需求本质和环境。酒吧食物销售量的增长引起了产品的多样化和市场的细分。禁烟令是让这些变化发生的刺激源：英国市场调研局（BMRB）在一次民意调查中发现，对于带着孩子的家长来说，在决定要外出时，"无烟场所"是仅次于"食品安全"的考量因素。食品的提供使酒吧面向更大范围的公众市场，并且比起饮品来讲纯利润更多。家庭酒吧提供室内或室外的游乐场所或是儿童游乐设施，这使家庭可以更多的享受外出就餐的乐趣。尽管酒吧的啤酒销售额长期下降，但是"美食酒吧"的食物销售额却在直线上升。根据明特尔（2009）市场调查公司数据显示，在 2001～2008 年间，所有可就餐区域中酒吧食物销售的销售"额"或"量"增长最快。

在英国有超过 5 万家具有餐饮执照的企业，其中包括快餐店和外卖店。明特尔（2009）的报告显示，外出就餐的支出是继日常账单后第二大支出。餐饮业的市场结构由于多种餐馆形式的存在而大不相同。整个餐饮业非常具有竞争性，市场中存在的许多独立的小餐馆加剧了这种异常激烈的价格竞争。然而，咖啡馆和连锁快餐店有着不同的市场结构。

咖啡馆在许多较为发达的经济体中都占据着垄断市场。在英国，三大企业控制着整个咖啡市场，其中星巴克（Starbucks）和咖啡世家（Costa）占据了一半以上的市场份额。有名的食品快餐店同样也被大型公司控制着。人们对快餐食品的需求量非常大，但快餐店由于出售不健康食品及被当成经济全球化和资本主义化的代表而遭受批评，成为被抵制的主体。然而麦当劳这一品牌仍然在全世界范围内被认可。

尽管餐饮业多种多样又充满活力，但其中存在大量的竞争者，仍然属于高风险产业。餐饮业如餐馆、酒店、酒吧或酒馆相较于其他行业来说更容易失败。明特尔（2009）报告称，餐饮业经营的失败率在 2008 年上升了 32%。产生这种情况的原因包括建立客户群所需的时间较长及小型资产独立餐馆经营者筹集运营资金方面的困难。

4.7.2 赌博和博彩

2006～2007 年英国博彩业销售额达到 840 亿英镑，员工超过 11.5 万人。博彩业属于服务业的一种，因此它与其他众多的休闲行业有共同的服务管理要求。具有独特的道德与法律上的问题，管理者对此需要特别注意。

2007 年，英国博彩普及率调查发现，成年人中有 68% 参与赌博；男性参与赌博的比例为 71%，而女性为 65%，因此可以看出博彩是一种人群参与度非常高的休闲活动。更趋向于参与赌博的人群包括白种人、高收入家庭、已就业人群、低监控人群或专业技术人群，然而不同的社会人群倾向于不同的赌博活动。在英国，博彩业被投注、赌博游戏机和国家彩票所控制着，占市场份额的80%。其他形式的赌博包括宾果游戏和在线赌博，尽管在线赌博近年来规模增长最快，其总体规模依然相对较小（休闲行业调查中心，2009）。

政府通过多种手段对赌博业产生重大的影响，包括在 1994 年设立国家彩票，在 21 世纪初撤销一些关于赌博的规定等。英国在 2005 年出台了赌博法案以规范商业赌博，并组建赌博委员会，其为非政府部门的志愿者组织，目标是减少或者消灭赌博犯罪、确保赌博者享有其权利、确保未成年人或弱势群体免受赌博的危害，以上均为优秀的管理者需要考虑到的道德因素。2007 年的调查表明 0.6% 赌博者是存在问题的（赌博对家庭产生危害、破坏或者摧毁家庭的，或将赌博作为私人或娱乐消遣），这大约有 28.4 万人。

由于国家彩票的设立，英国的其他赌博部门在 20 世纪 90 年代中期到后期遭受了严重打击，大量的博彩点和宾果游戏大厅关闭，足彩公司的业绩急剧下降。2005 年的赌博法案产生的一个结果是放宽了对赌博的定义，并在某种程度上划分了国家彩票与其他形式的赌博之间的层次。

英国博彩业整体上是呈下降趋势的，如宾果游戏也正在衰落，而另一些（如在线赌博）正在增加。在过去的几年中，博彩业的所有权也发生了巨大的改变，如在 2000 年立博公司把所有的赌场卖给了加拉（Gala）公司。这对博彩业来说也许并不稀奇，因为其严重依赖于政府调控，企业公众形象也难以建立。然而博彩业仍然是一个巨大的行业，这不仅凭借的是其自身的实力，也跟其他休闲部门（尤其是体育部门）的关系有关。后文对博彩业的介绍并不包括国家彩票，因为国家彩票是由政府创立的，在第 5 章也会进行阐述。同时也不包括其他由福利机构、体育俱乐部或文化组织经营的彩票，因为它们不属于商业运营。

4.7.2.1 赌博和赛马

在英国，具有营业执照的赌博点占室外赌博场地的 90%。通过电话、因特网和电视投注的赌博正在增加。博彩委员会（2009）报告指出，2009 年立博（Ladbroke）、威廉希尔（William Hill）、卡洛儿（Coral）这三大公司拥有整个赌马彩票销售店的 67%，这在某种意义上也是一种垄断经营。一些规定上的改变，例如规定在赌马销售点可以安装最多两类娱乐型机器，使其能够留住老顾客并吸引新顾客。

彩票销售点 59% 的营业额都属于赛马，其现在是继足球之后的第二大由电视转播的运动，一周七天都在网上和地面电视上播放。在不列颠地区有 60 个赛马场，在 2008 年其吸引观众人数总共达到 5700 万人次。赛马业产生的直接花销一年超过 10 亿英镑，其雇用人数达到 18600 人（德勒公司，2009）。另外一个重要的赌博项目是赛犬，其占彩票销售点营业额的 15%。大不列颠灰狗公司董事会管理和控制着这个行业，其共拥有 28 个竞赛场，在 2008 年吸引了 300 万人次观看比赛，其雇员包括赛犬拥有者、训练员、管理员和运营商，共接近 2 万人。

4.7.2.2 赌场

大不列颠地区 2009 年拥有 144 家赌场，分别由英格兰、苏格兰和威尔士的 24 家公司所控制。在北爱尔兰，赌场不被允许存在。加拉集团、云顶史丹利公司（Genting Stanley）、高富诺集团（Grosvenor）、伦敦俱乐部（London Clubs）这四家不列颠地区的公司拥有 79% 的赌场，这也形成了一种垄断。在英国，赌场可存在的地点受到严格控制。2005 年的赌博法案规定了大型赌场可存在的 8 个区域，小型赌场则在其基础上增加了另 8 个区域。同时，该法案曾提出过在曼彻斯特建立"超级大型赌场"的计划，但之后被撤销了。

法律的一些改变使赌场受益。例如许可售酒的时间更长（吸引客人越多），废止观察周期（在加入俱乐部和允许赌博之间的时间），允许用借记卡支付小额赌款。然而，1998 年赌博的最高税率从 33% 上涨到 40%，吸烟禁止令的颁布及日益激烈的竞争也导致一些赌博企业进入低迷时期。而近期，主要增长的竞争则是来自在线赌场。

4.7.2.3 宾果游戏

宾果游戏最早是作为一种智力游戏出现于 16 世纪的意大利，之后发展成为"工薪阶层"所追求的一种容易上手的游戏。然而，宾果游戏也带来了巨大的社会利益。它是一种由经济地位低的社会群体、低收入群体、独居人群、长期失业者、年老者和女性高度参与的休闲活动（沃德尔等，2007）。许多公共福利部门的休闲服务提供商也倾向于为这种用户提供服务。宾果游戏是一种要求注意力高度集中的游戏，能够加强老年人的神经系统功能，提高精确度和短期记忆的速度。

赌博委员会（2009）报告指出，2009 年大不列颠地区有 641 家拥有执照的宾果游戏俱乐部，比起 2004 年减少了 60 家。由于国家彩票的设立和在公共室内区域禁止吸烟的规定，宾果游戏俱乐部遭受了巨大的打击。然而，其也从"国家宾果游戏"中获益颇多，它是由英国最大的宾果游戏公司联合经营的，是仅次于国家彩票之后的第二大电脑控制游戏。除了圣诞节当天，一年中的其他时候每晚都有大约 500 家有执照的宾果游戏俱乐部通过网络连接进行游戏，并按周分发总值超过 100 万英镑的奖励。年轻玩家的加入也使宾果游戏改变了传统的"老辈游戏"的形象。

宾果游戏俱乐部同样被加拉集团俱乐部和麦加两大公司操控，它们拥有超过 40% 的俱乐部，加拉集团几乎占其中 25%，而麦加占据了 16%。虽然其他休闲行业被一些大型公司支配，但在宾果游戏上仍然有许多小型的独立运营者，几乎占据了半数的俱乐部。

4.7.2.4 赌博游戏机

赌博游戏机是许多休闲提供商的主要收入来源。据估计，2009 年，在大不列颠地区大约有 250000 台游戏机设置在小旅馆、游乐场、宾果游戏俱乐部、彩票销售点、餐馆、路边服务站、休闲场所或其他地点供公众使用（赌博委员会，2009），这些机器为它们的所有者和经营者赚取了大量的金钱。英国娱乐餐饮行业协会估计，这些机器的产出多达普通家庭收入的 30%。

继国家彩票设立之后，刮刮彩也进入市场，这使娱乐部门的营业额大幅度下降。然而在撤销管制后，娱乐部门开始复苏。法律方面的改变包括：增加现金付款，增加赌场商店的游戏机，增加各个赌场、宾果游戏俱乐部、会员俱乐部的游戏机的数量。各种为赢得市场份额的方式和方法纷纷涌现，例如研发高技术的视频游戏与家庭电玩竞争市场。

讨论问题

撤销管制规定对商业休闲来讲明显利益颇多，但是否仍存在一些"保姆式国家"，对赌博市场进行干涉？

4.7.3 体育

体育产业研究中心（英格兰体育，2007）在一个对体育的经济重要性的调研中估计，商业部门是体育行业中最重要的部门，因为商业体育占附加值（一种测量产出的方法）的 28%。商业部门与非体育商业（为体育组织提供支持的商业部门，例如服务提供商和旅游公司）占整个体育产出的 74%。据估计，英格兰地区的消费者 2003 年花费在整个商业体育产品上的金额超过了 25 亿英镑（英格兰体育，2007）。

商业服务提供商关注体育的一些关键领域，例如：观赏性体育运动项目，体育服装和球鞋，体育装备，体育赌博和体育媒体（报纸、杂志、收音机和电视）。

而且，商业部门也会参与到为多种体育活动提供设施。户外运动中，其涉及滑雪、高尔夫、网球、水上运动和五人足球。近年来，五人足球在英国强势增长，两家大公司运营着超过 80 家商业中心。室内体育中则涉及健身俱乐部、斯洛克、保龄球、滑冰和室内网球，这些室内体育器材通常由一些商业组织提供。案例研究 4.2 阐述的是一种最出名也最古老的体育旅游类型——滑雪。它涉及大量的商业部门，有着各种各样的类型。其显示的不仅仅是滑雪度假多元化的产品内核及重要的环境考量。如同大多数体育供应商一样，在休闲经历生成的地方，商业部门或其他部门作为管理者主要提供适合的基础设施，并在休闲活动中确保设施适当地运营。

案例研究 4.2

英国和欧洲的滑雪产业

欧洲滑雪娱乐的历史可以追溯到 19 世纪。如今滑雪占据着整个欧洲度假市场的 20%，由几个阿尔卑斯山附近的国家——德国、法国、瑞士、奥地利和意大利所控制。这里有着全球 36% 的旅游滑雪资源，能够满足全球 47% 滑雪者的需求（明特尔，2008）。在英国，滑雪只占据一个很小的市场，大约为整个英国度假市场的 3%，这是因为阿尔卑斯山才是最受欢迎的滑雪目的地。滑雪产业不仅仅融合了体育和旅游这两大休闲部门，还融入了大量的商业性产业，特别是旅游、食宿、专业服装、鞋及装备、升降机和滑雪道、滑雪培训学校、餐馆、酒吧和停车场。滑雪产业的管理者必须清晰地认识到产品套餐对顾客的重要性，因为以上要素只有组合起来才能作为一个休闲产业而整体运作，这一点即使是不提供产品套餐的管理者也必须注意。

"滑雪产业"这一个术语只是简称，因为如今这一产业包括两大运动：滑雪和滑板滑雪，同时还有一些更为专业的活动，如跨国境滑雪、特里马滑雪、雪地摩托、直升机滑雪和平底雪橇滑雪。主要的市场细分为包办旅行、独立旅行、学校或学院旅行（韦德和布尔，2004）。在英国市场中，包办旅行从商业的角度来讲有长远的上升趋势，而学校旅行呈下降趋势。独立旅行在 20 世纪早期保持着稳定的状态，但由于使用因特网规划节假日出行更加便利，如今其有上升的趋势。

与滑雪有关产业的主要驱动力包括在发达国家中可支配收入的增加、旅游津贴的上涨、旅游目的地对消费者来说有着综合的吸引力——包括美学、放松紧张的心情、提供与朋友及家人或其他人社交的机会，这些都是吸引消费者增加旅游支出的因素。同样重要的影响因素是对滑雪资源的开发使人们滑雪的机会增加，如今在阿尔卑斯山区有超过 4 万千米的滑雪道，14000 架可用的升降机，平均每小时能移动 1500 万滑雪者（韦德和布尔，2004）。

独立旅行市场存在大量的独立运营商提供旅行和食宿服务。而包办旅行更多的具有垄断性质，例如在英国，6 家公司控制着 74% 的市场（明特尔，2008）。由于包办旅游的一般化的市场结构导致了过去极端的价格竞争，这对于大多数的消费者来讲是有益的，却一直为一些公司带来了经营失败的风险。

滑雪产业所服务的消费者主要是高收入群体和小于 45 岁的年轻人。这其中存在的收入偏见并不让人惊奇，因为滑雪是一种昂贵的旅游形式，不仅需要一般旅游的出行与食宿开销，而且购买和租用专门的服装、鞋子和装备也是必需的支出，同时进入滑雪区域要办理滑雪通行证，对于初学者来说还需要到滑雪学校进行学习。明特尔（2006）估计消费者 37% 的支出都用于零售商品开销，22% 用于滑雪缆车通行证，21% 花费于住宿，9% 用于交通，11% 用于滑雪资源。滑雪服装、鞋子和装备行业都是被垄断的，一些大的商家品牌例如罗西那和所罗门占了其中大部分的销售额。

滑雪胜地的发展分为两大类型（哈德逊，2000）：一种是在现有居住点上的有机发展，主要以社区为基础进行投资；另一种更加整体化，与旅游胜地的开发融合在一起。法国的拉普拉涅滑雪场是后者的一个经典例子，一家发展公司从高海拔的自然山地荒野中开发出 10 个村庄，与滑雪资源融为一体。

由于全球变暖，欧洲的滑雪产业的未来从中长期来看是具有不确定性的。全球变暖使积雪厚度和持续时间遭受威胁，这也就使滑雪季节可运营性不太稳定。即使这种情况当前没有发生，全球变暖也已经激起一些活动（例如滑雪）中对环境问题的考量。然而，许多冬天滑雪胜地在夏天也会迎来多样化的山区活动，例如爬山、山地自行车运动、激流运动。

4.7.3.1 观赏性体育运动项目

全世界范围内具有商业性质的观赏性体育项目运动被足球、赛车和赛马所占领，不过在不同的国家人们的喜好不同，例如美国的橄榄球、冰球、棒球和篮球，这些最流行的运动吸引了大量的现场观众及大量的电视观众。在英国，这类有大量观众基础的体育运动市场的市值大约有 7.7 亿英镑，所占据的市场规模与电影一样大。在 21 世纪早期，这类运动的发展速度比较缓慢，其原因可能是俱乐部为了增加收入而提高票价。在 2002~2007 年间，其市值增加了 22%，比经济上其他价格增长的一般速率高出 2 倍以上。因为其市场需求旺盛但承载力有限，这种价格的上涨可能仅仅是抑制了过量的需求。但是对于其他会所来讲，如果需求对价格上涨十分敏感，则确实会对票的销售量造成威胁。2009 年维珍理财调查显示，接近 1/4 的英超足球联赛的持票人考虑的不再是更新手里的赛季票，而是选择按场次购买门票。

现场观看足球联赛的观众数在英国从 20 世纪 40 年代末到 20 世纪 80 年代中期开始下降，之后又有许多因素使观众的出席率大幅度上升（尽管未达到 20 世纪 40 年代的水平）。其原因可能包括在布老特拉福德和希尔斯堡球场事故后进行的场馆改进；1992 年超级联赛建立；一些俱乐部在股票市场上的上市；电视转播收入的增长和电视报道的增加；英超联赛吸引了更多的国际巨星。

一种商业化的职业运动通常能够符合过去所谓"有趣的、古老的游戏"的期待，并且其提供了最有力的证据证明所谓体育的商业化通常不仅仅是为了谋求利益。以英国的足球产业为例，除了一些著名的例子外，许多俱乐部都是年复一年的亏损运营，严格来说只是靠着债务重组来避免破产。埃默里和韦德（2006）指出，从 2002~2003 年，尽管英格兰超级联赛拼尽全力赚取了 1.24 亿英镑，但其他足球联赛却亏损了 1.1 亿英镑。许多俱乐部被频繁转让的部分原因是在财政预期上存在不稳定因素（或者说是完全的贫困）。

讨论问题

职业足球是一种商业休闲运动吗？思考足球俱乐部（不要只考虑曼彻斯特联队）的赢利能力。

然而，在职业运动领域仍然有很多成功的经典例子。在足球领域中，曼彻斯特联足球俱乐部就是最引人注目的例子。在撰写本书之际，曼彻斯特联足球俱乐部尽管也存在大量的债务，但其从周边商品、媒体转播权和老特拉福德球场卖出去的门票中仍取得了巨额收益。也存在其他专业等级足球俱乐部经典案例，其采用传统的赢利方式取得成功。但是职业运动的问题在于，仅只有商业上的成功是远远不够的，运动本身方面的成功也同等重要，甚至可以说更为重要。最显而易见的案例就是与其他一些职业的足球俱乐部相比"生死未卜"的球队——利兹联队。在某些赛季，利兹联队从英格兰超级联赛球队下滑到英格兰甲级联赛球队，原因很可能是财政困难，具体表现为持续升级的债务危机。

4.7.3.2 体育媒体

尽管职业足球往往展现了一种不良的商业形象，体育媒体却提供了取得商业成功的最好例子。第12章的案例研究12.2提供了"足球和电视"这样一个案例，具体来说是天空电视台的成功案例。在商业体育和电视行业之间有着一种强有力的、共生的关系，案例研究12.2将对其着重阐述。2009年秋，收费电视在因特网上独家转播英格兰世界杯，这一商业模式是一个有趣的转折点。

职业体育和媒体之间是一种异常重要的盟友关系。职业体育赛事为媒体提供了有价值的报道，并因此使其成本支出与有限的现场观众收益之间的差额得到弥补。媒体能使更多对职业运动感兴趣的人群接触到这一运动，并从中获益。

在过去的20年间，体育行业发生的最显著的变化就是体育报道需求比重上升，这引起职业联赛和重大体育比赛的媒体转播权价格大幅度上涨。

媒体转播权价格的上涨也表明了涉及体育的媒体存在风险。斯坦塔体育频道为超级联赛足球比赛在英格兰和苏格兰的媒体转播权支付了费用，然而2009年其并没有获得足够的付费电视收入，事业因此失败。这使更多的足球俱乐部产生了债务危机，尤其是那些依赖电视转播收入的俱乐部。斯坦塔体育频道的失败表明俱乐部进入体育转播市场是一件非常困难的事情，因为这一市场往往被少数几家大型公司控制着。

4.7.3.3 体育服装、运动鞋及装备

尽管在体育产业中占统治地位的是体育服务，但是根据体育产业研究中心（2009）的数据表明，仍有38%的消费支出在体育产品上，包括体育服装、运动鞋和装备，其占据了整个消费支出的最大份额。其涵盖了制造、销售和零售环节，包括从快艇、划艇、帐篷、山地车、滑翔机到运动服装、专门鞋类、壁球、球类、斯诺克台球、飞镖盘、蹦床和球门柱等一系列产品。

体育产业研究中心（2009）估计，在英国，20%的鞋类花销和7%的各类服装开支都与体育产业有关。过去十几年间，整个市场的趋势是体育服装和鞋类的价格下跌，同时销售数量上涨。而在撰写本书的同时，有预测表明体育运动服装和鞋类的销售将受到重创，这不仅仅是由于经济的衰退，也是因为时尚改变的影响。2008～2009年，英国主要的四家运动服装与鞋类零售公司中的两家就面临了财政危机。

体育运动服装和鞋类的制造通常"外包"给低劳动成本的国家，例如：中国的台湾地区和菲律宾。这样就在次发达的国家中引发了关于"剥削"的道德问题，但是从商业上来看，就是保证低生产成本，并在发达国家赚取批发和零

售的高额纯利润。格拉顿和泰勒（2000）再现了这样的一个例子，耐克运动鞋 1995 年的生产成本是 20 美元；随着生产成本和利润的上涨，批发价格达到 35.50 美元；零售成本和利润使销售价格上涨，卖给顾客时的最终售价为 70 美元。

讨论问题

某一跨国体育用品公司在次发达国家中组织生产和制造，这是否成为一种"剥削"？

在英国，体育装备行业中，消费者支出的最大份额是船只。这是一种少数人参加的活动，但是由于各种高价船的存在，整个市场的价格也随之上涨。船只约占英国运动装备市场价值的 50%，其不仅仅包括小船也包括划艇、橡皮艇和一些城市的运河船。船只、山地车、室外装备和室内健身装备除了是体育装备行业的主要市场以外，也是使人们提高健康意识的有效方法。

4.7.3.4 健康和健身俱乐部

健身部门主要由商业服务提供商组成，当然那些健身设施在公共部门的休闲中心也很常见。在过去的 20 多年里，健身部门有显著的增长。在英国，俱乐部会员数从 1995 年的 150 余万，到 2009 年达到 470 万，在商业部门中占 95%。公共部门的健身参与者与其说是会员不如说是抱着玩的心态尝试锻炼的群众。商业健身俱乐部会员人数的显著增长是商业部门增长的主要驱动力，其中主要的增长都来源于连锁店，包括：健身有限公司 Bannatyne's、Connons、David Lloyd、Esporta、Fitness First、LA Fitness 和 Virgin。

在过去的 40 年间，健康和健身俱乐部演变成为分布广泛的、结构复杂的领导者。由于对个人健康和健身的重视，在政府政策的支持下，私营部门中一个生机勃勃的市场已经发展起来。它将耐力器械、预防心血管疾病的设备、跑步机等新的设备使得俱乐部成员的个人锻炼信息高度地机械化、计算机化和融入科学的设计。私人教练在这一行业得到了较好的发展。

一些俱乐部性质从锻炼身体转变为保持健康，这样的转变对于一个具有前瞻性的休闲管理者来说是必须注意的。在美国和英国，近年来健身俱乐部行业中，一个有趣的业务是私人健康保险有限公司降低那些有规律去健身俱乐部会员的健康保险费。2007 年，英国商业健身与健康之间的关系有了进一步的发展，这体现在谢菲尔德私人保健公司兼并了加农健康俱乐部。

私人健身公司提供一系列服务并不罕见，其通常与健康和健身俱乐部合作, 例如治疗或理疗包括提供针灸、亚历山大疗法、芳香疗法、脊柱按摩、顺势疗法、催眠疗法、按摩、冥想、灵修、整骨疗法、反射疗法、放松训练、运动损伤保健以及太极和瑜伽等。在提供这些服务的同时, 私人健身行业都愿意推广 20 世纪欧洲部分地区非常流行的 "全面健康" 理念以及保健水疗。美国的 "全面健康" 理念市场也同样朝提供保健水疗和整体研究方向转变。

不仅仅是在商业部门中的健康和健身中心开始进行更加整体性的研究。由政府和国家彩票的指导思想作后盾, 英国的健康生活中心机构得到了支持, 并且提供了一系列可以满足 "完整的人" 需要的服务。

4.7.4 电影院

1997 年是电影院成立 100 周年纪念年。第二次世界大战之后的几年里, 看电影的人数达到顶峰。然而, 随着电视的发明, 电影票的销售额日益降低, 在英国从 1946 年鼎盛时期的 16.35 亿英镑降到 1984 年最低谷时期的 5400 万英镑。然而电影业有着其独有的运气, 在 2008 年观影人数迎来了首次回升, 达到 1.64 亿人次。国家统计局 (2009) 报告称, 英国 42% 的成年人一年至少会去一次电影院。

全球观看电影的人数主要来自印度和美国。印度 2002 年的观影人数达到 29 亿人次, 而美国达到 14 亿人次。虽然这些数据明显受到国家人口数量的影响, 但即便如此, 这些国家的人均观影的次数也比英国要高: 在美国, 人均观影次数有 4.6 次, 而在英国只有 2.7 次。这也许同样与供给能力有关, 尽管电影院数量增加, 但英国的电影屏幕数量仍然远低于其他国家。2007 年的数据显示, 英国每百万人平均占有 59 块电影屏幕, 这远少于美国每百万人 129 块的数据。

青少年是最喜欢去电影院的人群。2008 年, 英国 15 ~ 24 岁人群中超过 80% 的人至少一年去一次电影院, 40% 的人一个月去一次甚至更多次 (国家统计局, 2008)。相同的数据显示, 在 45 ~ 54 岁的人群中有 59% 一年去一次电影院, 10% 的人一个月去一次甚至更多次。7 ~ 14 岁的人群是一个特定的增长市场, 其中 87% 的人一年去一次电影院, 占去电影院总人数的 20%。

在过去的 20 年里, 电影业复苏的部分原因是受投资刺激, 特别是多屏幕电影院的发展提供了更多的电影选择以及更有吸引力的电影环境。尽管英国电影院的数量持续下降, 但现有电影院分成多屏幕的小单元, 使电影屏幕数量仍然增加。电影行业的结构再一次的垄断化, 主导商家包括 Odeon、UCI 和 UGC。

尽管在最近几年里观看电影的人数在增加，但周一到周四的观影人数只占电影院可容人数的10%，占总看电影人次的39%，周五到周日的看电影人数占61%。技术的改变为非高峰时期的电影院使用率和收入的增加提供了机会，数字技术和投影使电影院的播放内容从体育事件、流行音乐会扩展到举办与其他城市或国家的联合会议。可以预见的是电影胶卷将会消失，电影数据将会被数字化保存，通过卫星、数字视频光盘或者是电缆传送到电影院，这样可以降低电影的生产成本。技术上的改变使 3D 电影院快速发展，据估计，2009 年 3D 电影院的数量将会成倍增加（帕里奇，2009），北美计划对接近 2 万家电影院进行 3D 技术的投资。如今 3D 是一种成熟的技术，大量的主题公园、博物馆和那些希望吸引游客注意力的地方正逐渐采用这一技术。

讨论问题

你认为去电影院观影、现场观看足球比赛和参与宾果游戏的受欢迎程度从20 世纪 80 年代中期的低落点开始复苏的原因是什么？

4.7.5 休闲公园

休闲公园是休闲活动和其他社区建设的聚合地，包括电影院、保龄球馆、饭店和俱乐部。休闲体验在一个有吸引力的、安全的环境中可以吸引家庭和老年群体，并为家庭娱乐提供可选择的环境。然而，社区中不同的群体有着不同的需求；这大部分与年龄有关，而且通常会导致分散的市场格局。迎合每一个独立市场的需求可能代价不菲，而且对家庭市场吸引力比较小。于是，多设施休闲计划逐渐发展起来，目的是在某一个综合设施中吸引更多的用户群。在英国，有 100 多家大规模的休闲公园，但是更为常见的是那些有着休闲元素的购物公园，其大大小小有 900 处（明特尔，2008d）。

在 20 世纪 90 年代，看电影的人数、喜欢打保龄球和玩宾果游戏人数的增加和夜店的受欢迎度日益上升使开发商对休闲公园这一市场的开发产生兴趣。在这一时间内设计的几乎所有的休闲公园，配有电影院和餐馆。这就成为了其他的休闲设施的催化剂，特别是保龄球和健康健身俱乐部及酒吧或酒馆、宾果游戏和夜店等（明特尔，2008d）。在休闲购物公园郊区，电影院和餐馆仍然是主要休闲服务设施，保龄球则是紧随其后的普遍休闲服务。

4.7.6 剧院

商业休闲提供的娱乐和户外艺术涉及若干领域，其可以被分为两大基本类型：一类是鼓励积极参与的（例如舞厅、迪斯科、戏剧、音乐和舞蹈学校），另一类则是通常面向观众的。本部分主要研究后者。

在英国，具有商业性质的剧院几乎都集中在伦敦。伦敦剧院指南表明伦敦西区有 42 家剧院，然而伦敦剧院协会（2009）认证的有 45 家剧院，其中 6 家享受着政府援助（如皇家歌剧院、伦敦大剧院、国家剧院、沙德乐威尔斯剧院）。伦敦商业剧院是另外一种形式的垄断，以下五家大型公司拥有伦敦剧院其中的 29 家：它们是 Ambassadors、Delfont Mackintosh、Live Nation、Nimax、Really Useful Group。

伦敦剧院在 2008 年的演出作品共 241 个，吸引观众 1390 万人次，与 1986 年的最低潮时期相比只增加了 100 万人次（伦敦剧院协会，2009）。2003 年伦敦西区剧院调查显示，37% 的观众来自伦敦，36% 的观众来自英国的其他地区，17% 来自北美，11% 来自其他国家。西区的剧院和全国其他剧院一样有着社会人口上的偏见，数据显示 2003 年 65% 的观众是女性，92% 的观众为白种人，41% 的观众年收入超过 3 万英镑（伦敦剧院协会，2009）。

由伦敦剧院协会委托调查的温德汉姆研究报告（《旅行者》，1998）指出，有 41000 个工作机会依赖于伦敦西区剧院，剧迷们共花 2.5 亿英镑用于购票，4.33 亿英镑用于餐饮、酒店住宿、旅游和购物。英国最成功的剧院作品创造出的全球收入比好莱坞大片（例如《泰坦尼克号》）更多，伦敦的歌剧院对英国的收支平衡所做出的贡献比英国电影、电视行业做出的贡献还要大。

对温德汉姆研究报告的隐含意义进一步分析随后引发了对一些关键问题的关注。第一，创造性的新戏剧作品的创作多半被限制于公共部门，为了全面实现作品中潜在的商业价值，受资助的公共部门与商业部门之间需要加强合作。第二，为了剧院的长期利益得以持续和扩宽，剧院与教育当局之间积极的伙伴关系是必要的。第三，伦敦的歌剧院尤为古老（通常其建立于 19 世纪），这些剧院大多迫切地需要改造。第四，剧院是一种高风险商业，其最大的障碍是吸引投资来支持新剧目。最后，由于地方剧院与伦敦剧院之间、产品与人员分配之间、补贴和商业剧院之间这三种相互关系的存在，仅仅关注伦敦的剧院是不够的。

尽管伦敦是世界的剧院之都，商业剧院也在英国其他地方出现。大不列颠一些商业公司租赁或拥有大约一半以上的专业剧院。例如 Live Nation、Ambassadors 公司各自在伦敦以外的地区拥有的 14 家剧院。

4.7.7 夜店

由于入场费的持续上涨，经营夜店或迪斯科舞厅运营商的价值持续增长。"俱乐部"是英国年销售额达到 19 亿英镑的部门。自 2003 年以来，英国的入场费总额看似浮动不大，然而成年人去夜店的比例从 2003 年的近 30% 下降到 2008 年的不足 27%（明特尔，2008c），这意味着平均每个人去夜店的次数上升。15 ~ 17 岁的人群去夜店的比例从 2003 年的接近 50% 下降到 2008 年的少于 19%。其下降的主要原因包括对年轻顾客群年龄的严格检查和一些相关法律——包括安全行业法案和执照法案的改变。

夜店行业的所有权非常分散，最大的经营者也只拥有 1700 家酒吧中的 6%。获得在特定细分市场中的混合活动权使休闲公司更新经营理念、找到新的商业结合点并不断创新，最新的例子体现在由 Carnage UK（为学生饮酒活动提供组织的公司）组织的英国学生活动。大多俱乐部需要大量定期的客流。它们会举办许多特别的主题活动和促销活动，希望以此提高生意较淡的时候的销售业绩（比如一周开始的前几天）。

在这个有利可图的市场中一直存在的问题是文化冲突，一方面，酒精饮料的促销和刺激性娱乐活动是夜店行业获得利润的主要来源（同时税收方面为政府带来利益），这些活动也满足了顾客的需求。但另一方面，公众和执法者对健康的担忧、对反社会行为和犯罪的关注使更多的管制规定成为必需。休闲管理者及其他职业人员需要在满足顾客要求与避免其过度放纵而受伤之间寻求合适的平衡点。休闲教育从广义上来讲，是一种帮助年轻人在做出自己的选择来满足自身对刺激和乐趣的需求的同时而不引起社会问题的工具。

4.7.8 主题公园

自迪士尼乐园出现之后，主题公园变得越来越流行，使美国从 1955 年出现的游乐园行业开始复活。其目标在于提供最好、最干净、最有礼貌和最安全的游乐场。迪士尼公司创造出气氛梦幻、富有魅力、远离现实、声名显赫、充满刺激的游乐场。迪士尼主题公园在日本东京、中国香港、法国巴黎以及美国佛罗里达和加利福尼亚都非常成功，是全世界主题公园的行业领导者。巴黎的迪士尼乐园是欧洲最吸引游客的旅游胜地，其 2008 年共吸引游客达到 1530 万人次（哈里森和布兰德，2009）。

　　大不列颠地区的第一家主题公园是彻特西的索普水上公园，其主题是海洋历史。它的发展鼓励了英国其他地区主题公园的建设。大不列颠地区最大的阿尔顿塔主题公园位于斯塔福德郡，是欧洲第十大主题公园，其在 2008 年吸引游客的数量达到 250 万人次。除了迪士尼，四大公司控制欧洲主题公园的经营权：莫林娱乐集团，鲁尼多斯公司，Grevin Et Cie，Aspro Ocio。莫林娱乐集团经营着英国最大的主题公园：顿塔主题公园、索普游乐园、乐高主题公园、杜莎夫人蜡像馆、海洋生物中心、切辛顿冒险世界、伦敦眼和一些意大利及德国的主题公园。

　　主题公园主要吸引的是儿童和年轻人，并对那些计划"一日游"的旅客及集体出行家庭具有吸引力。主题公园占地面积比较大，因此需要远离市区。游玩主题公园比地方设施所需要的路程时间要长得多。但是其以"一日游"为推广点，在这个经济衰退时期，从"居家式度假"模式中谋取利益。

　　主题公园最大的商业挑战是需要吸引大量的游客，这不仅仅用于弥补高额经营成本，并且可以弥补新的、引人注目的大型游乐项目的高投资成本——那些大型游乐项目是吸引人群重复消费的重点。其对游客的吸引力有一部分是被管理行为所控制的，其特别受到投资、广告和定价策略的影响。其他主要的影响因素是国家经济的总体情况，当然也受到天气的限制。2007 年夏天英国糟糕的天气导致主题公园的游客总量下降了 5%（明特尔，2008b）。

　　除了维持和增加游客访问的次数，主题公园还成功地通过"收益管理"从其资产中获益良多（哈里森和布兰德，2009）。为了获取主动权，其采取的措施包括提前预售票、热门游乐项目进行优先排队买票（以高价销售），进行商品推广，提供摄影留念及场内住宿。明特尔（2008b）市场调研报告指出，顾客对主题公园发展的三大要求是合理的食物及饮品价格、能够优先排队买票、可以选择按项目收费而不是一次性购买高价的全套门票。

讨论问题

　　作为旅游景点的管理者，你倾向于怎样解决过剩需求的配合问题？是平等配供公平排队，还是用高价阻止需求过剩，或者以较高价格销售优先排队票？并阐述你的理由。

4.8　小结

为人们的休闲消费提供设施、服务和产品的提供商对于人们的休闲活动有着最重要的影响。本章主要讨论了户外休闲的一般选择及一些商业市场细分。同样存在其他的一些主要的商业休闲爱好，在其他章节将有涉及，特别是家庭休闲（第 12 章），节假日和旅游行业（第 7 章）以及赞助（第 15 章）。

所谓商业就是为了赚取利润，否则其最后会歇业破产。为了赚取最大利润或是投资回报，管理政策、方法和技术是非常重要的。商业休闲的成功由许多因素决定，包括：

- 可接近性及区位因素——不论在城镇或者是在农村；
- 设施和活动的范围；
- 服务范围及市场竞争力——不仅仅是来自相似的设施之间，还来自为儿童和家庭提供游玩的机会之中；
- 产品和服务的质量；
- 对新产品的投资；
- 定价；
- 促销；
- 餐饮服务和社交机会；
- 为不同的细分市场提供设施和服务；
- 停车场。

商业部门在需要保持赢利的时候并不独立于其他部门而运营。政府对商业有着重要的影响，其同时起着促进和制约作用。商业部门为社会带来了重要的积极和消极影响，这必须引起注意，否则其将失去社区人群和最终消费者的支持。

实 践 任 务

1. 参观一个商业休闲组织。分析其有多少种试图从你身上赚钱的方法，并分析其他可能诱惑你花钱的方法。

2. 在电影院、宾果游戏俱乐部、快餐店、咖啡馆这几个领域中任选一个，并参观其中两家较为主要的经营场所。考虑不同经营场所之间的相同点和不同点，并判定垄断主义对消费者的选择和服务质量是好还是坏。

拓展阅读

关于休闲和体育产业概览：

Leisure Forecasts and Sports Market Forecasts，annual publications from the Sport Industry Research Centre, Sheffield Hallam University, Sheffield.

关于美国的商务休闲：

Vogel, H. L. (2007) *Entertainment Industry Economics*: *a guide for financial analysis*, 7th edition, Cambridge University Press, New York.

关于对不同商务休闲市场的市场回顾：

Mintel reports.

关于英国博彩业情况的概述：

Gambling Commission (2009) *Industry Statistics*, 2008/2009, Gambling Commission, London.

关于英国公共房屋所有权的审查：

House of Commons (2004) *Trade and Industry Second Report*, available at www. publications. parliament. uk/pa/cm200405/cmselect/cmtrdind/ 128/12802. htm.

关于体育广播：

Gratton, C. and Solberg, H. A. (2007) *The Economics of Sports Broadcasting*, Routledge, London.

实 用 网 站

关于国际可自由支配收入统计，数据来源于经济合作与发展组织：

www. oecd. org/LongAbstract/0, 3425, en_ 2649_ 33715_ 36864949_ 1_ 1_ 1_ 1, 0 0. html

关于英国家庭开支统计，来自于国家统计局：

www. statistics. gov. uk/downloads/theme_ social/family_ spending_ 2007/familyspendin – g2008_ web. pdf

关于英国赛狗项目的信息：

www. thedogs. co. uk

关于英国赛马项目的信息：

www. britishhorseracing. com/inside_ horseracing

关于 2005 年赌博条例的信息：

www. culture. gov. uk/what_ we_ do/gambling_ and_ racing/3305. aspx

关于英国赌博活动的信息：

www. gamblingcommission. gov. uk/research ＿ consultations/research/bgps/bgps_

2007. aspx

关于景点市场的信息：

Attractions Management online，http：//attractionsmanagement. com/

关于电影业的信息：

Cinema Exhibitors´Association，www. cinemauk. org. uk/

第 5 章
政府与运动和休闲

本章内容

- 政府如何参与运动与休闲；
- 在运动与休闲中，中央政府、地方政府和非政府公共机构分别扮演着怎样的角色；
- 政府参与的支撑理论是什么；
- 法律影响运动与休闲的关键要素有哪些；
- 英国国家彩票是如何影响运动与休闲行业的；
- 欧盟怎样参与运动与休闲。

概　要

　　大部分地区的休闲领域都受到了政府的影响，影响方式主要有以下几种：直接配给、财政支持，还有赋权和立法控制。从国际层面的欧盟，到国家层面的中央政府和许多非政府公共机构，再到地区政府和地方政府，不同级别的政府和机构在休闲领域都很活跃。通常来说，中央政府的影响无处不在，但是大部分的影响都是间接的——在休闲市场中非政府公共机构和地方政府的影响才是最直接的。

　　政府对休闲领域的合理干预的理论已经发展了近两个世纪之久，19 世纪中期，就有旨在发展休闲提升公民健康、公民权利以及社会调控功能的律法。其他的相关理论也一直在不断地发展，包括休闲各个领域良好发展对于政府资金的需求的认知理论，特别是在体育、艺术、遗产、博物馆和美术馆等方面的理论。

　　政府对休闲的支持形式也随着时代的变化而变化，近年来最引人注目的支持方式便是彩票。彩票是由政府授权发行，其公益金专项用于社会福利，包括运动与休闲在内的公益事业。

政府对休闲行业各方面的支持是否能够持续下去并不确定，因为在经济衰退的大背景下，政府不得不大幅度削减开支，实施财政刺激政策。

5.1 引言

在前几章中，从休闲的概念出发，就休闲是什么、它能给我们带来什么以及它能为个人和整个社会做些什么进行了详细讨论。人们希望休闲服务和设备管理人员给他们提供能够让他们在休闲体验中获得满足感的项目和活动，而这种满足能达到两个目标：第一，它能够满足人们的某些需求；第二，能够通过让顾客满意而吸引更多的客户进而达到休闲机构和组织商业目标。我们现在也同样在思考政府是如何通过支持休闲来达成其目标，及公共部门中有着怎样的休闲供应。本书所举的许多例子都是来自英国，这些例子能够对英国的休闲供应给出一个一致的、全面的描述。其他国家的休闲供应与法律同英国也存在一定的共性。

通过政府赋予权利或认定责任的方式，公众的休闲与娱乐生活得到了进一步的发展。提供休闲设施的政府及其职能部门机构包括中央政府、非政府公共机构、地方政府或者州政府以及各种不同类型的地方当局（例如：在英国的不同地区有着不同的单一管理区、郡议会、区议会以及在地方层面的教区议会）。

从 1983 年托克尔岑的《休闲与娱乐管理》第一次出版以来，中央政府和地方政府已经发生了巨大的变化。例如，英国已经将许多中央权力下放到苏格兰议会、威尔士国民议会和北爱尔兰国民议会。另外，过去 30 多年间法律对于运动与休闲发展有着一定的影响：一方面，它能够缩减委员会的预算；另一方面，它能够使得提供服务和进行设备管理的方法更具有灵活性和可靠性。

当谈到术语的问题时，我们必须明白将术语了解清楚是非常重要的。本书中，"休闲"这一术语涵盖了各种各样的活动，包括：体育、娱乐、艺术、游戏、遗址等。在政府的层面，特别是在英国以外的国家中，使用更为普遍的术语是"文化"。然而讽刺地是"文化"一词却是出现在英国休闲业的主要政府部门——文化部门、传媒部门和体育部门中。体育本身就是文化的组成部分，因此这里单独将体育与文化并列作单独一项，令人混淆不清。另一个比较容易混淆的问题是，在英国，"文化"一词通常被狭隘地视为一个涵盖了艺术的术语。而在美国的政策中"休闲"一词更为普遍的说法是"娱乐消遣"。

5.2 公共休闲服务及设备的范畴

在英国（如其他许多国家，包括法国和日本），中央政府扮演着掌握大权的角色，但实际上地方当局提供了更多的休闲机会。美国、德国和澳大利亚则是与之不同的类型——联邦系统的典型例子，其中地区政府或州政府扮演着极重要的角色。在英国，地方政府最重要的角色便是将权力下放到苏格兰议会、威尔士国民议会和北爱尔兰国民议会。

在英国艺术委员会 1998 年发布的一篇报告中显示 20 世纪 90 年代中期的不同国家和不同等级的政府支持艺术事业资金比例各不相同：在英国，政府对于艺术的资助，58% 资金来源于中央政府，42% 来自地方政府（最近，自从权力下放后，在苏格兰、威尔士和北爱尔兰也有了一些地区政府的资金）。在澳大利亚，40% 来自中央政府，49% 来自州政府，11% 来自地方政府。在美国，41% 来自中央政府，17% 来自州政府，42% 来自地方政府。

5.2.1 中央政府

中央政府通常不直接提供休闲服务，但其具备一种政策协调功能。在联邦系统特征更为明显的国家，例如澳大利亚和美国，中央政府只关注与国家利益相关的问题，例如国家运动队，国家公园和世界文化遗产保护地等。英国的领导部门——文化部、传媒部和体育部负责发布有关艺术、体育、国家彩票、旅游、图书馆、博物馆和画廊、广播、创意产业、新闻的自由与监管、许可证的发放、赌博和历史环境的政府政策。它也是 2012 年奥运会和残奥会的领导部门。在苏格兰议会、威尔士国民议会和北爱尔兰国民议会中同样存在与休闲相关的部门。英国其他中央政府部门同休闲政策也有着联系并且对它们产生一定的影响。这些部门包括：学校部门、高等教育部门、地方政府部门、卫生部门和环境部门。

中央政府不仅制定国家政策，也制定地区和区域网络、机构和事业单位的法律框架，它对地方政府在地方提供和进行服务的方式进行调节。由中央政府制定的法律框架控制着国家的运行；这些法律涉及生活的方方面面，包括国内外的社会生活和休闲活动。例如，法律制定了有关管理广播、电视和新闻报道的规则，设置了在电影院看某些电影或者在酒吧喝酒的年龄限制，餐馆必须达到的卫生标准，还有一系列的包括游乐场、游乐滑行设施、体育赛事、音乐会和节日的安全标准。

中央政府的直接资助对国家几种不同类型的休闲供应的良好表现有着重要影响。例如在英国：

- 体育——通过英国国家体育委员会拨款给几个国家体育中心和精英运动员们，同样也对 2012 年伦敦奥运会投入了大量资金予以支持；
- 艺术——对国际著名场馆提供资金支持，例如，皇家歌剧院和在斯特拉特福德的皇家莎士比亚公司；
- 遗产——对国家主要的遗址予以资金支持，例如巨石阵和哈德良长城；
- 博物馆和艺术画廊——对国家博物馆予以资金支持，例如国家美术馆和自然美术博物馆（均可免费进入，参见案例研究 9.2）。

讨论问题

考虑可能存在的赞成或反对政府资助的理由：（1）国家体育馆，例如法兰西体育场或者温布利球场。（2）国家表演艺术中心，例如皇家歌剧院或悉尼歌剧院。你对于接受公共资助后这些设施运营的变化有着怎样的期望？

5.2.2 非政府公共机构

许多国家政府为了宣传其休闲政策和服务，依靠非政府公共机构引导政策。非政府公共机构是单独建立的，通常由独立的董事会来管理其运行，但它们的资金支持主要是来自中央政府，所以它们受中央政府的政策影响较大。非政府公共机构曾被称为"半自制国家政府组织"。

在英国，文化部、传媒部和体育部负责了 50 个以上的非政府公共机构。它们通常是评论员在寻找削减公共支出理由时的批判目标。然而，在休闲领域，它们扮演了协调和聚焦政府政策最重要的角色。英国有五个体育委员会（英格兰、苏格兰、威尔士、北爱尔兰和英国）；四个艺术委员会；英国古迹署；博物馆、图书馆和档案理事会；16 个由文化部、传媒部和体育部直接资助的国家博物馆；负责在全球范围内推广英国的国家旅游机构——英国旅游局；还有至少 10 个环保机构（见第 8 章）。

英国存有许多非政府公共机构，因为休闲是一个责任非常分散的领域，同时也因为在英国其政策职责经常被分散到四个国家地区。在澳大利亚，林奇和威尔报告指出澳大利亚有超过 30 个国家级的非政府公共机构。

案例研究 5.1

维多利亚健康促进基金会：进一步发挥体育和娱乐组织健康促进功能

政府干预和支持运动与体育活动的一个关键的现代理论是建立在改善健康状况的目标之上。维多利亚健康促进基金会是一个由澳大利亚的维多利亚州政府资助的健康促进基金会。在它的众多项目中有一个项目始于 2000 年，其目标是使维多利亚州的地区性运动会从狭隘地关注体育赛事本身改变成将社区体育和娱乐项目发展成为州院健康水平提升政策的一个部分。凯西等人（2009）审查了 9 个由维多利亚健康促进基金会资助的地区性运动集会，从而促进集会推动具体的目标群体体育活动的发展，这些群体包括：语言、文化多元化的人；本土的人；女性；老年人和年轻人。

地区性运动会的健康促进功能发展的第一阶段是提高认知度。维多利亚健康促进基金会积极参与同运动集会执行官们的直接讨论，并且资助社区协商计划通过运动集会发展健康促进事业，同时该基金会与集会工作人员及董事会成员合作实施了一个健康促进教育项目。

第二阶段是地区性运动集会要正式通过一个项目以此来提高活动的参与度。维多利亚健康促进基金会进一步资助此项目，此项目的完成过程由此加速。这一项目的实施需要初始计划中维多利亚健康促进基金会为期三年的资助和人力资源的培训，这些项目有助于调整集会发展方向，充分发挥休闲体育和娱乐的健康促进功能。

在地区性运动集会转化成健康促进机构进程中的最后阶段，即体育和娱乐的利用。在没有维多利亚健康促进基金会持续资助的情况下这一转化过程能否继续，这是最大的考验。凯西等人认为这是不可能的——集会需要持续资助来维持它们在健康促进中的角色。虽然如此，这一案例准确而清晰地展示了政府制定的给予运动和体育活动财政支持的政策是以提升大众健康为目的的。

资料来源：凯西等人（2009）

- 由环境部与遗产部负责的三个非政府公共机构包括：英联邦国家公园、保护区和植物园、自然遗产信托；

- 由信息通信技术和艺术部负责 7 个以上的非政府公共机构，包括：国家图书馆、美术馆、国家肖像画廊、国家博物馆、澳大利亚广播公司、澳大利亚电影委员会、澳大利亚电影融资公司、澳大利亚免费音乐在线服务网、澳大利亚体育委员会和澳大利亚体育学院；
- 由旅游部负责一个非政府公共机构——澳大利亚旅游协会。

在联邦系统州级政府中也设有非政府公共机构，例如澳大利亚。案例研究 5.1 向我们展示了在澳大利亚的维多利亚州非政府公共健康机构已经影响到了体育组织并使之承担更多健康恢复的职责，同时也向我们展示了政府体育政策与健康政策的重要联系。

非政府公共机构通常负责许多占地面积较大的设施，例如主要的水利资源（如：英国内河航道部门，负责超过 2000 英里的河流和运河）和国家公园。非休闲类的非政府公共机构（例如新城镇企业）同样在休闲供应中扮演着重要的角色，它们有权利和义务协助或启动供应。

讨论问题

相对于由政府部门直接制定政策和策略或是由政府机构直接提供资助，众多的非政府公共机构为休闲组织制定公共政策的优势是什么？

5.2.3 地方当局

可以说在很多国家其地方当局的休闲服务范围最广。他们有许多可识别的资源和很广的影响范围，而这些在图 5 - 1 中已经有所总结：不同的地方当局拥有部分资源还是全部的资源是由其地理位置、政府规模及它的政策和职责来决定。这些元素中许多都是组合或重叠的；没有哪两个地方当局在休闲职责方面是完全一致的——他们大体相似但是细节又有所不同。

地方当局通过多种多样的方式提供服务。公众能够免费进入许多场地设施，例如城市公园、操场、图书馆、博物馆、野餐区、自然步道、海滩和国家公园。虽然看起来公众并不直接为这些设施付费，但实际上他们通过缴纳地方和国家税收这等间接方式来付费。一些地方当局也提供需要公众直接付费进入的场地设施，但是这些场地通常受到高额补贴，例如游泳池、运动场、高尔夫球场、码头、艺术中心、剧院和体育中心。对于这些设施而言，休闲经理人是确保公众有效地利用设施、充分利用公款的必要条件。

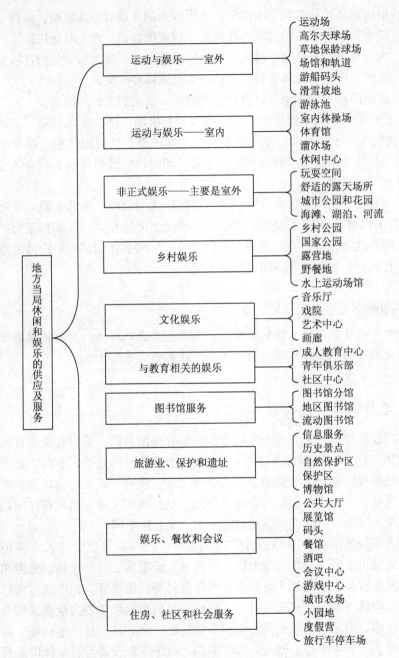

图 5-1　地方当局的休闲设施和服务

地方当局对于遗产、图书馆、公园和体育设施的供应的重要性在英国的中央政府体制中与在澳大利亚（林奇和威尔，2006）和美国（贺伯润和格雷，2001；鲁姆斯和沃尔什，1997）的联邦系统中是类似的。然而在澳大利亚，州政府同样是公园、体育和娱乐、博物馆、画廊、艺术表演场馆和文化遗产的主要供应者。

地方当局经常期待志愿部门和商业部门去提供社会活动和娱乐，然而无论直接地或者间接地，他们自身也同样会仅仅为了娱乐的目的而提供活动和消遣。例如，他们通过村庄大厅、社区活动中心和市政厅直接提供的活动或者消遣，大部分被用于举办文娱活动；而城市公园则是为大的活动而准备的。在许多运动休闲中心拥有该区域内最大的公共大厅，因而他们通常是公众主办文娱活动的主要场所，例如古董和工艺博览会、音乐会、展览和大型社交活动。

地方当局不仅仅是设施的供应者，当他们知道他们对企业的支持可以提供更多的服务给大众时，他们同时也是各种企业类型的支持者——包括私人机构、志愿组织甚至商业公司。地方当局所给予的支持基本上能分为两种类型，第一种是有偿或者无偿地提供自身的资源（不仅仅是场地也包括劳动力和技术）；第二种是提供资金支持。地方当局还通过规划决策间接地提供休闲供应支持，授权是最常用的方式。

地方教育局经常积极给予青年人、社区服务和企业组织支持，例如，为青年人和成年人提供学习课堂，同时为社区协会和其他组织提供资金和年度馈赠。教育局有时也会给社区中心的区长、领导者和管理者支付薪水。

对于娱乐消遣而言，地方当局的规划功能是至关重要的。作为规划当局，他们通常能够协助土地和资源的供应。作为住房当局，他们拥有休闲规划的决策权，可以协助在家里或附近、大街小巷、街坊邻居的游乐场地和露天场所中的休闲活动。地方当局达成策划协议。他们在发展纲要上做决定并给其他机构提供的娱乐设施合格与否做决定。规划当局必须从宏观环境和长期策略角度考虑他们的纲要。在英国，地方当局也受到中央政府签发的政府规划政策指导说明的指导。

在英国，政治利益是地方当局的休闲供应的基础。地方当局有义务通过教育，博物馆和图书馆为公众提供休闲的机会。然而在英格兰和威尔士地方当局只拥有协助艺术、体育、闲暇消遣活动、乡村游憩、娱乐消遣、旅游及青年人和社区的服务的自由酌量权。而在苏格兰和北爱尔兰这些服务属于法定的义务。这可能是一种历史反常现象，但当关系到公共支出的削减问题，因为它是一种需忍受更沉重削减分享的导向性服务。如果地方当局在这方面的服务属于全权委托服务，就很可能会遭受更大幅度的开支削减的影响。在经济衰退后，地方当局为减少公共负债不可避免会采取一些必要的财政措施。这使得地方当局休闲经理人在抵抗削减保护他们的服务上处于一个艰难的位置。

讨论问题

英格兰和威尔士的地方当局在没有法定义务的情况下却一直为体育休闲活动提供资金支持，你认为它们为什么这样做？

案例研究 5.2

以色列的休闲政策

以色列关于休闲与文化的第一个重要的研究是在 1970 年由教育部赞助的。这引起两个政府委员会思考研究结果并在一个更短的工作周内发展政治、文化和艺术。这个时候，拉斯金和西湾提出了一套非常合乎逻辑和基础性的问题，这些问题可以促使政策决策者做更多的思考：

- 在民主社会中是否需要一个明确的文化政策；
- 以色列是怎样将完全不同的民族文化融合在一起并形成国家文化的；
- 怎样将宗教传统和现代化世俗融合在一起；
- 在政治和文化强国占据主导位置的时代，大众媒体能否避免国际信息的自由活动；
- 以色列是否应该接纳欧洲文化、艺术及价值观，或者是接纳这种欧洲文化同其他文化的混合体；
- 闲暇时间越来越多，人们应该怎样消遣这些闲暇时间；
- 增多的休闲时间和休闲教育创造了什么样的文化机会；
- 文化政策制定者怎样才能帮助受教育较少的一代克服年龄的约束；
- 怎样才能保证休闲的供应和消费的机会均等。

对于以上和其他相关问题的思考使得政府从业者建立一系列休闲政策制定小组。20 世纪 90 年的两个巨大发展转折巩固了休闲政策。第一，为休闲教育而准备的国民教育课程的形成——目的是使小学生的技术、知识、态度和价值观得到发展从而使他们将来成长为成人时拥有持续可发展的价值观，同时也为他们将来成为成人转化价值观打好基础（拉斯金和西湾，2005：148）。第二，在重要的政府支持的组织中建立一个休闲管理行政机构——以色列社区中心协会，它能够统筹协调这些十分重要的包括休闲在内的社区服务的供应者。

这些法案是对政府政策的首次创新。据赛利克（2002），以色列是世界上第一个也是唯一一个直接将休闲教育放在国家教育课程中的国家。实施这些休闲政策需要任命一名休闲教育的国家专员，培训出 200 个以上对休闲领域具体教育细节非常熟悉的老师，招聘和培训各种各样的保健专家，开发和他们的专业知识相匹配的休闲教育课程。

资料来源：拉斯金和西湾（2005）

5.3　公共部门休闲服务的发展和理论

英国的公共休闲服务在不同的历史阶段都有所发展，从 19 世纪中期到 20 世纪中期都处于孕育期：第二次世界大战后，公共休闲服务建立起来；20 世纪 60 年代新思想启蒙时代和 20 世纪 70 年代地方政府重组的时候掀起了新设施建设的狂潮；20 世纪 80 年代到 21 世纪早期政府以新的立法的形式推动的改革，这些立法包括强制性竞标法、最佳价值法、教育改革法、儿童法案和残疾歧视法案。

英国休闲政策的发展进程是发人深省的，不仅揭示了政府干预程度在不断增加的现象，同样也揭示了造成这一现象的各类原因。在集中介绍这一休闲政策的演变之前，案例研究 5.2 首先研究分析了一个相对新兴的国家——以色列截然不同的休闲政策最近的发展情况。

通过一系列的法案、法律、法令、政府通告和规范性文化以及国家法案，公共部门休闲得到引导并形成。国会法案赋予供应休闲的公共部门以职责，职权和权力。法案涵盖了各个领域，例如小园地、游泳池、公园、水路航道、餐饮、俱乐部、协会、博彩、公共娱乐、图书馆、执照、乡村旅游和保护、就业、事业单位、慈善机构和企业。在英国，这些法案条规已经有一段历史了。

5.3.1 第一个 100 年：19 世纪中期～20 世纪中期

英国公共部门的休闲起源可以追溯到 19 世纪。由于当时社会贫穷，条件差，发展不平衡，城市工人阶级的道德问题和健康福利问题引起了政府的关注。这同样也引起了公众对于社会控制的关注，社会控制就是为了政治和社会的进步，将民众可自由选择的活动调整成社会可接受的形式。这样一个理论并没有过时，例如许多国家为了一个相同的目的都制定了正式的酒精管制战略。

该法案最初被认为是处理个人清洁和卫生的法案。游泳池的修建主要是为了教育目的，同时也为休闲提供场所。1847 年的城镇改进法案、1845 年的博物馆法案和 1850 年的图书馆法案使得地方当局能够为休闲活动提供场所，这些法案都是家长式管理的产物——有娱乐目的的公共建筑和设施的感知需求——而不是公共需求的产物。他们是所谓的理论娱乐运动的典型例子（科特等人，1986）。早期的公共部门休闲是自由的，即地方当局根据公众的意愿进行休闲供应。

1875 年的公众健康法案是第一个重要的法定条款，它赋予城市当局购买和拥有土地来用作公共走道和娱乐场所的职权。后来，地方当局置留部分土地举行比赛的议案必须要通过审查后才能成立。公园运动部分是慈善事业而部分是由地方当局完成的。公园部门扩大他们的职责范围，同时也接管了一些区域并成为其赛事如网球、田径、高尔夫、划船、保龄球和一系列户外娱乐项目和节日的组织者和设施供应者。

据科特等人（1986）研究公共休闲政策的原则早在 19 世纪末就已经明确，即改善城市工人阶级的生活质量；解决由于战争引起的健康、生产力和身体素质问题，改善人们的身体状况；通过提供比私有市场所拥有的"更好的"选择来提高道德福利；社会一体化和社会控制；促进自我完善；政府以非直接的方式为休闲事业提供发展的机会。

讨论问题

你认为 19 世纪政府干涉休闲的理由与现今的状况有多少联系？

经济学家认为其理论基础为"有益品理论"（格拉顿和泰勒，2000），例如，制定能给大众带来利益的服务提供法案，而让这种服务提供自由发展，他们将不会消费足够的数量去有益社会。

20 世纪初，政府一直很重视这些法案。1936 年《公共卫生法案》要求当局供应公共浴池、洗衣房、游泳池和海滨浴场。1937 年的《体能训练和娱乐法案》是在欧洲社会动荡时期颁布的，那时候欧洲国家急需把自己建成一个实力雄厚、健康发展的国家。这是第一个用了"娱乐"一词的重要法案。然而政府对于娱乐活动的支持并不是因为娱乐活动充满乐趣和享受，而是因为社会和人们在健康、福利、人格训练和改善方面的需求。

5.3.2 第二次世界大战后的倡议

第二次世界大战后一段时期内，英国政府对休闲方面的政策做出了重大的调整。政府为了实施它的政策不再是简单地为休闲供应提供便利而是向体育娱乐的中央委员会提供了相当多的资助。在政府的资助下在 1946 年成立了艺术委员会，还成立了几个次重要的非政府公共机构。政府通过这些机构来投资体育休闲资产，特别是在体育、艺术、遗产、博物馆和画廊方面。国家间的优秀表现已经成为政府干预的另外一种重要的基本原理。

其他法律促进了休闲供应的发展。1947 年的《城市和乡村规划法案》规定地方规划局为所推荐的公共建筑、公园、娱乐场所、自然保护区和其他空间划定地域或者分配划拨土地的发展计划有了实现的可能性。1949 年的《国家公园和农村公路法案》赋予地方规划当局在其管理的国家公园中为公众供应休闲住所和露营地的权力。

1918 年和 1944 年的《教育法案》赋予了教育当局自由供应的权力，教育当局首先（在 1918 年）为社会培训和体能训练建造了便利设施。然后（在 1944 年）强制规定地方教育当局需为初等教育、中等教育和成人教育中的娱乐、社会培训和体能训练提供便利设施。这不仅引起了青年服务、成人教育和体能教育（后来的体育）的激增，也使得类似体育馆、游泳馆和大型室内体操馆和礼堂等设施迅速增加。

5.3.3 20 世纪 60 年代：休闲启蒙的时代

直到 20 世纪 50 年代，政府一直视娱乐为一种输出结果的有益方式，例如健康、保健和道德福利，而不是将其视为自己权利的保障，并没有意识到娱乐同样有助于稳固政府权力。沃尔芬登委员会的报告使得娱乐固有价值得到国会最终认可。这一委员会（沃尔芬登伯爵，1960）调查并报告了影响英国的游戏、运动和户外活动发展的各项因素。因而这一报告最终成为国会接受娱乐存在固有价值的分水岭。

关于青年服务和社区服务的沃尔芬登报告和阿尔伯马尔报告强调了室内体育和娱乐对数量和质量的需求，休闲供应发展史上另一个重大进步——多用途室内体育休闲中心的发展，后来在20世纪70年代地方政府重组给予了休闲供应的发展更大的推动力。

除了室内运动和娱乐中心的发展，青年服务和社区服务也在教育当局的推动下有所发展。1968年成立的乡村委员会对乡村公园项目进行了筹划，图书馆服务和艺术也成为这一休闲复兴计划的一部分。1964年的《公共图书馆和博物馆法案》提出每个图书馆机构应负有提供全面高效的图书馆服务的责任并且应当不断提升和改善服务。艺术成为众多报告的主题，例如1965年的白皮书和莫德的报告。

20世纪60年代成千上万的学校和教育设施逐渐转成为潜在的社区休闲和娱乐中心。国家教育部、科学部、住房部和地方政府（1964）提出新的引导政策，鼓励学校和公众共同使用这些设备和设施。

约束公共休闲发展的是各部门的不同政策、预算和态度，另一个深入地方政府结构的调查则给出精简政府委员会和部门的建议。因此，许多地方当局开始合理调整众多种类的休闲服务部门，将它们整合到同一个部门之中，这些部门包括艺术、图书馆、博物馆、艺术画廊、娱乐消遣、公园、健身娱乐和体育运动。

讨论问题

20世纪60年代是休闲政策的启蒙时代还是"保姆国家"发展的标志？

5.3.4 20世纪70年代和地方政府的重组

在英国深入地方政府结构的莫德委员会（里德希弗·莫德伯爵，1969）同样也大大精简了地方当局的数量。296个非大都市的地区委员会的娱乐服务都受到了极大的影响，这些保留下来的委员会现在已经拥有更大的职权，并且在很多情况下接管了一系列服务设施。组织精简也激励了新设备的创造，特别因为那时室内休闲中心都是老一代委员会留下的社区遗产。

地方政府的重组与一份政府重要文件相契合，标志着休闲价值凭借自身力量得到愈来愈多的认可。1975年的运动和娱乐的白皮书（环境部，1975）指明了娱乐设施的供应是"社会服务一般构造的组织部分"。一些分析者认为这段时间是新的后工业时代（后工业社会以理论知识为中轴，意图是人与人之间知识的竞争，科技精英成为社会的统治人物）里政府资助的社会基础设施重组的阶段。然而20世纪70年代后期另外的一个巨大改变便是政府开销的长期拮据开始了。

5.3.5 政府近期的措施

根据英国中央政府执政党的报道，在英国，从20世纪80年代开始公共部门参与休闲的理论已经发生改变了。从保守党执政期间到1997年，经济因素占据主要地位，即经济影响、创造并保持就业。这段时期被称为公共休闲服务"市场化"时期（亨利，2001），不仅仅是因为对经济理论的强调也是因影响地方政府休闲供应的主要法律——强制性招标法的诞生。从1997年以来，劳动部门已经形成了一个不偏不倚的理论，持续推动由休闲公共投资带来经济效益增长和社会融合。

近几十年来，公共部门休闲管理的主要特征即所谓的"新型管理"（罗宾森，2004）。这种新型管理与商业经营经验的运用紧紧相连，例如战略规划、顾客导向、绩效测量和质量体系。公共部门休闲经理人不再仅仅是经营一个部门的资产，而是积极地管理公共部门的休闲来促进其改革，从而提高它的效益和效率。

过去的近20年，最常见的趋势是关于政府给予休闲财政支持的国家精品理论不断得到加强，尤其是对精英运动员和及运动设施的资助，但也包括对具有民族意义的艺术馆和遗址的支持。这不是通过具体立法而是通过政策声明和资金来支持。最明显的例子莫过于体育，对精英运动员的大量资金支持使得英国在奥运会，特别是2008年北京奥运会上的表现有着明显的提高，英国已经有大量由国家政府投资的新的场地设施，包括温布利球场、曼彻斯特的全国赛车场，遍布巴思、伯明翰、拉夫堡、曼彻斯特、谢菲尔德和英国其他地区的体育设施，当然还有为了迎接2012年伦敦奥运会而新建的体育设施。

尽管大多数设施是由地方当局提供的，但中央政府仍然对公共休闲服务的影响力最大。对英国近20年关键法案做了追踪调查，虽然这些立法不是专门的休闲供应法案，但调查结果显示政府法案对休闲供应产生了自上而下的影响。

5.3.5.1 强制性竞标

1988年和1989年出台的两个法案引入了强制性竞争招标，并将它扩展到地方当局的运动和休闲设施的管理中。强制性竞争招标是强制性的，但它并不是完全地使体育设施私有化，地方当局仍然拥有这些设施并通过合约管理定价、设施规划和营业时间，而立法只是要求必须通过公开竞争最终决定合同方，而且竞标必须由组织机构而不是地方当局来投标参与。它使得通过商业合约公司、慈善休闲信托、全部买断的经营管理方式以及其他混合的管理方式公开对这些公共资产进行管理成为可能。

强制性竞争招标旨在通过地方政府团队（直接服务组织）和其他管理组织来改善财务绩效。休闲研究中心关于地方当局的调查报告证实了强制性竞标在运动和休闲中运用的早期的结果。报告指出强制性竞标引起绩效评估重点关注经济效益，比如说对国家收入的关注。相比之下，非金融性能的措施，如服务效率，很大程度上都没有受到重点关注。另外，后来地方政府的休闲和旅游研究中心（1996）的调查表明了强制性竞标在休闲管理方面的主要作用是降低成本，采取一系列措施包括减少服务、裁员、关闭设施和维护费用的削减。伴随成本降低的是高于通货膨胀水平的物价上涨和收入的增加。这与许多观察家对于强制性竞标制的担心是一致的——对"底线"的过度关心进而对社会目标的关注不足，例如满足不了弱势顾客的需求。

此外，强制性竞标制引入竞争的意图只能说是成功了一部分——最初的60%的运动和休闲管理合约是在没有竞争的情况下签订的，后来20%的运动和休闲管理合约仅仅吸引了一个外部投标（休闲研究中心，1993）。最初，休闲管理合约中的商业利润取决于前任地方当局休闲经理人们为休闲产地的标价。然而在经过了一些商业失败以及整合后，到1997年，商业合约公司已经赢得了四分之一的休闲管理合约，6家最大的公司每家公司管理的休闲中心超过20个——尽管超过一半的合同是没有参与竞争的（亨利，2001）。

强制性竞标的许多流程和程序仍然是紧密相关的。欧洲的采购规定要求所有可能中标的承包商要得到公平对待，在英国实现二次立法，确立了透明标准遴选投标者并授予合同。这些法规和指导包括1981年的转让事业（保证就业）条例和欧盟获得权力指令。从某种意义上来说，承包商是"接管"了一项业务转让事业（保证就业），同时条例保障现有员工的就业权益。1988年的法案也试图确保在招标过程中没有反竞争行为。最后，指导详细说明了5个优秀竞标方式的关键原则，它们是：透明度，官方应该对内部团队和外部承包商的成功表现采取相同的衡量标准；为良好的市场反应排除障碍，官方需要强调合理范围内的潜在投资者都被纳入考虑范畴；关注产量，官方应该指出要实现的产量而不是服务进行的方式；评估质量和价格，官方应该为了评估而采用清晰的程序来确保能够达到理想的服务质量；内外部投标的公平，官方应该办事公道从而确保招标没有让任何一个供应商一开始就处于劣势中。

讨论问题

地方休闲中心由地方当局队伍或商业合约公司管理分别有哪些优点和缺点？

5.3.5.2 最佳价值

1999 年《地方政府法案》提出了最佳价值的法定责任并于 2000 年 4 月 1 日起正式生效。最佳价值即要求地方当局、警察局、消防当局和国家公园当局采取措施以确保他们所管理的服务持续改进，实现最佳价值。作为政府现代化议程的一部分，最佳价值为公共服务管理提出了一种全新的管理方式，这种管理方式试图保留以前政府强调效益的同时也强调了服务的有效性。这个被当作左派和右派的妥协即所谓的"第三条道路"。最佳价值是由 6 个关键部分所组成的，它们是性能指标：国家的绩效指标体系发展成熟，每个当局都需要确定目标指标并在每一年的年度绩效计划中公布它的目标和实际绩效；性能标准：政府确定可接受的性能最低标准；性能目标：设置局部的战略目标，包括效率、成本、效益、质量以及公平获取的保证；绩效考核：为了确保所有服务能持续不断的改善；质量计划：例如人力资本投资、追求卓越和优质客户服务在实现最佳价值中也扮演着重要的角色；竞争：最为必要的管理工具。检验竞争力测试的方法包括：替代供应商的基准点测试；经过外部投标者竞争之后签订服务合同；合伙制企业或者合资企业；资产处置或抛售。在最佳价值之下，强制性竞标被有着自愿竞标和更灵活的管理方式所替代；审计和检查：根据当地绩效计划中所提供的信息重新安排严格的外部检查。

1999 年的地方政府法案认定四个"Cs"为最佳价值进程的关键点：

- 挑战——地方当局是否应该"在现在和可预见的未来行使职能"，应该行使到什么程度，应该以什么样的方式提供服务；
- 对比——当局制定绩效指标时会参考其他组织的绩效相关指标的使用范围，尤其是国家审计委员会规定的指标；
- 咨询——利益相关者，包括供应商、服务项目的使用者和非使用者、员工和在不同考核阶段里面被选举出来的人们；
- 通过竞争——决定"提供服务的最优化方式，摒弃死守既定的目标和宗旨的僵化模式"。

总而言之，最佳价值的责任要求地方当局以最经济、最有效力的方式满足当地社区的要求，并且提供方法和途径保障服务方式不断改进。案例研究 5.3 比较了 2001 年和 2006 年公共体育和休闲中心在最佳价值责任制实施的不同阶段的绩效。

5.3.5.3 教育改革法案

英国教育机构中的运动与休闲资源构成了已建公共设施的绝大部分。事实上，过去 40 年中新修建的一半的休憩活动综合大楼在某种程度上都与教育相联系。此外，学校经常会成为萌发音乐、历史、旅游、艺术、工艺和体育感悟的源地。

《教育法案》不仅对学校同样对休闲也产生了实质性的影响。1986 年和 1988 年的《教育法案》的目标是让教育服务"更加适应消费者的需求"，将责任下放给地方级部门，减少官僚机构。1986 年的法案鼓励使用社区场地。1988 年的法案包含了国民教育课程、地方管理以及学校预算的转移。

大部分人都认同我们需要一个在脑力上、精神上、身体上和社会方面均衡的教育系统使得儿童和少年成长为全面发展、积极向上的公民。然而，因为老师要承担繁重的课程和学习目标，课外活动的时间就会被严重缩减。

案例研究 5.3

最佳价值下英国体育和休闲中心的性能

就像文中所指出的，在英国，最佳价值政策是寻找"第三条道路"的尝试——使得公共服务在效率和服务效果上取得成功。因为它从 2001 年开始就已经在收集性能数据，国家基准测试服务向我们展示了从 2000 年最佳价值政策开始这些休闲服务设施是否已经在效率和效果方面取得了进步。

三个代表效率的指标：

1. 经营成本回收——通过挣得的收入（来自入场费、餐饮销售额等）回收营运成本的百分比。

2. 每次访问的补贴——对纳税人付出的成本的衡量。

3. 每平方米室内建筑面积的年访问量——对公共财产利用的程度的衡量。

对于服务效果，有 6 个指标来代表不同的消费群的使用效果，即 11 ~ 19 岁；60 岁以上；黑人和其他少数民族群体；女性；因他们的资格证有某种劣势而使用打折卡的消费者（例如，已经收到政府福利）；失业者。前三个效果指标是由每个设施的来访量百分比除以设施来源区人流量百分比的比率来衡量的。后三个指标则仅仅由"访问百分比"来衡量。

表 5 - 1 展示了来自国家基准测试服务从 2001 ~ 2006 年的 50% 的基准，即每个指标的性能分数分布的中间分值。这一阶段在工作效率不断提高的同时，工作效果则是一个喜忧参半的景象。启示便是，对于这些公共休闲设施，最佳价值的推动使得效率提升效果比服务提升效果更持续。

但是，仍需指出的是最佳价值并不是从 2001 年开始休闲服务供应上发生的唯一的变化。在它产生重要影响的同时，其他因素也产生了重要影响，例如地方政府服务的财政投入力度的改变、地方当局优先权的改变、由其他法律强加的义务、其他设施的竞争和消费者需求的改变。因而表 5 - 1 里的结果并不仅仅是最佳政策的结果，而是一系列复杂的影响因素的综合。

表 5 - 1　在最佳价值时代中的英国的公共体育休闲中心的绩效

	2001 年	2006 年	改变
效率			
成本回收（%）	75	80	积极的
每次访问的补贴（英镑）	0.73	0.67	积极的
每年访问的年均室内建筑面积平方米数	74	87	积极的
效果			
11 ~ 19 岁[1]	0.8	0.9	积极的
60 岁以上[1]	0.5	0.5	不变的
黑人和其他少数民族群体[1]	1.2	1.1	消极的
女性[2]	59	55	消极的
弱势折扣卡使用者[2]	10	12	积极的
失业者[2]	1.4	1.8	积极的

注释：1. 由顾客来源区的百分比除以访问的百分比；2. 访问的百分比。

在运动方面，英国政府回应提出"提供 5 小时"的目标，即 5 ～ 16 岁的儿童每周至少有 5 小时的体育运动时间，这五小时由两小时的体育课加上 3 小时的课外活动。政府为了达成目标，任命并拨款给学校体育协调员来促进学校体育和学校俱乐部之间的衔接。

学校的当地管理产生了一些问题，例如无法制定统一协调的政策，导致区与区之间、学校与学校之间存在不同的安排和标准。在乡村学校和乡村休闲部门之间一个政策如果能够得到认同和理解会对地方组织和俱乐部起到极大的帮助作用。一次性的"不择手段，尔虞我诈"手段可能会造就某一个学校在市场上取得成功，但这仅仅是一个短暂的、缺乏连续性的方法，这种手段很难为社区体育和休闲的管理制定一个综合、全面的方法。

在现有的社区结构内，例如学校，能为社区带来良好的教育、社会和经济影响，甚至对所有政党都有益。当然，适当的政策、设施和管理是必不可少的环节，并且运动与休闲供应（设施）都需要经过仔细的调查和规划。学校和社区合作最根本的问题在于这些设施多大程度上属于学校设施，多大程度上属于社区设施。常见的所有权和管理办法分为三种类型：首先是双重使用，即休闲设施是由当地教育部门全权提供的，但完全由学校管理的，但他们在特定的时期会公开供社区使用，这样的安排就叫作"双重使用"。教育预算中只有教学目的和课程活动的部分，所以社区使用是没有补贴的，它必须自给自足。其次是联合供应，这些设施属于学校的一部分（或相连）以供学生使用，其他机构例如地方当局至少给予了部分的资助。这些其他机构通常参与设施的日常运行，尤其是在公共使用时段。最后是社区学校，一个参与非教育类活动的学校，学校的管理部门可以掌控学校内部分参与或完全参与非学校类活动的人员，并且同时对他们负有责任。

休闲服务部门和休闲经理人在使社区校园使用的管理达到最佳状态的过程中扮演着非常重要的角色。例如他们可以：为学校管理机构提供咨询服务和（或者）以非正式的方式为社区体育休闲提供帮助和建议，与学校共享关于市场营销、规划、定价和运营管理的理念和体系；实现水平均等，例如不同的机构之间的定价；提供联合项目和或者协作规划；在协约的基础上提供管理非教育类的使用功能；为领导和教练组织以及负责设备运行的人员开设课程；使得体育委员会、艺术委员会和地方政府与当地教育部门合作，任命相关发展官员参与学校工作；加强学校和地方俱乐部的联系；为学校提供的设施和活动提供合作推广，大力宣传提高其知名度；为国家彩票、慈善机构和赞助商的应用提供建议；将学校资源列在区域文化战略和地方休闲规划中。

讨论问题

学校应该主动开放校园体育设施供公众使用而不是将决定权交给校长和学校负责人吗？国民教育课程应该包括如何利用好你的闲暇时间吗？

5.3.5.4 儿童法案

1991 年的《儿童法案》是代表英国儿童的一个重大的立法改变，它取代了部分或者全部的其他 55 个国会法案，被取代的法案中有一个法案已经有一百年的历史。这一法案影响了休闲管理、儿童服务供应商提供的游戏和运动、设施供应者、有偿员工和志愿者的雇主以及信息提供者。

公共部门的休闲经纪人必须和其他部门的人一起合作并采取协调措施，特别在社会服务方面。1991 年的法案包含了影响每一个负责儿童服务规划、管理和执行人员的职责和权力的法规，特别是负责为 8 岁以下儿童提供服务的人员。这些律法想传达的导向与承诺是以孩子为中心，在所有会影响他们生活的服务过程中，优先考虑他们的需求。

在游戏及娱乐的领域内，地方政府提供休闲服务首次以法定义务的形式出现在立法中。这个法案带来的一个重要的变化就是对登记的要求——任何为 8 岁以下儿童提供服务的个人和组织，无论在公开场合、自发组织或是商业领域，都必须注册登记。受儿童法案影响的设施包括：育婴堂、托儿所、儿童照料服务；学前和学后俱乐部；室内和室外的地方儿童娱乐项目；休闲中心的活动，例如小型体操项目、芭蕾舞、蹦床、足球和游泳课；博物馆和艺术画廊的活动；冒险乐园；商业游戏中心；城市农场；主题公园；商业中心和超市里的游戏区域；图书馆、剧院和体育中心的假期计划。

2004 年另一个《儿童法》则为以改善 0～19 岁的儿童和年轻人的福利状况为目的的一个政府项目提供了法律支持。这个项目叫作"每一个孩子都重要"，其目标是帮助英国每一个孩子的成长，无论他们的背景和所处的环境是什么样的，都能让他们健康、安全、享受生活、实现梦想。

2004 年的《儿童法案》为每个区域创建了一个儿童信托，通过儿童信托强制执行"责任合作"的法定协助义务。这一法案中也规定每个区域都必须制定一个"儿童和青年人的规划"，其内容必须要涵盖所有相关的政府服务，包括相关的休闲服务。

近年来，《儿童法案》的诞生引起了人们对儿童的保护问题的关注。影响到了所有的休闲和娱乐服务部门，包括了公共的、私人的或是志愿性的部门。

尽管众所周知，儿童需要保护，但是有一种关于官僚水平的思考，即所有的志愿性领导人和助手都必须通过层层机关的检查，确保其没有相关犯罪记录。因此，要在儿童保护和要求给志愿者们施压间实现平衡非常困难。最近苏格兰体育的研究表明大多数的志愿者不介意接受检查的过程，并且认同儿童保护的重要性（泰勒等人，2008 年）。

讨论问题

为了保护孩子们，那些定期带着他们自己孩子或是其他孩子去志愿性的俱乐部活动的父母也需要接受犯罪记录的正规检查吗？

5.3.5.5 残疾人歧视法案

英国 1995 年和 2005 年通过的两个旨在保护残疾人免受歧视的法案通过赋予权利已经生效为法律。这些权利包括设施和服务的使用权、关注公共部门职责的权利。之后，服务的提供者包括休闲经理人不得不对房屋以及他们提供服务的方式进行"合理调整"。政府的建议详细地说明了设施中针对残疾人服务的最基准的要求，包括对酒店、酒馆、戏院、志愿团体如托儿所的要求。

若服务提供者因任何与残疾人的残疾相关的理由，使残疾人受到不公平对待，则违反了上述律法。休闲经理人应该做到的"合理调整"包括：为有听力障碍的人安装导听系统；提供电子邮件订票和电话订票的选择；为那些需要与公众接触的人提供残疾认知培训；为视力受损的人提供更大轮廓更分明的引导标示；在建筑的入口处放置台阶和斜坡。

显然，这些措施中包含了以前由于资源的影响而没有提供的服务。所谓的"合理调整"问题是一种判断方式，例如，它取决于组织大小和其拥有的资源的多少等。

5.4 中央政府和地方政府的联系

这些重要的政府法规的例子强调了国家政策对地方服务的执行的巨大影响力。然而除了法律支持，英国中央政府也在一定程度上对地方当局给予了资助——地方当局从地方税收和直接收费中获得了其余的资助。例如，文化、传媒和体育部/政府内阁（2002）预估中央政府给予体育和娱乐方面的财政支出将近 90% 都流向了地方政府，而且这部分资助足以负担地方当局在体育和娱乐上一半的开支。

因为中央政府是地方当局主要的资助来源，作为回报，地方当局需要遵守国家政策并对地方政府的服务的效率和效益进行监督。在英国，直到最近，CPA 综合性能指标才是地方政府进行义务评估报告时的一个系统的性能指标。最近它已经被一套精简的全国的性能指标——综合区域协议所取代。地方当局从中选择那些能够反映他们地方优势的指标。此外，中央政府制定了许多公共服务协议，非政府公共机构和地方政府制定了相应的指标和目标。

为了使中央政府和地方政府建立更多的合作关系，地方政府和地方政府委员会达成了一套地方政府应当首要解决的 7 项问题的协议，这实现了在关于"地方强大的领导力和高质量的公共服务"的白皮书中所做的承诺（国务卿TLGR，2001），并为地方政府制定了一个主要目标清单。关键性的问题有：提高学校的各项标准；改善儿童、年轻人、处于危险中的家庭和老年人的生活质量；以当地核心服务为目标，例如卫生和住房，来创建更健康的社区；创建更安全更健全的社区；改善当地生态环境；更有效地满足运输需求；提高地区经济活力。

由地方当局直接或间接提供的运动与休闲服务在品质生活和健康社区方面扮演着潜在的重要角色，同样有助于提高学校标准和创建更安全和更强大的社区。

讨论问题

所有的地方政府都有给他们的本地居民提供体育、艺术、博物馆和其他休闲服务的义务吗？他们有选择不这样做的权利吗？

5.5　国家彩票

国家彩票是 1994 年 11 月 14 日正式发行的，其目标是为各种各样的慈善事业筹集资金，造福公众和提高在英国生活的公民的生活质量。1993 年的国家彩票等法案公布了五个受益于国家彩票的领域：体育、艺术、遗产、慈善和 2000年千禧年宣传计划（现已停止）。此外，1998 年的国彩法案新增了第六个公益事业领域，英国国家科技艺术基金会从彩票中获得国家捐赠但在政府中独立运行。英国国家科技艺术基金会的目的是帮助有天赋的个人（或者优秀的群体）来发挥他们的潜力；帮助人们将发明或者创意变成商品和服务；有助于提高公众对于科学、技术和艺术的鉴赏能力。

彩票事业被纳入政府这一章节是因为它本质上属于政府操控的事业。彩票受国家彩票委员会——一个由文化、传媒和体育部资助的非政府公共机构控制。文化、传媒和体育部仅仅负责制定国家彩票的政策框架，这与彩票的监管和控制还有很远的距离。在记录利益的时间内，分配从彩票中获得的收益的责任取决于 16 个分配机构，他们大部分都是非政府公共机构：

- 四个国家艺术委员会：包括英格兰艺术委员会、苏格兰艺术委员会、威尔士艺术委员会、北爱尔兰艺术委员会；
- 四个国家体育委员会：包括英格兰体育理事会、苏格兰体育理事会、威尔士体育委员会、北爱尔兰体育委员会；
- 英国体育；
- 奥运彩票经销商；
- 遗产彩票基金；
- 大彩票基金——改进社区和改善处于困境中的人们的生活；
- 全员奖励——为了地方政府；
- 英国电影委员会；
- 苏格兰银幕委员会；
- 英国国家科技艺术基金会。

国家彩票筹集到的超过半数的基金都由大彩票基金负责向各中慈善事业赠予。从 1994 年开始国家彩票已经为慈善事业筹集了超过 230 亿英镑，它已经赠予了超过 317000 英镑的补助金。在 2007 年 8 月，它通过售票筹集了 13.6 亿英镑。筹集的资金去向：

- 50% 随着奖项给了中奖者；
- 28% 颁给了公益事业；
- 2% 由政府管理彩票的部门所有；
- 5% 归国家彩票零售商所有；
- 5% 由经营者、卡米洛特来保留以解决成本和股东回报。

早期的彩票筹集的资金超出预期数量。然后随着彩票销售额大幅下降，紧接着便是近些年来彩票销售的稳定收入。这三次变化中至少清楚地传达了以下三点信息：第一，过多的拨款批给了有声望的大型项目；第二，英国的某些地区比其他地区获益更多；第三，某些类型的活动和组织是成功的，特别是有能力掌控整个应用程序时表现良好的组织，以及其他当之无愧的理由没有产生，也没有在过程中出现。为了确保这些奖项更广泛地传播，彩票经销商最近致力于对以前没有资助过的领域进行融资。例如，一些小项目得益于"奖励所有人"制度的确立而获得一些彩票资助。

对于这些大型全国性项目的奖项是以牺牲更多社区项目的较小奖项为代价的批判一直延续至今，特别是 2012 年伦敦奥运会。国家彩票已经为这一赛事总共筹集了 75 亿英镑，同时其他公益事业的领导人声称这意味着对他们的领域投入更少了。奥运会彩票基金也重新引发了一项热议，即彩票基金是政府资助的替代品，因而这并不代表总资助的净增加。在国家彩票诞生之初就遭到这样的批判。但是，这是一个无解之题，即如果没有国家彩票情况会怎样，永远无法得到证实。为了 2012 年奥运会，英国政府筹集了比国家彩票基金更多的资金，但是如果没有后者，是否意味着政府还要支付更多？

讨论问题

国家彩票基金中的 75 亿英镑指定投给 2012 伦敦奥运会，你认为这公平吗？

因为基金需求的竞争越来越激烈而可用的基金越来越少，所以彩票基金已经变得越来越难获得，但对于地方当局而言彩票基金仍然意义重大。地方政府可以为由委员会提供设备的项目申请直接的资金援助，同时也可以让区域组织获得关于实施现有供应项目的资金支持，并且适应当地政策。地方政府和休闲经理人需要一套集中精力且协调一致的方法才能有效地利用这些机会。制定一个休闲政策（或者更广泛的文化政策）是有效利用总资源中重要的一步，采取竞标获得彩票基金的办法有望符合这样的政策。

5.6　欧盟

显而易见，在英国，政府是复杂的。一方面，国家和地区政府下放权力从中央政府中"抽离"出来；另一方面，在欧洲议会中的民选代议制度（使得英国）"被拉向"欧洲。欧盟成员身份同休闲管理有什么关联？

上文中关于转让事业（保证就业）条例的欧洲律法的意义得到了关注，它的意义也不仅限于此。欧盟是地区性基金会、社会基金会和欧洲煤钢共同体的资金来源机构；赠款和贷款主要是面向失业率高且急需重建的萧条领域。这些资金已经被赠给了英国许多的休闲项目。另一个例子涉及共同农业政策，即对过度生产的地方停止补贴，相反地，政府鼓励农民将土地用于非农业用途，而他们最常见的选择是将其作为休闲和旅游的场地。

英国作为欧盟的一部分意味着必须遵守欧盟在各个领域制定的一系列相关标准，包括儿童们的游乐场和旅游目的地的设施等领域。旅游方面，英国拥有一望无际令人惊叹的海岸线和美丽的海滩，许多欧洲内陆国家对此羡慕不已。然而在过去，英国的许多海滩都受到严重污染，达不到欧盟的标准。在 1994 年，英国政府指定的 457 个海滩中只有 80% 通过了欧盟的最低标准。有趣的是，1994 年那些没有通过的名单中竟然包括了一些最著名的度假胜地，包括黑池——欧洲访问人数最多的海滨胜地。欧盟对于优质海滩还有其他的标准，包括参观者的设备。达到这些标准后，这些度假胜地就会被授予欧盟的蓝色旗帜。这对于英国的海滨度假村的宣传来说是一个重要的标志，许多度假胜地都亟待修缮。

欧盟对于旅行和旅游业有着极大的兴趣。运输和旅游委员会致力于改善旅游方式，希望提高跨欧洲基本交通设施的效益和旅行者的安全。最近，欧盟议会推荐的旅游计划包括了一个保护消费者权益的"包价游"，颁布了"欧洲最美目的地"的奖项（与欧洲的文化之都类似），为行动不便的旅游者准备的无障碍旅游的协调信息，为旅行者提供认证网站，以提供信息和电子旅游服务。

第 10 章中提供了关于欧盟体育方面的新兴利益的案例研究（参见案例研究 10.3），以及一份白皮书和一个预备行动计划。欧盟在文化方面获得的利益更长远、更深刻。最近欧盟对文化采取的措施包括 2007 年的文化议程和在 2007 年至 2013 年间共 4 亿欧元的文化项目计划预案（参见案例研究 9.1）。

5.7　小结

无论在地方层面还是国家层面，政府对于运动与休闲的供应都有着非常大的影响。它的主要代理部门是一些不同的非政府公共机构和其他合作伙伴，并且代理部门对全国范围内的休闲供应都产生影响。它对运动和休闲的影响不仅仅是通过直接供应来实现，也有法律和法规、资金支持和非政府公共机构和地方当局执行的政策等途径。同时，休闲管理者不能免于政府施加的责任和约束，当然，很多休闲管理者直接为政府工作。

政府干预休闲的理论是从关注休闲的个人效益和社会效益开始的，这些理论包括健康理论、道德行为理论和社会控制理论。接着它发展成为一种公共的认知，即休闲本身是对社会有利的———一份英国政府的文件指出这是社会服务的一部分。最近这一理论更多地偏向关注休闲领域的社会收益（和成本）上，包括健康、经济的重要性、良好表现、社会融合和社会控制。然而这一理论的合理性将存在较大争议。

随着越来越多的发达经济体陷入经济萧条的境地，许多政府不得不采取财政刺激措施来恢复经济，而这样做产生的一个不可避免的后果就是在未来的 10 年左右，政府为了降低公共部门的借款而大幅度地削减政府开支。在未来数月或者数年内的一个关键的问题是，政府以多大力度削减对休闲业的支持？这一问题在英国尤为明显，地方当局几乎没有义务提供休闲服务——他们对休闲服务的支持是自主决定的。

当削减政府支出时，一些休闲部门可能会受到保护。例如表现优秀的体育项目已经得到了英国政府实质性的资助，随着 2012 年伦敦奥运会的成功举办，这些资助可能会持续下去。然而，2012 年的奥运会究竟将在多大程度上占用政府在其他方面（不仅仅是在体育方面也包括在休闲的其他领域）的开支，则是一个真正未知的挑战。

一些证据充分证实了运动与休闲会产生社会回报，因而政府在运动与休闲上的开支和支持能够继续保持。在过去公共部门休闲一直因为没有提供足够的证据证明政府支持获得的回报而备受诟病。在未来的几年内这种证据被有效地收集并使用，从而捍卫有实践经验的政府在休闲中的角色的理论，这将会越来越重要。

实 践 任 务

1. 参观由政府担负大部分资金的休闲便利设施或设备。研究它被赋予的使用功能、访客的类型。如果可以的话，也研究一下它的管理策略。在经纪人的允许下，访问一些用户并确认：第一，他们是否知道它的公共资助的程度；第二，他们是否认为这样的公共资助是合理的。然后采访一下附近社区的一两个人，问他们相同的问题。对公共资助的这一设备/设施的理由和获利多少做一总结。

2. 搜索并阅读一些媒体关于 2012 年伦敦奥运会和残奥会的报道（例如，使用图书馆和互联网）。媒体对于政府资助这些赛事的理论持认可态度吗？

拓展阅读

关于英国休闲政策的发展：

Coalter, F. , Long, J. and Duffield, B. (1986) *Rationale for Public Sector Investment in Leisure*, Sports Council and Economic and Social Research Council, London.

关于当代休闲政策的发展：

Henry, 1. (2001) *The Politics of Leisure Policy*, 2nd edition, Palgrave, Basingstoke

关于公共部门体育休闲管理：

Robinson, 1. (2004) *Managing Public Sport and Leisure Services*, Routledge, London

实 用 网 站

关于文化传媒和体育部政策的信息：

www. culture. gov. uk/

关于国家彩票分销机构的信息：

www. lotteryfunding. org, uk/uk/lottery – funders – listing. htm

www. natlotcomm. gov. uk

关于欧盟和文化的信息：

http: //europa. eu/pol/cult/en/index_ en. htm

第6章
第三部门中的运动与休闲服务

本章内容

- 运动与休闲行业中志愿活动的规模和范围有多大；
- 运动与休闲行业中的志愿者的构成和志愿者参与的动力是什么；
- 运动与休闲行业中的志愿者将会获得什么利益，又会遇到哪些问题；
- 运动与休闲行业中的志愿活动的阻力和动力何在；
- 政府部门如何与运动与休闲行业的志愿部门互动；
- 慈善性质的运动休闲组织有哪些优势和劣势。

概　述

第三部门中包含了多种不同的运动与休闲行业的服务组织，例如志愿性质和慈善性质的组织或是一些企业的员工协会。尽管一般地方的志愿性组织都是由志愿者自我管理，但是给管理者支付薪酬的现象也屡见不鲜。志愿组织的范围涵盖了成千上万种公众业余兴趣，包括体育、美术、遗产保护、环境保护以及青少年活动，因此它对运动休闲服务的发展意义非凡。它们的规模小至几个人组成的地方俱乐部，大至上百万人组成的全国性组织。他们在给其会员带来巨大利益的同时也面临一些问题，最严重的就是志愿者短缺。

许多志愿性组织具有慈善性，而大多慈善性组织的运行依赖于志愿者。英国由公益信托管理的地方公共部门如博物馆和运动中心的休闲资产日益增加，然而这个过程中并没有利用多少志愿者。公益性的优势和劣势同在。

第三部门和公共部门之间的关系非常重要，因此无论在地方层面还是国家层面上都需要精细化的管理。从国家层面上来看，政府希望第三部门能促进社会效益，因为这既有利于政府目标的达成也有利于第三部门自我发展能力的培养，比如使其运作更有效率。但是由第三部门为公共部门提供资金支持还是由政府部门提供更好的政策引导会迎合公共部门的需要之间存在一种微妙的平衡关系。

20世纪50年代企业为员工提供运动与休闲的服务发展到了最高点，此后开始呈现下降趋势，然而人们对企业员工的健康状况、健身活动以及福利状况的关注却在日益增长。很显然，现实情况与人们的期望并不相符。

6.1 引言

许多运动休闲行业的引领者认为志愿者是他们活动的命脉。但是志愿者在为公众提供运动休闲机会时同其他类型的投入一样也需要管理。况且私人非营利部门庞大而复杂，所以本章不会单一地阐述志愿者相关话题。由于私人非营利部门中包含了一些由带薪员工经营性组织，所以它们越来越多地被贴上"第三部门"的标签，而非单纯地被称为"志愿者部门"。在国际机构中，私人非营利组织也被称为非政府组织，其中最有名的例子莫过于国际奥委会了。

第三部门包括任何非营利和非政府组织，例如：

- 志愿者组织——主要由志愿者经营，但一些关键部门的雇员是有薪酬的——例如，大型俱乐部经理和主管部门经理，俱乐部吧台服务员，数量不断增长的体育俱乐部教练等；
- 公益基金会——通常由有偿员工经营，在英国各郡，许多公共部门休闲资产（如休闲中心，公园）由公益基金会运作；
- 社会型企业——通常带有慈善性质，公司的运营以服务社会为目的（详见第12章案例研究12.2）；
- 为其雇员提供非营利性的运动与休闲机会的商业企业——由营利性组织给予资金支持，并通过有偿雇员组织来运作员工运动与休闲方面的福利。

许多志愿性组织事实上由志愿者自我管理，但第三部门对休闲行业的管理至关重要，因此第三部门雇用了许多有偿管理者，尤其在相关的慈善组织中。

第三部门中绝大部分组织都是志愿者性质的，于是本章开篇便介绍运动休闲行业中志愿者和志愿性质的组织。志愿者是指那些不计报酬贡献自己的业余时间、精力、技能甚至是金钱，从自己想做的事情中获得满足感的人。因而志愿活动——为他人服务——本质上也被当作一种休闲活动，这也是志愿精神所传递的。志愿活动通常被分为正式的（俱乐部和其他组织的志愿活动）或者是非正式的（朋友和家庭间的志愿活动）。

运动休闲行业的志愿团体已经存在了好几个世纪，但无论数量还是种类上都与近代志愿团体不能相提并论。18 世纪的咖啡厅就像是一个处于萌芽期——专为绅士提供休闲活动的社会团体。工业革命以前，发达国家的娱乐活动都是基于季节、节日、纪念性事件的公共事务。今天许多不发达国家所举办的体育赛事、跳舞活动、列队游行和庆典活动通常都具有全民性，当然有时候在发达国家的节日里也会举行类似活动。

社会分工的合理化让社会生活各个领域明确区分开来。联合会、工厂、学校组织了自己的足球俱乐部；基督教青少年联合会和周日校园运动为各种娱乐活动建立了不同的俱乐部。大多数兴趣相同的团体建立起了全国性体育管理机构。一项欧盟的志愿活动研究还表明大多欧盟国家各式传统社会群体也催生了不同的运动志愿活动，例如丹麦的农民，瑞典和英国的军队，或者法国和德国由政府引导的志愿者活动都是很好的例证。希腊体育志愿活动的发展则与其他国家有所差异，因为直到 2004 年雅典奥运会之前，希腊都没有这个传统。

从历史上看，第三部门组织在今天许多国家的运动与休闲行业的基础中都产生着长远而重大的影响。当下，第三部门组织在国际上、国家和地区中都发挥着重要作用。在了解志愿性和其他第三部门组织之前，我们需要分析志愿者在其中所扮演的角色。

6.2　志愿活动的规模和范围

欧盟志愿活动研究报告（2010）指出欧盟国家奥地利、荷兰、瑞典和英国中大规模成年人志愿活动占据比例超过了志愿活动的 40%。丹麦、芬兰、德国、卢森堡成人志愿活动也达 30% ~39%。保加利亚、希腊和意大利的成人志愿者活动不仅不到 10%，而且规模方面远不及上述国家。英国内政部指出其中参加非正式志愿活动的人数比正式的人多，但在关于体育的志愿活动方面，情况恰恰相反。

在许多国家都是这样，体育相关的正式志愿活动占据主要位置。卡斯科里等人称，参与体育志愿活动的成人在加拿大约占人口总数的 5%，在澳大利亚占 8.2% ~10%。欧盟研究表明芬兰、爱尔兰、荷兰、丹麦和德国成人参加体育志愿活动的比例超过 10%。而在希腊、立陶宛、拉脱维亚和罗马尼亚人数就不及 1%。欧盟研究（2010）引用一项评估，该评估表明欧洲体育俱乐部中，86% 的劳工无薪酬工作而 14% 的劳工带薪酬工作。

英国的成人体育志愿活动参与度的调查则由于调查来源不同，调查结果区别很大。例如"人类行为"调查报告表明，上个月英国成人体育志愿活动参与度大约占 7.5%。这比之前的全国性的预估低了很多，2003 年英国体育基金会估计上一年的成年人参与率约为 15%，艾特伍德等（2003 年）则称该参与率为 34%，洛娃等（2007 年）则称该参与率为 13%。这些不同的调查结果可能源于不同的调查方法、提问方式和所给的提示信息以及回答参考时间段。

根据欧盟志愿者活动研究报告（2010），超过一半的欧盟国家中的志愿者最感兴趣的志愿活动与体育和锻炼相关。在欧盟国家比较受欢迎的其他志愿活动有健康、宗教、文化、休闲和教育。表 6-1 显示英国 2007 年度不同领域的志愿活动规模和发展程度。由于人们总在自己的业余时间参加这些志愿活动，从某种程度上来说，这些志愿活动也可以被看作一种休闲方式。当然，一些志愿活动中有业余时间的投入当然也有休闲的产出。表 6-1 中列举了一些休闲导向更明显的领域，例如：体育/锻炼，兴趣/娱乐/社会俱乐部和美术馆/博物馆。还有一些一般休闲活动的领域，例如：教育，儿童/青少年和文物保护/环境保护/遗产保护。

英国体育基金会估计英国的体育活动的成人志愿者人数超过了 580 万，每年贡献时间总计 12 亿小时。超过了一半志愿者服务于正式的会员制俱乐部，1/5 属于朋友或家庭间的非正式团体，并且 1/3 的志愿者不仅服务于学校组织的俱乐部，而且还服务于青年团体。相对来说，大学志愿活动，特殊体育赛事志愿活动和残疾人体育组织志愿活动所占比例较少，分别为 7%、5% 和 3%。

6.3　志愿者的构成

因为志愿者通常在业余时间参加志愿活动，因此，参与志愿活动又被看作一种休闲方式。本节将描述各种志愿者的特点，然而，休闲管理很大程度上局限于有休闲产出的组织内部志愿者的管理，所以这里会特别详细地介绍运动与休闲行业中志愿者的特点。

表 6 – 1 2007 年英国志愿活动种类受欢迎程度表

受欢迎的志愿活动	成人参与比例（16 +）	正式成人志愿者参与度
教育：学校，学院，大学	18	31
宗教	14	24
体育/锻炼	13	22
健康/残疾	13	22
儿童/青少年	11	18
地方社区/邻里/市民团体	10	17
兴趣/娱乐/社会俱乐部	8	13
海外救助/灾难援助	6	11
动物福利	6	10
老人	5	8
美术馆/博物馆	5	8
文物保护/环境保护/遗产保护	4	8
社会福利	4	7
政治	2	4
安全/急救	2	4
公正/人权	2	4
工会	2	3
其他	2	3
未参加任何活动	41	不适用

资料来源：Low et al （2007）

6.3.1 性别

根据 2001 年市民调查，一些特定的休闲活动领域吸引的男性比女性多，例如体育、兴趣、娱乐、艺术、社交俱乐部。体育类志愿活动中男性居多的现象在所有欧盟国家普遍存在（GHK，2010），甚至包括了澳大利亚和加拿大。这可能仅仅反映了男性体育参与者的数量比女性多。从总体来看，女性比男性更愿意担当志愿者，尤其在青年、儿童活动中（校外）以及环境和动物保护等领域。

由于性别差异，正式志愿者所发挥的作用也有所区别。女性通常喜欢参与募集筹款、管理资金或者给予实质性的帮助；男性则更愿意领导一个团队或者成为委员会的一名成员，给出意见、信息和辅导，或提供交通和驾驶。

6.3.2 年龄

罗尔等（2007）报告称不同年龄群体的正式志愿活动参与度也各不相同，35~44岁和55~64岁两个年龄段志愿者参与度最高，65岁以上的志愿者参与度最低。然而，定期的志愿活动（调查前四周中至少参加过一次）在16~24岁，55~64岁和65岁以上人群中享有最高的参与度，25~34岁年龄段参与度最低。可利用时间的差异和所需承担的家庭责任很大程度上决定了这种分布状况。

GHK（2010）称，大多数欧盟国家体育志愿活动参与者主要在30~50岁之间；但是在少数国家包括英国，大多数志愿者来自16~30岁的群体。在澳大利亚，大部分体育志愿者都在45岁以上，相比较而言，加拿大的体育志愿者多处于35~44岁之间。影响这种分布的原因至今还不清楚，但毫无疑问，国家人口的年龄结构、工作模式、工作时间和不同的家庭结构和责任都对此有一定影响。

6.3.3 社会排斥

罗尔等（2007）表明一些群体尤其是遭遇社会排斥风险的特殊群体正式志愿活动的参与度很低。特殊群体主要有黑人、少数民族团体，无资格人员或残疾人以及限制性，长期性患病者。英国内政部（2003）表明最缺乏教育的地区（由剥夺指数判定）与其他教育相对贫乏的地区相比，正式志愿活动参与率也低很多。

6.3.4 教育和收益

2001年英国的市民调查（英国内政部，2003）表明社会高层次人群如受过高等教育，高收入的社会经济群体或高经济收入的象征，参与正式和非正式的志愿活动的可能性更大。欧盟报告（2010）中也称通常在欧盟国家，接受过高等教育或者是职业培训的人更有可能参加体育志愿活动。这种体育志愿活动中的志愿者的偏向也再一次反映到体育活动的参与中，或表明一些志愿者任务需要志愿者具备如下技能，例如：行政、财政管理和教练技术等。

英国内政部（2003）称，绝大多数市民认识到他们在社区中享有一定的权利和义务。然而正式的志愿活动主要集中在较富裕的社会团体中，调查显示，贫穷、缺乏教育的社会群体和缺乏资格认证的群体需要更多的鼓励才能为志愿活动做出贡献。由此，也提出了社会责任度的这一关键性问题，志愿者组织有责任拓展出多元的社会目标，尤其是一些在政府议程中有关社会融入方面的目标。志愿组织的管理者对这些问题要给予更多的关注，尤其是在选拔新的志愿者的时候，是自由选择还是趋向于选自比较富裕的群体，还是他们应该作出额外的努力从较少参与志愿活动的群体中招募志愿者？

6.4　志愿活动的本质

人们不遗余力地参加休闲活动，他们各种不同的行为表现出了其个人或集体需求。当下，社会中存在各式各样的志愿活动，比如宗教，社会团体，福利团体，男性的，女性的，年长者的和青年团体，咨询和建议团体，辅助医疗和军事团体。一些人加入那些可以提升他们文化修养和教育水平的俱乐部和联合会；一些人加入表演、爵士乐、队列舞、瘦身、唱歌、歌剧或流行音乐团体；大多数人则选择参加团体体育活动，比如帆船俱乐部的出海航行，参加爬山俱乐部的爬山活动。许多休闲团体通过身上绑一些带子或者穿特制的衣服例如制服以示区别，由此演化出了休闲性质的团体。有时，制服标志着一种生活方式，例如救世军成员在休息时间就会给那些需要救助的人以帮助。

加纳等（1996）在定义志愿者时提出了四个关键要素（表 6 - 2）。这四个要素间的相互替代性阐述了志愿活动的多变性，其中有那么一两个因素决定了志愿活动的定义赋予新的含义，比如，一旦加入俱乐部就有义务参加志愿活动，可以领取一定津贴（一种固定支付且少量的报酬）。

志愿活动是否都如我们所想的那样神圣呢？为了社会发展贡献自己？虽然大家都喜欢那样认为，但是志愿者们通常也能有所收获。想想管理委员会的那些志愿者，行使权力的地方政府议员，期待从儿童们的成就中获得荣誉的教练（尤其是父母），甚至是被授予重要地位的俱乐部和一些团体的主席。志愿活动的动力和目的不尽相同。斯坦利·帕克（1997）提出四种类型的志愿活动，这四种类型中也存在相互交叉的因素：

表 6-2　志愿者定义中的关键因素和分类

因　素	类　别
自由选择	1. 自由意愿（自由选择）
	2. 相对非强制性
	3. 义务担任志愿者
报　酬	1. 完全没有
	2. 不期望酬劳
	3. 补偿费用
	4. 劳务费/低价支付
结　构	1. 正式
	2. 非正式
目的受益人	1. 使他人或陌生人收益，帮助他们
	2. 帮助或使亲友收益
	3. 自己受益（同时）

资料来源：加纳等（1996）

- 无私奉献自己的时间和精力帮助他人的利他性志愿活动；
- 市场化的志愿活动，看似是志愿性的贡献，但是会期待一些回报；
- 致力于推动人们去相信志愿服务是一个事业的志愿活动；
- 休闲志愿活动，主要是追求休闲体验。

这里提到"主要"二字因为活动的动机是多种多样的。谁能说一次特别明显的利他的志愿活动没有为志愿者们也带来了一次休闲体验？一些休闲活动让人们相信他们所做事情是有意义的，并且是在做一项伟大的服务事业，同时还能够自得其乐（Paker，1997）。

罗尔等（2007）的调查（图 6-1）表明了志愿者参与志愿活动的不同动机和理由。这些反映了从无私的利他（例如，社会需要我们的帮助）到完全的自利（我想要结交朋友）巨大差异，当然绝大多数人的态度都处于两者之间。通常，人们都不只有一个答案，这表明个人的动机也并不是单一的。志愿活动中，大家都想在归属于一个团体的同时能保持自己的个性。因此大量的志愿活动都包含了休闲的元素，即做我们所喜欢的，同时能够取得一些成果。

欧盟（2010）基于欧盟的报告称体育志愿活动志愿者的参与动机同其他领域的志愿活动不一样，因为体育活动的内容让志愿者处于休闲放松的环境中。他们的动机通常如下：

- 个人对一些特定俱乐部的兴趣，比如：父母将会影响参加俱乐部的志愿活动，往届参与者会对他们俱乐部给予回馈；
- 个人对体育的特殊兴趣，志愿者可以自得其乐并且和有相同爱好的人分享乐趣；
- 利于社交，包括建立新的关系；
- 社会责任，例如，帮助俱乐部保持其在社会网中发展并不断巩固社区结构；
- 获得新的技能和经验，在以后寻找有偿工作中起作用；
- 参与大型体育赛事的机会和见到体育明星的可能。

许多人一旦开始参与正式的志愿活动，就会持续相当长的一段时间。斯泰宾斯（2004）证明志愿者持续参加的志愿组织主要属于深度休闲（一共有三种，其他两种分别是业余爱好者和爱好者）。其他人则称其为"正式志愿活动"和"建设性休闲活动"。斯泰宾斯的"深度休闲"承认了休闲的深度取向，它的定义如下："业余人员和爱好者有计划地参与内容充实而富有趣味的志愿活动，其活动的丰富有趣使得参与者投身于这项事业，以期获得或展现他们的特殊技能、知识和经验。""事业"这一术语的使用反映了持续参与志愿活动，贡献自己的志愿者同其他偶尔参加阶段性志愿活动的自由志愿者的区别。许多体育与休闲俱乐部的关键管理职位都由核心志愿者担任。事业志愿者在体育领域被称为中坚分子（库斯克里，2004；尼克斯，2005）。案例 6.1 主要研究的是关于尼克斯 2005 年在体育领域的中坚分子。体育活动同其他休闲志愿活动类似，核心志愿者同样扮演着重要的角色。

讨论问题

志愿活动的本质中体现了我们工作和休闲之间的哪些差别？

图 6 - 1　开始担任志愿者的理由

注：所有现任的正式志愿者（n = 1351～1352）。除了选择不知道和拒绝回答的答卷，所有的应答者都不只选择了一个答案。

资料来源：罗尔等（2007）

6.5　参与志愿活动的益处和志愿者遭遇的问题

运动与休闲领域的志愿活动不仅使整个社会受益，志愿者个人也能有所收获。社会收益中主要的方面是提升社会资本。社会资本指的是："以社会和群体规范为基准的社会网使得人们相互信任和相互合作，并且通过这些信任和合作，个人或群体能够获得某些特别的优势。"（克尔特，2007）

根据该定义，对社会政策影响最大的是帕特南（2000）的社会资本观。社会政策的目的在于提升市民的参与度和促进第三部门活动的发展。帕特南表示市民的参与和第三部门活动可以提高实现社会共同利益的效率。两种主要的社会资本如下：一种是粘贴式社会资本，即兴趣相同的人通常很可能联系紧密。另一种是桥接式社会资本，兴趣不同的人，相互联系的可能性不大。

社会资本和团体精神、凝聚力，公民素质，邻里关系，信任以及共同价值观都有联系，正是如此，团体参与和志愿服务在维护休闲领域的社会资本中扮演非常重要的角色。然而，粘贴式社会资本比桥接式社会资本作用更大，因为许多俱乐部本质上都是独家的，它们将兴趣相同的人吸引到一起。一项基于欧盟的调查（2010）表明，当调查者问到体育志愿活动对整个社会的益处时，71% 的应答者认为"增强了社会凝聚力和容忍度"，61% 的人认为"对地方社会有益"，其他应答者提出的益处包括以较低的花费接触体育；从体育锻炼中获得健康；增强不同年龄组的人群的互动。

欧盟调查表明，志愿者非常看好他们的志愿服务经历。这并不稀奇，因为他们参与志愿活动都是出于自愿的选择，并且原则上他们随时都可以退出。

案例研究 6.1

英国体育活动中的中坚分子

很多俱乐部中的少量志愿者完成大量的工作。俱乐部的顺利运行也必须依靠这些中坚分子。尼可拉斯给出了中坚分子为什么非常重要的四个原因：

1. 保持英国以及其他地方体育俱乐部的构成——这些俱乐部是参与团队体育项目和国家竞争性竞赛结构的必要元素。

2. 体育志愿者的总体人数下降，或者至少是志愿者招募的困难加大。因此这些中坚分子身上的责任更重了。

3. 志愿者所扮演的角色和完成的任务越来越复杂了（同英国一样，在挪威、比利时、希腊和澳大利亚都出现了这种问题）。

4. 他们将决定如何调整体育志愿部门的发展甚至是决定其存亡。

尼可拉斯（2005）提出英国体育基金会的调查数据显示，体育俱乐部中中坚分子志愿者只占据18.2%，然而2002年贡献的志愿时间却占了总志愿服务时间的62%。在会员制体育俱乐部中志愿时间一年超过300小时的人被认定为中坚分子。大约2/3的中坚分子担任行政职务——相当于志愿部门的经理；几乎一半的中坚分子担任教练；超过1/3的中坚分子参与调解和裁判；61%的中坚分子参与资金筹集。很明显，这样的比例总数超过了200%——因为就像许多志愿者一样中坚分子都是多任务在身。

尼可拉斯觉得在他的体育抽样中，中坚分子没有特别的性格特点，与年龄、性别、是否有子女、教育和就业状况没有明显的关系。区别普通志愿者和中坚分子最重要的一点是他们第一次是如何参加志愿活动的。中坚分子开始参加志愿活动的理由多半如下：

- 他们的孩子参加了这项体育活动；
- 他们想做善事，帮助他人；
- 他们在校园体育中参与协助；
- 他们在自己参加体育活动之后有愿望继续参加；
- 他们认为这项活动能给他们学习新技能的机会。

人们很容易理所当然地把志愿者都当作中坚分子，然而英国体育基金会（2003a）的调查给这种做法一些警示，它指出："一些中坚分子因不断扩大他们自己所承担的角色，从而导致志愿者在数量上下降。因为中坚分子自身拥有足够的热情和专业知识，或是因为他们接管了其他志愿者的职务——这比招募新的志愿者更容易，或是他们认为不可能招募到新的志愿者。最终，这些应该被替换的职务被划归到现任的或者是前任的身上，并没有考虑这个俱乐部的实际需要。想要给这些人寻找替代者就更加困难了。"

尽管这些中坚分子对于俱乐部来说非常重要，但是他们也可能会带来一些管理方面的问题。特别是在他们想要参加或者是不得不退出志愿活动的时候，这些问题时有发生。这个时候，计划职位的接任和"一工分做"制等方法对于解决这些问题是极为必要的。

出自的欧盟研究（2009）显示，志愿者从志愿活动中所收获的包括对团体做出积极的贡献之后的自我满足感；促进就业；影响家长，使他们给孩子创造更多参与体育活动的机会。

当下，社会中的志愿者和公民参与度正在发生一些改变。新井（1997）相信赋权理论有助于解释这些变化。她通过分析赋权，志愿活动和斯泰宾斯的深度休闲的关系得出结论：志愿活动通常都以深度休闲的形式举行，活动中既有令人满意的效益也存在不尽如人意的因素，比如会在志愿者之间或社区中产生的紧张关系和权力关系。它们的优势如下：

- 共同学习机会；
- 为社区贡献的机会；
- 发展朋友间的情谊，对社区的感情；
- 提升个人对社区的了解。

志愿活动不仅与心理授权（自我认识，自我效能感，控制点）有关，而且和社会赋权（更多接触信息、知识、技能和资源的渠道；增多的社会联系）和政治赋权（参与政府决策过程，话语权和集体行动权）有联系。

罗尔等（2007）的报告称，在英国，绝大部分长期正式的志愿者表示他们可以完成组织交给的任务；他们对能够参与自己喜欢的活动感到高兴。调查也证实了志愿活动中个人能有所收获，被调查的长期正式志愿者97%认为从活动的成果上，他们可以获得个人满足感，并且他们同样享受活动的过程。

志愿者除了可以从活动成果中获得的一般满足感外，少数地位较高的志愿者还会从中发现一些问题所在。根据罗尔等（2007）所示，长期正式的志愿者中31%的认为活动可以组织得更好；28%的志愿者感到有太多的官方机构；另外，28%的正式志愿者对退出志愿活动的原则提出质疑。这些志愿者认为通常情况下没有人可以代替他们的职务，他们不能够自由选择离开。

英国体育基金会（2003a）报告了体育活动中存在的与志愿者相关的问题。在体育俱乐部中，几乎有3/4的核心志愿者认为，俱乐部极缺志愿者，俱乐部中的中坚分子往往因此完成额外的工作和担负更多的责任（见案例研究6.1）。在同样的调查中，65%的人认为，志愿者数量越来越少，工作分量越来越大。调查中有确切的证据证实了如果志愿者想要离开志愿活动，很明显，他们面临的困难是找不到可替代的人。问题之一是有时体育俱乐部急需一些志愿者，包括俱乐部的管理者、设施维护员、教练、指导员、监督人员、比赛行政人员、福利工作人员、俱乐部发展和联络人员。另一个常见的问题是这些俱乐部没有积极地计划关键职务的接任等事宜。

讨论问题

为什么在发达国家常常会面临志愿者短缺问题？

尼克尔斯和金（1998）对女童军总会（现在被称为英国女童军）志愿领导者们进行调查，他们发现了与英国体育基金会（2003a）类似的问题。调查中71%的人都认为女童军的领导者们面临的最普遍的难题就是缺乏志愿者，25%的应答者认为这是过去两年中面临的最大的困难。59%的应答者认为第二大问题是志愿者越来越少，工作分量越来越重。然而，女童军的领导者必须具备的素质就是忠诚，几乎有一半的受调查的领导者都为这个联会服务了10年以上。

志愿者缺乏似乎是很普遍的问题，至少在两个以上领域中都存在，它们分别是体育和女童军。这一问题很可能源于大部分本来就数量很少的长期志愿者发现很难离开自己的角色（罗尔等，2007），这使得志愿者本质中自由选择变成了一种不可推卸的责任。几乎所有休闲活动和组织分支都存在"义务"服务的志愿者，然而，太多责任有时候会破坏人们参与志愿活动的积极性。

柯尔特（2007）引用帕特南（2000）的理论指出整个社会的变化都对志愿活动产生了消极的影响，比如包括郊区的扩大，时间的压力，电视机和其他家庭娱乐设施的使用，公共服务私有化。在体育领域，这些因素不仅直接影响了志愿活动的开展，而且间接影响了体育活动参与度。在许多国家（柯尔特，2007）传统的团队体育参与的人数有所下降，相反个人的体育活动在增加，如健身呈明显上升趋势，因为后者对志愿活动要求更少。

英国体育基金会（2003a）通过调查指出大量的社会因素和制度因素压力导致志愿活动中的志愿者短缺，这些压力包括：

- 人们休闲时间和花费的增加最终带来更多的选择和竞争；
- "时间紧缩"造成人们将更多的时间用于有偿工作和照顾孩子；
- 体育俱乐部中的会员期待更高质量的服务；
- 政府对志愿体育组织诸多的指令和要求；
- 国家管理部门对体育活动中的指导、训练和认可鉴定要求的必备条件越来越多。

究竟是什么使得人们停止了参与志愿活动呢？在众多的调查所得出的理由中，最被认同的理由是时间不充足。具体调查结果如下：41%之前当过志愿者的人都同意此观点；23%之前担任过体育志愿者的人抱怨缺少空闲时间，62%童子军领导者认为人们退出志愿活动的主要原因之一是完成自己的工作之后没有多少时间了。明显地，如果志愿者短缺，有些志愿部门就会面临招募新志愿者的挑战。

体育和童子军相关部门都倾向于招募与之相关的志愿者，比如从之前参与过的人或在现在年少参与者的父母中选择，这使得他们的招募活动显得很有挑战性，尼克尔斯（1998）和英国体育基金会（2003a）提出更多的招募志愿者的方法，例如在当地的社区中建立志愿者机构。

6.6　志愿活动面临的阻力和动力

罗尔等（2007）称从来没有参加过志愿活动的志愿者们面临的主要阻力还是时间问题。2001 年英国内政部公民调查显示，34% 没有当过志愿者和想要更多地参与正式的志愿活动的人提出没有"时间保证"的理由，紧随其后排在第二的理由也与时间有限关。人们可用的时间达不到担任一名休闲管理者的需要。因此当务之急是减轻志愿者过重的任务，减少志愿者服务时间。具体办法有：将任务分到更具体的项目和活动上，或者招募更多一些志愿者，分给个人具体任务使他们不用花费太多时间就能完成

根据表 6-3，其他阻力尤其来自志愿者组织和想要招募更多志愿者。表中显示 39% 潜在的志愿者不了解该如何参加志愿活动，这个问题亟待管理者解决。管理者如果可以以有效的志愿活动宣传和提供及时的招募信息等方式吸引志愿者，并且保证参与者担负较低风险和责任，这样就可以鼓励那些担心自己缺少技术和经验的人参与其中，保证他们都能找到合适的职位，并且为新的志愿者创造更好的融入过程。

英国的志愿活动面临的潜在的阻力是儿童保护法，这也受到广大媒体的广泛关注。该法表示开展志愿活动与儿童有关或者是为弱势群体服务时，其志愿者都要经过犯罪记录检测。最近苏格兰体育俱乐部关于志愿者的一项研究表明大部分人都认同这项立法和检查的必要性，只有相对较少的人由于这一程序而放弃志愿活动。同时调查也表明，几乎没有人被卡在犯罪检查这一关，他们退出的理由很有可能是缺少时间或他们自己要求有偿工作。

英国内政部（2003）调查显示很大比例没有当过志愿者或者不定期参加志愿活动的人对参与志愿活动或更多地参与志愿活动都有浓厚的兴趣。超过 25% 的从来没有参与过正式志愿活动的人和 44% 不定期当过志愿者的人表达了这一愿望。除了解决参与过程的阻力，管理者还可以通过哪些鼓励的措施吸引更多的志愿者？潜在的志愿者们大多数回答如下：

- 除非有些人直接邀请我参加（44%）；
- 除非我的朋友和家人也能一起参与（40%）；
- 除非有已经参与的人能够帮我开始（32%）。

这些提示清楚地暗示志愿组织在招募过程中该如何通过俱乐部成员，引导新的志愿者加入。

志愿者的另一个动力来自雇主支持其志愿活动计划。罗尔等（2007）报道36%的雇员表示他们的雇主支持志愿活动。这些雇员 1/3 用自己工作之余的时间完成雇主支持的类似的志愿活动；20%的雇员，在自己的有偿工作时间内，也是规定的最大时间范围内完成了活动；还有17%的志愿活动在弹性时间内完成。这对志愿机构管理者来说是个绝好的机会，他们可以同当地的或全国性的公司合作，以此来促进志愿活动的招募，降低招募难度。

表 6 – 3　不参与志愿活动的理由

	主要理由（%）	次要理由（%）	完全无关（%）	基数（没有影响）
没有足够的空闲时间	60	23	18	638
因官方机构手续等而推迟	17	32	51	632
担心风险和责任	16	31	53	635
不知道该如何参与	12	27	63	636
没有合适的技术和经验	6	33	63	635
参加以后不能退出	7	29	64	632
担心安全的威胁	8	19	73	636
担心自己最后还要投入金钱	6	19	75	637
担心自己和其他参与的人相处不好	4	20	77	638
疾病和残疾	13	9	78	638
觉得自己年龄太大了	8	11	80	638
家人和伙伴不希望自己参加	5	15	80	638
担心自己利益受损	3	4	93	638

资料来源：罗尔等（2007）

政府也可以激励志愿活动，例如通过特殊的举措刺激志愿活动的发展。英国有个例子就是千年志愿者计划，这项计划在 1998 年和 2002 年间获得超过 4000 万英镑政府资金的赞助，在英国不同地区以不同的形式执行。例如，英国一项国家青少年志愿活动项目实际上是它的另一种形式。千年志愿者计划旨在鼓励 16～24 岁的年轻人加入志愿活动，其目的是增加青少年志愿活动的数量和种类；通过奖励机制使他们的志愿活动得到国家认可；为社区和年轻人增加附加价值。到 2002 年 2 月，超过 52000 名参与者因为每年参与志愿活动超过 100～200 小时被授予超过 10000 个奖项。

6.7　第三部门组织

因为第三部门组织的组成没有确切的定义，志愿者参与的组织数量很大程度上都是估算出来的。英国国家志愿组织委员会估计 2006～2007 年之间有 870000 个国民社会组织。英国国家志愿组织委员会是英国志愿组织的最大的总括机构。

第三部门机构规模大小不一，小到邻里之间的团体，大到全国性的甚至是国际组织。现在有几种不同类型的分类，（表 6-4 列出了其中一部分，但有很多重叠部分。）如很多穿着行为一致的团体都是青年团体；许多女性团体都是福利团体；组织多项体育活动的团体多属于年轻人团体等。表 6-4 的目的毫无疑问就是为此分类，主要展示第三部门休闲组织的种类和范围。

第三部门中有大量的国家管理部门，它们涵盖了社会组织中的所有主要领域。休闲领域也有广泛的全国性的组织，内容涉及儿童游戏、体育、美术、遗产、旅游和环境。几乎所有这些领域和它们所属的国家部门都在本书的不同章节有所涉及。其中还有一些类型的组织比如说环保组织经历了会员的高速发展的阶段。而国家基金会 2009 年则拥有超过 350 万的会员，超过了它 1971 年会员数量 278000 的 10 倍。

然而，一些更传统的第三部门组织却经历了会员缩减的过程，青年教会组织就是一个典型的例子。探索和引导组织近年来也遭遇了会员数量不断下降的困扰，但他们仍然是主要的青年团体。探索组织在英国就有 40 万名会员，在全世界（216 个国家和地区）有 2800 万会员。但是在 1970 年的时候，它只有 1200 万名会员。英国女童军是英国最大的女孩和年青女性第三部门组织，拥有 57.5 万名会员和 6.5 万名经过培训的志愿者。但这也仅仅是女童军世界联合会的一部分，女童军世界联合会遍布 145 个国家，其会员数共计 1000 万。英国女童军称联合会成员和成人志愿者一年能贡献 1000 万小时的志愿服务时间，相当于 5500 份全职工作的投入。

据全国志愿活动调查和 2001 年度公民调查，体育成为志愿活动最集中的领域。尽管在帮扶会的调查结果显示体育排在第三位（表 6-1）。但是，很多体育志愿活动都是在分散的组织结构里进行。总体来说第三部门中与体育相关的俱乐部数量遥遥领先，会员俱乐部数达 15 万个。

表 6-4　第三部门的组织范围

社区团体	志愿组织全国委员会，社区协会，社区委员会
儿童团体	学龄前儿童游戏协会，玩具图书馆协会
青年团体	探索协会，英国女童军，青年基督协会全国委员会，青年俱乐部全国协会，DJ 俱乐部
女性团体	妇女协会国家委员会，城镇女居民工会，母亲联合会，妇女志愿者服务
男性团体	工人俱乐部，技工俱乐部
老人团体	黛比和金瓯俱乐部，关怀老人
残疾人团体	残疾人花园，残疾司机汽车俱乐部，通道俱乐部
探险团体	拓展训练基金会，爱丁堡公爵奖，国家洞穴探险联合会
户外活动组织和旅游团	大不列颠和爱尔兰野营俱乐部，青年旅馆联合会，漫步者联合会，英国大篷车俱乐部
运动和体育休闲	足球协会，大不列颠滑冰协会，赛车公里委员会，英国轮椅篮球协会
文化和娱乐组织	英国戏院联合会，博物馆联合会，英国明显舞蹈和歌唱协会，英国音乐节联合会
教育组织	成人教育国家机构，工人教育协会，国家有声图书馆
爱好和兴趣团体	全国插花协会，公民频段协会，古董收集俱乐部，残疾人手工指导协会，英国啤酒瓶盖垫纸板收集社团
动物和宠物团体	矮种马俱乐部，爱猫联合会
环保，文物保护和遗产保护团体	国家基金会，地球朋友，皇家护鸟社团，英国清洁团体，拯救乡村池塘运动，稀有物种生存基金会，绿色和平团体
消费者团体	消费者协会，真麦酒运动协会

一项调查全面地描述了英国体育俱乐部的现状，一般来说，这些体育俱乐部规模比较小，平均每个俱乐部拥有 117 名成人会员和 107 名青少年会员。但是其中个人体育活动种类所占比例比较大，比如平均每个高尔夫俱乐部有 527

名会员，而平均每个排球俱乐部只有 37 名成人会员。令人惊讶的是体育俱乐部对志愿者的依赖性不大，平均每个俱乐部只有 21 名志愿者，因此会员担任志愿者的比例只有 5.5∶1。另一项发现更是鼓舞人心，虽然俱乐部总体发展进入衰退期，但是体育俱乐部平均会员和志愿者数量都略有增加。然而这也并不意味着体育俱乐部的发展就是一帆风顺的，2008 年体育俱乐部平均经济利润降低了三分之一，低于 2000 英镑。虽然体育俱乐部通常不会有太多赢利，但赢利至少可以保证他们的正常运行。每当被问及他们最大的挑战的时候，他们大多回答如下：

- 会员招募和保留；
- 财政问题，比如不断增加的成本和如何获得足够的收入；
- 志愿者招募和保留；
- 设施问题，如何获得数量和质量都有保证的设施，如何对已拥有的设备进行升级。

参照英国体育俱乐部的状况，案例研究 6.2 详细分析了德国的体育俱乐部。该研究详细地阐述了体育俱乐部和体育志愿者在德国的重要性不及它们在英国的重要性。不同的国家也存在相同的问题，尤其是在俱乐部志愿者需求上。

通过回顾志愿者在体育俱乐部的角色，体育和休闲政策机构（ISLP，2005）从一些文献中总结出以下三个问题：第一，志愿组织未来尚不明朗。其原因如下，志愿活动的减少；志愿组织里面有偿员工的增加和志愿者比如说教练的边缘化；体育和休闲需求变得更个人化因而对志愿俱乐部需求越来越少。第二，笼统的概括并不合适所有的志愿组织——它们运行的环境（如活动和国家）和组织类型都有所区别。第三，我们需要做更多的调查才能制定出更符合现实的针对志愿性体育俱乐部的政策。

ISLP 的评论提出了在不同国家存在相似的问题，这些国家包括比利时、德国、挪威、荷兰、加拿大和澳大利亚。现在他们在传统的体育俱乐部所面临的问题上似乎成了共识，尤其是志愿者短缺问题。

对志愿俱乐部和联合会本质的研究揭示了休闲管理者需要考虑的一些重要因素。特别是与第三部门组织有合作关系的志愿者部门管理者更要慎重考虑这些问题，当然第三部门组织中的管理者也不例外。

所有俱乐部都希望或者至少有倾向成为独一无二的俱乐部。大多数俱乐部理论上对所有人开放，但是它们通常以高额的入会费或者是入会资格为门槛，阻止了部分人的参与。如果志愿组织想从公共部门中寻求资助或者合作，那么他们就必须要有更具包容性的措施。

案例研究6.2

德国体育俱乐部

2007 年，德国针对全国总计超过 13000 个体育俱乐部做了一项调查，调查结果显示德国拥有超过 200 万的志愿者，其总共贡献服务时间超过 3660 万小时。志愿活动在德国同在英国一样，是公民参与中最重要的部分。（布鲁尔和威克尔，2008）

德国体育俱乐部为公民提供了绝大部分的基础设施——42% 的俱乐部拥有自己的体育设施。这些设施包括大量的健身房或健身中心、体育馆、体育场、游泳池、射击场和马场设施。另外，超过 30000 家俱乐部和 11000 家青年中心都提供了非常重要的社会康乐设施。30% 的俱乐部不仅提供一般性的对健康有益的体育活动，还提供以保健和康复为目的健康计划。几乎 70% 的俱乐部同学校有多重方式的合作。

德国的体育俱乐部对特定年龄团体担负重要职责：63% 的俱乐部有机会为 6 岁以下儿童服务，93% 的俱乐部可能会为 60 岁以上的人提供服务。在德国参与体育志愿活动一般不会花费太高。会员费一般都很合理——儿童平均每月的花费为 3.50 马克，成人 7.5 马克，家庭 14 马克。超过一半的俱乐部不收取入会费（儿童俱乐部的比例稍高约 64%）。

除了志愿者，1/3 的德国体育俱乐部的员工都有薪酬。这些带薪员工主要负责指导培训、技术维护和行政管理方面的工作。因此，毫无疑问，体育俱乐部最大的花费就是聘请教练和培训师。其他比较大的开支包括俱乐部设施的维护、体育设备和服装费用。至于收益方面，最大的来源就是会员费和捐款。

当然被问及所面临的问题中，最严峻的也是志愿工人的招募和保留，同之前的章节中谈到的英国体育俱乐部的问题相同。超过 4% 的德国体育俱乐部表明这一问题威胁到了他们的生存，所以俱乐部管理的核心问题在于找寻不同类型的人力资源。

这份德国的研究充分证实了德国志愿部门的重要性，这里特指德国的体育俱乐部。最后，布鲁尔和威克尔得出结论：体育俱乐部对德国公众体育服务发展的地位不可替代。

俱乐部属于不稳定和不断变化的组织。沃夫顿委员会关于英国志愿协会（Lord Wolfenden，1978）的报告中指出，只要是为满足新出现的需求的组织，马上就可以建立起来；其他的组织要么消失要么选择改变它们的侧重点，尝试进入新的行业。没有什么是永远静止不变的。同第三部门有合作关系的或参与第三部门工作的休闲管理者应当谨记这一点。因此，新的俱乐部在一开始的几年，领导层等级划分和会员结构以及俱乐部类型都很容易发生变化。

俱乐部之间行为相似——它们都是社会组织。对志愿组织中的休闲管理者来说，最重要的莫过于不断调整志愿者管理方式，使其适应俱乐部发展的趋势，使成员们保持快乐。

俱乐部通常依靠辅助服务，尤其是对租用场地的使用。本地政府部门在为俱乐部提供辅助服务和场地等方面扮演了重要角色。

6.8 慈善机构的地位

第三部门内有许多不同种类的合法机构，最常见的是慈善机构。很多但绝不是所有英国慈善机构都属于运动和休闲行业。2006年的慈善机构法案清楚地提出了建立维护公共利益的慈善机构的目的。这些慈善机构的活动大多与贫困、教育、宗教、卫生、人权、残疾和动物福利等公众利益有关。也包括与休闲相关的活动：

- 提升公民素质或者促进社团发展（包括志愿服务和志愿部门的发展）；
- 促进美术、文化、遗产保护和科学的发展；
- 业余体育活动的发展———些运动和游戏可以锻炼参与者智力和体力，从而促进健康；
- 促进或改善环境保护。

慈善委员会是负责慈善性质的机构（英国和威尔士的法律同苏格兰和北爱尔兰的慈善机构的法律不同，这里指的是前者的法定机构）的注册、监管和资助机构。委员会有法定的责任确保慈善机构对资源进行有效的利用。2009年3月末慈善委员会的报告称，英国和威尔士大约有168500家慈善机构，它们的年总收入在500亿英镑以下。

健康慈善机构是英国慈善机构收入的主要来源，美术、体育和环保机构吸引的投资相对较少，其比例占1%~3%（CAF/NCVO，2008）。无论如何，大众参与的体育赛事为慈善机构筹资提供了大量的机会，例如英国伦敦马拉松比赛和体育救济。国家基金会是与休闲相关的最大的慈善机构，2007～2008 年间营业额超过 38800 万英镑。其中对收入影响最大的单个因素是会员费，大约 11100 万英镑。会员会给一部分慈善捐款，但是他们同时也获得了国家基金会信托财产准入；因此这些捐款也不是完全属于甚至是主要的慈善性质捐款。

在英国，公共休闲资产管理正经历着不断的变化，尤其是以慈善基金会为管理方式的案例数量不断增长。格林尼治休闲中心、爱丁堡休闲协会中心、谢菲尔德国际馆等组织正在经营多种设施。因此，我们可以从它们入手了解慈善基金会的优势和劣势。

优势包括：管理机构（如，慈善基金会托管人）可以吸纳各种不同背景的人员。比如来自商界和各行业的专家可以像诤友一样互补。与公共部门的政治家的独裁和商界部门的大股东绝对话语权相比，第三部门的管理多属于自治、授权、独立而不是由关键股东独断决定，容易达成合作关系。财政津贴上，慈善机构可以充分利用财政津贴如税务减免。在英国，他们享受国家法定的进口税减免 80%。税务部门对慈善机构拥有 20% 的自由裁量权。财务规划和远景计划上，如果管理部门允许可以借贷投资，使其管理更具有灵活性。筹资上，慈善机构可以筹集资金支持资本运营和财政支出。再加上慈善捐款的税务减免，它们比其他商业性的组织或者公共部门组织能更好地吸引赞助。志愿服务和社会贡献上，作为志愿性企业，慈善机构可以激发一种强烈的归属感和社会贡献精神，即使是带薪酬的员工也可以感受到强烈的个人贡献感。与公共部门相比，简化了很多层官方机关。管理层具有更强的控制力，并且决策过程得到简化。

慈善机构的劣势则包括：不允许举办非慈善性活动。慈善机构不能够承担一些政治活动和压力集团（通过政治压力以扩展他们本身利益的集团）活动。尽管慈善机构要通过这些贸易为自己的慈善活动提供资金支持，但是他们不能长期进行贸易活动。一些慈善机构建立起独立的商贸公司，将其利润按一定的协议投入慈善活动中。筹集资本很困难，通常需要筹集大量钱的时候，尤其在慈善机构刚起步的时候更是如此。很难完全担负自身的运营费用。一个慈善机构中不论带薪的员工管理还是志愿者，都要听任当地委员会安排，才能从那里获得支持。慈善机构可以合理地收取费用，但是不能太高。因为这样会危及慈善机构的地位，无法使广大的公众受益。总是需要不断地筹集资金。慈善机构需要不停地筹集资金或者不得不卖掉或租出土地，才能维持基金项目。一些慈善机构可以有盈余，但是处置盈余要小心。因为慈善机构的行为是否符合公众利益可能遭到质疑。员工可能过度奉献，员工数量太少，工资很低。许多人的贡献超出了义务的范畴，同案例研究 6.1 里面中坚分子类似。慈善托管人贡献过度。管理委员会的关键人物承担了过度沉重的责任，比其他有薪酬的员工都忙碌，并且还要参与社区事务。存在公众对休闲设施和服务的错误认识。公众现在对休闲设施和服务有很高期望，人们不会了解或者关心剧院和体育中心是否靠慈善基金会运营，他们认为这些都是公共设施。

讨论问题

节省公共开支的管理方式是地方休闲慈善基金会数量激增的主要原因吗？

6.9　政府和第三部门

欧盟报告（2010）指出几乎所有的欧盟国家都设有多个对志愿活动包括体育志愿活动负责的公共部门。然而，在德国和荷兰等国家，政府和志愿体育部门关系更为密切，他们的政府负责对志愿性质的体育俱乐部供应基础设施和设备。英国则不同，几乎 25% 的体育俱乐部拥有自己的活动设施，68% 的设施通过租借的方式获得——其中一部分来自本地政府部门，25% 来自教育机构，余下的来自不同的设施拥有者。

第 5 章展示了本地政府和第三部门组织的合作关系对地方体育和休闲事业发展的重要性。在许多案例中，第三部门组织与公共服务供应者和公共资金密不可分。慈善基金会的背后有部分地方政府部门的资助，大多数情况下，它们享有很大程度的补贴。地方委员会支持和启动了成千上万的志愿组织和项目，甚至在资金和人力上面也给予了支持。许多第三部门组织和公共机构之间的相互依赖性是公共社区服务包括体育和休闲部门框架中不可或缺的部分。

第一个例子是英国政府对志愿性质的体育部门的经济影响；最主要的方式有对国家体育管理局的财政拨款和国家彩票赠予非政府部门和志愿性质的俱乐部的资金支持。根据文化、传媒和体育部/内阁办公室 2002 年的资料，22% 的关于体育的财政拨款和彩票所得都奖励给了非政府机构；另外 12% 被拨给了志愿性质的俱乐部，也就是大约 30700 万英镑的 1/3 流入了志愿部门。

另一个英国体育界的例子就是英格兰体育理事会———一个政府机构。它自 2002 年以来一直致力于促成 "Clubmark"，即一种俱乐部认证体系。Clubmark

认证体系会被颁布给在四个方面都达到最低运行标准的体育俱乐部。四个方面包括：参与项目；安保项目和儿童与青少年保护；体育公平和道德；俱乐部管理。通过提出这一计划，体育基金会支持并促成了体育俱乐部良好的发展，除了具有标准认证更在其他方面体现其制度的优越性，但是许多俱乐部往往没有考虑到青年和体育公平的问题。Clubmark 认证体系的影响延伸到了优秀的管理实践以外的范畴——体育基金会提出 Clubmark 认证体系有两大好处：分别是资助单位必须是 Clubmark 认证的申请者或者正积极申请 Clubmark 认证的组织；越来越多的地方政府部门和其他休闲运行者优先考虑经 Clubmark 认证的俱乐部，其他部门也积极配合为其场地租借提供优惠。

英国政府致力于鼓励公共部门和第三部门开展合作。因为政府渐渐意识到第三部门扮演的重要角色，尤其是在社区和关怀性组织中。而且，当下不断增加的公共和社区服务都是由第三部门的组织完成的。第三部门代表政府举办国家等级的活动，代表本地政府部门完成地方等级的活动——例如英国不断增加的运动和休闲中心的信托管理。更具体地来说，政府和其机构支持的志愿活动具有社会和经济双重效益——因为单纯的志愿活动可以提供有成本效益的服务，也是公民积极寻求公民权的关键因素。

在英国，实现政府和第三部门的联系的最常见的两种途径：一个是依赖第三部门，将其当成提供政府政策方面的服务"代理方"（使用政府资金去平衡第三部门的财务）；另一个是寻求改善第三部门的效益。

1998 年，英国政府和第三部门在咨询志愿部门之后起草了一份协议（英国内政部，1998）。最初，这份协议只适用于中央政府部门和办公室，但协议明确提出将这两种方法扩大到公共机构和地方政府的意向。合同旨在保证志愿部门和社区部门事业达到以下标准：保持高标准的管理和行为准则，担负向资助者和使用者公布信息和说明活动的义务；制定适合组织的质量标准；提升同政府之间的有效工作关系；提出最佳实践推广和活动机会均等，志愿者招募和参与以及提供服务等政策。

之后的政府报告中提出要加强志愿性部门公共服务的能力建设。能力建设就是确保志愿性组织和社区组织中的人员充分利用自己的技能、知识、结构和资源来发挥他们的最大潜能（HM treasury，2002：19）。

政府部门对志愿活动的支持与控制之间的平衡问题值得人们关注（史密斯，2003）。布莱克摩尔（2004）提出了使命偏移，就是说资助者对志愿性组织的资源支持会使得他们的优先权也被带入其中。她提醒道，政府中不断升级的审计和绩效衡量作风可能融入对志愿性质部门的期望中，逐渐破坏它的独特性。

另一个值得关注的问题是志愿部门实现政府目标的能力和动机。科林斯和卡宴（2003）对体育志愿部门能够帮助实现政府关于促进社会包容度的目标提出保留意见。他们称："倾向把体育志愿部门当作政策工具去实现参与和绩效目标的做法可能会造成志愿者精神的缺失和无法招募和保留志愿者的问题……这并不意味着体育志愿俱乐部不能够帮助实现政策目标，只是在鼓励他们发展这样的政策的时候需要万分注意。"

然而，尽管存在这样的问题，第三部门和公共部门的关系越来越牢固。任何部门的休闲经理都需要自主意识到加强社区建设和为社区提供有效的和高效率的服务之间存在协同效应。

问题讨论

志愿部门可以帮助政府完成目标吗？

6.10　商业公司中员工的运动和休闲服务

这种计划经常被称为"工余康乐"，即为员工个人提供私人设施。公司中的运动和休闲活动服务的管理与个人会员制的俱乐部中的管理更为相似。它与商贸企业不同，目的是实现雇员的娱乐而不是获得金钱利润。有幸福感的和身体健康的员工其工作效率和产出都会更高，也会为公司创造更大的利润。因此公司从休闲计划中不是直接而是间接地获得经济利益。

雇主对运动和休闲计划的资本和经常性支出的投入会受到各种因素的影响和刺激。它们包括：慈善文化；健身工作；员工流动率的降低；公司形象；员工压力。

公司服务和设施的供应很可能受以上综合因素和其他因素的影响，如土地可用性。暂不论发起这项计划的动机，英国的皮尔金顿、凯德伯里和朗特里等先驱于19世纪末和20世纪初开始推行这项活动。第一次世界大战以后，一批产业化俱乐部涌现出来，并且大部分俱乐部与宗教和福利组织有联系。20世纪50年代俱乐部利润很高，利他主义盛行。许多公司投资于运动社交俱乐部，工余康乐计划飞速发展。

20世纪60年代，在公司运动委员会或相关部门的指导下，对这类俱乐部组织和管理的责任从雇主转移到了雇员身上。资金则来自多方，雇主通常提供基本建设费用和年度社区拨款。雇员通过缴纳会员费，购买彩票或在吧台以及自动贩卖机上消费为其提供资金。

公司运动社交俱乐部经理担负管理职责，就像公共部门和志愿性部门的管理者一样。他们除了要了解管理技术，熟悉法律条款和财务控制，还要为满足公司员工的需求提供相关的活动项目。

过去几年中，除了一些特别引人注意的活动之外，"工余康乐"运动总体呈下降趋势。英国经济发生了一系列变化，制造业基地不断减少。雇员生活方式的改变和总体运动休闲方式增多等因素联合起来造成了许多公司的体育和社会俱乐部的倒闭。员工会员数量的下降与不断增长的场地和室内设施维护费也存在一定的联系。

然而，总体比较低迷的状况中也存在一些例外情况。"工余康乐"的概念已经发展成为一个当代的新概念——企业健康。英国大量公司已经认识到了企业健康是雇主和雇员的共同利益所在，所以他们为员工提供广泛的豪华的健身设施。其中最优秀的案例是爱丁堡苏格兰皇家银行的健康和休闲中心和曼彻斯特的阿迪达斯国际健康中心。并且后者帮助英国阿迪达斯公司把员工旷工天数降低到每人每年 2.63 天，最终荣获企业健康典范奖。

最近，一些公司对其设施的管理策略做了一些调整，开始以合理的价格对公众开放。这有利于公司扭转员工设施亏损的状况，但是这些设施不再属于第三部门转而成为商业部门营利性事业。英国舍尔总公司的设施部门"雷森布里"于 1999 年起对公众开放；现在已经完全属于舍尔的子公司了。公司企业健康的另一项选择是将企业健康俱乐部纳入员工的薪酬福利中。伦敦体育健康和休闲俱乐部中最独一无二的地方就是拥有很大比例的企业会员。

"企业健康"这个概念已经渐渐演变成一种趋势——尽管很慢——英国对工人和管理人员不良健康状况统计资料被更广泛地公布和宣传。世界卫生组织表示英国是工人心脏病和肺癌发病率最高的地区。英国工业因为工人心脏相关问题和背部相关问题每年损失了数百万的工作日。

人们的兴趣在不断改变；人们对休闲体验的多样化需求推动了电视广告、时尚行业、健身和全面健康概念的普及。很明显，商业企业内部的运动与休闲部门以及自身却需要顺应这种潮流，并依据其定位自身角色以及运动与休闲部门对于雇员应扮演什么角色？具有前瞻性的公司管理层总会认真对待企业健康这个问题，并且有相当多的公司已经开始提供全面的运动和休闲设施，以此为有抱负的休闲管理者提供大展拳脚的平台。

讨论问题

商业公司为员工提供的运动和休闲设施供应的传统能否传承下来？

6.11　小结

第三部门组织不仅给人们提供参与运动与休闲的机会，还让人们有机会参与不同级别的组织和管理活动，以及提供服务。管理者必须要意识到第三部门社区体育和休闲与其他部门不同，包含了许多个人自我实现的关键因素，这也是有效的休闲管理的主要目标之一。因此，休闲管理者很有必要了解作为一名志愿者该担当哪些责任。

因为第三部门的组织对运动和休闲活动的供应至关重要，所以考虑第三部门中的管理问题非常必要。但问题是，第三部门通常是由没有管理概念的无偿志愿者组成。尽管如此，任何组织都应该致力于为其会员提供有效的服务，从而不会造成会费收入的浪费。所以良好的管理在这个部门仍然是有效的。许多第三部门的管理者们仍然面临一些亟待解决的问题，尤其是志愿性休闲供应的很多领域中（例如运动和青年组织）的志愿者短缺问题。

第三部门非常庞大且种类繁多，特别是与公共部门联系紧密。它们主要形式有俱乐部，社团和协会等。因为组织和人数多，第三部门中参与休闲和娱乐管理的人数比其他部门多。志愿性俱乐部为个人提供群体身份，俱乐部内部的竞争和对抗加强了这种认同感，提升了人们的归属感。会员制度可以为个人赋予地位，提供目的性活动和给予个人自身一种重要感。志愿性组织掌握着个人自我实现的关键因素之一。休闲行业专业人员需要利用第三部门的有利条件，公共部门应当促进和鼓励第三部门的发展。

志愿部门和公共部门之间的关系不论在国家层面上还是地方层面上都尚处于争论阶段。国家层面上，很明显，政府希望志愿性组织有助于促成国家政策目标。地方层面上，地方机关和慈善基金会组织间的合作关系不断升温。然而我们必须认识到，无论在国家还是在地方，第三部门的独立性必须被认可和重视——不能被过度的政治压力损害。

实 践 任 务

1. 你自己选择一个运动或休闲组织当一天的志愿者，记下你的经历，包括：

- 作为一名新的志愿者，你被对待的方式；
- 对志愿者的管理；
- 和你一起担任志愿者的同伴们对他们任务的态度。

将你的这些印象和你熟悉的有偿工作的情形相比较。

2. 采访你选择的运动或者休闲组织中的两名志愿者。找出他们当志愿者的原因，他们从中获得了什么益处，和这对他们的重要性。你调查所得的结果与书本所说的一致吗？

拓展阅读

志愿者数量数据：

Attwood, C., Singh, G., Prime, D. and Creasey, R. (2003) 2001 *Home Office Citizenship Survey*: *people*, *families and communities*, Home Office, London, available at www. homeoffice. gov. uk/rds/pdfs2/hors270. pdf.

Low, N., Butt, S., Ellis Paine, A. and Davis – Smith, J. (2007) *Helping Out*: *a national survey of volunteering and charitable giving*, Office of the Third Sector/Cabinet Office, London, available at www. cabinetoffice. gov. uk/media/cabinetoffice/third _ sector/assets/helping _ out _ nation _ survey _ 2007. pdf

运动中的志愿活动：

Sport England (2003a) *Sports Volunteering in England*, 2002, Sport England, London, available at www. sportengland. org/volunteering – in – england. pdf.

欧盟志愿活动：

GHK (2010) *Volunteering in the European Union*, Educational, Audiovisual and Culture Executive Agency, Directorate General Education and Culture, Brussels, available at http: //ec. europa. eu/citizenship/news/newsl015 _ en. htm.

实 用 网 站

2001 年内政部公民调查：

www. homeoffice. gov. uk/rds/pdfs2/hors2 70. pdf

2007 年"解难"志愿活动和慈善捐献全国调查欧盟志愿活动：
www. cabinetoffice. gov. uk/media/cabinetoffice/third_ sector/assets/helping_ out_
national survey_ 2007. pdf

欧盟志愿者活动：

http：//ec. europa. eu/citizenship/news/newsl015_ en. htm

英国体育基金会的 CLUBMARK 运动俱乐部认证：

www. clubmark. org. uk/

2009 年 CCPR 运动俱乐部调查：www. ccpr. org. uk/ourcampaigning/uk/Re-
search/Sports + Club + Survey + 2009. htm

第三部分　运动休闲产品与服务

内容

该部分主要有两个功能。一方面，它引入和回顾了休闲产业中的主要元素，为休闲市场和组织描摹了全面的图景。另一方面，它在每个回顾的市场中旗帜鲜明地提出了关键的管理问题。所有不同的市场都存在不同的重要问题，但有时也有些例外，存在一些同样问题。

第 7 章和第 12 章中介绍的是比其他部门更具商业性的供应和管理领域。第 8 章、第 9 章和第 11 章则主要是关于志愿部门和公共部门的管理。该部分的其他章节也覆盖了部分该内容。第 10 章则介绍了兼具商业性，志愿性以及公共部门性质的一些组织。

考虑到学习休闲管理的学生如果对管理中的某个元素感兴趣则也需要了解到其他的元素以及他们共存的管理问题和不同的管理问题。因此，该部分涉及的市场和产业范围极其广泛。他们毕竟需要在共同的广泛市场中竞争——满足休闲需求。更重要的是，某个具体行业的管理者（比如说任意六个本章节中的具有代表性的行业管理者）千万不能陷入自己所在的行业历史中而目光短浅，认为自己的行业是唯一可以提供相关例子和经验的地方。

第 7 章
国际旅游

本章内容

- 国际旅游业的关键因素有哪些；
- 旅游需求的基本特征有哪些；
- 旅游地的不可缺少的因素有哪些；
- 旅游业对景点的影响有哪些；
- 为什么政府要涉入旅游业；
- 为什么旅游业和旅游地的营销如此重要；
- 科技是怎样改变旅游业的。

概 要

本章节将会向你介绍国际旅游的主要因素。首先，本章从简单的旅游业系统开始，从你考虑到的旅游业的各个方面入手。接下来是考虑关于旅游业的定义。然后，本章将讨论旅游者和对旅游业的需求。在这里，明白动机和决定需求的因素，这些因素是怎样影响全球的旅游业的运转模式，并且知道休闲产品的市场是非常重要的。

旅游地是给旅游业系统提供能量，是娱乐活动依附的因素。旅游地有许多突出的特征并在游客的游玩中对其产生影响。本章考虑了经济、环境、社会（文化）的影响。旅游的本质在于，尽管旅游业受小型企业支配，却在公共产业中扮演了很重要的角色。

最后，本章着重于旅游市场营销的作用，考察市场营销新的"服务主导性"逻辑和旅游地的市场营销。

7.1　引言

旅游业是当今世界一个非常重要的经济部门，并且旅游业中的许多活动可以被归纳为休闲旅行。在世界范围内，旅游业生成了巨大的游客流和资金流，因此这些休闲旅行具有学术研究价值。然而，在一个变化极快的世界，建立一个严谨、稳定的研究体系非常重要，本章恰好能为读者提供这一体系。旅游业的发展有一个很有趣的特点：旅游业尽管受到最近一系列事件的冲击（2001 年的美国 "9·11 恐怖袭击事件"、2004 年的印度洋大地震，以及 2010 年的海地地震），自 1950 年以来仍保持持续增长和反弹。

旅游业对于休闲和体育的经营者来说，也是一个关键的商机。休闲设施、体育赛事和文化节日都会吸引大量的游客，游客中包括本地的居民、观光客，尤其是特定观众的身份组合取决于设施或者赛事的性质。例如，2012 年的伦敦奥运会，吸引了很多的国内和国际游客前往英国。除此之外，旅游、休闲和体育之间的协同作用将会衍生出新的产品，例如体育旅游。因此，对休闲管理者来说，了解旅游业的运作及其所包含的国际机遇对更好地经营休闲与运动业并获得竞争优势非常重要。

7.2　休闲、娱乐和旅游业

旅游业中不仅内部因素相互联系，而且我们也发现旅游业和其他的活动与概念，比如说休闲、娱乐和体育关系密切。例如，在全世界范围内，绝大部分的旅游（尽管不是所有的）属于休闲活动。将旅游业定位为一系列需要在外过夜的休闲活动是很重要的一步（图 7－1）。尽管当天的游览或者短途旅行都属于娱乐活动，但对旅游来说，休闲时间紧密的产生是锁定在离开家的所有时间。换句话说，休闲活动和旅游的关系是非常紧密的，正如案例研究 7.1 体育旅游所示。

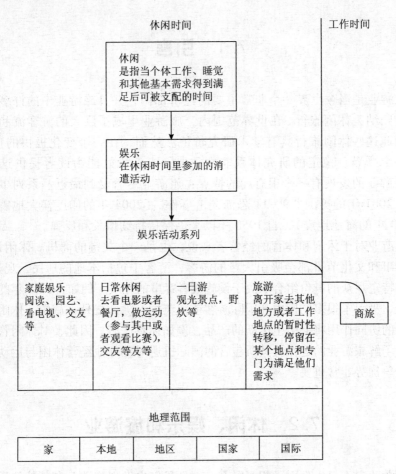

图7-1 休闲、娱乐和旅游

资料来源：博尼法斯和库珀（2009）

讨论问题

是否应该把娱乐活动例如钓鱼和骑自行车纳入体育旅游？

案例研究 7.1

体育旅游

体育旅游是旅游和休闲紧密联系的领域。从 2000 年开始，体育旅游不管作为一个研究方向还是产品吸引了越来越多的关注。我们知道，在"体育旅游"这个词被杜撰出来之前，许多游客通过旅行去参与体育赛事。但是近些年来的卫星电视的出现，运动中声望和地位的彰显与对健康和健身等因素的关注都共同促进体育旅游。因此，体育旅游在全球范围的国际旅游中所占比例达到 4%~6%（UNWTO，2001）。斯坦迪文和德克诺普是这样定义体育旅游的："必须是离开家和离开工作地点的体育活动，其参与形式不论为主动和被动，参与过程不论以随意或者是有组织的方式，动机也不论为商业性的或者非商业的。"由于商业或非商业的原因，主动或被动地以随意或有组织的方式参与离开家庭或工作地点的体育活动。

在本章后面，我们提出了旅游的三个关键组成部分，在体育旅游业中探寻这些部门具有重要意义：

1. 旅游客源地包括被动旅游者即前往观看者或主动游客旅行去参加体育比赛者，比如滑雪、自行车、高尔夫或钓鱼。

2. 旅游者的目的地包括体育比赛地点、体育场馆、住宿和把体育活动强大概念本身作为一个旅游胜地。

3. 旅游通行地区代表的不仅是参与体育赛事的旅途，同时也是作为体育旅游观光的产品。

旅游业中已经发展出一支围绕体育旅游概念的重要旅游业分支，专业的体育旅游公司正提供量身定制的体育赛事游，现代或古代体育场馆和体育俱乐部的"后台"参观。

体育赛事旅游可能是最知名的产品了，特别是标志性和宏大赛事的旅游如 F1 国际汽车大奖赛，足球世界杯。这些赛事还成为研究的重点，特别是它们的经济效应，为了宣传赛事和促进当地经济的增长，很多赛事都是由当地政府或者国家资助。比如，在澳大利亚，墨尔本 F1 国际汽车大奖赛主要由公共部门资助。

里奇和艾达（2004）说，作为新型的旅游业，体育旅游也引起了许多新的挑战。例如，它很多方面和娱乐消遣活动重合，比如说钓鱼，还有探险旅游、漂流。事实上，体育旅游的维度为很多休闲专业的学生所熟知——工作/玩；自由/拘束。更大的挑战是缺乏体育旅游的富有经验的策划和管理。在某种程度上这也是由于体育与休闲政策和旅游政策之间缺乏整合。

7.2.1 旅游业的定义

旅游业是多方位、多层面的，它触及许多生活方式和不同经济的活动，也包括休闲体育活动。因而，人们很难对旅游业做出定义。"旅行者"一词在英语中最早出现在 19 世纪初，然而两个多世纪之后我们仍然无法在该定义上达成一致。除了需要将旅游与其他类似活动如迁移的特性区别开来，人们发现很难找到支撑旅游定义的统一的方法。然而，即便是找到一种方法也受到众多非议，地理学家和社会学家都越来越相信：旅游仅仅是"迁移"的一种形式，不应该被分离出来。对旅游业做出定义意义重大，不仅可以为参与旅游业的人员提供可信性和归属感，同时也为旅游业的评估方法和行业立法的制定提供了实际考量的依据。旅游的定义可被分为两类，即需求型定义与供给型定义。

7.2.1.1 需求型定义

作为一个经济部门，旅游业的定义不同寻常。因为这个行业很难定义。直到 20 世纪 90 年代，旅游业的定义一直偏向需求型定义多于供给型定义，这几年，联合国在发展需求型的定义，因为它需要在立法和评估中使用到这一定义。并且这些定义的产生都是由旅游同其他形式的旅行活动的需求推动的，其目的在于统计作用。换句话说，许多活动得通过特定的"测验"才可以被归入旅游行业内。这些标准包括：至少停留一个晚上（不停留过夜的游客算作当日游客或者短途旅行者）；最长的停留时间不超过一年；游览类别有明确的目的性，包括休闲旅游；距离长短，有时候被包含在描述语"通常的环境"中——联合国世界旅游组织（UNWTO）建议是 160 公里。

讨论问题

作为一个休闲中心的管理者，为了制定客户调查，应该如何定义"旅游者"？

7.2.1.2 供给型定义

从本质上看，旅游业作为一个涉及多个领域（旅行、住宿、饭店、零售业和娱乐业等）的复杂、多样化的产品，其中包含了有形和无形的因素，这就意味着旅游业是个很难定义的行业。旅游卫星账户（简称 TSA）方法（给予调查确定数据使研究结果具体化）是一种公认的定义方法。它通过测算到访人员对产品和服务的消费量评估出整个旅游业经济体的规模大小。旅游卫星账户可以：提供旅游业在经济效益方面的信息；提供旅游业就业方面的信息；使得旅游业可以和其他经济部门进行比较。

例如，最近旅游卫星账户（2007～2008）不仅为澳大利亚描绘了旅游业对其国家经济方面贡献的变化的清晰图景，并且为澳大利亚提供了一个有力的诊断工具（澳大利亚统计局，2010）：

- 2007～2008 年间，总体来说旅游业对澳大利亚经济的贡献有所增长，但是不如其他主要经济部门；
- 2007～2008 年间，旅游业占 GDP 的比例是 3.6%，从 2000～2001 年间以来所占比例持续下降；
- 2007～2008 年间，旅游业雇用了 497800 人，几乎占澳大利亚总就业人数的 5%；
- 旅游业给经济带来的增长主要是通过长途客运、外卖食品和餐馆饮食、购物与住宿。

旅游卫星账户表明从 2000～2001 年间开始，旅游业对澳大利亚的经济效益贡献逐渐下降，我们也可以通过旅游卫星账户来搜寻原因。首先，在这段时间里，由于澳大利亚旅游价格上升而导致了其国外旅游人数的下降；其次，2000～2001 年间，由于悉尼奥运会成功举办，旅游业对澳大利亚经济的贡献虚增。

旅游卫星账户的优点也是显而易见的，它给计划和政策的制定提供重要数据，同时也为探索和研究旅游提供了重要的概念框架。

7.2.2 一个旅游系统

面对如此复杂的活动，为研究旅游提供一个组织框架十分重要。在本章，我们将采用 1979 年尼尔·利珀建立的模型（该模型于 1990 年更新）（图 7 - 2）。这个模型非常有效，当然还存在许多更加复杂的可用模型。但是，当剥去所有模型外壳的时候，它们的核心也是利珀模型的三个要素。这个系统考虑旅游者的活动，允许行业部门在所有的旅游中定位并提供旅行中必备的地理元素。这个系统也将旅游业放在一系列外部环境之中如社会、政治和经济环境。利珀模型的主要优势在于其广泛的适用性和精简性，给旅游业的研究提供了有用的"思考方法"。下面就是利珀模型的三个基本部分：

第一部分是旅游者，旅游者在整个系统中是一个参与者。旅游毕竟是一种个人体验，游客们享受、期待和回忆旅行，并且这些回忆被很多人当作生命中非常重要的时光。对旅游者的定义将会在本章的后面讨论。

第二部分是地理因素。地理因素——利珀在他的模型中列出了三个地理因素：

- 旅游客源地：代表着一般的旅游市场，并且在某种程度上，提供了"推力"来刺激和推动旅游；
- 旅游地：代表着旅游阵地的"第一线"：这里旅游业效应将完全得到体现，计划和管理策略得以实施。目的地也是旅游业存在的主要元素，一系列地点由于其不同于普通地点的文化历史和自然意义而被区别开来。同时这里也是很多休闲和体育企业创办的地方；

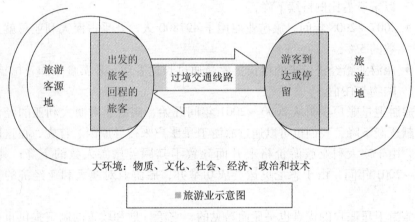

图 7 − 2　利珀旅游系统

资料来源：利珀（1990）

- 旅游过境通行地区：这并不仅仅是简单的表示短时间内的旅游到达某个地方，也包括间接地在途中可能会经过，并且会到访的位置。

第三部分是旅游部门。利珀模型的第三部分是旅游部门——旅游业与休闲业和包括实现旅游经历的组织。

利珀模型的所有因素相互影响，不仅是可以实现为游客提供旅游产品和经历，而且可以实现交易和影响。当然还包括我们在案例研究 7.1 所见的，利珀模型有助于发展和实现不同类型的旅游业。

7.2.3 旅游者

旅游者拥有不同的性格、背景和经历，从而导致旅游者归类不同。分类的方法大致分为两类，它们和游客旅行的性质有关：一方面基本的分为国内和国际游客。尽管这种区分方式在世界的某些地方是相对模糊的，如欧盟。国内旅游是指居民在他们居住的国家旅行。国际旅游就涉及居民在他们居住的国家之外旅行。另一方面，游客的分类也可以根据"旅游目的"。依照惯例，有三种类别：休闲和娱乐：包括假日、体育和文化旅游与拜访亲朋好友；其他的旅游目的：包括学习和健康旅游；贸易和职业：包括会议、大会、使命、奖励和贸易商务旅行。

旅游者分析还有许多其他的方式，包括通过生活方式和个人性格来进行旅游者数据统计，以及通过风险评估解读旅游消费者行为。

7.3　旅游行为和旅客需求

回到利珀模型，旅游的需求是由客源地活动和决策所决定的，并且客源地活动和决策都与旅游地的休闲机遇相呼应。休闲管理者发现，在他们的市场中有很大一部分由旅游者构成。乌伊萨尔（1998）列出了三个和休闲管理者相关的原因，解释为什么要分析旅游需求：对于政策和预测都是必不可少的支撑依据；这为目的地供给需求的平衡提供了至关重要的信息；这使得旅游和休闲产业可以更好地了解消费者行为和旅游市场。

一个常用的游客需求的定义是："一群去旅游和想要旅游的人，在非游客本身所居住和工作地方，需要使用旅游设施和服务的总量"（马蒂逊和瓦勒，1982）。

一些个体存在不能够得到满足的需求。这表明旅游由众多因素构成。我们把构成旅游需求的因素大致分为三类：

首先是有效需求（实际需求），是指可以参与旅游的人和正在旅游的人的实际数量。其次是抑制的需求（潜在需求），该需求是由一些他们自身想去，却因为某些原因不能去旅游的人群构成。可能是因为供给环境的影响，比如像2004 年印度洋大地震使得人们不能前往此处。也有可能是人们自身的原因，如残疾等。最后，总有些人就是单纯地不想去旅游，这群人构成了非旅游需求类人群。

经济学家依据市场需求列表来看待游客需求——在某个时间，不同价格水平上，个人愿意购买的旅游次数（图 7 - 3）。一般来说，价格和需求数量的关系为负相关。比如，产品价格越高，需求就会越少；价格越低，需求越高。在图 7 - 3 中，需求曲线 DD 很好地展示了其"弹性"——当价格变化时需求数量的相应变化。

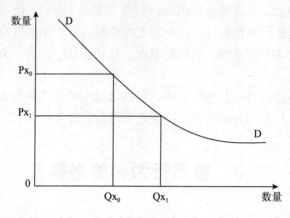

图 7-3 旅游需求表

资料来源：库珀等（2008）

7.3.1 游客需求的动机和决定因素

关于旅游业消费者决定有大量的文献。没有两个人是一样的，不同态度、认知、想象和动机对旅行的决定有重要影响。

7.3.1.1 旅游需求的动机

理解此动机是休闲管理者了解旅游者行为和回答人们为什么选择旅游的关键所在。麦景图等人（1995）把动机分为四类：

- 生理因素：该因素和体育管理者尤为相关，主要是和恢复身心精力、健康目的和运动休闲有关；
- 文化因素：该因素主要是好奇心、游览参观和了解不同的文化；
- 人际因素：包括想认识新的人群、拜访亲戚朋友和寻求新的不同的经历；
- 地位和声誉因素：包括希望获得继续教育、个人发展、提高自我和享受生活，例如去温泉浴场。

案例研究 7.2 列举了当代世界的旅游体验和旅游者的动机密切相关。

案例分析7.2

旅游业与体验经济

当我们在评估旅游业价值或者进军旅游市场时，我们发现旅游业越来越多地被当作一种体验而非产品。随着科技的不断提高，在休闲时间中，我们在家中进行娱乐，其视觉影像和声音的质量不断提升。所以我们在自己的旅游经历中的期待也提升到相应的水平。

工程旅游经历是将来的趋势之一，它完美地迎合市场的期望。派恩和吉尔摩（1999）的书《体验经济》很好地表达了这一概念。书中说道，工作就像是戏剧，生意就是舞台。旅游人力资源所需考虑一个至关重要的事项，无论前线工作者在体育赛事中还是餐馆里，宾馆接待还是大堂商店，他们都是在舞台上。与日用品、产品和服务不同，以体验为基础的商品本身就是令人难忘的。比如说迪士尼乐园经历对小朋友来说是难忘的；这是个性化的——因为孩子们可以与自己喜欢的卡通人物接触，并且它给观众一种愉悦感。

派恩和吉尔摩认为这里有四种经历是可以由"经历提供者"设计和构建：

1. 娱乐。在这里，娱乐可以融入已有的产品中。比如说已经过时了的水族馆现在拥有了海豚与海狮的表演。这种方式可以让游客参与表演，但通常只有一两名观众可以参与其中。

2. 教育。游客是经历的被动接受者，并且比参与一般的娱乐经历更加积极主动。因为教育经历会提升他们知识的水平或者对事物的认知程度。知识获得者或者是教育获得者的概念在这一过程中得到广泛使用。例如现实翻译的角色带你进入生命遗产遗址，例如澳大利亚的淘金镇。

3. 逃避现实者。这种类型的经历更需要游客自己积极地参与并主动让自己沉浸在体验当中。例如志愿者旅游清扫珠穆朗玛峰。

4. 审美趣味——对于这种体验，旅游者自己会流连忘返，同时又不对环境产生影响——凝视泰姬陵或大峡谷就是很好的例子。

依次从上往下观察这个列表，我们可以发现旅游者的陶醉程度和参与度不断加深。派恩和吉尔摩认为体验的本质就是就应该使其获得不同体验和不同的心情。正因为这样，体验经济的思想对旅游来说大有裨益。改变参观的本质，比如说易破坏的自然景观，管理者可以改变行为使得参观者了解景观的本质，因此，更多的游客会倾向于采用合适的方式去欣赏并保护景点。在这里，市场销售和旅客管理在一起实现旅客所渴望的经历的同时，开始尝试改变旅游者的行为去保护脆弱的景点。

毫无疑问，体验经济对旅游与一般休闲行业的未来发展有重要的指导作用，不仅仅在对产品如何规划和体验设计方面，同时也包括劳动力如何实现这些体验。这个进程的下一个阶段——转化——可能开始改变旅游者行为，由此游客开始保护他们游览的每个资源。

7.3.1.2 旅游需求的决定因素

尽管个体可能有旅游的动机，但是他们是否有能力去实施取决于个体和供给环境等一系列因素。这些因素可以称之为需求的决定因素，代表了个体进行旅游的"可能参数"。决定因素可以被分成两类：一类是生活方式，包括收入、就业、假期津贴、受教育程度和迁移率；另一类是生命周期，个人的年龄和个人家庭情况同时影响了旅游业需求的种类和数量。当然这些因素是相互关联和互补的。

7.3.2 旅游需求的决定因素——生活方式

这里有五个生活方式方面的关键因素：第一是收入和职业：收入与职业息息相关，并对个体的旅游层次和性质的需求产生重要影响。旅游往往是一项昂贵的活动，只有收入达到一定的程度，才有实现参与的可能性。第二是带薪休假津贴：据记录，自1950年以来，发达国家的大多数人休闲时间都增加了。但是，总时间预算、休闲时间和带薪休假津贴三者的关系十分复杂。为了旅游，人们至少需要积累2天以上的休闲时间离开家外出游玩。第三是教育：受教育的程度是旅游需求很重要的决定因素之一，因为教育可以拓宽视野，刺激去旅游的欲望。同时，受到更好教育的个体对旅游机会的意识更强烈，并且了解更多的信息、媒体、广告和促销。第四是迁移率：个人的移动性在旅游需求上有很重要的影响，特别是在国内度假时。车对于国际和国内旅游来说都是一个主导休闲工具。它提供了"门到门"的自由便捷，并且可以携带休闲器具（如帐篷和船）和拥有全方位欣赏景色的视角。第五是种族和性别：种族和性别是旅游需求的两个决定因素，但是它们的关系很难弄清楚。在北美洲进行的旅游调查显示，男性白人的有效旅游需求的层次最高。

7.3.3 旅游需求的决定因素——生命周期

旅游和休闲的需求和个人在家庭生命周期的位置和实际年龄紧密相关。实际上，根据家庭的生命周期，很好区别旅游者需求类型，因为个人在达到家庭生命周期中的特定阶段时有特定的旅游需求。这些阶段包括童年时期、青春期、结婚时期、空巢时期、老年时期。

家庭生命周期解释性框架是一个有影响力的方式。它影响了旅游和休闲设施供给，特殊人群的市场需求分析（例如一些西方国家逐渐增多的老年人），并被旅游经营者作为市场细分基础。然而，上面所述的家庭生命周期只适用于发达的西方经济体，此外，作为一个一般性的归纳它并没有考虑例如单亲家庭、生活在西方国家的离婚或少数民族。

很明显，如果要分析生命周期和生活方式这两种决定因素，我们必须将它们分开讨论，但须记住它们都是相互关联和互补的。因此，一些作者已经开始尝试通过多元的旅游需求的决定因素的分析来尝试解释游客的旅游或休闲行为，然后将不同的个人分类列入不同类别中。

7.3.4 旅游需求的宏观决定因素

综上所述的个人决定因素聚合到一起可以对全球需求模型产生影响。我们都可以通过"STEP 分析法"（库珀等人，2008）分析以下因素的影响得出结论：社会因素；科技因素；经济因素；政治因素。

7.3.4.1 社会因素

一个国家的人口密度、人口分布和城市化程度对其旅游需求有重要影响。从第二次世界大战起，发达国家的旅游需求模式随着社会的变化发生了重大改变。大部分的西方国家正在或将要经历低出生率时期。结合当前人均寿命的增长的情况，人口必将老龄化。随之而来的对需求的影响是参与旅游的人数越来越多，特别是旅游形式，如国内旅游和短途旅行。

7.3.4.2 科技因素

科技是将抑制需求转换成有效需求主要促成因素。这种情况在交通科技上尤为明显，在 20 世纪 50 年代晚期，飞机引擎的发展使得飞机在速度、范围得到提升，从而刺激了多样性国际旅游产品的发展来满足被抑制的需求。飞机技术持续发展，机动车辆也越来越精良，普及率也越来越高。同样地，信息技术的发展也是一个至关重要的因素，特别是网络与移动科技。

7.3.4.3 经济因素

社会经济影响了很多关键的、相互关联的因素；社会的经济发展程度是旅游需求大小的主要决定因素，一种简单的分法就是把世界分为发达的"北部"和相对欠发达的"南部"。相对于南方国家，北方国家是主要的国际和国内旅游的客源地和接收者。后来，有一些南方国家逐渐变成了国际旅游客源地，但这些国家的旅游市场主要属于国内游，并常有入境的国际旅客补充。

7.3.4.4 政治因素

政治从很多方面左右着旅游的选择倾向。例如，政府的政治色彩决定了政府介入旅游推广并提供其设施的程度。支持自由贸易的政府试图创造出一个旅游业繁荣的环境，而不是行政干预式地直接进入旅游业本身。

7.3.5 国际旅游的因素

上述的旅游需求的决定因素同世界各地旅游目的的特点相结合产生全球旅游业的发展规律和模式。了解这些国际旅游需求的全球模式是旅游目的地和休闲产业市场营销与发展的必要因素。在国际旅游方面，联合国世界旅游组织收集大量显著的统计信息，这使得我们得以追溯国际旅游业需求的发展史。

第二次世界大战结束后，国际旅游开始进入一个显著的增长时期，20世纪下半叶年平均增长率接近7%（表7-1）。直到21世纪早期，国际旅游生命力非常旺盛，许多因素可能会抑制其增长——经济衰退、石油危机、战争和恐怖主义。直到"9·11"事件前，全球游客需求如预期增长并进入平稳模式。尽管在2000~2001年间，"9·11"事件的综合效应使得国际旅客量下降了400万人次，但是它预示着不确定性的旅游市场新纪元的到来。2008年，世界进入了一个空前的经济动荡时期，稳定被打乱。

除了历史趋势，我们还可以了解国际旅游需求在空间格局的转变，远离欧洲的主导地位，把亚太地区转移为目的地——长途旅行，是本地区和亚洲地区成熟的旅游产品，促进经济增长。联合国世界旅游组织预测，在不久的将来，在2020年，国际旅客人数将会达到15亿人次，像中国这样的国家，将会成为亚太地区甚至更大范围的国际旅游的主导者。

表 7-1　国际旅游人数：历史趋势

年份	国际旅游人数（百万）
1950	25.3
1960	69.3
1970	159.7
1980	284.8
1985	321.2
1990	454.8
1995	567
2000	696.8
2001	692.6
2008	921

资料来源：UNWTO, at www.unwto.org

讨论问题

与尼日利亚和肯尼亚等非洲国家相比，德国和西班牙等欧洲国家有大量国际游客的主要原因是什么？

7.4　旅游目的地

旅游目的地通过提供"鱼钩"使消费者产生需求，从而让利珀旅游系统充满活力。它囊括了旅游的各个方面——需求、交通、供给和市场都在同一个框架中。然而，目的地是多种多样的，从沙滩到城市，从山地到沙漠，我们可以确定大部分的目的地有以下四个共同的特征：

- 目的地是混合物：目的地的所有因素（景点、交通和后勤功能）都必须存在去执行其功能，如果一个地方只有景点而没有住所，旅游活动不会发生；
- 目的地是文化评价：目的地必须让旅游者觉得这些地方值得去参观，而且随着历史的变迁，对不同景点的认识会有所转变，例如，在维多利亚女王时代，巴黎地下排水系统是主要的景点；

- 目的地的不可分割性：旅游是消费产生的地方，换句话说，旅游行为的发生必须是由游客身临旅游目的地。因此，游客对目的地有所影响；
- 目的地并不仅仅为游客所享有，还包括其他人群的使用，比如农业用地。因此目的地的多样利用必须得到管理。

目的地的构成包括：旅游景点，这包括人造景点、自然景观和节日赛事；便利的设施，如零售商店；食物与饮料；住宿；交通，这包括到达目的地和景点范围内的交通；目的地组织，如旅游委员会。

在这里，我们须着重了解旅游景点和辅助服务的区别。旅游景点使得人们前往目的地参观，与此同时，辅助服务与设施是目的地能够正常运营的必不可少的因素；但是，辅助服务与设施不能独立于景点单独存在。辅助服务与景点集中在一起构成了度假胜地，例如墨西哥的阿卡普尔科。度假胜地可以接收大量的游客并发展当地特色，例如覆盖许多旅游设施的娱乐商业区域。所有的度假胜地的收益都依附于旅游业。

另一种考察目的地构成的方法是通过观察目的地利益相关者的构成。一个可持续发展的目的地能最大限度地长期满足利益相关者。为达到这一目的，我们可以通过战略规划，把平衡市场发展的方向集中在旅游者的期望值和当地居民的需求上。所有的目的地都存在不同的利益相关者，这些利益相关者有广泛的既共存又冲突的利益：

- 社区团体是最重要的利益相关者，因为他们居住在目的地，在目的地工作，并提供当地资源给旅游者；
- 旅客通过适当细分和发展完善的产品寻求完美体验；
- 旅游业、休闲产业和其他产业在很大程度上对旅游业目前的发展和旅游产品的实现负责；
- 公共部门视旅游业为增加收入，刺激地区发展和创造就业的产业；
- 其他的利益相关者包括利益集团和商会。

随着市场和供应商发展和变化，目的地的服务和设施必须根据这一变化做出相应的改变，例如适应气候的变化。巴特勒（1980）建立的旅游地生命周期论（TALC）（图 7-4）是对目的地演变思想的专业表达方式。目的地的演变周期和产品的生命周期相似，如：产品在不同阶段销售情况不同。简单地说，游客的数量就相当于产品的销售量。这些阶段分为：开始/发现，例如南极洲；开发，例如中东的度假胜地；成熟，例如西班牙的海滨度假胜地；衰退，例如北欧的沿海旅游胜地。

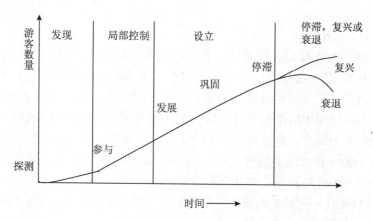

图 7 - 4　旅游地生命周期

资料来源：巴特勒（1980）

7.4.1 旅游业对目的地的影响

事实上，旅游产品在哪里被消费意味着游客将影响目的地，并有可能改变当地。在这里，承载能力问题是关键所在，我们将在后面讨论这一问题。旅游业常常成为导致目的地消极改变的替罪羊，例如西班牙海滨的环境破坏，塞浦路斯社会变化的经历。

因此，评估旅游业对目的地的影响尤为复杂。在目的地发展旅游业之前，我们对它没有精确的评估，并且许多变量也同旅游业一起相应地产生影响。旅游业对目的地的影响评估十分重要，但是传统旅游业的经济影响相对来说比其社会和环境影响更容易评估。旅游业对目的地的影响主要分为三部分，通过现有的实践经验我们一般把目的地当作一个整体系统，并探讨这三部分之间的联系。

7.4.1.1 经济影响

旅游业根据传统来看，经济影响特别显著，不仅仅因为它容易量化，而且因为它使得旅游业向积极方面发展。被大家广泛应用的方法是"旅游乘数"，其代表的是动态经济的概念，例如，大型体育盛会的旅游开支通过循环和相乘使得整个经济产生比当初花销大得多的经济效益。旅游业积极的经济影响包括增加收入、增加就业和加速经济发展。因此，政府常常把大力发展旅游业作为刺激经济和支持计划（如减贫）的方法。然而，旅游业也有许多消极的经济影响，包括过度依赖旅游部门，旅游业发展的机会成本（教育或医疗和通货膨胀的风险）。

7.4.1.2 环境影响

自从第二次世界大战后环保运动兴起以来，旅游业就被视为与环境相冲突。人们开始发展生态旅游。这种对环境影响较低的旅游形式也是一种旅游业的发展策略。尽管旅游是环境问题的制造者，但它仍带来了许多积极的方面。这里包括对环境保护措施的财政支持（如国家公园和保护区），利用旅游成为环保教育的有力媒介，旅游业遗留下的度假村景观遗产和一些冗余的建筑得以再利用（例如开普敦海港边的重建）。虽然如此，从长远来看，旅游业也的确带来了一系列的环境问题，并分别影响：

- 气候变化：旅游业的碳排放量占全球碳排放量的5%，这主要源于乘坐飞机旅行和住宿地点的运营；
- 植物群：践踏等一系列的人类活动；
- 动物群：野生动物观赏、狩猎和偷猎；
- 供水和能源：游客是目的地的淡水资源和能源的主要消耗者，旅游者在出门在外时对这些资源的消耗量更大；
- 土地的使用：生物多元化的消失；
- 建造环境：低质量的发展。

环境影响评估是通过提供数据来计划减少发展的潜在影响的一项技术。环境审计有利于控制目的地发展旅游业所造成的影响，并试图确保旅游发展对目的地的影响达到最低（参阅顾达尔，2003）。

7.4.1.3 社会文化影响

旅游业发展很长时间以后人们才意识到旅游业的发展对主体和当地文化都会产生影响。这些影响的主要机制在于主体和客体相会，也就是我们常说的"碰撞"。即使是在西班牙等发达国家，这种"碰撞"也是不平等的。当主体方一直服务于游客，相应地游客总被认为是富裕和处于休闲状态的。在相遇时，本地人与游客如果能轻松地讨论一天所见的趣事，则是"碰撞"的最佳情况，但显然这种情况很少见。为众人所熟知的"示范作用"是碰撞的特征之一，也就是主体模仿游客的行为和文化等，例如加勒比群岛因接待了大量的美国游客而使得其被称为"可口可乐的第二故乡"。

一种观点认为，长远来看旅游时人和文化融合更有利于学习他人并促进和平。然而，另一种观点认为，这种旅游时人和文化交织所产生的混合物会使得当地的文化发生不对称的同化，例如，我们所知的太平洋岛屿度假胜地一样。

弱势文化不断的借鉴强势文化，在同化过程中发生了改变。弱势文化被商品化成为节日或者作为产品推销给游客，或者当地语言逐渐被替代。权力结构的改变，家庭结构平衡的微调和劣质活动，如赌博、犯罪或性旅游的引入使得旅游地的改变不可逆转。

上述的许多影响在欠发达国家中尤为突出。案例研究 7.3 阐述了旅游者在上述欠发达国家中的影响。

案例研究 7.3

扶贫旅游

21 世纪所面临的一个关键难题就是如何发展解决贫困问题。旅游业有着通过为发展中国家的穷人提供"可持续生计"来摆脱贫困的潜力。

联合国调查数据显示着每个贫穷人士每一天靠不到 1 美元来生活，解决贫困问题主要是集中解决收入为衡量标准的贫困。但是，联合国发展署已经逐渐认识到贫穷问题是多维的，且能够被看作为剥夺个人能力的，换句话说，如果一个人缺少收入和基本能力，那么这个人是贫穷的。虽然极度贫穷率最高出现在撒哈拉以南非洲，但世界上大多数的穷人生活在亚洲。

用旅游业来减少贫穷的方法被称为扶贫旅游（PPT）。扶贫旅游是一种发展旅游业的方式目的在于减少贫穷而不是作为一个特殊产品的。这项计划的目的在于使旅游业朝惠及穷人的方向发展，被定义为能够为穷人增加净利益的旅游。旅游作为扶贫发展的一个部门带来了巨大的利益。

- 旅游业应消费而生，游客必须参观某一地点，这就有机会获得赢利；
- 旅游业是劳动密集型的，且雇用高比例的女员工；
- 在世界上更贫穷的地方，旅游业通常会被吸引到遥远的边陲落户，那里其他商机鲜少；
- 旅游业是发展中国家和贫困国家重要的收入和就业的来源。

扶贫旅游策略按层次实行是至关重要的。阿施利等人（2000）分析了扶贫旅游策略的三种类型：

1. 集中于经济效益的策略——包括：

- 在当地，创造就业是实现了家庭收入的稳定的方式；
- 填补其他的形式收入，例如在印度的非收割季节之间的空白期；
- 在旅游业市场的小商机，直接或间接地为游客提供手工艺、食物之类的商品，例如在约旦；
- 与当地合作开发，例如在马来西亚；
- 通过租用公共土地来露营，以增加整个社区的经济效益，例如在津巴布韦。

2. 集中于提高生活条件和能力建设的策略——包括训练和教育，减少旅游对环境的影响，减少对自然资源的竞争，促进服务领域例如学校教育、医疗保健、通信和基础设施改善。其例子包括巴西生态旅游的发展和南非棚户区旅游基础项目。

3. 集中于参与、合作和投入的策略——这里的策略是指改变政策和计划框架来允许当地社区参与、决策和同私营部门的合作。例子包括马来西亚的周边社区寄宿项目和印度的野生动物指导的项目。

作为解决贫困的工具，旅游业是否成功在于能否根据特定的旅游目的、特殊情况和社区实施最合适的策略。

7.4.2 目的地的可持续性

只有仔细规划和管理提供可持续的旅游产品时旅游才能成长为有效旅游业。所以确保所有因素彼此协调，不会有某一因素过分突出，例如澳大利亚拜伦湾过多的住宿供应使得当地度假区干净水和卫生设施供应能力不足。从长远来说，可持续需求的概念是为了确保旅游消费不会过多使用当地的资源。换句话说，这代表着现在和未来需求的平衡。对于过去的旅游业来说，短期的利润和增长比可持续性受重视得多。随着越来越多有责任的旅游企业的呼吁，他们自发形成了一系列的措施来维护可持续性。这些包括可持续发展指标和加贴生态保护标签的旅游产品（如膳宿）。目的地越大，四大可持续底线——环境、社会/文化、经济和低碳更需要坚守。为了更好打造目的地的可持续旅游业，需要考虑三大因素：

第一，承载能力：这是一个至关重要的因素，牵涉到游客和旅游地的关系。马蒂逊和华尔把这个定义为："某个地方在不以遭到对物理环境进行恶意破坏和恶意减少游客经历的情况下，可以接待的最多游客数量。"当然这里的关键词是"恶意的"，且这个词对管理者和游客来说成为一种价值判断的部分。第 8 章包含了承载能力的概念是否具有实用性的批判。

第二，目的地管理和策划：成功的目的地管理和规划案例必然具备全面的规划和管理并且因此可以提供一个预估和应对变化的框架；英国国家公园是个很好的例子。旅游管理和策划是在对旅游影响进行管理的同时，让游客实现高质量的旅游体验。旅游胜地必须使用整体和综合的方法，且在关键的决定上使得主体社区能够参与其中。目的地策划管理往往是由一个旅游胜地的管理组织通过政策、规划立法和建立与旅游目的地的利益相关的伙伴关系，包括休闲产业来实现的。它也折射了一种当代思想就是相对于国家或地区的水平，当代旅游目的地是以适当的级别来实施计划的。

第三，竞争力：为了给予所有相关利益者利益，所有旅游目的地都面临竞争是势在必行的。从大局来看，它实际上充斥着竞争，并且是各个景点的竞争而不是景点内的个体工商户之间的竞争。要具有竞争力要求他们要安全了解他们在竞争对手所提供的旅游胜地中的定位。

讨论问题

可持续旅游胜地的最重要的因素是减少二氧化碳的排放，那么思考传统的阳光、沙滩和海边这些景点该如何解决可持续的问题？

7.5　旅游业

与公认的说法不同的是，旅游业不仅包括公共部门还包括私有部门。在转向研究私有部门之前，在本节中我们首先了解公共部门在旅游业所扮演的角色。

7.5.1 公共部门

也许有人会说旅游业是私有制的，且政府没有合法的理由进行干涉。事实上完全相反：政府在组织管理和调节旅游业上起到重要作用。此外，政府拥有且管理着许多标志性旅游景点，包括国家公园、海岸线和遗产景点，如博物馆、艺术画廊和历史古迹。

政府干涉旅游业有很多原因。旅游业对许多国家经济发展起到主要作用，且对于像西班牙这些发达国家来说旅游业在促进经济发展中占有重要比例。所以政府不能承担起将这么重要的经济部门流放市场和交给私营部门管理的责任。同时旅游业在产生的同时也在消耗；正如之前我们提到的，它会给环境和社区带来许多后果和影响。政府有减轻旅游业的负面影响和确保它能够有效地管理和计划的职责。所以，各级政府在旅游业发挥了积极作用。政府必须参与旅游业有一系列的原因：

- 权威：政府是唯一有权对旅游业进行立法和决定相关政策的主体，所以它能够协调国家、区域和各级地区的旅游事业；
- 经济：如上所述，旅游业在很多国家的经济发展中起到重要作用；
- 教育和训练：政府对国家教育和培训机构有着全面的控制，这包括在旅游业上，它会提供人力资源，经常通过饭店管理学院，例如，在肯尼亚，政府会对酒店专业学校投资；
- 统计和信息：由于私营部门不情愿对大规模的观光调查投入资金，所以政府提供了此项服务，例如英国的国际旅客调查；
- 计划和控制：确保旅游业获取的利益能够大于成本；
- 市场监管和推广：政府有权力去监管和干预市场，特别是在一些分散行业例如旅游业，需要对它施加质量控制和质量管理。逐渐地，通过这种公私合作伙伴关系同旅游部门合作完成；
- 旅游胜地的本质：我们将旅游目的地看作组织和社区的界限模糊的混合体，但是它制造出一个领导真空状态，所以它通常地会落到政府，使之为旅游目的地的协调和领导的需求提供有效的运作。

传统上，政府在旅游业一直是政策制定、监管和规划的角色。然而，由于旅游业的重要性越来越突出，且政府的职责已经成熟，公有制将会发挥更广泛的功能，包括营销和推广、旅游目的地的管理、战略和部门协助。政府机关努力将所有的职能分开，这样他们已经找到了与非国家行为体的伙伴关系，例如工厂和社区，运转这些职能。这种方式能够识别出市场力量的重要性，且反映了一个更根本的趋势是政府有着更多协作的工作方式。所以政府机关现在会通过"旅游综合管理"而不是"监管"来调整旅游活动，正如我们在苏格兰所看到一样，保加利亚的旅游政策方式就是典型的例子。案例研究 7.4 概述了英国政府对 2012 年的伦敦奥运会所实施的主要旅游政策。

案例研究 7.4

伦敦 2012 年奥运会的旅游战略

主办 2012 年的奥运会和残奥会对于英国旅游业来说是一个巨大的机会。政府对奥运实施的旅游战略在 2007 年就宣布了，且这是个"整体思考"的范例，让体育和旅游政策结合起来（DCMS，2007c）。这个战略准确地聚焦于准备和协调 2012 年的英国旅游业，也保证英国的经济和社会都在这次奥运会中获益，并且不只是在 2012 年，确保 2012 年以后也能获得所谓的"后续效应"，这效应将包括：东伦敦的再生；创造新的绿色空间；对整个城市的旅游基础设施大检修，提高质量和提供像伦敦会议中心一样的新设施；改善机场网关；他们自己新建的场馆可作为后续场地。

2012 的旅游战略范围很广，需要处理像技能培训一样各种各样的问题，且需要通过使签证变容易来获得促进国际交流参访。这个策略也是涉及了利润可图的国内、短途游和商业市场，还有越来越明显的海外旅游维度。例如，这个战略目的是通过鼓励英国居民旅游和长时间休息来增强国内旅游。

这些战略的目的包括如下：从事旅游业务；改善英国国际形象；给所有游客提供一流的欢迎服务；提高劳动力的技能；提高住宿的质量和为残疾人提供参加渠道；充分挖掘增加商务访问和活动的机会；将利益扩散到伦敦之外，比如通过在英国南岸的韦茅斯举行帆船比赛；提高可持续性，特别是关于可持续交通选项。

2012 年伦敦奥运会的经济影响处于不断的争议中。政府预测奥运会在 2007~2017 年这段时间将产生 21 亿英镑，并且产生超过 8000 个工作岗位。虽然奥运会之前建造工作对之有着重要的影响，但是后续效应将独自占其中的 2/3。与这些估测相反，欧洲旅行社联合会更为谨慎，更有说服力，它表明了当运动会开始时，很多游客离开了英国。

无论结果如何，国际游客做出了重要的贡献，英国的旅游营销机构英国旅游局会将运动会和文化奥林匹克推广为必看的景点。新兴市场，如中国、俄罗斯在这里将会成为主要目标。同时，英国还会通过媒体、体育官员和选手他们自己做推广。

除了体育赛事，文化奥林匹克是随着奥运会开展的主要文化活动，促进英国的文化多元化，当代外景和丰富的文化遗产，包括博物馆、庄园、图书馆和数字技术。

7.5.2 私有部门

当代旅游产业包括了一系列的业务，每一项业务都有不同的目标。布尔（1995）概括这些目标如下：

- 利润最大化：这需要一个收入和成本的战略远景，是旅游业经常缺少的一个观念；
- 销售最大化：由于接待能力限制，这经常是服务业务和旅游业的默认选项；
- 帝国的建立：随着业务发展，这会导致所有权和控制权的分离，非营利目标的出现；
- 产出最大化：以产品为导向的企业，产量更重要；
- 满意度：目标是达到满意程度的收益或利润；
- 平静的生活：业务很少，是家庭拥有并追求此生活方式的原因。

旅游私营部门提供旅游产品体系控制和实现游客的旅游体验。近年来，旅游产业已经在重组以应对技术提升，消费者需求改变，产业集中化增加，灵活的专业化需求。并且这种需求创造了垂直，水平和斜线一体化的供应和目的地网络。旅游业有一个关键的特点是所有权的低水平集中。一方面，这是一个优势，因为它意味着游客的支出迅速注入当地经济。另一方面，中型企业都是分散的，缺乏联系合作的团体。通常他们既缺乏投资能力升级产品，又缺乏管理能力或市场营销的专业知识，难以应对日益挑剔的旅游市场。

私有部门包含的主要行业有旅游景点、酒店、中介机构和运输。

7.5.2.1 景点

一个目的地的景点，无论它们是人工特性、自然特性或赛事，都吸引游客去观赏。传统上，这些景点由于它们的多样性和分散的所有权模式已经被行业机构和协会忽视。然而现在私有部门日渐成熟，对景点的管理日渐专业化。这好似市场和景点供应之间的一次匹配：采用一种营销理念；更好地培训景点工作人员；开发大量的新型刺激的旅游景点同时引进大量的技术；重新聚焦于大型体育活动，并且专注于专业管理，这已经成为重要的行业了。

除了这些开明的管理方法，景点行业正在形成专业机构和寻求在更广泛的旅游产业圈的代表。景点规模从主要的国际性企业，如大英博物馆（每年有近600万的访问量）到当地的小艺术节，则吸引了更多本地人。

7.5.2.2 饭店

饭店业包含了旅游中的住宿、食物和饮料。住宿在旅游业中至关重要，因为根据旅游的定义需要过夜。住宿包含旅游供应中多种供应部门，并且住宿也能体现不同的参与行业相互依赖性。例如，一个度假胜地许多设施和服务的供给取决于可用床位的数量，也就是访问游客的数量。例如，提供约 1000 张床位将支持多达六个基本零售网点，而 4000 张床位将支持专门的服务群体如理发师。

饭店行业的目标不仅提供住所和食物，也营造一种欢迎的感觉和以当地美食给游客留下难忘的回忆，并且会对它的烹饪产生思考，如法国美食烹饪的传统。传统由中小型企业主导的饭店行业通常提供混合类型的部门，目的地需要调整和改变这个组合来满足市场的愿望。在一些旅游胜地开始进行趋向灵活方式的住宿，如公寓和分时度假，它们不同于传统的服务机制的旅馆或客房。同样重要的是要记住私人非正式的住宿场所，这是一个大的住宿行业的一部分。

7.5.2.3 中介

旅游业的特别的之处在于，该产品在地理上独立于买方。因此存在销售代理中介。中介是旅行社和旅游代理商。旅行社包价产品的各种元素通常包括运输、住宿和转移，而旅行社展示旅游公司的产品，使它们可以向公众出售。

中介机构已经严重受到互联网的影响。实际上，消费者可以直接从饭店和航空公司购买在线的旅游产品，从而减少旅行社和旅游代理。这种情况被称为"非中介化"。代理和运营商正在设计策略重新塑造自己以面对这种发展趋势。一个关键的策略是"动态打包"的发展，销售运营商解构他们的产品的各种元素，分开出售给在线消费者，换句话说允许消费者自由组合他们的产品。

7.5.2.4 运输

很显然，有效地开发和维护运输链和运输通道是目的地成功的必要因素。事实上，有例子证明目的地运输决定了其旅游业发展的成败。例如那些在加勒比地区的小岛要依赖于运营商提供的市场准入，而西班牙和墨西哥是可以分别利用欧洲和北美游客的国际旅游者客源地。在国际上，发展中国家如冈比亚无法吸引一部分的市场份额，因为他们通常远离客源市场。

旅游的运输可以分为地面运输（海运、铁路和公路）和航空运输。令人惊讶的是，世界范围内公路运输是主要运输方式，因为公路运输主要属于国内运输和短途运输。航空运输因在气候变化中产生的影响而受到越来越多的批评。航空运输部近年来由于低花费或无奢华的接载机形象使得人们可进入空中旅行，但国际旅游业进入该市场的支出到目前为止还是难以承担的。在 2008 年，有近 50 亿人次通过航空运输在全球范围内移动，充分证明了航空运输行业的规模。

随着气候变化，道路交通的变化惊人，特别是高速铁路连接和快速渡轮，如双体船。从道路运输上来说，游览行业是一个很好的例子。迷人的船只，新的目的地和车载休闲活动会使这个休闲产业焕然一新。自 1990 年以来，它的乘客年度增长超过 7%，2008 年乘客达到 1280 万人次。

讨论问题

请大家讨论"旅游业是一个业务相对分散的行业"的论断。

7.6 旅游市场

目前的市场营销承认的"服务优势逻辑"理念认为旅游业是一项由有形和无形的元素捆绑在一起的产品，同时专注于消费者需求和与他们相关的"共同创造"旅游经历。因此，对于休闲管理者来说，为了获得更多的竞争优势，必须了解旅游业的原则和服务市场营销。同时，这里有许多关于市场营销的定义，它们都集中在定位和满足消费者需求。现在需要做的不仅仅是满足消费者需求，而是让消费者愉悦。当代市场营销的定义关注市场中许多的参与者，并且折射出这种思想。

为了更好地了解如何用最好的方法来做旅游营销，这里有两个因素需要考虑：一个是理解旅游产品的本质和购买过程的本质。另一个是科技，尤其是网络，它们改变了旅游市场营销的方式。

7.6.1 旅游的本质

旅游只是一种市场的特殊出售品，它需要不同于其他产品展现方式。这种方式包括以下特点：尽可能地使产品变得具体可见，例如通过使用员工制服和精心设计环境或者产品交付服务场景。许多主题公园在这方面都做得特别好，例如迪士尼或环球影城公园。雇员成为营销组合的一部分，因此需要训练有素。旅游产品是在何处生产何处消费，这意味着员工不仅可以影响旅游产品的成功交付，同时可以在短时间内获得游客对服务的评价。预知风险应当以高质量保险保证，以确保服务交付的一致性和标准化。这种一致性的好评应通过产品的品牌效应向顾客传递，并且品牌自身就是重新确保服务的又一凭证。旅游业应当联合其他市场营销的组合，强调感性方面的推广与同中介机构建立的关系。服务的"易腐"性质意味着通过收益管理来制约能力和需求是必不可少的，这样可以调整定价要求，能缓和需求曲线。

这些要点可以总结成两个关键方法：这方法既可以体现旅游营销的特点，也用于帮助留住客户，避免价格竞争，留住员工和降低成本。关系营销是为了争取一个忠诚的客户群，创造、维护和增强与消费者的关系。服务质量管理是"产业化"服务交付的标准化和一致性的保证。

7.6.2 科技的作用

互联网影响旅游业的方方面面，并改变了人们购买、搜索和沟通等习惯及行为。在低成本和没有约束的时间与空间里，它连接着公司、客户和政府，因此这是一个变革性的营销工具。因为它与传统通信媒体相比有显著优势：如传递性、成本、丰富性、速度和交互性等优势。事实上，科技设备在新营销模式的关系建立与共同创造的过程中起着重要作用。

科技创造了一个全新的网络营销行业——"e营销"，"e营销"可以被定义为一个旅游产品、公司服务和在线网站的推广，它包括各种各样的活动（如在线广告）以确保产品很容易被谷歌等搜索引擎搜索到。它还提供了一个中介和交付机制来收集信息和购买决定。

网络营销作为一种体验，与旅游和休闲的本质非常符合。它开发的在线手册，可以提供丰富的多媒体内容，其融合文字、图像、声音和视频的多媒体文件能够克服无形产品的弊端。通过视频和互动，旅游产品可以获得测试，旅游组织可以相应改变日期、价格和在线可行性，以此来节省昂贵的宣传册印刷成本。技术让组织通过一对一的为单独目标客户定制信息，利用电子邮件和网页链接从事"病毒式营销"。当然，互联网给小企业和目的地带来的全球市场份额，这是之前闻所未闻的。

7.6.3 旅游业营销规划

旅游组织需要制定长期的营销战略和短期的营销战术。旅游市场规划给组织提供了一个共同的参考点，在许多利益相关者在目的地参与旅游提供时充当协调机制。我们需要一个严谨的市场营销方法，要确保目标是为市场和产品设置的；每个市场分配到活动和资源。规划过程还提出了关键性能指标防备该计划的可监控性。这些计划是灵活的，并得到不断改善。对于大多数组织来说，战术水平的旅游营销是专注于市场营销活动。在这里，起点是确定目标市场，然后把市场营销的元素运用于市场。同时，依据服务优势逻辑，营销组合可以从传统的产品、地点、价格和推广来拓展。包括其他影响变量，如提供旅游服务的人员，物理设置——或者场景服务——服务交付和实际的传送服务过程。

7.6.4 目的地营销

目的地营销的过程涉及处理复杂的目的地和许多利益相关者，而结果是一个目的地的品牌或形象。换句话说，一个好的目的地营销人员会聚集于两个关键操作：管理目标地的众多利益相关者和关系网，以及形成和管理目标地品牌。

目的地管理的思想不断演变发展，"品牌"被看作将营销与营销管理绑在一起的黏合剂。目的地品牌化的两个关键因素是形象与品牌。

7.6.4.1 目的地形象

对于目的地营销来说，理解目的地形象的形成和特性是至关重要的。目的地的形象是一个简化版的现实，使游客或潜在游客接受和理解许多目的地的促销信息。一个目的地的形象营销是至关重要的，因为它会影响一个人的感知和目的地的选择。和其他产品相比，目的地形象的形成是不同的，因为游客自己通过媒体、个人接触和经验等不同的信息来源生成一个目的地形象。因此，目的地营销人员对目的地形象影响甚微，尽管他们对目的地的选择至关重要。虽然目的地形象形成不等同于品牌推广，但它们是密切相关的。这是因为目的地的品牌推广的选择和品牌属性会强化目的地形象。

7.6.4.2 目的地品牌

引用科特勒（2003）的话"品牌是营销的艺术和基石"，目的地品牌可以被定义为："一个名字，术语，标志，符号或设计或组合，旨在标明一个或一组卖家的商品或服务，并以此区分卖家同他们的竞争对手。"

品牌推广一般由领导目的地管理组织的公共部门承担。实行品牌推广时这些组织会与目的地的利益相关者相协调。对于目的地来说，品牌化是一个复杂和有争议的问题，并被目的地怎样市场化才算合适等 一系列问题围绕。这里有三个关键问题可以定义目的地营销：首先是旅游胜地的性质。目的地品牌的发展，可能会与人们对其生活的地方的看法和感觉相冲突。这种感觉通过使用标志、街道家具和景观美化等背景而不断增强交付的品牌。目的地是一个名人看法不一的空间，并且各种利用该空间的人持有自己对目的地的形象特性和兴趣独特看法。其次是公共部门的角色。公共部门往往趋向于引导目的地营销、协调其他投入和利益相关者。然而，政府作为公共部门是否是实现目的地市场营销最合适的机构往往遭到质疑，因为其不如企业专长于市场营销。最后是目的地利益相关者的角色。目的地营销的关键问题是所有的利益相关者能否在营销过程中确保参与承担义务。

讨论问题

从你选择的杂志中找出一系列广告，利用这些资源，思考旅游营销是否促进了其他经济行业的发展，如零售业、电动车制造业。

7.7　小结

本章已经在国际层面上描述了旅游业的规模与范围。对于休闲管理者来说要理解旅游的所有方面，包括体育旅游，因为其代表了一部分当地人和游客对休闲设施的需求。为了让你更好地理解这一点，本章已经分析了旅游需求。在这里，我们必须记住，气候的变化和对目的地的保护会导致目的地旅游需求本质发生变化。目前"道德旅游消费者"已经兴起。

本章还强调，旅游在何处产生何处被消费。这表明了目的地的策划和管理的必要性。目的地是旅游业的末端和众多的休闲商业的所在地。因此，保证目的地的持续客流量和目的地自身良好发展十分重要。旅游业由许多小企业控制，并且其中有很多属于休闲产业。这标志着管理技术和投资能力可以实现游客的优质体验。

为了成功地管理旅游业和休闲业，我们需要采取与时俱进的"服务优势逻辑"理念。旅游地营销是一项颇有争议的活动；毕竟旅游地是人们居住、工作和游戏的地方，而是否应该把标准的营销方法应用到旅游地至今遭到质疑。毫无疑问，旅游业在休闲产业中起了非常重要的作用，这两者之间联系十分紧密，为了有效地利用好各种机会，当代的休闲管理者必须了解旅游业。

实 践 任 务

1. 访问联合国世界旅游组织的网站（www. unwto. org）数据部门，构建一个排名世界前十的客源国家和十大目的地的列表。关于这两个列表中许多都是欧洲国家这一现象你如何解释？

2. 以一个你熟悉的目的地，起草一份关于旅游的积极和消极后果的"资产负债表"。

3. 起草一个市场推广简介内容是突出赞扬某个景点的绿色环保的特点或者一个你所熟悉的大型赛事。

拓展阅读

关于旅游业的全面和明确的论题：

Cooper, C., Fletcher J., Fyall, A., Gilbert, D. and Wanhill, S. (2008) *Tourism Principles and Practice*, Prentice Hall, Harlow.

关于旅游业和公共政策的经典论题：

Hall, C. M. and Jenkins, J. M. (1995) *Tourism and Public Policy*, 4th edition, Routledge, London.

关于旅游和环境之间关系的论题：

Holden, A. (2008) *Environment and Tourism*, Routledge, London.

关于旅游业供给方面优秀和全面的专刊：

Ioannides, D. and Debbage, K. G. (eds) (1998) *The Economic Geography of the Tourist Industry: a supply side analysis*, Routledge, London.

关于依据旅游风气调整传统市场的论题：

Kotler, P., Bowen, J. and Makens, J. (2005) *Marketing for Hospitality and Tourism*, 4th edition, Prentice Hall, Upper Saddle River, NJ.

关于旅游业纲要的全面深入研究：

Lew, A., Hall, C. M. and Williams, A. M. (eds) (2004) *A Companion to Tourism*, Blackwell, Oxford.

关于旅游业可持续发展的一个与时俱进的方法：

Miller, G and Twinning Ward, L. (2005) Monitoring for a Sustainable Tourism Transition: the *challenge of developing and using indicators*, CABI Publishing, Wallingford.

实 用 网 站

关于世界顶尖的英国旅游机构：

www.unwto.org

关于旅游业的世界主要游说团体：

www.wttc.org

关于支持诚信旅游的最主要的组织：

www. tourismconcern. org. uk

关于英国旅游景点协会：

www. alva. org. uk

关于苏格兰未来旅游的仿真场景的实用网站：

www. visitscotland. com

关于 2012 年伦敦奥运会：

www. london2012. com

第 8 章
休闲与自然环境

本章内容

- 自然环境的主要休闲用途有哪些；
- 志愿工作在自然环境中如何重要；
- 影响自然环境中的休闲活动的国际和国内政策有哪些；
- 自然环境中提供休闲活动的主要组织机构有哪些；
- 自然环境中有哪些重要的休闲管理原则。

概 要

  本章总结了关于利用自然环境进行休闲活动的研究成果。它提到尽管散步仍然是我们最受欢迎的休闲活动之一，但是越来越多的人担心某些人群缺乏户外运动，特别是有些年轻人与大自然的接触度在降低。探讨一系列有关休闲管理者的国际、欧洲和地方层面的环境政策，本章还概述了英国关于这一部门主要机构和组织。现有的用作休闲目的的自然环境供给和设施——特别是指定地区和被保护地区——都受到过审查。本章最后将总结休闲管理者在保护自然资源的同时，可以使用的能够有效提升和管理自然环境中的休闲运动的工具和技术。

8.1 引言

  自然环境通常包括风景、栖息地、野生动植物以及乡村与城市地区的特色文化遗产。尽管一些作者严格定义"自然环境"不包含人类的任何干扰与影响，但本章采用了更广泛的意义，即独立于建筑环境，更具自然特征和外貌的环境，在特征和外观上更加自然化。每个国家的自然遗产都是独一无二的，主要在于它的山脉和峡谷、海岸和海洋地区、湖泊、森林和林地、国家公园、内陆水道、城市公园以及开放空间都与其他不同。在乡村和沿着海岸路径漫步，享受当地的城镇，在田园村庄、酒吧、餐厅、酒店、客栈和寝食设施的良好服务上打破常规也是某种意义上的休闲。如同在城镇内外的公园和绿色空间娱乐一般。

本章涵盖了自然环境，即全部的风景地貌和当地的绿色空间，介绍了它们的休闲用途以及该用途所引起的管理方面的问题。

8.2 自然环境的休闲

早期户外娱乐公司设施和服务是在不了解目标人群或使用者需求的基础上发展和管理的。例如，一些所谓的旅游"热点"在很多年里以一种特别的方式开发起来，偶尔会导致过度利用和混乱的问题。在土地可利用的情况下建设休闲设施，例如在废弃的荒地上建造公园。这种相当于投机的方法遭到大量的争议，因为它导致了零碎而无规划的服务。

最近有大量的调查和研究项目，目的是为了调查人们如何参与到自然环境中来，还有他们这样做的动机以及他们进一步参与的障碍。实际上，大部分机构和当局现在采用了一种可以被描述为休闲供给的"营销方法"，即关注的重点是把人们当作他们特定服务的顾客。这一营销过程的关键要点在于发展满足人们真实需求的服务。与户外休闲关联的市场营销被定义为："不仅是销售的问题，而且要在实现关键点之前把每个发展阶段的问题思考清楚。要想乡村设施拥有高效的经营，娱乐管理人员需要清晰地知道自己的目标所在，需要服务社区的哪些部分，哪些研究与分析可以帮助决策以及如何去评估财务风险。"（乡村休闲研究资讯小组，1977）

因此休闲供给的所有阶段，即通过开发服务和产品，实行定价和促销策略。管理人员应该与潜在用户协商，并且考虑他们的需求。

重要的市场调查可以在现场进行，但是管理人员也需要知道那些没有使用他们设施与服务的人们的观点和经验。这些可以通过入户调查、审查会和其他当地利益相关者参与等技术获得。但是国内也有大量有助于作出管理决策的研究成果。

"自然英格兰项目"（2008）探讨了人们如何以及在哪儿享受自然环境。"自然英格兰项目"建议人们可以通过多种多样的方法参与到自然环境中，而不是专注于更传统的"乡村追求"或户外运动：

- 从生理上享受它：通过例如散步、爬山、赏鸟、园艺，或者通过志愿者等活动；在家附近或者更远的地方；
- 从视觉上享受它：在家中观赏或者在旅途中观赏；
- 共享它：通过文学、艺术、摄影、电视和最近的互联网等方式。

这赋予了"参与"这个词的广泛的含义，并对享受大自然有了更深的体会。

在参观旅游中，利用自然环境进行休闲的游客一直保持一定的数量和种类。《英格兰休闲访问调查 2005》数据显示：英格兰有 7.643 亿人次休闲参观游，其中包括乡村、海岸、森林和水上旅行等地区。然而，同 2002～2003 年的一项早期调查相比，表明了类似的访问量下降，然后代理机构一直持续讨论着这个现象背后的原因（尽管有关于这些数据的有效与否，以及变化是否是由于调查方法的差异所导致的争论一直持续至今）。

在所有这种类型的调查中，散步似乎是人们最希望参与的主要活动。英格兰体育《活跃人民调查》（2010）表明散步是最受英格兰人民欢迎的娱乐活动。它根据调查估计超过 800 万的 16 岁以上的成人在四周里进行娱乐性质的散步至少 30 分钟。苏格兰的情况也相似，28% 的人口参与散步——是数据中运动参与度最高的（运动苏格兰，1999）。其他活动同样很重要，尤其是骑自行车和骑马——但众所周知的是这些项目的参与趋势难以确定。许多研究者声称所谓的"探险运动"，例如攀岩、漂流和航空运动正呈现出一种上升趋势，但是数据极难再次获得。现在有相当重要的证据表明：在英国，所有的户外运动参与度在下降。

不管不同国家的具体趋势怎样，休闲管理人员了解他们的目标市场和他们的潜在顾客的需求是很重要的。仔细研究相关政府机构和部门所进行的国家调查通常是获得这些信息的一个简单方法。

8.3 自然环境相关的志愿活动

志愿活动是人们享受和重视自然环境的另一个渠道。可利用的机会包括土地和物种管理、教育、领导、实际保护任务以及公共关系等方面。志愿服务研究所的一项研究表明：英国不同层次的户外志愿活动的数量正在不断增加。这项研究还证实了这一领域存在大量的组织和任务。英国自然资源志愿保护者信托是英国最大的实际保护慈善机构之一，成立于 1959 年。现在每年支持超过 13 万志愿者的工作。野生动物基金会宣称超过 32000 名志愿者参与，英国自然机构有接近 2000 名。许多志愿者似乎也参与规模较小、以社区为基础的组织。在 2003 年，一项有关英国城市公园和绿色空间的志愿服务研究确定了 4000 个独立的志愿者为主导的群体，预计拥有 5000 万名参与者。

志愿者可以从他们参与的环境保护活动中获得很多，休闲管理人员可以从额外的赞助和活动中获利。但是志愿者必须得到有效的管理和支持，而且不能全部免费。志愿部门的完整讨论在第 6 章中可以看到。

8.4　户外娱乐管理的问题和挑战

休闲管理人员不能陷入只关注当时客户对他们设施与服务的需求的陷阱中。休闲服务的提供者需要理解他们潜在顾客的需求以及在未来这些需求会如何变化。预测休闲需求是一件困难的事情，但是现在研究者可以从现有的参与形式和水平上得到一些可靠的数据，而这些数据同社会经济因素相关联。预测意味着做有关未来休闲世界如何变化的明智假设和推断。

最近对人们参与大自然休闲活动方式产生重要影响的新趋势进行研究，该研究表明：人们花费更多的时间在室内久坐不动，去农村参观的人数在减少。社会变得更加厌恶风险，寻求可靠的消息通常是在尝试新的体验之前，家长们不愿意让孩子们独自一人探索家附近的自然环境。健康和福利问题正在以卫生预算和生活质量的方式耗费社会成本。人们更关心他们的健康，也对能够使他们更健康的预防手段感兴趣，这是一种趋势。一种"快餐文化"意味着人们被吸引到那种似乎能善用他们时间的活动。活动越方便，他们就越会选择做这个活动。规划系统是创造人们居住地附近户外休闲机会的关键，农耕环境规划有可能会增加和分散其他领域的访问机会。互联网信息越来越多地被用于休闲决策。一个老龄化的社会意味着有更多超过 65 岁有活力、寻求生活经历的人们。社会公平的议程导致了对公平参与和享受自然环境的机会的更多期待。

这种趋势带给休闲管理人员各种各样的挑战。例如，社会公平的议程需要休闲管理人员（特别是那些负责公共基金的管理人员）去解决户外运动的多样性问题。有一致的证据表明某些群体，特别是年轻人、低收入群体、少数民族、残疾人、老年人和妇女，他们不大可能参与与自然环境相关的活动。社会已经实行各种措施和指导去试图解决这些问题。一个例子是马赛克伙伴关系，见案例研究 8.1。

讨论问题

什么是阻止社会中特定弱势群体接触自然环境进行休闲的障碍？

不断增长的重要性在于不断增长的有关于儿童和年轻人缺乏参与自然环境机会的警报。这是因为各种各样的原因，如父母对陌生人危险性的担心，对交通的焦虑，电子游戏的竞争。这样看来，孩子很少体验无人监督的户外玩耍，随着他们长大，他们有较少的机会来体验那些传统的令人心跳加快的运动和其他冒险和刺激活动。这证明我们社会的体质健康，同个人发展和风险评估一样，可能会明显恶化。一本由勒夫编写的书（2006）认为这种令人担忧的趋势是"大自然缺失症"。

案例研究 8.1

马赛克伙伴关系

马赛克是英国一个全国性的项目，是英格兰的国家公园活动、青年旅社协会和九大国家公园当局间建立了伙伴关系。它旨在建立少数黑人族裔社区、国家公园和青年旅社协会间的可持续关系。

马赛克的发展回应一个迹象即在英国少数民族占总人数的 10% 的情况下，国家公园少数民族游客中只有占到大约 1%。英国的国家公园建造起来是为了公众的利益，也是为了保护自身的风景地貌。所以马赛克的工作是为了确保所有的人都有同等的机会享受到国家公园的益处。马赛克计划是培训少数民族社区的有影响力的领导人成为促进他们社区的国家公园和青年旅社协会的"社区冠军"。这样他们就可以拥有技能和信心去独立地促进国家公园的发展，并且在项目完成之前实现。

马赛克计划也有助于国家公园当局和青年旅社协会对他们的组织做出改变以帮助他们可以听取少数民族的意见。例如，马赛克职工和社区冠军帮助识别新方法做出决策、咨询、提供信息和增加那些关心并且能够影响这些领域的未来管理的人群范围。

马赛克是由自然英格兰支持的与大自然接触的项目。他们已经取得了相当大的成就，与许多当地社区团体和他们附近的国家公园建立了联系。包括：一个来自波尔顿的亚洲年长的团体参观湖区国家公园，在那儿参与绘画、散步和在温德米尔湖上巡游等活动。来自伯明翰的寻求庇护者和年轻男性难民参观山顶地区国家公园并参加一系列惊险有趣的活动，包括骑山地自行车、乘皮划艇、玩帆船和散步。一个来自布拉德福德的父子团体参观了南约克摩尔国家公园，在那里参加了射箭、滑绳和足球等活动，并在罗宾汉海湾进行了一场古老的狩猎。一个来自斯旺西和卡迪夫的心理健康援助组织参观了布雷肯灯塔国家公园并在那儿参与徽章制作、追踪野生动物和游艇旅行等活动。

通常而言，每次参观的一个重要环节是在青年旅社居住——有时这些团体是第一次居住在这样的农村地区。然而，最终计划的成功是由有多少这样的团体为了他们自己的乐趣再次独自重返国家公园来衡量的。马赛克项目正在仔细监测这个项目的这个环节。

更多信息请访问 www. mosaicpartnership. org。

讨论问题

为什么越来越多的儿童和年轻人"脱离"他们周围的自然环境？休闲管理人员们该如何解决这个问题？

消除自然环境中的休闲障碍已经变得越来越重要，如公共机构开始欣赏一些活动能带给个人和社区的一系列好处一样。现在有越来越多的证据表明应把健康和福利同自然通道连接起来。荷兰一个超过 25 万人参与的大型研究表明，健康的感知与人们住宅 3 公里半径内的绿色空间所占的比例是相关的。那些拥有更多绿色空间的人们感觉最健康，这在最贫穷的人们中有最有说服力的结果（马斯等，2006）。在芝加哥，那些生活在贫困的环境中却有绿色植物环绕的地区的人们往往要比住在贫瘠地区的人们能够更好地处理压力和重大生活事件。

人们越来越认识到在自然环境中进行的身体活动，即所谓的"绿色锻炼"，能够使自尊迅速增长以及状态更加积极。

很明显，各级政府部门和机构以及许多不同的组织和慈善机构参与提供自然环境中的休闲服务是有很多原因的。

8.5　国际政治环境

保护自然环境，并使人们享受它，已经成为了各级政府（当地、国内、欧洲和国际）的一个主要问题。以下是几个有关环境保护的国际行动（更多细节，请参阅附带的网站）：如联合国保护世界文化和自然遗产公约由 186 个缔约国批准，它允许制定世界遗产遗址；国际自然保护联盟是世界上历史最悠久、规模最大的全球环境网络，拥有超过 1000 个成员的政府和非政府组织；欧盟立法包括鸟类指令和栖息地指令，关注欧洲野生动物和自然栖息地的保护；欧洲环境总署提供给决策者所需要的信息去制定保护环境和可持续发展的政策；欧洲环境信息和观测网络包括全欧洲超过 300 个公共和私人部门分支；欧洲景观公约通过国内政策和实践同欧洲合作共同制定措施识别、保护、管理和规划各处的景观。

从 2001 年以来，科学家们在联合国的主导下一直致力于将所有公共福利分类，给社会一个健康的自然环境。《千年生态系统评估报告》把这些公共福利定义为生态系统服务（表 8 - 1），其中包括休闲和娱乐等文化服务。这对那些不得不优化资源或者维护政策和项目的休闲管理人员意义非凡。

也许最紧迫的环境问题是气候变化和全球变暖。现在很清楚的是，未来的气候趋势对人类的所有活动都有广泛的影响。我们必须计划使用我们的环境资源以减轻气候变化的影响，同时也为了适应气候变化。经过领导者、政治家和科学家 7 年的辩论，2005 年 2 月 16 日控制气候变化的《京都议定书》最终成为国际法律。议定书在日本东京起草，在 1997 年成为联合国气候变化框架公约。签署这一条约的工业化国家有法律义务在 2008～2012 年间将他们的 6 种温室气体全球排放量降低至年均 5.2%，这已低于 1990 年的水平。很明显，休闲和旅游活动在实现这些目标将中起到主要作用。休闲管理人员将不仅要监测和减少自身的碳排放量，而且也要考虑自己在其他领域更广泛的作用，如持续的交通和适应气候变化而建立的绿色网络。

表 8 - 1 千年生态系统评估类型学

供应服务	规范服务	文化服务
例如：食物、淡水、燃材、基因资源	例如：气候调节、疾病管制、洪水调节	例如：精神、娱乐和旅游、美学、灵感的、教育的
配套服务		
那些需要提供的其他服务，例如：成土过程、养分循环、初级生产		

资料来源：改编于食品和农村事务部，www. ecosystemservices. org. uk

讨论问题

休闲经理人可以发挥哪些作用和积极性来促进缓解和适应气候变化？

8.6 国家政治环境

英国已经把许多国际和欧洲立法同它自己的法规和组织结构合并起来。但它就法律和政策框架的发展而言也有自己独特的传统。最重要的法案也许是1949 年《国家公园法案》和《访问农村法案》，它至今仍对工作在自然环境里的休闲经理人产生影响。这项法案促使建立了英格兰和威尔士的国家公园以及那些有无与伦比的自然景观的新保护区。新法案中还体现了先前人行道和马道通行的非法定权利，并且要求高速公路当局制定最终地图来告诉公众哪些道路的权利是合法存在的。

1949 年的法案形成了两个方向，一方面在于野生动物的保护，另一方面在于景观保护和娱乐活动。更多法律强化了这一分化。1968 年的农村法案建立了农村委员会——一个主要职责包括保护自然景观和组织娱乐的政府机构，还有现有的自然保护委员会，其职责集中在野生动物和栖息地的保护上。1968 年的法案还包括规定了建立国家公园和郊游地点——大部分可以被看作为了防止我们"宝贵"的景观退化所采取的行动，而这些所谓的"宝贵"景观是由看上去不断增加的游客人数造成的假象。

在 20 世纪 90 年代，人们开始意识到，这种保护和娱乐之间的假定冲突并不是传统上认为的问题。1995 年下议院环境专责委员会在调查娱乐对环境的影响时发现，自然环境中的娱乐本身并不是一个问题。实际上，许多研究证明了游客花费对农村经济的重要性，还有户外休闲给个人和社区带来的广泛的社会和健康益处。我们需要的是实行有效的管理以确保娱乐和保护共存的目标的实现。罗宾森（2008）得出结论，在2001年英格兰和威尔士口蹄疫疫情期间，游客无法去全部封闭的乡村旅游时，许多农村地区的当地经济遭到了严重的损失，没有更生动的例子能证明这个理论。

英国政府在2000年出版了两部白皮书——一部农村白皮书和一部城市白皮书——在"乡村所有"的旗帜下宣布了一系列政策。他们强调，在城市内部和周边地区以及乡村，一个高质量的环境对每个人的健康是必不可少的。工作也遵循了这些政策，特别是在可持续社区规划和2002年城市绿色空间任务小组中。他们深化了关于公园和绿色空间在人们居住及其周围地方所扮演的角色的理解。当前政策支持"绿色基础设施"为我们城市和乡镇的基本组成部分之一，同其他基础设施例如公路、水源和下水道等一样重要。绿色基础设施，即有效管理的绿色空间网络和狭长地带可以提供重要的休闲服务和设施、防汛减灾、可持续交通线路和野生动物保护等更广泛的好处。同时它对倡议健康生活和增强社会凝聚力也有一定贡献。

因此；管理我们的自然环境应该以一种更综合更全面的方式来考虑，将休闲和娱乐机会同其他有关我们健康、财富和幸福的利益结合起来。英国最近的立法，例如2006年英格兰的自然环境和农村社区法案和2003年苏格兰土地改革法案都强化了这些政策目标。英国四大地区都有单一的政府机构，其职责是为了保护和增强自然环境使之越来越多地用于公众享受。接下来的部分都将会概述这些。

8.7　英国相关机构和组织

对外行人来说，包括很多休闲经理认为存在一系列对环境问题，包括大自然环境中休闲问题感兴趣的重叠机构。例如，有些政府部门、非政府部门公共机构、地方当局以及独立、私人和自愿组织。很大比例的法定保护区域都被非政府组织所拥有和管理。休闲经理会发现这些机构会是最新研究证据、潜在融资以及具体项目和新兴计划的合伙人的重要来源。公众可以在他们的网站上找到关于他们的角色和责任的总结。

表 8 - 2　英国相关机构和组织例子

英国政府部门	英国环境，食品和农村事务部
	英国社区和当地政府部门
	英国文化、媒体和体育部门
非政府公共机构	自然英格兰
	环境局
	英国文化遗产保护机构
	威尔士乡村委员会
	威尔士环境局
	威尔士历史纪念碑执行机构
	苏格兰自然遗产局
	苏格兰环境保护局
	苏格兰文物局
	北爱尔兰环境局
	英国水道局
	林业委员会
	建筑和建筑环境委员会
伞状机构	体育娱乐中央委员会
	乡村娱乐网络
	环境委员会

	钓鱼基金会
	农村苏格兰保护协会
	英国射击和保护协会
	英国独木舟协会
	英国马术协会
	英国登山协会
	英国志愿者保护基金会
	英格兰乡村保护运动
	国家公园保护运动
	国家土地所有者和商业协会
	自行车旅游俱乐部
	游戏和野生动物保护基金会
独立的非政府组织	国际山地自行车协会
	土地使用权和娱乐协会
	国民信托
	苏格兰国民信托
	开放空间社会
	徒步协会
	英国皇家自然保护学会
	英国皇家鸟类保护协会
	英国皇家帆船协会
	苏格兰保护项目
	野禽和湿地基金会
	野生动植物基金会
	林地信托
	英国世界自然基金会

非政府部门的范围对公众来说可能很混乱，可能会导致重复的工作。2010年英国新的首相卡梅伦提出，所有的非政府组织都将被审查，以提高他们的效率并降低成本。因此，许多这样组织的未来不确定。然而，无论一个新政府创造怎样的组织结构，他们的各种角色和法定职责将仍然很重要，毫无疑问将以某种形式延续。

在英国，参与环境保护的最重要的独立组织之一是国民信托，它是一个注册的慈善机构，独立于政府，成立于 1985 年，由维多利亚时代的慈善家因担心不受控制的开发和工业化的影响而建立。他们实行信任收购和保护濒危的海岸线、农村和建筑物。

国民信托现在负责英格兰、威尔士和北爱尔兰约 250000 公顷的土地，包括森林、沼泽地、高沼地、丘陵、农田、自然保护区和绵延的海岸线等土地。总体来说，它负责 300 座历史房屋和花园，还有 49 座工业遗址和工厂。每年有1500 万人前往参观国民信托"支付过入口费用"的财产，每年估计有 5000 万人参观其沿海地区和农村。信托也有超过 350 万人的捐款成员和其他支持者。一个单独的苏格兰国民信托拥有 128 项财产。它成立于 1931 年，拥有 297000个成员，每年有 170 万游客。

许多非政府组织为他们特定的目标受众争取更大的权利。在一系列目光狭隘的用户组中可能有一个内在缺点，他们可能为休闲使用者提供一个支离破碎，甚至相互矛盾的声音。然而，他们通常会与当地政府合作，以促进和管理休闲服务和设施。他们由一些类似环境委员会和体育娱乐中央委员会这样的伞状组织代表。

在 1968 年，人们都认可有大量的机构和组织在不同的国家边界工作，但通常共享相同的问题和挑战。它们可以协同合作，共享最佳的实践方法和研究重点，因此成立了农村娱乐研究和咨询小组。它随后更名为农村研究网络，它继续作为一个网络致力于服务英国和爱尔兰共和国的户外娱乐行业。它通过研讨会、会议、一个托管网站和专业期刊等形式来共享研究和传播最佳的实践方法。

8.8 现有的供给、服务和设施

自然环境中可以用来休闲的不同的场所和设施多种多样，休闲管理者意识到它们是很重要的。一些区域被特殊保护着——因为它们野生动物景观的重要性。其他区域也很重要，因为它们为特定类型的活动提供了资源。剩下的一些区域同样重要是因为它们距离人们居住和工作的地方很近。

正如所有国家一样，英国也有一系列不同的保护区和对休闲管理而言具有一定意义的指定区。这些休闲管理人员工作在英国独有的自然环境中。这些区域是各个国家的土地所有权模式的历史与各个领域的社会经济和人口发展特征的结果。因此每个辖区内的特区都是独特的。

8.8.1 指定区域

英国第一部有关自然资源保护的法律是《克努特国王森林保护法》。今天独立的野生生物基金有超过 2500 个自然保护区，占地 82000 公顷；总计超过 413000 个成员。由于野生动物和地质的重要性，英国的各大区域的相关政府机构设计了国家级自然保护区。自然英格兰表明每年有超过 7 亿人次游客参观了 400 多个国家公园。在威尔士有 35 个国家公园被威尔士乡村委员会所认可，有 36 个国家公园被苏格兰自然遗产所认可，北爱尔兰则有 11 个国家公园。

在英国，最有价值的栖息地和景观都是由许多国家指定保护的。然而，指定他们并不排除他们的休闲娱乐用途。2008 年的保护区包括以下：大不列颠的特殊科学意义的地质遗迹 6586 处；北爱尔兰的特殊科学意义的领域 196 处；国家自然保护区 407 处；地方自然保护区超过 1500 处；海洋自然保护区 3 处；特别保护区 256 处；国家自然风景区 49 处；自然风景区（苏格兰）40 处。

8.8.2 国家公园

国家公园以其自然风景、多样的生物和娱乐性成为重要的地方。英格兰和威尔士有 13 个国家公园，苏格兰有两个国家公园。完备的规划和精心的管理是必不可少的，它们可以确保自然环境的保护和改善以及娱乐机会的提供等目标的实现。英格兰和威尔士每年接待 1 亿多人次游客。国家公园当局负责国家公园的关键政策和管理机构。国家公园当局的权力范围相当于管理当地计划政策和发展控制的地方政府，并且资金完全由中央政府投入。

8.8.3 线路和土地准入权

几个世纪以来道路和共同土地的公共权利已经成为英国乡村的一部分。这些权利随着时间发展起来，它是英国不同司法辖区建立独特的土地所有权和管理规则的产物。英国大约有 190000 公里的道路公共权利，包括公共人行道、马道（骑马）、限制旁道（对非机动车辆开放）和开放给所有交通的小路，人行道占总数的 78%。在英格兰和威尔士有 15 条长途步行线路被指定为国家级线路，苏格兰有 5 条长途步行线路被为指定国家级线路。国家自行车网络目前为整个英国提供超过 120000 英里的自行车和步行线路。在 2007 年整个网络有 3.45 亿趟步行和自行车旅程。

除了这些线性线路，2000 年的乡村道路权利法案也在英格兰和威尔士开启了"可获得土地"。从本质上说，人们可以在未开垦的和共同的土地漫步，这些土地现在被自然英格兰和威尔士乡村委员会定为"开放国度"。2003 年的土地改革法案确立了苏格兰土地和淡水区户外休闲和通道更广泛的进入权利。这些权利覆盖了不同形式的户外娱乐，包括非正式活动，例如野餐、摄影和观光；积极向上的活动，例如步行、自行车、马术、划独木舟和野外宿营；以及参加娱乐和教育活动。苏格兰访问代码提供了关于这些权利和他们的管理的指导。

8.8.4 森林和林地

英国总面积的 11.6% 由大约 281 万公顷森林覆盖。在大不列颠森林委员会有 17 个森林公园。森林为散步、骑自行车、骑马、定向越野比赛、露营、钓鱼、观鸟和其他一大堆所有年龄层都可以享受的活动提供了机会。在英国还有各种各样其他的关于新森林和林地的活动，包括一个新的国家森林和 17 个社区森林。每个森林包含成百上千个绿地，其中包括公园、森林、湿地和游乐区，即所有当地人民可以在他们闲暇时间参观和享受的场所。而且为农村遗产及周边环境提供一个升值的空间，并提高他们的生活质量。

8.8.5 城市地区的绿地

英国 80% 的人口居住在城镇和乡村，一半以上乡村游仅仅在参观者居住在 5 公里范围内。英国建筑与建筑环境委员会是一个由政府资助的机构，其划拨款项覆盖了所有的外部空间，包括公园和街道，并且起初关注于公园和绿地。它的建立基于以下原因：

- 公园和绿地同街道和下水道一样，对我们的城市是必不可少的，让社区里的人自由呼吸，给城市带来魅力、美丽、特性和自然的氛围；
- 30% 的民众表示他们不会使用公园，这通常是因为他们感觉不安全；
- 甚至更少的人或老年人或少数民族使用公园；
- 如果你生活在一个贫困地区，你的公园很可能要比你生活在一个富裕的地区状况要糟糕；

- 儿童游乐场所通常不安全，设备已经损坏；
- 1/3 的人们从未在天黑后独自一人走在他们的区域，尤其是妇女和老年人在天黑后外出的更少。

越来越多的地方当局和其他人被鼓励以一种更加全面和综合的方式来计划和管理他们所有的绿色空间。绿色基础设施包括公园、开放的空间、运动场，林地、小块园地和私人花园。它应该被设计和管理成为一个多功能的资源，能够为当地社区提供一系列环境和生活质量上的好处，其中包括：户外放松和玩的场所；野生动物的空间和栖息地以及为人们接触自然创造机会；适应气候变化，例如缓解洪水和减少城市热岛效应；环境教育；当地粮食生产，在小块园地，花园和通过农艺实现；改善健康状况和福利——减少压力并提供锻炼机会。

讨论问题

在自然环境中的休闲仍然主要是一个农村问题吗？或者它是否对城市社区生活质量很重要？

8.8.6 水域使用权

英国人同水有密切关系，与海洋、湖泊、河流和内河航道有很深的历史渊源。自 2002 年以来，皇家帆船协会进行一年一度的水上运动和休闲参与调查。目前估计，参与整个水上运动的大约有 400 万成年人，相比之下，2006 年有 370 万人，2005 年有 350 万人，2004 年有 400 万人。

英国海岸是很受欢迎的休闲和娱乐场所。自然英格兰估计它的沙滩和悬崖顶的线路给不发达的海岸每年带来了 7200 万趟旅行，给海边小镇带来了 1.74 亿趟旅行。有 46 处指定遗产海岸，1555 公里保护长海岸线，大约是总长度的 35%。英国国民信托，通过其海王星海岸线运动，筹集资金去得到和保护海岸线的风景和娱乐价值。苏格兰国民信托照管超过 400 公里的苏格兰海岸线。而在威尔士，给予遗产海岸的非法定保护覆盖了尚未开发的海岸线的大面积区域。在撰写本文的时候，议会正在考虑一项新的海洋和沿海访问法案。这项法案是为英国海岸周围的长途步行道奠定基础的，目的是为了创造露天娱乐活动，以及制造人们可以用来探索、休息和野餐的合适的传播空间。

整个英国使用内河航道、湖泊和河流的方式是多种多样的。2003 年苏格兰土地改革法案确立了获得用作户外娱乐的内河航道的法定使用权利。在英格兰和威尔士并没有复制这样的情况，在那里存在着一种法定和宽松、传统使用和持续限制相混合的权利。在英格兰和威尔士，有很多团体继续争取内陆水道的全球使用权。休闲经理们肩负着平衡保护、捕鱼和其他娱乐利益间关系的重任。

英国内陆航管是一系列运河和内陆航道的管理部门，其建立的目的是满足第一次世界工业革命的运输需求。整个水路运输网络包括 3200 公里长的水道，4763 座桥，397 个渡槽，60 个隧道，1549 个船阀，89 座水库，近 3000 家登记的结构和历史遗迹，以及 66 处大不列颠的有着特殊科学意义的地质遗迹。该网络用作娱乐和休闲的这一目的，吸引了国内外的游客。英国内河航道部门报告，该水道网络每年有 1000 万人参观，其中小部分人有自己的船或在运河上休假。除了以上活动，水边的道路还用于散步、垂钓、自行车、追逐野生动物和参观历史建筑等目的。

8.9　自然环境中的休闲管理

尽管有数据显示一种对于自然环境中休闲公众利益的担忧以及一种持续增长的休闲参与障碍的考虑，但仍有专业部门过度关注游客对资源的影响并将娱乐视为管理的核心问题，但是有部分声明仍然过度关注于游客对资源的潜在影响，并把娱乐当作管理的主要问题。这种看法是与许多有用的证据相反的。似乎担心休闲使用对自然环境所导致的损害更多的是从哲学的角度来看，而不是基于任何硬性数据得出的结论。其他压力如农业集约化，城市发展，广泛的污染对于环境影响方面更为重要。

现在许多研究人员认为，集中精力实现自然环境的娱乐和保护间的平衡不再像以前预想的那样与当前休闲管理实践相关。事实上，在许多情况下，满足休闲的需求和促进更多的机会是可以通过精心规划和管理去实现。这些规划和管理是基于一系列包含在已建立的框架内的原则上的。不是讨论两个目标之间的平衡或者折中，它旨在实现两全其美的结果。

讨论问题

有没有什么环境下娱乐是应该被禁止的？有没有什么环境下保护是无关紧要的？

Elson 等（1995）得出结论，在创造良好的管理实践中，六个主要因素是关键：环境现状，在原地建立基础环境条件，并建立关于任何影响特征的一致看法；清晰目标，为未来行动设定明确的目标，形成一个现实框架；参与式管理，把管理当作一个过程，并且在定期参与以及相关利益的协商的指导下进行；自愿协议的重要性，俱乐部和管理机构的约束和自我管理操作；当地参与，同当地居民和体育组织进行定期联络和谈判；监控和审查，一个传达未来的管理决策和有关现场管理变化的有意的系统的过程。

8.9.1 承载能力

休闲管理者面临同一个环境资源被多个人或组织同时使用的问题，并且他们的利益和关注点都大不相同。这种潜在冲突问题早期就有承载能力的概念来描述，即在资源和休闲经历没有遭到恶意程度的破坏时，一个地区在娱乐使用方面可维持的程度。休闲承载能力确立了四种类型，即物理、经济、生态和社会。这里的主要问题在于它将不同的个人和团体判定为可接受的变化。这个问题不仅与社会和感知因素相关，而且它是真实的生态变化。实际上，众所周知，它难以提供任何证据来充分证明娱乐休闲与环境变化间的因果关系。

豪尔和佩奇（2002）表明有五个主要原因解释了为什么承载力概念未能产生实际的访问者使用限制：不同的休闲活动对一个场地有不同的影响，因而影响那个场地的总承载能力，然而他们可能在不同的时间发生或者以不同的程度发生。对生物和物理资源的影响不一定帮助建立承载能力，其他因素也很重要。使用数量和影响之间不存在必然的因果关系。但是关系确实存在，其关系通常简单并且是线性的，而且广泛的其他变量也将会有影响。承载能力是价值判断的一个产物，而不是单纯自然资源基础的结果，因此，它不能通过仔细的观察和研究确定。承载能力不能帮助确定自然区域的原始质量保护和访问者使用准入之间的平衡。

8.9.2 访客计划框架

尽管承载能力这个概念已经出现了 30 多年，但是它仍然很流行，并且很难找到合适的成功实施办法。在学术界，这个概念已经在很大程度上被抛弃，但是许多实践者仍然把承载能力认为是一种有用的技术。在这个领域也许有其他更有用的技术，一系列访客计划框架来寻求实现世界上最好的东西。克劳文（2005）提供了一个有关这方面有用的总结。其中一个选择是叫作可接受的变化限制的框架。不要问"太多是多少"，可接受变化限制方法改述这个问题为

"多少变化是可以接受的?"

可接受变化限制方法在北美、澳大利亚和新西兰广泛使用（参考案例研究8.2）。在英国，把这个过程简化成四步：

- 每个地方详细的目标必须得到相关利益机构和个人的一致同意；
- 变阈值（例如，可接受的变化限制）必须得到预先同意；
- 采用定期的、系统的测量可以管理监测变化；
- 这些值超过时会触发了管理回应，也要得到预先同意。

开发一个可接受的变化方法中最重要的一个方面是实现利益相关者的拥护和支持。来自当地旅游部门和社区的利益相关者可以提供有价值的输入来确定想要的结果，并且这些通常在提供经济和政治支持方面是很重要的，以确保规划可以有效地交付和监控。

关于可接受的变化方法的进一步阐述开发了一些模型，例如娱乐机会谱和生活资本质量。

案例研究 8.2

鲍勃马歇尔复杂的荒野环境，蒙大拿州，美国

在蒙大拿州的中北部是鲍勃马歇尔复杂的荒野地形，由美国林业局管理。它包括 600000 公顷的无公路温带森林，每年吸引了 25000 名游客，主要是在 6~11 月。6~9 月主要是背包式和马助式边远地区旅行。在秋天，其大部分用途是打猎。

在 1982 年，美国林业局着手实施一项基于可接受的变化限制的计划，主要是因为人们认识到了公众有必要密切参与管理过程。它涉及持续不断的公众参与，主要通过一个有一系列利益相关者组成的特别小组，包括公众，科学家和管理者，这个过程持续了 5 年。可接受的变化框架主要专注于测定荒野、生物物理和社会状况发生多少变化是可以被接受的。通过设计一种公众参与的并且融入荒野区域所有价值的过程，参与者开发出了一系列有效的管理措施来控制和减少人为影响，并且必须在社会和政治容许下实施。

该计划有三大特点：第一，它建立了四个区域旨在保护荒野的原始特征，然而实际上允许在一些娱乐用途和人为导致的影响两者之间做出权衡。第二，它能够识别指标变量，能够监控以确保状况仍然在可以接受的范围内，并且使用建立行动效力来控制或减少影响。对于每一个指标，存在可量化的标准，表明每个分区的自然基线的多少变化限制是可以接受的。第三，它表明每个区域的管理措施应该按照他们的社会接受度的顺序来进行。这给了管理人员一个工具上的选择，并且决定了什么管理措施在控制影响方面最能够被接受。这个过程鼓励把干预最少的管理措施放在第一位。

一些管理措施的实施已经成功地减少了地面上的影响，然而其他行为造成了意想不到的结果，导致一些地区的整个资源状况的退化。有以下教训：

- 教育/强制执行：经验丰富的荒野特警直接接触游客对于教育公众关于荒野的价值很重要，也是保护脆弱资源的最好的方法；

- 访客使用潜在变化的准备：例如，由于烟火活动，管理者需要准备好应对增加的压力，这些压力来自受欢迎地区的公众不能受到火的影响；

- 鼓励合适的"不留痕迹"露营的原则：鼓励以后的用户在已经很受欢迎的地方露营，因为研究表明，以前未用的位置中大约90%的资源被影响通常是由前四个晚上的使用而引起的；

- 关闭营地可以导致资源影响净增长：因为恢复荒野的目的而临时关闭的公共使用的营地并没有改善它们的状况，因此，恢复荒野需要减少未来场地建筑面积的扩展；

- 商业服务之间的协调：积极的工作和使旅游活动日程重叠部分最小化的指南可以降低有组织的团体在同一时间出现在同一地点的可能性；

- 股份制设施：临时便利铁路和高铁鼓励在更具持续性的区域持有股份，并且减少资源损害的扩散。

总体来说，可接受的变化限制过程在鲍勃马歇尔复杂荒野的实行已经被认为是成功了。规划和管理活动同特别小组的参与一样一直持续到今天。

资料来源：www.fs.fed.us/r1/flathead/wilderness/bmwcomlex.shtml

在不同的情况下这些不同的模型都是有用的，休闲经理应该适应那些在他们自己环境下工作的模型。下列是必须适当的以确保这些方法成功的基本因素：一方面，系统化方法的需求必须被接受。资深员工必须深信他们花费更多的时间和资源在现场规划和管理上是有好处的，以及任何的监测和决策系统是有益的，限制系统则不然。

设定清晰的目标对于这个过程来说是至关重要的——不论采用什么样的方法，在战略、场地和个人区域水平方面设定清晰的目标是至关重要的。设定目标将包含利益相关者之间达成的一致意见，并将通过趋势数据来告知决定以得到强化。当目标间有潜在的冲突时，需要将目标分区及优化。

员工时间和资源应该遵循任何系统的规划和管理——一个更系统化的方法可能意味着在会议、实地考察和监控方面花费更多的时间和资源。同样重要的是要认识到，一种方法不一定适合任何情况，并且简单的场地需要更便宜、更快的方法。

8.9.3 参与式管理

有效的管理者应基于有力的证据做决策。这些证据包括其顾客的需求，还有关于他们资源的特征。为了制定明确的目标，并确保所有的利益相关者能共同分享这个目标，我们需要在同一区域收集对所有人都有利的信息和数据。监控一个场地必须得到不同方面的同意，而且绩效测量也必须事先决定。所有这些问题都需要时间和财政等方面的资源。内部和外部利益相关者应该参与整个过程的所有阶段。外部协调员应该确保整个过程是完整的、开放的，并且所有利益相关者都参与到这个过程中。案例研究 8.3 便是一个例子。

由于土地使用权的性质和自然环境中的土地用途，对休闲发展有兴趣的参与者范围是广泛的。同样的，由于资源很有限，这可能导致管理者关注那些"最大声"的利益相关者，或者是那些已经建立传统关系的利益相关者（例如显著的非政府组织和已知的用户组）。当试着和"难以接触"的群体工作时会面临特殊的困难，如老人或者年轻人、在空间上或者社会上独立的群体，还有也许是没有正式代表或组织的少数民族。

案例研究 8.3

利益相关者参与斯坦利吉论坛

斯坦利吉论坛/北利兹地产是由英国山峰地区国家公园当局所拥有和管理。它的景观价值很独特，有着国际罕见的杂色荒地和毯状沼泽，它的娱乐价值同样也很出色。该地产每年有超过 50 万游客来观光，有着包括散步、骑车、攀岩、飞行伞和观鸟等一系列活动。斯坦利吉悬崖作为重要的国际性攀岩峭壁闻名于世，据说这里也是这项运动的发源地。

国家公园当局不是像传统模式那样经过各种咨询后制定一个草案，而是一开始就准备一张空白纸，并委派一名独立的办事人员指导后续进程：首先，一个网站和一个在线讨论板块建立起来以至于能够尽可能地展开广泛的讨论。其次，在 2000 年 8 月，一个超过 7000 人参加的开放的公众会议召开了。这个更广泛的论坛在制定原则上达成了一些共识，以便为这个计划制定一个共同愿景。最后，通过一个开放、民主的过程任命了一个 17 人的指导小组。

指导小组提出了若干具体的问题，然后在技术团队里讨论。他们强调的是建立共识，增进理解，以达到一致的解决方案。在接下来的两年里，个人和团体自愿把大量时间贡献给斯坦利吉论坛/北利兹地产管理计划。此外，285 人接收论坛简报，总计有 135 个不同的人参加了公共活动。从 2000 年 8 月第一个论坛活动到 2002 年 6 月底计划草案制定出来，论坛网站共计有 21300 的点击量。最终的 10 年管理计划在 2002 年 10 月一致通过。

自此以后，还有其他方面的成功。在与当地攀岩者密切合作以避开筑巢区后，稀有的"山地黑鸟"，环颈鸫已经得到成功的繁殖。不同团体就机动车是否应在小路上行驶进行商论，最后各组达成自愿协议，该协议包括时速限制和其他限制。一年一度的论坛回顾了进步之处，继续鼓励任何对此处感兴趣的人参与到其未来管理中来。

更多信息，请访问 www. peakdistrict. org/index/looking – after/stanage. htm

休闲管理者可能需要相当大的支持使一些参与者有意义地参与其中。休闲管理者需要创造性和想象力去接触广泛的观众并且使他们尽可能充分参与。这可能意味着同组织发展通常不与具体休闲活动的伙伴关系相关，例如社区团体或青年服务。

8.10 策略和行为

希达威（1991）在他对运动和娱乐的实践方面的指导中提及了一系列具体场所的管理策略和行为。接下来将会着重讨论以下几点。

8.10.1 在当地选址分区

管理受保护地带的主要策略之一是通过分区管理。这个方法包括重新组织小片区域或者在区域内进行整合，这两者都需要对环境保护和利用做出既定的标准。多数的计划框架包括在大片区域建立可辨别和管理的分区，但如果能在详细的标准下进行，这一过程的成效会更加显著。

分区有助于游客进行选择，同时有助于明确未来开发意图。分区还可以用来区分在空间和时间上不相融的功能（受空间条件和时间条件限制的分区）。受空间条件限制的分区可以分隔开不同的娱乐用途，如驾车者和非驾车者，或者骑马者和骑自行车者。一个受时间条件限制分区的例子是限制进入某个特定的区域，例如在鸟类筑巢的季节限制进入自然保护区。

8.10.2 规范设施的建设与使用

基础设施的供给、地理位置、风格和质量是乡村地区游客管理的重要组成部分，他们还提供了质量管理的指标，同时也是连接组织和游客的桥梁。但是，第一个问题是，我们需要基础设施吗？尤其是在自然环境中，一些特殊要求是不能忽视的，例如"原生环境"意识。通常而言，人们的工作态度如森林看护者的态度和教育者的工作态度在解决管理问题时比建立新的基础设施更有效。

然而，基础设施也是需要的。表 8-3 阐明了一些可用的基础设施类的工具。与这些使用相关的注意事项如下：工具的设计均反映在其功能和预期使用者上；场所的本质和工具所处的位置；通过选择适当的材料、规模和设计来体现地区的特殊性；费用，包括开始时的安装以及长期的保养；巩固措施（例如防止故意破坏文物的行为）；残疾游客的需求；健康和安全问题。

表 8 - 3　不同基础设施工具的功能，类型及设计

功能	可能的基础设施类工具	设计问题
对汽车的控制，提供场所停车，禁止在不适合的地方停车	停车场、防盗桩、沟渠、储库、围墙、黄色警戒线	设计、材料、地点以及收费问题，与当地警局的合作与强制措施
有效地在场所引导游客	路标、道路指示、指示操作盘、信息、交通需求线、景点、视准线	设计、材料、地点、通信、维护、森林看护协助
在场所内掌控游客的活动	围栏、障碍、景观美化、信息、道路	设计、材料、地点、监控和维护
允许人们穿过障碍，如围栏、围墙和小溪	阶梯、大门、桥	设计、材料、地点、对所有问题的接触
对垃圾的控制	垃圾桶、翻斗车、狗窝	设计、材料、地点、强制措施
提高游客的舒适感	厕所、座席、野餐桌、点心	设计、材料、地点、维护
提高游客的信心和安全	照明、标志、基础设施和信息的质量	设计、材料、地点、信息和维护

信息来源：来自 Keirle（2002）

8.10.3　自我调节、自律守则和自发协商

　　参观者自己接受保护景点和野生动物的责任是最有效的自然资源保护措施之一，而且这也是这一系列措施中效果最明显的。当希望进行参观的参观者与希望保护资源及野生动物的保护组织、土地所有者之间有密切的利益关系时，自我调节是最有效的。通常，要是多数参观者属于同一个组织或俱乐部，更容易取得效果。这样他们可以与土地所有者进行沟通。然而，这会使一些使用者和土地拥有者难以达成独有的协定。例如，很多由垂钓者和划舟者提出的关于利用水域的问题会与这两者之一或两者以及水域拥有者之中的管理发展有关。但是这些人群之间的自发协商是可以进行沟通的。那些未正式参与者由于没有作出特殊安排或给予相关信息，其需求仍然模糊不清。

　　自我调节的局限性在很多不属于任何俱乐部的非正式参观者身上表现得非常明显。当很清楚地阐明了基本情况，每个参与者都了解情况，意识到并且承担责任时，自我调节才能发挥最大功效。行为守则和协商在此有很大帮助。案例研究 8.4 分析阐明了这种方法。

8.11 健康和安全

对于一些休闲资源的管理人员，健康和安全问题已越来越成为人们关注的焦点问题。显然，他们的用户健康是极其重要的，但是如果管理人员的行为很明显地导致了不幸的事故或无端的风险，他们经常要承担职业上和经济上的后果（见第 19 章）。在一个充满冒险性和未开发的环境中工作具有很大的挑战性。对于一些公共和个人占用人责任问题不同的国家有着不同的法律诠释，而且这些解释会优先考虑。但是休闲管理人员可以采取一些合理和适当的措施，以处理好风险，提升客户经历。

乡村组织的客户安全部已经出台了一个很好的关于规则、条文的导向。这个导向提倡管理人员考虑文化及景点，不要忽视人们的自由和冒险意识，但是游客应了解和清楚危险的性质和程度，以及他们将要采取的风险控制措施和预防措施。这个导向还提及了合理风险评估过程和发展以及每个场所的安全计划，强调了什么是对特定场所的合理反馈以及仔细的监控，并阐明了管理人员要对他们所管理的场所负责。

8.12 信息和解释

无论在场内还是场外，高质量的信息是必需的，这样游客才可以根据信息做出明智的决定。然而，解释说明能够帮助游客了解和喜欢上一个场所。科勒（2002）概述了一系列在娱乐场所提供的信息和各种各样提供信息的方法。他同样对信息条款如何用于影响游客提出了建议：

- 人们去哪儿：通过提供信息我们可以影响人们去哪个场所，或者场所内人们要去的具体地点；
- 人们什么时候去：通过让人们了解开放时间及活动的时间安排；
- 人们如何去一个场所：清楚地提供去一个地方关于如何乘车，乘公共交通或骑自行车的信息；
- 当他们到达一个场所做些什么：场所的景观有哪些，他们怎样进入那些景观；
- 什么人去一个特定的场所：信息可以将目标锁定在特定的细分市场。

信息提供的一个要素与推广和宣传有关。

案例研究8.4

湖区机关——滑水工作小组

滑水运动很久前就存在于英国诺福克湖区。该区为国家指定景区，其地位与国家级公园相当。一直以来关于该区的这项运动的争议从未间断过，争议主要在于该项运动会影响到重要湿地的动植物群及游览该区观光者的安宁。

在1993年就诺福克湖区草案里提及的禁止在诺福克湖区进行这项运动的提案进行商榷后，该区官方负责人建立了一个滑水工作小组，用于监测该项运动的各个方面及对该项运动持续性和未来的管理模式的影响，该小组成员分别来自国家滑水兴趣小组与当地俱乐部、造船业、游艇爱好者、董事会当局的航海部门以及自然资源保护者。

该工作小组评估了滑水运动对该区所产生的影响，包括对环境的影响，安全问题以及对他人能否尽情享受乐趣所产生的影响。该小组还受邀密切关注滑水运动现有的管理模式并对其管理提供尽可能多的意见。据此，一些小组代表人员对景区做了实地考察，并听取了一些专业报道，查看了当地的民意调查。1997年滑水项目工作小组公布了关于滑水运动对诺福克湖区所产生的影响的报告。其中包括11条，内容则经过各种可能的修正案讨论而没有将现存的细则改为新的细则。

1998年，经过一番激烈的争论，湖区官方负责人以滑水运动不适合在该景区进行为由，再次决定暂停水上运动项目。在之后的几年里，该官方负责人与滑水运动员合作，试图去选定一个适合进行滑水运动的地区，却未能成功实现。

2003年，该负责人重新审视了这一问题，不仅把上次会议所做的决定也纳入考虑范围，还考虑了湖区论坛的现有组成部分。其中该论坛囊括了各方代表人士，代表了各方意见，最终决定服从1998年的决议，而不是引进及评估新的管理制度。随后人们意识到可以在与滑水运动员合作的过程中制定一些管理办法并强制实行一套惯例体系，尤其是在以一个独立的，分工明确的体系时而不是现有的当地俱乐部的管理模式取代滑水运动项目兴趣小组之后。

> 关于湖区滑水项目管理解决办法已经基本成型，必须遵守以下规定，滑水运动方可有序的进行：经诺福克湖区官方负责人批准；须服从限速的规定及遵守湖区官方负责人及东部河流滑雪俱乐部管理条例，并与他们达成一致。在2007年人们就该问题进行了更加深入的探讨，其间分别由九个兴趣小组组成了一个座谈小组及一个独立的小组就滑水运动对于诺福克湖区的影响进行了为期8周的探讨，最后得出结论：该项运动足够安全，继续在该区进行。
>
> 更多信息访问：www. broads—authourity. gov. uk/boating/navigating/waterskiing. html

解释说明比仅仅提供信息重要。早期关于解释说明的定义是："一项教育性活动通过第一手的经历，通过解释性媒介而不是简单的传达实际的信息，借以原始的物体以阐述意义，阐明关系"（提尔顿，1977）。

到位的解释说明可以增加乐趣，增进理解。而且在丰富游客经历的同时，解释说明有助于游客理解和支持管理者的工作，以及他们的目的和政策。渐渐地，管理者采用新技术作为向游客诠释自然环境的方法，而且这样有时用不着在偏远的地方进行永久的、新的基础设施建设。一个优秀的案例是英国南奔宁山脉的未来计划中的"the moors"，游客可以直接从网站上将音频下载到手机或MP3上。这些音频用的是在那个区域工作和生活的人们的声音，这个为游客增添了一层新的意义和理解，这样可以丰富他们的休闲体验。

讨论问题

电子交流可以用来丰富游客在自然环境中的体验，还是用这种方法以逃避交流？

8.13　监控和检查

在任何程序或项目管理周期内，监控和检查都是可接受的一个阶段，虽然这一阶段常常缺少资源而且收效不大。管理者为了管理好游客，需要正确地评估他们决策所带来的成功率，然后反思结果以提高他们工作的效率。

作为这一过程的一部分，管理者应该问他们自己，"成功会是什么样的？"还要考虑该如何衡量他们的目标。管理者要站在当地的角度上收集输入、输出以及取得成效的数据，这些都有助于评估任何项目的成功与否。然而，常常这些要素只有少数会被记录在案。例如，当地的管理者可以很容易地评估一个项目使用的资源，普及道路和用于宣传的小册子，这些都是输入的数据。但是更有意义的是监控有多少人使用了这些服务与设施（输出）以及他们欢愉的程度。

管理者可以通常是通过展示对公众利益所做出的贡献提高他们工作的正义性。这点在公共部门可能尤其重要，因为争取珍稀资源的使用优先权增加了预算的压力。监控在自然环境中休闲所提供的广泛的公共利益对于管理者来说是非常重要的。

8.14 小结

自然环境是一个相当重要的休闲资源，有多种多样的形式。它不仅仅对个人和社区很重要，同样对政府也很重要。越来越多的人认识到，利用自然环境中的休闲用途可以带来许多重要的公共利益，不仅是对个人的，也是对全社会的。因此很多的组织都对自然环境中的休闲用途感兴趣而且对于重要地区有着许多特殊的定位。这增加了这些区域的管理难度，因为还要考虑当地利益相关者的偏好。

在管理自然环境中的休闲资源的时候，如果再假想保护和利用之间的冲突，或者是为了良好的管理而在两者之间寻求平衡都不再合适。反而，保证自然环境中的休闲资源的良好管理和长期可持续利用以及让更多的人享受到这些休闲资源，将利益惠及全社会更显突出，休闲资源的管理者在帮助达到这些目标起着十分重要的作用。

实 践 任 务

1. 在你的社区内就绿色空间进行一次调查。估计不同社会经济群体对这些空间的利用情况（例如：儿童、年轻人、家庭、没有私人交通工具的人群以及残疾人），然后认识到在利用休闲资源时可能遇到的障碍（例如：安全担忧、身体上的局限、信息的遗漏），并提出能解决这些障碍的可行措施。

2. 选择一项你不熟悉的自然环境内的休闲活动，然后调查这项活动在你的区域内进行的难易程度。在网上或通过其他资源，如游客信息中心或你所在地当局建立信息库。

拓展阅读

关于自然环境中的休闲参与:

Countryside Recreation Network (2007) *Volunteering in the Natural Outdoors*, CRN, Sheffield.

Henley Centre (2005) *Online Research supporting the Outdoor Recreation Strategy*, available at www. naturalengland . org. uk/ourwork/enjoying/research/futuretrends.

Natural England (2008) *State of the Natural Environment*, NE85, Natural England, Sheffield.

Royal Yachting Association (2007) *Watersports and Leisure Participation Report*, available at www. bcu. org. uk/files/RYA% 20watersports% 20participation% 20survey20% 202007. pdf.

环境政策和政府:

Countryside Recreation Network, www. countrysiderecreation. org. uk.

Defra (2004) *Delivering the Essentials of life*, available at www. defra. gov. uk/corporate/5year – strategy/5 – year – strategy. pdf.

European Environment Agency (2009) *Scottish Outdoor Access Code*, available at www. snh. org. uk/strategy/access/sr – afor01. asp (accessed May 2009).

自然环境中的休闲管理:

Crowe, L. (2005) *Promoting Outdoor Recreation in the English National Parks: guide to good practice*, Countryside Agency CA214, Cheltenham.

Elson, M. Heaney, D. and Reynolds, G. (1995) *Good Practice in the Planning and Management of Sport and Active Recreation in the Countryside*, Sports Council and Countryside Commission, London and Cheltenham.

Keirle, I. (2002) *Countryside Recreation Site Management: a marketing approach*, Routledge, London.

Sidaway, R. (1991) *Good Conservation Practice for Sport and Recreation*, Sports Council and Countryside Commission, London and Cheltenham.

Visitor Safety in the Countryside Group (2005) *Managing Visitor Safety in the Countryside: principles and practice*, RSPB, Nottingham.

实 用 网 站

政策和保护区的国际概述：

International Union of Conversation of Nature, www. iucn. org

相关英国政府部门：

Natural England, www. naturalengland. org. uk

Environment Agency, www. environment – agency. gov. uk/aboutus/organisation/35675/aspx

English Heritage, www. english – heritage. org. uk

Countryside Council for Wales, www. ccw. gov. uk

Environment Agency Wales, www. environment – agency. gov. uk/regions/wales

Cadw Welsh Historic Monuments Executive Agency, www. cadw. wales. gov. uk

Scottish Natural Heritage, www. snh. org. uk

Scottish Environment Protection Agency, www. sepa. org. uk

Historic Scotland, www. historic – scotland. gov. uk

Northern Ireland Environment Agency, www. ni – environment. gov. uk

Forestry Commission, www. foresty. gov. uk

研究，政策实施和良好的实践的一般信息：

Countryside Recreation Network, www. countrysidecreation. org. uk

其他国家组织：

The National Trust, www. nationaltrust. org. uk

National Trust for Scotland, www. nts. org. uk

National Cycle Network in the UK, www. sustrans. org. uk

Forestry Commission in Britain, www. forestry. gov. uk

Visitor Safety in the Countryside Group, www. vscg. co. uk

Moors for the Future, www. moorsforthefuture. org. uk/audio – trails

Mosaic Partnership, www. mosaicpartnership. org

第 9 章
艺术馆、博物馆和图书馆

本章内容

- 哪些人会参观艺术馆、博物馆和图书馆；
- 如何定义和组织艺术行业；
- 如何评定艺术的价值；
- 如何管理艺术组织；
- 博物馆和图书馆的起源与功能有哪些；
- 公共博物馆与图书馆有多重要；
- 博物馆和图书馆在数字化时代该如何发展。

概　要

　　艺术馆、博物馆和画廊、图书馆是文化活动中很重要的三部分。这些文化活动能够吸引大量人口参与。它们牵涉到三个重要的供给部门——公共部门、商业部门和第三部门。比如，英国政府在这些文化活动中有长期的利益，因此在艺术、文化遗产和图书馆方面投入公共基金支持达 300 多年。当下有一大批公共与私人的组织着力于提升文化活动的利润。

　　随着时间的推移，公共政策对文化活动的优先考虑倾向已经发生了改变。它们需要考虑的是文化活动的工具价值（实际的效果，比如游客的数量，文化组织中的就业岗位以及它们的经济价值。）和内在价值（指自身文化的重要性）。现代政府不仅关注文化的保护，也关注文化活动的参与人数以及文化对创造性产业所做出的贡献。文化不仅仅简单地是国家大事——创造性产业的革新与完善已被提升成全球创造性经济。

9.1 引言

文化是一个复杂的词语，也曼（2004）指出"文化的价值在不断地被扩充与发展，但是依然没有普遍公认的定义"。这一章节将会讨论三个不同的文化领域：艺术馆、博物馆和图书馆。每个部门都将首先划分每个领域的活动。任何文化活动中，非常值得考虑的是政府的政策和资源的分配。这一章节主要阐述了英国文化活动的结构与组织。为读者提供一幅清晰与详细的画面，尽管其中还参照了国际环境与其他国家的一些案例。

博物馆与图书馆的定义已经非常明确，艺术的定义却不那么清晰。麦克玛斯特指出："艺术包含很多不同的形式。"对于艺术的定义和描述随着时间推移一直在变化。匹克（1986）认为直到19世纪中期为止，"艺术"指如园艺、针线活、语言与创作音乐、写诗或者是演戏等，因为在那个时候技术是艺术的基本含义。英国的艺术协会（1993）称，众所周知"艺术是什么？是为了什么而存在？"这样的问题非常难解。某定义称：艺术是一种符号性交流，通过艺术家以一种可以暗示含义和引起情感共鸣的方式对客观物体、标记、声音进行描绘或编排。但是这种定义无法让我们想象出艺术的感觉。

讨论问题

涂鸦也是艺术吗？朋友给你看的诗又是什么？霹雳舞呢？

另外相关的定义是"创意产业"，它在概念上比艺术的含义更广，它被英国的文化、传媒和体育部门定义为："源于个人创造力的技术和才能，并且可以通过智慧生成和利用产权来创造潜在财富和提供潜在就业机会的那些活动。"创意产业包括：广告；建筑工程；家具的设计工艺；时装；电影、视频以及视听产品；平面设计；教育与休闲软件；现场音乐和被刻录的音乐；艺术表演与娱乐；电视、收音机与网络广；视觉艺术与古玩；写作与出版。

工作基金会提出了一小套"文化产业"，其中包括电影、电视、出版、音乐、戏剧表演和游戏软件。

9.2 参与情况

艺术馆、博物馆、图书馆的参与情况在第2章节中会有体现，而且也是该领域管理人员需要考虑的一个重要的因素——在市场细分，市场营销和政策目几个方面。从该调查中，我们可以为英格兰提供以下几点建议：

第一，在过去的一年里有2/3或更多的成年人至少参与了一次历史展或艺术展。将近一大半的成年人在以前的一年中参与了至少一次的艺术活动。不到一半的成年人在过去的一年中去过图书馆、博物馆或美术馆（表2-1）。

第二，根据对1/3未参观的成年人的调查，他们不参与艺术与文化展览的最普遍的原因是缺少兴趣和很难找到时间去参与。然而不参与图书阅览活动的最主要原因是人们认为没有必要（表2-6）。

第三，11～15岁的青少年群体中，每10人中有5～9个在过去的一年中至少有一次参观过博物馆、艺术馆、图书馆、历史展或艺术相关的活动。值得一提的是很少有人在校外参加这些活动。

第四，女生中观看艺术表演、参加艺术活动、使用图书馆的人数比男生多。男女生当中有同样数量的人参观历史遗址、博物馆展览和画展（图2-2）。

第五，白人比其他种族人群更多地参与艺术和遗产展；但是其他人种使用图书馆的百分率却高于白种人（图2-3）。

第六，教育成就大体上对促进大众的艺术、遗产、图书阅览活动的参与有着积极的作用（图2-4）。

第七，高收入大体上对人们参与艺术和遗产展览的情况有着积极的作用，但是对图书馆的使用情况几乎没有影响（图2-6）。

第八，较高的社会经济阶级对艺术、文化、图书阅览活动的参与情况有着积极的作用（图2-7）。

9.3 艺术

艺术可以被分成三个类别，组成了创新型文化行业，它们分别是：表演艺术，包括戏剧、音乐和舞蹈；视觉类艺术，包括绘画、雕塑、手工艺和由具有镜头仪器所创造出来的影像，比如，摄影；文学艺术，包括散文和诗歌的文章和口头朗诵。

这三个种类的艺术相互重叠、合并与结合，并不会互相排斥。比如，在人们眼中的一个艺术作品，就像被刻在一座建筑一侧的诗歌一样，同时带来了视觉上与文学上的艺术效果。在这三种艺术类别中又分好多流派，也就是公认的艺术形式类型，这也是身份的标志，就像是一项运动中有不同的项目，比如体操。下面将会列举一些艺术形式流派：戏剧中的喜剧；音乐中的舞曲；舞蹈中的爵士舞；绘画中的印象派；小说中的浪漫主义；电影中的惊悚片。流派的分类能够更具体地去描述艺术范畴。人们对这些专业词汇有着两种反应——对一些人来说这些可能会阻碍他们的兴趣与参与，对其他人来说它提供了艺术作品中更多的信息。对于休闲管理者来说，去调查与了解艺术形式中的流派对其应用大有裨益，比如经典、传统、流行、民谣、高浪潮、近代与当代，这些也有利于充分理解不同的观众。

讨论问题

你有没有不喜欢某种艺术形式中的某个流派的感觉？这种厌恶感是否与你这方面实际的消费经历有关，还是由于其他因素造成的？

考尔伯特（2000）分析了艺术作品的产生方式并清楚地区分了那些并不为大量生产而创造的独特产品（一种模板行业）和那些运用原版模具所大量生产并在同一时间大量出现的复制作品。在 21 世纪，艺术通过文化产品和商品的消费、生产，通常是多次再生产和逐渐依靠技术分销的途径丰富了人们的休闲娱乐。而这些商品的在家的使用、消费与陈列将在第 12 章详解。

9.4　人们如何学习艺术

成年人和孩子在许多不同的地方通过多种方式来正式或非正式地学习艺术。他们可以在家，通过与朋友交流，通过他们的社团，通过一大圈业余爱好者团体，或者是通过私人课程等途径学习，或者取得诸如皇家舞蹈学院和皇家音乐联合理事会的资格证书。其中的皇家音乐联合理事会，是世界顶级的音乐测试机构，音乐测试费用以海外直接收益的形式流入英国（麦尔柯池，1988）。同时艺术职业联合会也提供一些训练组织与教学组织的网站链接——例子中包括南亚舞蹈协会和英国舞蹈协会。其实一些艺术家都是自学成才的，像杰克维特拉伊诺，苏格兰商业上最成功的艺术家。

《矿工画家》这部戏剧中提到一群矿工在 1930 年英国北部的一个叫工人教育协会（WEA）的地方学习艺术。豪尔认为：非常明显，20 世纪早期的工人阶级对高等艺术有着远大抱负，他们不仅觉得自己有权利，还觉得自己有责任去参与和投身于这伟大的艺术与文化中。50 年后我能够写出一部《舞动人生》的故事，这是一个关于对矿工社区追求高等文化的行为不理解的故事，在我看来，尽管我们有先进的教育机构和兴旺的福利政策，但我们在文化精髓的"民主化"工作上依然是失败的。然而这个团体（矿工画家们）在如此孤立无援的情况下如此孜孜不倦地追求艺术提醒我们：文化的通俗化并不是使文化更易被人所接受的首要条件。

讨论问题

人们需要了解艺术和储备艺术知识才能欣赏与享受艺术吗？你的论述中对艺术的供应与管理又有何意义呢？

艺术的教育通常都是在学校进行的。在英国，国际课程中的艺术学科是音乐和艺术设计，同时戏剧艺术和文学艺术都是在英文课上进行学习的，舞蹈也能在体能课上学到。通过学习，学员们对自己也有了了解，学生可了解自己以及其他人对艺术的态度，并且可以考虑对于美丽、风味和质量的概念如何作出判断。艺术家从事着学校与教育环节中的工作。从 2002 ~ 2003 年，创意伙伴已经开始追求与培养学校与创新性专业人员之间长期的创新型伙伴关系。创意伙伴由英国艺术协会、英国文化、传媒与体育部和教育部门共同管理。"Arts-mark 计划"是一个对英国所有学校所开放的一个国家奖励计划，它用于表彰高质量的艺术教育和扩大学校和地方社区艺术影响的计划。学习技术协会是一个致力于提高英国年轻人和成年人技术的机构，同时它也提供非学历的创新型课堂。

委内瑞拉一个多达 30 年的非凡音乐项目希斯特玛已经通过全国课余中心的网络平台利用古典音乐提高了全国贫困儿童的生活质量。这个由政府投资的项目使人们能够学到与获取更多关于艺术的技能，也提出了以下问题：艺术的价值是什么？

9.5 艺术的价值是什么

人们对艺术价值的评估是复杂而有争议的，但对管理者来说，了解艺术的消费状况与艺术的政策是必不可少的。皮尔森（1982）称："艺术作为一种受人敬仰、有价值的高等的社会现象，它是来自最普通的大众并与其关系密切。艺术缺乏明显的功能（功利主义）被认为是艺术的重要性所在。"

在 20 年以后的英国，"社会的独立机构"宣称艺术会有助于实现关键性的社会结果，降低长期存在的失业现象，降低犯罪率，提高身心健康与生活水平。这些不同的前景说明了艺术能成为一种个人表达的方式（内在价值）而且对社会公益有着强有力的作用（工具价值）。

麦可干（1996）提出"价值是有一定内涵的"，并且提出"除了经济价值以外，还有审美价值，伦理道德价值，政策与宗教价值"。马特瑞斯（1997）分析了艺术的参与价值，并且列举了以下可能会产生的社会影响中的一些主题，如个人的发展、社会凝聚力、社区赋权与"自我评定"、地方观念与定义、幻想与视角、富裕与健康。

霍顿（2005）建议：去检验价值的概念是必不可少的，只有通过这样我们才能了解为什么文化投资的益处那么难以衡量与表达。有些价值能被货币化，有些则不能，但在这两种情况下我们都得去弄清楚我们所谈论的价值到底是什么并且去了解表达他们的易处与难处。

艺术的辅助价值可以通过收集一系列经济或社区康乐数据来衡量，比如说，艺术的经济影响。这样的数据有利于维护艺术上的公共开支的财政保障。只不过好的迹象仍然需要，而且霍顿（2005）引用了塞尔伍德所担心的问题："直到资料的收集和分析被更精确和客观地执行，并且数据的使用变得有建设性时，这些文化部门的数据都有可能遭到质疑，有弄虚作假的嫌疑。"

"文化的经历是主观的"这说明个人对艺术的本质属性与其他人在思想和情感方面反应方式各不相同。斯米尔斯（2003）也同意这一说法："一个人所认为的快乐与美好对另一个人来说则会觉得厌烦。很少有人对剧院、影院、舞蹈、音乐、视觉艺术、艺术设计、摄影或文学当中的价值有一致观点。"艺术的内在价值难衡量，因为这对不同的人来说价值不同，这也使艺术的管理变得具有投机性，特别是创作新的电影、剧本、音乐等方面具有重大作用。

讨论问题

你会用什么样的方法去评估你有过的艺术体验?

希尔等（2003）称价值观影响到了个人参与艺术活动的状况，而同时这些价值观又受到社会、个人和心理因素的影响。在 2006 年 ACE 在探讨人们该如何衡量艺术的价值时引发了一场大的争论，在 2008 ~ 2011 年之间，人们一直把公共价值视为首要的部分。

艺术价值衡量这一项目的评估也出现了问题与困难，并且这些问题与困难还需要休闲管理人员不断思索。ACE 提供了一个自我评估信息表这也说明评估与"不断搜集而来的资料是有关联的，不管是项目开发之前，之时或之后的数据都可以被用作评估发生过的事"。在 ACE 的网站上 ACE 项目和出版档案中有一些评估的例子。

伍尔夫（2004）认为评估有 5 个阶段，分别为策划；收集资料；汇编与讨论；不断地思考；公开与共享。

威廉姆斯和鲍登认为评估可以被"内部的管理需求所推动（比如，针对某一个项目去评价，评估金融与资源的利用、观众的满意度和项目的形式）或是被外部利益相关者推动（比如：经济、社会文化、自然影响和观众客观成就的发展）"。至于对七个艺术节的评估，他们觉得去决定有效的评估方法是很难的，这是由方法的使用范围与艺术欣赏的主观性所造成的。还有人提出那些对艺术感兴趣的利益相关者，如英国艺术者协会和当地的权威机构都能够分享最好经验以助于发展社会经济和环境影响的抗差评估。

由于各种规格的艺术文化活动明显地增加，所以人们对评价方法越来越感兴趣。而且有迹象表明越来越多的方式与途径被采用。然而人们对艺术的主观性的反应会使得艺术活动评估效力令人担忧。出于此目的，稳健的评估方法和工具仍在被研究。

最近，审计委员正式引进了一个衡量艺术参与度的国家性指标，被当地英国的权威机构所采用。指标测量了在地方的某个机构中过去一年时间里，成年人中以休闲为目的而参与艺术活动和观看艺术表演次数至少达到 3 次的人数所占比例。

9.6 艺术的组织与管理

不论是为了赢得好评还是获得经济收益，艺术必然是一个具有竞争性的领域。艺术事业的管理主要体现在四个方面。与书中第二部分不同，第三部门在这里被划分为两个部分，这是由以下各项艺术类非营利社会企业的重要性所造成的：商业；政府；非营利性企业；志愿者与业余爱好者。

讨论问题

你们当地的艺术场馆是由哪种管理领域主导的——商业，政府，非营利企业或志愿者与爱好者？作为一个消费者，你是怎样区分他们的？

在考虑到这四个领域之前，我们需要分析以下描述艺术管理者的三个称谓，也就是三个关键群体：制片者、导演、举办者。

制片者与生产厂家是个人与单位，他们通过筹集资金、选拔、委任和组织艺术活动，再发展其成为最终的展销形式。麦金塔斯在我们的时代中被称为最成功的制片者。制片者委任并和导演与举办者工作在一起，但是导演对一个生产过程的创造性与艺术性内容负有全部的责任。当在一个具有合适环境、合适大小、合适器材的场地安排艺术展品时，推广者的工作就是与对方协商经济回报。同时推广者也负责推广活动广告以吸引公众的参与。艺术家的经济收益可能包括自己所得的酬金或是享有一定比例的票房收入。现场国度被称为世界上最大的音乐会举办商。

在一个大的组织中这些管理工作都属于一个专门的职位管理。然而在一个小的组织里，就像一个专业的视觉艺术家那样，他们可能要靠自己承担所有的管理工作。

同时有两个职业值得去讨论，因为各种领域的艺术家很可能雇用一些如经理与经纪人的人士。一个艺术家的经理为获取个人工资或是经济收益，代表艺术家的收益状况，财务问题，法律问题和后勤工作等。一个艺术家的经纪人的工作则是为艺术家安排与预订工作，获得一些经济收入。"经纪人"这一词可以用于许多不同的责任领域。

9.6.1 商业企业

商业化的艺术组织是需要为自己创造收入的。库尔伯特（2000）根据特别的标准把文化企业分成各个种类，其中第一点就是"关注企业的使命，把连续生产与对市场的关注当作一个极端条件"。商业艺术企业重点关注的是它的市场。

举一个在国际范围内成功的例子，商业艺术企业指出，艺术会和商业一样，靠自身力量取得成功。一个国际娱乐公司——真正好集团在伦敦西区拥有并经营着许多家电影院。在伦敦与悉尼的两个总公司负责制造与协作了安德鲁·洛依德·韦伯的作品，并参与其剧院和音乐会的举办、录制、销售、音乐出版、电视、电影和视频。对一个完全属于真正好的子公司来说，真正好戏剧公司负责制造与联合制造了一些受欢迎的表演。

同时斯米尔斯（2003）提出了关于商业利益的权利问题："在现在这个世界里，一些文化联合企业都有能力去传播他们关于文化该是什么样的思想，关键问题在于：说的是谁的故事？谁说的？他们又是怎样被加工、传播与接收消息的？又是谁在掌控着制作、发行与展示的？"

最近，一个计划合并案引起了世界各地的政府对商业企业力量的兴趣，也就是票务大师与现场国度的合并，其中前者为全世界现场表演最大的出售商，后者为世界上最大的音乐会举办商。这些都是被美国的司法部门所调查过的，并且也被英国公平交易所的竞争委员会所涉及。除了美国和英国，土耳其和挪威也做了相应的调整。总之合并计划将会影响到全球 13 个市场的运作。

9.6.2 政府

政府能从各种途径来参与艺术工作，其中包括：制定法律；支持监管；分配资源与财政；制定政策。

政府用不同的业务方式来参与艺术行业的发展。有一些艺术领域有政府的部门。例如，印度政府的文化部门的工作就是保护、促进与推广各种形式的艺术与文化。另外一些政府机构还支持一些独立机构，并与它们一起工作；比如在美国，艺术国家基金会通过了 1965 年的议会并成立，作为一个联邦政府的独立代理机构，它也是美国最大的艺术年度赞助商。澳大利亚政府的艺术资助与咨询机构被称为澳大利亚艺术理事会。

讨论问题

政府应该资助歌剧表演吗？

在世界各地，政府结构都不尽相同。在欧洲国家，中央、地区和地方政府这三个等级机构可能会参与艺术方面的活动。布朗（2001）提出，来自欧盟联合基金会的对艺术的资助的基金中大部分是由文化组织和地方与地区权威机构竞标获得，并且结构性基金项目（首要考虑解决欧洲劣势地区经济收支不平衡的问题）保证财政充足。这表明艺术家也可以从政府财政为其他项目而拨的款项中收益。

9.6.2.1 欧盟与艺术

教育与文化总司主要管理着欧盟国家年度文化项目。该项目的主要目的是通过发展文化创作者、表演者和各国参与该项目的文化机构之间的合作来扩大欧洲基于共同文化遗产的文化区域，并以此来凸显欧洲公民的身份。

案例研究9.1阐释了欧洲跨国政府干预的本质。

另一个欧盟提议于1985年由梅尔库丽提出的——欧洲文化之城，自1999年以来更名为"欧洲文化之都"。从2001年开始，为了响应欧洲国家的文化扩张，每年都有两座城市被挑选出来并被选为欧洲的文化之都。

9.6.2.2 英国的规章制度

英国的议会通过了针对艺术行业运作的法律，休闲管理人员也必须熟知这些。这些法律涵盖了商业竞争法案、版权维护法案、健康安全法案和授权许可法案。竞争法案在1998年建立了一个竞争法案委员会，而且创业法案在2002年也颁布了一个评估合并案和市场销售的新管理制度。在上文中我们已列出了参考关于美国和英国对于2009年现场之国和票务大师的计划合并的担忧。

出版权、设计权与专利权的法案是覆盖了英国知识产权的一项重要法案，版权法案的法律非常复杂，因此还需参考专家的法律意见。简单来说，任何艺术形式的原版作品都受到版权的保护。但一个作品以永久的形式被记录在案，原创作者就拥有此版权。艺术作品可能包括很多部分；而且每个部分都受版权的保护。比如说，一段精心编排的舞蹈的灵感可能是由一首诗启发而得，所以在这种情况下，诗与舞蹈都将分别被不同的两个版权所保护。那些创造性队伍的成员像服装设计师和化装师，他们的作品也将会受版权的保护。1996年，英国的版权时限延至70年，使得其同其他欧洲国家一致。

1974年的工作健康与安全法案是文化展览与表演活动的健康安全管理指南的基石。健康安全法案的执行者的任务是保护人们免受因工作活动而引起的健康安全风险，管理者有责任确保采取所有必要的预防工作，保护艺术作品、表演艺术家与观众。

授权法案在2003年颁布了单项项综合方案，提出了酒精饮料供应和正规娱乐活动的组织许可条件。法案中正规娱乐活动如下：戏剧的表演；电影的放映；室内体育活动；拳击与摔跤娱乐活动；现场音乐会；任何录制音乐播放；舞蹈表演；与现场音乐会，音乐播放或跳舞相似的娱乐活动。

案例研究 9.1

欧洲联盟的文化计划

为了支持欧洲文化的多样性和文化遗产的共享性，欧洲联盟的2007～2013年文化计划中支持那些为此而庆祝的项目提案。这促进了文化行业运作者与机构跨界合作的发展。计划的主要目的是为了：

- 促进文化部门中个各种工作的跨界流动性；
- 鼓励文化与艺术输出的跨国界的传播；
- 培养跨文化的对话。

目前为止，20多个项目中所有好的实践的全部细节都可以在欧盟文化部网站浏览到。这些项目显示出文化创造和信息传播既可以通过传统文化活动——合唱、戏剧与舞蹈也可以利用现代化的交流方式，比如博客、喜剧和摇滚音乐来实现。工作可以在不同的场所进行，包括传统文化场所比如剧院、社区机构像学校与医院；还有户外公共场所。有很多种类的主题都成为不同项目关注的焦点，包括艺术作品的创新；年轻艺术家的培训；艺术家参与维护气候的稳定，帮助年轻人选择合适的生活方式的工作。已经颁布了一些项目帮助人们消除物质上和文化上无法参加文化活动以及参观文化遗址的障碍。

不同种群的人的习俗与文化传统在计划中都是有区别的，如欧洲企业家和罗马少数民族。一些调查与研究围绕不同的文化主题展开，这些话题从共有的欧洲狂欢节和民间仪式到新艺术派的泛欧文化现象应有尽有。年轻人们用摄影的方式探索跨文化联合创作和记号和符号审查。艺术家组织了一种以前工业区风景为地区特征的作品展览。从欧洲合作社中精选出的产品在展览中陈列或在临时商店里出售。三个欧洲出版社曾打破小国家市场的限制共同出版了一本新书，以吸引那些不喜欢读书的孩子。

网络被创造出来，因此访问与信息交流频繁发生于参与良好实践项目的近30个欧洲国家内外。国际合作如欧洲和中国之间可视艺术的合作以为欧洲与印度之间儿童书籍的互译合作均得到支持。

　　授权法包括四个主要的目的：保护公民远离犯罪与骚乱的影响；保护孩子远离侵害；公共安全；防止公民的骚乱。文化传媒和体育部有责任建立授权法的框架，先是授予许可再是管理。授权机构通常都是英格兰和威尔士的本地机构，它们有责任颁发酒精饮料的销售与供应、正规娱乐活动和夜间狂欢活动的许可证。管理者们必须向这些机构申请许可证提供正规的娱乐消遣活动。

9.6.2.3 英国政府对艺术的支持

9.6.2.3.1 中央政府部门

　　文化、传媒与体育部是属于政府的部门，它有责任向艺术机构提供基金、政策方案与特定的提议案。对文化部门的支出可分为五点：艺术，文化遗产、图书、媒体、博物馆与画廊。作为一个中央政府部门，文化、媒体与运动部有责任使艺术部门对政府的政治管理方案中的战略优先的贡献最大化，文化、媒体与运动部的艺术工作包括：为英国艺术理事会与其他重要机构提供资金；强调艺术在社会与教育政策中所扮演的角色，增加人们接触艺术的机会；以及推动艺术行业对经济发展的贡献，从而提升艺术的国际知名度。

　　外交和联邦事务部是英国文化委员会的主办单位，它成立于1934年并在1940年纳入英国皇家宪章。英国文化委员会在英国政府的管辖下运作，并且他们的目标是加强不同文化之间的理解与信任。英国文化理事会文化小组则主要使英国的艺术与世界衔接起来，比如帮助安排世界巡回展和英国与外界艺术家的合作。

9.6.2.3.2 国家彩票

　　虽说彩票基金不是严格意义上的政府基金，在1993年国家彩票法案被政府提出并使得五个领域从中受益，艺术是其中之一。国家彩票基金的分配是由文化、媒体与运动部掌控的，他们将钱拨给艺术彩票经销商——英国四大国家艺术协会。

9.6.2.3.3 国际艺术协会

　　英国的四大国家艺术协会分别设在北爱尔兰、英格兰、苏格兰和威尔士。在1994年以前，存在一个叫作犬不列颠艺术协会的组织，它是由皇家宪章（英国法律）在1946年创办的。辛克莱尔（1995）引用了大不列颠艺术协会的首位主席凯恩斯的话："我们期待着哪一天剧院、音乐厅和画廊能成为人们成长中的一个生存要素，而且定期去剧院与音乐厅也将成为教育组织中必不可少的一部分。"这与ACE的当前的任务是一样的——"艺术对每个人来说都是伟大的"。

讨论问题

你认为凯恩斯对艺术表演的期待在 60 年以后能够实现吗？

艺术组织能够利用来自国家艺术协会的财政资助。资助的方案有：对组织提供 3 年定期基金援助；对个人提供基金援助；购买当代艺术品和提供文化指导。由国际知名的艺术公司，如皇家莎士比亚公司或皇家戏剧公司，通过政府的渠道 ACE 来获取主要的收入。

至于如何申请、时间限制与是否有资格申请各个资助项目都可以在国家艺术委员会网站上查询得到。在国际艺术协会的网站上都能阅览到，接受资助的人需要负责资助颁发的经费，并且参与评价支持该资助项目的活动。艺术协会也提供一些建议与信息，同时网站也包含了可下载的出版物与相关信息目录。

9.6.2.3.4 英国电影协会

英国电影协会（新的英国政府正准备去废除它）是英国电影界的政府代理机构，用以确保英国电影在国内外经济、文化和教育方面能有效发挥作用。它同它的资助伙伴一同工作，它的资助伙伴有如国家或地区的电影代理处、英国电影学院曙光电影和技能组。

9.6.2.3.5 奥林匹克文化计划

伦敦的奥林匹克文化活动是由 ACE 与伦敦 2012、北爱尔兰艺术协会、苏格兰艺术协会和威尔士艺术协会合作而发展起来的。4 年奥林匹克文化开始于 2008 年的 9 月份，并展开三个部门工作——礼仪文化、主要项目和标志启发项目，从而对文化、人和语言起到促进的作用。奥林匹克文化活动的主题是能够通过奥林匹克运动会与残奥会：带来文化与运动的融合；提高参与者的热情；使公共场合通过街头剧院、公共艺术、马戏团表演和电影的放映变得热闹起来；通过文化和体育活动提高环境的持续性，加强对健康和康乐的关注；弘扬奥运会和残奥会的核心价值；在社区和文化部门之间发展合作与创新；通过联合有助于年轻人的学习、技能的培养和个人发展。

9.6.2.4 英国当地政府和艺术行业

英国的当地政府机构与艺术行业合作的方式有很多种。

9.6.2.4.1 授权机构

当地政府作为一个授权机构在向当地的社区传播艺术文化时充当了一个很重要的角色。他们会记录下注册并颁发的场地授权和个人授权以及临时展览通知。

9.6.2.4.2 自由裁定的经济资助

当地机构还能为艺术场所和组织提供经济上的支持。但这些都是自由决定的——法律强制要求他们去支持艺术活动。这影响到了当地机构艺术政策的制定。格雷（2002）解释说："如果缺乏对整体文化行业的一套清晰的优先考虑，或者是缺乏明确的价值承诺……这些都是使得不同地方的机构在提供什么样的资助和解释资助背后的原因方面形成鲜明的区别。"他提出了"政策链接"的概念，而且还提出艺术政策的发展与其他政策目标相互关联，比如说经济的发展和社会的凝聚力。他认为艺术供应的发展不平衡，城市机构有更多的艺术官员而且比乡镇在艺术上的花费和时间更多。

9.6.3 非营利机构

非营利机构的管理员可能会争取更多的商业盈余，并且他们会在内部分配作为组织工作的商业资金。盈余由以下组织所产生，贸易部门组织，就可能像是受资助画廊的咖啡厅，或是受资助剧院中的酒吧。盈余可能会被分配到教育活动中去，可以是在画廊，或是委任一个本地制片者为剧院排演。"社会企业"也是一个用来描述这一部门的组织活动的专业术语（见第21章）。

一些非营利机构的组织可能会收到来自政府或前面所提到过的其他的一些部门机构的经济补贴。从私有制有限公司到慈善信托，还有为这些部门工作的企业组织。工作在这些组织的管理层董事会的人员没有薪酬，并且还带来他们的技术，因为他们热于这项工作。艺术组织受益于董事会成员的专业技术。它们包括：法律、金融、计算机、教育和市场营销。英国组织——艺术和商业组织通过中央政府获得资助，并且鼓励私人机构通过创新型的合作伙伴、网络和咨询支持艺术行业。

9.6.4 志愿者与业余兴趣小组

这个领域可被简单地定义成积极性成员所参加的自愿活动，包括志愿者机构的管理工作，同时他们不收任何报酬，在很多国家有大量的业余团体艺术，而且这些都被认为是重要的社会和文化活动。

志愿者艺术网是在英国和爱尔兰共和国志愿者艺术部门的发展代理机构。它主要目的是提高人们对艺术和手工艺的参与热度与艺术工艺品对健康、社会和经济发展的促进作用。志愿者组织解释："志愿者艺术活动是那些从事于艺术与艺术工艺品的人，为了自身的文化拓展、社交网络和休闲娱乐目的而不计报酬地从事的活动。"艺术的形式范围很广，包括民谣、舞蹈、戏剧、文学、媒体、音乐、视觉艺术、工艺品和实用艺术，当然还有传统节日。超过一半的英国成年人参与了志愿者艺术和工艺品制作。他们在提高社区凝聚力的过程中扮演者重要的角色，他们的活动每年对经济发展贡献了大概 5 千万英镑。

特蒂等（2008）发现英国这个部门内的艺术活动每年都有 5.45 亿英镑的财政收入，而且"那些团队随着生产收入也越来越企业化，包括售票的收入，入会费，商业买卖，本地赞助与基金的筹集。团队以他们自我维持和产出高质量的艺术作品的能力为傲"。

9.7　博物馆

第一座最好的博物馆是建立在稀有珍品的收集品上的：手工制品、绘画、雕塑和标本。在 20 世纪的后期，当遗产行业和旅游业兴起时，很多新建博物馆对外开放以吸引人群。当代博物馆则建立在许多令人争议的话题，比如，毒品、物种的灭绝、奴隶制和战争、时尚、音乐、宇宙与运动这些热门话题。

博物馆有很多不同的发展任务，包括解读和保护世界文化与自然遗产，通过这些往往能反映人类的主要特性。多年以来，管理任务的一个重要变化就是将其从传统承担文物保护、研究和教育功能的珍宝库转变为推动吸引参观者的休闲景点。博物馆开展的文化保护工作与学术研究工作的传统不得不响应政策，努力同不同的群体建立关系，增加游客数量。最近这些工作已经延伸到通过多种方式努力使得展览信息可以被获取，包括电子数据方式和高科技媒体的方式。很多博物馆现在都在追求实现一系列的目标，包括：吸引力、教育性、娱乐性、励志性。

纵观世界，有限资源的可用性使得博物馆管理人员关注到他们需要优先考虑哪些方面。管理人员必须决定资金应该用在哪个方面合适，比如展览会上展览品的增加，为吸引更多参观者所需做的工作以及学术性的研究。惠特科姆（2003）引用了两位作家对最近发展状况的评价。一方面，弗兰诺雷提出，对博物馆的投资是为了增加他们的吸引力，并作为对观众的吸引力："澳大利亚在去年花了 5 亿美元在国家的艺术发展上，堪培拉和墨尔本的多媒体博物馆以研究与手工品的代价与游乐园相竞争。"另一方面，凯西支持使用现代高科技来展现收集品的情景再现："我们发现当代的一些观众是非常复杂的媒体消费者，他们几乎不大可能会去珍视一个扮演历史角色的博物馆的价值，博物馆里堆放的是由 19 世纪收集家们收集的珍稀物品。"

讨论问题

博物馆提供什么层次的休闲体验？

全球范围内有许多有名的博物馆，从阿富汗的卡布尔博物馆到梵蒂冈的博物馆，有些还提供研究中心，就像史密斯松尼亚机构，有很多不同性质的组织拥有和经营着博物馆，其中有国际的、地区的、本地的、大学院校的、军队的、公司机构的、慈善机构的、信托机构和个人基金会等。专业博物馆的实践工作包括世界物质遗产的管理，而且是在一个如此复杂和具有管理控制性质的社会中进行。博物馆的管理工作涉及两个领域：公共机构；独立机构或私人机构。

公共博物馆是一个机构，并且它的政策制定机构和受托董事会受任何一种等级的政府——国家的、地区的或本地的控制并对他们负责。独立或私立博物馆的管理工作不受任何政府部门控制也不对其负责。

9.8 博物馆的国际合作

博物馆之间的国际合作与交流已经开展很长一段时间了。国际博物馆协会是一个博物馆与博物馆专业人士的组织，他们投入世界自然文化遗产的保护、延续、交流工作中去，不管是现在还是将来，有形的或无形的。它是在 1946 年创办的，作为一个非政府组织，它的资金来自会员费，以及政府和其他体系机构。它实施部分联合国教科文组织的博物馆项目。它有 26000 个成员分布在 139 个国家里，并且参加国家、地区和国际的活动，包括国际博物馆日（每年的 5 月 18 号）。国际博物馆协会的基石是博物馆理论观的法典。它提出了博物馆行业行为、行为表现以及其员工的最低标准。一旦加入组织，国际博物馆协会的成员都得遵守该准则。

在欧洲联盟，很多博物馆的项目都有基金的支持。

欧洲博物馆信息研究院是一个合作，虚拟网站，是为了加强欧盟博物馆的工作。欧洲博物馆信息研究院接受它的成员和援助机构所提供的基金援助，如欧洲委员会。它向其他伙伴地区或国家提供全国博物馆总览。

• NEMO 是欧洲博物馆组织的网站，它有一个非正式的结构体系。它创建了一个网络工具包从而能让欧洲博物馆的借出者与借入者创建属于他们自己的网络贷出文件。

• 根据戴维斯的说法，欧洲人是"英国的电子图书馆、博物馆和档案馆……在 2007 年的 6 月开始的一个两年的项目。它将会创建一个服务项目，使用户能最直截了当地了解 200 万的电子数据，包括电影资料、相片、绘画、声音、地图、手稿、书籍、报纸以及档案资料，并在 2010 年达到 1000 万的数据资料总量。"

9.9　英国公共部门与博物馆

博物馆、图书馆、档案馆联合协会 MLA 是一个由文化、传媒和体育部所赞助的非部门制的公共机构，它作为一个战略机构，与博物馆、档案馆和图书馆部门合作。MLA 促进了博物馆、图书馆、档案馆的最好实践，启发了创新的、整合的和可持续的服务的发展。MLA 的博物馆许可方案制定了全英国博物馆的标准。地区 MLA 的工作人员在本地区博物馆、图书馆、档案馆的发展过程中同当地政府紧密合作。英国有三大地区，即北部地区、东方地区与西方地区。伦敦的 MLA 在 2009～2010 年都在不断地持续着作为独立慈善机构的角色，并与 MLA 协会为合作伙伴。在线信息服务文化 24 项目在 2009 年的 5 月正式启动。个人能够直接进入文化 24 服务器，去更新他们的收藏内容与展览信息。

9.9.1 英国公共博物馆

英国第一个国家公立博物馆是大英博物馆。它是在 1753 年建立的，当时国会用资金收购了大量书籍、手稿和自然历史标本。米妮涵（1977）称，这代表"国会进入了博物馆的行政管理领域"。新成立的大英博物馆在私人机构的慷慨捐赠和偶尔来自政府的资金援助下成长起来。1772 年国会拨出款项促成了美术品的购买："从刚开始，大英博物馆就是一种新型的公共机构。它由管理委员会所管理，并与国会有着共同的责任，它所收藏的展品归国家所有，所有人都可免费参观。"

国家博物馆理事会是英国国家藏品和主要地区的博物馆的领导者，特拉弗斯和格拉斯特发现：NMDC 对部门的总体影响，包括间接和人为因素，其影响值在 18.3 亿英镑与 20.7 亿英镑之间。

主要旅游风景点的协会列出了英国 2008 年最受欢迎的五大博物馆的名单（表 9-1）。外国人参观这些博物馆所占的人口比例一直处平稳状态。在 20 世纪末，英国的国家博物馆经历了一个重大的发展，就是在 2001 年参观费用的提出与取消，在案例研究的 9.2 对该博物馆的管理与政策问题进行了探索。

9.9.2 英国地方博物馆管理局

英国当地的管理局负责着将近600多家博物馆的发展。它们有的是在19世纪来自个人或社会援助赠送收藏给社区的基础上建立起来的。在1845年，国会给予当地管理局权力提供文化设施。地方博物馆管理局管辖下的博物馆永远不会属于法定的服务项目。

世界上没有针对博物馆所建立的标准进行规定，然而它们的确是很重要的当地文化遗产。博物馆、图书馆和档案馆的基金会的复兴计划捐助了3亿英镑用于促进地区博物馆以提高它们的服务标准，而且让它们这些机构能够致力于教育、学习、社区发展和经济重建，从而使博物馆成为人们希望拜访的生活与学习的大中心。

表 9－1　2008 年英国最受欢迎的五大博物馆

博物馆	参观人数
大英博物馆	593287
泰德现代博物馆	4862581
国家美术馆	4382614
国家历史博物馆	3698500
科学博物馆	2705677

来源：主要旅游景点协会，www. alva. org. uk/visitor statistics/

案例研究 9.2

免费进入英国国家博物馆

在2001年的12月，由国家政府所资助的大英博物馆，取消了常规展览的入场参观费用，在那个时期，这是被政府所通报的最有成就与意义的主要的文化政策。在免费参观许可被提出之前，有9个国家博物馆机构在20世纪80年代和20世纪90年代之间提出收取入场费用，主要是因为来自成本的增加与相对不变的政府资助基金所造成的经济压力，政府所提出的免费参观计划是伴随着额外的公共补贴（大约每年4000万英镑）和有力的增值税收计划，这样一来所有的国家博物馆在2001年之后都实行了免费参观许可。

政府之所以提出免费参观政策是因为国家博物馆和美术馆在英国的文化生活中扮演了非常独特的角色。所以，每个人都应该有权利去免费参观。这项决定非常符合政府政策的重要特性，社会的包容度，并且可以确保消除那些比较贫困的人群进入国家博物馆的障碍。

那么免费参观这项决定又给博物馆产生了什么影响呢？柯文（2007）报告了实质性的成就，其中国家政府赞助的博物馆参观总人数增长了30%，到了2005年6月，这项决定实行了5年之后，参观者的总人数从计划实行之前的2690万提升到了3510万。与2001年那些之前实施入场收费政策的博物馆（87%），那些一直实施免费入场计划的博物馆（8%）相比的参观人数的增长速度要更快一些。此外，参观者之间的黑人与其他少数人种的百分比从2001年1月的3.2%提高到了2005年6月的4.9%。对于处于社会经济底层的三个人群的参与比例来说，我们只从2002年的3月份才开始调查，但即使是这样参与比例也从这一年的15%提升到了2005年6月的16.7%。

至于对参观者的调查来讲，有50%的人都是"新参观者"（通常来说就是在过去的一年里，没有参观某个博物馆的参观者）。在免费参观计划实施之前，从2000年1月到2005年的6月这段时间内，"新参观者"的人口比例相对来说一直保持着平稳的状态。另外一个比较稳定的是海外参观者参观政府资助的国家博物馆的比例——大概占到了总参观人数的三分之一。

但对于参观国家博物馆人数的增长情况来讲，我们也不能把所有的功绩归功于免费入场计划上。柯文（2007）指出，在实施这项免费入场计划同时，很多国家博物馆都从实质上改善了他们的设施，特别是在国家彩票基金的援助下，很多博物馆都在国家的各个地区创建了新的分馆（比如泰德现代博物馆和皇家战争博物馆）。希尔伍德和戴维斯提出，参与人数的持续增长是由免费入场计划与新资本投资共同引起的，而且那些早在2000年就实施了免费入场计划的博物馆或没有新的投资的博物馆在1999年到2003年期间的参观人数就一直很稳定，甚至有时还呈下降趋势。

此外，一个研究机构 Mori 在 2003 年就发现有15%的受调查者根本没有在意免费入场政策的实施，他们并没有在政策颁发之后更频繁地参观博物馆，并有41%的受调查者说免费入场政策并没有改变他们的参观次数。另外，其他40%的回答者对免费入场计划的变化没有关注。这也证明了早期的一个现象（格拉斯哥卡力多尼亚大学，1998）博物馆的入场费不能成为潜在参观者的主要障碍。这个结论来自对成年人的一次调查，并发现入场的费用只是对前一年没有参观博物馆的人当中的4%的人群产生制约。最主要的障碍还是时间——根据受调查中的一半的人的观点。同时另外38%没参观的人的理由是缺乏兴趣。

因此，免费入场计划无疑对参观人数起到了一定促进作用，甚至是一些比较贫苦的参观者，提高了的服务质量对其影响可能更大。此外，入场费用的收取并不是博物馆入场环节中最主要的障碍；而且博物馆在消除社会经济群体的偏见上还有很多工作需要做。最后一个问题就是，对于政治家和纳税公民来说，免费入场许可是否能体现国家财政的拨款价值，难道说30%的参观人数的增加能相当于每年4000万英镑的额外捐赠和附加值收入的减少吗？

由于1999年地方政府法案提出的，博物馆的效能，支出和服务质量将会归入五年的复审，并且其依据是国家绩效指标在1999年到2000年经济年中显示了博物馆服务的优劣以及它们如何满足地方和国家优先权。根据当前国家指标，我们测量了成年人在当地政治管理下在前12个月中参观博物馆或美术馆的百分比。并且他们的参观目的也不同，有的为了休闲，有的为了非正式学习，有的为了学术性的研究和学习。

9.10　博物馆的社会效益

对于文化服务对社会带来益处，尤其是博物馆来说，是一个很难评估的事情。当地政府协会与博物馆协会（2008）提出了一个案例研究的信息概要。但对于博物馆对社区所带来的长期经济效益来看，斯科特则建议："通过实物，博物馆能提供独特的与分享、讨论等良好的公民素质基础有关的经验。通过实物，我们还发现博物馆能加强个人对自己的认识与自己的归属感。实物能够传达一种地域感，而且能够因此通过物质遗产对外来人介绍文化的重要性。"

由于越来越多的博物馆管理人员被要求去展现他们所具备的社会价值，斯科特提供了一系列实质性的研究，从而不断地收集信息作为绩效评估的依据。斯科特表述了博物馆对集体主义精神与个人发展的促进作用：即使很粗略地了解一下文献，就能找出反映五个领域问题的迹象；提供讨论所出现的社会问题的平台；肯定人格；培养宽容与理解的能力；提供虔诚的和值得纪念的经历；通过共同拥有的历史和地域感来激发集体主义精神。

9.11　英国的独立与私营博物馆

独立博物馆协会代表了独立博物馆的利益，对国家政策制定和标准的提高产生影响。独立博物馆协会是一个经过了正式注册的慈善机构，并拥有 1000 多家独立博物馆、文化遗产中心与历史解读项目。它的收入是英国博物馆收入来源的一半。独立博物馆的范围可以从小规模地方博物馆到大规模博物馆如肯特郡查塔姆海军博物馆、伦敦交通运输博物馆、乔治铁桥博物馆和苏格兰矿业博物馆。巴贝奇（2007）发表了一则关于地方管理机构与独立博物馆的报道，报道中提出：独立私营博物馆每年的总收入可达 3 亿英镑，但是来自地方政治机构的援助的资金很少。他估计英国博物馆经济效益的四分之一都源于私立博物馆。

9.11.1 英国博物馆的志愿者计划

志愿者在私立博物馆中扮演了许多角色，像授管员、专业人员，以及志愿成员之类。福尔摩斯（2007）提出："全球范围内的博物馆以及文化遗产景区吸引了大批志愿者的参与，在英国博物馆和遗产参观景点的志愿者活动已有很长一段历史，其中有很多博物馆的创建完全依靠于志愿者。"

志愿者可以被分为两种，从事经济工作的与从事休闲工作的。从事经济工作的志愿者是不收任何报酬的，与工作合同也无关，他们的工作价值是创造经济效益，对于志愿者就职管理的方式也具有以下特征：入职、培训与清晰的各级分层的责任管理志愿人员。休闲工作志愿者则注重休闲经验与对他人的兴趣鼓动工作，也就是从事一些娱乐性的工作，从而提高自身能力，以及帮助他人去了解学习。当管理人员与志愿者一起工作时必须注意：人的动机各不相同，有的希望获得社交机会而有的是追求获得工作经验。

9.12　博物馆与变革

电子媒体和新科技从两个方面促进了博物馆的发展，这些都是博物馆管理者必须了解的东西：包括博物馆展品的展示和电子系统化互动的展览方式，以及虚拟博物馆的问世使人们能够通过展品的图片，更清楚地去欣赏展品。对于后者的一个例证就是 PCF，这是 2003 年经过注册的一个慈善机构，它主要负责对英国公共美术作品的摄影与记录工作。公共基金概况正和英国广播公司联合努力创建网站叫"你的美术作品"，为的就是在 2012 年参观展品提供一个公共线上的渠道。

从首次保存珍稀展品后，博物馆机构就在不断地改变与发展。后来，由于博物馆管理人员对观众需求的日益重视，才有了现在高科技系统所带来的效果。然而现在采用的高科技手段会和馆内的管理文化、原本性与质量产生冲突。这有必要衡量通过发展产品的数字记录所产生的附加值以及为不能去博物馆的人们提供电子途径所产生的价值。

9.13　图书馆

图书馆在处理信息方面所具有的特性：收藏为目的；提供加工与处理；保存资料；让库存的资料能被人们所用。

图书馆的使用者能在图书馆参阅资料，而且一些具有可借的图书馆还能让人们在规定期限内借走资料。现在随着高科技的发展，电子形式的资料也出现在图书馆。

讨论问题

哪种属于图书馆休闲设施？

信息都以各式各样的媒体形式被储藏起来，比如文本类书籍以印刷和盲文体等不同形式；图像，比如照片、地图、图解；音响记录，比如 CD 碟；电影和影像制品，如 DVD。从 1930 年起英国的图书馆就在不断地开发多种形式的资料，比如电子语音书，这使得这些资料能被更广泛的用户所使用。

有迹象证明：在波斯、希腊、古代中国，图书馆都把信息记录在石碑上与丝绸卷轴上。早期的图书馆是个人、组织或宗教团体如教堂收藏的一些手稿与档案。许多图书馆诞生于被遗赠给组织、教堂、学校或乡镇的一些资料稿件。一些人还出钱来获取图书馆的会员阅览资格，从而能阅读到学术性的资料和广受人们所爱的小说类或非小说类书籍。一个由美国人安德鲁卡内基创办的财产托管机构为美国、英国图书馆的创建提供了大量资金。现在图书馆所收集到的资料信息涉及了很广的主题：从艺术到科学和运动。一些博物馆仍然由私人掌管，而且有很多都向公众开放。

9.14　私人图书馆和特殊图书馆

特殊图书馆协会是特殊图书馆的馆员和信息专家的协会。特殊图书馆也常被人们所称为"信息中心"。这些都包括法律图书馆、新闻图书馆、多方合作图书馆、博物图书馆和医疗图书馆。特殊图书馆协会是一个国际组织，并拥有11000 名员工，分布在 80 多个国家。这个共同合作的协会组织从三个领域来为它的会员提供服务：学习、网络与宣传。

英国私有图书馆协会是一个经过注册的慈善机构而且是同图书馆特许机构和信息专家联络的国际图书收藏团体，整个世界各个国家都有博物馆的协会机构。

9.15　国家图书馆

国家图书馆是由政府创建，并用来贮藏信息的地方。在每一片大陆，每一个国家，从阿尔巴尼亚到津巴布韦都有一个国家级的图书馆。国际联邦图书馆协会与部门是一个代表图书馆和信息服务以及它们的使用者利益的全球代表。它拥有 1600 名员工，工作在将近 150 个国家，其中它的总部设在皇家图书馆，也是荷兰的国家图书馆。

在 2004 年欧洲的图书馆创建项目由欧洲委员会资助完成。欧洲图书馆为人们提供的便携的信息服务，提供欧洲国家图书馆所有的综合资源包括电子资源和书稿资源（图书、海报、地图、留声记录、录像带等）。这样我们能够容易获得欧洲图书馆资料上的信息。

英国拥有三大国家图书馆，它们都是经过注册的慈善机构，并由资金托管机构所管理。英国图书馆法案在 1972 年创办了英国图书馆，并且由文化、传媒和体育部提供资金。关于国家印刷的档案的维护工作是英国持续了 300 多年的原则性项目。英国图书馆不但与公共图书馆合作，并且它也与英国高等教育机构合作，英国出版社与爱尔兰共和国的出版社在出版刊物后的一个月内都应该有法律义务向英国图书馆的法定档案储存办公室提供它们所出版刊物的副本。在 2003 年，这个法定档案存储机构已经能够存储电子文档、网络出版物和非印刷的文稿。

苏格兰国家图书馆现在必须对苏格兰国会负责，并且它是由苏格兰政府资助。威尔士国家图书馆会收到威尔士国家联合会的资金援助。

2001 ~ 2005 年之间，这三个国家图书馆承担着战略审查和公共咨询工作。它们特别是通过简化注入规则和展开街头展览和流动展览来寻找制定社会包容议程。从彩票公益金获得的资金将会用作转化学习资料、地图、印刷稿、乐谱单、文本和声音记录为电子数字格式。这些资料现在都可以通过虚拟网络进入图书馆获取。

9.16　公共图书馆

公共图书馆作为地方信息、知识与文化通道的角色在联合国教科文组织 1948 年首次出版并于 1994 年修订的《公共图书馆公告》中被确定。公共图书馆是一个休闲娱乐一体化的地方，并且能够提供与全球知识网站相连接的地方基地。玛德琳提出："通常情况下找到附近大使馆的电话号码比了解到现在当地花毯俱乐部的总负责人的姓名和电话要简单得多，获取公共图书馆信息的方式在全球都是不一样的"，而且还提出："特别是在发展中国家内，公共图书馆的电子信息设备通常都不及学术性图书馆和企业图书馆。"

19 世纪中期的法律促成当地政权机构对英国创建公共图书馆的资金支持。1964 年公共图书馆和博物馆相关法案提出当地政权机构有法定义务去提供"全面高效"的公共图书馆服务，从而使渴望使用它的人能够得到满足；并且能够为那些在本领域生活、工作或学习的人提供资料租借的便利。英国 58% 的人都拥有图书馆卡。而且图书馆都会坐落于不同的政权机构的服务部门附近，比如文化服务站或者是教育部门。

MLA 建议英国公共图书馆需要为每一个人提供安全、中立和共享的环境。关键数据如下：

- 8100 万的书被储藏在 3500 座公共图书馆里；
- 公共图书馆的参观次数已达到了 2.88 亿次；
- 已有 2.69 亿本书被借走使用；
- 2700 百万个可视、语音资料被人借走使用（比如语音书籍、CD、DVD）；
- 有 4800 万次对图书馆网页的阅览次数；
- 3.3 万人创建了图书馆电脑网络客户端；
- 图书馆服务人员已完成了 4400 万次咨询服务。

然而，格林迪纳和毛利斯（2004）提出了在英国图书馆每年成年人书籍刊物发行量减少的情况，并提出了一系列可能的原因。其中包括杂志刊物的增长和其他休闲活动的增加，如电脑和因特网的使用。对很多人来说，越来越多的人选择购买书籍，而不再是借阅了。许多人发现图书馆的使用变得越来越不方便，这些都归因于图书馆闭门时间、营业时间的缩短和图书购买基金的减少。

MLA 则积极寻找战略上的方向，战略优先和战略目标使独立的图书馆提供多样化的服务。文化、传媒与运动部（2003）声称，以下的三个方面应归于图书馆在当今社会的首要任务：对阅读与非正式学习服务的提升；提高数字设备技术和服务质量，包括电子管理；处理好社会排斥现象，创建社区共荣性和公民素养。

伴随着其他公共服务，英国的公共图书馆也不得不在最近 10 年内证明他们取得的功绩，到了 2004 年，图书馆的服务标准已经涵盖了以下领域：人们居住地与服务点的距离；图书馆营业时间；图书馆网站的数目；电子工作站的数目；平均咨询服务时间；参观者数量；使用者满意度；图书的购买数目；租借图书的期限。

最近出台了一项国家指标，主要用来测量在某个地方机构中成年人为了娱乐休闲、非正式学习、个人研究和调查等目的，在过去的 12 个月之内使用公共图书馆服务的百分比。这个指标和为艺术馆、博物馆领域的那些指标非常相似。

在 2005 年文化、传媒和体育部启动了一个公共图书馆影响力的测量计划，作为可见的方式证明公共图书馆的服务工作对更广泛的社区问题产生影响。在 2009 年 MLA 也重新启动了一项为所有工具网站提供的启发学习项目。这也印证了 MLA 所提出的普遍社会结果，也就是证明了博物馆、图书馆、档案库对广大社区所做出的贡献。他们肯定了图书馆服务对社会凝聚力，健康和美好生活所产生的影响。这些提议更进一步地展示了地方文化管理者对他们服务效果的评估的重要性。

9.17 数字化服务

图书馆员工角色已从守门员工发展到了信息技术员和信息管理员。图书馆员了解广泛的资源，不管在线上还是线下。他们能够对搜索结果进行独立分析，并且还帮助使用者提高搜索。

2002 年 12 月，随着公众网络项目的完成，3 万台电脑终端机落户于英国超过 4000 家图书馆。图书馆使用者能免费进入因特网并使用软件包。这一项重大发展展示了英国政府对于实施全球网络计划的愿景。它耗资 1.2 亿英镑，这些资金都来自"新时机彩票基金会"。大彩票研究基金会文件提出公众网络项目改变了很多人对图书馆服务的普遍认识，也帮助了图书馆在重新定位自己在当地社区中的核心地位。布莱德利说：已经平均有 27% 的图书馆使用者开始使用因特网，有上百人都有能力驾驭因特网的强大作用来寻找新工作，同时也能丰富他们的社区生活，上千人交到了新朋友，通过电子邮件与家人联系，或者是开始一门新的兴趣爱好。

新的科技设备使虚拟图书馆网络访问者能获得相应的资料，之前在家中通过电子渠道使用用户参考号码只能得到参考条目。同时图书馆还回应了日益增加的非传统的因特网使用方式，如手机与电视。

然而，公共图书馆作为一个可以寻找到当地休闲活动信息的角色没有随着网络搜索引擎的发展而发生变化。小型俱乐部网站在主要的搜索引擎回馈中排名不靠前，一般来说只有一小部分的人进入网站从而使这些网站在网络上很难搜寻到。在 2005 年综合公共服务词汇出版之前，没有社区信息供应的标准是被广泛使用的。

9.18 英国图书馆的未来计划

图书馆的现代化工作由一些管理机构执行，比如：塔城哈姆雷特的点子商店和肯特郡和汉普郡的探索中心的发展，华德（2007）解释：探索中心与点子商店的概念相似。多佛的一座现代化的图书馆是第一个重新注册为探索中心的图书馆，它集图书馆服务质量、成人教育和区域委员会运营的博物馆于一身。随着发展，馆中已提供儿童室、咖啡馆、剧院、成人教育中心和艺术与手工艺活动中心。

据了解，活动种类的增加吸引了更多的使用群体。图书馆的管理者必须考虑如何在继续扩大对年轻人的吸引力的同时满足核心使用者的需要。

在 2007 年，社区图书馆大彩票基金成功申请的数额达 8000 万英镑。这个申请项目是为了鼓舞作为更多社区学习和发展中心的图书馆机构；创造，改善并发展图书馆空间；创新和促成良好的实践方法。颁发给莱斯特郡委员会的一个奖项促成了纽伯韦尔东图书馆 2009 年 4 月的创办，是新社区的第一个图书馆。这个重新建造的图书馆为当地社区提供了电脑设备、咨询服务和阅读园地。

2008 年由国家文化、传媒和体育部门公布的图书馆现代化的重审计划至今仍在实施。这项重审计划包括了以下问题：图书馆实现公众未来需求的能力；了解人们使用图书馆的缘由；图书馆员工的技能水平；提供电子图书发展的资源；回顾图书馆所提供的共享学习资源；对图书馆的投资和新的服务方式，比如说共享网站；对建筑的利用，在僻静的地方进行非正式学习和阅读，在社交场所，人们见面和讨论比如网络咖啡店。

9.19　小结

当代三大文化领域从古代的传统中发展起来。目前实践表明无论私人的创造还是政府的干预活动均体现了对价值的维护；并且还包括角色的转变与管理方式的改变。管理工作通常都由热衷于此并具备一定专业技术的人才或是公共服务组织和国际合作组织承担。

在全球，电子和数字技术正引领着艺术馆、博物馆和图书馆的改革发展。电子和数字技术的使用正在向个人知识产权发出挑战，也考验着资料的真实性与人们在文化行业的体验。该技术在文化领域的利用率可能会增加，因为一些人有渠道和能力使用这些技术，有些人的个人价值观鼓动他们参与到艺术馆、博物馆和图书馆中。

当下的国际项目计划正在促进新技术的运用，以此来支持图书馆内书籍位置的识别和这些书籍电子数字格式的转化。全球的图书馆都在不断地发展壮大，但是休闲信息与日常学习获取渠道并不普及。懂文化即识字能力、写作能力或者使用电脑的能力对于获取知识信息是非常关键的。

实 践 任 务

1. 在公共信息资料中如报纸广告、新闻、海报、传单和网站找到宣传者、指导策划者和经纪人的例子，了解作为一个休闲管理人员该怎样与他们联系和协商在你的场地举办演出和展览活动。

2. 调查那些非博物馆参与者的学生，找出约束他们参观博物馆的原因，制定策略改变博物馆的现状以吸引那些非博物馆参与者。

拓展阅读

关于艺术馆：

Dodd, F, Graves, A and Taws, k. (2008) *Our Creative Talent: the voluntary and amateur arts in England*, DCMS, London.

Gray, C. (2002) 'Local government and the arts', Local Government Studies, 28, 1 (Spring), Frank Cass.

关于博物馆：

Local Government Association and the Museums Association (2008) Unlocking Local Treasure: collections management and the local authority museum. LGA & MA, London.

关于图书馆：

Big Lottery Fund Research Issue 7 (2004) *The People's Network: evaluation summary*, Nonember.

DCMS (2003) *Framework for the Future: libraries, learning and information in the next decade*, DCMS, London.

实 用 网 站

欧洲艺术馆政策：

www. participaction. com

www. change4life. co. uk

www. sportengland. org/research/market_ segmentation. aspx

全球赞助经费数据库：http. //www. sponsorship. com/Resources/Sponsorship

– Spending. aspx

欧洲文化项目：

http：//ec. europa. eu/culture/our – programme – sand – actions/doc/good_ practice_ projects2009percountry. pdf

英国政府部门 DCMS：

www. culture. gov. uk/what_ we _ do/creative_ industries/default. aspx

英国艺术协会，英国国际发展代理：

www. artscouncil. org. uk/

艺术评价信息列表：

www. artscouncil. org. uk/information sheet/selfe – valuation/

志愿者艺术网站，艺术与工艺品自愿者的发展代理：

www. voluntaryarts. org/

奥林匹克文化：

www. london2012. com/get – involved/cultural – olympaid/index. php

博物馆，图书馆，档案馆委员会，NDPB 倡导最好的效益：

www. mla. gov. uk/

ICOM 的道德密码：

http：//icom. museum/ethics. html

大不列颠博物馆：

www. britishmuseum. org/the_ museum/history_ and_ the_ building/general_ history. aspx

人民网站与公共图书馆的合作：

www. peoplesnetwork. gov. uk/

http：//raceonline2012. org/manifesto

本章内容

- 体育到底有多重要；
- 体育服务项目由谁提供；
- 参与体育运动的人有哪些；
- 为什么说政府在体育领域扮演着重要的角色；
- 在英国，体育的组织结构是怎样的，以及是由谁资助的；
- 运动和体育活动是如何影响人们的健康状况的。

概　要

　　体育不仅在英国是个大产业，在国际上也是如此。2008 年，在英国，消费者在体育产业的支出高达 210 亿英镑，其中的大部分花费在体育服务上。曾经由新闻媒体呈现在人们眼前的体育以及高端的运动项目在我们心中留下了鲜明的文化形象。例如奥运会和足球世界杯这样的体育赛事吸引了全球的观众，而英超联赛这样的国家性体育项目也同样具有吸引力。然而，大部分的体育活动关注的是大众参与，也就是说，关注的是受大众喜爱的运动和体育活动。

　　体育这项活动主要由三大主要部门供给——商业部门、公共部门和非营利部门（志愿者组织），不同的组织部门会面临着不同的管理问题，而这些问题有些简单有些则很棘手。体育行政管理的组织结构很复杂，由大量不同的管理机构构成，其中包括众多国际和国家层次的体育管理机构，还包括大量政府机构和部门。这些管理机构对体育产业都有重大的影响。

　　政府在体育领域扮演的角色不仅只限于特殊监督。在英国，地方和国家政府、联合国家彩票基金，每年大约投入 22 亿英镑来资助体育产业。政府如此干预体育产业的原因是体育能带来一系列的社会效益，如促进健康，减少犯罪，改善教育，以及当国家在国际上赢得比赛时带来的民族自豪感等。政府对体育领域的干预具有悠久的历史，而主要目标有两个：一是促使更多的人参与体育运动和体育活动；二是在国际水平的赛事上赢得比赛。

不可否认的是，政府介入体育领域最主要的原因是体育能改善公众健康状况。英国面临着巨大的健康隐患，如超重和肥胖症等。而抑制这些问题的关键之一是激励人们更多地锻炼身体。运动和锻炼是解决这些问题最直接的方法，而且政府对体育一系列的策略规划都是为了达到这一目的。对体育的规划涉及一系列政府部门，不仅包括体育领域的负责部门，还包括健康部门、交通部门、儿童机构和环境部门等。

10.1　引言

很多时候，体育运动影响着大多数人的生活，如人们为了健康而进行体育锻炼，关注自己喜欢的球队，或者观看如奥运会那样的大型赛事等。体育由大量参与者、观众、服务人员、志愿者、活动项目、设施、赛事和组织构成。所有这些元素都需要管理者有效且高效的操作。

第 1 章引用了欧洲理事会对体育的定义：“所有形式的体育活动，参与方式可以是随意的也可以是有组织的，旨在改善身体的健康状况，并形成社会关系或赢得各层次竞赛的结果。”

从这一定义中可以清晰的看出对体育的界定远超出了竞赛、有组织的活动等狭隘的概念。体育还包括很多非竞赛性质的活动以及并非由典型理事机构全面组织的活动。如休闲散步、休闲游泳，滑板运动等。明确这一点，对制定地方和国家性的体育策略很重要。

本章主要关注英国的体育市场，以便清楚连贯地勾勒出复杂多样的体育市场的轮廓。本章重新考察了体育市场供给和需求的关键元素，其中与体育相关的其他显著因素会留待其他章节探讨，这些因素包括第 15 章中的“赞助”和第 20 章中的“大事件”。本章将从文化的，全球性的，社会经济的角度来考察体育的重要性。

10.2 体育的重要性

10.2.1 国家地位

威尔逊·曼德拉在 1995 年橄榄球世界杯时曾说，"体育运动具有改变世界的力量。"这在当前对南非的定位毫无疑问是具有重要意义的，就如电影《成事在人》所印证的那样。有时一个国家在国际上的地位，与其国家队在主要观看类赛事中的命运是不可分割的。在 19 世纪后期，体育逐渐变成"爱国者游戏"，它的意义也变得更为重大，常会涉及高层政府。例如，不少政府抵制1980 年的莫斯科奥运会，也有不少政府抵制 1984 年的洛杉矶奥运会。并且，体育也常被卷入战争的"剧院"，最典型的例子是萨尔瓦多和洪都拉斯在 1969年世界杯足球赛的预选赛，这场预选赛引发的暴动导致了一场战争，被称为"足球战争"。

10.2.2 全球化

如今体育活动遍布全球，且受到全球几十亿人的喜爱。同时，传媒和职业体育相辅相成，在形式上紧密结合，又在经济上保持相互独立。但只有少数的体育项目可以吸入"大资金"，如美国三位一体的体育项目——美式足球、棒球和篮球。另外，在世界很多其他的地区，足球才是当家。电缆和卫星运载系统的引入使人们能全天 24 小时观看体育频道，随之也产生了按次点播收费的频道。传媒加速了体育的全球化。奥运会就是一个显而易见的例子，据格拉顿和索伯格（2007）的报道，在 1956 年对墨尔本的夏季奥运会进行直播的国家只有一个。到 1976 年对蒙特利尔奥运会进行直播的国家达到 124 个，再到2004 年雅典奥运会时，对奥运会进行直播的国家数量上升到 220 个，与此同时，为取得直播权而支出的费用也节节高升，从 1984 年洛杉矶夏季奥运会的 1亿美元到 1996 年亚特兰大奥运会的 8.892 亿美元，再到北京奥运会的 17 亿美元。

也许是媒体造就了世界顶级体育明星的国际地位。很多人对他们所获得的离谱的高收入感到愤恨，但是也有营销经理的梦想就是成为体育界的名人。不管一个体育项目何时启动，打头阵的一定是主流的体育明星。这就是为了引起更多潜在参与者兴趣的"钓钩"。

10.2.3 经济和社会重要性

　　体育对一个国家最明显的益处是其产生的经济效益，这一点毋庸置疑。例如，在英国，2008 年消费者在体育上的花费总额高达 210 亿英镑，占国民经济总支出的 2.5%，该支出是 1985 年基本支出的 2 倍以上（体育产业研究中心 2009）。在这一时期，消费者在体育领域支出的增长率接近其他商品消费增长率的 2 倍。这表明消费的增长不仅与体育的经济重要性相关，其同样也需要有能力的管理者来维持这一增长趋势。

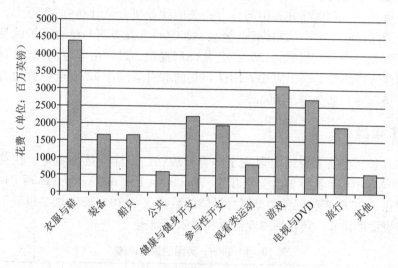

图 10-1　2008 年英国消费者体育支出的构成

　　图 10-1 给出了在英国体育消费的构成情况，由表可以看出，对体育产品的消费占体育消费总额的 40% 不到（体育产品指衣服，鞋类，器材，出版物和船艇类）。而体育消费总额的 60% 以上花费在体育服务上（包括体育博彩，体育节目，参与体育，以及与体育相关的游泳、健康和保健等）。有很多衍生部门的经营依靠人们对体育活动的参与，其收入来源不仅包括会员订阅费和入会费，还包括经由体育服饰鞋类，体育器材和体育相关的旅游等产生的收入。大多数经营体育服务的市场经理都对促进体育参与有着浓厚的兴趣，因为其占据了体育市场的大部分。

　　体育和体育活动对一系列的社会结果也同样具有重要意义。这些社会结果包括公共卫生、公民权、凝聚力、教育、犯罪和破坏公物行为、生活品质等。

这些结果的产生并不局限于个人参与者，其更多的影响着更为广泛的人。因此，体育管理者，特别是公共部门的体育管理者，应该意识到体育参与所产生的相关后果，更应该清楚他们的经营管理如何使影响朝着积极的方向发展。

10.3 运动和体育活动的供给

运动机会的供给由三个主要的供给部门——商业部门、非营利性部门、政府部门所共享。2003 年在英国与体育相关的就业机会估计达到 42 万个，比总体就业情况仅低 2%（英国体育基金会，2007a）。在英国与体育有关的带薪职业有 75% 由商业部门提供，12% 由公共部门提供，11% 由非营利性部门提供。非营利性体育部门是一个志愿者团队，其约拥有等同于 72 万全职劳动力的志愿者（英国体育基金会，2003a）。

10.3.1 设施

体育参与在很大程度上取决于体育设施。经审计委员会鉴定，在英国有 3489 个体育中心和游泳池对公众开放。The Sprot England Active Places Power 网站也提供了 2009 年英国各类型体育设施的数量（表 10 - 1）。这些设施不仅包括政府资助的设施，还包括商业设施和俱乐部设施。

表 10 - 1 2009，英国的体育设施

设施类型	数量
田径跑道	379
高尔夫球场	3019
天然草皮球场	56097
健康和健身套件	6737
溜冰场	44
室内保龄球场	366
室内网球场	325
滑雪道	159

续表

设施类型	数量
体育馆	9311
游泳池	5005
人工草皮球场	1651
合计	83093

资料来源：Active Place Power, www.activeplacespower.com

这些设施也存在问题，例如，在 20 世纪后期，英国球场的数量减少了，因为土地所有者多为地方当局或者学校，他们为了缓解紧张的财务预算，将土地卖出以便谋求更好的发展。工党政府制定了一些政策来保护娱乐用土地，同时对开发应用这样的土地制定了严格的指导方针。

另一个问题是旧设施的老化，尤其是像体育中心和游泳池这样的室内设施。要使它们重新达到现代化标准需要相当可观的资金（卡特，2005）。根据审计署 2006 年的资料显示 65% 的地方体育中心和游泳池都有 20 年以上的历史。在 2003 年，要保证这些旧设施正常运转的预估投资是 5.5 亿万英镑（英国体育基金会，2003b）。另外，每年需用在体育项目上的资本支出大约为 3 亿英镑，包括新建体育中心。然而，在公共设施老化的这一时期，私人商业部门在健身设施上大量投资，依据英国体育基金会的资料，在 2003 年之前的 15 年，投资总额已达 100 亿英镑。

10.3.2 志愿者俱乐部

据体育娱乐的中央议会估测，在英国大约有 15 万个志愿者俱乐部，这些俱乐部为 800 万人组织体育活动。绝大多数的俱乐部隶属于国家体育机构。这些俱乐部主要由行政主管、教练和那些愿意免费提供他们时间的人经营。经营俱乐部是个大项目，在管理俱乐部和志愿者时，既需要满足会员兴趣，又要平衡预算；既要招募和培养志愿者，又要提供成本合理且高质的体育活动。

讨论问题

志愿者俱乐部是体育运动重要的供给者，但其经常面临志愿者缺乏的困境。这是否意味着这些俱乐部并不是体育运动供给的未来？

10.4　体育和体育活动的参与情况

使用体育设施的人规模庞大。每年大约 15 亿人造访英国的免费公园，据记载其中 750 万成人和 210 万儿童都曾利用公园进行正式或非正式的体育运动。每年大约 8000 万人使用地方当局提供的游泳池和体育馆。1/4 的成人是体育志愿者俱乐部的成员。如果把足球的观众纳入考虑，那足球将是英国参与人数最多的主要的体育活动。英国大约有 42000 个足球俱乐部。自本世纪以来，尽管门票价格的上涨率显著高过通货膨胀率，英超联赛的上座率一直相当的稳定。2008 年总职业足球联赛的上座人数达到 3000 万。其中 1370 万同样也是英超联赛的观众。

图 3 - 2 给出了自 20 世纪 80 年代末英国的体育和体育活动的参与趋势，由图 3 - 2 可以看出从 1987 年到 2002 年的参与率都相当的稳定。表 2 - 3 对若干欧洲国家的体育参与情况作了比较，由比较可以看出英国就密集型和常规娱乐活动而言落后于斯堪的纳维亚国家。体育对英国国民健康的贡献与其使英国树立的国际地位相比，前者显得不足。这一点引起了有关部门（如 DCMS/Cabinet Office，2002）的关注。政府介入促进体育发展最主要的原因是为了改善公众健康状况。这一点会在本章后面内容中讨论。政府强调了体育活动对促进健康的重要性，且体育设施的经营商都对他们的活动有现成的促销渠道。健康和健身是当今社会时下最关心的问题。

关于英国成人体育参与的数据资料的主要来源是"Active People 调查项目"（英国体育基金会，2009a，2009b），"Active People"是一个全国性的调查项目，在 2005～2006 年的调查样本量为 363000，2007～2008 年和 2008～2009 年的调查量超过 190000 人。这使它成为欧洲关于体育参与最大型的调查研究项目。2007～2008 年参与情况的总体结果见表 10 - 2，它比 2008～2009 年的数据更具综合性，因 2008～2009 年的数据局限在英国体育基金会资助的体育项目上。

"Active People"记录体育参与所用的方法比"普通家庭调查"所用的方法要更为严格。因此表 10 - 2 记录的总体值（21.3%）要远低于图 3 - 2 记录的总体值（60% 以上）。后者的记录标准是最近 4 周内至少参加过一次的体育活动，而"Active People 调查"和表 10 - 2 的记录标准是每周至少参与 3 次且活动强度适中，每次至少持续 30 分钟的活动。采用如此严格的测量方法是因为英国体育基金会测量体育活动的首要动力是改善人们的健康状况。而每周 3 次

每次 30 分钟以上的强度适中的体育活动被科学家认为是能获得健康效益的最
小限值。

　　表 10 - 2 显示了体育参与的不平等。男性、青少年、非残疾人士、白种人
和高收入人群都有较高的体育活动参与率。文化、传媒和体育部门和英国内阁
府认为这个层次的不平等，特别是由年龄引起的参与差异，在比较与英国有同
等参与情况的瑞士和芬兰时，大可不必考虑。所有供应商都应对如表 10 - 2 所示
的体育参与统计资料给予关注。因为这对商业管理者而言，那些统计资料有助于
他们找出具有潜在参与需求的人群，从而达到市场目标。而对公共部门管理者而
言，统计资料可以帮助他们找出需要特别关注的人群。例如，针对具有较低参与
率的人群，通过特定项目、定向促销、价格折扣等方式来提高他们的参与率。

　　表 10 - 3 列出了一些英国最流行的活动，但其测量标准是最近 4 周至少参
与过一次的活动。这体现了非竞技类活动的重要性。他们对排名前四的活动作
了分析，其中包括游泳和骑自行车。只有不到 2% 的游泳者和不到 20% 的骑自
行车者在之前参加过竞技比赛。大部分的游泳者和骑自行车者都是业余参与
者。在调查的活动中，非竞技类活动占前 21 项中的 11 项，其中包括田径运动。
因为绝大部分的田径运动员是慢跑者（只有 5% 的田径运动员属于俱乐部，也
仅 20% 的田径运动员早些时候参加过田径比赛。）

表 10 - 2　2007 ~ 2008 年英国的体育参与

每周至少 3 次，每次持续 30 分钟参与运动的成人的百分比（%）	
所有成人（16 岁以上）	21. 3
性别	
男性	24. 2
女性	18. 6
年龄	
16 ~ 24 岁	32. 3
25 ~ 34 岁	27. 4
35 ~ 44 岁	24. 5
45 ~ 54 岁	21. 5
55 ~ 64 岁	16. 4
65 ~ 74 岁	12. 7

续表

每周至少 3 次，每次持续 30 分钟参与运动的成人的百分比（%）	
75 ~ 84 岁	5.7
85 岁以上	2.3
伤残	
非残疾	23.6
有限残疾	9.1
种族	
白种人	21.7
非白种人	17.6
儿童	
有小孩	24.0
无小孩	20.2
收入（英镑）	
52000 以上	35.0
36400 ~ 51999	27.2
31200 ~ 36399	25.0
26000 ~ 31199	21.9
20800 ~ 25999	18.1
15600 ~ 20799	17
0 ~ 15599	12.1
社会 – 经济层次	
NS – SEC 1 ~ 4	23.3
NS – SEC 5 ~ 8	16.4

注释：

1. 中等强度的活动，包括休闲步行和骑自行车，旅游除外。
2. 社会经济类：1 ~ 4 分别为：高管理和专业化的职业、低管理和专业化程度低的职业、介于中间程度的、个体户；5 ~ 8 分别为：低技术低管理、半常规职业、全职、从来没有工作或长期失业

资料来源：英格兰体育（2009a）

而且，大部分非竞技类活动以个人参与者为特征，而不是以团队或伙伴的形式参与。且参与活动的时间也相当灵活，参与者可以选择任何时间参与活动。根据资料显示，在最近 20 年增长最快的就是那些非竞技类的、个人的、参与时间灵活的活动。这些活动很多可以在健身房进行，由此不难看出是什么刺激了商业健身中心的发展。有人认为这些活动才更适合人们长时间重压的生活。

表 10 - 3　2007 ~ 2008 年英国最受欢迎的 25 种体育和体育活动

最近四周内至少参与一次运动的成人的百分比（%）	
散步	22.0
游泳	13.4
体育馆	10.7
骑自行车	8.5
足球	7.6
田径运动	6.0
高尔夫球	3.7
网球	2.3
羽毛球	2.3
健美操	1.6
瑜伽	1.4
健身机器	1.4
壁球	1.2
健身锻炼	1.2
负重训练	1.1
保龄球	1.1
骑马	1.0

最近四周内至少参与一次运动的成人的百分比（%）	
板球	1.0
普拉提课程	0.9
篮球	0.8
橄榄球联盟	0.8
循环训练	0.6
钓鱼	0.5
跳舞练习	0.5
康体和健身	0.5

资料来源：英格兰体育（2009b）

自第一个全国调查 1970 年在英国展开实施后，散步一直是最受欢迎的活动。人们通行权的改善大大激起了人们散步的热情。而且老年化的人口结构也会导致休闲型散步活动的增长。因为散步不会遭遇到像表 10 - 2 中列示的参与活动的年龄限制。

讨论问题

为什么如散步、游泳、去健身中心、骑自行车、踢足球这些排名前五的体育活动在英国如此受欢迎？这些活动在何种程度上迎合了参与者不同的动机？

游泳一直以来都是最受喜爱的运动之一，造成这一结果的因素包括水对人强烈的吸引力，其所带来的健康益处，以及全体家庭成员可以同时参与。游泳相对来说花费较少，且对设备没有要求，对大多数人来说也容易实现。然而游泳的机会相比较散步和骑自行车来说更受限制，因为对绝大部分游泳者来说，他们需要一个游泳池。案例研究 10.1 揭示了游泳池的供应和人们对游泳的需求之间的关系，并得出如下结论——如果想要更多的人去游泳，那就修建更多的游泳池吧！

案例研究 10.1

游泳池和游泳参与

认为体育参与取决于可获得的运动机会和便利设施，这似乎把问题过分简单化了，但对于经营商来说记住这一简单的关系相当重要。西布利（2009）最近把来自于"Active People"的游泳参与数据和来自"Active Place"的可用游泳池情况进行了分析，试图来验证这一关系。

分析中泳池供应的测量方法是平均每千人拥有的泳池面积（平方米）。游泳参与采用的测量方法是近四周内至少参与一次游泳的人数的百分比。分地域进行比较，结果显示英国 9 个地区成人游泳参与率存在巨大不同，从最低参与率（东北地区的 12.5%）到最高参与率（东南地区的 14.9%）。结果也显示了不同地区可用游泳池数量的不同，从中西部地区平均每千人拥有游泳池面积 14.85 平方米到东南地区平均每千人拥有泳池 21.27 平方米。

图 10-2 给出了泳池数量与游泳参与的数学模型，通过 9 个地区的数据点，估测出了一条关系线。该线表示了两个变量之间正相关的关系，即人均泳池面积越大的地区，游泳的参与率就越高。

希望更多的人参与游泳的理由十分充分，这不管是从健身方面还是从潜在需求方面都可以看出。如果想让更多的人参与游泳，该模型对未来的规划和经营给出了明确的指示，即修建更多的游泳池。英国体育基金会对设施规划有既定的框架，通过这一框架，规划者可以知道对游泳池需求最大的地区，并且可以知道对当地人来说最合适的修建地点。

促进参与的另一个方法就是更有效地利用已有的游泳池。西布利的分析假定所有的游泳池都对公众开放，但事实并非如此。例如，很多校内泳池在工作日晚上或周末并不对公众开放。

与散步和游泳相比，足球是一项参与率低的运动，不足 8% 的成人在近四周内参加过一次该运动。人们对足球的兴趣更多地体现在观看比赛和相关传媒上，而不在于自身参与。在商业市场，Powerleague 和 Goals 两个公司，在英国经营多个体育中心，他们认为参与者市场仍然有挖掘的潜力。这一现象，以及商业和公共部门的健身中心市场揭示了管理者对消费者偏好的趋势以及他们投资在这些偏好上的资金额进行精确记录的重要性。

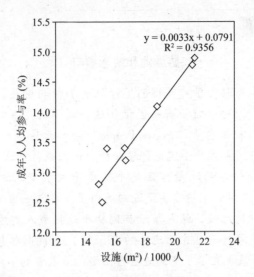

图 10 – 2　在英国地区游泳池供应和游泳参与的关系

资料来源: Shibli（2009）

"Active People 项目"还从其他维度考察了英国的体育参与。其把潜在需求定义如下: 人们可能会喜欢的运动, 或会比现在更多地去参与的运动。最受欢迎的运动也是具有最大潜在需求的运动, 尤其是游泳, 大约 500 万以上的人可能会喜欢游泳或会更多地去参与游泳。另外, 200 万以上的人可能会喜欢骑自行车（或更多地去参与其中）, 接近 150 万的人可能会喜欢足球（或更多地去参与足球运动）。这些信息对体育中心管理者十分重要, 它为游泳和足球方面服务的发展提供了明确的信息。由该信息也可推断如要激发人们对骑自行车的潜在需求, 就需要改善骑车环境。如: 提供自行车车道和有路标的线路来避免繁忙路段。

"Active People 调查"还揭露, 接近 5% 的成年志愿者每周至少花 1 小时来提供免费体育服务（尽管在很多其他调查中这一数据更低）, 体育志愿服务问题已在第 6 章中进行过探究。在过去一年, 18% 的成年人曾为健身请过私人教练。这一趋势的出现也值得管理者做出相应的决策。在过去一年, 仅不到 15% 的人参加过有组织的运动竞赛。在接受调查的人中有 2/3 的人对他们当地的体育供给感到非常满意。

大部分关于英国体育参与的数据资料是关于成人的, 因为对青少年的调查更为困难, 而且他们的运动参与一般是学校体育课、业余体育活动和校外运动的混合。虽然如此，关于青少年体育参与的资料也是存在的，如英国体育基金会在 1994 年、1999 年和 2002 年关于青少年和体育的调查资料。表 10 - 4 中是2002 年调查的总体统计情况。

由表 10 - 4 可看出，11 ~ 16 岁年龄段的人校外运动（包括散步）参与率的总体值是 81%，而在 2002 年普通家庭调查中，16 ~ 19 岁年龄段的人基本运动参与率为 73%，20 ~ 24 岁年龄段的人参与率为 62%。这揭示了体育运动中一直存在的一个问题：由于辍学而导致的青少年运动参与的大幅下降。以足球为例，对足球的参与从 12 ~ 16 岁的 32% 下降到 16 ~ 19 岁的 23% 再到 20 ~ 24 岁的 12%。表 10 - 4 显示，某些类型的活动参与率下降开始的更早些，从中学时期就开始了。这可以从游泳和田径或体操的参与数据中看出。

讨论问题

青少年结束全日制教育后停止参与体育活动的原因可能有哪些？

表 10 - 4　英国青少年对运动的参与，2002 年

	过去一年里至少参与了 10 次课外运动的青少年的百分比（%）	
	Y2 ~ Y6	Y7 ~ Y11
任何运动（不包括散步）	88	81
团队运动	53	52
排球运动	26	36
游泳、潜水	63	37
田径和体操	53	37
户外、探险运动	66	50

注：Y2 ~ Y6 是小学年龄，7 ~ 11 岁；Y7 ~ Y11 是中学年龄，12 ~ 16 岁。

资料来源：MORI（2003）

青少年运动参与率的下降，意味着对体育和体育活动参与的重大的潜在损失。英国政府为减少青少年因辍学而终止运动参与的现象在政策和财政上都做出相当大的努力。政策中心正在全国范围内贯彻始终如一的"5 小时供应"计划。即每周 2 小时高质量的体育课加上每周 3 小时高质量的课外活动机会。这项政策包括任命学校体育协调员，去促进更多的校内竞赛和学校俱乐部之间的

联系；还包括一个耗资 2800 万英镑的运动无极限项目，为的是促进"半吊子运动"年轻人的积极性。

10.5 英国的体育管理

英国的体育行政管理和运行机制是错综复杂的，但这对体育管理者来说意义重大，这可以让他们知晓什么样的组织机构可以给他们提供信息或资金帮助。它们可以被分为四个结构层次：分别为国家的（政府机构）、国家的（非政府机构）、区域的以及地方性的。

即使是在国家层次上，也有为数众多的相关机构，如表 10－5 所示，这些机构既包括政府机构又包括非政府机构。

10.5.1 国家机构

尽管负责体育管理的主要英国政府部门是国家文化、传媒和体育部，但是一系列其他的中央政府部门也与体育相关，包括对健康、儿童、学校、继续教育、高等教育、地方政府、刑事司法和政府财政等负责的部门。这揭露了一个事实，即体育对很多交叉性的日常事项都有重大影响。这些交叉性的事项有社会包容、犯罪减少、公民权、健康、教育和企业等。任何想得到政府帮助或资助的休闲管理者都应意识到这些交叉性日常事项的重要性。

另外也存在着很多非行政性公共机构团体，这些团体机构由政府资助，且对体育具有管辖权，如表 10－5 所示。体育委员会对议会负责，但其过去曾被认为是体育事业的准代理机构。然而，在最近 20 年，其宣称他们更多的是政府政策的代言人。尽管如此，体育委员会仍是休闲管理者对特定项目寻求资助值得考虑的对象。这些特定项目包括之前提到的运动无极限项目和花费 1000 万英镑在大学激励更多运动参与的项目。

表 10－5 英国国家体育组织举例

联邦政府部门	文化、传媒，运动部门
国家政府部门	遗产部门，威尔士
	艺术、文化、体育部门，苏格兰
	文化、艺术、休闲部门，北爱尔兰

续表

非行政公共团体	联邦体育委员会
	英国体育基金会
	苏格兰体育基金会
	威尔士体育委员会
	北爱尔兰体育基金会
	英国运动研究所
	苏格兰运动研究所
	威尔士运动研究所
	北爱尔兰运动研究所
	英国反兴奋剂组织
	足球许可管理局
独立的非政府机构	英国奥林匹克协会
	英国残奥委会
	足球基金会
	英国运动教练机构
	女子运动基金会
	青少年运动基金会
	国家运动管理机构
"伞状机构"	体育锻炼的中央委员会
	苏格兰运动协会
	威尔士运动协会
	北爱尔兰体育论坛
专业组织	体育、公园和休闲协会
	体育和娱乐管理协会
	首席文化和休闲警官协会
	健身协会
	体育和休闲商业

　　国家体育机构帮助训练国家顶级的男女运动员，以使他们在奥运会、联邦运动会和世界锦标赛这样的主要的比赛中赢得奖牌。他们会提供世界一流的器

材，并在教练，体育科学和物理疗法领域提供高水平的协调支持服务。国家体育中心的存在也是为了能在体育领域取得卓越成就。例如，英国体育基金会就资助了在"Lilleshall"地区和"Bisham Abbey"地区的两个综合性国家体育中心，另外还资助了在"Plasy Brenin"地区的一个国家登山活动中心。曾经由英国体育中心经营的位于 Holme Pierrepont 的一个国家水上运动中心，现改由诺丁汉郡国家委员会经营。英国体育基金会也极大地促进了国家性设施的发展，这些设施包括位于伯明翰的国家室内体育馆，曼彻斯特的国家自行车中心，谢菲尔德的英国体育学院；以及位于米尔顿凯恩斯的国家曲棍球球场。所有这些国家性设施都为运动精英们提供高质量的机会，同时也提升运动员们的水平。其中有些设施也对社区人群开放，因此，这对地方休闲管理者而言无疑有可乘之机。

国家性体育机构与政府部门本质上是相互独立的。他们是非营利性机构，而且绝大部分是慈善性质的，依赖成员俱乐部的资金存续。然而，有些国家体育机构也接受相当比例的政府资金，这些机构包括体育锻炼的中央委员会，足球基金会和英国运动教练。

单项运动由独立的管理机构经营，这些独立的管理机构大部分是公认的国家政府机构。在英国大约有 250 个国家政府机构管理着 100 种体育项目，很多体育项目的国家政府机构不止一个，有些国家政府机构是英国结构，有些则是大不列颠及北爱尔兰联合王国结构。但它们绝大部分在构成上相互独立，各自分布在英格兰、威尔士、苏格兰和北爱尔兰。很多主要的国家管理机构经由国家体育委员会接收来自政府的大量资金。任何想要在特定体育项目里谋求发展的休闲管理者都应该与合适的国际管理机构发展良好的关系。

除了体育的国家政府机构外，很多体育项目有国家单项联合会。国家单项联合会主要对体育项目的规则以及国际性比赛负责。一系列的国家单项联合会在英国设有总部，其中包括联邦运动会联会。

10.5.2 区域组织

区域组织包括：政府机关；英国体育基金会地区办事处；地区性体育董事会；县体育合作伙伴；地区和县层次的国家政府机构。

在英国，有 9 个受英国体育基金会资助的地区性体育董事会。它们与地区投资发展局和地区议会合作。县体育合作伙伴也受英国体育基金会资助，且受到地区性体育董事会的监督。县体育合作伙伴是为了在他们的地理区域内提供战略协调而设立。在权力范围内，与地方当局、医疗机构、县层次的国家政府机构以及其他组织合作以推进英国体育基金会的项目，同时也改善设施以促进体育参与，并为有潜力的运动员建立"人才途径"项目。县体育合作伙伴掌握有特定体育项目资助机会的最新消息，因此对当地休闲管理者来说是最值得关注的对象。

10.5.3 地方组织

地方组织包括：地方当局；社区体育网络；学校；继续和高等教育机构；当地信托和非营利组织；私营部门的所有者和经营者，如健康和健身俱乐部；当地体育委员会，体育俱乐部和体育协会。

在英国，地方组织是体育供给的心脏，另外体育俱乐部和地方政府的作用也相当重要。根据审计署 2006 年的资料，在英国有 3489 个对公众开放的体育娱乐设施场所，其中 3/4 的设施受地方当局支配。

10.6　对体育的资助

体育的资助资金有很多不同的来源，包括：中央政府；地方政府；国家彩票；赞助；体育援助（之前为运动援助资金会），是一个为有潜力的运动员提供资助的私人慈善机构；体育和艺术基金会，1991 年，为因体育和艺术原因而兴建的足球场融资而设立；私营企业；志愿者部门、赞助者、捐赠者和公众。

根据文化、传媒和运动部门（2002）的资料，中央政府投入体育领域的资金将近 90% 由地方政府所支配，而这些经费只是当局在体育支出上的一半。其他经费开支来自消费者所付的费用（23%）和当地征收的税费（25%）。

国家彩票奖设立于 1995 年，体育是其存在的一个恰当的理由。文化、传媒和运动部门的网站上揭露，自该奖设立以来，英国体育委员会提供了47703 种津贴，总价值 374 亿英镑。表 10 - 6 给出了由体育委员会所分配资金的详细情况。人均补贴量从北爱尔兰的人均 73 英镑到威尔士的人均 48 英镑。其中关于彩票基金备受争议的一个问题是，其资金正逐渐流向像 2012奥运会设施这样的大项目，而使得用在社区层次上体育项目的资金量相对减少。另一个值得注意的问题是，彩票基金并不能全面代表在体育领域投资的净增值，因为彩票基金过去一直是中央政府和地方当局减少对常规体育资本资助的理由。

表 10 - 6 1995 ~ 2009 年国家彩票基金对体育的资助

	津贴	资金（英镑\百万）	人数（百万）	人均补贴量（英镑）
英国体育基金会	18716	2777	51.092	54.53
苏格兰体育基金会	8378	248	5.144	48.21
北爱尔兰体育委员会	3319	129	1.759	73.33
威尔士体育委员会	6161	141	2.980	47.32
小计	36394	3295	60.975	54.04
英国体育	11309	443	60.975	7.27
总计	47703	3738	60.975	61.3

资料来源：www. lottery. culture. gov. uk/results. asp；

www. statistics. gov. uk/statbase/Product. asp？ vlnk = 15106

商业赞助是十分引人注目的资助形式，几乎所有大型赛事中都有商业赞助的影子。第 15 章中指出体育赞助是市场营销组合的一部分。

体育援助组织筹措资金来资助年龄在 12 ~ 18 岁的有潜能的青少年以及任何年龄段的残障人士。其自 1976 年成立以来，已筹集资金 2000 万英镑，目前其每年大约为 1500 个运动员提供津贴。苏格兰体育援助基金会、威尔士体育援助基金会和阿尔斯特体育以及娱乐信托基金会扮演着和体育援助组织类似的角色。

体育和艺术基金会，由足球运动推广者设立于 1991 年，现已为 100 多种体育项目提供 3.5 亿英镑的奖金。其主要资助的项目与彩票基金资助的大项目相比要小得多，其预期会在 2012 年关闭。

10.7 政府在体育运动中的角色

据文化、传媒和体育部门及内政部（2002）揭示，政府和国家彩票在体育方面每年总投资为 22 亿英镑。其提出并回答了下面关键问题：

政府为何要在运动和体育活动领域作投资？其回答是体育和运动活动能改善公民的健康状况，也是提升教育成果，减少犯罪，促进社会和谐等一系列措施的一部分。

英国体育基金会的一系列报告，列出了一份关于体育带给个人和社区的益处的全面清单：增进社会互动、促进人际关系，树立榜样；提升社会交际技能；增加个人成就感，自信心和自尊心；通过输和赢的经历增强自我认识；提升技能和自信心，为地方决策做贡献，接受新挑战；提高教育程度和劳动技能；扩展知识层面，提升技能和资历；增加就业机会；增进对社区设施和空间的利用；改善地方体育基础设施，形象和特征；增加近郊社区吸引力，以便后续的开发利用；增进对地方服务和管理的了解，参与社区问题讨论；强化地方社区特色和地方感；减少反社会行为；接纳更积极高效的生活方式；随之产生的主要成果；对体育的参与持续增加，体育人才得以培养；更高品质的运动经历，地方参与者和球队赢得比赛时会给当地居民带来的自豪感；改善居民健康状况，减少医护不均现象；强化、巩固和团结社区；改善儿童和青少年的生活机遇；提升技能，增加就业和促进经济繁荣；减少反社会行为，减少对犯罪的恐惧。

然而文化、传媒和体育部以及内政部也补充道：运动和体育活动能给社会带来益处并不意味着政府一定有必要干预体育和体育活动。只有当下列情况出现时干预才是正当的：纠正私人或自愿者部门无效率的供给（如消极的医疗费用）；处理参与途径和参与机会的不平等（如不同社会群体参与体育活动的不同）。

这种无效和不平等被称为"市场失灵"，因为如果对私人商业部门和志愿者部门放任自流，那与健康、教育和犯罪有关的社会益处就不能很有效地实现，不平等问题也无法得到解决。另外，这点对体育很重要，那就是那些社会益处是"公共产品"，即那些社会益处是人们无法拒绝的，而且与他人分享从中获得的乐趣时不会影响其他人的享乐。政府的干涉有若干种形式，从利用税收直接对其进行资助，如地方当局资助的体育设施和英国体育基金会资助的国家体育中心，到通过规划监控和税收体制对私人活动进行的规范。

关于公共产品很好的一个例子就是体坛的卓越成就，如在联邦奥运会中的良好表现和 2008 年北京奥运会的残奥会明星，会给整个国家带来一种"良好感受"的因素。试图私人开发奥运明星这样的资源并让人们为此掏钱是十分艰难的，甚至可能因为投入不足而取得适得其反的效果。因此体育奥运会大部分受政府资助，而政府资金来自政府税收，真正体现了取之于民，用之于民。

文化、传媒和体育部门以及内政部，其他独立的研究以及欧盟都指出的在规划政府干预时一个长期存在的问题，即除了健康益处外，关于体育所带来的其他社会益处颇具争议，调查分析结果参差不齐。文化、传媒和体育部门以及内政部补充道："这不会使得行动毫无价值，但会削弱完全基于证据的决断能力。"然而，要提高资料的可靠性主要的难题在于体育和社会结果之间典型的多元关系。例如，决定个人在教育中表现的好坏，或是否倾向于犯罪的因素很多。因此，要从众多因素中分离出运动参与对社会结果的影响是十分困难的。案例研究 10.2 将详细考察这一问题。

尽管要收集体育对社会结果的影响的证据很难，但其仍然是十分重要的。不管是在国家政策制定层次，还是在地方层次上都是如此。其也有利于个体公共设施管理者以及公共财政资助的体育项目来评判他们所提供的服务是否物有所值。第 17 章将详细调查绩效管理的问题，但当前迹象表明目前至关重要的管理对策是绩效监测。

案例研究 10.2

体育和犯罪

青少年可以通过参加体育活动或体育课来强健身体，增强他们的自尊心，让他们的潜能得以发挥，并让他们学会团队合作和宽容，远离毒品和犯罪的危害。

运动和体育活动对减少青少年犯罪和故意破坏文物的行为有积极的影响，这一点也有据可循，依据英国体育基金会（2008b），体育可以通过以下结果对创建安全社区做出贡献：减少青少年犯罪和反社会行为的发生；增进青少年之间尊重和宽容的氛围；减少犯罪和酒精药物的滥用；减少对犯罪的恐惧。

审计署（2009）认同运动与休闲在预防反社会行为中所起到的重要作用。然而，有关地方和国家政府的六个主要信息中，其中一个缺乏有力证据，即"成本和绩效数据资料的普遍缺乏限制了有效的委任"。几乎一半以上受审计署调查的项目无法提供他们绩效的详细资料。尼克尔斯（2007）重新审查了 8 个研究项目的案例，重在分析不同的评估方法以及它们所得出的结论。在进行评估时，结论会因项目专款的需求和研究者偏好的不同而不同。

Positive Future 是英国的一个大型工程，其利用体育来融洽弱势群体和社会边缘化的年轻人（英国内政部，2007）。在 2007 年，其由 124 个项目组成，总共吸引了超过 27000 名青少年大约 490000 小时的参与。这个工程正是利用体育来解决社会问题的实证。

Positive Future 不仅仅是一个为期 6 周，每周需要出席一次的青少年体育训练项目，更多的是让训练有素的团队帮助青少年建立他们的自信心，发掘他们的长处，并通过加强他们的技能，使得他们受到教育，得到训练并促进他们就业。

Positive Future 的评估测量了 5 个层次的参与：不参与、因好奇而参与、参与、为获得成就而参与和自主参与。据其 2007 年的报告，有 65% 参与者享受参与过程，25% 的人是因为好奇而参与，只有 10% 的人从未参与。就未普及群体而言，这类项目的数据会更低。来自 Positive Future 评估的关键课程如下：

- 要使体育具有社会价值，就必须建立为个人单独制定锻炼计划的体制，而不是仅仅是宣扬体育本身；
- 这一体制需要完善的管理和有丰富基层青少年工作经验的职员；
- 对项目工作的调查研究是必需的，以便掌握进度；
- 要吸引不同群体的参与，必须把体育和其他活动灵活结合。

Positive Future 揭露了体育和犯罪之间关系的复杂性。一方面，不能仅孤立地依靠体育去做出改变，体育只有作为一系列措施的一部分才能对社会有所影响。另一方面，研究不应仅用在报告进度上，研究是一个动态的过程，其价值更在于告知项目承接商和政治家以及学者们项目所产生的影响。

尼克尔斯认可个人锻炼计划的重要性，也认同上述的职员所应具备的品质。体育对一些人来说是个人发展的合适途径，但并非对所有人都如此。这就是 Positive Future 把其他活动纳入的原因。项目经理和评估人员应了解体育影响犯罪减少这一过程的理论原理，尼克尔斯也强调了该点的重要性。通过以上信息，就可以合理地设计推广渠道，并有针对性地对过程和结果进行评估。

10.8 英国和欧洲体育政策的近代史

从历史的角度来看，体育的发展是由个人、俱乐部、社团和他们创办的理事机构来推进的。当前，政府主要在政策、赞助机构和资助方面发挥着关键作用。体育在不同国家的内容结构也不同，现在以英国的体育政策为例，来说明复杂多样的体育政策。案例 10.3 分析了欧盟体育政策，揭示了国际组织也认同体育的重要性。

50 年前，英国发布了对休闲和娱乐管理具有重大意义的文件。沃芬敦报告（1996），受体育锻炼的中央委员会委托，宣告了成立体育发展委员会的必要。体育委员会成立于 1965 年，并在 1972 年由英国皇家宪章授予法人地位，随后在苏格兰、威尔士和北爱尔兰成立了 3 个其他的国家体育委员会。

在体育委员会成立的同时，来自于上议院的特别委员会关于运动与休闲的第二份报告要求人们采取行动弥补运动机会的不足。这一时期是运动与休闲政策的转折点。

当政府负责关注公众其他需要的同时不应停止对人们的休闲需要的关注。提高休闲行业就业率也是社会服务的基本内容之一。

中央政府相信通过增加对运动与休闲机会的供给可以帮助减缓不良行为并减少世界上许多弊病。这种信念在"中心城市政策"（1997）和关于伦敦布里克斯暴动的斯卡曼调查（Scarman Inquiry）报告中都有记录。1994 年政府发布了关于体育和娱乐的白皮书，其中提出要做出实质性的改变（1975）。地方政府接受了这一挑战，并最终改变了公共体育供给的现状。1970 年，英国只有 12 个体育中心和 440 个游泳池，到 1980 年体育中心的数量上升到 461 个，泳池数量达到 964 个（格瑞顿和泰勒，1991），并且由表 10 - 1 可以看出，到 2009 年，仅在英格兰就有 9311 个体育馆和 5005 个游泳池。

1994 年 11 月，国家彩票开始发行，这是至今为体育和娱乐在英国的可持续发展所做出的最有贡献的决策之一。由国家彩票出资建设的设施应为所有社区公用，表 10 - 6 揭示了英国体育彩票基金的巨大规模。

1995 年，另一重大事件是一个政府政策文件的发布，即"体育：促进运动"。校内的体育参与有下降趋势，这一政策的目的就是为了逆转这一趋势，拉近学校和体育俱乐部之间的联系，并建立一个新的英国体育学术机构，作为全国卓越人才集聚的核心地。该学术机构后改名为英国体育研究中心。该项政策以及专为优秀运动员设立的彩票基金，这两个项目都具有重要意义。因其标志着早期对体育成就的关注，例如，有些国家在特定设施、训练项目上投入大量公共资金，并给予优秀运动员财政的和地位上的奖励。其目的是获得国际性的声望以及贸易机会。而在英国如此对待顶级体育项目既非惯例又非政策规定。

另一个关于体育的关键政策性策略是由内阁府提出的，首相在序言中写道："该策略透彻分析了我们现在的处境，并描绘了我们未来想要到达何处的基本蓝图。"其证实了政府在体育领域的两个主要目标：一个是增加参与"主要是由于其带来的巨大的健康益处"；另一个是提高英国在国际赛事中的成功率，"尤其是在主要与公众相关的体育项目中"。

该提议不仅实现了以上目标，还解决了如下问题：

- 在主办大的赛事时，尤其涉及政府角色和效益评估时，应该更慎重；
- 组织变革，促进公共部门、志愿者部门和商业部门之间更紧密的合作；
- 政府在对体育领域进行进一步投资前要先弄清楚"是什么在起作用"。

另一项独立的研究主要关注的是体育的财政和组织情况。这项研究同时指出在体育领域进行更进一步的公共投资需要更精细的资料，以及要避免反复无用的努力就必须进行有计划的变革。2008～2011 年英国体育基金会最新的策略试图解决计划变革这一日程上的项目。一方面，它区分了儿童体育信托基金会和学校体育各司其职；在校外，英国体育基金会和社区体育各司其职；以及联邦体育和精英体育不同的责任。另一方面，它限定了英国体育基金会对体育的职权范围。更狭隘地说，对体育活动的管辖权落入了一些其他的政府部门，如健康部门。

此外，英国体育基金会主要通过全国性的体育行政机关来展现他们的成果，这些成果包括：

- 到 2012～2013 年，让 100 万人更多地参与运动；
- 在至少 5 种运动中，减少因辍学而停止的现象；
- 增加参与者对他们运动经历质量的满意感；
- 在至少 25 种体育运动中改善人才发展体制；
- 在年龄为 15～19 岁的青少年中推广每周 5 小时高质量运动机会的活动项目。

此时，联邦政府对体育最新的规划是"为胜利而战"，该消息来自文化、传媒、体育部门。这项规划陈述了"2012 年及以后对体育的一种设想"，这一计划早在英国体育基金策略中就有所体现，现在得以升华，即设想为更多不同年龄层次的人提供参与高质量竞赛体育的机会。推广这一计划的方法就是建立培养和发展体育人才的体制。该体制由高品质的俱乐部和竞争机制加以巩固。然而，这一体制使得体育的概念又贴上"竞技"的标签，这将使得在之前章节中给出的被普遍接受的定义受到质疑。

讨论问题

一个聚焦在传统体育和国家行政机构上的体育策略是否具有局限性？这一策略有哪些风险？

据悉，娱乐、非竞技性体育已经不属于文化、传媒和体育部的管辖范围，而是体育活动的一部分，因此属于卫生部门的管辖范围。文化、传媒和运动部和英国体育基金会的规划更多地集中在竞技性体育体制上，其目的是在国际体育领域取得成绩，特别是在 2012 年奥运会上取得成绩；同时志愿者部门也是其关注的对象，以便更好地完成规划。这其中仅只一部分是出于政府资助体育的初衷——2012～2013 年激励 100 万以上的人有规律地参与体育。近年来在英国，体育参与的增长主要表现在非竞技的运动上（个人的、健身导向的活动），并且公共和商业部门的体育参与有所增加。而且，这种趋势很可能会持续。

然而，文化、传媒和体育部和英国体育基金会的策略的侧重点并不意味着其与非竞技性体育和运动背道而驰。文化、传媒和体育部（2008）在与其他政府部门合作来促进运动和体育的发展中起到了作用。而且，这也是促使运动参与增长的一项重大资金举措。例如，投资 1.4 亿英镑用于青少年和老年人的免费游泳项目。不同的是，这些举措是由一系列政府组织共同资助的。例如，免费游泳项目同时受 5 个政府部门资助并有来自业余游泳协会和英国体育基金会的投资，是一个跨部门创举。

即使不考虑对政府政策的关注，仍有疑问存在。虽然运动和体育活动超过 90% 的政府资金全部都由地方当局来支配，但是在英格兰和威尔士，体育服务一直是地方政府可以自由量裁的服务。其他服务如教育、垃圾回收和处理却是强制性的。如果体育对国家真如此重要，那么为何地方当局对体育的支出是非强制性的呢？

近来欧盟才把体育作为一个政策利益来关注，但这也是政府角色的另一种表现形式，如案例研究 10.3 所示。

案例研究 10.3

欧盟和体育

　　2007 年欧盟颁发了关于体育的白皮书，随后又颁发了行动计划。这份白皮书将在这个案例中进行如下分析总结。

　　体育是一个正在成长的社会和经济现象，其为欧盟团结和繁荣的战略目标做出了重要的贡献。

　　它形成了很多重要的价值观如团队精神、团结、宽容和公平竞争，并为个人发展和实现自我做出了贡献。其促进了欧盟公民为社会贡献的积极性，进而帮助形成积极的公民权。

　　与为自身的利益促进体育发展一样，欧盟体育单元也试图在发展和执行相关欧盟政策时把体育纳入考虑范畴。与体育相关的政策是存在的：竞争，内部市场，雇用和社会事件，公正、自由和安全，区域政策，健康和消费者保护，教育和青少年，环境，以及对外关系等。白皮书把体育重要的社会作用定义如下：改善公众健康状况；打击兴奋剂；加强教育和训练；推动资源服务和积极的公民权；促进社会包容、融合和机会均等；帮助反对种族歧视和暴力；与世界的其他地区分享价值观；支持可持续发展。

　　白皮书也认同体育"可以作为当地和区域发展，城市复兴或乡村发展的工具"其渴望为良好的体育治理形成一个框架协议。这一框架协议包含如下原则：透明、民主、有责任、代表利益相关者。白皮书也认可在尊重欧盟法律的基础上"体育的特殊性"，这种特殊性包含：

- 体育活动和规则，即男性和女性分开竞赛，限制比赛中参赛者人数，确保结果的随机性来维护在比赛公平竞争的需要；
- 体育结构，特别是体育组织的多样性和自治权。

白皮书包含的其他问题：

- 转变规则和职业体育中运动员经纪人的角色；
- 对未成年人的保护，特别是在国际赛事上；
- 职业俱乐部的许可制度；
- 体育和传媒之间的关系（如直播权等）。

欧盟白皮书包括 58 个行动要点，这些行动要点与以上讨论问题相对应。其来自于以现代奥林匹克创始人命名的皮埃尔·德·顾拜旦（Piere de Coubertion）行动计划。其中大约 1/3 的点关注的是欧盟成员国之间在健康、兴奋剂、种族歧视、电子测量和许可这些问题上的有效交流。有人提议每年举办一次体育志愿者论坛会，所有主要的欧盟成员国都要参加。有 9 个行动点建议研究包括体育志愿者、非营利体育组织所面临的挑战和草根体育的资金运转情况等在内的一些问题。另外 9 个行动点关注成员国之间的合作关系，特别是关于体育中兴奋剂、贪污、暴力和种族歧视等问题的处理上的合作关系。

相对较少的行动点建议用财政补贴来资助体育方案或对欧盟法律的修订，白皮书表明了欧盟对体育的重视。在 2008 年 12 月，欧洲议会批准了 600 万欧元的预算，该预算用在 2009 年欧盟在"体育领域的准备行动"上，其中 400 万欧元用在与健康、残疾人体育和性别平等相关的体育项目上。100 万欧元用在关于学习、调查、体育的扶持政策的会议和研讨会上。另外 100 欧元用在 2009 年地中海运动会上。显然，欧盟的政策和资助对体育来说是一个新兴不容小觑的力量。

10.9　运动、体育活动和健康

运动和健康之间的联系使得促进体育参与的政府干预变得正当。显然，体育活动可以改善健康状况，这一观点已得到证实，并得到了普遍的认同。每周 5 次每次 30 分钟强度适中的运动能帮助减少患心血管病、某些癌症和肥胖的风险。据估计英格兰由于缺乏锻炼而导致的总开支每年至少大约 20 亿英镑。据保守估计，其代表 54000 个生命过早地离开了人世。只要成年人运动参与率增加 10% 就会使英格兰 GDP 增加 5 万英镑（挽救大约 6000 条生命）这些估计不包括受伤的成本。由身体缺乏锻炼导致的病痛是一个日益严重的问题，正如肥胖和其他因缺乏运动引起的健康问题所证实的那样，当这一问题逐步升级，由缺乏锻炼所发生的支出也会上升。

历届政府都曾警告过因缺乏身体锻炼所产生的健康问题。白皮书"国民的健康"（健康部门，1992），提出了一个策略方针。该策略方针旨在"延长寿命"和"拯救生命"。

健康服务只是该方针的一部分，体育活动是减少早期死亡率和改善健康状况并促进健康生活的一个因素，心脏病和中风的一个主要风险因素是缺乏体育锻炼。随着日常工作和生活中体育活动的减少，体育和娱乐占据了个人所参与的剧烈运动的很大一部分，且其对国民未来的健康是首要的。同样体育和娱乐活动也为不同年龄和不同能力的人们带来了欢乐。

一份最新的报告提到：

到 2050 年，60% 的男性和 50% 的女性可能过度肥胖，将使英国国家医疗服务系统的年成本增至 55 亿 ~65 亿英镑。并且使社会和商业成本增至 455 亿英镑。

首席医疗官员也强调了体育活动能应对这一问题：科学家的证据是令人信服的。体育活动不仅是康乐的保证，也是身体健康的必需品。那些经常参加体育活动的人能把患慢性疾病的风险降低 50%，把早死的风险降低 20% ~30%。

欧盟补充道：作为改善健康状况的一种体育活动，它比任何其他社会运动的影响更大。

据英国体育基金会（2008b）的报道，利用运动和体育活动来改善健康状况会产生如下主要的结果：

- 减少导致身体不适的特定的风险因素，如肥胖、糖尿病、心血管疾病和某些类型的癌症；
- 增长平均寿命，减少健康不均衡；
- 改善生活质量，增强独立性，其对象包括老年人和病人；
- 提高劳动力的身体素质，减少旷工。

体育经营商可从中获得有用的信息——如果发展社区体育的公共资金可以得到保障，那么健康益处将是其最具影响力的根本目的。

讨论问题

如果关于运动和体育活动能改善健康状况的证据真是如此强有力的话，为什么人们没有选择更多的参与运动和体育活动呢？

10.9.1　健身设施

近来人们开始逐渐意识到健康和健身的积极意义，这表明体育市场开始活跃，也表明了各个供应部门都跃跃欲试的态度。根据英国体育基金会 "Active Place 调查项目" 网站上的信息，在英国，公共部门和私人部门总共拥有 6693 个健康和健身中心。而 1995 年估计该数据才为 2900 个。最具意义的增长体现在商业健身行业。如之前提到的，在公共部门，几乎所有大型休闲中心都提供健身场所、有氧运动室和健康套件。

是什么导致了健身潮的兴起？个人虚荣心、健康以及想要变得更美是个人最初的原因；而公共部门供应商的主要动机是公众健康和税收；市场偏好和利润是商业的主要推动力。然而，健身的动力不是来自运动本身，而是一种生活态度。

假定市场维持不变，健身设施还应满足如下关键因素。它们包括：

- 带有心血管和抵抗仪器的健身体育馆：体育馆的大小与俱乐部能容纳的会员人数有直接关系；
- 跳舞/有氧运动室：大部分俱乐部都有至少 1~2 个运动室，用来进行有氧运动，踏板课，瑜伽和动感单车等活动；
- 游泳池：提供最受欢迎的室内活动；
- 健康水疗：增进健康的全盘方法，带有水蒸气、桑拿浴和水疗池等；
- 健康和美容沙龙：包括面部的，芳香疗法，美发，按摩和理疗；
- 附加设施：如提供饮食服务，酒吧；健康饮品和食物，以及一个托儿所用来吸引家庭市场；
- 私人健身教练：帮助消费者获得参与的最大益处。

10.9.2 健康生活中心

与促进体育、体育活动和健康的便利设施一样，另外一种类型的设施在英国也已经形成——健康生活中心。健康生活中心由政府出资赞助，由新机遇基金拨款约 3 万英镑。彩票基金主要针对贫困城市和社会偏远地区。健康生活中心旨在帮助减少因人们收入、住房、教育、就业、年龄和种族背景不同而导致的健康水平不一的现象。

由彩票基金资助的项目包括伦敦的"Peckham Pulse"项目和威勒尔的 LIFE 工程。Peckham Pulse 健康生活中心包含一个主游泳池，可调节地板的水疗池，体育馆，温泉浴场，托儿所和一个带有全国健康服务诊所的健康套餐。威勒尔全国获奖的 LIFE 工程是一个协作方案，其目的是预防冠心病，随后其获得了极大的成功，这促使了委员会和健康当局部门联合为 Wirral's Health links 项目筹款；接着一系列的项目开始筹建，如健康促进学校计划，健康促进训练项目，健康生活课程和一个健康信息研究中心。

这些例子证实了体育活动和健康的生活方式之间密切的联系。也揭示了为何中央政府和地方当局急于要提供这些设施。然而，很多人参与体育和娱乐活动只是为了娱乐，建立伙伴关系以及享受参与的乐趣，这一点不应被忽视。体育活动，如玩，能因自身而享受其中。

10.10 小结

体育有一个复杂的组织结构，志愿者部门的传统职权是制定运动的规则，运动的行政机构，形成运动的志愿者俱乐部以及组织主要的赛事，而现在它却牵扯着商业和政府两重利益。商业部门有明确的支配领域，尤其是在运动服饰类和鞋类，运动设备和体育出版物的制造业和零售业。同时，其在重大的体育服务项目上也有实质利益。如电视、健康和健身俱乐部、体育赞助、体育博彩和职业观看比赛等服务项目。利润动机是革新和效率的主要推动力，其对增加体育发达国家的经济重要性起到了很好的作用。

政府规划体育有一系列复杂的目标，其中包括改善健康、减少犯罪和在国际竞技中争优。鉴于此，政府资助了一个相当大的体育设施网，从地方休闲中心到国家训练中心。大多数这些资金在地方层次被分配。当地政府有一个混合的管理选项，其自身，商业承包商以及第三部门信托都操纵着不同公共部门的体育设施，详见第 5 章。

然而，志愿者部门仍然是体育供给的基石。国家体育行政机关和他们的国际体育单项联合会制定大型体育竞赛的结构，志愿者部门提供大量志愿者。联邦政府把国家政府机构作为关键伙伴，在传统体育上采用策略，已示对志愿者部门的信任。

管理者应该做的是着眼于市场趋势来挖掘独特的信息。越来越受欢迎的不是由国家政府机构组织的传统体育或竞赛体育，相反，个人的、非竞赛性的、参与时间灵活的活动在市场上更为热门，如散步，骑自行车或去健身中心以及其他任何的锻炼机会。在这一领域，商业部门和公共部门经营商成为公众的焦点，并且这两大部门在消费者市场的竞争相当激烈。

实 践 任 务

1. 对你周围的人进行调查访谈，评估运动和体育活动在他们生活中的重要性，试着把他们的健康、社会生活和自信等因素纳入讨论话题。

2. 试想为你感兴趣的特定运动和体育活动成立一个新的俱乐部，通过网络搜索，鉴定不同组织的职能，并标出地方、区域和国家机构的组织网络，以便帮助你发展你的俱乐部。

拓展阅读

关于英格兰的体育参与情况：

Sport England (2009a) Active People Survey 2, Sport England, London, available at www. sportengland. org/index/get – resource s/research/active_ people. htm.

MORI (2003) Young People and Sport i72 England: trends in participation /994 – 2002, Sport England, London, available at www. sportengland. org/ young – people – and – sport – 2002 – report. pdf.

关于英国的政策，包括运动与健康和运动与犯罪：

DCMS/Cabinet Office (2002) Game Plan: a strategy for delivering govern7rient's Sport and Physical Activity Objectives Report, DCMS, London, available at www. sportengland. org/gameplan2002. pdf.

DCMS (2008) Playing to Win: a new era for sport, DCMS, London, available at www. culture. gov. uk/images/publications/DCMS_ PlayingtoWin_ singles. pdf.

Sport England (2008b) Shaping Places through Sport, Sport England, London, available at www. sportengland. org/shapingplaces.

关于英国体育市场：

Sport Industry Research Centre (2009) Sport Market Forecasts 2009 – 2013, SIRC/Sport England, Sheffield and London.

实 用 网 站

关于参与情况的结果：

www. culture. gov. uk/reference_ library/publications/5396. aspx

关于活动人口的结果：

www. sportengland. org/research/acrive_ people_ survey. aspx

www. sportengland. org. uk/research/sport_ facts/

关于地方权力活动：

www. activeplacespower. com

关于英国体育委员会:

UK Sports Council, operating as UK Sport, www. uksport. gov. uk

English Sports Council, operating as Sport England, www. sportengland. org

Scottish Sports Council, operating as Sport Scotland, www. sportscotland. org. uk

Sports Council for Wales, www. sports – council – wales. org. uk

Sports Council for Northern Ireland, www. sportni. net

关于英国奥林匹克协会（BOA）:

www. olympics. org. uk

第 11 章
管理儿童游戏服务

本章内容

- 何谓游戏，游戏又有那些益处；
- 为什么需要对游戏服务业务进行管理；
- 为满足儿童游戏的需求，哪些类型的游戏是必需的；
- 游戏服务业有哪些类型，这些服务又由谁提供；
- 应该怎样培训游戏服务领域的工作人员；
- 游戏政策有何特点；
- 好的游戏场所该如何设计；
- 如何评价游戏服务业务。

概要

　　本章将向读者介绍儿童和青少年游戏和游戏服务业务的概况。当前对游戏的定义已在历史背景下得到了印证。游戏是一种难以捉摸的、复杂的现象，因此为了提供适当的游戏服务，成年人必须清楚游戏对儿童的影响。游戏的精髓是要让孩子们做出自己的决定，但事与愿违，通常游戏的抉择权掌握在成年人手中。

　　绝佳的游戏机会有益于儿童身心的健康成长，这是提供游戏服务的首要理由。值得一提的是，儿童的健康和行为问题可能会限制他们的游戏机会。政府有关儿童的政策也认同这一理由，其中也包括联合国政策和全国性运动。本章主要以瑞典和荷兰为例，并聚焦英国 2000 年以来在儿童游戏方面主要的政策创举。

　　本章对英国的游戏政策和国家支持体系作了简要介绍——英国是拥有最完善的国家基础设施的国家之一，而这些基础设施的作用是协调游戏政策和指导游戏服务人员。然而，投入游戏服务中的公共资源相对较少。本章节将会详尽地介绍儿童和青少年一线的游戏服务状况，其中还涉及很多其他合作部门。在经营游戏服务时的主要问题包括员工培训、政策、场地设计和结果评估等，这些都将从不同视角并通过相关案例加以论述。

11.1　引言

"人不会因为变老而停止游戏，而是因为停止游戏才变老。"（乔治·萧伯纳和本杰明·富兰克林）游戏是人类重要的发展进程。

游戏是一个过程，人们可以自由选择，自主设计，并且人们对游戏具有内在的动机。也就是说，儿童和青少年可以遵循他们自己的本性、想法和兴趣来决定游戏的内容和意图，为他们自有的理由以他们自己的方式来进行游戏。（游戏规则审查小组，2005）

正如萧伯纳所述，游戏伴随着我们的整个人生。游戏在很多方面对人类发展都是至关重要的，儿童需要可以自由选择游戏的机会。关于游戏的定义有很多；然而，由游戏规则审查小组提出，英国游戏服务人员（服务于儿童游戏的成年人）引用的关于游戏的定义是比较成熟的。

现在对游戏的普遍认识是，游戏定义应该由参与者给出；当人们参与游戏时，他们可以自主掌控游戏局势，这将使游戏更具趣味性。当儿童和青年人遵循指示来行动时，就不能称之为游戏，例如出于某种"训练"或"教育"目的进行的活动就不能称之为游戏。有趣的是，作为发展城市体育策略的一部分，成年人需要对体育服务的好坏给予评价。不管从以上哪点来看，成年人都应该陪伴儿童参与游戏。当儿童在成年人的要求下进行活动时，他们要么在游戏时没有自主意识，要么有抵触情绪产生；但当活动以不同形式呈现在他们面前并且他们可以自主选择参加与否时，他们会认为那是有趣的，并且乐此不疲。很多成年人只要有机会也会参加娱乐性体育运动，如果由他们自主选择参加这些娱乐活动，那他们是否还愿意参与呢？在经营游戏服务业务时，管理者应该了解游戏的关键元素。

游戏体现在儿童自然的活动中（有些人将其描述为先天性的生理驱动所致）。儿童游戏不需要任何设备或是特殊的场地，任何地方都可以成为他们的游戏场所。儿童可以在厨房玩厨具或食物，可以在合适的街区玩捉迷藏或互相追逐，又如青少年可以在公园或他们感觉安全的角落斗嘴和闲聊。游戏的形式多种多样；儿童可以独自玩耍也可以进行团体游戏。在游戏中他们可能行为活跃也可能昏昏欲睡，这完全取决于他们对该游戏的兴趣。依据参与者和游戏主题的不同，游戏可以富有创造性，可以具有破坏性，可以是喧闹的，可以是安静的，可以是系列游戏，也可以是单一游戏。对于一些人来说，儿时的玩耍可能会培养了他们对艺术的长期兴趣；而对另一些人来说，可能培养了他们对戏剧、小说，或是体育项目和其他娱乐消遣活动的兴趣。成年人也通过运用智力、与他人互动或是挑战身体极限来进行游戏。正是因为这些不同的方面，多年来人们对参与游戏的目的纷纷提出了自己的看法。

古希腊人和古罗马人曾认为游戏是儿童为成长所做的准备。这种观点得到了格鲁斯（1861～1946）的支持，他认为游戏让儿童明白如何扮演成年人的角色；他还指出随着先进的物种对形式复杂游戏的精通，游戏也不断演变；所有的动物都会进行游戏活动，但只有大型哺乳动物、猿类、猴子还有人类的游戏复杂多样。弗洛伊德和荣格在20世纪20年代则指出，"参加游戏更多的是追求一种认知和情感体验，而且他们还认为儿童的想法和感觉会在生理和想象力上影响他们对游戏的参与方式"。皮亚杰（1896～1980）在教育学和儿童心理学方面影响深远，他认为游戏是认知发展的过程，在游戏过程中儿童通过与周围环境接触，来创造智力结构模型，该模型帮助他们更好地了解世界。这促使他提出儿童认知过程中"年龄和阶段"分类的理论（此前人们认为儿童的认知发展没有标准模式），这个认知发展理论在20世纪后期占据了十分重要的地位。

加维（Garvey，1977）突破了皮亚杰的认知发展理论，她指出，游戏在其他领域的发展中也起着重要作用。例如交际、手势、规范和礼仪方面。加维认为人们不管出于何种目的、处于何种环境，都可以进行游戏。她列出了游戏具备的特征：游戏是有趣的、令人愉快的；游戏是自发自愿的；游戏没有外在的目的；游戏需要参与者的积极配合；游戏和非游戏的活动之间有一定的系统关系，例如游戏与创新、问题的解决、社会化和语言的发展之间有联系。

加维通过一句话表明了自己的立场，她认为"提出游戏单一或一致的功能虽然很困难，但也并非不可能"。将游戏描述成一个过程较为贴切，它没有确定的目标或是结果，而且游戏能在差异很大的环境或是主题下开始或结束。将游戏当作一个过程也帮助成年人更多地思考儿童的游戏是如何进行的，而不是思考他们游戏的成果。

游戏的过程可以描述成游戏循环（斯特罗克和埃尔丝，1989）。组成循环的部分有：参加游戏的驱动力，即意识思维或是自发冲动。由此又形成了参加游戏的暗示，即儿童向他人暗示想要游戏的意愿。我们将游戏包含的环境称为游戏的框架结构，它由儿童对游戏的想法和游戏场所组成。游戏循环的完成称为游戏的回归，游戏回归的出现可能由环境或新的参与者引起。这个循环过程描述了幼儿对于环境的第一步探索，例如在探索事物结构或是外形时，青少年互相之间的戏弄和在冒险游戏中挑战自己，又如攀岩中爬得更高，或是骑车或冲浪时加快速度等。所有的游戏都会在儿童或青少年从游戏中获得满足时停止。

整合游戏框架是一个把关于游戏功能的不同观点整合起来的结构模型（埃尔丝，2009）。这个结构框架展示了所有人类内心世界的感受和与他人共享的客观世界。它们交互影响，因此我们的思想会影响我们的行为，我们所经历的事情会影响我们的想法和感受。例如，一群儿童玩"标记追逐"游戏，这是一种身体对抗活动。游戏包括在地面上追逐和跨越障碍以躲避追捕。伊桑扮演的就是追捕者的角色；他努力想将角色传递给他人并且精力充沛地各处追捕其他参与者。最初因为他追不上别人而产生挫败感，但当他抓到他的朋友苏海尔并且成功逃到高台上时又激动不已。后来他和苏海尔讨论了这个游戏，以及在游戏中逃避追捕时的感受。团队游戏中也同样如此，在团队游戏进行的过程中，成年人会运用技巧、策略、交流和互动技巧以及个人经验等。另外，在休息室或者地方酒吧，游戏可能会演化成不同的形式。

这个框架模型展示了通过游戏我们可以感受到自身的存在，游戏是如何促进身体和情感的相互作用的，以及游戏是如何帮助我们了解事物的本性的。事实上，许多从事游戏服务业务的管理者并没有真正理解这项工作的概念，这会导致取得适得其反的效果。儿童需要适当的环境和机会来进行身体活动，如跑步和登山，或者是和他人一起游戏；可以是充满想象力和幻想的游戏，也可以是具有创造力或破坏性的游戏。在很多游戏场所的设定中，只考虑到游戏的一个或几个维度。例如，典型的公园游乐场所就几乎不能进行化装舞会或者其他有创造性的活动，当然更不会受到团队游戏的青睐。学校的操场倒是很平坦，看上去却像是不贴近自然的毫无吸引力的停机坪。自然环境中存在着很多天然的游戏场所，但对儿童来说不管从社会性还是从个人安全的角度来看，都缺乏相对安全性。为儿童提供不同的、具有挑战性的环境能帮助我们更好地满足儿童对游戏的需求。

这些想法大多对英国的游戏服务业务有深远影响，在工作实践中可以帮助儿童更好地参与游戏。

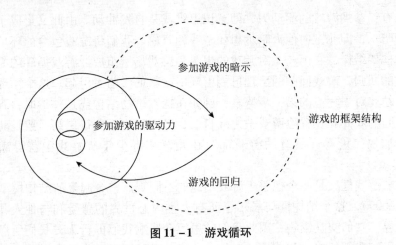

图 11 - 1　游戏循环

资料来源: Sturrock and Else（1998）

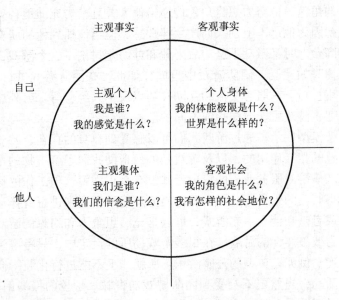

图 11 - 2　整合游戏框架

资料来源: Else（2009）

讨论问题

上述理论家关于游戏的理念，你认同的是哪一种？你认为游戏是以何种方式给儿童带来益处的？

11.2　游戏

第二次世界大战之后随着对废弃场地的开发和儿童游乐园的兴建，很快游戏领导运动开始在欧洲兴起；废弃场地即"带有器械和废弃材料的可开发性场地"。早期支持儿童自由选择游戏的人物是赫特伍德的艾伦女士，在 20 世纪后期她把在斯堪的纳维亚的儿童游乐园引进英国。最初人们称她是"游戏领导者"，很快实践工作者就意识到成年人在儿童游戏中扮演的角色应称之为伴随者而不是领导者。这个观点得到了游戏规则审查小组的认可，他们认为成年人的角色是"在创设的游戏区域辅助儿童和青少年进行活动"，所以游戏工作人员的职责是创造游戏的机会而不是去领导游戏。这种方法将游戏业务同其他儿童服务工作区分开来，即儿童是自愿参与游戏而非受到了成年人的领导。

在 20 世纪 80 年代早期，在英国掀起一阵游戏运动的狂潮，倡导者大兴笔墨来介绍他们新兴的行业。鲍勃休斯发表了很多探讨游戏实践和游戏现象的论文和书籍（休斯，1996a，1996b，2001a，2001b，2003，2006）。在他的成果中，被人们引用最广泛的是他关于游戏类型的陈列（1996b），其根据已存在的儿童游戏和发展的文学作品编译而来。

游戏的类型依据儿童在进行游戏时不同的游戏行为来分，如自主游戏（主要行为是空间位置的移动），社会性游戏（和他人一同参与）和探索性游戏（探索事物的本质）（休斯，1996b）。对游戏的分类可以帮助成年人了解儿童参加游戏的不同方式，以及他们要做的不是去领导儿童参加游戏，而是要认识到儿童游戏的多样性以及儿童对游戏资源的需求。休斯认为一个充满游戏氛围的环境，就是能让儿童和青少年有机会体验如下经历：接触到土、空气、火、水等自然元素；感官的刺激，嗅觉、视觉、听觉、触觉、味觉；能够自由选择社交互动；体验个性化的游戏，自己的或者他人的；情感变化：开心或是难过、恼怒或是镇定；挑战客观环境或客观环境中的事物；任何维度的运动；变化：构建和破坏；制造材料和自然材料；全面有趣的，丰富多彩的客观环境。

同时，我们需要提供"充足的空间"来保证处在此种背景中的儿童能够体验以上经历。该一览表覆盖了游乐场所应该提供给儿童的基本元素，这些基本元素就像小型社区的基础设施，如公园、学校和社区自然环境。所有提供游戏的环境都具备其中某些特征，服务的供给者应该帮助增加其多样性。案例 11.1

就是典型的例子。

在 2000 年，英国三个备受尊重的机构如全国运动场地协会、儿童游戏委员会和游戏在线共同出版了《最好的游戏：儿童游戏的供给》一书。该书阐述了游戏的目的，支撑游戏产业的价值观和原则，以及游戏在儿童发展中所起的作用，丧失游戏能力或者缺少游戏对儿童发展所产生的影响。该书还分析了游戏产业的公共投资，解释了在游戏服务业务中成年人的角色并列出了供给目标。

《最好的游戏》把游戏的益处总结为两点：第一，蕴含于儿童游戏过程中的益处：给儿童提供享受自由选择、锻炼和控制自我行为的机会；给儿童提供探索危险的机会；给儿童提供一系列身体的、社会的和智力的体验。

第二，日后逐渐形成的益处：有利于儿童养成独立、自尊的品格；有利于增强儿童尊重他人的意识和促进他们与社会的互动；有利于儿童健康成长和发展；有利于儿童增长知识和提高理解能力；有利于提高儿童创新能力和学习能力。

2008 年，英国游戏基金会受托对支撑当前游戏的观点的证据"进行全面评价"。最后的评价（莱斯特和拉塞尔，2008）针对的是游戏的重要性以及它是如何与社会政策和实践相关联的。传统观点一直认为游戏是学习的过程，而这一评价动摇了该观点。莱斯特和拉塞尔认为游戏赋予儿童认识世界的机会，这同参与游戏本身的经历一样正当有效；在玩耍中，儿童经常做一些没有明显目的而完全出于娱乐的蠢事。他们也引证了身体在成长中的证据，证据表明儿童大脑的发展和可塑性受到游戏参与经历的影响；实际上，儿童参与的游戏越多，大脑皮层越活跃，大脑运作越好。相似的观点也得到早期澳大利亚儿童组织和美国的国家游戏机构的认同。

以上关于游戏业务的评述提供了很多材料阐述游戏的重要性。随着对游戏益处日益深刻的理解，你会惊奇地发现在很多工业化的国家游戏参与的机会却每况愈下。

讨论问题

你认为 20 世纪末游戏业务作为一项职业出现的原因是什么？

荷兰 "Sportpunt" 中心

"Sportpunt" 中心位于荷兰的高兹，是一个能够为当地 27000 人口提供服务的超级体育休闲中心。它接近市中心，人们骑自行车穿过城镇 10 分钟就可以到达。该体育中心包括 3 个体育大厅、4 个壁球室、1 个攀岩墙、2 个会议室和 1 个体育酒吧，其中心是占地 1000 多平方米的恒温游泳池。此外还有其他 4 个游泳池，它们分别是儿童游泳池、1 个气泡池、训练游泳池和 25 米泳道的专为特殊游泳者设计的清凉游泳池。在游泳区域的一角有卖小吃、饮料和冰激凌的小店。这个小店和它轻松的氛围会增加儿童及其家人逗留的时间。

这里的监管很宽松，因为儿童和其他使用者都希望可以没有拘束地使用体育设施，甚至有人跑到没有监管的 2 个滑水道下面。设施经理解释道因为他们把很多水域设施都租给当地的学校上游泳课，才会造成如此宽松的供给环境。在 20 世纪 80 年代，荷兰政府（与许多欧洲国家是一致的）为了尽可能地减少儿童溺水身亡的情况，规定全国儿童年满 7 岁之前都要学会游泳，并且可以达到游 200~400 米的水平。这样等到他们可以独自接触大自然时，要比邻近国家的儿童更安全。

除了室内的设备外，还有 65 个运动场地和一个直接毗邻运动中心的自然区域。这个环境区域有很多与地貌性特征完美结合的游戏空间，可以提供更多与儿童互动的机会。除了有"官方的"游戏区域，还有一个迷你高尔夫区域、动物园、地方手工艺中心和环境教育中心。然而，免费玩乐的最好区域是滑水道，儿童可以在无人监管的情况下尽情地玩乐。

一个系着铁链和绳索的巨杆矗立在堤上。在水域的两侧是一个升降平台，再远一点的是一系列的踏脚石。儿童按顺序摇晃着穿过堤坝然后跑过踏脚石奔向下一个地方。没有人监管他们，没有人告诉他们共享绳索或是在近水区域要小心（因为所有的儿童都会游泳）。这是荷兰免费为儿童提供游戏机会的一个绝佳例子。这整个区域由树林和小山环绕，就像处在偏远乡村，但它其实靠近工业区，而且离中心城区只有 800 米的距离。

> 荷兰是"绿色安全通道"的主要发展者——生活化街道。该街道主要为鼓励游戏并限制高速机动车辆而设计。荷兰（就像欧洲的其他国家，尤其是德国和瑞典）在中心城区交通环境下车辆必须给自行车和行人让道。在一场自行车和汽车的交通事故中，机动车车主理所应当的要承担责任。这种态度创造出一种积极的生活方式，例如促使阿姆斯特丹超过85%的人口拥有一辆自行车。
>
> 这两项政策决议，即帮助儿童学会游泳并赋予行人特权，使得这个国家的儿童能够自由探索周围的环境，尽情与朋友游戏，骑车以及在大堤游泳等，所有的一切都很好地解释了为什么荷兰儿童会被认为是西方国家最幸福的人群。

11.3 为什么需要提供游戏

当代世界，儿童在外参加游戏受到诸多限制和威胁。博德（2007）向我们展示了近80年儿童游戏机会是如何变化的。他陈述道，在20世纪20年代儿童可以从家漫游到10千米以外，到了50年代减少到1.5千米，然后到了2000年的这一代减少到275米。从20世纪70年代开始，在许多西方国家中限制儿童自由外出的主要因素出现，即大规模交通工具的增加。再加上许多孩子家庭环境的变化（更多的家长在职，更多的单亲家庭出现和大家庭间的交流减少），这致使儿童大部分时间待在室内，独自玩耍或者和几个同伴玩耍。儿童时期的这些变化与儿童行为问题和儿童期肥胖的增长也有关系。在2000年之前，英国和美国的体重超标儿童和肥胖儿童的数量就呈上升趋势（海克等，2007），而经诊断患有注意力缺失障碍的苏格兰儿童的数量呈十倍增加。在美国，超过400万的儿童患有注意力缺失障碍或是注意缺陷多动症（奥沙利文，2005）。

游戏和游戏供给对于儿童身心健康显得越发重要。2004年英国的首席医疗官员说"儿童和青少年每天应该进行至少60分钟的强度适中的体育活动"（NCB，2006）。马克特（2004）指出，为了增加儿童的体能消耗，他们需要更多地在户外活动中度过他们的休闲时间。马克特还发现比起俱乐部或是正规的体育活动，儿童在户外活动中能得到更多的锻炼。游戏有益于儿童的心理健康，因其增加了儿童做决定、与他人互动的机会，通过游戏，儿童还可以学习处理问题的策略或者发展自身的韧性（NCB，2006）。许多成年人也意识到了这些益处，并认为娱乐活动也可以使人身心健康。

因此游戏对儿童是必不可少的，成年人应该为儿童游戏创造机会；并鼓励他们到舒适的户外环境中玩耍，鼓励他们做出自己的判断。

11.4　影响儿童游戏的政策

维多利亚时期的格言是儿童没有发言权，而目前这一形式已发生巨大转变。1989 年联合国采纳了儿童权利的协议（UNCRC，1989），这个国际性的条约赋予了儿童和青少年一系列全面的权利，包括游戏的权利（第 31 条）和发言权（第 12 条）。1989 年许多国家开始采纳该协议，除了美国和索马里。英国政府在 1991 年采纳该协议，随后该协议开始对英国的国家政策产生深远影响。由于"儿童问题框架"，因此 2004 儿童法令，要求英国当局遵循"有益健康，安全舒适，充满成就感，积极贡献并且获得积极效益"的原则，为儿童提供服务。

游戏和游戏服务在世界范围内受到国际游戏协会的提倡。这个非政府性质的机构于 1961 年成立并且对第 31 条条例的采用负有部分责任，儿童游戏和休闲的权利，体现在英国关于儿童权利的协议中。如今国际游戏协会作为儿童游戏权利的代言人已经遍布 40 多个国家并且每三年召开一次国际会议。

每个成员国都有自己的国家游戏协会，其由不同兴趣团体的代表组成。例如，美国有国家游戏协会和国家游戏研究协会；韩国有安全社区协会；欧洲有儿童友好城市网络；澳大利亚的维多利亚有游乐场与娱乐协会。这些协会给予游戏的支持程度因国家而不同，有些国家近来才意识到人们对游戏的需求，而有些国家已经对游戏建立了完善的国家支持体系。

2008 年，英国的第一个国家游戏策略陈述了政府的计划，即在全国范围内改善和发展儿童游戏设施（DCSF，2009）。这个策略的投入资金高达 235 万英镑，其目的是创造"在每一个居民区建立安全，受欢迎的，自由有趣的活动场地"（DCSF，2009）。在这项规划中，英国的四大部分密切合作，而且相似的情况同样发生在苏格兰、北爱尔兰还有威尔士，典型的例子即 2002 年在威尔士，国家机构（游戏威尔士）与威尔士议会合作制定出了一项游戏策略。英国的游戏基础设施将在案例 11.2 中进行总结。

受国家游戏策略的支持，英国游戏基金会受托发布了很多支持游戏服务的有效文件（在机构的网站均可获得）。莱斯特和拉塞尔（2008）补充道其中包括如下：

- 儿童游戏宪章（2007）略述了八条声明，描绘了游戏服务业务供应的前景；
- 游戏的设计：创造完美游戏场所的指导，描绘了如何设计好游戏场所，既能满足儿童和青少年自由的进行创造性的游戏，又能让他们体验冒险、挑战和刺激；
- 游戏服务供给中的风险管理：贯彻指南（2008）展示了游戏供应商是运用何种方法进行风险管理的，即把儿童和青少年挑战游戏经历的益处考虑在内；
- 发展冒险式游乐场：关键因素（2009）解释了 21 世纪冒险式游乐场的重要特点。

讨论问题

你认为大众对儿童和青年人的权利和需要的认识有多少？这些权利和需要在公共辩论中重要吗？

在为儿童游戏提供服务的过程中，供应商需要注意来自不同合作机构的理念和意见的冲突。解除这种迷惑最明智的方法就是制定游戏服务的政策，这项政策应清晰地表明前景、目的和提供服务预期的结果。案例 11.3 将对此进行讨论。

案例研究 11.2

英国儿童游戏的国家基础设施

英国是拥有最发达的儿童游戏基础设施的国家之一，其有 4 个国家级游戏机构——英格兰游戏基金会、苏格兰游戏基金会、威尔士游戏基金会和北爱尔兰游戏事业委员会，还有一个行业技能委员会，该委员会包括游戏服务和活跃技能。活跃技能中的业务部门致力于游戏服务教育以及对为儿童和青少年服务的人进行培训等。活跃技能开启了游戏服务资格认证的先河，并且联合政府以及像儿童劳动力发展委员会这样的机构来增进儿童和服务人员的流动性。其他志愿者部门的工作机构也为儿童的游戏服务工作提供了大量的支持。

　　自由游戏网络是一个非政府性机构，它的宗旨是为促进人们更好地理解儿童对高质游戏机会的需要。它的日常工作通过讨论、交流经验和为儿童游戏机会提供实践指导来展开。该机构对有关游戏政策的关注重点主要放在游戏场所以及户外游戏活动上。

　　"KIDS"慈善机构致力于为残疾儿童创造一个包容他们的社会环境。"KIDS"也经营游戏外包项目，该项目向地方当局提供游戏发展策略、信息和必要的指导，并为游戏外包和儿童看护提供设备。

　　"4Children"是另一个慈善机构，其最初的工作焦点是父母都有全职工作的儿童的看护问题，其后把业务拓展到有关儿童和家庭的所有事项中，包括儿童的参与、学校的学习、素质教育的实施和政策的发展。

　　英国教育标准局（是关于标准教育、儿童服务和技能的办公室）是英国总督察学校的代言人。教育标准局设立原则，来考察学校的标准，监督地方教育主管部门，以及儿童的全托或看护。政府增加了教育标准局的税收减免项目，其中包括给 14 岁以下的儿童提供的游戏看护服务，以及从 2008 年开始给 5 岁以下的儿童提供的早期基础阶段教育，该早期基础阶段教育在儿童教育和看护方面有特殊的标准。这一曾遭受莱斯特和拉塞尔批判的发展性的教育方法，开始逐渐影响着供应者对儿童游戏的供应方式。

案例研究 11.3

英国中心城区的游戏服务

　　英国的中心城区拥有超过 175000 的人口，其中大约 38000 是在 18 周岁以下的（2001 人口普查）。中心城区向社区提供各种各样的服务。为此每年投入大约 200 万英镑的税收预算，此外还有其他补充资金，包括当地慈善捐赠和额外的政府专项资金。

在发展当地服务的同时，负责游戏的经理们通过游戏服务培训委员会和相关的国家志愿者委员会，对国家游戏服务的发展做出了突出的贡献。这导致了"基层"国家政策和地方自治区政策的出台并将其上升到国家标准上。例如，依据 best play 机构（NPFA et al，2000）和 Making the Case for Play 机构（cole – hamilton and gill，2002）撰写的自治区游戏声明。自治区游戏服务工作的展开依靠的是与活跃社区和志愿者部门紧密的合作关系。这样的合作关系可以把游戏和青少年服务工作与新型社区联系起来，以避免市区内的"独立主义"供给。

自治区在很长的一段时期发展游戏服务成功的一个关键部分就是它的室内游戏工作的培训服务。这项服务经过多年革新，包括教育、青少年工作、早期职员和体育运动的职员的重组。公司支持职员考取相关的职业资格证书和取得相关专业地方大学的学历。培训服务加速了服务的移动性，所有服务工作一同进行，混淆了不同专业服务之间的界限。当自治区签订联营合同，成为地区游戏服务教育和培训的代理机构时，国家代理机构的经理和职员的优势将得以认知。这进一步巩固了自治区的声誉，其作为合格的服务提供者通过积极的研究项目吸纳更多的理论者和实践者来帮助培训它的职员。

自治区采用两个国家游戏服务评价工具——游戏的质量和第一申明，分别对管理流程、服务人员的技能进行评估。自治区有其自身的常规项目，来对日常工作和其员工进行监控。高级经理也会参与该项目，并定期加入职员团队作为团队工作者以掌握实践工作进度和了解日常游戏服务员工的工作。

总而言之，由于经理和员工们的不懈努力，这项服务在满足社区游戏需求方面很成功，并通过不同的政治管理和融资制度把地方发展、国家政策以及清晰一致的游戏愿景与服务发展联系了起来。

11.5　游戏供给的类型

目前形式明朗，支持儿童游戏服务工作的途径很多：如鼓励在更广阔的环境下进行游戏；提供免费使用的游乐场所或是提供增加游戏机会的服务，而这些服务可以是有偿的，也可以是无偿的。

　　不同的游戏空间应该遵从不同的管理制度，有些服务无须服务人员参与，有些则需有服务人员在场，这些服务均有分级支持体系和不同的监督系统，另外也会把例如健康、安全、疏忽、责任和立法限制等问题纳入考虑范围内。服务体系的复杂性和多样性不仅只体现在国家之间，不同地方的表现形式也不尽相同，所以在下文中未能详细描述（在来自领先的中介机构和网络上可以获得更多的指导）。然而，区别"看护式"和"开放式"服务供给十分重要。当服务人员在场时，提供的服务就是看护式的——享受服务者需要登记注册，且有时间限制——再者是开放式的，在这里儿童可以随性的自由活动；依据采用的方法和管理团队的基础不同，经营理念和规则也是不同的。服务的管理应统筹于法定部门或者志愿者部门，不同的服务关注的焦点不同，教育服务关注的可能是员工技能，休闲服务关注的是基础设施，公园服务关注的则是提供的景观。

　　表 11-1 列出了一些最常见的游戏服务供给，从无人监管的"自然"场所，到有专职员工监管的有组织的服务项目。

表 11-1　游戏供给的类型

供给类型	描述	评论
自然的游戏场所	沙滩、林地、田野、森林	这些开放性场所为儿童创造了自由奔跑和探索的机会。在这些场所玩乐时，父母通常不在场
公园和操场	城市和乡镇的免费娱乐空间。公园除了是娱乐场地，也是自然空间，有些甚至为了满足儿童的游戏需要，设计了操场	公园提供的游玩经历和自然游戏场所类似，儿童经常因为某些行为不被允许而和父母发生冲突
街道游戏	在交通缓慢或无车辆行驶的街道，儿童在这些街道或者"闲置场地"（无正常用途的闲置用地）玩耍	传统的游戏、骑自行车、巢穴建筑、捉迷藏等游戏都能发生在离儿童住所较近的街道上
骑兵游戏	一些地方当局为他们社区内的儿童提供独立或者移动的服务	骑兵游戏的时间一般有限制（一般在假期流行）或者持续更长的时间，骑兵游戏可以帮助社区缓解社区游戏供给的压力

续表

供给类型	描述	评论
冒险游戏	游乐园是专为儿童游戏设计的场所，其有专业的服务人员和游乐设施，其发展和设计均以儿童生理的、社会的、文化的需要为依据	游乐园通常提供的是开放式供给服务。建立专为儿童游戏设立的游乐场这一想法最初由富有灵感的人提出，随后在英国广为传播，在 20 世纪 80 年代达到顶峰。至 2008 年，英国游戏基金会所资助的新游乐园就有 30 个
假期游戏计划	假期游戏计划是在假期为儿童提供的游戏服务。活动主要集中在社区会堂、休闲中心或学校。该游戏计划为儿童提供丰富的游戏体验，包括户内和户外游戏、旅游或者露营	假期游戏计划可能是看护式或者是开放式。有些地方全年都有假期游戏计划项目，而有的只会在夏季举行。供给可能是动静结合的。有时其目的是帮助社区提供自己的游戏服务
校外服务供给	假期校外俱乐部向儿童提供各种服务，包括看护、作业辅导等。服务形式差异很大，有些在学校公共休息间、有些在正规教室、有些则在偏远地区	1990 年之后，对 14 岁儿童看护服务供给的增加促使了英国地方校外服务供给的发展。这种服务供给通常属于看护式，并受到标准教育局的监管
校园活动	尽管学校关注的是教育，但游戏也必不可少——在上学或放学后或课间的操场，早期对低年级学生自由游戏时间服务的供给有所增加	除了学校的自然游戏时间，有些学校为他们自己提供的游戏机会设有标准。操场监督员的职责在于维护自由游戏，而非组织游戏

虽然这些服务不是严格意义上的游戏服务业务，但是这些服务在全国广泛存在，并使用游戏服务的方法来吸引儿童，其有可能由经营游戏服务的代理机构所经营。在《第十二条》条例（UNCRC，1989）和 2004 儿童法令的支持下，英国的儿童之声项目旨在倾听儿童的声音并让他们参与到发展服务的工作中去。活动项目囊括日常活动和一次性咨询服务。在发展儿童代理机构的风潮上，儿童之声项目与游戏服务原则项目有异曲同工之妙。

讨论问题

为了满足他们的需求，在分配资源时，是否应该倾听儿童和青少年的声音？

11.6　综合服务的管理

综合的游戏服务业务对经理来说既是挑战又是机遇。

主要的挑战是要理解服务的本质，如何提供服务以及服务需要符合的标准。很多的服务供给没有形成专业的方法，服务过程很容易受到服务人员以及供给者的影响。采用典型的"命令和控制"经营结构很难经营游戏服务。很多重要的影响因素以及股东都不在经理的控制范围之内，因此经理无法施与直接影响。游戏服务的提供者应该意识到积极建立合作伙伴关系网，构建和支持各种形式的活动以提供服务的重要性。这不管对于小型非营利性供应商还是对于地方政府服务部门都同样适用。合作伙伴关系的工作要求代理机构明确自己的目标和意图，并与其他机构交流协商以达成一致，用最恰当的方式来满足儿童的需要。

经营游戏服务所提供的机遇是为了真正满足儿童的游戏需要，在全员参与的情况下，创造出充满乐趣、创造力和灵活性的体系。为了在服务的需要上达成一致，以及吸引投资，对很多游戏服务来说，灵活的服务方法已成了实际需要。然而仍有很多管理学者对当今世界需要的创造性和娱乐性进行批判。

凯恩（Kane，2004）指出使管理富有趣味性可以让"我们在面对不确定的、有风险的、严苛的世界时，保持适应性、精力和积极性"。贝瑞母（1999）曾陈述过所有生态系统中（包括组织）存在的秩序和混沌的状态，并提到经理们应该像清楚秩序和混沌一样清楚可预见的和墨守成规的行为，并应清楚如何辨别它们。贝瑞母也曾就儿童服务的行为模式作出过评论（参见布朗恩和泰勒，2008），认为静态有序的服务供给对于处在"混乱的边缘"、寻求新体验和接触世界的新方法的儿童来说是不合适的。圣吉等（1994）认为有必要把组织和体系看作"一系列在共同认知基础上形成的交错社会团体"；在这样的文化下，每个人都有自己的意识观念并对整体做出独特贡献——与游戏服务的原则类似，即承认儿童参与游戏是受本能驱使；虽然行为无法预测，但其一旦出现就可以界定。

11.7　游戏服务业务的培训

游戏服务供给可能需要一种截然不同的管理形式，因此有人曾指出，游戏服务业务的培训应该反映游戏过程本身；这种管理形式应该是"以学习导向，以工作为中心的方法、具备实验性和反映性、基于问题的、创新性、挑战性、刺激性和趣味性等特征。学习的过程应该类似于游戏的过程。通过做这项工作成为一个游戏服务人员"（泰勒，2008）。然而，大多数的培训在现实中因为受到既定目标和经济的限制，而大多是乏味无趣。

从 2005 年开始，英国政府致力于"为儿童和青少年提供顶级的工作人员"，这一点在少儿工作劳动力策略中得到了清楚的说明（DFES，2008）。这个策略规定发展更多的"专业游戏工作者"，促进"4000 名游戏工作者到 2011年获得 NVQ（国家职业资格）三级的水平"并发展新型游戏工作管理资格的认证。在英国，获得实践资格的基准是达到国家职业资格三级水平，该资格是对基本劳工技能的认定。在这个领域，不同地方对"世界级"的评定标准不同。例如在丹麦从事儿童工作的人员需要在实践之前进行长达 3 年的学习以获得英国学位级别资格（如六级）（皮太尔等，2005）。

英国的相关行业技能委员会—活跃技能委员会，自 2003 年成立并引领着游戏服务行业转向"技巧和生产力驱动"。专职游戏单位支持国家游戏服务培训策略的发展（质量训练，质量游戏，2006～2011）是为了提高游戏服务职业的地位。为了支持游戏服务的培训，人们可以从不同的途径取得游戏服务工作的资格：在职专业资格证、全日制或者兼修于高等教育中心或采取灵活授课或使用电子学习以获得资格认证。

在 2009 年，活跃技能委员会加入到另一机构的工作中，旨在为所有从事儿童服务的工作人员创建出一个整合资格认证框架。一旦构建完成，该框架有望提供"一系列全面的资格认定标准，用于筛选适合从事儿童和青少年人工作的人"（儿童的劳动力网络，2009）。这项工作关键的部分在于必须对从事儿童工作的人的资格达成共识，以便帮助职工进行职业选择、进修以及转业。

同样在 2009 年，为了表示对国家游戏策略的支持，英国游戏基金会开始支持模型游戏训练项目的工作。该项目主要针对的是从事公共服务规划、构建和管理的专业人士，以便他们理解游戏的重要性以及在创建儿童友好型公共场所时他们的角色。培训用来帮助规划者和开发者、城市规划师、高速公路维护人员、房地产开发商、学校和儿童服务人员、警察、公园和休闲事业官员，让他们懂得如何提供游戏服务以及如何与内部中介机构合作来改善儿童、青少年和他们家庭的休闲状态（英国体育基金会，2009b）。

案例研究 11.4 揭示了游戏和教育的供给是如何通过高水平专业训练整合在一起的。

案例研究 11.4

玩在瑞典

在瑞典，正规教育和游戏服务业务之间存在密切联系。受瑞典教育条例的推动，在学前班、正规学校和"休闲时间中心"（放学后或者假期）之间存在着连续化的服务方法。这些服务都是免费为所有儿童提供的，其包括教学材料、学校餐饮、医疗服务以及必要的交通服务。

游戏是瑞典育儿模式的中心。众所周知，做游戏可以帮助儿童了解周围的世界、与他人合作、培养他们的想象力和创造力。这是一个教育与游戏相结合的社会模型，该模型体现了整合正规看护和家庭育儿实践的重要性。

当儿童开始接受正规教育之前，他们要一直接受学前班教育直至年满 6 岁。休闲中心全年开放，为那些父母在外工作的儿童或是自愿参加培训的儿童提供服务。对全部课程的关注帮助确保提供的服务可以满足儿童"有意义的娱乐"需求，与此同时，为成年人提供看护服务。这些休闲中心的职工被称作教员（"儿童的领导者"）。

教员要顾及儿童的各个方面，包括他们的体魄、思想、情感、创造力、历史和社会认同感等各方面在内。他们并不是仅只有情感的儿童，因此不能只用心理学的教育方法，也不仅是只有躯壳，仅用医疗方法也不够，更不只是有思想的儿童，更不能只用传统的教学方法。

教员与学前教育的老师相比，前者受过良好的教育和培训，并且经常紧密地和后者还有正规学校的老师作为整合团队一起工作。教员大部分都具有一定的水平资格并且经常在大学里一起学习深造。

这一整合方法可以通过对来自不同环境的儿童游戏、学习情况的观察，促进对教育和育儿实践的了解。最近的调查表明，在所有的西方国家中，瑞典儿童被认为是最幸福的。

11.8 游戏服务政策的益处

制定游戏服务的政策十分必要，不仅有益于组织游戏团队的工作，也有益于向所有合作者和股东展示游戏的价值。另外，在英国，英国游戏基金会在2008年规定，地方政府如果没有相关的游戏服务政策和策略，就不能接收国家资金。

游戏服务政策设立的标准，应受到服务供给者的遵从，同时应阐明政策适用地区的优先级次，可能是一项服务，一个行政区，一个乡镇，或者一个国家。一套标准的游戏服务政策应包括以下元素：对游戏的定义，使公众清楚游戏服务政策的目的；游戏基于工作的价值的陈述；政策中应考虑的社会的、政治的和环境的因素；关于儿童有参加游戏的权利的公告（UNCRC，1989：第三十一条）；对支持游戏服务供给原因的论证；在解决安全、风险、顺应性等问题时，对供给质量的定义；与儿童和青年人商议的证据；关键政策的详细内容，包括对游戏场所的规定，在游戏环境中应包含的元素，非人工的、安装完备的场地设施，儿童在参加游戏中的平等权，资源和伙伴关系，网络和交际，游戏服务人员的培训，评估工具和过程；关键股东的签名和支持；应对变故的计划或策略——如何实施政策，由谁实施和跨越的时间维度。

然而，可能有些必要的政策的制定由一到两个人几周就能完成，它们采用"自下而上"的方法，历时6~12个月制定出来的政策被认为是最具实践性的，如政策的制定要依据儿童以及成年人的经历。该方法通常需要儿童、成年人以及社区成员参与进来，以期更好地满足他们的需要和期望。地方当局仍然坚持传统的方法召集人们，而参与项目已深入社区对人们环境的利用情况进行问卷调查。同样地方负责人向重要的机构提供草拟的政策以确保政策的可行性也很重要；很快英国政府意识到，多个机构共同合作，能为儿童提供更好的服务。这些机构包括：早教人员；为青少年服务的机构；警察，因为他们常牵扯到"反社会"行为以及为儿童和青少年提供牵制性活动；还有健康机构，他们关心儿童肥胖症的影响。

方案要想得到大部门利益相关者的认可，需要相当的时间。一旦方案开始实施，文件的年度审核，以确保它符合宗旨和既定的目标就会容易得多。

游戏是如何适合广大社会团体的运动和娱乐需要的？儿童游戏和成年人的娱乐活动有哪些相似和不同之处？

11.9　游戏空间的设计

世界上有很多地方，游戏的供给局限在为儿童提供无杂物的空间。在更多的工业国家，这些空间被描述为"肯德基主题餐厅"运动场地（CABE）；这种服务形式的特点是从经营商那里购买"装备"，有与其他使用者隔开的"护栏"，以及使儿童同自然环境相隔绝的"安全地毯"。赫勒·尼本龙，来自丹麦的景观设计师，是掀起欧洲自然化运动场地创造的先驱者。她的同事往往先准备一项设计然后拿给客户参看并听取意见，与她的许多同事相比，赫勒则在最开始就选择同团体和潜在游戏空间使用者一起探讨工作。她常为了设计出与社会和环境相融合的空间而潜心研究 12 或 18 个月。赫勒认为"肯德基主题餐厅"运动场地不能满足儿童对游戏真正的需要，因为它过于关注安全的标准。她陈述道：

"标准化的运动场地是危险的。如果所有攀爬网上或梯子上的相隔距离都完全相同，那么儿童就没有必要关心他把脚放在哪里。标准化是危险的，因其使游戏变得简单化，儿童也没有必要担心自己的移动所带来的后果。"

在尼伯隆理论的基础上，2008 年英国机构英国游戏基金会和儿童政府部门、学校和家庭发布了创建完美游戏场所的原则：设计要与周围环境协调并且富含当地环境特色；选择可能的最佳位置，"在那儿童可以不受拘束的游戏"；接近自然，有草地、植被、原木和大石头来吸引鸟儿和其他野生动物；儿童可以以不同形式参加游戏；鼓励残障的和健全的儿童一同参加游戏；能满足团队游戏的需要并得到他们的喜爱；儿童可以不区分年龄阶段一起参加游戏；尽可能使儿童能够在各个方面伸展拳脚并且挑战自我；维系游戏的价值和环境的可持续性；随着儿童的成长增强灵活性使其不断发展。

在北美，游戏场所的设计更多关注的是游戏服务的供给而非配备的资源。公共空间计划（PPS）是一个非营利性的组织，其旨在帮助人们创建和谐的社区。该计划采用的方法与赫勒和其他设计者类似，他们都把儿童放在第一位：

在规划完成之后才增加公共投入，"最初，PPS 收集当地利益相关者的想法，以帮助社区更好的发展"。

在美国和欧洲这种趋势开始变成在运动场地表面铺上自然材料例如草皮、沙子或是表面宽松的填充材料（沙砾或是树皮）。英国许多游戏场地在投标中要符合"安全地表"以减少突出的受伤情况。运动场地是儿童游戏最安全的场所（数据表明家里和地方街道是对儿童来说最危险的地方），在 20 世纪 80 年代公共活动之后，在铺设橡胶表面的花费上高达百万英镑。自 2002 年英国安全与健康执行局的报告公布之后，英国渐渐赶超世界其他国家，并回归于使用"自然材料"铺设的场地表面。人们越来越意识到提高儿童游玩效果的质量才是为儿童游戏提供服务的最好方法，很多游戏设备制造商都赞成采取这种方法，比如说 Ricther Spielgerate 公司、Timberplay 公司和 Sutcliffe 游戏公司，而且他们在工作上都有一套卓有成效的以玩为本的方法，并对本国或其他领域的安全方针政策的完善与发展产生了重大影响。

出于安全考虑，英国安全健康执行局发起了一场有关减少儿童游戏中不确定安全隐患的运动，以增加参与传统户外运动项目的学生人数，作家蒂姆·吉尔把英国描述为成年人旨在为儿童创造零风险童年的地方；虽然看起来安全，但在此环境中儿童缺乏发展韧性、增强责任心和自主性的机会，那些对这一看法表示质疑的人可以先去了解全世界多数儿童的游戏环境，在这里游戏环境指发生在自然场所，不受监督与管理，也没有成人陪同的环境。

不同地区的文化期许不同。在一些北欧国家，即使在温度极低的天气下，人们依然会经常看到一些小孩在户外玩耍。以阿兹伯恩·弗雷门（挪威）和哥非尔·图雷瑞（美国）为代表的评论家曾强调人在孩提时代尝试一些冒险经历如玩火、把锋利的工具当成武器或做一些违反规则的事情的必要性。在很多国家，儿童一般在住所附近玩耍；他们知道怎么驾驭周围的风险和机遇。这导致了对游戏风险的双重评估，即父母对儿童参与游戏的风险的评估和儿童自己对参与游戏的风险的评估。

讨论问题

你认为肯德基主题餐厅能给儿童带来更安全的游戏经历吗？像这样的主题游乐场所有哪些优势和劣势？

11.10　游戏资助

虽然，根据联合国公约关于儿童权利的规定，游戏是儿童的权利，并且有一些国家把对游玩的供给纳入法定义务的范围内，在这些国家，游戏通常是教育或看护服务的附属物，在包括英美等国在内的国家，供给的主要形式有融资项目、地方政府、信托基金等。通常融资项目从属于竞标项目，因此项目经理需要说明融资的原因，这种特殊的供给方法对儿童游戏服务的供给产生了广泛影响。英国等一些国家试图改善游戏项目的计划和供给现状。

尽管几年内，游戏相关工作的地位已发生了很大的变化，而且例如像"对阵英格兰"及"对阵威尔士"的一些机构在提高对儿童的服务质量方面也做了极大的改善，但在一些不易察觉的服务方面，许多问题仍亟待解决。许多评论家认为解决这些问题要着手两个方面：法律的监管方面和内在的监管手段方面。

在英国很多地区，地区政府一直让教育社会服务部（现成为青少年服务部）或是由休闲服务部（也称公园服务部或体育服务部）负责本地的游戏服务。对于青少年服务部来讲，进行依法监管依然是人们努力的方向，如对青少年的教育及关爱、游戏服务和所谓的"扩展学校"的监管。同样地，在休闲服务上，法律规定必须为小区建设公园或种植绿色植物，并且儿童除了能享有与成人相同的服务外还应拥有其他特殊的服务。例如 2006 年在英国的一个都市，花费在青少年服务上的支出约为 3.3 亿英镑，公园服务约 500 万英镑，体育服务为 400 万英镑，其中有 50 万英镑是直接用于儿童服务支出的。尽管很难对各地区之间的数据进行比较，但我们可以合理假定各地区在各项目的支出比例大致相同：在儿童服务上花费 1 英镑，用于成人休闲服务上的支出则为 18 英镑，在教育及防护措施上的花费相应的为 600 英镑。当然，要减少对儿童教育和看护服务的资金投入也并非易事；但是越来越多的研究结果显示，在全球 21 个工业化国家中，英国儿童的幸福感是最低的，同时也表明，英国若要满足儿童的游戏愿望，那么就必须得进行一些必要的改革。

案例研究 11.5 揭示了实际的融资兼并是如何使得地方政府创造出一系列游戏机会的。

案例研究 11.5

英国中等大城市地区游戏服务

这种大城市能为近 47 万人提供服务，其中大约 11 万是 18 岁以下的青少年（2001 人口普查）。地区直接或联合其他地区间接地提供给社区各种各样的游戏服务。在这些地区，休闲服务事务署和儿童服务事务署负责游戏服务的年度收入预算，除了有来自两个事务署的基础预算外，游戏的预算还包括大量外部资金。例如，通过儿童游戏彩票项目和国家游戏构建项目（100 万英镑）分配给地方的额外资金，以及其他来源不同的有保障的外来资金，包括"The Sure Start"基金，儿童基金会，地区友邻基金，"section 106"基金（由房地产开发商赔偿的开放空地占用损失）、Friend Group 和当地信托基金。

地区游戏策略的负责人作为早期儿童看护和游戏的管理者，主要的工作是使各个区域提供游戏服务时遵守策略中的膳宿原则。这个是为了青少年服务而建立的，而且负责人已在这个领域工作多年，工作起来会更得心应手。

作为发展儿童和年轻人服务的一部分，该项工作促进了各个领域如教育、育儿、保健、游戏、开放场所、娱乐等政策的创新。有来自大概 12 个相关机构的代表出席了体育游戏合作伙伴关系，其中活跃志愿者部门由地方游戏网络作为代表。当地市镇政会委员充当了"游戏竞赛"的傀儡角色。而负责人则来自儿童服务领域，负责人通常与公园的职员联系紧密，这些职员在 2008～2011 年期间促进了地方策略的发展。这种大中型城市的游戏发展策略采用"自下而上"的方式，有职员和儿童的参与——后者主要通过参与常规的问卷调查来喊出自己的声音，这样的大中型城市作为英国游戏战略咨询委员会和地区游戏委员会的一员，与地区和国家结构也联系紧密。

除了年度绩效指标，Tellus 的年度服务商讨会都收集有 11 岁、13 岁、15 岁的青少年对于生活、学校和当地区域的观点，以此对服务做出多方面的评估。儿童保育和早期教育采用了一个质量改进支持项目，儿童整合服务改善框架用于推动进程，而且对游戏工作者的环境和培训服务进行评估时会采用多种工具。

　　总而言之，就支撑体系和资金供给而言，"游戏供给"服务可称之为取得了成功。近些年在儿童看护、教育、休闲和健康项目方面有很快的发展。通过开展这些项目，创造了本不会出现的资源和服务。然而，为了切实地贯彻游戏原则，领导者通过刺激儿童游戏需要，从而对关键策略实施影响。然而这并不是众多策略的主要目的，这个"自由游戏日程"通过与主要的服务方合作来实现，而非与反对声音辩驳。这对通过国家策略变动而获得的目标资源的建立打下了坚实的基础。

11.11　游戏服务的评价

　　就像很多为青少年闲暇之余提供的服务一样，对游戏的体验做出评估也不是一件易事。服务的供给者惯常的做法是计算顾客每次享受服务或使用设施的时间。如此粗略的方法无法评估体验的质量——因其无法区分可以改变人性观点的好的体验和每次只是无聊地重复某行为的体验。服务的供给者通过观察儿童游戏空间的使用，判断他们的体验从而形成相应的监测与评估服务，这又促使更多的供给者询问儿童他们的游戏体验。

　　在正规的评估游戏供给方面，英国是领头人，游戏空间可能会从游戏的价值与管理政策及方法的一致性、安全性以及顾客满意度等方面来评断。

　　英国政府颁布了一系列的国家指标，为衡量国家优先事项提供了方法。刚开始共有 198 条，到 2009 年又增加了一条——是关于儿童对公园及游乐场满意度的规定，该条例由"Tell Us Survey"审议，其调查了英格兰地区儿童和青少年对地方游戏供给的看法，调查结果可以在教育标准局找到。

　　在调查游戏监管效果的同时，皇家意外事故预防协会就运动场的管理及室外运动场地的安全性问题方面提出了几点建议。该协会受托监管游戏场地、游戏范围、安保及滑板运动领域，同时还就运动场的管理提出了几点建议并对管理进行监督。

　　在审视儿童游戏时，"对阵英格兰"提出了"游戏质量"这一说法，为儿童课外照料与监管提供保证，这一计划是基于游戏价值而制定的，通过具体规划案加以实施。此外，这项规划案又遵从"游戏效果"指南，该指南涵盖了游戏地区、组织框架、游戏项目等 7 个板块。在该项计划中，还包括一个指导者，便于在评估的过程中或准备评估的过程中提供指导，而且还列出了完成这一项目时所需的费用，其中包括：指南的购买、指导老师的安排及完成这一项目需要的评审员与员工工时的支出。

"英国体育基金会"有两样质量评测工具，"第一声明"与"理想进程"，"第一声明"意在培养成年人通过观察与思考从小孩游戏行为中分析他们周围游戏环境的能力，并且给出了基本又直接的方法对青少年所经历的事情的体验效果进行评估，而"理想进程"是在第一个方法的基础之上提出了一个更先进的方法，以便在更深的层次上看待这一问题。工作评估的规范化首先是从综合管理信息环境开始的，其基本组成部分为：根据心中理想的游戏场地做出的直觉上的判断；童年时期对游玩场地的记忆；自身实践经验；相关文学作品对游戏场地的描绘。

尽管 IMEE 具有主观性及非正式性，但该项协议鼓励成年人与儿童一起体验游戏的过程，然后结合各种经验、知识并通过与同一小组里的其他组员分享经验得出一致的结论。

除了国家认可的这些工具，地方政府也制定出自己的评估办法，例如作为"游戏策略"的一部分，索菲尔得城市委员会制定了有效的监管办法条例，对于索菲尔得来讲，有效的监管活动包括了很多活动：增加儿童体验的机会；情感/象征/问题的解决；想象力/创造力/文化理解；简单的游戏/需借助工具而从事的活动/身体技能；积极承担责任/协同工作/社会发展；活动的选择；挑战与承担风险的机会；一流的可利用的设备；足够大的场地以便进行期待的运动；计划与评估中儿童的积极配合；庆祝发生在个人、家庭与社区里的大事件。

尽管在一些支持游戏监管的地区，管理者们要结合初级使用者（多半是儿童）及些许大客户如父母、政客及赞助商等的监管成效对服务进行评估。

11.12　小结

儿童游戏的供给方式取决于很多因素：供给者对游戏的益处的理解、供给资源和资金的分配、在环境管理方面对成人监管的效果。不同的国家分别采取不同的方法，不同方针政策也在一定程度上反映了这些国家对游戏的价值取向。

游戏服务通常由包括教育，休闲及独立机构在内的众多机构管理，然而，为了使提供的游戏服务发挥最大的效用，在目前一成不变的模式下需要再与其他供给者合作的过程中确立一个统一的目标。学者和权威对已成功的游戏体验的本质作了鉴定。游戏与游戏监管对儿童的生活做出了重大的贡献并且也被很多成年人当成是健康长寿及培养运动爱好的基石。

实践任务

1. 观察孩子们的游戏，看看他们在玩什么，你会如何向他人描述它的价值？

2. 观察一下你生活的地方，不论是城镇或是农村，他们分别以何种形式来支持游戏，这些形式又是怎样实现的？是建议、提供资金帮助、配备人员及设备、本地监管、地区分管还是这些的综合，抑或是其他形式？

3. 根据"英国体育基金会"和关于儿童、学校和家庭的政府部门"创造良好的游戏场地的十条规范"对当地的游乐场做一个评估。你能据此得出客观且明确的结论吗？

拓展阅读

关于游戏理论背景的更多介绍，同时详细解释了游戏在我们生活中有的重要性：

Else, P. (2009) the Value of Play, Continuum International Publishing Ltd, London and New York.

关于游戏和游戏工作服务的更多介绍：

Brown, F. and Taylor, C. (2008) Foundations of Play work,, Open University Press, Maidenhead.

关于设计游戏场所包含的内容及其过程：

Play England (2008) Design for Play: a guide to creating successful play spaces, available at www. playengland. org. uk.

关于游戏重要性的广泛总结研究，及其是如何与社会政策和实践相联系的：

Lester, S. and Russell, W. (2008) Play for a Change, Play England/National Children's Bureau, London.

实 用 网 站

关于儿童劳动力发展局（英国）：

www. cwdcouncil. org. u k/play work

关于免费游戏网络（英国）：

www. freeplaynetwork. org. uk/

关于游戏英格兰（英国）：

www. playengland. org. uk/

关于 Playlink（英国）：

www. playlink. org/

关于国际游戏协会（世界范围的）：

www. ipaworld. org/

关于国家游戏协会（美国）：

http：//nifplay. org/

关于 Richter Spielgerate：

www. richterplaygrounds. com/

关于 Sutcliffe Play：

www. sutcliffeplay. co. uk/

关于 Timberplay：

www. timberplay. com/

第 12 章
家庭休闲

本章内容

- 家庭休闲和休闲管理是如何联系的；
- 家庭休闲支出有哪些重要意义；
- 阅读是一个夕阳产业吗；
- 什么推动了家庭娱乐的增长和变化；
- DIY 和园艺有多重要；
- 爱好和消遣是如何改变的；
- 家庭赌博是问题还是契机。

概　要

　　家庭休闲是一项大产业。家庭娱乐占据了休闲市场最朝气蓬勃的那部分。家庭休闲通常以技术变革为特点——主要表现在看电视，听音乐，玩电子游戏，网上博彩以及摄影活动中。娱乐的设备——从手机到电脑以及网络，到电视和游戏机——通过不断更新设备来丰富休闲娱乐生活。这种设备多功能一体化的特性是现代休闲的一个重要特征，它意味着休闲娱乐不再局限于家庭室内，而是可以随时随地进行。

　　其他家庭休闲方式则很少受技术变革的直接影响，这些包括阅读、园艺和DIY。《哈利·波特》系列的巨大成功在很大程度上影响了阅读市场，据说它在促进儿童阅读其他书籍方面具有积极的影响。然而，阅读报纸和杂志的人群呈现长期的下降趋势，这可能是由于网络竞争的冲击造成的。随着人们生活方式的丰富，园艺和DIY市场已经从单纯的功能性消费，转向多样性消费。

　　家庭是休闲活动的重要基地，家庭休闲活动的主要方式被认为是看电视，因为我们花费了大量时间在看电视上，事实上，家庭休闲还存在着很多其他方式以及各种室外娱乐休闲元素。家庭休闲的发展给整个休闲产业的发展提供了很重要的经验——包括促进技术变革的速度、现代媒体的使用、价格决策的重要性、消费者消费行为的转型以及消费者选择的简化。政府在家庭休闲中有着潜在的调控作用，尤其在管理广播基础设施和媒体基础设施方面。

12.1 引言

在有关休闲管理的书籍中，是如何阐述家庭休闲的？管理和家庭休闲有怎样的关联？虽然家庭休闲不会受到直接的管理，但是由于家庭休闲可能是以获得可观的商业利益为目的活动，因此会受到间接的管理。表2-2显示众多国家中，拥有高参与率的活动大多数是在家里进行的，例如看电视，听音乐，阅读书籍和园艺。这些活动的顺利进行都要依靠其他产业生产的材料和设备。与户外休闲相比，家庭休闲活动具有更强的竞争力。

家庭休闲的变革因所调查的国家和时期的不同而各不相同（库什曼等，2005）。例如，在1973~1997年间法国对看电视，听音乐，阅读书籍和杂志等休闲活动的参与率在上升，但是对收听广播和园艺的参与率却在下降；在1970~1990年间以色列对看电视、听音乐等活动的参与率呈上升趋势，但是收听广播和阅读书籍及杂志的比例在下降（表3-1）。在1988~2000年间，加拿大对家庭锻炼的参与率在下降；与此同时，日本在1982~2003年间对DIY、针织和缝纫、烹饪的参与率也在下降。表3-1显示在英国很多家庭主要的休闲活动的参与率在增长；表3-3家庭休闲的消费也在增加，虽然其比户外休闲的增长率要低。本章将参考英国的研究，聚焦某些问题，这些主要问题普遍存在于发达国家，其中也有不少问题与发展中国家相关联。

尽管家庭休闲可能乍看起来超出了管理的范围，实际上户外休闲和家庭休闲服务产业适用类似的管理原则。唯一的主要差别是消费者移动性比较大，对于家庭休闲来说其特征已不再是直接的个人服务（但它仍然是其中一个元素，如送货上门和家访）。随着一些传统的户外活动在家中的盛行，家庭休闲扮演着越来越重要的角色。吃喝玩乐当然属于这一类，最近发展较快的则是由网络催生的家庭博彩业。然而，同样的道理，现在很多家庭娱乐活动由于设备的便携性而能在户外进行，这些活动包括看电视，听广播，看电影，玩电子游戏以及通过无线笔记本或手机上网等。

家庭休闲需要"管理"吗?

12.2　家庭休闲的花费

表 12-1 提供了来自"休闲预测"关于英国家庭休闲产业不同的休闲方式所占市场规模的详细信息(休闲产业研究中心,2008)。在表中,市场规模由消费者在不同的子行业的支出来衡量。2008 年,在一个赢利 570 亿英镑的部门,家庭休闲消费占了 38%,显然占据了很大的份额。然而,在表 12-1 中最大的独立子部门不是家庭娱乐,而是 DIY,吸引了家庭休闲消费的 20%。

表 12-1 中的市场在家庭休闲产品的生产,分配、零售和服务中提供了相当多的就业岗位。因为消费者对能够满足他们休闲需求的产品感兴趣,对这些流程的管理可以视为休闲管理的一部分。在这些产业中员工的准确数量难以确定,因为他们属于更大的生产部门的一部分。

家庭休闲市场的消费支出,依据所检测子部门的不同而差异巨大。本文显示了英国从 2002 年到 2008 年的这些变化。变化表现在两个方面:一方面是价值,例如,每年的当期价格;另一方面是数量,例如,固定价格(这种情况是 2003 年的价格)。价值包括价格变化,相比较而言,数量不包括价格变化,所以后者是反映销售量变化的一个更清晰的指标,如销售了多少产品。但是销售量的变化也与价格变动有关——价格的上涨通常抑制销售量的增长,价格的下跌一般带来更高的销售量。

从价值层面上看,这一时期增长幅度最大的是图书(37%)和个人电脑(38%)。然而,图书的增长很大程度上是由于价格的增长——如果不考虑这个因素,增长率明显下降到 9%。而考虑到个人电脑的实际价格下跌的因素,38% 的消费者在个人电脑上的消费支出的增长是由 77% 销售量增长带来的。

表 12 - 1　英国家庭休闲的主要市场，2008

家庭休闲	2008 年消费者消费情况（百万英镑）
阅读	8480
书本	3956
报纸	2986
杂志	1538
家庭娱乐	21908
电视	9816
DVD 等	4095
声频设备	1655
CD 等	1279
个人电脑	5063
家庭和花园	16526
DIY	11243
园艺	5283
爱好和消遣	10084
摄像	2299
玩具和游戏	2522
宠物	5263
家庭休闲总支出	56998

资料来源：休闲产业研究中心（2008）

2002 年 8 月数据显示，英国家庭休闲中，在价值方面消费者消费呈下降趋势最快的是 CD、唱片、磁带以及 DVD、录像。除了 CD，其他的产品价格、销售额在下降，其销售量也在下降。虽然 DVD 的销售量增加了，但这并不能弥补由于价格的下跌而引起的销售额下降。

从量上看，表 12 - 2 中显示数量呈显著增长的是摄影和个人电脑两类产品，这两者销售量的增加都是受价格下降的驱动。这与报纸和杂志相反，销售量虽然下降但是由于其价格上涨而消费者的支出增长，导致销售额上升。很明显，管理者的价格决策对销售额和销售量会产生重大影响。价格的决定受到市场需求强度、竞争的激烈程度、成本尤其是技术改革而引起的生产成本的变动的影响。

表 12－2　家庭休闲市场的变化，2002～2008 年

家庭休闲	消费者消费的变化百分比（％）	
	价值＝以市价	数量＝以（2003 年）不变价格
阅读	+20	-6
书本	+37	+9
报纸	+13	-12
杂志	+2	-21
家庭娱乐	+7	+24
电视	+12	+15
DVD 等	-13	+14
音频设备	+27	+36
CD 等	-37	-11
个人电脑	+38	+77
家庭和花园	+18	+14
DIY	+22	+16
园艺	+9	+10
爱好和消遣	+28	+46
摄影	+27	+123
玩具和游戏	+20	+46
宠物	+34	+13
家庭总休闲	+15	+20

资料来源：休闲产业研究中心（2008）

讨论问题

对电视机的生产和销售的管理与对健身课程开发和销售的管理的相似度是多少？思考了解顾客，生产高品质产品，促销和定价的重要性。

12.3 阅读

虽然之前提到有些国家呈现的局面喜忧参半，但是报纸和杂志在英国的发行量普遍减少了。英国国家日报的发行量从 2003 年的 1300 万降到 2008 年的 1120 万，预测其发行量在未来将继续下降。表 12－2 显示 2002 年~2008 年报纸的销量下降了 12%，杂志的同期销量下降 21%。造成这种下降的原因有多种：第一，来自电视（如：24 小时新闻）、广播，尤其是网络日益激烈的竞争；第二，报纸和杂志价格的增长（绝大部分是由于原材料成本上升）；第三，人们的休闲时间不宽裕（见第 3 章）。休闲产业研究中心（2007）报告显示消费者平均每周上网的时间翻倍，从每周 2 小时增加到 4 小时，超过了每周用于看报纸和杂志的 3 小时。青少年杂志市场受到的冲击尤为严重，因为这个年龄段绝大多数的人热衷于使用网络尤其是社交网络。

由于激烈的竞争，广告已经更加多样化，远离了传统媒体如报纸和杂志，尤其向着网络化发展，广告可以依托特殊网站瞄准特定的细分市场。这也导致了报纸和杂志业的收入下降。休闲产业研究中心（2007）的报告显示国家报纸广告量下降 9% 而网络广告量增加 39%。最近房地产销售市场的衰退和崩溃也进一步对报纸市场造成打击，因其导致房地产分类广告的收入大幅下降。

报纸和杂志市场都警醒着休闲产业管理者价格决策是多么重要。有生产者采取极端的定价策略试图通过免费发行出版物来扭转出版量下降的趋势。这个方式的原理是通过大规模发行量来吸引更高的广告收入。例如，2004 年《地铁》向伦敦的 100 万地铁阅读者分发了报纸。据休闲产业研究中心（2005）报告，每天世界上有 130 种免费报纸，其每天发放总数达到 1600 万。其中，最大的免费报纸运营商来自瑞典的集团公司——国际地铁报，每天在世界 67 个城市发行着 45 种日报。然而，免费发放报纸是否有长远的未来还有待观察，尤其是在与网络竞争的时代。

图书市场同包括 CD 和 DVD 在内的其他市场一样，已经将传统的零售批发商店、超市和网络变成了销售战场，这再次阐明了价格决策的重要性。超市通常对畅销书的折扣超过了传统书店所能承受的程度，有时甚至以"亏本出售"吸引顾客；与此同时网络为在家购物提供了便利，并且经常打折。案例研究12.1 就很好地阐明了这一竞争的激烈性。

在阅读市场中一个有意思的现象是电子阅读设备的发展。索尼和亚马逊推出了厚度类似于薄平装本的数字阅读器。例如亚马逊最新的 Kindle 版本，可以容纳大约 1500 本书，包含一部字典，可以将文本转换为音频并且通过无线连接来下载新的书籍、报纸和杂志。然而，值得注意的是关于文本的兼容性（保证书本与电子版本格式一致时也可以使用）以及电子版权管理（确保给出版商和作者的费用，这与音乐产业面临的问题类似）等还有大量的问题需要解决。同样，电子阅读器的价格也引人思考；例如，Kindle2 的价格是259 美元，而在英国索尼阅读器的价格是 150 英镑。然而，电子书市场还是有很大的潜力。

电子阅读对于传统书本的另一个挑战是谷歌计划将上百万有版权的图书放在网络上供在线阅读。数字化的服务作为一种新的服务让使用者有机会接触上百万非纸质的图书，而且这些书籍仍然受版权保护，并没有损害作者的利益。然而，据估计目前的电子书籍仅仅能代表 1% 的市场，预计到 2012 年将超过5%。所以从纸质图书到电子书的转变要比音乐到电子版下载的转变慢得多。这部分可能是由于价格的差异，但是也有可能是由于很多人愿意阅读纸质版本而不是对着屏幕阅读；加上电子书籍需要付费并且可能需要修复。

案例研究 12.1

《哈利·波特》系列丛书

《哈利·波特》系列丛书已经成为一种出版现象。其系列丛书中的每一册的发行都带来了英国总图书销售量的增长，并且图书领域的经济循环周期也取决于《哈利·波特》的出版发行日期。该系列丛书中的最后一本的发行量已经超越之前所有的新书，于 2007 年 7 月在 90 个国家同步发行，在首发的 24 小时内英国和美国的总销售量已经超过了 1100 万册。超过了第六本在首发 24 小时内 900 万的总销量。在系列丛书中的最后一本发行之前，《哈利·波特》系列丛书被译为 63 种不同的语言在全球销量已经超过了 3.25 亿册。

《哈利·波特》丛书将其出版商 Bloomsbury 从一个小公司转变为该行业的巨擘，展示了一个成功产品的力量。该丛书的销售也显示了在国际图书零售市场上传统书商、超级市场和网络之间的竞争。在英国，阿斯达公司对《哈利·波特》丛书最后一本进行特价打折出售（每本 5 英镑），在前 24 小时内售出近 50 万本。与此同时，亚马逊在全球有 220 万个订单。传统书店已经放弃了对巨大订单的争夺，转而希望从儿童阅读需求的增长中获益。

据称过去 10 年内《哈利·波特》丛书不仅使得图书产业获得成功，而且引导了新一代儿童去从阅读中获得乐趣，尤其是 IT 技能比阅读能力强得多的男孩。澳大利亚的一项调查表明有一大部分儿童自从阅读《哈利·波特》丛书后开始对阅读其他的书籍越来越感兴趣。继阅读《哈利·波特》丛书后，他们阅读的书籍包含很多类型，包括玄幻小说、童话、科幻小说、历史小说、现实主义小说以及参考书。由于《哈利·波特》系列图书已经完结，其对 20 世纪最后 10 年和 21 世纪第一个 10 年的青少年产生的积极影响是否会持续还是个未知数。

在英国，图书零售商 Waterstone 的一项调查表明儿童和教师都认同《哈利·波特》丛书对儿童的文学修养有重要影响。受调查的儿童中 60% 认为《哈利·波特》丛书帮助他们提高了阅读能力，近一半的人说《哈利·波特》丛书让他们产生了想去阅读更多书籍的想法。在 10 位教师中有超过 8 位都认为《哈利·波特》丛书对孩子的阅读能力产生了积极的影响，10 位老师中将近 7 位认为《哈利·波特》丛书将非阅读者变为阅读者。

讨论问题

你买过或者你会买电子阅读器吗？讨论为什么买或为什么不买。

12.4　家庭娱乐

在休闲预测中显示，随着电子设备在家庭休闲中的广泛应用，使得家庭娱乐的概念更加明确了，例如，看电视、听音乐和以休闲为目的的使用个人电脑。家庭娱乐不仅是家庭休闲中最大的子部门（表 12-1），而且随着技术的革新，还会发生重大的变化（表 12 - 2）。同时，其是公共部门参与最多的子部门，主要参与形式是公共广播和监管。

12.4.1 电视

英国电视市场最大的两个组成部分是付费电视和卫星电视，其涵盖了英国消费者 2/3 的电视消费支出。另外 1/3 的支出主要由设备的购买、租赁和维修费构成。付费电视在英国电视市场规模中的重要性证明了 BBC 这样一个付费公司存在的重要性。BBC 是一个受政府政策影响很大的半自治的公共服务广播公司。

历史上电视市场由于受技术变革的影响发生了巨大的变化。这些变化中，最大的改变就是出现了地球卫星电视频道和有线电视频道的竞争，这已经造成了英国消费者选择的激增。Free View 和 Free Sat 提供免费多样的数字频道，消费者只需要购买合适的接收设备就可以收到信号。据估计，截至 2008 年年末，英国 86% 的家庭的主电视都会配备数字接收设备。英国通信管理局（2008）（表 12 - 3）调查显示英国是 7 个经济最发达国家当中配备率最高的。然而数字电视和机顶盒的购买量的加速增长是由于英国政府立法强制安装数字电视广播转化器。

通过数字电视广播的变革，数字频道所提供的选择越来越正式化。这些变革的结果对电视行业的就业和融资影响重大。电视行业的就业人数，尤其是在制作部门和主持播报部门正在扩增。然而，由于行业整体处于经济衰退期，增多的频道在有限的广告收入之间的竞争使得资金更紧张。2008 年英国的电视广告收益大约为 30 亿英镑，然而在撰写本书时这个数据在下滑。此外，广告收入面临着来自网络的日益激烈的竞争——英国当前网络广告的收入已经与电视广告收入大约相同了，为 30 亿英镑。

很多人担心激烈的竞争和减少的广告费用对电视产品的质量可能会产生连锁冲击，例如，有限的财政满足不了消费者对高品质节目的需求。另一方面，也有人认为电视频道和制片公司之间的竞争会驱动产品质量更高而不是更低。这种"成本与质量"的权衡，例如，同时寻求高品质和低成本，或者在两者中寻求妥协，在休闲市场，如宾馆中是很常见的，并且也是值得休闲管理者慎重考虑的。

表 12 –3 7 个国家的电视统计数据，2007 年

	英国	法国	德国	意大利	美国	加拿大	日本
总收入（10 亿英镑）	10.4	7.0	9.3	6.3	66.6	4.4	17.7
每个人收入（英镑），包括	172	109	113	109	221	135	139
广告	58	38	36	55	110	34	67
订阅	71	52	37	35	111	86	48
公共基金	43	20	39	19	1	14	25
电视年费（英镑）	140	79	140	73	n/a	n/a	108
每人的观看时间（分钟/天）	218	207	208	230	272	223	n/a
三大频道所占百分比（%）	50	63	38	54	22	18	53
数码电视的普及率（家庭的百分比）	86	66	32	56	70	53	65
家庭对电视所播内容的关注度（%）	39	54	53	46	47	43	25

资料来源：英国通信管理局（2008）

讨论问题

在电视供给中日益增加的竞争和选择，是否意味着节目的质量在下降？

从英国通信管理局（2008）对 7 个发达国家的比较中，如表 12 – 3 显示的，2007 年，美国拥有最高的人均电视收入，包括迄今为止最高的广告收入和订阅费以及到目前为止最低的公共资金。和其他的发达国家相比，英国的电视行业受到的资助相当可观，拥有排行第二的收入和最高的公共资金。此外，与此同时，2007 年美国的三大频道的收视率仅为 22%，在英国，尽管面临日益加剧的竞争，三大频道的收视率仍高达 50%。

面临渐增的选择和竞争，消费者的感觉如何？英国通信管理局（2008）调查了消费者对电视的满意度——表 12 –3 的最后一行。消费者关注度和竞争程度并没有相关性（从三大频道的高收视中可以看出该国电视业竞争较小，如表 12 –3 第 8 行所示）。一方面日本的消费者关注度最低（25%），竞争最小（其三大频道的收视是 7 个国家中收视率较高之一，53%）。另一方面，法国的消费者关注度最高（54%），但是竞争是最小的（其三大频道的收视率是最高的，63%）。最具竞争力的两个国家，美国和加拿大，两国的消费者关注度均处于中等水平。

电视公司用来弥补减少的广告收入的一种方式是提高付费电视的订阅费。在美国，96% 的家庭购买付费电视。同时，另一个极端是意大利的这项指数是

22%，英国为 47%。最近几年订阅收入的增长已经超过广告收入的增长。付费电视订阅增长的传统驱动力来自体育频道和电影频道，尤其是拥有不同国家顶级足球联赛独播权的频道。英国的一个成功案例是天空广播公司，案例研究 12.2 详细说明了天空广播公司中足球和电视的协同关系的重要性。HD（高清）电视便是与之相关的一项技术创新，而从中受益最大的便是体育类节目。

近年来，电视最主要的技术发展是点播电视。这让人们可以使用电脑，登录相应的网站，免费观看最近播放过的节目。2008 年 BBC 的 iPlayer 服务每天的点播次数超过 70 万次。在美国，一项类似的服务，由美国国家广播环球公司和新闻集团联合推出的 Hulu 服务——2008 年 8 月吸引了 2632000 的观看者（英国通信管理局，2008）。最近，电视行业"追赶式"发展机遇在于提供了可以付费下载完整版节目的机会——包括以前的原版节目。BBC 和苹果公司也已经达成协议允许苹果 iTunes 在线媒体商店提供类似下载。另一个与之相关的技术发展是网络电视，这样电视节目或电影的点播服务就无须切换到电脑上了。

案例研究 12.2

足球和电视

广播和运动长期存在着紧密的联系。第一台无线电广播设备的拥有，以及电视在许多发达国家的普及，使得体育专题成为广播中一项重要的内容。在英国，BBC 长期控制着体育广播，其后果是体育赛事作为节目播出后收到很少的资金回报。1955 年独立电视台（ITV）的到来结束了 BBC 购买广播权的垄断地位，截止到 20 世纪 90 年代，竞争和经费都在逐渐增加。

1992 年，英国天空广播公司参与英国足球超级联赛的广播权的竞争并掀起了更大的竞争浪潮。与此同时，独立电视台的免费地面直播频道，在 1988 年花了 4400 万英镑用于购买四年甲级足球赛事报道的现场直播权，英国天空广播公司在 1995 年花了 1.915 亿英镑购买了 5 年完整的足球超级联赛的现场直播权。15 年后，英国天空广播公司和 Setanta 共同支付了 17 亿英镑用于购买 3 年的直播权。他们支付了有史以来最高的金额是因为他们估算后期的订阅费和广告收入会快速增加。然而，这一投资决策失败了，Setanta 在后来破产了。

体育，尤其是英超联赛，已经成为英国天空广播公司赢利的晴雨表。足球赛事是订阅的关键驱动因素。英国天空广播公司在英国和爱尔兰的总客户数量从 1994 年的 390 万增加到 1998 年的 690 万。后者中，270 万（几乎 40%）人开通了除体育频道外的其他频道。其中，82% 的人定期观看足球赛，47% 的将足球当作最喜欢的运动（Gratton 和 Taylor，2000）。在研究中当问及他们订购体育频道的主要原因时，40% 的人回答是体育；10% 的人回答是足球，与此同时 5% 的人认为是英超联赛直播。不到 1% 的人是因为其他的体育赛事而开通该频道的（垄断与兼并调查委员会，1999）。

从英超联赛的直播中受益的不仅仅是英国天空广播公司，分配给英超联赛俱乐部的高电视收入意味着它也是大多数俱乐部收入的重要组成部分。例如，从 1996~1997 年，20 个超级联赛俱乐部中有 11 个收入的 20% 来源于英国天空广播公司的电视台（Gratton 和 Taylor，2000）。但对于曼联，情况就不一样了，电视收入占不到总收入的 10%——即使英国天空广播公司向其支付第二高的费用。这是由于曼联通过其他渠道获得了很多收入。

12.4.2 收音机

听收音机在很多国家是一种受欢迎的家庭娱乐形式，如表 12 - 4 所示，表中提供了 7 个发达国家的对比数据。一般有 70%~80% 的成年人定期（至少一周一次）听收音机。日本是一个例外，只有 38% 的成年人经常听收音机，可能是因为人们更倾向于选择看电视，即使是在早餐时段。通信管理局（2008）报告显示在英国来源于用于公共基金的广播收入的百分比为 56%，公共广播收听的百分比为 55%（表 12 - 4）。相比较而言，这与其他国家不同，其他国家一般公共基金的广播收入百分比比公共广播收听要高。

表 12 - 4　7 个国家的广播数据，2007 年

	英国	法国	德国	意大利	美国	加拿大	日本
总收入（10 亿英镑）	1.3	1.1	2.3	0.9	10.6	0.8	1.7
人均收入（英镑）	21	17	28	15	35	26	13
公共资金百分比	56	57	79	54	0.7	19	58

续表

	英国	法国	德国	意大利	美国	加拿大	日本
成年人规律性收听的百分比	73	75	83	72	79	79	38
人均收听时间（分钟/天）	177	171	186	180	159	157	128
公共广播收听率（%）	55	26	49	24	不适用	12	15
成人拥有并使用数码收音机的比例	34	15	21	32	12	14	7

资料来源：英国通信管理局（2008）

　　广播受技术变革的影响，最近在欧洲尤其是英国通过数码收音机的销售实现了可观的增长。然而在北美和日本，成年人拥有和使用数码收音机的比例很低。另一个由技术变革引起的趋势是更多的人通过网络或者手机或者 MP3 播放器收听广播。英国通信管理局（2008）所提供的关于国际间数字广播的对比数据显示了一个类似的结果：在 2007 年，北美和日本的数值最低；相对来说，欧洲的有一个相对较高的数值。以下部分阐明了这种设备多样化的使用方法。

12.4.3 版式战

　　家庭娱乐是不同形式的商业化战场，这点再次显示了技术变革的力量。在录音和可录音的媒体战争中包括 20 世纪 80 年代的 Betamax 和 VHS 的磁带之战（VHS 获胜），20 世纪 80 年代和 20 世纪 90 年代的唱片、磁带和 CD 之战（CD 获胜），20 世纪 90 年代末录像和 DVD 之战（DVD 获胜），21 世纪的前十年蓝光和高清之战（蓝光获胜）。然而，HD 的主要的增长前景是作为电视接收的一种版式。

　　在电影的版式战中，利用网络观看电影似乎会成为主流，因为很多预测显示 DVD 的使用将会持续下降，而与无线网络流媒体电影相比，蓝光又存在明显的成本劣势（例如，电脑上可以直接播放任何电影）。然而在电子游戏方面，索尼游戏工作站、微软游戏机和任天堂游戏机之间的战争至今仍未分出胜负。任何参与家庭娱乐业务的人都很清楚这样的道理——总是寻求新的版式并保持技术上的竞争力。

　　在娱乐租赁市场，街道 DVD 租赁店和网上租赁店之间的竞争越来越激烈，例如英国的 Lovefilm 就是通过邮局来运营的网上租赁店。最近越来越多的公司如苹果和亚马逊向消费者提供以租赁方式观看流媒体电影的服务——称为"视频点播"（VOD）。VOD 的潜力是相当大的，因为它与电视电影频道相比不需要消费者支付订金，而与 DVD 相比它的成本较低，利润空间更大。通信管理局（2008）报告称 VOD 在美国、法国和德国发展得很好，但是在英国其市场相对较小。

问题讨论

消费者拥有的选择是否真的太多？试结合家庭休闲的电子设备来讨论。

12.4.4 听音乐

近年来，听音乐在支出方面经历了巨大的变化。这就意味着它不再仅仅是家庭休闲的一部分，也是出门在外便捷式的消遣方式。传统的家庭声频设备已经逐渐遭到电视音乐频道、DVD 播放器、台式电脑和手提电脑，还有更轻便的像 MP3 播放器、带有等效软件和储存功能的手机的冲击。随着音乐系统连接网络供应和支持网络的无线扬声器的出现，我们可以看到另一个新的技术变革——无线技术。在选择音乐播放器时，消费者面临着艰难的抉择，并且在这样情形下市场上的领跑者倾向于减少设备的不确定性。苹果的 iPod 很明显是市场的领先者，2007 年最后一季度 iPod 全球销量超过 2200 万台。

对传统音频设备的冷落同时也伴随着对唱片和 CD 的冷落。例如，在 2006 年，CD 在英国的销售量下降了 11%（休闲市场研究中心，2008）。随着 iPod 和 MP3 播放器的日益普及，网络下载也增多，但这与市场不能有效地监管非法下载有关。并且据估计，市场上 20 次的下载中只有一次是合法的下载，非法下载的次数远远超过了合法下载的次数（休闲市场研究中心，2008）。据说未来的市场取决于音乐下载的增长有多少可以转化为商业利润。尽管如此，英国的合法下载量从 2004 年的 580 万增加到 2006 年超过 5000 万，即使因为非法下载而导致部分收入损失，收入仍呈增长趋势。根据数据显示，超市在英国占领 CD 市场的股份从 2002 年的 9% 增长到 2007 年的 25%，尽管下载量增加，但是超市仍能从 CD 的销售中获利（休闲市场研究中心，2007）。这种成功模式与书籍销售的成功模式类似，都是依靠自身的便利和价格打折来获利的。

12.4.5 电脑和电子游戏

电脑在家庭娱乐中非常重要。例如，2007 年，在不同国家中，谷歌搜索使用最多的目的是：游戏（法国）、视频（意大利）、歌词（美国、加拿大、瑞士）和英国广播公司 BBC（英国）。2007 年，在加拿大、瑞典、英国的谷歌搜索增长最快的是社交网站 Facebook。电脑产业的增长主要是由于低价格以及对笔记本电脑而非个人电脑的需求。

最近主要的技术改革是宽带连接，这个技术改革对以上提及的网络服务的高速下载来说至关重要。英国政府的重要目标是让达到93%应用网络的成年人使用宽带连接。英国的宽带使用率比许多其他国家高，例如，日本的使用率是67%。但是家庭娱乐中即将到来的创新时代就是宽带基础设施实现了更稳定和通用的高速性能。

消费者在家用计算机上的支出与电子游戏的规模相匹配。然而，这两个市场的主要区别是系统、附加元件（其他设备）和软件的相对重要性。因为超过80%的英国家庭有一台家用计算机，由于市场饱和，销售增长受限，附件和软件的销售增长不能弥补计算机硬件的低迷销售。与电脑不同，电子游戏业的索尼游戏工作站、微软游戏机和任天堂游戏机之间的激烈竞争是电子游戏业发展的保障。但更重要的是，电脑附件和软件的销售额超过游戏控制板的销售额。

计算机和电子游戏通常被认为是"Y 一代"，特别是"Y 一代"男孩减少体育活动的罪魁祸首。不过，这样的指责未免太以偏概全了。还存在电视、父母、学校、饮食习惯、同辈压力和很多其他可能导致体育锻炼缺乏的因素。甚至现在有很多电子游戏能够直接促进体育锻炼，包括任天堂游戏机、跳舞机和体感运动电子游戏机。

12.4.6 家庭娱乐中的电子设备功能一体化

通信管理局（2008）的调查验证了电子设备功能的一体化，即使用同一设备实现多类型娱乐功能——音频、视频、文本阅读和其他数据。不同类型的设备都能实现一体化。移动电话和计算机、装有软件保护器的便携电脑或者是个人电脑表现最明显，并且它们也可以获取电视网络为客户提供流式传输服务，比如说重温节目和点播视频以及使用电子游戏机下载电影或者播放 DVD。如移动电话、便携电脑和便携式电子游戏机等具有一体化功能的设备有助于人们在户外进行以前只能在室内进行的休闲活动。

表 12-5 给出了 7 个发达国家多样家庭娱乐方式中两种主要娱乐工具——网络和手机的使用情况。它描述了少数成年人同时使用网络和手机来达到多样化的娱乐目的的情况。并且这种情况与英国通信管理局（2008）对不同的国家做的比较相似。而且在多数情况下，随着时间的推移，上述百分比会增加。一体化满足了现代休闲消费的一个重要特质——便利。并且这种便利意味着可以随心所欲地选择去哪里娱乐，以及娱乐的内容，即大部分娱乐活动不再局限于

家里。

英国通信管理局（2008）指出在2008年，英国互联网用户平均每周花费不到14小时在线上网，比其他的欧洲国家高，但仍低于美国（平均每周15小时以上）。英国通信管理局调查的所有国家中，2008年互联网用户的平均在线时间与2007年相比有所增长，并且截止到2008年的四年里英国互联网用户每年平均上网时间均增长21%。不过，使用互联网不是人们唯一的选择。英国通信管理局（2008）的报告指出不少互联网用户上网的同时定期收看电视，这样的互联网用户如在英国、法国和日本所占比例分别为28%、36%和39%。

表 12-5　2007 年 7 个国家的家庭互联网和手机的娱乐用途（单位:%）

	英国	法国	德国	意大利	美国	加拿大	日本
成年人使用家庭互联网的娱乐用途百分比							
看或下载电影、电视节目	23	21	14	27	23	22	18
听收音机	33	37	34	31	26	27	17
听或下载音乐、播客	35	27	18	39	36	40	31
访问社交网站	50	27	34	32	40	55	33
上传图片	43	31	36	38	42	44	20
上传视频内容	11	15	5	16	11	10	9
成年人使用手机的娱乐用途的百分比							
听音乐	25	21	36	38	14	12	20
听 FM 收音机	16	13	13	22	3	4	8
作为静态摄影机	59	51	51	58	42	35	52
录制视频剪辑	16	6	5	15	9	7	9
通过网络上传图片/视频内容	11	3	7	10	9	5	17

资料来源：英国通信管理局（2008）

讨论问题

哪一项对休闲来说更重要，是互联网还是手机?

12.5 DIY 和园艺

这个板块主要由两个部分组成——DIY 和园艺。就英国的消费者支出而言，DIY 的支出费用大约是园艺的两倍，但这两个部分都是家庭休闲最大支出元素（表12-1）。由表12-2可以看出，在2002~2008年期间，DIY 和园艺受欢迎程度有所增长。

12.5.1 DIY

因为很多 DIY（自己动手）就是家庭维护与保养，包括自己维修汽车，家用设备等。DIY 对解决问题或防止问题的发生很有帮助。这种花费是不是真正的休闲花费还是更近似于家务事还存在争议。虽然如此，DIY 通常包含在家庭休闲内。

从长远来看，DIY 受益于房屋所有权拥有率的积极影响，2008 年英国家庭房屋所有权拥有率达到70%。在短期内，DIY 市场一般与房地产市场的波动保持一致，实际上在2001~2004年伴随着 DIY 实际开支年增长率在7%和11%之间英国房产业开始繁荣起来。相反，伴随着2005年房地产市场的冷却，DIY 市场份额也随之下降。在2008年，由于住房市场和消费者信任度下降，以及恶劣的夏季天气，使得 DIY 消费再次下跌。

DIY 消费跟随住房市场变化的趋势是矛盾的。如果住房市场下景气，DIY 消费随之增长才是合乎逻辑的，因为这将保护房屋拥有者主要资产的价值。然而，通常情况都不是这样。在英国，DIY 消费支出的最大要素是家庭维护，即解决或者预防问题。DIY 开支的其他项目是油漆、墙纸、木材和设备租用。在英国大型零售商主导 DIY 产品的供应，这些零售商包括 B&Q、威克斯、厚贝司以及为汽车和自行车提供服务的哈尔福德。在第 4 章，描述商业休闲中典型的寡头垄断结构的例子即是 DIY。

12.5.2 园艺

消费者对园艺支出的发展趋势与 DIY 趋同，也受房地产市场影响。长期的平均花园规模的缩小对园艺消费有负面影响，而这又是单身公寓率增加的产物。花园植物和鲜花是这个市场迄今为止最重要的要素，因为它们在英国占据了该部分市场价值的3/4。园林工具是另一个重要的要素。与 DIY 不同，园艺产品的供应是高度分散的，有许多小型的、独立的运营商，尽管主要的 DIY 商店已进军园艺销售市场。到 2003 年，他们吸引了有关花园支出的 1/3。

园艺逐渐成为网络零售行业中最成功的行业之一。这种增长的核心是所谓"银色冲浪者"，也就是 50 岁以上而且越来越喜欢在网上购物的人群。另一个有利于园艺产业市场价值增长的趋势是更便利的园艺以减少种子的销售为代价来促进现成植物和插花的销售增长。在园艺产业具有更高价值的增长模块是一些不寻常的植物销售市场，电视上园艺节目会对这些植物进行介绍推广。还有花园家具、照明设备和喷灌设备，都有助于将花园开发成为社会空间也就是进行园艺的场所。据估计，80% 有花园的家庭有花园家具（休闲产业研究中心，2003 年）。

电视节目的曝光有利于住房和花园行业，因其使得行业标签从功能性转换到休闲性。然而，这将减少该行业的基础性和功能性支出而促使更多的奢侈性支出。尽管在经济增长时期房子和花园刺激消费的增长，但当经济衰退时，如撰写本书时，行业如贴上"奢侈"的标签则可能会导致行业不景气。

讨论问题

时间花在 DIY 上、园艺休闲上还是家务活上？

12.6　爱好和消遣

由来自休闲预测的资料可知，这一部分的主要活动包括摄影、玩具、游戏和宠物。如表 12－1 所示，其中，在宠物上的消费支出大约是在其他项目消费支出的两倍。表 12－2 显示全部爱好和消遣类的三个部分都处于健康发展阶段。尤其是摄影方面的销售量快速增长，这也主要得益于 21 世纪初摄影设备价格的下跌。

12.6.1 摄影

摄影也是一种家庭休闲活动，很明显，摄影活动通常都不会局限于室内，但是传统上摄影都被看作一种家庭休闲活动。近年来摄影市场最大的变化就是受到数码技术发展的刺激。休闲预测（休闲产业研究中心，2008）报告 2008 年英国数码相机的家庭拥有率已从 2002 年的 11% 增长到 59%，2005 年似乎已经成为数码相机销售的分水岭（休闲产业研究中心，2005）。当时英国至少有一家主要的零售商开始停止出售胶片照相机，而另一则报道称数码相机销售额占到了 97%。数码相机的崛起已经提升了摄影设备销售的相对重要性——现在摄影设备大约占摄影市场总价值的一半，并且造成了摄影胶卷消费支出的急剧下降。

不过，有趣的是，对胶片加工的支出始终如一，因为消费者仍然需要专业的打印数码相机里的相片。然而，据估计在英国有 30% 的数码相机用户从未打印他们的照片（休闲产业研究中心，2005 年）。而且，可能是由于家庭印刷技术改善，打印照片的质量和便利性都得到了提高，越来越多的照相机用户愿意在家里打印他们的照片（例如从照相机记忆卡直接编辑和打印）。

如之前所述，摄影功能只不过是移动电话多种功能中的一项，并且有资料显示日常摄影的普及大大提升了消费者对高质量数码相机的需求（静态拍照和录像功能）。然而，手机照相机功能的效果会受到手机摄像头技术质量的影响，现在这种技术规格已经得到改善并且可与普通数码相机匹敌。手机相机也造成了对一次性胶卷相机需求的急剧下降。另一个推动摄影市场发展的是社交网络和网上编辑照片站点的日益普及，像 Flickr 和 Snapfish 这样的网站使数码照片的共享变得容易了。

12.6.2 玩具和游戏

玩具和游戏市场是很难预测的，因为它是社会驱动型的，通过孩子之间的接触而产生。不少玩具由电影和电视品牌的特许商家中生产。然而，每张许可证通常有一个有限的生命周期，例如，当电影《指环王》在 2001～2003 年上映期间，指环王雕像的销售增长，之后开始大幅下降，而像《哈利·波特》系列长度的电影少之又少。虽然如此，在玩具和游戏中有一些经久不衰的例子，包括迪士尼品牌。不过，最无可争辩的标志性玩具就是芭比娃娃（见案例研究12.3）。

芭比娃娃

2009 年是芭比娃娃的 50 周年纪念，俗话说，宝刀未老！芭比娃娃最初的灵感是要摆脱传统婴儿玩偶的特点迎合年轻女孩刚刚萌生的时尚感，因此从一开始，转变就是这个概念的核心。芭比娃娃一经推广，因为持续推出富有当时时尚元素新的版本而获得成功，很早以前，凯莉和麦当娜也采取相同的策略。芭比娃娃已经衍生出了 100 多种不同的造型，这些形式包括宇航员、奥林匹克游泳者、摇滚明星甚至总统候选人等。如今还有美籍非洲芭比娃娃和西班牙芭比娃娃。

据出售芭比娃娃的美泰尔公司宣称，90% 的美国女孩，在 3 ~ 10 岁时至少拥有一个芭比娃娃，且每隔一秒钟世界上就会有两个芭比娃娃售出。女孩们能在两个网站里设计衣服、进行网络社交和玩游戏。芭比娃娃品牌还延伸到 DVD、MP3 播放器、自行车和珠宝领域。

尽管芭比娃娃身材的三围 36、18、38 是完全不现实的，但是它取得了成功。芭比娃娃的形象（太理想化）和它的物质主义论已经遭到批判。但是另一方面，有人一开始就称赞芭比娃娃演绎了许多种不同职业的年轻女性，并且当时这些职业上女性很难取得成功，打破了人们对于女性角色的定式想象。美泰尔公司总是对年轻女孩做一些关于她们最喜欢的模特角色的调查，以此确定下一个版本的芭比娃娃的形象。

在 2008 年最后一季度，芭比娃娃销售量下降 1/5。虽然公司把销售下降归咎于全球经济危机，但也可能是受长期存在的"小大人"综合征的威胁。美泰尔认为芭比娃娃的主要市场为 3 ~ 10 岁的孩子，然而行业专家怀疑年龄可能会缩小到 3 ~ 6 岁。芭比娃娃的主要竞争者是贝茨娃娃，它设计的玩偶有更硬朗的边缘和更加具有现代感的外表，成功地获得那些小孩和"青少年"（年龄在 9 ~ 12 岁之间）的喜欢。

芭比娃娃是一种真正的全球产品，其在 150 个国家出售。2009 年，芭比娃娃在上海开了一家实验性旗舰店，名为"芭比娃娃的房子"。商店试图扩大芭比娃娃对年龄较大的女孩和母亲的吸引力，因为中国这一代妇女当她们还是孩子时没接触过芭比娃娃。虽然如此，芭比娃娃仍然以年轻女孩为核心市场，并且美泰尔公司的战略是通过保持芭比娃娃潮流感来继续吸引他们。我们可以看到超过 500 个脸谱组和大约 1000 条 YouTube 频道以芭比娃娃做形象代言，要证明美泰尔的成功没有比这更好的例子了。

　　玩具和游戏市场的特征已经在近几十年发生了改变。其中一个特征是传统玩具要面对来自个人电脑和遥控电视游戏机的激烈竞争。这些产品的主要挑战者是像任天堂的 DS 和索尼的掌上游戏机那样的便携式电子游戏机。并且无处不在的移动电话也加剧了市场竞争，一些手机甚至以游戏为卖点。例如上面所提到的任天堂的最新 DSi 机型已经试图增加照相机和音乐播放功能与其他媒介的灵活性相匹配，这是娱乐媒介中另一种元素的融合。

　　虽然有些传统儿童消遣形式重新流行起来，但是仍有很多孩子偏爱电子设备。这种个人偏好从传统玩具到电子设备的转换给传统的玩具制造商和零售商制造了难题。玩具零售的性质从专卖模式快速转向超级市场和网络销售的销售模式。

　　此外，从传统到电子设备的转变也朝着低龄化方向发展——"小大人"综合征。例如，2004 年，据估计 28% 任天堂游戏的玩家大约只有 11 岁或者年龄更小。手提式的电子游戏控制板并不都是那么昂贵，一些任天堂 DS 控制板的零售价低于 100 英镑。任天堂的赢利并不完全来自 DS 控制板的销售，其更大程度上来自对游戏的销售。该公司拥有 600 多种主题的游戏，每种游戏的价格从 20～25 英镑不等。

12.6.3 宠物

　　宠物市场向来是英国家庭休闲市场中增长最稳定的一个。只有在极少的年份里，该市场才表现不佳，销售低迷。此时，宠物市场的持续增长正面临经济衰退的考验。来自大西洋两岸的报道均指出遗弃宠物的比率在上升，而原因可能是宠物主人无法担负起饲养宠物的费用了。然而，在以往的经济衰退期，这样的情况并不明显，许多家庭即使面临收入减少，也不会抛弃他们的宠物。

　　宠物饲养和支出受人口和住房市场的变化的影响，但是有时这些影响是不确定的。例如很多高离婚率和分居率造成的单人住户可能对宠物饲养有着正面影响，因为宠物对单身人士来说是最好的陪伴。又或者，单人住户可能不利于宠物市场的发展，因为家庭才是宠物饲养的传统支柱。夫妇晚育的趋势通常带来低出生率，这对宠物饲养有负面影响。不过，很多没小孩的夫妇可能几乎把宠物作为孩子的代替品，在这种情况下就减少了低出生率的负面效应。最后，延长的预期寿命也能对宠物饲养有正面影响，因为宠物对老人来说是很好的伙伴。但也存在负面影响，因为对老年人来说需要优先考虑其他支出，同时他们也受到住房租用协议的限制。

　　高住房拥有率可以提高宠物的饲养率，这种现象甚至出现在城市公寓里，但一般公寓里的人们更倾向于养猫而非养狗。1990 年英国家庭共饲养了 740 万条狗和 680 万只猫（休闲顾问，1996 年），而 2008 的时候，饲养的狗的数量几乎保持不变，但是猫的数量已经增长到 990 万。这也许反映现代家庭承受的时间压力不断增大（参阅第 3 章），因为猫比狗更独立并且不需要花费时间带猫去散步。

随着时间的推移，在宠物上消费的性质发生了变化，在第 3 章中也强调了这一点。1990 年，宠物食品的消费支出在英国差不多是宠物非食品消费项目的两倍。现在非食品项目的消费支出比宠物食品的则要多（休闲业研究中心，2008），特别是宠物医疗和宠物保险。1986 年，农场动物药品占动物药品销售的 70%，现在家庭宠物药品销售占最大份额（休闲业研究中心，2005）。但是，因为非食品项目支出比起宠物食物支出更容易缩减，所以整个宠物市场在当下经济衰退期更容易受到影响，呈低迷状态。

12.7　赌博

由于互联网，特别是宽带连接的普及，赌博作为一项休闲活动从家庭之外转向家庭活动之内。然而，有几个国家继续采取行动严格限制网上赌博或者将赌博认定为非法行为，这几个国家包括美国、德国、北欧国家、俄罗斯和中国（休闲业研究中心，2009）。因此在国际上，网上赌博最大的不确定性在于该国的立法和税收行为——或者继续限制或者选择自由化。

一些国家限制网上赌博部分原因是财政上的，即对实体赌博企业收取的保护税；部分原因是道义上的，即担心家庭赌博无法控制而暴增。例如，在 2006 年，美国引进了规章，宣布银行和信用卡公司在网上进行的打赌为不合法行为，并在 2009 年年初被写入法律中，有效阻止了网络赌博。

英国采用的方法更实用和开明，且在 2007 年提出了 15% 的远程博彩税。这个方法在保护了税收的同时没有对赌博业造成严厉的打击——很多主要的赌博公司已经开通了网络赌博业务。因此英国的网上赌博是赌博市场发展最快的组成部分，从 2002~2007 年间增长了 650%。但是，这仅仅是非常小的增长，并且在 2008 年网上赌博仍然只占赌博市场的 7%（休闲业研究中心，2008 年）。

讨论问题

应该为网上赌博制定多少规章制度？其理由是什么？

12.8 小结

家庭休闲是休闲领域中最具活力的部分。消费者行为变化的速度非常显著，而且这种变化主要由技术的发展引起。在这方面的市场领军者都关注家庭娱乐。对于在室内或者户外的消费来说，电视、移动电话，尤其是互联网的变化生动显示出了现代媒介在休闲服务中的力量。这些媒介不仅在维护消费者权益方面很重要，而且在促进户外休闲方面也发挥越来越重要的作用。例如，在日益增多的假期里，许多人在网上查找度假活动并通过网络预订。

在所有的休闲商业领域，快速响应技术的迅速变化是很重要的。家庭休闲市场中电视、广播、听音乐、电子游戏和摄影等即是一些有代表性的例子。市场引领者已经意识到并且迎合一些技术的变化，这种技术变化提升了他们的产品在消费者眼中的地位。其他市场也会受技术变化的影响，如阅读、玩具和赌博。

很多技术变化的一个重要特征是他们使得休闲业提高了成本效率和赢利能力。例如，流媒体音乐、网上电影比要生产、储存和运送的 CD 和 DVD 便宜得多。不过，这两个市场的赢利都受到非法下载的影响，相关的行业必须有效地处理这个问题。

在过去 10 年，家庭休闲电子产品和服务通过降低价格来促进销售的增长。价格降低的部分原因是在供应上的激烈竞争，但主要是因为在生产方面成本的降低。成本降低是由于产品的技术变化和更便宜的劳动力，然而，在降低成本方面前者不受限制，而后者却有很大争议性。生产基地已经连续向劳动力更廉价的国家转移，但是这个过程中成本不可避免地伴随着这些国家生活水平的提高和工资期望值的上升而上升。

技术变化的另一个有趣的特征是消费者可能会面临不断增加的困扰，因为消费者面临一系列技术的选择，并且想知道产品为新技术发展的产品所取代时，他们购买的产品是否还能物有所值。家庭娱乐业中还有一个特有的概念是功能一体化，即某种媒介可以被用于实现多种不同的休闲目的，而这种媒介不仅在室内可以使用在户外也可以用。移动电话是最明显的例子，它能提供的不只是电话服务，还有音乐、游戏甚至是照片、摄像机、电影和上网等。互联网同样是多用途的，这种一体化使得消费者更方便获得一系列休闲服务，无论在室内或者户外。为了实现一体化，甚至一些电视和电子游戏机正被改装成能够提供连接互联网功能的产品。

或许这些行业的下一项挑战是使他们的产品非神秘化、非技能化，这样他们就不会重蹈洗衣机例子的覆辙——洗衣机是一项拥有多功能项目的设备，而通常消费者只会使用其中两项功能。很多更老的消费者因为现代媒介的技术要求而停止购买。使家庭休闲产品非技能化会增加它们的普及率。园艺作为家庭休闲市场的另一部分，可以很好地证明这一观点，因为园艺也不依赖于技术。园艺成功的部分原因是它不再仅仅是专家们的领域，普通的消费者也能够接触到它。消费者不需要知道植物的拉丁语名或者所需土壤的科学特性。他们甚至没有必要种植种子——插种植物使得园艺活动更容易参与且取得成功。

另一个休闲市场发展和改变的关键因素是消费者支出性质的转变。关于这方面最典型的例子是 DIY、园艺和宠物。在 DIY 和园艺中，消费性质从功能性支出转向生活方式选择的支出，从必要性到想象的转变。就宠物而言，它的转变是从以宠物食品支出为主到非食品支出的增长。在全部 3 个案例中，它们的发展是从一个基本概念到一个至关重要和具有价值的更成熟、更全面的概念。媒体的作用在这样的转变过程中是非常重要——最明显的就是家居装饰和园艺电视节目的激增。

随着家庭休闲技术变革的重要性的增加，政府和行业规章的制定也成为重要议题。这样的规章在组织电视和无线电广播的结构过程中是必要的，对降低音乐和电影的非法下载的斗争也极其重要，并且这也是未来网络赌博业必不可少的环节。在国际上，不同的国家采用的规章有很大差异，有些更开明并且倾向让市场力量自己解决问题，而其他的是用更多的干预来试图塑造未来的市场。

无论政府在主要家庭休闲市场制定的规章是否成功，这些市场将继续在消费者的休闲生活方式中起主要作用。没有户外活动能与无处不在的电视，或计算机使用率的增长和以休闲为目的互联网相匹敌。然而需要铭记的是主导消费者支出的户外休闲总体上比室内休闲活动发展更迅速。虽然如此，户外休闲和家庭休闲之间的交叉程度明显地在加深。例如主流书籍、电影院、DVD 和玩具之间关系；使用技术融合多种休闲内容；以及在户外休闲活动，尤其是假期利用互联网进行各种资料搜索及购买行为。

实 践 任 务

1. 对一所房子或者公寓进行休闲效能检查：

- 用于室内休闲的空间百分比；
- 每个家庭成员室内休闲活动的时间百分比；
- 家里休闲器材的价值（你将需要估测）。

家庭休闲有多重要，你的结论是什么？

2. 设计调查表并对你认识的年轻人（16~24 岁）以及老年人（50 岁以上）做一个试验调查，要找出：

- 他们在家庭休闲中对技术的依赖性多大（例如电视、电脑、音响设备）；
- 他们在使用这样休闲技术的过程中的感觉如何？

3. 你对高清电视或者数字收音机这种新的休闲技术的市场预测结果的影响因素是什么？

拓展阅读

英国家庭休闲（户外休闲）报告与预测：

Leisure Forecasts, an annual publication produced by the Leisure Industries Research Centre, at Sheffield Hallam University in England.

政府部门出版的家庭休闲相关报告：

Ofcom (2008) The International Communications Market, Ofcom, London, available at http: //www2. ofcom. org. uk/research/cm/icmr08/.

第四部分　成功管理运动和休闲所需的技巧和技能

内容:

　　本书的最后一个部分主要集中介绍一套完整的管理规则，这对运动与休闲行业非常重要。学习这些可以提升我们对于管理技巧和技能的理解，最终改善整个部门的管理。

　　在今天看来，管理被解读为是多种理论的混合物，本书的第 1 章就对此有过总结。第四部分的章节就反映了对所有理论的思考，而不仅仅是最近的一些管理理论。因为这些思考又可以帮助读者对好的管理实践更全面的理解。这个部分的章节（第 13 章、第 15 章、第 18 章和第 19 章）回顾了重要的传统功能性管理规则。其他章节（第 16 章、第 20 章）介绍了更多的当代边缘学科，这些学科有助于休闲管理。第 16 章和第 20 两个章节主要介绍了一些运动休闲管理过程中需要明确考虑的决策和环境。

　　本章节贯穿了几个主题：理性思考、合理程序、员工和消费者接触。普通的管理原则模式的发展包含以下几个过程：

- 了解商业环境，尤其是市场；
- 设定适当的组织目标；
- 设计运营的结构和战略；
- 实施计划以实现战略目标；
- 组织经营与活动以适应内外环境；
- 检测和评估；
- 反馈、回顾与改变。

第13章
运动与休闲的人员管理

本章内容

- 改变的消费者需求、组织行为、人力资源管理程序、人员管理以及商业目标这些要素之间有着怎样的关系；
- 为什么发展一种授权的、技能熟练的且积极性高的劳动力是很重要的；
- 有效的领导、管理和交流具有怎样的重要性。
- 正式及非正式的组织结构和组织环境、策略之间是怎样联系起来的；
- 如何发展和实践企业行为理念和人力资源政策理念。

摘 要

人们常说，"人"实际是世界上所有组织的关键组成部分。这条自明之理运用在经济中的运动与休闲部门上再恰当不过。这个部门通常依赖于雇用最低报酬的员工为消费者提供"一线"服务，其对于成功进行顾客互动及顾客维系十分重要，而这原本也是在竞争日益激烈的商业环境下必不可少的一点。然而，并没有一种"万全之策"是关于其如何在实际中达成的，现实中存在的仅仅是一系列寻求核心问题的原则或者概念模型。广泛地说，以上内容可以更好地在组织行为学的理论框架中进行理解和再发展。

虽然对外部环境及能影响行为和人员管理关系的问题有一个敏锐的眼光是非常重要的，但关键的是，建立关系必须从实际水平出发，以敏锐的眼光考虑员工及顾客的需要。本章以理解顾客需求为基础，从发展合适结构及领导模式的观点出发探讨相关话题。渐渐地，人们以各种形式激励员工敬业，以便于得出一个对当下环境更好的认识。

其他要素通常在组织优先权、策略和目标的背景下构建决定。因此，由人事管理部门完成的人员管理角色，是一个更加基础的公司管理功能，它旨在从人力资源中获得最大价值。然而，这持续的改进中带来一连串的组织承认和必须应对的紧张态势。同时，这一动态过程在个人团队和组织层面持续演化。

本章对以上问题提出质疑并做出总结，它认为必须从基于指挥控制的传统管理模式中脱离，寻求更灵活的方法，旨在传递一种基于员工参与、授权及创新的进化型顾客体验模式。

13.1 引言

对"人"的领导和管理几乎是一切组织和企业成功运作的基础。这对运动与休闲组织来说尤为正确，因为这一市场的"产品"通常包含大量依赖于顾客与员工之间实时互动的"服务"元素，这种关系产生出真正的竞争优势，也是顾客对价值和质量感知的关键。现在，人们试图组织一种对组织行为理解的理想框架，在此框架中，可以更好地理解和控制个人或小组的互动和动机，特别是有关其绩效产生的积极和消极的影响的后果。与此相关，人力资源管理提供了一种更具功能性的管理表现方式，人们可能将其理解为组织尝试着去尽可能多地从雇工身上榨取价值。但是，组织或个人绩效通常很难准确衡量（见第17章）。它应当与顾客需求、组织目标、竞争者行为和改变外部环境联系起来考虑。

在理想世界里，决策通常与如何使各层次的员工为具有竞争性和营利性的顾客体验做出显著贡献相关。假设组织对当前发展中的顾客需求有清楚的认识，那么设计一个能够灵活运用且恰当地对顾客要求、组织约束、个人或小组需求以及组织未来机遇有所帮助的组织架构十分重要。

人力资源结构、系统以及进程旨在实现和发展各层次的员工与组织目标、顾客价值之间的联系。在这点上，对组织行为的理解有助于考虑管理决策的潜在结果。因此，本章试图提供对员工发展与客户需求之间的协调战略，以及运动与休闲环境下的企业、市场和行业的更好理解。

优秀的员工与卓越的设施在满足顾客需求上同样重要。因此，资深专家及管理者应当具备对人事问题（例如：员工激励、组织结构和企业与员工绩效这些重要方面的影响）的知识、经验以及理解。

不管是全职、兼职、临时工还是志愿性质的员工，对于任何休闲企业来说，他们都是重要的资源，应将其成本看作高价值的投资而非一个昂贵的花销。组织应雇用、训练、培养优质员工，并使其能够为企业也为自己贡献价值。

很难准确估计受雇于与休闲相关工作的人的具体数字，这不仅是因为难以对这一宽泛的产业部门下定义。然而，2010 年，当英国与将近 300 万的失业率抗争的时候，休闲部门的就业增长在社会和经济方面具有全国性意义。

如果仔细查看运动产业，"好身手组织"发现 2005 年的数据反映了 16 ~ 24 岁之间的年轻人在这个领域的就业率高出平均水平。英国国家统计局 2009 年的数据显示 7 ~ 9 月全国的失业率大约为 8%，其中 18 岁到 24 岁这一年龄段失业率最高（达到 18%）。面临着改变和潜在的增长可能，运动休闲的管理者们需要吸引、激励和保持高素质员工。面对不断增加的求职信，管理者不应该自我满足，而是应该努力工作以鉴别和培养员工，不仅试图保持业绩，而且还促进业务增长——后者显得尤为重要。

13.2　员工培训与发展的重要性

在各个层面上，教育和培训对运动休闲管理来说都是十分重要的。没有人们的关注与支持，没有合格的、训练有素的员工，休闲服务无法取得成效，更不用说高效地满足各类股东的要求或者员工及顾客的期望。人们将员工培训视为一项帮助员工获得最佳状态的投资，因为这既可以提高其对自身工作的满意度，也是企业中不可或缺的一部分。然而，在"培训"与"发展"这两个词的使用上，人们很容易混淆。在某些情况下，这两个词可以互换使用；而有些时候，一个词可能同时包含两种意思。

总之，"培训"指学习特定的内容，通常指学习能够直接运用于实践的职业指向性技巧和知识，并且在短期内取得效果。大体上讲，它处理相对较小的问题，例如哪件或哪些事情应当完成。换句话说，培训是为了保持当前惯例。但是，"发展"是一个更为广阔的教育概念，旨在促进个人的成长。它鼓励学习更深更广的内容，它允许对相关问题有一个更好的理解，并提供将知识转化为问题情况的机会。这促使"为什么要以这种方式行事"的问题产生，通过推出改进建议并给予必要的洞察力和自信心，对主流传统观念提出挑战。这反过来使员工提出更加灵活和先进的与日常绩效相关的问题，足以对消费者的价值观产生影响。

不像其他职业，休闲没有明显的教育或专业路径，没有明确的通向培训与提升的入门资格认证。这一职业涵盖了多个专业领域，包括运动、艺术、旅游、文化遗产和农村管理。它与其他职业密切相关，例如规划师、商业管理者、市场营销人员和教师。这些职业带来的技巧相互关联，且与休闲职业的涵盖面有所交叉。

任何连贯的培训系统必须围绕经营管理和运动休闲机构的员工需求来建构。如果希望培训是有效的，则必须提出相应的问题。在问"它应当是什么？"之前先问"为何有这些需求？"和"这么做是为了谁？"商业组织更可能基于证据，并越来越多地以绩效指标作为评价系统来判断培训的成果。英国就业与技能委员会（2009）认为："这意味着创造一个模块化且灵活的资格认证系统，其中只有雇主承认的、且满足产业要求学习与资质的才有资格得到重大公众资金支持。"

13.3　领导和决策

一个成功的领导者必须具备两个能力，一是确保顾客需求得到满足的管理技能，二是激发和带领员工的人际技能。有效的领导层需要了解组织目标、服务、设施、方案、资源和涉及的人员。领导能力是管理中的一个重要方面——高效的领导是产生高效管理者的一个因素。人们将领导能力描述为艺术、技艺和人性的综合。对于管理工作来说，这是最基础的部分。

以下是阿代尔和里德（2003）对领导者提出的要求：管理带有实现由自己或别人制定目标任务的寓意。此外，管理的概念中并不包含激励、创造团队（当不存在一个团队时），或者设置范例。当鼓舞人心的人或团队存在时，意味着存在一个优秀的领导者，同时其也是灵感的源泉。但是，不幸的是，我相信大多数情况下管理者面对员工时，并不会做出让他们会心一笑的行为。

讨论问题

是否有可能只做一个好的管理者而不做一个好的领导者？相反地，是否有可能只做一个好的领导者而不做一个好的管理者？

对组织运行所处的政策和权力环境有确切见解也很重要。通常，运动与休闲组织为了资金和生存而依附于其他机构，如中央政府。这样的环境将会影响管理和领导行为。因此，除非对组织运行所面对的环境存在一个明确的评价，领导和管理往往无法被充分理解。

一个好的领导者关心下属也关心结果。领导是一个带有积极含义的词。我们寻求一个激励我们、引领我们、为我们开路的领导者。在运动与休闲管理中，需要各个方面都很优秀的领导者（其集决策者、行政主管、中层管理者、业务人员等多种身份于一身）。有时，管理方面的领导技能来自团队内部或来自巧妙的训练，平时并不明显。我们经常清楚地看到，管弦乐队的指挥、戏剧作品的导演、体育比赛中的领队和教练等诸如此类的人总能不动声色地调动出参与者的最佳状态，而不用大声告诉他们该做什么。

许多关于领导力的文章都涵盖了一系列相关的概念、变量和原理。这些概念和理论同属于个人品质特质论、权利理论和行为理论等理论。同时，也存在领导模式下的教育与训练元素，以及为了有效领导而理解"追随者"的需要。很明显其需要考虑更多的事情，如领导者如何面对复杂世界加强学习和应用。因此，从众多的领导者中，我们可以发现那些从事运动与休闲行业的成功者们的领导风格（参见案例研究 13.1）。

与其他管理功能可以通过教授学习，领导技巧只能通过实践习得。领导力很大程度上来源于管理者的个人交往以及个人对他人的影响。领导者需要激发、交流、支持和指挥。然而认识到"事实上，21 世纪的每个雇员将要求在某个时间点展示自身的领导能力"（兰迪和孔德，2009）是十分重要的。因此，从某种程度上说，"领导力"对"追随者"的关系几乎与其对"领导者"的关系相当。领导应当变为一种重要的激励行为，而非传统意义上所接受的控制功能。我们可以通过使用 360 度反馈法（下属就上级的管理行为和绩效给出反馈）和上级评价来提高领导质量。

案例研究 13.1

约翰·伍登

约翰·伍登是美国 NCAA 大学篮球比赛历史上最成功的篮球教练之一。他带领他的队伍 UCLA（加州大学洛杉矶分校棕熊队）在 12 年间获得了 10 次全国篮球冠军。约翰·伍登的独特之处在于其在比赛中所采用的保守且专业的策略。在教练席上，他偶尔会变得热烈而活跃，但大多数情况下他都是缄默地控制着整个局面。他经常与他的队员待在一起，而

不是高高在上。这与他那个年代的大多数人很不一样，我们通常看到的是那些教练在赛场边线处对球员们大声发令。在缺乏经验的人看来，伍登的方法就是较为特别。他的球员们没有一丝怀疑地尊重他，但也可以清楚地看到他对球员们也报以同样的尊重。必须肯定的是，所有运动与休闲的管理者们可以从约翰·伍登身上学到经验。

成功金字塔

竞争精神
当需要最佳表现时，拿出你最好的状态！每一天都需要你表现得最好！

平衡
做自己！不要被或好或坏的事情打扰。

自信
若要别人相信你，必先自己相信。自信靠赢得，不能靠给予。

地位
能力让你取得成功，但特质（心理、道德、身体）让你保持在顶峰状态。

技术
技术是做好任何事情首要的赖以生存的条件。

团队精神
一个团队最永恒的主题就是以"我们"代替"我"。

自控
控制你的团队要从控制自己开始。做一个有纪律的人。

警觉
不断观察周围的事物，保持高度注意力。不断提高自身和提高团队。

主动
做出决定。被动等待不会有积极结果，不要害怕失败，要主动出击。

专注
全神贯注于设定的目标，坚持不懈执行之，遇到挫折永不言弃。

勤勉
工作没有替代品，所有有价值的成果皆来自于平时的勤奋刻苦努力。

友谊
力求建立一个充满尊重与友谊的队伍，朋友间情同手足。

忠诚
忠诚于自己，且忠诚于你所领导的人。

合作
尽可能地关注"什么是对的"，而不是"谁是对的"。

热情
你的能量、愉悦、驾驭和奉献将大大地刺激和鼓舞他人。

十二个关于领导力的训诫

1. 好的价值观吸引优秀的人。
2. "爱"是最具力量的一个词。
3. 称自己为老师。
4. 情绪化是最大的敌人。
5. 投篮需用双手。
6. 细节决定成败。
7. 把每一天都当作生命的杰作。
8. 胡萝卜比大棒更有效果。
9. 让"伟大之举"触手可及。
10. 寻找显著变化。
11. 不要关注记分板。
12. 逆境是一笔财富。

图 13-1　约翰·伍登的成功金字塔

资料来源：**Wooden**（2005）

为什么他的领导才能、教练和管理风格可以给他带来成功呢？通过多年对细节的观察，约翰·伍登发展了一套名为"成功金字塔"理论。每个训练期，伍登都做了极为细致的记录。对每个球员他都有所标注，并且定期就其表现与其进行讨论，提出调整和提高的建议。这不仅是为了球员有更好的表现，也显示出对作为球队重要组成部分的球员们的关心。在伍登看来，成功的领导包括以下属性：勤勉、友谊、忠诚、合作、热情、自控、警觉、主动、专注、地位、技术、团队精神、平衡、自信以及竞争精神。这些属性共同创造了成功领导的素质结构和强大的竞争力（伍登，2005）。这些优秀属性互相结合构建了伍登的"成功金字塔"。

资料来源：伍登（2005）。更多信息请访问伍登的网站：www.coach-wooden.com

13.3.1 领导风格

世界上有很多种适当的领导风格（图 13-2）。准确地定义何为好的领导通常是不可能的，但是差的领导却有许多易辨认的特性：冷漠、对他人不敏感、威胁行为、生硬粗暴、傲慢、监管过度、无法作为模范、寻求赞赏而不是给予赞赏、指责他人、寻找替罪羊、优柔寡断等。

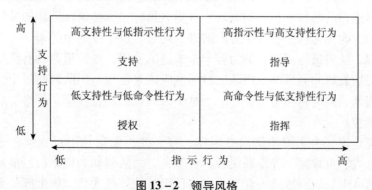

图 13-2 领导风格

领导风格必须能够灵活应变以适应各种情况。领导必须从细节着手平衡全局和眼下的情况。他们会发现小事十分重要，必须敏锐地关心和注意每一个细节。一个错误的设想往往会使得领导变得独断专行或者随心所欲。许多领导者会使用多种风格，但往往更倾向于其中的某一种，这取决于当下的环境。在紧急情况或关键时刻——例如，游泳池安全问题或准时开展某项重要任务，独断与命令式的领导风格就非常合适。这种独断或命令式的领导风格在需要严格要求的特定情况下也十分有效，即使要付出一些个人情感代价。领导并非一个简单的选择，它需要承担义务、敏锐性和技巧。

领导的"艺术"包括情感与头脑的配合，需要达成管理者特性、团队特征、组织类型和问题本质的混合型平衡。管理者的领导技巧，即处理问题的策略和手段必须得到检验。他们能否激发起员工们的动力？能否提高管理决策的质量和有效性？随着顾客满意度的提高，能否促进团队工作、道德精神和员工发展？

讨论问题

对于你选择的一项体育运动，你觉得在个人需要、小组需要和组织需要之间怎样的紧张度是合适的？例如，在专业运动上，俱乐部与国家队之间似乎存在着永久的竞争。谁最适合解决这样的问题？怎么样解决？

13.3.2 团队建设

作为管理者的领导和组织中分散团队的领导是不一样的。例如许多运动项目中的"进攻"与"防守"是有区别的，尤其是在北美地区。海伦（1998）对此有以下建议："身为领导必须经常性地意识到组织的最终目标是什么，且知道怎样使自己的目标与之契合。一旦确立目标，你必须保证你的队伍理解他们前进的方向和为什么朝这个方向前进，同时对整个计划中的每一项活动也要有所了解。应将最终目标分解为若干个渐进的阶段，要知道，具有挑战性的目标能理想地鼓舞和激励整个团队。目标也应该直接地与团队内的每个个体相联系。一起朝共同的目标努力，并给予每个人归属感和责任感，最终形成一种团队协作精神。"

海伦建议，为了使团队高效运作，有一些主要角色不可或缺，包括协调者、创意人、批评家、外部联络者、实施者、团队领袖和检察员。最重要的一点是，团队中的所有成员一起努力以实现团队绩效最大化。每个成员至少要覆盖另一个成员的角色，成员必须担起责任，在团队里发挥自己的独创精神，但要明确全局任务是整个团队成员共同的责任。海伦提出，大部分团队过多地关注任务本身，却鲜少对个人给予关注。海伦的模型（图13-3）阐明了一种"理性化状态"，在这种状态中，"个人需要、团队活力、任务要求同时发挥作用，产生了一支统一的、高效的工作队伍"。

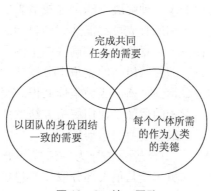

图 13 – 3　统一团队

资料来源：海伦（1998）

小组内的行为模型有任务指向型、维护指向型和自我指向型三种类型。"任务"和"团队维护"在不同情况下都很重要，这取决于管理的目标，然而利己主义的行为却阻碍了共同目标的达成。例如，我们可以激发这种行为，因为个体可能会面对同一性问题，结果个人目标成为占据主导地位的需求，而不是集体的目标或需求。例如，许多健康俱乐部以成员人数去计算相应报酬的方法去运行一个销售系统，这样必然在团体内产生"竞争性紧张"和"矛盾"，而这些问题可以通过引进一个以团队目标的系统，而非个人的佣金系统得到部分解决。

阿基里斯（1966，1976）基于研究经验，提出了十个对团队能力和高效性十分必要的准则：小组内的贡献是一种添加剂；小组以整体的方式采取行动是对团队精神的发扬和高度参与；决策通常是由共同意见决定的；对于某个决定的承诺是牢固的；小组要保持持续地自我评估；小组对目标非常明确；换一个角度思考问题；公开矛盾且解决矛盾；坦率地处理情绪；最具资格的人成为领导者。

讨论问题

回想你经历过的觉得最成功的团队环境是什么样的？是否存在领导者？什么样的团队性格有助于整体取得成功？怎样定义成功？

领导者必须处理矛盾、促进团队内外部的合作。矛盾本身并非是令人不悦的，只有通过不同意见的表达，才能生成良好解决问题的方案。使每个人达成一致意见是不可能的。但是，如果矛盾过于激烈以至于参与者失去效用并且阻碍后续问题解决是不可取的。一种解决方法是寻找最重要的目标：一个所有小组都接受的、最基本能达到和所有成员都能达到的目标。例如，专业运动队伍的成功意味着在队伍间保持一种竞争平衡并确保结果的不确定性，以让消费者和粉丝们产生好奇与兴奋。即使队伍间的竞争十分激烈，对于主要利益相关者来说，促使各支队伍的力量达到平衡已成为集体共识。美国的一级方程式赛车和选秀系统等一系列不同背景的运动是应用解决方法的成功案例——最弱的队伍可以招募到最好的大学里最具潜力的运动员。

本尼斯（1989）建议，当今优秀领导力的组成部分包括：指导愿景、热情、正直、信任、好奇心和勇气。其很大部分取决于想要达成的目标。正如科维（1992）所说的"以终为始"，即定下目标然后努力实现。阿代尔和里德（2003）的书中有一个名为"人性"的章节，认为领导是一种服务形式。他们使用了这样的副标题："领导的任务不是使伟大进入人性，而是使人性中的伟大出现，因为伟大本身就是存在的。"

总之，为了实现效率，管理者必须成为一个成功的领导者。管理者必须设法更好地了解自己、员工和顾客。管理者需要认识到，高度以下属为中心的行为在对组织的运营上有所帮助，其可以提高雇员的协同合作和道德水平。但这并不意味着管理者把所有的决策权留给了员工，而是要视具体情况而定。员工的意愿和能力非常重要。成功的领导者会依据人们的观念和特定的情况做出恰当的行为。除亲自领导之外，管理者必须承认的是，许多下属自己充当了重要的领导角色。他们同样需要获得有效"领导艺术"的训练。领导力可能使得任务成功完成，但有效的领导不仅是员工团队完成了任务，而是使员工自愿地参与到决策过程中以产生积极的结果。

13.3.3 管理沟通

与说服不同的是，理想化的沟通是双向的。对于双向沟通的辩论不单单是道德上的，也是一个实际问题，因为管理者通过鼓励小组成员充分发挥他们的能力而使工作变得更有效率。德鲁克（1995）用辩论手段替代单纯通过说服进行的沟通方式，具体如下：大多数情况下，人际关系是用来操纵的，使人们适应"老板所想即事实"的理论；让人们遵守一个看似符合逻辑的自上而下的模式；让下属毫无疑问地接受上司告诉他们的一切。老实说，有些时候，我认为不告诉下属任何事情好于"告诉他们所有事情，而且他们必须接受这些事情，让他们接受也是我们的职责所在"。

在对方并不理解的情况下将单向的沟通强加于他人将会导致经营不当。类似这样的决策，我们将其称为判断失误，尤其是在老板没有法定职权做出这种决策的情况下。在对早期贾尔斯·克拉克（英格兰和威尔士板球理事会的主席）和倒霉的美国银行投资人艾伦·斯坦福参与的郡际板球联赛的反应进行评论时，王尔德这样写道：到目前为止，他们最伤人的断言是克拉克和其主要行政长官大卫·柯里尔没有通知英格兰和威尔士板球理事会的其他 12 个成员关于斯坦福从 2010 年开始就已经授权资助英超的事件。其中一个成员说，对理事会成员来说，未告知其细节是一个耻辱。他说"这是一次极其严重的违反规定的行为。在当天结束的时候，他们（董事会成员）对这项以他们的名义做出的事给出了解释"。

在此类决策方式上，这无异于是运动与休闲机构的管理者没有与员工商议就擅自做决定，直接影响到顾客的例子。在这种情况下，员工们就会聚集在一起要求管理者对他们的日常责任做出说明。

13. 3. 4 训练性、指导性和激发性的领导

与运动员和队伍相似，休闲管理的员工和团队可以从训练和指导中受益。训练和指导能够鼓舞人们通过实践进行学习，能够真正帮助提高个人的绩效收益。此外，它可以通过自我意识的联合发展，协助和促进个人学习。通过这些方法，员工可以受到接受新任务的鼓舞，提高绩效，发展新技能，学习怎样解决问题并成为对团队更有价值的成员。

好的商业教练将与员工一起工作，通过鼓励使他们更多地意识到自己的个人动机和决策过程，释放出其天生的潜能。优秀的商业教练必须是好的倾听者，他们与员工近距离相处的时间较长，并帮助员工解决工作上甚至是个人生活上的挑战。通过提出开放性问题，商业教练可以鼓励并协助员工进行自我反思。例如："当前最重要的问题是什么？""应当优先考虑什么事情？""存在着哪些障碍？""你拥有什么选择？""第一步必须采取怎样的行动？""如何知道自己完成了任务？"诸如此类的问题，商业教练并没有给出具体的建议，但是巧妙地鼓励学习者解决了自己的问题。

导师，即基于直接的个人经验对个人提出建议和指引，且能在个人成长的长期生涯中留下持续影响的人，或者从另一个角度来说，导师也是一位富有经验的引领者、信徒、理解者，促进工作的进展且指引方向。这种有效的导师与学员之间的关系可以互相帮助，带来相互的信任、忠诚和友谊。这不像商业教

练，导师只提供本质上的指导性建议，如"我不认为那是最佳的方法"或者
"基于我的经历和知识，你应该这样做"。

导师与学员之间存在着某种基于情感的联系，这条纽带以互相尊重为基
础，且需要时间让它成长。在这个过程中，学员吸纳了一种方法、风格或人生
观，这些都将对塑造其未来提供帮助。导师为学员开了一扇门，就好像，没有
导师就等于没有开门的钥匙。与此相反，商业教练跟雇员相处的时间相对较
短，无法提供指导性建议，取而代之的是帮助参与者开发自己的智商，针对具
体的与绩效相关的目标获得解决问题的技能。

我们已经对管理与领导力进行了不同的解读，也反映出人在有效的休闲体
育管理中是多么的重要。领导、决策、沟通和理解团队行为是其主要组成部
分。管理应当适合于不同的情况，管理者必须用其自身的管理风格去改变状
况。显然，固定一种管理风格的管理者在面对各种各样不同任务和需要应对的
人时，就会像仅参加了一个俱乐部的高尔夫球运动员那样无法应对客户。

运动与休闲经营要求管理者灵活变通，且能够在与正常社交活动相冲突的
时间工作，它要求领导层保持提供良好的顾客服务、关心下属、体贴员工。在
这种环境下，带着专业行政风格的民主管理者更可能获得成功——此类的管理
者会将他人的努力扩大化。管理者对任务和关系的承诺很清楚。这些管理者通
常与团队一起工作，想法从各个角落产生；当更多的可能性挖掘出来，就会对
问题有更好的理解。哈默（1996）提出，"管理是训练与设计而不是监督与控
制"。然而，管理者必须起领导作用并做出最终决定，而不能躲在团队背后。
无论成功或失败，管理者和员工都应参与其中。塞坦塔（某体育广播媒体机
构）提供了一个好例子。由于全球金融危机导致资金崩溃，当它的所有者宣布
公司已破产时，员工站出来为之鼓掌（罗宾逊，2009）。雇员由衷地感激管理
者为了扛过危机所做的努力，并且意识到这一决定的影响因素大大地超出了公
司短期的控制能力。

当然，对领导者来说，处理员工的参与、动机和发展等问题很关键，因为
它们将时刻存在于组织的结构环境中。

13.4 组织结构的重要性和影响

组织结构代表工作安排和分配的方式以及企业管理的方式。每个运动与休
闲机构，不管大或小，都有自己的组织和员工结构。为了达到组织目的，这个

结构通过工作的运作过程提供了有效使用的框架。

当然，这里也存在许多"结构"模型帮助我们理解像这样的基础性组织建设，它的"有效"运作通常都是处于一种紧张状态之中。这包括顾客不断发展的需要以及与之相关不断变化的各种层次竞争。这样的问题共同累积作用，产生了一种积极的组织文化或者一种颠覆了最初结构安排的有着原本意图的东西。换句话说，完成总体目标以及潜在的商业目标很少像委派组织需要的角色或责任那样简单。在现实中，具有理解挑战并做出积极反应的能力对管理者来说非常重要。

13.4.1 对合适结构的需要

运动与休闲组织间存在大量不同员工结构、不同种类员工和不同的人员配备。例如，在公共休闲领域，国家给予津贴，但是受当地政府管理系统和标准化程序的主观影响，所以差异是存在的，这时，组织便会尝试去寻找一定程度上的统一。然而，不同地区的不同配备、不同环境和大范围的变化都存在于当地官方的组织结构中。此外，员工的不同背景、兴趣和抱负也存在于组织等级制度的各个层面，同时其雇用身份也不同，如全职、兼职、临时雇员、临时工和志愿者。

> **讨论问题**
>
> 从知识、经验、承担的义务和动机辨别全职、兼职、临时雇员、临时工和志愿者之间的相同点与不同点。在大部分体育赛事（如纽约的马拉松比赛）中，雇用身份的不同带给客户何种不同的体验？

许多休闲设施都是由领导者和志愿者管理的，尤其是在志愿性部门中。他们负责企业的方方面面，包括设施、机械、程序和人事。然而，通常这些志愿性质的运动组织缺乏正规的人力资源系统和过程。澳大利亚新南威尔士非营利性组织的成员泰勒和麦格劳（2006）发现，"尽管有来自人员管理策略上的压力，仅只有小部分的运动组织拥有正规的人力资源管理系统"。

这种情况在专业运动组织中也十分常见，这些组织的典型特点是员工数量相对较少，并一直努力证明功能性的人力资源部门或人力资源专家的花费是合理的。这能带来特殊且持久的企业文化，如案例研究 13.2 阐述的那样。

对大多数运动与休闲组织来说，人员配备占据了运作花费的最大份额。在专业运动领域这种情况特别突出，运动员的酬劳和翻译费用对组织的运作底线有重大影响。如果商业模式不是为了处理市场差异而建立，那么公司会发现他们陷入财政危机中。在经济紧缩的时候，裁员是缓解赤字和提高纯收益最普遍的做法。因此，为达到当前的组织目标和适应市场环境，为组织的员工提供一个合适的理由是重要的。否则将出现无差别裁员的风险，这将影响组织绩效。

案例研究 13.2

曼城足球俱乐部

曼城足球俱乐部在 2005～2010 年之间有着巨大的变化，尤其是近几年。2008 年 9 月，阿布扎比联合集团以及新上任的俱乐部主席卡尔杜恩·阿尔·穆巴拉克接管了曼城俱乐部，使之成为世界上最富有的足球俱乐部。随之，其在 2009 年用 2 亿英镑购买了足球新秀。

球场上的变化通常与球场下长期性的策略管理和俱乐部组织相匹配，这包括俱乐部新上任的首席行政长官加里库克的决策：每季度在伊斯特兰体育场召开员工会议。然而，尽管这对俱乐部来说似乎是重大新闻，但也存在着问题。康恩（2009a）对其在会议上观察到的内容做出了如下评价：不得不说的是，人们无法顺利接受他的特殊才能。库克在他到来之时，介绍了新成立的人力资源部门的领导马克·艾伦，在卡尔杜恩表达了自己对俱乐部的"业余"结构的震惊后，库克又招募了一支行政团队。艾伦推出了即将推行的企业文化，包括评估、正式反馈以及薪资考核，一个重要的新绩效考核将使以上因素变得更有诱惑力。

他骄傲地说："我们宣布，所有的员工都将享受私人医疗。"但其并未得到所期待的像前任工作（美国耐克总部）时那样的欢呼和呐喊声。曼城俱乐部更多的是由国民医疗保健制度，而非私人医疗覆盖的一个足球俱乐部。

毫无争议的是，这需要在一段时间内给一些人员做出合适的调整，以适应对管理细节的关注和新的人力资源组织过程，重点围绕主要利益相关者（顾客、运动员等）的需求。这个过程需要敏感地处理，因为其包括了俱乐部里盛行的组织文化的一种基本改变。就其本身而言，在旧的工作实践与新所有者采纳的新专业方法之间会产生某种紧张局势。显然地，库克看似采取了一种"胡萝卜加大棒"的方法，认同和奖励适当的行为，并将此作为组织价值和绩效上更多本质性改变的序曲。卡尔杜恩解释说："从长远的观点来看……只要基础在，你就必须允许商业运营。这在足球方面也并无例外。"（康恩，2009a）

据康恩（2009a）所说，库克专业的、商业导向的并以顾客为中心的方法叙述了如何使另外一组主要的俱乐部股东利益相关者（如曼城粉丝）顺利接受的过程。这说明其渴望接纳俱乐部的新时代并敏感地发现新需求。这不是什么明显激进的管理术语，而只不过表明在一种新的、专业化的服务提供和管理文化中存在倾听顾客需求的意愿。因此，其不可避免地也反映在员工组织和管理方式上。

这种组织变革的方式是不断提高绩效的关键。但至少在短时间内，其可能会因个人难以适应而导致消极的结果。同样地，这适用于运动员。正如约翰逊等人所言，不佳的表现可能是对形势的不恰当判断或者结构、过程和关系间矛盾的综合结果。换句话说，曼城的结构在管理关系上看起来可能是正确的，但其可能未反映出在阿布扎比接管前，已建立多年的足球俱乐部文化的特别之处。实际上，这可能会花上一些时间使当前的雇员将其理念植入脑海中，并在实践中习惯。

2010 年 3 月，朴次茅斯足球俱乐部成为英国第一个破产的超级联赛俱乐部。据科尔索（2010）说，俱乐部所有部门中有 20 个全职员工和 65 个兼职员工变得多余，大幅度裁员使得员工数从 320 减为 235，且未排除继续裁员的可能。矛盾的是，其最昂贵的雇员（运动员）并未参与其中，因为管理者的目标是持续经营而出售俱乐部。为了实现这一目标，保留俱乐部的价值资产被视为必要的举动，以吸引更多潜在的购买者。此种短期决策可能导致长期消极的收益结果，因为雇员和客户体验都可能减少。

员工的灵活性在运动与休闲中是必要的，因为这一行业的工作具有多样性，并通常长时间营业。这些都应由组织和员工的灵活性反映出来。在团队精神鼓舞下，一起工作需要相互的依赖和兴趣。这一目标很难达到，然而一旦达到就将令人印象深刻。可以证明的是，近年来最伟大的体育成就之一是由大不列颠场地自行车赛队伍创下的，其在 2008 年北京奥运会上获得 9 枚金牌（英国总共获得 18 枚金牌）。虽然其绩效总监戴夫·布雷斯福德是正式领导，而事实上，对于一支最高层次的体育队伍来说，这是一种非比寻常的结构。其并非由一个有力的个体领导个人运作，当布雷斯福德担负起责任的时候，四个高级管理者似乎在决策层面上做出决定享有平等的发言权（佛斯林汉姆，2008）。

大不列颠场地自行车队的一个高级管理者是前奥林匹克金牌的获得者克里斯·波德曼，他负责设备和教练发展。对波德曼来说，决定性要素是他们拥有共同的策略目标：成为世界第一。管理推翻了任何其他个人日程和产生真正团队绩效的想法，目的是将协调管理、教练、运动员和设施处于和谐状态，以产生最好的跟踪性能。如果这样的组合可以简单复制，并覆盖到运动与休闲组织中该多好啊！

13.4.2 影响员工管理的原则

一些顶级的管理者和高级职员要求构想出一套政策和组织结构。然而，大部分任命到当前组织中的一些职位管理者，必须去适应这些职位。重要的是，各层次的管理者们必须理解组织结构、该结构的基础以及其组成部分。

据国际城市管理协会（1965）介绍，建立组织结构时必须考虑三个管理基本原则：统一指挥、合理分配和控制幅度。但从实际出发，有时也需要考虑另外两个变量，即员工参与以及权威和权力。

13.4.2.1 统一指挥

这条原理说明组织中的每个个体只需对一个上级负责。坚持这项原理可以在组织中建立起一个精确的指挥链。但运动与休闲组织中存在的情况并不遵循这一原理。如主要的球场管理员可以在任何体育对抗赛的结果中充当重要角色。然而，假定恰当的员工在关键时刻是可用的，球场管理员是否能对董事长、场馆运营管理者、教练、运动队长、明星球员或者裁判员负责？以上代表了组织过程中的重要利益相关者。通过这个简单的例子，人们可以清楚地察觉存在错误传达、错误理解以及结构问题的潜在可能。

因此，运动与休闲管理者在考虑统一指挥原理时需要十分小心，因为它根植于非常传统的构造和管理方法中，以控制和命令为基准。这对明确角色和职责两个方面有所益处，且能在许多习以为常的、无可争议的任务要执行时更好地作用于组织。然而，在一个动荡的、竞争激烈的环境下，运动与休闲组织需要员工具备更多的灵活性、首创精神并且欢迎自治。

讨论问题

按传统应当由决策者，即组织领导层的顶端决定运动与休闲组织（例如一个体育中心或者剧院）的内部结构安排。在多大程度上，你认为员工能自如地参与到组织结构的决策过程中？使员工参与进来的优缺点各是什么？

13.4.2.2 员工参与

麦克劳德和克拉克（2009）写了一份研究员工参与问题的政府报告，包括许多不同的方面，但其以下述假设为中心：如果员工参与和它背后的原理能广泛理解，如果能更广泛地分享好的实践经验，如果被更充分地释放居住在农村的潜在劳动力，我们可以看到工作业绩和员工福利上升到一个新台阶，这将为英国带来可观的效益。

尽管如此，不得不承认的是，英国或其他地区仍有相当一部分的员工感觉自己没有真正参与到工作生活中。这与贯穿本章的中心概念"授权"有许多相同之处。麦克劳德和克拉克（2009）认为，工作环境（包括组织中的公共部门和私人部门）中存在大量的障碍。许多管理者看不到这个想法的潜在用途，或者不理解这个概念，不知道如何采用它。而那些承认员工参与的潜在关联的管理者们可能得不到他人的支持。并不令人惊奇的是，该报告指出领导和管理对员工参与非常重要。领导力是提供合适的、以诚实及相互尊重为基础的组织文化。管理应该通过支持和鼓励员工参与、要求定期反馈、以合适的方法训练员工、朝着共同的运作和策略目标工作、使员工能够发出更多的声音、表达更多的想法。

13.4.2.3 合理分配

这一原则声明，进行相同工作的员工应被分配在一起，并以合理顺序将工作和计划安排妥当。在缺乏合理分配的情况下将会出现工作重复、重叠、混乱或者权力斗争等现象。有效的结构分配可以帮助减少像微观政策失误造成的消极结果。通过在组织内推行可以提升公开度和信任的行为，管理者需要更多的考虑与组织健康有关的宽泛问题。这正如结构分配一样，与统一管理风格和组织文化有很大关系。

2008 年 9 月，凯文·基根因为与俱乐部所有者在运动员招募上产生争论而放弃了纽卡斯尔联足球俱乐部经理的工作。基根宣称他之前已被承诺过其在运动员招募上拥有决定权，但俱乐部的所有者迈克·艾什利却招募了多名没有相关经验的人就职于关键职位，他说那些人是艾什利的朋友，艾什利信任他们（康恩，2009b）。这些人包括一名足球执行董事、一名负责球员招募的副主席和一名技术协调员。事实表明，结构分配篡夺了基根的权力，他决定不再担任自己职务。2009 年 10 月，英国超级联赛仲裁小组对基根进行了维护，他得到了所谓"合理有据的开除决定"的 200 万美元的赔偿。

　　以上事件可以说是此类事件中最引人注目的，它也反映了英国超级联赛向构建更"大陆式系统"的足球俱乐部迈进的趋势。在该系统之下，分配管理者以各种头衔（如球队总监）去管理不参赛的一方；同时，任命主教练去照看好首发球员。这代表了许多成功的欧洲俱乐部实践过的标准操作，例如拜仁慕尼黑、AC 米兰、巴塞罗那和皇家马德里。

　　专业运动通常标志着一项价值数百万的业务，所以我们可以合乎逻辑地认为，让某一个人负责组织的所有方面这一做法毫无意义，特别是当其唯一的资格证书可能只是与运动训练相关时。但以往的历史中，在英国，任命足球经理是因为其拥有关于足球的知识，而不是因为其商务资质或经验。由此产生的教训是，纸上的逻辑在实践中可能是行不通的。

　　13.4.2.4　控制幅度

　　控制幅度是一个相对局限的概念，因为控制员工的需要必须和赋予他们权力并使他们参与的需要相平衡。用一个更好的术语来描述应该是"管理幅度"。我们不可能规定一个管理者应该"控制"的具体人数。其更多地取决于组织环境，例如顾客需求、组织文化、组织系统、下属能力，以及管理者自身知识、能力、时间、能量、性格和领导力等。

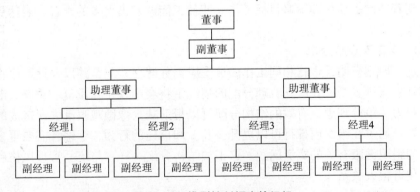

图 13－4　锥型控制幅度的组织

　　控制幅度较小的组织，如只需监管相对较小数量员工的组织（图 13－4），对管理者平衡员工控制及参与这两方面的能力有所加强。其可以增加同一层次内的平行沟通，但很可能不利于层次间垂直沟通。因此，较小的控制幅度倾向于要求更多的管理层及更多的管理者，与之相应的是更多的支出，如上面曾提及的纽卡斯尔联队。或者，较大的控制幅度可能导致直接控制受到局限，但可以使管理者们通过组织功能达到更大的成就感（图 13 – 5）。

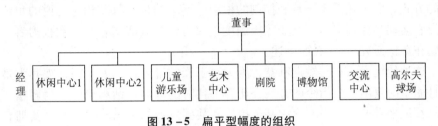

图 13 – 5　扁平型幅度的组织

根据经验，组织应该只拥有它需要的结构。结构层通常可以稍后添加上去，但众所周知的是，一旦它们处在适合的位置，就很难移除。管理层的数量与管理控制的程度间存在着一种相关性。阶层越多，控制越多；控制越多，自主和创新的可能性越少。这是一个棘手的平衡举措，因为当控制幅度过大的时候，管理者和其员工会有较大的负担，绩效也会下降。相反地，狭小的控制幅度则使严格的监管工作成为可能，但是员工鲜有机会做决定，或者缺少责任感与成就感。

讨论问题

控制幅度和管理幅度最主要的区别是什么？这些区别如何影响你的观点？让一个管理者与少数员工密切合作（小的控制幅度）是否是一个好的想法？

13.4.2.5 权威与权力

人们往往错误地将这两个词当作同义词。权威基于某一个人在组织结构中的位置，体现一个人的职责、任务等，并在理论上被他/她的下属"合法"接受。另一方面，权力是一个更广的概念，与一个人影响和说服他人采取特定行为的能力相关。权力可以来自作为领导的身份，甚至没有地位或权威的身份，也可以来自作为专家的身份——知识的力量。

理想化地说，权力将或明（通过直接决策）或暗（通过盛行的组织文化）地为所有利益相关者行使共同的利益。因此，外在和内在动机同时激励员工，以使其更好地扮演既定角色。然而在现实中，声称对实现更广的组织目标有益的事可能会对员工造成伤害，组织会要求员工拿更少的钱做更多的工作。

现在管理者的角色更多地关于赋能和授权，而不是把管理权力作为命令和控制的一种形式。授权，在人力资源环境下，包含着对同事和其发展的真诚关怀，同时符合盛行的组织目标和顾客需求。人们将其视为一种实现目标的更有效的方式，而不是基于服从和控制的模型。不幸的是，目前相对传说的角色仍主导着运动与休闲组织，基于等级制度、权力、多数从属者与少数权力者。该问题在案例研究 13.3 有所阐述。

这种传统方法有其短期利益，因为对于管理者来说，人们通常视其为是快速且简单的发出单向指令的方法，比棘手耗时的双向对话和决策来得轻松。然而从长远来看，在组织文化中基于授权和共同发展的承诺、激励和创新拥有更大的潜能。这对于依赖管理机构控制和提高他们的运动与休闲组织十分重要。

很明显，内部与外部环境很少固定不动，而是处于流动状态，随着拥有最大权力者的期望而改变。例如，2009 年 10 月，国际足联委员会中具有极高影响力的一名成员杰克·沃纳对英格兰申办 2018 年世界杯进行评论："国际足联的同事悄悄告诉我，前来的这些人都是些无足轻重的人物。就是这些东西，使你失去投标。"可以说，这样的评论使英格兰申办团队陷入困境，引起辞职、反责和队伍重建。这也引起了一些人高调介入事件，从世界运动巨星（如大卫·贝克汉姆）到杰克·沃纳与英国首相之间的会议。

案例研究 13.3

一级方程式赛车

从 1993 年开始，马克斯·莫斯利一直是国际一级方程式的管理机关国际汽车联合会（FIA）的主席，直到与主要股东在一级方程式的权力斗争之后，其于 2009 年 10 月才同意解除工作。国际汽车联合会是一个非营利性组织，它控制着全世界的汽车运动。然而，尽管它有许多积极的发展，莫斯利的统治在就职的最后几年却是颇具争议的，并且近乎导致一级方程式的终止，许多主要队伍威胁说将开展自己的车赛，他们纷纷抱怨莫斯利专制的风格及不愿听取他人意见。这一切表明，体育主管部门必须在实施恰当程度控制与倾听股东们努力发展体育的意愿之间寻找一种微妙的平衡。

重要的是，这也表明关键角色的个性和领导风格能够改变体育的未来。莫斯利的继承人让·托德当选国际汽车联合会的主席的原因是其承诺更多合作，拒绝矛盾，以及"为所有一级方程式锦标赛带来新行政管理人"这一愿景。这代表了另一个结构层，提供了一种方法，让个人可以与全世界不同的利益相关者一起参与到国际汽车联合会比赛档案中来。可以说，它通过提供一种更好的命令和合理分配角色的统一，规定了一种更为合适的管理幅度。这种新结构给予了所有利益相关者之间开发出更多建设性对话的机会，而这些股东是体育未来发展的基础。

以上例子表明，运动与休闲组织并非存在于一个真空环境里，当我们考虑以什么方法管理员工时，必须同时考虑外在与内在因素。反之，这也受关键利益相关者之间正式或者非正式的关系影响。

讨论问题

在何种程度上，权威和权力对有效的员工参与来说是障碍？在什么样的环境下让员工参与或给予员工授权是不明智的？

13.5　正式与非正式组织

首先，我们需要区分正式与非正式组织。正式组织拥有一个清晰定义好的结构，在地位、角色、范围和权力层次上建立了关系和差异，其关于沟通渠道、已接受的行为方式以及从事关键任务方式的规则存在于一个受控制的环境中。此外，这样的组织有着明确的目标，且为了达到目标而在员工中以协作的方式分配整体工作，因此，它能够以一个单元或部门的方式起作用。相比之下，非正式组织没有一个很明确的结构。它可能规格较小，寿命也相对较短。在具体的环境下，非正式组织可转化为正式组织，例如利益集团组成有规则和章程的俱乐部或者社团。

汉迪（1985）关于组织文化的工作在关于正式和非正式组织类型上值得参考。汉迪有效地将组织分为四个文化类别：角色文化，基于规则和程序；群众文化，基于个体需求；权力文化，基于有权力的个体和团体对他人的统治；任务文化，基于开展和完成任务的需要。

人们认为上述这些文化分类是最有效的，因为它关注工作中的活动和职位。在大多数组织的实际中，以上每一个文化种类都同时存在，通常会有一种文化较为明显。

非正式关系甚至在正式组织内促进了侧向传播，其并非"按部就班"，而是非正式的、双向的沟通，促进了外在和内在的利益相关者之间的相互理解。许多使组织正常运行的重要人事工作都是通过非正式沟通来完成的。当需要正式结构的时候，管理者也应该鼓励有效的非正式结构，既保证基本的人性化，也促进决策。例如，在迪士尼公园的设计者定期向卫生管理员进行咨询，因为卫生管理员处于获得公园周边最佳市场情报的位置，知道什么对顾客有效果。这个过程在本质上既是正式的又是非正式的，为员工打破了组织、空间和时间分配上的界限。

讨论问题

你认为正式与非正式组织过程的平衡点在三个主要部门（商业部门、公共部门和第三部门）有何不同？思考运动与休闲组织的例子，阐述你的分析。

13.5.1 设计正式结构

组织结构的形成就像搭积木，工作单元或者个人职位是整个结构中的最小组成元件。组织工作是在一个结构框架内分配工作的过程。管理者在建立员工结构上有不同的任务：对客户体验来说，将工作分配到各个工作职位十分重要；通过形成小组、单位和部门，将相似任务分组；指定并控制小组间的关系；为开展工作或工作组授权，一般通过命令链完成；指定权威或者控制整个团体，可以依据不同的程度选择集中或分散。

在设计上述结构安排时，管理者应该意识到员工在何种程度上掌握所分配工作的本质、流程和种类。巴特勒（1991）将结构定义为"提供一套相对持久的用于决策的规则"。这是重要的，因为决策的本质对员工参与和管理者与员工的重要关系有一定的影响。职业运动提供了与此相关的良好范例。运动教练和管理者大量地参与到比赛前的准备和训练阶段中。然而，一旦竞赛开始，他们都只能提供有限的支持。最终，在体育竞赛期间做出正确的决策成了运动员的责任。后勤人员会义不容辞地安排好前台员工生产出满足顾客们需要的产品。

钱德勒（2005）建议结构应当遵循策略。然而，策略的产生本身就是一个富有挑战性的任务，且无法总是对管理者在日常工作中面对的政治现实进行解释。运动与休闲管理者通常必须对外界环境的变化做出及时反应，并决定最终采用的流程、模式和决策的种类。结构需要适合于策略，但也要具备足够的灵活性，才能服务于变化和创新。

13.5.2 部门结构

为了提高效率，管理者必须把工作量分配成易于管理的部分。分配工作的主要目的是建立确定部门责任的方法、个人权力的分布以及授权的过程。最常用的分配工作方式是部门化——将劳动力分配到单位、部门中去。在构建工作模式上，尽可能在满足员工参与和创新基本需求的同时让个体需求适应工作，这是非常重要的。

运动与休闲管理者在分配劳动力时需要仔细避免让该过程变得过度机械化。这样可能会扼杀创意、限制动态变化和员工能力的产生。清楚的是，我们需要在分配工作与为创新性、创造力和对动态变化的反应能力制造足够空间并在两者之间寻找一个平衡点。

13.5.3 不同的组织结构

运动与休闲组织运用的多样组织结构最终指向一个连续统一体，其一端是严格构成的机械式模型，而另一端是灵活构成的有机型模式（图 13 - 6）。不同的模式和它们各自的特点在下面将进行简要叙述：要么多是"垂直结构"或"水平结构"，要么或多或少带有官僚结构。在多种参数范围内有一些特别的"模式"，下面对其中四个稍作讨论：官僚主义；金字塔式；矩阵结构和混合结构。

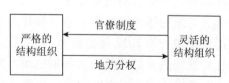

图 13 - 6　机械型—有机型的统一体

机械型一端是由正式结构、层序沟通与标准化任务、居于最高层次的权力组合成的。有机型一端则更可能存在非正式结构和更多的横向沟通，有着相关知识和经验的人共享任务的所有权。在有机型一端，控制、权威和沟通在广阔的横向网络中存在。

13.5.3.1 官僚主义

官僚模式是应用最广泛的组织结构形式，它是一个垂直结构。权威者居于等级制度顶端，并向下顺延组织。其分工注重等级结构，且建立了上下级的关系。其允许将各种活动再分为具体的任务，同时清晰地定义个体角色。该模式在角色清晰度、沟通线路和权利结构上有巨大的好处。

然而，在汉迪的术语中，该模式中的角色文化是基于规则和程序的。在这样的组织文化中，存在所谓"目标错位"的可能性，即混淆了方法和目的。换句话说，规则变得比结果重要。举例来说，即便这种行为和举动对目标、顾客需求和绩效有消极影响，遵循规则和程序也更为重要。

13.5.3.2 金字塔式

皮特（1986）证明繁文缛节的官僚主义会使人力资源衰竭。在他的理解中，组织中的主要问题是其构造颠倒，而在运营中这一点在上层机构臃肿的管理下几乎不可见。作为替代，应该倒置金字塔，以便在客户让渡上令高级员工可以支持更多的下级员工，这也是大多数组织的首要目的。而自相矛盾的是，运动与休闲组织为了减少开支，经常减少较低的、递送层次的职位，包括传送员、地勤人员、教练组、清洁工、服务员等服务顾客的元素。通常这很难真正的解决问题，更可能对顾客满意度产生消极影响。

13.5.3.3 矩阵结构

一般来说，矩阵结构（图13-7）是功能性和部门性结构的组合，项目管理者负责完成具体的目标，如新型运动与休闲设备的可行性研究。在此例中，项目管理者可以号召不同部门的专家帮助生成可行性研究：员工方面的人事服务；生产设计和资本成本规划等方面的技术服务。该结构的好处在于其关注的是当前进行的任务；在需要时才会启用技术专家。

例如，方案的一部分对新的体育场馆作了简要描述，包括对环境影响和可持续性的考量。近期的例子包括为2012年伦敦奥运会而新建的奥林匹克场馆，拟议中的新体育场及托特纳姆热刺足球俱乐部的训练场。方案需要融入专业知识形成环保的设计理念，既出于利他主义的原因，也为未来的股东（特别是赞助商）提升形象作进一步努力。

遗憾的是，当使用这种方式组织时，也会遇到相应的问题，例如角色冲突和角色模糊——员工是为部门还是为项目工作？这种情况可能产生焦虑、超负荷工作，或者给项目负责人带来权力缺失或过度权力。资源和权力不充分可能耽误项目的进展，并且导致旷日持久的谈判和会议。为了使矩阵结构有效率，需要一个多学科的团队和高效的团队合作。应清晰地定义目标，并让所有人知道，然后将权力委任给上级管理层。

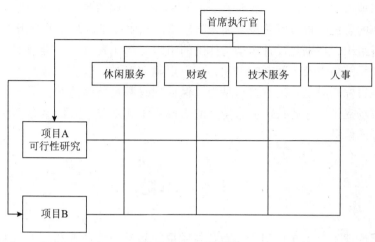

图 13 - 7　矩阵结构

13.5.3.4 混合结构

休闲产品和服务的传递需要灵活性和适应性，不同形式的组织结构适合不同的情况。商业运动管理、慈善信托管理、合伙管理和志愿者管理有着不同的精神上、结构上、资源上的需要。同样地，其需要多样的混合结构性安排。通常，体育运动、艺术和户外休闲需要特别创造的"宽松"组织结构方式。在这样的休闲环境下，有提供拓展服务的工作者、看守者、教练、老师和志愿团体，其需要培养一种灵活的管理体制。这些角色和责任是流动的，受制于反复沟通的过程。正如沃尔西和韦洛德·布朗（2003）所说：运动中的人员管理代表了对该产业的一系列独特挑战。当传统产业关系受到雇佣合同与个人时间精力及金钱收益交换的控制时，其并不适用于该产业中存在的相当一部分志愿者。因此，心理契约是理解这个领域内许多志愿者的感受、行为和成功的基础。

因此，在考虑正确的组织结构组合时，各种全职、兼职、临时工和志愿工作者必须得到重视。例如，奥林匹克运动员的持续性训练和发展需要与那些参与某一次体育赛事的短期志愿者非常不同，但他们都需要指导和鼓励以达到最佳绩效。然而，运动员更可能愿意越过障碍追求个人卓越，而这对大多数志愿者来说并非首要目标。组织结构必须反映这样的差异，也必须为提高个人动机服务，而非扼杀它。

如果运用得当，组织结构将提供一个框架，使个人和组织的雄心壮志得以发展。比如，对于大部分志愿者来说，人们将它采纳更为专业方法的需求看作来自专职管理团体工作人员的官僚性强制行为。因为大多数组织结构重视层级、授予地位、"尊卑有序"。因此，一些管理者对保留和强化组织结构本身及其在内部的职位变得过度关注，而未将组织结构服务于最终目的和组织目标。

所有组织，特别是设计运动与休闲的组织，都代表着一种带来实现和成就的社会关系网络以及不间断的事项，或者更确切来说，代表顾客需求、个人需求和组织目标的满足。这一技巧是为了保证同时满足所有这些因素，且以这种方式为市场提供一些有价值的、特别的东西，尤其是关于人们努力工作交付产品和服务的信息。

13.6　小结

本章论证了运动与休闲管理需要高质量的领导、管理者和员工。为了对外部的政府和商业动态环境做出积极反应，这个产业中的管理者需要持续的专业发展。管理者们需要意识到更灵活的工作方法，以提供坚定的、具有活力的、高积极性的劳动力。为了回应当前和未来在这个重要且日益扩张的领域中竞争性的挑战，需要妥当安置劳动力。为了达成目标，对更加先进的管理模式的需求不断增加，其更多的是关于员工授权和发展，而不是传统且具有争论性的、基于命令与控制的过时管理模式。这要求敏锐、技巧、高效的领导。

实 践 任 务

1. 思考一个你为之工作过或者熟悉的运动与休闲组织的结构分配。用本章中概述的结构类型（如：官僚主义型，金字塔形，矩阵结构和混合结构）描述它。这个结构是否适合目标（它能否服务于组织目标）？对于个体、集体和组织绩效来说，它的优缺点各是什么？应该如何改善？

2. 运用一般的以及休闲专业的文献，认识运动以及休闲的规定区别于其他经济领域的特征。例如，所提供的产品和服务的区别是什么？运动与其他休闲产业的部门是否存在不同？在这个领域中人事管理和人力资源实践有着怎样的含义？

3. 选一个你了解的运动管理机构。通过查阅其网站或其他文件认识其是如何进行组织结构的？谁是其主要的利益相关者？谁是其主要的权力掮客（个人或者组织）？为什么是他们？这与汉迪的组织文化类型学说有什么关联？你能找出关于各种利益相关者是如何有效地共同工作的证据吗？

368

拓展阅读

关于人力资源管理的通用教科书：

Bratton, J. and Gold, J. (2007) Human Resource Manage7nent: theory practice, 4th edition, Palgrave Macmillan, Basingstoke.

Collings, D. G. and Wood, G. (ed.) (2009) Human Resource Management: a critical approach, Routledge, London.

Legge, K. (2005) Human Resource Management: rhetoric realities, anniversary edition

(Management, Work and Organizations), Macmillan Business, London.

Stewart, J., Rigg, C. and Trehan, K. (eds) (2007) Critical Human Resource Development:

beyond orthodoxy, Prentice Hall, Harlow.

关于运动与休闲的人力资源管理：

Chellandurai, P. (2006) Human Resource Management in Sport and Recreation,, 2nd edition, Human Kinetics, Champaign, IL.

Chellandurai, P. and Madella, A. (2006) Human Resource Management in Olympic Sport Organizations, Human Kinetics, Leeds.

Cuskelly, G., Hoye, R. and Auld, C. (2006) Working with Volunteers in Sport: theory and practice, Routledge, London.

Flannery, T. and Swank, M. (1999) Personnel Management for Sport Directors, Human Kinetics, Leeds.

Lashley, C. and Lee－Ross, D. (2003) Organizational Behavior for Leisure Services, Butterworth－Heinemann, Oxford.

Taylor, T., Doherty, A. and McGraw, P. (2008) Managing People in Sport Organization strategic human resource management perspective, Butterworth－Heinemann, London.

Wolsey, C., Abrams, J. and Minten, S. (forthcoming) Human Resource Management in the Sport and Leisure Industry, Routledge, London.

实 用 网 站

关于通用人力资源管理：

Chartered Management Institute, www. managers. org. uk

Chartered Institute of Personnel & Development, www. cipd. co. uk

关于运动与休闲的人力资源管理：

Skills Active, www. skillsactive. com

Institute for Sport, Parks and Leisure, www. ispal. org. uk

Institute of Sport and Recreation Management, www. isrm. co. uk/

UK Sport, www. uksport. gov. uk

Sports Business Publications, www. sportsbusiness. com

Sport Industry Group, www. sportindustry. biz

Street & Smith's, www. sporrsbusinessjournal. com

Press Association, www. pressassociation/sport. html

http：//pressassociation/entertainment. html

http：//pressassociarion/business-informarion. html

第 14 章
运动与休闲计划

本章内容

- 运动休闲计划的主要目的是什么；
- 计划的主要步骤和原则是什么；
- 计划中的政府职能是什么；
- 政府如何指导运动休闲计划；
- 运动休闲计划的实用技巧有哪些；
- 如何评估需求；
- 计划中公众咨询的作用是什么。

概　要

　　本章主要促使休闲管理者明白计划过程中的关键因素以及所可能涉及的部分。在计划体系结构和计划过程中需要考虑到政府的作用，本章会通过聚焦英国为例来回顾一下计划的前后过程。同时伴随对休闲需求的关注，实用的运动休闲计划技巧也会涉及。

　　对休闲需求的精确评估是优秀的休闲计划的核心。这反映了在营销（第 15 章）中市场了解的重要性以及顾客对高质量管理（第 17 章）的重要性。一些评估和预测需求的方法也会被提到，同时还会阐释这些方法的优势和劣势。虽然这些方法有很多属于定量评估的技巧，但是了解公众为什么需要休闲也很重要。

　　本章结束部分提出了一个计划过程中的十个阶段，休闲管理者对此建议可以进行考虑。从而使得管理者明白自己在整个过程中所可能发挥的作用。对休闲管理者来说，致力于休闲计划各个层面的供应是非常重要的：地方性的（本地的）、地区性的和全国性的。他们关于休闲需求本质的专业知识是确保供应与需求匹配的重要构成要素。

14.1　引言

本章讨论运动休闲的地方计划，比如，政府为了有效合理地计划运动和休闲的供给和发展所特别制定的考虑事项。第 21 章则包含了个体组织为了新的运动或休闲的发展而制定的商业性计划。但是，地方计划并不是与商业和第三部门毫无关系，因为任何商业性的运动和休闲发展都要受到地方计划的影响。通常来说地方计划也会影响到地方社区，因为计划设计的关键点是运动和休闲设施以及便利设施是否方便使用，以及是否符合地方需求。

　　一直以来政府计划都很重视休闲设施的供给，尽管更多的是户外设施。计划运动的发展与 19 世纪争取保留公共空间和公共用地的斗争紧密相连，当时公共空间和公共用地受到无计划城市发展的威胁。这项运动最初的主题是公众健康、教育和道德标准问题，后来演变为城市和农村的娱乐休闲与环境保护问题。休闲计划自身作为一门学科并不是近来才出现的。其实，在 20 世纪早期英国的霍华德提出的花园城市计划中，其中心就是休闲计划。

　　本章不是专为计划者而著，而是向读者提供一些关于计划过程和计划体系的信息，并且阐述了运动和休闲计划的实用技巧。计划的内容包括立法、政府监管、发展方向与指导、公共探讨和咨询、地理区域、土地的使用，以及如何使得运动和休闲设施以及便利设施与社区计划和文化战略相适应。

　　计划者的目标是在适当的时间，适当的地点，以合适的价格向有需求的人们提供最好的设施。计划不是一个静态的过程，而是动态和不断变化的。计划者自己也仅是计划过程的一部分。他们对土地和设施没有直接的支配权。而是根据符合要求的原则确定设施的位置。他们致力于减少利益冲突、噪声、污染和交通拥堵的情况。计划者就是要让城镇功能更多样化，更有吸引力；同时他们也必须确保公众的利益，并且还要保护（良好充分地利用）环境。

　　推动休闲计划的主要动力之一是机会的公平分配。人们对"公平"这一概念存在各种解读，但是公平不见得等同于均等。休闲设施的均等化分配也不见得必须提供均等的机会和均等的参与。除非计划者特地在贫困地区提供设施，公共设施的主要使用者更多的还是富裕地区的民众。

　　休闲管理者应该在计划过程的早期就参与进来，协助评估需要和需求，确认供给与需求的差距，并提出合适的服务和设施。然而，遗憾的是，还是有太多计划失败的例子。最常见的失败例子是休闲设施修建在某地并不是因为其市场位置合理，而是因为该地为地方当局所有。在这种情况下，这些设施不可能达到使用的最佳水平，因此需要政府不断地补贴。

社区建造的设施要么位于人口中心的外围，要么远离主要交通线路，要么就沿着自然屏障如河流或复杂的道路系统建设，结果使得这些设施无人问津，不可避免地导致集客区受限。

14.2 政府在计划中的作用

计划体系调控发展和土地的使用，并有助于城镇、城市和乡村的可持续发展。该体系有助于计划住宅、学校、工厂、交通等，通过这样做可以保护自然和人工环境。在不同的国家，计划体系是不同的。以英国为例，在英格兰就有 400 多个计划部门，包括区域计划主体、区议会、单一管理区和国家公园管理处。计划体系中主要有三个层次：国家的、区域的和地方的。国家政策通过一系列计划政策声明得以确定。区域计划主体拟定区域空间战略，地方部门则拟定地方发展框架。

在威尔士，议会制定的《威尔士计划政策》（2002）涵盖了威尔士的计划问题，由 25 个地方计划部门负责执行。苏格兰则有全国计划框架，由 33 个计划部门执行实施。在北爱尔兰，区域发展战略的计划期直到 2025 年。在英格兰以类似的指导性文件为支撑的国家计划政策，在威尔士称作技术建议文件，北爱尔兰称作计划政策声明，苏格兰称为苏格兰计划政策。通常它们都有单独的文件用来指导自然保护和计划；历史环境；旅游观光；海岸计划；以及运动、娱乐和公共空间。

计划体系旨在保证开发在合适的地方进行，同时阻止不合适的开发。可是，不管计划体系多么合理，计划和开发决定还是由政治家做出的，因此政治的影响是很重要的。例如，过去地方层面通过对运动与休闲的计划以达到对某位特定政治家的支持，这种情况不少见。

英国运动场的例子说明了政府是如何意识到采取行动来应对全国民众的担忧是必要的——他们担心开发运动场是用于别的目的，如兴建住房、零售店，结果导致运动娱乐机会减少。20 世纪 90 年代后期的立法规定任何涉及运动场的发展计划都要提交到国家体育机构——英国体育基金会。这阐明了具体的、及时的立法是如何为运动与休闲计划来提供法律支持的，这一立法可应对运动与休闲计划面临的可预知的威胁。这项法规的强制实施通常不是通过法院而是由体育协会来负责。

14.3　主要的计划过程

这部分回顾英格兰的计划过程，讲解计划的复杂性，同时呈现计划步骤是如何构建的。不同国家的计划过程也不同——甚至在组成英国的四个地区也略有不同。因此这里不可能详细地回顾各个国家的计划过程。

14.3.1 计划政策声明/指南

在英格兰，计划政策声明逐渐取代了计划政策指导文件/导引（PPGs），其对全国计划政策进行了陈述。这是区域和地方计划政策的基础。2004 年有 25 项政策计划指导文件，但是在撰写本书的时候又取消了一部分（包括一项关于乡村的和一项关于旅游业的指导文件），所有这些都会被纳入新的计划政策声明中。大多数计划政策指导文件和计划政策声明对休闲都有启示意义，有些则对休闲计划意义重大，第 17 号指导文件是关于开放空间、运动和娱乐计划，第 20 号有关海岸计划，第 15 号与计划和历史环境有关，第 2 号则关于绿化带。有关第 17 项文件的专题案例 14.1 很好地阐述了其对计划的实践指导作用。

案例研究 14.1

17 号计划政策指导文件：公共空间、运动和娱乐的计划

17 号文件（社区部门和地方政府，2002）是对英格兰的运动和休闲专家极其有益的指南。尽管运动与休闲并不是英国地方政府的法定服务，17 号文件仍含有一份声明，清晰地阐明了其对政府政策的重要性，即使这份声明关注的是运动对其他政府目标的贡献而不是重视运动本身的价值：公共空间、运动和娱乐计划政策的合理设计以及完美实施是实现更宽泛的政府目标的基础。

下面会详尽陈述一些项目带来的好处，如"支持城市复兴项目"、"支持乡村更新项目"、"促进社会融入和社区融合项目"、"健康和幸福感"以及"提升更多可持续发展项目"。

人们期望地方政府采用一种战略方式来提供新设施，并且能积极地计划并有效维护。17 号文件中提出的好的计划所应具备的重要特征已总结如下。

需求和机遇的评估

政府期望所有地方当局完成"其所辖社区现在和未来对公共空间、运动娱乐设施需求的可靠评估"。此外，需要同时评估的还有现有设施的使用情况及其地理位置的合理性和入场费以及新设施供给的机遇。而且，17 号文件提出"质量审计特别重要，因为这样地方政府就可以通过更好的设计、管理和维护延长设施的使用寿命"（更多关于质量框架的内容，见第 17 章）。进行有效的需要和供给评估的一个关键原因是它们有助于解决不同设施和不同使用者之间潜在的冲突。

设定地方供给标准

政府认为公共空间标准最好依据各地方情况设定，地方标准应该包括：定量描述，需要多少新设施的供给；定性成分，阐明改进现有设施的必要性；可使用性，包括距离阈限和入场费评估。

标准的确立设定了设施供给的最低水平，并能方便发现数量上和质量上的不足之处。然而，本章后面有部分会对标准的使用进行批判，所以尽管 17 号文件中含有这些标准，但是它们是否具有最好的实践性还处于争议之中。

维持足够的供给

该要素关注保护现有的设施供给。它指出：严禁在现有的公共空间、运动娱乐建筑和土地上建造设施，除非已经过评估，且评估结果清晰地显示这些公共空间、建筑及土地在满足需要的同时还存在剩余（社区部门和地方政府，2002）。

如果地方政府没有进行此评估，则由该资产的任一开发商"通过独立评估"证明该土地或建筑的供给大于需求。而且，"开发商需要咨询地方社区说明他们的提议获得了社区的广泛支持"。在 17 号文件中特别明确提到运动场。文件建议"地方政府在处理涉及运动场地的项目计划申请时应谨慎行事"，在有详细说明的情况下申请才可以获得通过。

计划责任

17 号文件承认在某些情况下计划项目会导致公共空间和运动设施的损失，但是通过计划条件或"责任"的运用它们也会提供改善供给的机会。这样，在通过获得计划许可，开发其他项目的同时，开发商必须在议定的地方或附近开发新的公共空间或运动娱乐设施。

17 号文件为这类计划制定了一般原则，包括：提升步行、骑车和公共交通的可达性，以及为残障人士提供便利；有助于提升城镇中心的活力和生存能力；避免对居民的居住环境、邻近设施和生物多样性造成严重损失；通过好的设计改善公共领域；巩固和提升现有设施的范围和质量；考虑安保和个人安全，尤其是对儿童；考虑访客和观光者的娱乐需求。

17 号文件接着对休闲发展的多种类型提供了更多详细的指导，比如体育场馆、自然环境和通行权，以及不同类型的地区，如城市边缘和农村地区。

然而，计划政策声明和指南并不具有法律强制性，而且也不明确地方政府能在多大程度上严格遵守其准则。一直以来制定规则和实施规则是完全不同的两回事。

14.3.2 法定计划

计划者有义务遵守法定计划条例。相应地，他们也必须努力满足地方需要。正如前面所谈到的，英国有区域和地方两个层级的法定计划。区域空间战略在确保可持续发展目标的前提下为每个区域未来 15～20 年的发展形态编制了详细的空间计划战略。他们在制订计划战略时还参考了地方发展框架和地方交通计划。制定区域空间战略的重要步骤包括与社区组织合作、开展社区咨询；制订实施方案，其中需包括每项政策的目标与指标；还有按照法定要求，编制年度监测报告，报告过程中违反目标的事项并提出问题所在。

地方发展框架对地方计划的管理作了解释，它由一系列公文构成：核心战略；确定所有特定领域政策的概图；说明每份文件中地方社区如何参与的声明；年度监测报告。

考虑到人口和经济的预期变化，地方发展框架为住房、工业和交通的发展制定了宽泛的目标。对于休闲，计划明确了主要项目战略用地的使用政策，比如社区森林以及影响区域广、人口多的工程等。

14.3.3 计划义务

当前，英格兰地方当局负有计划义务来保证公众公共空间以及运动、娱乐、社交、教育和作为大型综合开发的一部分的其他社区设施的供给。计划义务是一种过程，在此过程中，计划许可所保证的特定义务会得以履行。委员会以此为有力的工具（近来称为"计划捐赠"，以前指的是"计划收益"和"106 法令条款"）通过与开发商、计划申请者和土地拥有者签订协议，改善运动和娱乐设施的供给。英格兰体育理事会鼓励地方当局运用计划义务改善运动和娱乐供给。

政府政策要求满足以下考察才能算是履行了计划义务：有必要的；与计划有关；与建议开发项目直接相关；政策尺度公平合理并有助于开发项目；在其他方面合理。

2008 年《计划法》给予了英格兰和威尔士地方政府对其地区内的新项目征收社区基础设施税的选择权。该税收要根据项目大小和特点来确定，所取得的收入则用于地方和次区域基础设施的建设，包括公共空间与运动及娱乐设施。引入社区基础设施税的详细方案在此时还处于磋商中，但是如果它得到地方政府的认可并且对此贯彻执行，那么它很有可能取代计划义务。这意味着对开发项目由征收选择税到一般税的转变，此举将消除歧视，但同时也将移去开发商为社区提供资产的直接责任。

讨论问题

计划义务或社区基础设施税法是否使帮助重建地方区域的商业开发商处于严重的不利地位？

14.3.4 地方文化战略

在英国，文化、传媒及体育部（2000）为地方当局制定地方文化战略提供指导。地方当局积极为其社区内的民众提供从事文化活动的机会，从战略角度出发还促进社会和经济再生、终身学习、环境的可持续发展及健康社区的发展。

指南制定了基本原则。地方文化战略应该：从长远的角度出发；提升本地区的文化幸福感；满足需要、需求和追求；确保所有人公平的参与权；开发跨部门和跨机构的方法；从整体的视角而非服务的视角出发；与其他国家、区域和地方的战略和计划有明确的联系；确保有意义、积极的咨询；结合更广泛的中央政府和区域政府的背景来考虑；服务于政府的主要目标。

地方文化战略应该被看作是包罗万象的，中心是战略选择、优先事项和未来计划以及确保战略文件含有《行动计划》。制定地方文化战略是一件复杂且耗费时间的事。指南文件说明了战略发展过程的 7 个阶段（图 14 - 1），它们需要花费 1 ~ 2 年的时间才能完成。这表明在战略正式编制前的准备时间长达一年之久。更重要地是在本过程中有两个咨询阶段，一个涉及项目相关者，一个涉及推荐方案中的居民：第一个咨询帮助设计战略，第二个对战略草案给予反馈。然而，图 14 - 1 中的模型并不是规定性的——不同的地方当局设计的模型不同，模型设计更多地依赖于战略是地方的、城市的还是区域性的。

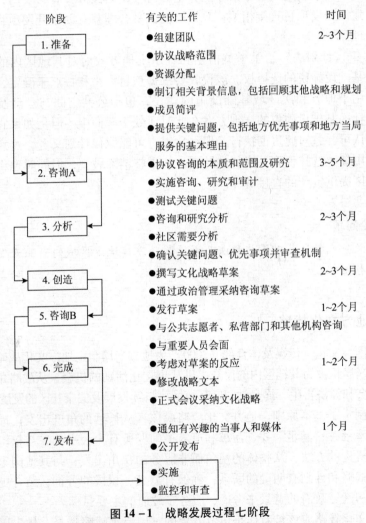

图 14 - 1   战略发展过程七阶段

资料来源：文化、传媒及体育部（2002）

如果没有地方层面的政府计划，比如，土地和建筑会全部留给市场使用，结果会怎样？

14.4　计划技术

关于运动、休闲和旅游的计划技术最权威的信息来自维尔，他的网站上也有许多信息。以下的回顾大多得益于维尔的工作。

这些技术的基础既来自对各种运动和休闲活动需求的认识，也来自对现有运动和休闲机会质量与数量的了解。运动与休闲计划的原理是比较需求和供给，然后制订计划通过供给以满足不断变化的需求。当回顾计划技术的时候，重要的是弄清楚权衡供给和需求的方法是什么。就需求而言，这更困难，因为根据计划的意图不仅需要对当前的需求进行评估而且要预测未来的需求。这就需要在计划之前的适当时期内进行预测，即所谓的"计划周期"。

涉及供给方面的：供应标准；供应层次；空间分析。需求方面的：阐述需求和需求预测；公共咨询。供给和需求综合方面的：矩阵分析；社会区域/需要指数；设施计划模型；U 计划体系。

14.4.1　供给标准

"公平"分配娱乐服务最成熟使用最广泛的方法之一是运用供应标准，通常按照这个标准确定为具体规模的人群制定什么类型的供应。维尔（2002，2009a）引用的例子有：

- 对地方运动中心：1977 年英国运动委员会规定，人均室内运动中心占地面积为 0.023 平方米；
- 对公共空间计划标准（包括儿童游乐场、运动场和非正式场所）：自 1938 年，英国"全国娱乐场地协会"规定每 2.4 公顷场地可容纳 1000 人（本书内还有网站上关于该主题的其他案例研究）；1983 年，美国国家游憩与公园协会规定每 1000 人占地 2.4～4.25 公顷；1988 年，南澳大利亚城市土地信托规定每 1000 人占地面积为 4～7 公顷。

许多标准其实并不是基于实证研究，而是来源于长期所认为的消费"需要"。而标准迎合了政治家和计划者的喜好，一些"位高权重"的人早已做了考虑。标准简单有效；它们引进同样层次的供给从一个地区运用到另一个地区；它们充当一种外在的权威来源；而且它们可以被衡量、监控和评估。当标准以好的方法论为基础，并灵活使用，因地制宜时无疑是重要和有用的。它们给予了权衡现有供应的评价标准，易于理解和传达，而且它们涵盖地方当局所提供的绝大多数设施。

然而，虽然标准有优势，但是也有其不足之处：

标准可能会成为制度化、难以改变的东西，并且被赋予了超越其自身实际价值的超高权力。

标准呈多样化（正如上述公共空间标准一样）。大多数主要项目都有标准——运动场、游泳池、室内运动中心、图书馆等，但是有时候同样的活动可能有不同的标准，这就提出了一个问题：该选择哪个标准呢？

有些标准的有效期容易受到质疑。比如，游戏空间的标准取决于参与率，但是参与在很大程度上又依赖于供给的水平。所以供给的变化会导致参与的变化，但是是否会导致标准产生变化还不明确。随着时间的推移供给和需求都会改变，所以标准可能会过时。不断增长的需求推动健身中心不断发展，这可能意味着提供这些设施的标准还不够；而壁球的衰落可能又会使得供给标准太多。因此，仅仅10年前的一些标准就不再有效或合适了。

标准总是会受到当地实际情况和环境的影响。如果不执行，就会被忽视。例如，国家公共场所标准在市中心平民区就无法执行。

虽然标准易于理解，但是仍可能被误解以及用来作为不采取进一步行动的借口。目前已知道一些地方当局通过解读标准来达到自己的目的。例如，他们可能声称已有足够多的室内运动场，但分析可能揭示出总空间大多数是由一个个小的场地组成的，而这些小场地根本不符合活动需求，公众的使用也受到限制。

标准都是无生命、非人道的。它们关注供给的数量而非质量。也不会考虑具体地区的休闲潜力，如地方需要、地方优先事项、地方差异和地方环境。

许多休闲项目都自觉遵守供给标准，但也有许多不这样。水上娱乐、旅游、传统遗产、环境和艺术都没有全面的评估基础。

总之，供给标准可能涉及对需求粗略的评估。因为它们是基于全国信息，所以往往和地方环境没有什么关联；而且标准应对的是数量，因此不仅忽视了分配、使用和管理等关键方面而且也忽视了供给的质量。虽然应意识到大多数标准对应的都是供给的起点，但其顶多不过是提供了用来权衡设施是否足够的基准点，以及评估供给不足还是供给过量。更典型的是，更复杂的技巧正逐步在取代标准，来试图权衡供应和需求。

14.4.2 供给层次

供给标准的修订版本是分层供给，通常应用于使用人数固定的设施的供给中。此种方法已经用于新城镇的建设中，那里的休闲设施计划和服务是吸引人们来城镇的一个先决条件。比如，一个城镇可能有三个层次的运动体系：学校水平使用的设施和服务，同时也可为社区所用——第一层次；专门的俱乐部设施和服务，如曲棍球和网球设施——第二层次；旗舰中心设施和服务——第三层次。

分层供给的方法有助于解决争论，即是否应该在中心位置提供大型设施还是应该有策略地建立遍布全区的众多小型设施。尽管资源很少，还是要做出选择。如果仅提供一个大型中心可能会节省建设成本，因为规模节省的资金可以应用到设施的建造和运转上，如大型建筑内部空间每立方米的建设费要比小型建筑低廉。不管怎样，与居住地较远的人相比，居住地离休闲设施越近的人就越可能、越经常使用到这些设施。这是"距离衰减"原则。

表14-1给出了分层供给的应用例子，专门用于英国伯克希尔兰伯恩谷的小社区。这种方法被小社区采用时，可以说更有用——当用于大规模项目时，与标准使用相关的各种限制则可能会出现。分层供给的方法也暗示了对设施集约区要有所了解，这对空间分析更重要。

进一步解释分层供给方法的两个例子是略论游憩机会谱，用于对以资源为基础的户外娱乐；以及旅游机会谱，用于以自然为基础的旅游供给。这两种设施和服务特性标准由环境、社会和管理因素决定。对纯标准方法来说，它们是一个进步，因为它们不仅考虑到了满足它们的不同资源的容量，还考虑到了需求的本质。

表14-1　英国伯克希尔某地对乡村社区休闲分层供给的建议

社区规模	建议供应设施	与地区相关的活动例子	备注
1.100~500人的小村庄	适合社交的乡村礼堂。依据需求和地方传统配置厨房和台球桌	会议、跳舞/迪斯科、音乐会、乒乓球、青年俱乐部、志愿者组织，如，童子军、成人教育课程	位于中心——最好与社区公共空间相连
	社区公共空间，0.8~1.2公顷，包括有设备的儿童游乐场 流动图书馆服务——厢式货车	儿童游戏、足球和板球、日常娱乐、乡村节日、狂欢等 书籍、DVD等	位置——中心，避免儿童需穿越道路到达 尽可能与小学相连 最好与乡村的关注焦点有关

续表

社区规模	建议供应设施	与地区相关的活动例子	备注
2. 501～1500 人的中等规模村庄	带有厨房、厕所、临时舞台、更衣室、存储区的社区礼堂（15 米×10 米×6.7 米）。根据需求提供酒吧设施和停车场 社区公共空间，1.2～2.8 公顷，包括有顶棚的足球场（或与社区礼堂相连）、配备设施的儿童游乐场、座位、花型床铺。依据地方需求提供网球和/或保龄球场地	娱乐、羽毛球、健身、瑜伽有氧运动、会议、戏剧、音乐会、跳舞/迪斯科、青年俱乐部儿童游戏、足球俱乐部、日常板球运动、日常娱乐、乡村节日狂欢、赛马俱乐部	
	流动图书馆服务——拖车图书馆	书籍、DVD 等	
	社区小型公共汽车——可以租用——根据公共交通服务情况和村内可用设施情况提供	组织与运动、艺术、娱乐和社会事件有关的参观活动	租用费用和维修计划很重要
	流动娱乐服务	提供运动和艺术活动，尤其是为青少年、女性、失业者和老年人等	依据可利用的机会和主动程度及村内的领导 每周半天巡演
3. 1501～2500 人的大型村庄	社区礼堂（20 米×10 米×6.7 米），包括酒吧设施	一系列运动（包括体操、武术、位置——中央，羽毛球、五人制足球等）、艺术、公共交通枢纽和社交娱乐	
	社区公共空间，3.6～5.7 公顷，两个或多个足球场，一个板球场和草地保龄球场，两个硬地网球场/篮网球场。可变换顶棚，小吃部设施。配有设备的儿童游乐场	包括足球/橄榄球俱乐部活动、板球、保龄球、网球和篮网球	依据公共空间的利用情况，或许有必要在多个地方提供设施。每个地点应该带有更衣室
	图书馆——固定设施。整周开放满足不同人群的需要	书籍、DVD 等	
	流动娱乐服务——依据村内的设施以及它们是否受到专业管理	运动和娱乐活动	巡演限制在每周半天

续表

社区规模	建议供应设施	与地区相关的活动例子	备注
	依据社区规模，建造体育馆（26米×16.5米×7.6米）。考虑辅助设施，像重量训练区	不断增加体育活动，包括 为了节省资金，五人制足球、板球、室内保龄球、篮球、排球、重量训练、壁球、射箭、网球组织	出于经济原因，探索初级中学或大型体育俱乐部/志愿者组织的多重用途
	游泳池（20~25米）	游泳、救生	同上；在能够实现多功能用途的情况下供给设施
	社区礼堂/艺术中心——包括舞台和投影设施，外加会议室、厨房、酒吧、厕所、手工房	会议、戏剧、音乐会、电影、惠斯特牌戏比赛、兵戈游戏、乒乓球、成人教育课、展览	与其他社区供应有关——提高附属效应和提高艺术意识
4.2501~6000人的乡镇	社区公共空间（6~16公顷），包括停车区，带设备的儿童游乐场、四个足球/橄榄球场、两个或四个网球场、草地保龄球场和备有茶点的休息处、一个板球场、多功能全天候照明	儿童游戏、乡镇表演、狂欢、足球、橄榄球、板球、保龄球、网球、篮网球、五人制足球、训练目的	儿童游乐场要便于住宅区到达。球场最好在体育馆附近——规模经济和副产品
	图书馆设施——分馆	书籍、DVD、图片	永久设施——延长开放时间
	流动娱乐服务	运动/娱乐活动	安排满足特定市场分区，如未就业人员，非高峰时间/每周一天

讨论问题

当被指责在街道上滋事时，青少年常声称"无事可做"和"无处可去"。在你的社区，你会怎样为年轻人创建分层次的运动和休闲设施和服务？

14.4.3 空间分析

当被问到影响酒店发展的三个最重要因素是什么的时候，希尔顿的回答是"位置、位置还是位置"。这同样适用于大多数休闲设施。公共休闲设施最理想的位置应该位于主干道附近，因为这些地方公共交通系统良好，与其他设施紧密相连。近几年，英国针对许多休闲设施进行了广泛的用户调查，从中可以看出休闲设施的集约区有多大规模。通过这种方式，可以确定可预知的设施集约区所覆盖的地理区域，而这些区域以外的，理论上讲，则无法得到此类服务。

这是一种有效的计划工具，因为为了特定目的而把某地区所有设施可预估的集约区综合起来，如多用途休闲中心，可以找出供应上的区域差距。同时，这也能明确集约区重叠的程度，对"相互冲突"的设施项目也有启示意义。

然而，在进行这样的空间分析的时候还要考虑许多重要的问题，包括：现有设施的质量，它们是否还有备用容量以及对它们的需求是否超出了供应；相关区域人口的密度；休闲设施集约区的形态受众多因素影响，因此是不规则的，譬如像河流、铁道线路和拥堵的道路等这样的物理屏障都限制了集约区，而主干道沿线的设施扩大了沿路的集约区；不同休闲设施各自的集客人群可能在规模、富裕程度、流动性和社会构成上不同。

14.4.4 表达性需求和需求预测

表达性需求的信息通常可由大规模的全国性参与调查中得出——比如英格兰关于运动参与情况的运动活跃分子调查和关于英国休闲参与情况的参与调查。全国性的调查可以区分出不同性别、年龄、社会经济群体、民族等人群参与休闲活动的方式。全国性调查通常是由公共机构进行，结果也是应用于公共领域。不过，有一些商业性调查，如英国目标群体指数就是由英国市场研究局进行的一项全国消费调查。使用英国目标群体指数的一个优势是其与社区分类有联系，而居民分类是关于社区人口统计和社会经济的分类。

然而，大多数大规模全国性调查都存在的一个问题，即地方样本无法满足许多分析的要求。这导致假定全国性的需求数据也与地方相关，而事实上情况却并非如此。不过，英格兰关于运动参与情况的运动活跃分子调查（2005/6）要求每个地方当局回收1000份有效问卷，这样可以进行详细的分析，因此对地方层面的计划非常有用。

和全国性调查一样，关于表达性需求的信息也是由地方收集的。比如，分析运动设施预订单可以发现可用空间数量，也可显示某时刻特定设施的需求是否超过有效的供给——在预订已满时，对无效的预订也需要进行记录了。因此，一个区域现有设施的需求水平对是否还需要提供额外的设施具有指导作用。

讨论问题

在你所在区域，你如何计算某项活动的需求是否过剩？这项活动需求的测量可否以持续测量为主，而非偶然间断测量方式？

对计划来说，不是只知道当前或最近的需求才重要。通过使用调查信息，可以预测如果人口水平或结构发生改变时参与情况会出现什么样的结果：比如人口不断增长、人口老龄化，或来自某个国家的移民大量增加。类似这样的预测可以通过量化方法得到，如时间序列、回归分析或简单的组群分析。

14.4.4.1 时间序列

如果可以从连续的调查中获得足够多的各个时间段的需求数据，那么通过使用时间序列这样的统计方法就能够推测出随着时间而变化的趋势数据，并能预测未来的需求。最后是计算"移动平均线"，这不仅能确定需求上正常的季节性波动（这儿不能给予详细的统计解释——可以参考统计教科书），而且也可以揭示随着时间的推移其潜在的变化趋势。这种方法只要有足够多的可靠数据，就可以应用于特定的休闲活动和人口群体。但是，这一方法存在两大问题。第一，其假设未来的需求模式不会发生变化，可通常事实并非如此。第二，这种方法无法对随着时间的推移出现的变化作出解释——回归和组群分析试图弥补这一不足。

14.4.4.2 回归分析

在这类方法中，不论解释什么都需要取得数据，即"因变量"——在对运动或休闲需求分析的例子中也需要取得所谓的"自变量"数据，自变量对需求有影响，比如年龄、性别、种族、教育程度、社会经济阶层、收入、汽车所有权等。所有这些数据都输入进多元回归分析软件中，然后判断每个自变量各自对因变量产生的影响。回归分析也会给出每种影响的统计学意义和整个模型的解释功效。

该模型利用最新的数据可以对重要的自变量未来的影响力进行预测，如预测人口老年化对未来需求的影响。不过，因为有时缺少足够多的数据有时又没有操作回归分析的专门技能，所以地方当局甚至区域部门都很少进行这种分析。一般是由学术专家和国家机构进行。因此，对地方休闲计划来说回归分析并不具备可行性。

14.4.4.3 组群分析

这种方法比回归分析简单。简单说，组群就是对人口的分群，比如依据年龄、性别、收入把人口分为不同组群。预测任一组群的需求需要两条信息：第一，预测计划期间计划区域的人口变化；第二，判断计划中的计划休闲活动的组群参与率——通常从调查数据中得到。由预测的人口数乘以预估的参与率可以得出预期会对活动感兴趣的人数。

调查数据也提供了可能的参与频率，只要对人口数据和预期参与率的预测详细、可靠，那么该方法有助于确认以后任一组群可能出现的需求。对这些预测的"解释"依赖于为了分析所选择的不同组群——确认可能会影响参与的主要结构变量，如年龄、性别等。

14.4.4.4 潜在需求

调查所确认的表达性需求的水平及其对需求的预测，某种程度上依赖于供给的水平，它并没有考虑到潜在需求。这种需求是真实的，但因为一些主要的约束条件而没有被意识到，像缺乏供给。然而，有时调查会包含一些关于潜在需求的问题。诸如英国 2002 年综合住户统计调查和 2007～2008 年的运动活跃分子调查。借助于调查所获取的证据，对需求的预测不仅可以包括表达性需求还可以包含对潜在需求的评估。在英格兰游泳活动的案例中，如果潜在的游泳需求能转换为实际需求，那么另外 430 万潜在游泳者就可以算入 555 万现已活跃的游泳者中了（布洛等，2010）。

14.4.5 公众咨询

除了表达性需求信息外，公众咨询也是传递公共需求的一个重要信号。其缺点是公众可能要求提供设施但却从不使用。而且，越是善于表达和组织有序的休闲团体通常对需求的表达越是直接。无论如何，公众咨询在评估地方感受和意见方面仍然是非常有价值的。与公众协商不仅是政治愿景，就计划过程本身而言，除非咨询民众他们对于休闲的需要和需求，对现有设施和服务的看法以及对未来供应的期望，否则整个过程也是不完整的。没有这样的咨询，计划过程就会充满统治作风——强制性供给而不是与民众一起商议。

与其他方法一样，公众咨询并非没有缺点。这些缺点通常与所听取的需求意见有关，因为这些意见不那么具有代表性，无法代表整个社区，还有许多回答反映了个人主观的选择。

公众咨询的主要方法包括：社区调查；休闲设施用户调查；俱乐部、社团和组织调查；公开会议；工作小组；利益相关者访问；小组讨论。

14.4.5.1 社区调查

经常被用到的四种调查是：家庭访问、街头调查、邮寄调查和电话调查。最近许多在线调查变得流行起来，在完成经济目标的同时又能产生有效的结果。面对面的家庭访问是第二种方式，不过操作起来可能既浪费时间又价格不菲。为了避免不对居民造成必要的打扰，特别是居民中的老年人，家庭访问最好在进行介绍后再实施，如通过电话或邮寄的方法事先说明情况，而这则需要用到更多的时间。另一个面对面的方法是街头调查。这需要进行随机配额抽样，如，对不同年龄层次的男性和女性的随机交叉选择等。同时还需要训练有素的、灵敏的访问者。邮寄调查虽然有限，但是更易于操作并且花费较少。如果不在地方媒体上引起关注或对返回问卷的行为进行奖励，那么回收率将会非常低。且低回收率又会引发样本偏差的问题——回复问卷的都是同类型的人吗？电话调查只要内容简洁，对操作熟练和敏感的调查人员来说比较容易进行。问题是如何接触被选定的受访者并使他们接受访问。许多销售人员试图使用电话来销售产品，像金融产品和双层玻璃。因此，人们对这种咨询方式感到很反感。

14.4.5.2 休闲设施用户调查

用户调查采用面对面的方式进行或自己填写方式完成问卷，其可以提供大量的信息，包括用户信息，设施集约区（及不能服务到的区域）信息，参与数据信息（如各种活动、次数），对供应设施的看法，以及如何管理和对未来的期望。自填问卷时，虽然方法简单、花费少，却缺乏代表性，回收率也低。确认用户信息的同时，另一方面使之与当地的人口特征作比较，非用户的广泛信息也会得到呈现。

14.4.5.3 关于俱乐部、社团和组织的调查

休闲分类的主体是自发建立起来的各种关于运动和艺术的组织。因此，在休闲计划过程中，它们的作用是必不可少的。对当地俱乐部和社团进行的调查可以提供关于会员等级、资源和当前及未来需求的有价值的信息。缺点是由于俱乐部人员的变动，频繁重要联系人数据库里的信息无法即时得到更新；还有一些俱乐部因为季节性特点，会出现延迟回复。而且许多俱乐部都有自己独立的观点，在看待问题方面对其他会直接影响他们的因素缺乏考虑。通常从这类的组织得到的回复水平都是比较低的。

14.4.5.4 公共会议

虽然在公共会议上提出来的意见并不就能代表整个社区的意见，但它们确实可以让计划者从中看出一些公众对个别方案是支持还是反对的迹象。为了提高公共会议的质量，保证合适的人能出席会议，而不是被那些"叫喊声最大"或拥有既得利益者所主导，就需要好的推广。与新闻舆论合作，使会议得到公正的报道也很重要，这要求具备良好的公共关系。

14.4.5.5 工作小组

工作小组是一种经常使用到的方法，该方法是通过把有关项目的负责人和政府人员及地方委员会成员组成工作小组，授权他们提出建议。在运动计划中的一个典型例子是英格兰的社区运动组织，其是由地方各运动项目领导组成的工作小组，组建的目的是帮助计划他们本社区的运动发展。重要的是这种性质的工作小组应具有能够影响最后决定的权威，否则很容易变成洽谈会，久而久之就丧失其积极性。

这种方法具有很多优点。工作民主，地方社区一些实际的期望也有希望得以实现。遗憾的是，在这种情形下做出决定会很慢，而且如果看不到进步，成员的责任感也会下降。不过，最大的问题在于小组成员可能会制定一些不切实际的需求，而这需要过多的空间和财政才能实现。

14.4.5.6 利益相关者访谈

访谈的对象是社区优秀人士，包括政客、教师、休闲领导者、游戏指导者、青年领袖、社会工作者、警察、少数民族代表、弱势和残障群体以及商业团体，通过访谈可以提供大量有价值的信息。同样地，和店主、酒馆老板、邮递员的非正式访谈——这些人遇到的居民来自各个阶层，有助于了解不同人群如何看待当前的供给，如何管理以及他们认为存在什么缺陷。

访谈的主要优点是——无论半结构化的访谈，事先确定一些讨论的主要问题，还是仅确定主题的非结构化访谈——被采访人有权决定谈论的问题和给出的答案。这与结构化的问卷形成了鲜明对比，在问卷调查中被调查者只需要回答具体的一些问题，而这些问题可能忽略了其他一些对被调查者来说重要的内容。

14.4.5.7 小组讨论

小组讨论与其他咨询方法相比有三点不同：那些参与访谈的被调查者处在一个和主题有关的真实情景中；讨论的"内容"先前就已经确定，所以参与者有思考的时间；讨论容易减少各方利益团体的冲突和促进达成共识——这不仅是不同观点的叠加，也是对讨论中提出的观点和意见的声明。

小组讨论一般包括 8 ~ 12 个人，在主持人的指引下讨论某个特定的话题。主持人促进各方的互动，确保每个人都有机会发言，保证讨论的话题大家都感兴趣。人数少的小组可能由 1 ~ 2 个人主导，但是人数多的小组就很难管理了。一般的小组会议持续时间最多 2 小时。根据研究意图，主持人在有关讨论中应该多少有点指向性，但很多时候情况却并非如此。主持人开始的时候可以问一些一般性的问题，但是接下来要随着小组讨论的进行把讨论话题引向更具体的问题上。

14.4.5.8 其他咨询方式

其他的一系列方法包括：面向个人和小群体的咨询诊所；利益相关者小组；当地出版社和媒体；网站互动。

很明显，当前还没有任何一种方法可以确定特定活动潜在休闲需求的水平。回顾的所有方式都有各自的优势和局限，为了比较准确地推算出预期的设施或服务需求，有必要采用多种方法。人性计划意味着在计划过程中把公众考虑在内。想要提供未来合理、有意义的供给，对公众需求和需要以及休闲对公众的意义和它在人们生活中扮演的角色的理解非常重要。

讨论问题

镇议会正计划兴建一个新的泳池，但是没有其预期需求的信息，于是寻求你的帮助。因为资源有限，所以你不能使用上述所提到的所有咨询方式，你会选择哪两种方法并说明原因。

14.4.6 矩阵分析

这种方法更多的时候是以一种管理方法而非计划方法存在，但是在某些特定情况下起着重大的作用，比如，当特定地点的发展已经建立了计划蓝图的时候，或者公园里或地理分区内的设施不得不满足社区内所有区域的需求时。如果将整个社区人群分成不同的群体，如幼儿、儿童、青少年、成人等，那么列出他们的需求，再利用可用的设施来匹配需求，这样矩阵中的每个元素就可以确认特定人口群体和特定供应之间的匹配程度。一些不足的地方也可以从中看到。这种方法的进一步运用是对设施/服务的缺陷进行优先排序，或者从备选范围内选择最适合的地点。

14.4.7 社会区/需求指数

社会区又称需要指数，该分析方法确定需求供应是否存在不足；然后把不同的地方区域按优先顺序排列。目前，评估需求的大多数方法把关注的焦点放在可用资源和潜在用户的关系上，而不重视需求的概念。合理的做法是，将资源水平低、需求水平高的区域优先放在资源水平高需求水平低的区域考虑。

当应用于儿童游戏场所的供应时，这种方法得到了很好的阐释。案例研究14.2展示了应用需求指数方法计划英国贝辛斯托克－迪恩儿童游戏供应的情况。它阐明了一个评估不同区域需求的合理过程，然后与同一区域内现有的资源量进行比较，目的是确定投资新供应的优先顺序。

案例研究 14.2

应用于英国贝辛斯托克－迪恩儿童游戏供应的需求指数

贝辛斯托克－迪恩理事会委托一项研究设计一套公正的体系用于奖励资助由地方支持建设的儿童游戏场，最后建立了"需求—资源"模型，这为填补现有供应设施的缺口提供了参考指数；同时也为新设施建设建议优先顺序。

需求指数：1994年，环境部出台了一套指标，用来估算英格兰地方当局管辖区域的相关指标值。共有13项指标，其中7项应用于选举分区（每个地方行政区被分成几个选区），分别为：失业人口；过度拥挤的住房；缺少或共用基础设施；低收入家庭的儿童；没有汽车的家庭；生活在"不适宜住宿"地方（如公寓）的儿童；未接受全日制教育的17岁青少年。

有三项指标专门针对于儿童，四分之一过度拥挤且没有儿童的地区很少产生需求。其他因素——失业、缺少基础设施和没有汽车——提供了一幅缺乏丰富性和流动性的画面，当路程超出了儿童的步行距离时，他们就不去游场所。将变量和每个区的儿童总数结合起来可以得出游戏机会的需求统计指数。每区的儿童人数非常重要，因为一般情况下儿童最多的区域使用提供的游乐场的需求是最大的，所有其他变量情况也是一样。

以上指标被整合成需求指数，这样每个区域关于游戏场的需求都会有一个评分，以与其他区相比较。通过对比可以把各选区按照需求的优先等级排序。然后，委员会开始把资助金分配给最需要的 12 个区域。随着前 12 个区域得到改善，余下的区域随着需要排名提高也会得到资助。这一过程不仅考虑需要也考虑到了供应，因为在这过程中也会使用资源指数。

资源指数

这个资源指数按选区评估了 180 个游戏场地。给游乐场地的范围和质量打分很难，因为有一系列因素要考虑，其中许多需要主观判定，比如下列因素中的第 2、第 6、第 7 和第 8 项。在计算资源指数时，要考虑的关键因素有：每个区游乐设施供应的规模；供应、设施和设备的质量；各区内游乐场的分布；游乐场地的大小——小型、中型、大型和超大型；设备的范围、游乐场的容量和吸引力；游乐场的维护和状况及其设备；安全因素，考虑游乐场是否有有趣的外观，同时还要有栅栏防护，远离来往的交通；游乐场的游戏价值——全面评估发现的带有物理性、社会性、创造性、有教育意义的和激励性的特色。

每个游乐场在上述每项因素上都有评分，然后评分会被综合成指数代表每个选区游乐供应的范围和质量。

优先排序

在已知选区需要等级和资源等级的情况下，可以使用公式"需要－资源＝缺失"。通过这个公式，可以得出高需要、低资源水平优先等级高于高需要、高资源水平的选区。决定选区优先等级时，这两项指数的相关等级很重要。例如，两项指数等级都很低的选区进行优先等级比高需要、高资源的选区获胜。

总之，公式的结果就是游乐场指数，给出了选区的等级。这一等级随着人口统计数据或资源的改变而改变，可能上升也可能下降。信息需要定期更新，公式也需要在每年的基础上审查。

资料来源：为贝辛斯托克－迪恩设计的指数是由托克尔岑、格瑞弗斯和肯特尔得出的；游乐场审查由全国娱乐场地协会顾问查尔顿负责执行。

最近在英国，"需求"经常由政府制定的复合剥夺指数代表。它把许多代表经济、社会和住房问题的指标综合成了每个地方当局的，以及地方当局内更小区域——专称为"超级输出地区"单独剥夺指数。现在在英国还有一个地方儿童幸福感指数，用来评估针对儿童问题的需求。

14.4.8 设施计划模式

设施计划模式是一种被苏格兰体育委员会和英格兰体育委员会用来评估社区里运动设施需求（体育馆、游泳池、人工草地足球场和室内保龄球中心）的方法。这一模式的基本结构是比较设施的需求和供应，考虑人们愿意使用多远距离的设施。因为要比较需求和供应，所以需要使用相同的测量标准：每周人数最多时候的参观次数。该方法有三个组成部分：需求由调查得到的全国参与率和频数估算得到；供应由在指定高峰期里设施所能容纳的人数决定；集客区的估算基于全国休闲调查所得到的定期参与休闲的人（用户的70%~80%）到达休闲场所的距离和所使用的交通工具。

模式确认了：需求的位置；需求是否超出供给，程度如何；现有设施是否存在闲置容量，哪里存在。

地方需求的估算基于在人流高峰期时任一运动设施的访问次数，决定因素如下：调查区域内的居民总数；居民的参与率——居民中愿意使用运动设施的比例；愿意访问的频数——他们希望多久访问一次；每周一般人流高峰时期访问的比例。

设施计划模式的益处包括：从地方、区域和国家层面评估对各种运动设施的要求；帮助地方当局确定适合本区域运动水平的设施；测试"若是……怎样"情景，比如，开始一项新设施的影响，重新安置一项设施，关闭一项设施，地方民众参与行为的改变，地方人口多少或结构的改变——所有这些变化都可以作为因素分解到模式里，从中看它们对存在的过多需求或闲置容量有什么影响，以及它们的准确定位是什么。

设施计划模式可以用于城市和乡村环境中。对比设施计划的标准方法有了极大的改善。不过，它涉及的只有已知需求，潜在需求以及新市场和创新管理产生的需求并不包括在内。该模式在合理供应设施的基础上估算预期的需求，不过是受全国模式驱动的——而非地方需求数据驱动。其依靠的是关于现有设施的统一的信息，在英国主要由"活跃场所"这一设施数据库提供。还有一点也很重要，即要明白该模式只是一种帮助提供者做决定的工具——而不是为他们做决定的决策工具。

英格兰体育委员会（2009）采用了一种整体方法来计划运动设施，被称为"设施改进服务"，旨在提高基于数据信息的一系列需要评估方法，传达给决策层需要什么运动设施，哪里需要。计划方式包括：设施计划模式；活跃地方权力，一个关于设施供应的交互数据库；运动活跃分子诊断，关于运动需求的交互数据库；市场细分，在英格兰专门针对运动市场细分的分析（参考案例15.2）；运动设施计算器，估算特定人口对运动设施需求水平的工具；改善社区运动设施，社区运动设施战略计划的工具箱。

14.4.9 U 计划系统

威尔（2009）设计了一个所谓 U 计划的休闲计划系统。虽然该计划是以参与程度为基础的方法，但还是需要包含三个关键成分：目标和结果，建立与组织的宗旨和参与标准有关的计划目标；参与，估算现有参与情况并评估将来可能出现的类型；供给，通过参与分析，确定目标和项目中所涉及的设施或服务内容。

以上成分被分解成 18 项计划任务，包括一些之前回顾到的任务，像调查居民休闲参与情况，调查使用设施/服务的用户，预测参与状况的改变及核查现有设施/服务的供给。不过，在这些任务前面有精炼的组织目标，决策责任的说明和预算限制的设定，这些重要特征在本书中其他章节也会提到。因此威尔的 U 计划不仅仅是一种计划方法———种计划休闲供应的有连贯性和整体性的方法。它属于参与驱动型，再次强调了顾客对市场（第 15 章）和服务质量（第 17 章）的重要性。

14.5 休闲计划过程的十个阶段

从概念上讲，休闲计划过程是一个简单的模式，建立在找出休闲需要和需求及提供服务和设施来满足这些需求的基础上。然而，实际上这一过程要复杂得多。图 14 - 2 提出了一个含有十个阶段的休闲计划方法，这些代表了当前无论从休闲理论还是从以休闲管理为视角的实际应用中最好的实践方法，而且总结了本章之前回顾的很多知识。这一计划过程与一般计划过程和当地计划可以平行存在并相互补充。

进一步说明该过程：

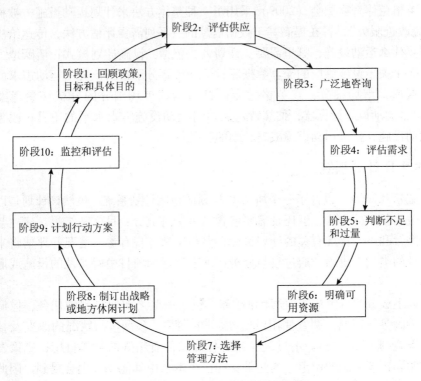

图14-2 休闲计划过程的十个阶段

阶段1：回顾政策，目标和具体目的：这关系到为社区服务的哲学基础和重要相关者的角色定位（供应商、授权人、合作商等）。

阶段2：评估供应：该阶段确认设施的类型、范围和所有权（公共性、自愿性还是商业性的）。同时还要评估效果和功效，使用和管理。它决定了需求水平和闲置容量。一项人口研究会确认人口聚居区和社区特定部分那些需要特殊考虑的区域，而交通分析则更强调已有和潜在休闲场所的可通达性。

阶段3：广泛地咨询：这创造了机会去弄清楚需要供应什么来满足计划中所要提供的服务。咨询当地的居民、工人和组织。使用各种方法。咨询的对象也要包括各种机构，如艺术和运动管理机构，教育局和学校以及同等级别的部门，防止重叠和重复现象的出现。

阶段4：评估需求：尽管没有任何一种单一的方法可以准确地指出个别活动或设施的潜在需求是多少，但是使用包括需求模型在内的各种不同的休闲计划方法可以得到很好的指示。这些包括全国数据，更具体地还有地方数据；人口概况；咨询结果；以及确认已知的和潜在的需求。

　　阶段 5：判断不足和过量：该阶段分析供给——需求之间的关系。比较潜在的需求水平和实际所提供的就可以得出一系列缺乏的项目的名单。对任一当局来说，试图补救所有的不足是不现实的；而是应该按照不足的地方进行优先发展排序。

　　阶段 6：明确可用资源：有必要考查所有发展休闲的潜在场所，而且要评估它们的合适性（大小、地形、交通可达性、环境方面的考虑）。还应该进行可行性研究，制定商业计划，包含资金和收入成本，管理和使用。获得授权和履行计划义务的时机也需要考虑。

　　阶段 7：选择管理方法：目前存在一系列管理选项，当地政府有责任更好地利用资金。包括：商业承包商、信托管理、现有管理者收购、特许经营权、合资，或这些的混合操作。不同的设施和服务可能同样也要求各种不同的管理方法。

　　阶段 8：制定出战略或地方休闲计划：休闲管理者也需要准备一项地方休闲计划或一系列具体计划（艺术、运动娱乐），包括区域的短期和中期发展计划，明确定义委员会在这些发展中作用。地方休闲战略将阐明委员会的角色，政策，发展和管理目标以及一套行动方案。

　　阶段 9：计划行动方案：为了实施战略，有必要提出一套行动方案，有明确的目的、目标和评估方法。责任需要分派给关键的委员会委员和指定责任范围内的官员。为了确保任务能够按时完成，有必要拟定一个详细的关键路径分析网络。

　　阶段 10：监控和评估：需要监控取得的进展并估算结果。这其中应该包括行动对社区的影响。随着经济、社会和环境的改变，战略也需要定期回顾。

14.6　小结

　　休闲供应的本质和规模通常是其之前延续的结果，或许这也可以解释为什么地方当局一般都没有分配休闲资源的原理依据——没有声明把经费用在休闲服务上或为供应商制订计划的意图是什么。随着人们进一步意识到休闲作为拥有地方、区域和国家基础设施的一部分的意义，这种进行休闲计划的临时性方法在英国和其他国家已经发生改变。

　　对于市场来说，了解顾客对运动休闲计划非常重要。然而，现在还没有任何一种方法能够准确地判断民众对休闲活动或设施的需求。本章之前回顾中提到的每一种需求评估方法都有其优点和局限性；合理运用可以很好地了解需求在多大程度上没有得到满足。如果资源许可，明智的做法是使用多种方法作为三角测量的形式——用不同的方法检查相同的问题是对结果的一种效度测验。

休闲计划是一门重要的学科。方法符合逻辑的话，可以避免很多之前出现的糟糕的休闲计划例子，在例子中计划的供应并不适合那些本应服务的市场。休闲计划不同于一般计划，因为户外休闲活动由各种种类繁多的活动和选择构成；而且休闲行为也并非可以经常预测。不过，对休闲管理者而言理解并参与合理的计划很重要。这将会保证在有很多资源的前提下供给与需求之间的平衡。

资源对于地方休闲计划的范围和规模也很重要。休闲计划需要大量时间和专业知识去运用本章之前所提到的技巧，而且，虽然外部顾问可以提供帮助，但是所有的计划工作都会受到地方当局资源的制约。

实 践 任 务

1. 地方计划

（1）选择区域。寻找一个地方发展计划或框架（通常在地方政府网站上有公布），明确计划中确认了哪些休闲元素。

（2）在同一区域，寻找一个地方休闲或文化计划，明确如何通过咨询来传达这一计划。

（3）可不可以从被调查地区的这些计划中明确休闲对政策和公众的重要性？

2. 群组分析

（1）找出某一具体区域当前的人口数据和预计人口。确定具体的群组人口，以及现在可能的人口和10年后的人口。

（2）使用合适的调查数据，确定群组中某项具体活动的参与率。假定可能出现的变化（政策倡议、产业改变），预估10年后这些参与率可能会发生的改变。

（3）用当前的群组人口乘以当前的参与率，得出参与的人数。乘以参与的平均频数计算特定时间内访问的平均数。重复这一过程计算10年后的参与人口数和访问次数。

（4）你所得出的结论对计划供给有何意义？

拓展阅读

规划原则指导：

Department of Communities and Local Government（2002）Planning Policy Guidance 17：planning for open space，sport and recreation，HMSO，London（a new Planning Policy Statement is being prepared at the time of writing）．

Sport England（2009）Improving Community Sports Facilities：a toolkit for the strategic planning of C07nmunity sports facilities，Sport England，London.

规划技术回顾与讨论：

Veal，A. J.（2002）Leisure and Tourism Policy and Planning，2nd edition，CABI Publishing，Wallingford.

实 用 网 站

英格兰和威尔士规划政策和地方发展框架指导：

wwxv. planningportal. gov. uk/

www. planningportal. gov. u k/uploads/ld f/t ext_ ldfguide. html

威尔士规划政策：

http：//wales. gov. uk/topics/planning/policy/？ lang ＝ en

北爱尔兰规划政策：

www. planningni. gov. uk/inde x/policy/policy – publications/planning_ state-ments. htm

苏格兰规划政策：

www. scotland. gov. uk/Topics/Built – Environment/planningfNational – Planning – Policy/newSPP

英格兰规划政策：

www. sportengland. org/facilities_ planning/planning_ contributions/what_ are _ they. aspx

英国综合贫困指数：

www. communities. gov. uk/communities/neighbourhoodrenewal/deprivation/dep-rivation 0 7/

英格兰体育基金会设施改善服务：

www. sportengland. org/facilities_ _ plannin g/planning – tools – and – guid-ance/facilities

improvement_ service. aspx

A. J. Veal's U 型规划资源：

www. leisuresource. net/service2. aspx

第 15 章
运动与休闲产业的市场营销

本章内容

- 什么是市场营销，谁是其目标客户；
- 如何利用客户信息来促进市场营销的推广；
- 什么是关系营销；
- 如何评估内外部环境对市场营销的影响；
- 什么是"营销组合"；
- 在运动与休闲产业中，赞助对市场营销有何重要作用。

摘 要

当代运动及休闲产业把大部分焦点都放在客户身上，满足客户需求是服务质量概念的核心。本章以一个行销规划程式的具体案例贯穿始终，该案例以确定组织目标及了解客户需求作为开端，尤其侧重于市场利益细分方面。通过分析组织内外部环境及市场定位来推动整个行销进程，并且囊括了一系列关于"营销组合"的决策。组织在实施每一项行动计划之前，都监测其销售目标是否已经实现。

本章将列出 8 个营销组合决策，因为运动与休闲在很大程度上属于服务行业。该营销组合包含产品、价格、地点、促销、人、物质环境、过程和赞助 8 个要素。这 8 个要素都不是独立的，而是在整个计划中相互关联、相互依存的组成部分。在这些营销组合中，与许多其他行业都不同的元素便是赞助，赞助对运动与休闲产业的某些方面来说尤其重要。

15.1 引言

市场营销是良好的管理活动中不可或缺的一部分，它是一个识别并满足消费者需要、欲望与愿望的过程。运动与休闲的服务及设施维持，依赖于那些需求能够得到满足的消费者，否则它们只能面临倒闭歇业。市场营销包括提供合适的产品及服务，并能使产品和服务与市场需求相匹配。因此，市场营销远远不只销售这一步骤，它从一开始就是业务流程中不可或缺的一部分。市场营销包括以下内容：预估潜在消费者的需求和欲望；分析内部组织及外部市场环境；适当地细分市场；明确产品的市场定位；执行若干"营销组合"决策；与消费者保持适当的关系；分析、评估与调整。

然而，在私人和公共部门中，市场营销既与非营利性组织关系密切，也与商业营利部门关系密切。每个营销者都应当以消费者的需求作为营销动力。在商业世界中，市场营销已经被无数次证明是一条保持组织业绩及获取更大赢利的有效途径。对于公共及志愿部门的休闲服务来说，市场营销能够帮助其实现一系列更复杂的目标。市场营销中最常见的联系纽带便是顾客，因为正是通过不断满足顾客需求，组织的目标才能得以实现。正如第 17 章明确指出的那样，质量管理的实质就是满足顾客需求。

市场营销在企业或服务组织中并非只有单一功能。它是一种经营理念，一种商场上的生存方式。传统地说，很多公司曾经都以过程为主导，以产品为导向，拥有预先确定的产品或服务，他们在发掘出消费者后试图激发对方对既有的产品或服务产生兴趣。方法便是，"这是我们现有的产品，现在我们将出售它们"，尤其是一些地方政府的服务常常以这种方式提供。例如，将体育场所建成、设备安装就绪、产品摆放在地上、方案修订好、时间安排好、价格制定好，系统建立完毕后，地方理事会就会自豪地宣称体育场所可以对外开放了。政府议员甚至可能认为："公共使用的体育场所已经建立完成，如果民众不使用，那是他们自己的事，反正我们已经在城镇中提供了大量的机会。"这种营销方式与预先提供的产品密切相关。

市场营销方式应该与该营销过程相反，它以顾客为起点。它遵循以市场为导向的原则，要求管理者主动去发现消费者真正需要什么，然后以此为基础进行设计、生产并提供能够满足消费者需求的产品，从而实现组织目标。布莱克（1985）曾说，"体育中心、游泳馆、剧场、艺术画廊、图书馆、博物馆、健身房，只是储存有形和无形产品的仓库，除了客户带来的价值外并不具有其他价值。"

我们不仅仅可将市场营销理解为更为广泛的经济交流，它还包括处理社会问题的交流。科特勒和扎特曼（1971）将社会营销定义为："用于影响社会思想可接受程度的活动项目，并将项目进行设计、实施和控制，该项目包括考虑产品的规划、定价、沟通、分销及市场调查等方面。"市场营销包括政治运动、社区活动和社会因素，例如环境问题、健康生活、儿童保护、残疾问题、禁烟运动以及机会均等。然而，社会营销很少关注消费者需求，它更多地关注如何说服消费者的某些决定是他们本身兴趣所在，并且值得为了一些社会原因而付诸行动。

健康生活的社会营销与运动和休闲产业具有特殊关联，如加拿大的全民参与行动计划，该计划由一场全国性的活动刺激了运动及健身活动的发展（参考案例15.1）。在英国及其他国家，健康目前是政府制定政策来增加民众参与运动及健身活动最主要的动机。全民参与行动计划在成功地开展社会营销方面，开创了一个成功的先例。

英国近期有一个具有创新精神、与全民参与行动计划路线类似的活动，名叫"为生活而改变"。这是一个为期3年的健康生活活动，由联合政府、行业合作伙伴及一些无政府组织共同管理。社会营销是这场活动的核心，旨在鼓励人们多运动并养成更健康的饮食习惯来减少国家日益严重的肥胖问题。在苏格兰，类似的活动有"把握生命"。

15.2　营销策划过程

为了成功地展开市场营销，制定一个营销计划是必不可少的步骤。有时，这意味着选择营销组合。

案例研究 15.1

全民参与行动计划

全民参与行动计划是以增加体育活动为目标的最成功的社会营销活动之一。该计划始创于 1971 年，一直经营到 2000 年，但在 2007 年时，由于加拿大广大民众对于参与健身及体育活动的呼声高涨、诉求强烈，又重新得到恢复。

首个全民参与行动计划项目旨在提高加拿大国民缺乏运动、健康堪忧的意识，并教育国民如何能够获得更多体育锻炼。其核心是一场非常有效的交流活动，该活动由政府出资，利用商业营销手段进行推广。最有效的信息之一宣称，国际数据显示，年龄在 30 岁左右的加拿大人与年龄约 60 岁的瑞典人身体状况一致。爱德华的报告称，交流战略的关键原则之一便是尊重受众：在交流活动中，如果以居高临下或告诉人们应该怎么做的姿态，必然会导致活动失败。一个有效的活动意味着并非空口说白话，而是以实际行动向民众说明某个想法的优越性，更重要的是说服民众为何它是值得付诸行动的，并且如何参与其中。

在整个活动中，调查资料显示，民众对于全民参与行动计划的认识提高程度，持续超过调查人数的 80%，比其他任何国家的类似活动都高，这也使它成为社会营销的典范。

然而，尽管全民参与行动计划在提升国民意识方面的影响不可否认，但想要真实报道社会营销对加拿大体育活动水平方面的影响却困难重重。因为还有其他因素影响着体育活动的开展，例如政府的"社区动员计划"，而这些计划中的一部分活动几乎与全民参与行动计划同时进行。但仍有证据显示，加拿大的体育活动参与率在全民参与行动计划展开时期得到提升，包括一些"使用时间"的证据（祖赞尼克，2005）表明加拿大人花在休闲活动上的平均时间，在 1981～1998 年之间提升了 79%，即由原先的每天 19 分钟提高到 34 分钟。虽然全民参与行动计划的功劳毋庸置疑，但这样的提升究竟有多少功劳是得益于该计划，却很难用数量计算衡量。

主要的问题在于，全民参与行动计划第二阶段旨在解决儿童与成人中超过接受范围的高水平肥胖与超重现象这一社会主要问题，它也与健康问题密切相关。

在资金短缺时期，儿童和成年人参与运动的程度也下降了，同时，在2000年，全民参与计划的原始方案也最终停止了。全民参与行动计划为了增加居民的体育活动，采纳了一个包含十大要点的议题，希尔顿认为（2006）它表明，整合营销的方法需要建立个伟大的社会目标，因为有效沟通虽然必要，但并非唯一。所有议题如下：

- 成立多学科工作组，成员来自全国各地的政府部门以及社会各界，包括卫生、教育、交通、规划、体育和地方政府等领域；
- 制定并实施一个综合性的体育活动战略；
- 确保在新资源方面的适当投资；
- 支持体育活动的人口监测；
- 为传播和媒体宣传活动提供资金并进行实施工作；
- 通过已获得的项目支持大众参与；
- 资助具有创新性的运动，如竞走及骑自行车；
- 与环境建设规划方进行合作，以便于设计出更好的体育活动设施；
- 采纳生命阶段的方法，以满足因运动量减少而增加风险的市场细分需求；
- 规定强制性开展体育教育。

这十个要点包括了一些基本的市场营销原则，例如，第二点中含有明确目标的意思，第九点提到了理解顾客需求，第四点中的效果评估及第五点涉及了选取合适的要素进行营销组合（促销），此外，还有第三点、第六点及第七点（产品）、第十点（渠道）。

图15-1列出了包含10个步骤的营销策划过程，该过程为本章的其他内容建立了基本结构。尽管营销策划过程的每一步都需要独立审查，但是每个步骤相互依赖，构成了一套完整的问题和决案，记住这一点很重要。

15.3 组织愿景、使命及目标

就组织愿景及使命做一个简单的声明是非常必要的，不仅是为了更好地引导营销策划，也是为了组织内部的所有利益相关者，不论顾客、员工、股

图 15 – 1　营销策划过程

东，还是合伙组织。组织的愿景声明应当针对其未来发展方向做一个明确的陈述；而使命声明应当确定该组织存在的主要原因，并且说明指导其政策及战略的价值观。愿景及使命声明相当于目标的确立，但它们又不够详细，因此我们无法将其当作操作细节及目标来看待，而详细的目标说明却又是不可或缺的。

　　为了在实际操作中能发挥作用，目标需要具备一些属性——我们通常将其简称为"SMART"原则。它经过修正后，增加了一个字母，最终变成了现在的"MASTER"（Measurable 可衡量的，Achievable 可实现的，Specific 具体的，Time - specified 明确的时间表，Ends not means 目的而非手段，Ranked 排序）。其中最重要的一点是必须能够确定目标是否实现以及何时实现。

讨论问题

英格兰艺术委员会的使命声称："我们接下来三年、十年甚至更长时间的任务，都是明确且毫不含糊的。它是与每个人都相关的伟大艺术（www. artscouncil. org. uk）。"在引导艺术营销方面，这种做法有何用处？

15.4　理解顾客

在分析组织内外部环境的过程中，非常重要的一个部分便是理解顾客。所谓顾客包括：个人、组织（为他人购买东西）、支持者、观众、学校、俱乐部、年轻用户的父母、社团。

从市场营销的角度来看，即使是非用户也可能具有消费潜力，因此也值得考虑这部分群体。不同的消费者有着不同的需求，这是市场细分中的一个核心原则。

第 2 章说明了顾客需求及市场要求的概念的一些特点。理解顾客需求及要求是市场营销的基石，而市场调查及需求预测是帮助理解顾客需求的工具。当然，此外还有一些其他可使用的方法，包括顾客概况、市场细分及顾客人际关系分析。在审查这些方法之前，了解消费者行为是很重要的。

15.4.1 消费者行为

消费者行为是市场营销分析的一个分支，主要研究消费者购买动机。它关注顾客需求及消费动机，这些已经在第 2 章中详细说明。许多关于消费者行为的理论都以逻辑进程作为基础。例如，理性行为理论认为消费者购买意图驱动其消费行为，也就是说消费者自身由各种内部及外部因素影响着。消费者对于未来消费的态度将会在一定程度上受到他们的价值观、个人环境以及社会生存和工作环境的影响（蒲伯和杜可，2001）。

由于特别关注体育营销，穆林等（2007）提出了一系列影响消费者行为的环境及个人因素，包括积极与消极两方面。这些因素有：环境因素，包括其他重要人物。例如父母、老师以及同辈群体中的领袖人物；文化规范和价值观念，可能是由遗传形成，也可能是受到传媒影响形成的；阶级、种族及性别关系；气候及地理条件；体育组织的营销行为。个人因素，包括自我概念，包括自我形象以及自信；生命周期阶段；生理特征；收入及职业；教育和掌握的技能；个人观念；消费动机；包括生理、心理及社会动机；以及消费态度。

简而言之，运动和休闲营销者在了解消费者为何会做出某些行为方面，有着非常艰巨的使命。但这种了解正是其他市场营销活动能够得以展开的基础。

15.4.2 市场细分

关于消费者行为的知识引出了这样一个结论，消费者并不是有着相同特征和喜好的一群人，而是包含了许多在需求、特征及动机等方面具有相似之处的族群。认为一个组织的任务是向所有人提供服务的想法已经不合时宜了。甚至是地方当局，在建立潜在消费者基础方面，无疑具有最广泛的特殊职权。现在我们认识到，如果地方当局任意将他们的服务推销给大众，很可能会导致在消费者和消费群体中，具有某种特定类型的人数过多，而另一种类型人数过少的情况。而市场细分及目标市场定位正好可以弥补这一缺陷。

所谓市场细分是指，将某个市场中被某种产品或服务共同吸引的群体进行细分。市场细分的分类方式有以下几种：以人口统计数据进行划分，例如，年龄组、性别组、种族群体、旅行者。以社会经济水平进行划分，例如，收入、职位、住房类型、车辆持有率。以地理进行划分，例如，不同地区，从国家到社区，后者常常用于正式的社会等级体系中，并与社会经济水平相关，例如英国的 ACTION。以行为及益处进行划分，即客户反应及服务所得，例如，非高峰期的来访者，具有健身动机的消费者，为了获得教育及提升技能的来客。以消费心态进行划分，通常指不同的态度、生活方式及价值观念。

许多实际的市场细分涉及对这些不同方法的整合。利用描述统计学作为基础来对市场进行明确且简单的细分是非常有可能的，如利用年龄、性别及人口社会经济水平，来确定适用于营销活动的主要市场细分方式。许多运动与休闲组织可能因资源所限无法承担一个复杂的统计分析，就像案例分析 15.2 中说明的那样。英格兰体育的市场细分分析促使相关组织使用一个现成的系统，以便识别市场细分及其动机，设计合适的营销沟通。

英格兰体育消费者的市场细分

益百利（Experian）咨询公司为英格兰体育制作了一个针对体育运动状况的市场分类图表，其中包含19个不同等级的对象，利用国家调查数据来明确他们的活动水平、社会人口特征，以及运动动机与态度。这个等级划分方法为体育社团的工作人员提供了分析体育参与者运动行为、障碍、参与动机、实用营销工具的方法。它包含19个等级的细分市场（图15-2）：

1. 具有竞争力的都市男性。
2. 体育队伍中的酒徒。
3. 健身班的朋友。
4. 单身主义者。
5. 事业型女性。
6. 定居的男性。
7. 家庭妇女。
8. 英格兰中产阶级母亲。
9. 酒吧联盟队伍的同事。
10. 生活拮据的单亲母亲。
11. 生活宽裕的中年男性。
12. 单身职业女性。
13. 提前退休的夫妻。
14. 年长从业妇女。
15. 当地老男孩。
16. 高龄女性。
17. 生活宽裕的退休夫妻。
18. 暮龄的男性（老年男子）。
19. 退休单身人士。

图15-2说明，即使这些细分市场通过多元分析确立，但年龄仍是区分这些市场的主要标志。虽然在各年龄组别中，这些不同特征由细分市场的标题总结而成，但它们包含更多的详细描述。

　　这些细分市场的组成及规模的详细信息，由不同等级地理区域提供——街道、社团、当地政府及行政区。个体运动及更广泛的运动团体也可使用这些信息，例如，按类型分类，如球拍运动或武术；按设施的使用来分类，还可以按个人/团体进行分类。信息还延伸到很多方面，包括运动及娱乐活动如何融入每个细分市场的生活；消费者对哪种营销沟通信号能做出回应；哪些传播媒介能吸引消费者；哪些品牌是细分市场认同且消费者经常购买的，以及他们如何做出消费决定。这些信息对每个细分市场的详细营销计划制订来说，都非常重要。

　　英格兰体育同样也就共用于多种途径的市场细分给出了意见，包括目标市场分析、资金决策、新设施策划、项目评估、吸纳新会员及选择适当的合作组织。除此之外，案例研究证明，县体育合作伙伴（分区域组织网络）是如何以多种途径使用细分市场的。例如，亨伯县体育伙伴位于国家的东北部，利用它来为其下属的地方政府发展制定新的营销战略，使关键细分市场的方案更符合消费动机，使营销沟通得以修正，使市场细分过程的制定得以考虑完善。

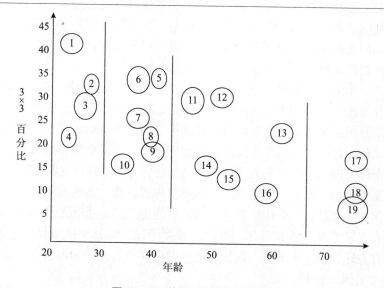

图 15 - 2　英格兰体育细分市场

　　注意：圈的大小与各细分部分的总百分比相关——英国成人人口的年龄。这些百分比指那些每星期做 3×30′分钟中等强度运动的人。

　　资料来源：英格兰体育（2007b）

市场细分过程需要优秀的市场调查来确定不同的细分市场。这要求在整体服务中制定战略且使细分市场与特定产品相匹配。在这个过程中，我们可以借助一些工具的帮助，例如类似于体育英格兰的细分市场分析。在实际应用中，市场细分要求选定的细分部分是可衡量的、稳定的（具有相当规模，值得单独制定并实施营销计划）、易于区分且可接受的，这样才能够保证营销宣传可以有效且高效地瞄准市场。

15.4.3 客户关系

关系营销是营销方式的一种，用以改善顾客及服务提供者之间的关系。由于该方式是以顾客需求作为考量来进行推广的，从而使它与产品导向及过程导向的营销方式产生了对比。关系营销在运动与休闲营销中越来越重要，正如费兰德和麦卡锡（2009）所述，通过这种方法，消费者与产品、品牌及组织之间的关系构成了消费者的消费认知，体育就是个很好的例子。一个比较极端的例子便是体育球迷——他们是最忠诚的消费者，在任何情况下都始终支持着他们的队伍，不论主场还是客场比赛。与其他支持者相比，他们会购买大量的相关产品，对于组织想做的任何实验及检测，例如通过体育爱好者杂志进行的市场调查，他们总能给予最高呼声。另一个极端的例子便是商务健身俱乐部，俱乐部最大的困扰通常是可怜的顾客保留率。因为俱乐部的顾客常常倾向于逐店选购，以便能发现最符合其需求且价格最实惠的服务。

关系营销的基本原理是毋庸置疑的，尤其在运动与休闲行业中。越忠诚的消费者花费得越多，消费成本却比新顾客或忠诚度略低的顾客更便宜。与产品、品牌及组织保有良好关系的消费者就像是能够吸引更多顾客的特使及推销员——从他们口中说出的评价是最强有力的宣传。关系营销将细分市场转变成独立的个体，因为它的一个关键目标便是与每位消费者都建立起关联。

关系营销的主要营销内涵包括以下重要内容：建立新的且更为牢固的人际关系。例如，通过具有个体针对性的营销宣传方式，来挑选细分市场。保持并发展现有人际关系。例如，对顾客的忠诚度予以回馈及奖励或提供增值服务。化解现有人际关系中的矛盾。例如，迅速发现症结所在并采取有效措施予以解决（参考案例研究 17.1）。

以上任何市场营销战略都可采用的原则。然而，费兰德及麦卡锡（2009）将人际关系营销看作一种可供传统营销方式选择的可替代战略方式，就像奠定本章 15.1 中的结构图中所述。他们提出的模型包括了三个关键层次：改变组织内部营销结构，关注于构建人际关系；与目标消费者即市场建立并构建人际关系；与利益相关者即提供相关服务的网络或组织，建立并发展构建人际关系。

讨论问题

讨论专业体育俱乐部与合作顾客、普通消费者、低收入顾客及长期支持者同时发展良好关系的难处。

15.5　分析内部及外部市场环境

了解顾客需求无疑是营销策划第一阶段的重要内容，它涉及搜集及分析内部（组织）及外部（市场）环境。这包括收集合适的数据，然后进行分析。数据类型大致包括两部分。一部分为内部，包括：使命、愿景及目标；顾客，如满意度、不满意度、产品及服务的预期、人际关系；资源，如管理结构、全体员工、财务、技术；利益相关者，如全体员工、合作伙伴、赞助方、人际关系网。

另一部分为外部，包括：PEST，从政治、经济、社会及科技方面考量影响组织活动的因素（也称STEP，参见第7章有关旅游业市场概述的内容）；潜在顾客，需求、消费动机、个人概况、行为方式及地址；竞争者，包括直接（拥有相同客户）和间接（对相似的消费者需求具有吸引力）竞争者的概况、市场份额、成功的关键要素、发展限制、战略、发展的时间轨迹；市场，规模、成长、生产发展、价格、分布特征，宣传准则及其发展。

现如今仍然普遍使用的总结内部及外部环境分析的传统方式是SWOT分析：优势及劣势用以总结组织的内部环境分析；机遇及风险用以总结组织的外部环境分析。SWOT分析法非常简明扼要，该方法试图选择出对营销决策来说最重要的关键问题。它通常也是描述性的，但其中"分析"这个词非常重要——它既需要证明已选择的SWOT特性的重要性，也需要明确所在组织的营销内涵。

讨论问题

思考你所在地区运动与休闲组织的主要优势及劣势，机遇及风险，并总结其市场营销内涵。

15.6　市场营销的目标及战略

市场营销的目标应当追求与组织目标属性一致，并且它应在全组织中共享，而不仅仅属于营销部经理或营销部。通过制定合适的绩效指标，来明确市场营销目标。营销目标也很可能仅限于对市场细分选择，这方面的例子有：来自属区内某一特定人口达到一定数量，如老年人；以及在商品和餐饮服务中，从每位参与者身上赚取的能够达到某一目标的次要收益。

讨论问题

对于你所选择的运动或休闲组织，讨论它们可能的组织目标及营销目标，并说明两者之间的区别。

营销战略是一种为了实现目标及任务的合适方法。营销战略为特定的营销手段设定了方向——营销组合。营销战略的重要因素之一便是市场细分，另一个因素是市场定位。

15.6.1 战略定位

"定位"是人们对于产品适合于何处市场的看法。一个产品的定位可以很轻易就得到验证，因为恰当的市场定位能够促进销售的开展。产品及服务就像人一样，具有长期"个性"。例如，英格兰银行——在大众印象中是安全可靠的；温布尔登——以网球的巅峰地及其传统价值观闻名；理查德·布兰森的维珍集团产品——革新且具有创造力；迪士尼、麦当劳、耐克以及成百上千的其他品牌，不论在我们的印象里，还是在实际市场中，都有着自己的定位。然而，市场定位也可能有利有弊。一些经营多年的地方政府休闲服务场所，在与高品质商业服务场所的对比之下，不得不与人们对其既定的基础且廉价的印象作抗争。

营销定位通常是在确立适当目标的营销宣传过程中建立的，例如，像帕克斯中心这样有活力的度假胜地在短时间内建立了一个强大的市场定位，它主要通过电视广告进行宣传。各方赞助能够帮助企业在所在行业中建立牢固的地位，例如，像康希尔及安盛权益及法律咨询这样的保险公司，通过对板球运动的赞助提高其市场地位及市场份额。

调整定位也具可能性。饮品拉克扎得本来是在药店出售以治疗病人的药品。然而，在电视宣传中请来像戴利·汤普森这样的奥运会金牌得主为其代言，将拉克扎得重新定位成有助于运动员恢复活力的饮品——由提供给病人的药物饮品，成功转型为保健饮品。克朗普顿（2009）将定位调整看作未来公共休闲服务中最为重要的部分。克朗普顿宣称休闲服务仍然不是公共服务供应的核心，因为它并没有充分围绕社会热点问题进行定位，因此，休闲服务的未来依赖于对公共运动与休闲产业的重新定位。这样一来，公众及政客才会在思想上把它们同一些社会热点问题及其解决方案联系在一起。例如，亚健康现象、肥胖问题、犯罪和破坏行为、儿童安全等问题。

在产品市场定位及企业产品投资组合定位中，另外两个普遍使用的分析工具分别是波士顿矩阵法及安索夫矩阵法。

15.6.2 波士顿矩阵法

这种矩阵法如图 15－3 所示，是为波士顿咨询公司设计，作为帮助分析企业内部现金流来源的一种方法。它的两个轴分别是市场占有率及市场增长率，分别与现金的产生及使用相关。组织的经营单位、品牌或产品，可以根据这种矩阵所使用的数据和判断来进行定位。虽然并非所有的矩阵四个象限都能与现金流一一对应，但矩阵仍然帮助我们判断商业部门、品牌及产品的投资组是否平衡。

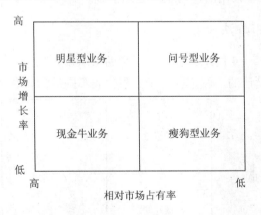

图 15－3　波士顿矩阵

现金牛业务。具有高市场份额及低市场增长率，我们通常贬损也称之为成熟但乏味的。但事实上，在制定了恢复性的防御策略后进行市场定位，它们极有可能成为净现金的无限提款机，因此这种矩阵法有着极具价值的有利条件。

英国的室内体育中心里，五人制足球联赛就可以称之为"现金牛"的典型。

明星型业务。具有高市场占有率及高市场增长率，虽然高增长率也意味着高现金使用量，但这两者作为最佳诱饵通常吸引了所有注意力。英国的室内体育场馆及运动与休闲中心，就是当前"明星业务"的典型。

问号型业务。具有低市场占有率和高市场增长率，问号型业务是净现金使用者。虽然它们可能会因高市场增长率而增加市场份额，却仍然存在增长率降低、变成"瘦狗型业务"的风险。运动课程的特殊形式都可能成为"问号型业务"，因为它们能否真正站住脚或者新的锻炼形式将其取代，都具有不确定性。

瘦狗型业务。具有低市场占有率及低市场增长率，是一种不值得继续投资的业务形式。壁球近几年在英国的发展就处于这种状态，很多室内运动中心都已经取消了这项运动。

波士顿矩阵虽然为组织产品做出了明确的定位，它同时也要求经营者对复杂的市场知识能够准确掌握。但这种矩阵法没有显示出组织产品的利用率或社会影响，因此，虽然它对分析现金流量及其潜力有帮助，却无法发挥更大的作用。不过，现金流量对于组织在社会三大部门中的重要性得以体现，而不仅限于商业公司。从这个角度来看，波士顿矩阵法对营销的优先权及活动产生了影响。例如，"现金牛业务"针对市场占有率，为了抗衡风险而采用的防御式营销；"瘦狗型业务"采用的逆营销及处理措施。

15.6.3 安索夫矩阵法

该矩阵如图 15-4 所示，它是为了帮助组织及市场营销人员明确商业发展中的战略选择而设计的。图中的每个象限代表不同的增长和风险的潜力：

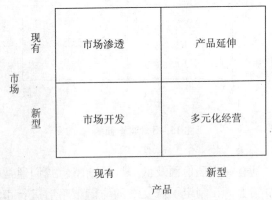

图 15-4 安索夫矩阵

市场渗透可能有着最小的增长潜力，却也有着最低的风险，即向同一市场投入较多的相同产品。市场增长的实现，可以通过从其他供应商那里抢夺顾客、吸引新客人，以及鼓励现有消费者更频繁地消费来实现。人们在很大程度上将英国的自由泳创新看作市场渗透，因为它很可能从提供给当前游泳者的相同市场里刺激更多游泳活动的开展。

市场开发需要在新市场中开展营销活动，它们可能是以前从未被当作目标市场的新地区或新的细分市场。外展服务是运动与休闲产业的市场开发中较为典型的一种形式，即在设备使用率较低的地区提供服务。其增长前景比市场渗透要高很多，但风险也相应更高——因为其现有市场的产品或服务不一定适用于新市场。

产品延伸需要为现有顾客鉴定、提供及宣传新产品。其增长潜力和风险，关键取决于市场新产品的设计开发——消费者调查对于降低风险来说非常必要。商业健身中心在为现有顾客开发新健身产品方面做得非常出色。

多元化经营是最具风险且需要进行最多市场调查的一种战略，因为它的产品及市场都是全新的。例如，某些体育运动为较年轻的参与者开发了一些新的改良活动。

安索夫矩阵法与波士顿矩阵法一样，也是描述性的产品分类方法。然而，这些方法都并非具有指令性质，它们都需要对品牌、产品及市场的营销战略有着详细的了解。

15.7　营销组合

市场营销关注的是提供合适的产品及服务，继而促成消费者与这些产品及服务间建立良好的关系，而营销组合正是这种良好关系得以发展的途径。它有很多组成部分，每一个组成部分对不同环境有着或多或少的影响。前四个部分通常称之为"4P"，后三部分出于服务营销的考量也添加其中，与前四部分统称为"7P"：产品（product）（包括服务）；定价（pricing）；渠道（place）；促销（promotion）；人员（people）；物质环境（physical evidence）；过程（process）。第八个与运动及休闲产业营销组合特别相关的元素是赞助。以下章节将回顾这些组成部分。

15.7.1 运动与休闲产品

产品（包括服务）是一切市场营销的基础，它是指与客户或顾客之间交易往来的组成部分。只有当消费者需求得到满足时，他们才可能继续购买产品或服务。运动与休闲产品为顾客提供机会，它们可以有很多种不同形式，包括有形的及无形的元素，但至少包括如下方面中的其中一点。商品：如摄影设备、体育服装及鞋袜物品；设施：如网球场，博物馆；服务：如一节课程、动作指导、扩大服务的机会；赛事：如体育竞赛、音乐节；规划项目：如一部莎士比亚作品、一个亲子游泳学年课程、一堂有氧运动课程。

这些都是为了满足顾客需求而使用的手段。当这些产品成功匹配顾客需求时，服务创收的实现便指日可待了，尤其是由消费者带来的利益。人们希望获得享受，希望有朋友相伴，希望得到学习的机会，希望自己看起来更优秀，希望感受更美好，希望变得八面玲珑，希望赢得成功，倘若消费者能够从你的产品及服务中体会到这些益处，他们必然会想再次"购买"产品或服务。消费者在成品开发方面也会提供帮助，这就是参与体验，即休闲服务产品及消费的不可分离性。许多运动与休闲体验的另一个关键特征便是它们始终区别明显。每项体育运动都是不同的，每部影视作品、每场演奏会也都是各异的，即使最终产品的交付中含有标准化的构成元素，这种特征也不容忽视。正是这种差异性，或者说是独创性，构成了休闲需求发展的关键推动力。

服务、设施及项目的供应，在创造机遇方面非常重要。除非这些供应得到了有效利用，否则生产的目的无法实现。在此情况下，运动与休闲产品是极易失效的；例如，戏院中未售出的一个座位，代表着一个消费者体验的永久丧失。使产品同顾客需求匹配，是一项非常艰巨的任务。这不仅需要把握时机（所需要的高峰及非高峰期的大幅波动及季节性变化）；同时也涉及所提供产品的质量和数量。例如，一个对于其服务区域来说规模过大的体育中心，将会引起持续不断的场馆利用率过低的问题，这也意味着产品的浪费。

产品有其生命周期。对于大部分商业化产品来说，其生命周期包括以下几部分：产品萌芽；成长；成熟；衰退，更好的产品将其取代。

在运动与休闲服务中，许多产品已经供消费者使用了很长一段时间，但其中有一部分还相当新（如多种形式的有氧运动课程），还有一部分已经开始衰退（如壁球运动）。产品开发为符合顾客需求的新产品及开发中的产品，提供了源源不断的动力。电影院由原先的单一屏幕转变成多屏幕；保龄球及宾果游戏已经转变成了拥有更多种类产品的社交场所。在公共体育部门中，顾客需求及消费动机在过去几年里发生了巨大改变，这是显而易见的事实，他们对于对抗性团队运动需求降低、对于非对抗性的个人健身活动需求提高。这并非由供给导致，而是由人们对于健康及健身相关成果日益关注的变迁动机决定的，例如出于健康原因而进行的减肥运动，或是出于社会原因想令自己看起来更美丽。

休闲产品，与其他任何产品一样，需要经过不断检测和调整以满足顾客需求。因此，市场调查及产品检测都是必不可少的步骤，以尽量在最大限度上与市场相匹配。用产品来捕捉消费者兴趣也是非常必要的，新颖性就是一个令人满意的属性。好的营销者应当鼓励提高产品创新水平，并且做好随时冒险的准备。这特别适用于艺术领域的案例，因为新产品是吸引回头客的重要因素。独创及"第一手"产品不仅能捕捉顾客兴趣，还能留下持久印象。

对不同产品进行打包销售能够为所有类型的消费者提供便利。例如，一家日间的公共休闲中心的成套服务可以包括体育活动、节食培训班、桑拿房及日托托儿所。市场营销者明确了产品的三个层次，产品包装包括以下三个清晰的部分：核心产品是顾客的主要消费动机。例如，参观一场展览，或参加一个健身班。形式产品：围绕核心产品包装的某些元素。例如，在开展体育活动的情况下，改变其设施布置。附加产品包括各种各样可供选择的附加部分。例如商品推销、饮品、食品及交通安排。

大部分的运动与休闲方案，即使那些仅在头脑中有着详细策划的活动设计方案，也倾向于不止推销一种产品。设施整合也能吸引更多的消费者，更加经济节约，同时也为其他活动提供了副产品以扩张市场。

讨论问题

联想一个核心产品，例如：欣赏一部戏剧作品，一场体育比赛，一场艺术展览。现在思考，增设哪些产品项目能为消费者创造额外价值。是否通常所有项目都在出售着？如果不是，为什么？

促进产品增长的另一个保证自身权利的重要形式就是品牌。产品的基本功能就是为了出售，不论有形的产品还是无形的服务，商家都能轻易地模仿。然而，品牌从根本上来说就是一种标识符号，如商标，能够将某个产品与其竞争者进行区分——它是无法模仿抄袭的。艾克（2002）认为品牌增加了一系列无形的联想，能够促进产品发展，例如客户关系、情感利益及用户形象。

品牌帮助产品在市场中进行定位，产品也会因消费者给予品牌的无形联想及利益，获得额外价值。我们称这种附加值为"品牌资本"，它可以建立在财务基础上，如销售额及利润的增长；也可以建立在消费者基础上，如令他们感受到产品质量、品牌联想及品牌忠诚度的提升。营销者利用品牌进行推广，是因为品牌能够巩固与消费者之间的关系，提升消费者忠诚度，吸引更多回头客。

讨论问题

许多消费者只购买品牌运动服及鞋袜，它们通常比同类无名产品贵出很多。出现这种主要"附加值"的原因有哪些？

15.7.2 定价

在营销中，不仅给客户提供符合它们需求的适当产品是重要的，提供顾客能够欣然接受的报价也很重要，否则顾客将会拒绝透露需求信息。价格在营销体系中对消费者和营销者来说都是一种信号。经济学家利用需求与供给图表对市场体系作出解释，价格对两者而言都属于控制变量。因此人们通常夸大价格的重要性，在一些艺术形式中。例如，戏剧与音乐演奏会，对于经济水平处于中上等的消费者来说，其需求才是占主导地位的因素。这样的证据表明，与产品质量相比，价格显得无足轻重。然而，对于许多产品来说，消费者需求在价格方面则较为敏感，尤其是在与同行竞争相当激烈的市场，或在社会经济方面处于劣势的细分市场，例如没有退休金保障的老年人、残障人士及失业者。

价格替商家执行了价值功能，它提供收益、满足消费者需求且有助于优待某些特殊类型的顾客。对消费者来说它也是重要的信号，他们很可能会将价格看作产品质量的象征。例如，低廉的价格可能意味着产品质量较差。高昂的价格将强化消费者对产品质量高且独特的印象，如豪华假日旅游及游艇服务。

定价政策是财政计划中的一个重要因素，也是市场营销的重要组成部分。对任何产品都很重要的定价政策包括以下内容：一方面适合组织目标及市场需求的价位水平。太低会导致超量需求，消费者需要排长队接受服务或等待商品；太高会导致服务产能过剩或大量存货。即使是免费产品也应该由商家制定明确的定价决策，因为它必须匹配组织目标，且商家需要找出一条能够收回供应成本的途径。另一方面是价格结构。包括是否有必要为不同顾客制定不同价格——在艺术及体育赛事中很常见，视野更佳的观众席位价格相应更高。在旅游业中，旺季收费普遍也更高。许多其他休闲组织因各种理由制定折扣优惠政策，如经济不景气、生意冷清的时候进行一天或一周的促销活动，以吸引新顾客、建立客户关系，或回馈广大消费者。原则上，定价策略应当考虑一系列标准：组织的财务及市场营销目标，可以以利润最大化及最高利用率为基础，实现社会利益最大化，如健康水平的提升、犯罪及破坏行为的减少。组织的供应成本，不仅指操作成本，还包括资本成本。需求强度，尤其是在应对价格变动方面。在经济学中称之为"需求价格弹性"，即需求量对价格变动的反映程度。由于许多运动及休闲服务需求都是典型的无弹性价格。例如，有职业球队参赛的体育赛事、运动与休闲中心、类似剧场及演奏会的艺术会场的门票，意味着需求的百分比变动比价格的百分比变动要低得多。竞争强度，不仅来自部门内部，如商业公司之间的竞争；还有来自其他社会部门的竞争，例如商业公司及地方政府之间的竞争。竞争越是激烈，需求对价格变动的反应程度越大，或者说越有"弹性"。因为对消费者来说，寻找替代品是轻而易举的事情。

实际上，多方证据表明，在做价格决策时，并不是所有标准都十分适用。在商业部门，最常见的价格决定因素是成本。例如，成本加利润计价法，其价格是通过计算每单位供应品的平均价格，再加上利润差额后定制的。我们必须考虑到商业部门中有时会出现的激烈竞争，在寡头垄断（只存在少量主要竞争者）的情况下，有时会导致价格稳定，因为这些商业竞争者对于价格战心存畏惧。

在志愿部门中，最常出现的定价形式，通常是能够使组织运营成本保持盈亏平衡水平，因此还是这个道理，成本是制定会费的主要标准。这是因为志愿机构中的大部分俱乐部都是非营利性的，例如，第 6 章中提到的英国体育俱乐部的平均财政结余很少。然而，为了保本经营，要求组织既要考虑会员的机会成本，也要考虑会员对于不同价格的敏感程度。另一个能够更直接地将价格与成本联系在一起的方法，便是向不同的成本要素索取费用。例如，会员费（俱乐部的日常管理费用），NGB 的入会费及竞赛费用（用于比赛日的成本）。

在公共部门中，价格很大程度是在传统基础上制定的，如以前的价格加上增量，还要考虑在其他部门中什么水平的价格属于"可接受的"（所谓的"复制定价法"）。补贴在公共部门很常见，因此定价决策需要考虑什么补贴是既合理，且国库能承担得起的，以及这样的补贴金额有多少。表 15－1 列出了一个常见的公共部门休闲服务统一定价政策。大部分的公共部门休闲活动都是在津贴补助的基础上定价的，其主要目标是使市场中的弱势群体能消费得起休闲活动。

15.7.3 渠道

产品、设施、规划、活动这些要素都需要距离目标市场足够近。渠道，或者说分销，在其他类似于产品生产、价格定位及促销宣传等营销决策都完成之后，它是产品与消费者最后的接触环节。一旦消费者参加某个设施场所、接受服务或者购买运动与休闲产品，就是该产品分销有效性的证明。在运动与休闲服务中，产品开发常常围绕特定类型的设施，这也就意味着不是将制成品直接寄送给顾客，而是消费者需要经常亲自去设备场所，这些设备场所如体育中心、剧场、郊区公园等。在这种情况下，一个核心产品决策或设施选址也是一次渠道决策。

表 15－1　公共部门运动与休闲服务统一定价政策

收费种类	免费	少量费用	经济费用	商业费用
		津贴 ←	→ 利润	
政策基础	社会服务：所有居民都有娱乐休闲需求，即公共设施	许多消费者群体为了健康和娱乐，对特殊活动有需求	参与者都是场所的主要经济来源，因此必须支付全额费用	专门的利益参与者。费用包括以市场承受力为基础的全额费用及利润费用。利润用于补贴其他设施
设施类型	公园 图书馆	游泳池 公共网球场 艺术中心 社区中心	娱乐场所 高尔夫球场	室内网球场 健康及健身场 壁球 桑拿房 日光浴场所
用户概况	居委会代表	较高比例的当地人 青少年/年轻人	中等收入群体 年轻人	中等到高等收入人群

讨论问题

为了努力吸引各式各样的社区（成员）来公共休闲中心，以下两点做法有何优劣之处：（1）对所有消费者都低价出售；（2）专门给弱势群体提供价格折扣？

分销决策需要以消费者家庭及工作地址、交通方式及其他辅助因素的市场调查为基础。对于设施场所来说，一个极为重要的决定是根据预期市场来选择地址。这无疑是最重要的营销决策，因为虽然方案设计、活动开展、价格定位及促销宣传都可以在短期做出改变，可能的话只需要几周即可，但设施选址的改变却需要相当长的时间，可能是 30 年或者更久。

因此，方便消费者接受的服务及设施位置的选择显得尤为重要。可及性也会受到其他方面的影响，如方向指示标、地图、一个显眼的欢迎入口，以及在停车区及走道上使用照明灯等。休闲设施的知名度可通过在公共场合举行颇具吸引力的展览、派发传单等方法来得以提升。在内部设施中，渠道也很重要，也就是说，以方便顾客为指导思想，在内部设施中布置关键元素。例如，改变活动区的房屋安排，将托儿区布置在户外活动空间附近，将视野较好的空间留给参观者。

时间和信息也都是位置可及性的关键方面。服务活动安排在恰当的时间和恰当的地点，因此对于分销来说，项目规划必不可少。不同的细分市场在吸引消费者方面，在不同时间发挥的潜力不同，但常规项目可能不会受位置可接近性的限制。例如，戏剧及音乐会之夜，工作日晚上及周末举行的运动与健身活动。有着适当的产品及促销宣传，开展时间却不合常规的项目反而可能出现出其不意的效果，如在工作日展开的午后剧场演出（吸引老年消费者），清晨健身活动（吸引朝九晚五的上班族）。同样地，运动与休闲信息中心，虽然有能全天候提供信息的互联网，却常常在人们最需要的晚上和周末歇业了。

运动与休闲产业的分布通常是从生产者到消费者直接进行的。例如，参与当地公共体育设施场所，参观地方图书馆、博物馆及美术馆。其他一些运动与休闲产业形式的分布越来越间接，例如通过代理或中间人。主要的例子便是音乐及体育赛事，例如英国购票网站利用互联网机构进行售票，且这种售票方式所占比例越来越大。其他的例子还有书本、唱片、体育设备及服装等，都日益朝代理方式转换，由正常的零售网点转向网络销售。不论分布是直接还是间接，都对位置的可及性及价格产生影响——通常间接分布既能通过向更广范围的潜在顾客进行促销宣传，从而提升位置的可及性，又能通过向顾客增加预约费用或向供应商收取销售佣金提高价格。

许多休闲设施场所对于某些细分市场的人口来说是不可触及的，如偏远农村地区。在这种情况下，消费者需求可以通过流动服务来满足，如流动图书馆、电玩巴士、旅游剧场以及通过组建民间艺术队、"主持人"和体育发展人员来实现。像乡村礼堂这样的社区设施就能够用来扩大运动与休闲服务的分布。在艺术领域，许多戏剧及音乐公司通过设计创新地点的方式，取代传统的室内场地。夏季产品可以在公园及古屋的花园中进行推广。其中有些场所对现有客户来说，比起新细分市场产生的吸引力，其设计更具魅力，这些场所证明了富有想象力的位置决策更为有效。

15.7.4 促销

许多人误用"市场营销"这个词来形容促销。促销有着双重目的：一是提升商家所提供服务的知名度；二是试图吸引并说服消费者购买特定的产品及服务。这是一个慢慢熟悉的过程，以便建立并提升消费者心中对商家的良好印象、态度及购买意愿。这个过程同时也是加强客户关系的途径。

促销活动可以定义为一种形象演习。消费者需求受多种因素影响，其中有一些是消费者自身都没有意识到的。限制消费者的既定印象及偏见，能明确消费者的反应。这些既定印象如，"体育设施场所只为年轻人和身材姣好的人准备"，"剧场只为教育程度良好且富裕的人服务"，"古典音乐专属老年人"。促销的任务便是纠正这类错误印象，并刺激每个有着潜在兴趣的人，从心动阶段上升到购买阶段。

讨论问题

是否需采取过多的促销宣传改变人们对剧场只适合教育程度良好且富裕的人的既定印象？营销组合中有哪些其他部分能在实现这种印象转变的过程中起到补充作用？

促销能提供场所查询及开放时间等相关信息；或者能够通过象征性关联，简单地建立并加强消费者对商家的良好印象。促销的一般功能总结如下，简写成 AIDA：Attention 注意力，吸引消费者对产品的注意力；Interest 兴趣，通过推广产品的益处，激发消费者对产品的兴趣；Desire 渴望，刺激消费者对购买产品的欲望；Action 行动，产品购买及消费行为。

促销通过树立口碑及向消费者推荐等方式，掀起产品的新一轮销售热潮——大部分运动与休闲消费者都呼朋引伴地参与活动。马斯特和伍德（2006）曾总结过宣传过程的复杂之处，包括：利用所需图像及信息，组织能整合它所希望市场注意到的那部分信息。潜在消费者通过对宣传推广的理解，获取所需信息。"噪声"：需要尽量降低宣传过程中的一些外部干扰。

促销宣传战略需要建立在适当宗旨之上，并考虑以下方面：顾客能从产品中获益；目标市场；传达给潜在消费者的信息；使用的媒介及促销手段；优惠及诱因。

促销至少包括如下组成特征中的一点：人员销售：带有销售服务或产品的目的，直接向一位或者多位潜在消费者进行"推销"；广告宣传：组织及（或）设施场所提供的一种不具个人针对性的宣传形式；奖励措施/促销：为了鼓励潜在消费者购买特定服务或产品，而提供的报价或"礼物"；公关宣传：传播媒介中的优秀宣传方式，如平面媒体或广播媒体，有可能直接为组织实现"零成本"。

这四种方式并非彼此独立的，不同方法可以同时用来促进宣传及提升客户关系，并且能为现存客户提供附加值。例如，刺激消费者介绍朋友来消费；直接向顾客发送邮件进行促销等。我们将赞助称为第五种促销手段，但在本章中，我们将其作为营销组合的另一个元素在稍后进行介绍。

15.7.4.1 人员销售

人员销售对于运动与休闲行业来说非常重要，它不像电话销售方式那样需要在特定场合进行，而是直接让消费者与一线员工面对面接触，如预约人员或接待员等员工。为了使人员销售发挥最大功效，员工必须投入大量热情，才能称得上是高效且称职的销售员。人员销售的功能是一个双向沟通过程，它能从消费者那里获得针对现有项目和潜在方案及活动的反馈意见。

15.7.4.2 广告宣传

广告包含许多种沟通方式，有以下几种。海报：贴在突出、抢眼的位置；关于描述设施、服务及项目的宣传手册及传单；当地媒体宣传，即报纸及广播；在当地报纸上刊登时事通讯及全额付费情况说明；直接向顾客发送含有新产品信息内容的电子邮件，如新项目的优势之处。

网络广告、社交网站及在线文本：广告宣传并不仅仅以新客户为目标，这种方法对于维持现有顾客来说也很重要，也就是说在现有顾客身上扩大销售，既通过增加其同一商品购买频率的方式，还可以鼓励消费者从同一供应商处购买其他不同的产品。例如，一个在某家旅游经纪公司消费过某一度假类型的顾客，很可能在商家对其进行广告宣传之后，订购同一旅游经济公司其他类型的产品。

广告宣传是一种并不会带来即时反馈，且成本昂贵的宣传形式。电视广告相对昂贵，因为只有付费才能打出广告。相反，地方电影院的广告宣传相对便宜些，因为去电影院消费的观众大部分都是年轻人，那些针对年轻人的产品、活动及服务可以在这里得到有效宣传。"邮件广告"利用网络代理地址目录或编制数据库，能够成为与目标消费者直接沟通的途径。

休闲管理者应留意的信息，应该包括全部的宣传途径，这样才能在尝试过各种途径、逐个进行比较后采取积极行动，进行结果评价并及时做出战略调整。广告宣传的自我测评，应当以是否能够为以下问题提供积极答案作为标准：广告宣传是否足够抢眼；布局是否具有吸引力；广告宣传的标题及内容能够刺激读者进一步阅读吗；广告宣传是否提供了足够的信息；在信息足够的情况下，广告宣传的信息是否清晰明了；内容是否具有说服力及可信度；广告宣传是否为组织建立了良好的公众形象。

然而，不论广告宣传设计得多么漂亮，它需要在适当的细分市场中发挥功效以成功实现促销目标。

讨论问题

什么样的广告你能特别记住，为什么？你是否购买过任何相关产品？

15.7.4.3 奖励措施

促销形式中的奖励措施已经成为说服顾客消费的最佳方式。与其他促销形式的活动不同，奖励措施的促销形式不能定期使用，并且仅限于在有限时间内进行。使用奖励措施的促销方式，主要目的是激起目标市场消费者，尤其是新消费者的消费欲望。奖励措施可以通过试销的方式进行，如健身中心在某个特定时段内免入会费、开展打折活动、买一送一活动，以及赠送 CD 及 T 恤的活动。

财政奖励措施非常有说服力。我们都乐于不劳而获，然而类似于非高峰期的降价折扣活动，因缺乏足够的推广和宣传，不大可能有很大的影响。想要吸引消费者积极热烈响应的基本原则之一，便是自由慷慨地给予。例如，专业体育俱乐部都清楚自己的场地座位，对于某些比赛来说，不太可能销售一空，因此常常向当地学校提供免费门票——这就能吸引新消费者，并且创造更好的比赛氛围。

15.7.4.4 公关宣传

公关宣传通常采取新闻公告及专题文章来推广，在某些情况下，剧院或休闲中心可能会在当地报纸上自己撰写每周专栏。由于大部分的地方政府休闲服务部门，促销宣传预算都尽可能地减缩，因此通常比起其他宣传形式，可能更专注于公关宣传方式。通常地方报刊都需要有相应的特定功能，在编辑这些功能的时候不可能太过挑剔。公关宣传在向社区居民传达项目、固定设施及即将发生的赛事信息方面，是一种非常有效的宣传方法。为了保持设施场所的公共知名度，由于并非所有的读者都会阅读艺术和体育版面，因此有必要定期在当地报纸上刊登该场所中发生的、能普遍引起消费者兴趣的故事。

虽然公关宣传并不直接包括财政支出，但准备宣传材料的实际成本也是不可小视的，尤其是如果一些高级经理人员也涉及其中时，公共宣传要冒着新闻出版编辑可能会拒绝开设"新闻专栏"的风险，或以它不具足够新闻价值的理由，而用备用新闻将其替换。报刊有时配以非常有说服力的负面图片，可以看成是他们对地方政府的挑战及质疑。因此，唯一有效的途径便是通过建立良好的公关关系，对新闻报道产生影响，促使他们及时更新新闻。好的新闻报道能够帮助公众了解作为纳税人，他们花在休闲服务上的钱是用得其所的。

马斯特和伍德（2006）提出了一个整合营销宣传的方法，而不是将促销宣传的这四个元素看作独立的决策。这要求制定一个包括所有相关机制的综合宣传战略，把重点放在建立客户关系上，尤其瞄准特定顾客群体。

15.7.5 人员

由于运动与休闲产业的关键在于服务，因此人便成了营销组合中必不可少的一部分。服务的定义特征之一便是生产及消费的不可分离性，组织及消费者间面对面的相互交流也是不可避免的，服务是否成功也在很大程度上依赖于这种人与人之间的关系。避免这种关系的建立，并不是解决办法。一家商业健身中心曾经试图开除其一线员工以节约成本，使消费者的一切活动都通过刷卡进行操控，包括进入场所及使用器材。作为一个商业案例，它最终失败了。

在英国国家标准管理服务的运动与休闲中心，其员工特性在消费者满意度方面得分最高，特别是在帮助员工和指导方针方面。这种"人"的特性，消费者也将其排在重要性特征的前半部分。对消费者真诚善意的个人服务，是运动与休闲服务中的核心特性。这需要仔细谨慎地招聘具有适当技能的工作人员，并进行客户服务培训。它同样要求全体员工以顾客为导向，而不仅仅是面对顾客开展工作的一线员工需要做到如此。

好事不出门，恶事行千里。因此，运动与休闲管理者不仅需要关心人们的消费动机，还要关注是什么因素降低了他们的消费动机。没有什么比以下问题的不当处理更能降低消费者消费动机的了，这些问题包括：粗鲁无礼；不容讨价还价的态度；重复预约；预期幻灭；不满及失信等都会导致消费者不满。避免这些风险且促进服务成功的核心在于提升服务人员的素质。

讨论问题

你最后一次在购买休闲服务时，遇到糟糕服务人员的经历是在什么时候？组织可以做些什么来阻止这种情况发生？

15.7.6 客观证据

服务的另一个定义特征是它们的无形性，虽然具有讽刺意味的是，通常客观环境或有形服务对消费者来说才是最重要的。在英国国家标杆管理服务的运动与休闲中心的 20 个服务特性里，对消费者来说最重要的是其中的某些有形服务，例如，游泳池的水质、更衣区及活动空间的清洁度。这些有形服务涉及核心或有形产品。其他有形服务是对消费者重要度稍次的属于附加产品的一部分，包括食品及饮品质量、停车场质量。

运动与休闲体验的设置及设施的设计，都是客观证据中更重要的部分，当消费者兴奋或者对某个场所很有感觉的时候，可以强化服务的形象。或者说如果这些良好的"气氛"消失了，且设置或设施都很平淡乏味，就可能会出现促使消费者打退堂鼓的危机。

15.7.7 过程

由于服务中生产及消费的不可分离性，服务交付过程自始至终都在消费者的监视之下。这个过程从消费者获悉有关场所信息开始，继而预约活动、找到设施场所、停车、进入设施场所、熟悉周围环境、参与活动，或许还包括购买食物及饮品，直到离开。整个服务交付过程决定了组织及其消费者之间的关系。

为了向其他人证实组织与客户之间有着积极活跃的关系，一个很明显的方法便是，公布客户意见及组织反馈，以便证实和促进服务交付过程的持续改进。例如，英国谢菲尔德国际设施管理集团旗下的"Ponds Forge"国际体育中心，有一个理念是"你开口我们便执行"，他们每月都针对顾客意见及体育中心的反馈，定期在网站上进行信息更新。顾客意见通常都是一些小事，如有些门不易打开、食物及饮品的排列范围、咨询电话接起的时间等。但俗话说，勿以恶小而为之，勿以善小而不为。

15.8 赞助

赞助是营销组合中的另一个具有意义重大的因素，尤其对于运动与艺术领域来说。赞助是运动与休闲组织中具有吸引力的工具，因为它们的产品、服务及赛事都与积极情感、强大品牌形象，以及明确的市场定位有关。然而赞助与其他营销组合元素不同，因为赞助不是对运动产品的营销，而是通过运动产品对赞助商品牌的营销。

明戈罕（1991）提出了最明确的对赞助的定义为：商业赞助是一种在活动中投入现金或实物的投资，以利用该活动进行宣传及与该活动相关的商业潜力作为回报。

赞助与资助不同，后者的资金或专业人才通常都是来自有着慈善目的的商业公司，不要求任何物质或利益回报，且常是匿名投资。赞助与广告宣传的不同之处在于，赞助的促销信息更为间接，且赞助商在营销宣传方面有着较低的控制权。

体育赞助费用的确切数额很难查明。许多公司都不愿意透露确切的信息；除了赞助权的花费外，赞助公司还要花 2 ~ 3 倍的"杠杆支出"，例如，某些全面开发赞助商业价值的附加营销活动。然而，美国 IEG 公司（2009a）的报告显示，全世界的赞助经费在 2008 年的时候，约超过 410 亿美元。门特尔（2006）指出，英国赞助经费由 1986 年低于 2 亿英镑，增长到 2005 年的 8 亿英镑。尽管如此，赞助费与广告营销费用比起来仍然是小巫见大巫。马斯特曼（2007）指出，赞助费用可能约占赞助商全部市场营销宣传支出的 10%，而媒体广告费用则占到了 35%。然而，赞助费用在一定程度上上升，是因为广告宣传本身是一种非常拥挤的传媒形式，并且随着报纸、广播及网络媒介的不断增加，广告宣传也越来越分散。重要事件的赞助，能够确保其在不同媒体前的曝光一致性。

赞助规模千差万别，从国家体育跨国公司提供的百万英镑赞助费，到小型体育用品商店为地方田径赛而捐赠的奖杯或奖品。当然，大部分地方体育队伍都有赞助商。正是大公司投入的巨额投资在财政上主宰着市场。赞助在全球不断成长，很大程度上都归功于电视增加了对体育和艺术领域主要赛事的转播。对于赞助商来说，重大事件的赞助是相当昂贵的，但可能也受益颇丰——奥运会及世界杯都有着数十亿观众。科技的进步，如有线电视、卫星电视，及网络覆盖都将进一步增加赞助。

体育通常占据赞助支出的最大部分。根据 IEG 公司（2009ab）提供的资料显示，在美国，体育类赞助占比多于总支出的三分之二；而门特尔（2006c）的数据显示，体育在英国运动类赞助约占总支出的51%。从休闲行业获益的其他主要领域分别是：旅游业及知名景点、艺术活动、音乐节、展览会及赛事，广播节目及会员俱乐部。芬顿（2005c）提出，全球赞助支出居前五名的行业是，通信机构、银行业务、汽车、体育服装及啤酒。在英国，门特尔（2006）指出，金融及保险公司是体育活动的最大赞助商。

人们通常将赞助看作一种交易或交换。一方面，它能使运动与休闲组织获益，最明显的是，它从赞助商那里带来收入、服务及资源。没有了赞助，许多赛事将因资金匮乏无法举办，即使它有着大批观众和极好的售票情况。赞助也能创造消费者兴趣、刺激媒体报道赛事，因此会增加参与人数。它有助于吸引体育及艺术领域的主要"玩家"；有助于协助赛事或其他项目的招标；同样还可以支持公益事业，例如社会及环境问题。另一方面，赞助也能通过多种途径使赞助公司获利：利用受赞助组织的产品及品牌，提升或调整其自身企业形象；增加宣传及改善公共关系；改善公司及员工关系（如利用公司招待等方式）；增加赞助商的品牌知名度；增加营销额、提升市场占有率，并且获得竞争优势；作为其他营销活动的补充。

赞助双方都要付出成本，尤其指赞助商提出的"杠杆成本"，实现赞助商的全面营销价值，同时受赞助组织也要投入大量资源，以满足赞助方的需求。例如，为保证企业接待安排妥帖，主办方会邀请明星运动员或表演者参与企业公开活动及宣传。

赞助对于地方及全国都有重要意义，赞助方可以通过赞助公益事业，尤其是由政府倡导的活动，提升其在公众及政府心中"值得尊重"的形象，政府也可以积极参与促进赞助开展，例如，体育英格兰的体育赛事计划，这是一项基层体育赞助奖励计划。它是由文化、传媒及体育部共同成立的，为了成功申请含有政府补助的新赞助资金而设立。从它 1992 年启动开始，体育赛事计划从约 6000 个项目中，获利超过 4800 万英镑，并且从商业部门的赞助中获取 5800 万英镑。事实证明，在说服赞助方赞助体育赛事方面，它是相当有效的。苏格兰和威尔士也都有类似的项目。

15.8.1 赞助管理中的关键问题

对于运动与休闲管理者来说，解决赞助管理中的关键问题，依赖于对赞助方的理解，正如营销管理的关键问题是了解顾客一样。关键问题包括如下部分：

目标。不仅要明确运动与休闲组织希望从赞助方那里获得什么，还要了解潜在赞助方希望从受赞助组织身上得到什么，以及组织应该如何满足这些业务目标。它可能与本章前面内容中列出的赞助方利益类似，但也可能针对正在考虑中的特定赞助方。

赞助方对组织的选择。一个关键的因素便是赞助方与运动或休闲组织目标市场的协同作用。这样的协同作用不仅能为双方利益的实现提供机遇，尤其能使赞助方在该组织的细分市场中通过提升品牌知名度而获利。

双方的成本及可能的回报。这对合作双方制定服务或赞助成本预算都非常重要，以可评估的回报为基础，尽可能使评价标准清晰明确。

实施。对于大多数赞助来说，排他性是一种非常重要的属性，为了防止"埋伏式营销"，即商业公司与运动和休闲产品建立了联系，却不给予实际赞助，这就需要明确赞助方并制定防御措施。其他的业务要求包括，为了便于体育活动服务于赞助商的目标市场，有必要使双方的沟通交流方式得以确定，例如，提升知名度、媒体曝光、通讯目录、公司招待、物资采购等。

评估。一贯是推销过程中最为薄弱的环节。它包括对于消费者认知及态度的市场调查，以及赞助商在赞助前、赞助合作过程中及结束后的产品销售状况。一个普遍的衡量方法，便是以媒体覆盖率及等值成本作为基础来衡量。但这种方法也是问题重重的，因为媒体覆盖的主要目的是提升活动的知名度，而不是赞助商的知名度。因此，赞助商市场营销信息的质量是多变的，传达给观众的营销信息有效性也是非常难以衡量的。评估并不是一个必须留给赞助方完成的任务，受赞助组织在这项任务中也可以提供帮助，作为对赞助商支持服务的一部分。

> 讨论问题

在运动与休闲产业中（如英国的 Cornhill and cricket，RBS 和 rugby union），选择一个赞助合作伙伴关系，并讨论这个受赞助运动与休闲组织中的赞助商产品、品牌及受赞助的运动休闲组织的客户的协同作用。

15.9 小结

本章探讨了运动与休闲服务及设施的营销方法，以及通过详细系统化的营销策划，组织可以从中获益。营销方式能确保当消费者接受一项产品或服务的时候，该产品或服务是经过严格策划、设计、包装、定价及宣传的，并以消费者不仅能心甘情愿地去消费，且最终变成回头客的方式投放市场。然而，促使消费者冲动性购买也是非常重要的，像参加活动并"一展身手"一样，回头客及重复购买则更是如此。市场营销影响着人们的认识、态度及行为。运动与休闲产业的管理者应当鼓励消费者更为乐观地看待该组织及其产品、服务和品牌。

虽然本章并没有完全包含所有内容，但要进行有效市场营销需制定适当且核准的预算，很多时候——尤其在公共及私人非营利部门，市场营销预算对于现有任务来说是远远不够的。这是因为人们将市场营销看作一种花销，而不是一项投资。然而，市场营销中的投资回报却能带给组织更多的产品利润、更高的销售量及更高的消费者满意度。

实 践 任 务

1. 挑选一家你熟悉的运动与休闲组织，利用你能得到的消费者或会员信息数据，试着提出并证明一个适合该组织目标定位的简单市场细分方法。为了完成这项任务，你还需要其他哪些数据？

2. 参观一家你之前从未去过的本地休闲设施场所，审慎评估它对于自己所在市场来说是否占据有利位置；以及其内部与外部可及性都是否良好？你能提出哪些市场营销建议？

拓展阅读

人际关系营销方面：

Ferrand, A. and McCarthy, S. (2009) Marketing the Sports Organisation: building networks and relationships, Routledge, London.

体育营销方面：

Mullin, B. J., Hardy, S. and Sutton, W. A. (2007) Sport Marketing, 3rd edition, Human Kinetics, Champaign, IL.

实　用　网　站

全民参与行动计划：

www. participaction. com

www. change4life. co. uk

体育英格兰的细分市场：

www. sportengland. org/research/market_ segmentation. aspx

全球赞助经费（支出）数据库：

http. //www. sponsorship. com/Resources/Sponsorship – Spending. aspx

第 16 章
规划运动与休闲

本章内容

- 什么是运动与休闲规划；
- 如何将规划进行分类；
- 规划的主要战略是什么；
- 有哪些可供选择的规划方法；
- 如何安排规划；
- 规划有哪些关键阶段；
- 如何评估规划。

概　要

　　规划使运动与休闲管理者提供的服务和产品实现交付。这是一种满足顾客需求和组织目标的机制。规划是一个连续的过程，它以周期性的计划、应用、评估和审查为特征。

　　规划可以通过功能、地理区域和设施、顾客类型、预期结果加以分类。以功能分类的活动如教育、健康等，这在公共体育设施里最为常见。这里有不同的规划方式和方法。两个主要战略方向是"社会规划"——注重权威性和专业性，"社区发展"——更偏向于以人为本的管理方式。所以，需要尽可能结合两种方法的优点进行规划。

　　在广泛的可选择的战略方法中，存在一系列具体的规划方法。好的规划需要战略、组织和协调。本章最后提供了一个清晰、具体的规划阶段，并完全展示了运动与休闲规划者的实用功能。规划阶段由一系列具有逻辑性的行为构成，通过这种合理的流程，休闲项目才可能成功。

16.1 引言

规划是休闲管理者需具备的最重要的职能之一。一项服务或一个部门通常涉及的事项包括设备、器材、物资、员工、预算、市场营销、公共关系、活动、进度和管理,这些均在一定程度上确保了人们能有机会享受和体验休闲带给他们的满足。一些对休闲活动的研究,特别是艺术领域的研究表明,决定人们是否参与活动的最重要的因素是规划。对人们来说,提供给他们享受休闲时光的机会并非是唯一方式。例如,一般来说,提供自然设施不需要附上一套规划,但是,对一些类型的休闲供给产品来说,规划却是实现组织目标的机制。

在公共、商业或志愿性部门,规划对于运动与休闲管理者同样重要,它们都不得不吸引公众参加,否则就会导致失败。一个商业健身俱乐部的管理者需要在合适的时间计划合适的活动来吸引和维持尽可能多的人参加活动并支付其费用。一个志愿部门的俱乐部管理者,需要规划充足的活动和社会条件来确保会员需求得到满足。一个公共部门(从半商业化到完全为社区利益服务)的管理者,需要制定一套机会"平衡"的规划,以反映一系列的政策目标。

对于所有的供应商来说,平衡非常重要,比如,对于供应商能提供的机会,它们的竞争需求间要有一个适当的平衡。在公共部门的休闲产业中,一个平衡的活动规划是复杂的,比如说,它可能具有以下几个特征:提供参加一系列以机构化或非正式规划为基础的休闲活动的机会;提供作为参与者积极参与,作为观众被动参与的机会;提供一个个体或是在俱乐部或组织中有参与其中的机会;为有规律的核心活动规划预留时间,同时为易变动的一次性活动项目预留时间,如赛事。

休闲设施规划在固定的空间场所(如有固定座位的电影院或剧院)与在一个更加灵活的空间里(如能以多种方式安装设施的体育馆)同样重要。在剧院,主要的规划决策包括选择合适的具有艺术性的表演,对时间的安排和经营的持续时间。在相对灵活的空间,比如说体育馆里,规划选择包括不同的可能实现的活动,而这些活动中,有些是持续性的,有些则是一次性的。公共部门的规划决策同样延伸到附加服务上,设施的服务方式不再是期待顾客到建好的设施地参与运动,而是将服务延伸到当地社区内。

一个关于休闲设施规划的例子是游泳池案例(表16-1),这个规划展示了依据不同类型的用户（如学校、成人、成人和婴儿、超过 60 岁的老人，以及俱乐部）和不同目的（如游泳课程、消脂健身、公共娱乐、生日派对）划分的规划方案。

规划是提供活动顺序和相应的组织结构；从规划中人们知道他们所处的地点，知道他们该什么时候到，还有他们期望什么。本章主要讨论规划过程和管理者在这个过程中所扮演的角色。出色的规划的基本原理主要是最大限度地利用资源——时间，空间，人力，财力。它包括以下要求：需要解决室内可用设施时间和空间上的冲突，提供交替使用资源的机会；需要尽可能地利用可用空间，运动与休闲体验活动是最易"枯萎"的服务行业，如某一段时期里未售出的空间，在某种意义上意味着一次永久收入损失的机会；需要平衡规划，以便容纳广泛的客户和潜在客户——特别是公共部门，社会参与是一个重要目标。

表 16 – 1　英国克瑞斯维尔休闲中心游泳池规划案例

星期一	
07：45～09：15	早晨成人场
11：00～12：00	成人课程
12：00～13：15	午餐时间游泳
13：30～15：00	学校游泳
16：00～17：30	SwimRight 课程
17：30～18：45	公共娱乐场
18：30～19：45	公共游泳场
20：00～21：45	成人游泳场
星期二	
07：45～09：00	早晨成人场
09：00～10：00	"成人 & 宝宝"场
10：00～11：00	消脂健身
11：00～12：00	消脂健身
12：00～13：15	午餐时间游泳
13：30～15：00	学校游泳

15：00 ~ 16：00	博尔索弗健康 & 超过 60 岁的老人
16：00 ~ 17：30	SwimRight 课程
17：30 ~ 18：45	公共娱乐场
19：00 ~ 20：00	SwimRight 课程
20：00 ~ 21：45	成人游泳专场
星期三	
07：45 ~ 09：00	早晨成人场
09：00 ~ 12：00	父母、宝宝、残障人士 & 退休人员专场
12：00 ~ 13：15	午餐时间游泳
13：30 ~ 16：00	学校游泳
16：00 ~ 17：30	SwimRight 课程
17：30 ~ 18：45	公共娱乐场
18：30 ~ 19：45	博尔索弗健康 & 超过 60 岁的老人
20：00 ~ 21：00	成人专场
21：00 ~ 22：00	成人游泳课程
星期四	
07：45 ~ 09：00	早晨成人场
09：00 ~ 10：00	消脂健身
10：00 ~ 12：00	学校游泳
12：00 ~ 13：15	午餐时间游泳
13：30 ~ 15：00	学校游泳
15：00 ~ 16：00	博尔索弗健康 & 超过 60 岁的老人
16：00 ~ 17：30	SwimRight 课程
17：30 ~ 18：45	公共娱乐场
18：30 ~ 19：45	公共游泳场
20：00 ~ 21：45	成人游泳专场
星期五	
07：45 ~ 09：00	早晨成人场
09：00 ~ 12：00	学校游泳

13：30～15：00	午餐时间游泳
16：00～17：30	SwimRight 课程
17：30～18：45	公共娱乐专场
19：00～20：00	消脂健身
星期六	
09：00～12：00	SwimRight 课程
12：00～15：15	公共游泳"一镑任意游"
15：30～18：30	泳池生日派对
星期天	
09：00～16：30	公共游泳"一镑任意游"
17：00～19：00	俱乐部使用

资料来源：凯瑞斯维尔休闲中心，www.bolsover.gov.uk

讨论问题

思考如果一个社区体育中心在没有具体规划的情况下开张，比如说按需活动，意味着人们在任意想参加活动的时候参加他们希望参加的活动，完全凭他们的意愿，情况会怎么样？对于可供选择的多样活动类型，对于可搭建和拆卸的活动设备，对于客户满意度又分别意味着什么？

16.2 规划由哪些部分构成

规划由哪些部分构成？规划是否一定就是活动安排表、时间预订表或者赛事清单？或者是有关受监管的草场、移动景点、社区比赛的可行性计划？或者它存在于有组织的服务分配中，例如收集所有运行中的运动与休闲信息服务？规划包括上述所有事情，或许包含的内容更多。罗兹曼和思凯雷德（2008）对规划作了定义"设计好的休闲体验计划"，这里的关键字眼是"设计好的"——一项依据可用资源确保相关性和多样性的休闲机会的管理责任。总之，我们对规划的一个实用解读是，它围绕活动、便利设施、设备、服务、人员、资金和时间展开。

活动范围包括从完全自发性到高度组织性的活动以及其中所有阶段的活动。社区规划期待非正式活动，因为这样可以为社区成员创造机会，激发自发性，提供如空间、时间和设备等的有用资源，这些非正式活动如踢球、涂鸦、日光浴等。有规划目的的组织性活动，主要分成以下种类，如艺术、手工制作、舞蹈、戏剧、娱乐、游戏、运动、卫生和保健、兴趣、音乐、自然、社交游憩、旅游和观光。

便利设施包括开放空间、建筑、日常用品和器材。这些设施和设备因为某些具体活动而设计并修建起来，如公共艺术中心或游泳池。或者，它们为自主或自发性活动而设计，如城市公园，那些对公众开放的河滨步道、森林和沙滩等自然资源，或者是使当地社区外展服务更加便利的移动资源。例如：移动图书馆或配有体育项目开发人员的运动巴士。

服务包括所有能让人们享受运动与休闲乐趣的方法和途径。主要服务包括如教练、家庭教师和倡导人等关键人物对活动的领导和指导。辅助服务包括信息服务、促销和公共宣传、运输、地方当局的打折卡方案、私人俱乐部成员的直接借记卡方案、孤儿院。

人员是规划的引擎，是连接器，是控制器。它包括责任经理、监督者、教练、乡村护林者、教师、技术员、清洁工、置景工、图书管理员、博物馆馆长、体育发展官员、社区青年工作者和接待员。他们全部对提供给顾客的规划负责。

资金是筹备资源和运行服务、设备和规划所需。所有的规划都受制于现实可提供的资源。

时间是规划中的关键要素，在单次活动和涉及几周、几个月甚至几个季度的规划活动中，分别保障客户在某个特定时间或某段时间内参与活动的可行性。

讨论问题

正如休闲客户常认为"没有足够时间"是他们参加活动最大的限制条件一样，时间也是影响有效规划的最大限制条件吗？同时，是否在何种情况下，休闲管理者都必须增加规划中的可参与时间？以电影院为案例进行思考。

运动与休闲管理者/规划者必须有效地利用可用资源来制定规划。然而，规划并非是将一系列个体活动依次排列在一起。它是在个人和团体兴趣和动机的基础上，将许多可选择的机会仔细地进行整合和安排得出。我们将这些机会组织起来用以达到组织目标，同时满足个人和团体的需求和需要。

16.3　规划分类

　　我们了解规划类型是为了与潜在市场进行沟通。规划分类应该描述和表达不同的规划活动。对规划分类的分析也能为规划的平衡性提供帮助。商业部门特别擅长"细分"市场部门，并以此来获得收益。

　　简单的规划分类有助于信息流通和管理，并且使消费者和顾客更加容易理解产品和服务。在游泳池的"娱乐时间"将给成人一个提醒标志，告诉他们这些时间段最好避免游泳。人们对规划进行了多种分类，下面四种是经常用到的。按功能划分：最常见的分类方式，一般列出许多个体活动和团体活动，比如体育、艺术、工艺、社会；通常功能性分类与顾客动机相关：如临时性、等级、健康、教育、俱乐部训练等。按设施场所和区域划分：如：沥青、游泳池、出租的房间和大厅，或通过社区在不同的延展规划中划分。按人群划分：规划服务的人群，如临时用户、会员、家庭日、超过 50 岁的人、父母和幼儿。按活动效果划分：如"学会游泳"和其他初学者课程，技能开发，保持健康，减肥。

　　讨论问题

　　比较体育中心、艺术中心、博物馆和乡村公园中最常见的规划分类。

　　社会学家和心理学家倾向于把人群划分为生命周期的几个阶段，由如年龄、对他人的依靠度、婚姻、孩子等因素决定。这种划分与客户动机、其合适的市场细分和收入期望相关。例如，费瑞尔和伦德润（1991）通过几个生命周期变化确定了一系列活动。然而，这些人群可以合并在一起规划，比如青年、青少年和年轻人可以组织在一起；也可以将人群进行分解，比如将学龄前儿童分为学步孩童、婴儿和学龄前儿童。至于活动本身，我们可以对其做进一步划分：消极与积极，结构化与非结构化，有计划地与自发地，高风险与低风险等。市场营销人员确定市场细分的主要目的是据此做出包括规划在内的关键决策。

16.4　运动与休闲的规划战略

运动与休闲公共关系规划的两个极端战略方向是：一方面，社会规划（埃金顿等，2004），即规划由当地地方官员、运动与休闲管理者，或俱乐部行政人员等专业人士制定，通常是"自上而下"的；另一方面，社区发展规划，即在决策过程中，起源于社区本身并通过社区参与方式形成，通常是"自下而上"的。

社会规划方法是规划中最常见的一种方法。在这个过程中，我们做了一个基本假设，即专业人才和专业知识的使用是满足社区需求、平衡项目规划和达到组织目标最有效的方式。例如，在剧院和艺术展览规划中，规划决策通常依靠艺术领域的专家们来制定。在实际中，许多规划策略由专家来制定，有时也与核心股东进行商议，也可能与客户进行商议，但是客户只有很小的决策参与权。人们逐渐将其视为家长式作风，即使是当社区商议发生时。

同时，社区发展规划是一种规划战略，在此战略中（参考案例研究16.1），休闲管理者的角色是使个人和组织参与到规划过程中来。控制点是决定规划的重要因素。专家和权威机构控制着社会规划策略。而社区发展规划至少要下放一部分规划发展的控制权力给社区的代表们。

社区发展策略是宏大的。它特别需要有能力，并经过训练使人们"跳出领域"。众所周知，社区开发者有许多名称：鼓励者、促成者、催化者、朋友、建议者、活化剂、倡导者。倡导者训练有素，并且是有能力和感觉敏锐的专家，他们的工作就是通过社区规划激励个人去思考他们自身的发展和社区中其他人的发展。同时，他们的工作也能发展他人的领导能力，特别是志愿者活动。他们通过提供方法和进程信息给社区人群以帮助；他们也使其他人的能力得到表现。

英国的实验已经表明，只要在超过一段持续的时间里提供足够支持就会使整个延展规划达到成功。

案例研究 16.1

基奇纳市的邻居节：一个有关社区发展战略的案例

邻居节是加拿大基奇纳市的居民自发进行的一个活动。它的历史由来如下：从1994年起，该市当局每年拨出1万美元的奖金设置悬赏，目的是鼓励公民们加强邻里关系，并多在社区举办庆祝活动，在当地的社区团体都有权申请参加此活动。申请表里要明确填写邻居节举办的活动、项目或赛事，同时这些活动的目的是培养社区人群的凝聚力，并使每一个人都能参与其中。

该节日网站上提出了许多创意，大部分以休闲为方向性的，如晚间散步、音乐节、街头派对、棒球比赛、自行车竞技表演、烧烤、游乐场等。从该奖金设置以来，获得奖金的赢家包括六项公园发展计划，其中一半的计划包含场地建设、自然路径的发展与扩建、溜冰场建设。我们也许将其称为"计划"更合适，而不是"规划"，但这个社区发展战略的本质正体现了邻居节的核心精神，因其赢家不仅是获得奖金的那个团体，还有积极参与到这个项目、完成申请的社区团体们。

约翰逊（2009）研究发现，虽然社区团体能够从市政府处得到项目支持，且赢家还能得到奖金支持，但从本质上来说，这项为邻居节服务的计划还是由社区团体自己设计。强纳森等人的研究集中在社区代表这个角色上。社区代表作为政府官员和社区公民的志愿联络员，使双方在交流中能得到积极的回应，这对提升官员和居民的关系、代表和居民的关系起到了推进作用。

这种良好关系的建立是出于政府官员对社区团体的信任。官员们不仅放权让社区自己主导计划，还帮助社区团体从其他渠道筹集额外资金。关于社区代表与社区居民的关系，其中的主要方面来自代表们向社区居民征求关于他们对社区核心问题的意见和观点并获得邻里对这些建议的支持，同时代表们还要消除社区邻里对建议发展项目的性质和影响的不安与争论。

值得赞扬的是，社区代表们称职地处理了这两种对社区发展至关重要的关系（指官员与代表，代表与居民）。几位社区代表在研究采访中表示，只有极少数刚住入社区的"新人"愿意参加集体活动。但总体来说，其他居民的回复还是很积极的。邻居节作为一种利用公共资金，采取休闲方式针对边缘邻居们的、社区自我主导的节日活动是城市再建的一个成功案例。

资料来源：乔纳森等人（2009）

一些组织由于缺乏资金停止规划。例如，很大一部分新成立的组织在一段时间的挣扎过后，一部分组织由于缺乏物质、精神或组织上的支持而歇业。因此我们需要提供路径和网络系统以便保持和维持新规划的发展。至少，为了其他那些想要继续参加活动的人，设计规划中应附有清晰且方便的应急线路。

传统上，地方当局通常会制定社会规划战略，集中管理很多工作，甚至远离设施。但这种方法从它本身来说，有以下几种缺点：

- 决策者与设施的潜在用户，以及直接服务的提供商距离过于遥远；
- 一般来说，该方法缺乏与社区群众的商议，未仔细考虑社区人群的需求和需要；
- 设施的工作人员可能很少参与决策的制定过程，使得工作人员缺乏对设施的责任和承诺——这会导致员工的工作积极性和工作满意度下降；
- 决策的制定可能涉及管理层，这会使决策的速度变慢，并导致重复的或无新意的规划出现。

从休闲规划这个大范围来看，它清楚地表明：通过采取单一方向的社会规划或社区发展规划来排除其他规划方法是不合适的。社区发展规划方法培养了参与者的独立性，但这有可能导致效率低下，以及打击专业人员的积极性。这两种策略都有着可取之处，混合两种策略不但是可能的，更是有价值的。博尔顿等（2008）促进了这样一种策略的运用：比起接受"自下而上"或"自上而下"这种尤为陈腐和乏味的讨论，我们认为，对于社区发展来说，从业者需要开发一个更加适中的位置。他们提议，可以在社区、市民和供应商间建立一种合作关系，使每个角色在规划发展和交付中都有明确的定位。

讨论问题

作为社区中的一员，你是愿意通过别人的帮助最后由自己来创建休闲规划，还是更愿意由一个专业性的组织来制定一些规划，让你从中选择？

16.5　规划的特定方法

两种主要规划策略的一般框架依赖于一系列特定方法来构建。提供的休闲机会是一项如此多样和复杂的任务，以至于没有一种方法、体系或方式适用于任何组织、任何情况或任何类型的客户。不同的方法以不同的名字出现，甚至大部分在正式的运用中没有统一正式用法。

采用何种规划方式取决于组织、组织接受服务的社区、策略、职业技能、资金、设施场所和很多的其他因素。大多数运动与休闲规划不单单使用一种方法而是使用许多方法，但是如果他们组织不力，就可能造成混乱不堪、缺乏协调的局面。本部分大约有30种已经确定的规划方法，其中包括法雷尔和伦德格伦（1991）、埃金顿等（2004）、克劳斯和柯蒂斯（1997）、罗斯曼和埃尔伍德·施拉特提出的13种方式和方法。如果和其他方法一起使用，每种方法都能显示其优点。这13种方法是：

出租"政策"或是放任自由的方法。通常适用于小型的社区中心管理。该方法为当地社区提供设施场地，并促进社区发展；该方法通过预约和用途来决定社区规划，而不是使用已经设计好的规划。因为这样制定的规划完全反映了客户需求，但是这样的最佳的使用用法和平衡几乎不可能达到。

传统的方法。根据过去通常会成功的规划运用案例，复制使用其规划方法。该方法依靠过去的相同模式，因此需要设想该模式是考虑充分的。该方法不必以需要为基础，而是依赖于以往处理的方法。该方法并不考虑新观念和需求的改变。它的主要优点是连续性和稳定性。然而，作为一个单独的方法，这并不是有效的。如果作为规划过程的一部分，该方法可能更加有用，因为它可以从过去吸取经验教训，并在未来发生类似问题时及时修正。

当前趋势的方法——这依赖于对现在流行的趋势或活动作出反应。该方法有利于满足居民的一些新需求。然而，这个方法也极具试验性。因为该方法可能只适用于一部分市场，而当用于其他市场时可能导致完全失败。如果对一些正在寻找连续性、可以预估机会的人来说使用这一方法可能不太适合，例如，许多体育参与者想要定期参加活动。对于追求时尚的人来说，提供目前趋势是非常重要的，但是，他们必须有纵观全局的眼光。这种方法对于测试市场来说非常重要。

表达意愿的方法——通过调查、聚集大众的方法来询问人们，并根据他们的意愿来做出规划，目的在于提供他们想要的东西。但是这样是否能引导人们参与活动呢？并且哪种活动将会满足哪种意愿呢？这样一种方法对于管理者来说很难实现，但是对于计划规划者来说是一个有价值的工具，它给了管理者关于人们意愿的信息。然而，这个方法也有其局限性。正如许多回答者可能直到他们真正参加了活动才知道自己想要什么一样，他们不能在任何程度上准确预测他们未来的休闲行为是怎么样的。

独裁式方法（也称"指定的"方法）。显然，这种方法来自社会规划策略，依靠休闲管理者的判断来建立。该方法假定他/她了解居民和社区需求。

这是一个在设计和实施过程中迅速、有条理的方法，但是在规划过程中却不允许参与者参与进来。这样的一种方法使其很难适应社区发展战略的更长远发展。管理者根据社区需求来制定规划，是一种可采纳的具有吸引力的方法，正如专家解释的那样，该方法以居民需求为基础。然而，在没有社区参与的情况下此方法同样存在风险，即专家对于潜在市场中特殊人群的识别是不准确的。

社会政治方法。来自社会群体的压力通常和社会事业有关，该方法通常用作社区规划的基础。这样的原因常常具有政治优势，并得到当地权威机构的支持。比如，犯罪、贫穷、失业、歧视和社会骚乱、可能需要特殊种类的规划，这些规划专注于特定市场群体和区域。公共部门的休闲管理者不会进行政治真空操作，但是他们不得不对政治和社会方面的压力做出反应并改变状态。然而，这一方法需要一个有经验的管理者进行仔细处理，因为管理者能在做规划时将实践运用到政治理论中，最终实现组织的总体目标。

活动—调查—创造计划方法。这是一个三阶段计划的规划（蒂尔曼，1974）。活动部分是对社区产生的需求的反应；活动调查部分主要负责调查需求本质和服务要求；创造部分是参与者和专家之间互动的部分。专家运用他们自己的专业技能并积极地寻求参与者的参与动机和参与程度。这个途径是社会规划和社区发展战略的折中考虑。

外部需求的方法。意味着规划一般由关键的利益相关者决定，例如，当地权威机构、学校或大学、政府机构。它趋向于有一个统一的标准，即为了相关利益者的需求，由当地组织统一进行领导、资源分配和外部评估。例如：童子军和女童子军队伍，这将能满足协会要求。这样的组织一般有垂直的管理结构、分层的领导模式、相似资源、管理和外部奖励系统。这一途径也与（如健身俱乐部这样的）一些商业组织有关，当地健身俱乐部需要这种集中化的管理方式。

自助式方法。对于顾客来说，有一系列可以尝试的选择。这对于可能不知道自己想要什么的人来说是有用的，他们可以做不同的尝试。此外，像这样的一种方法可以帮助满足顾客的不同需求，比如家庭中的每个人都能选择参加不同的活动。这是一个安全但是比较昂贵的方法。然而，它能在休闲管理者左右为难时提供解决途径，但在利用资源方面，该方法效率低下，因为在计划中出现并提供给消费者的服务未得到消费者的选择而导致了资源浪费。另外，设立目标和衡量绩效非常困难：一些活动将会胜出，而另一些将会失败，原因却不得而知。比如，使用率太低可能是由于缺乏良好的市场营销而非缺乏需求。然而，一些全面的运动与休闲规划都需要完全采用自助式方法进行一部分规划，要是作为建立需求模式的初始策略就好了。

需求方法。提供人们所需，这是规划中常见的形式。俱乐部、组织和兴趣团队了解人们的需求，并由管理者设计出一份满足人们需求的规划。管理者面临着特殊器材的申请需求。然而，大多数声音表示，更多的意识觉醒和社会表达将会使人们的需求得到更充分的了解。但是这个途径不利于公平分配，并且可能会导致规划着眼点过于狭窄。许多人和组织甚至未意识到可以自主选择及其利益。因为人们缺少对规划复杂性和重要性的认知，所以社区休闲服务和器材规划通常是传统和需求途径的混合体。更广泛的混合性规划方法可能更适合任务的完成。

社区定位方法。这是一个个人能参与规划过程。这个途径的确来自社区发展战略方向。一般来说，这种方法即任用专业人士、吸引社区志愿者满足各领域人群的需求，比如，通过延展规划、协会和社区顾问来完成。这个方法是社区定位的延伸和继续。它假定人们可以在一起工作，他们不存在上下级的关系。个人利用他的知识、技能、能力和兴趣来满足他人的需求，不必强加上价值体系或外界期望。这个途径是人与人相互发现的一种方法，可能需要社区领导来使它更为有效。

社区领导方法。由社区和顾客通过咨询委员会、用户委员会、租户集团或者其他活动团队等输入渠道组成。社区以一种更具结构化的方式展现自己，而非之前描述的方法。社区领导设想个人通过他们的团队来展现自己的兴趣。当然，这并非完全可能，但是这的确能表示出社区互动和民主水平。至少它打开了供应商和顾客之间的交流渠道，同时，对于运动与休闲规划者来说，这是一个有价值的工具。为数不多的休闲服务规划来源于社区自身，而没有外部的安排和领导，这种规划很难实现。因为会花费个人大量的时间和金钱，所以通常需要政府补贴，或由志愿者进行管理。

效果方法（或称利益方法）。这种方式是为了保护成果而设计的，特别是对于个人参与者，它是规划的目标所在。这种途径最初是为有冒险精神的年轻人而设计，因为年轻人参与规划有着特定的个人效果，比如，自信、自我效能、社会技能等，通过确定和设计规划来达到这些效果。一个类似的途径可以运用于一系列特定的、有不同需要和动机的目标市场群体。例如：少数民族人群，老年人，年轻妈妈，肥胖人群。事实上，每个参与者都有需求和动机，所以，原则上效果方法适用于所有规划。

讨论问题

自助式方法是否是上述规划方法中最民主的一种方法？因为人们拥有自主投票选择权，所有投票都是公平的？

16.6　项目规划

　　无论运动与休闲规划采用何种方法，都是相当重要的，就像休闲管理的其他方面一样，在实施之前都要制定项目规划。一个规划方案会提供规划合理的结构和逻辑过程。它应该减少由于草率决定带来的"糟糕的惊喜"。所以，这是规划决策和详细的规划决策本身所存在的明确规范的原因，这样其他人可以学会和运用规划，且规划适用于任何新环境。

　　表 16 - 2 确定了制定规划方案的主要因素（罗斯曼和埃尔伍德·施拉特，2008）。这些因素或作了自我解释，或出现在本章或本书的其他部分（第 13 章：人员管理；第 15 章：促销；第 18 章：预算；第 19 章：风险评估）。一些因素需要更进一步地解释。在规划中，一个流程图可以看出决定性阶段和职责。一个甘特图确定每个阶段的特定时间及其职责，它为规划的准备和实施提供了一个具体时间表。一个规划还应考虑偶然性事件发生的情况，否则规划将停滞或终止，如恶劣的天气，公共卫生灾难，并制定应对策略。风险评估（详见第 19 章）考虑了规划可能对人和组织造成的伤害，或者是对顾客或者是对员工的伤害，并讨论了怎样才能使风险降至最低。

表 16 - 2　一项规划方案的因素

1. 规划名称
2. 组织的使命和目标 = 规划的基本原理
3. 规划目标
4. 规划因素 　• 活动 　• 地点和器材 　• 法律需求 　• 设备和供应商 　• 人员和活力 　• 流程图或甘特图 　• 促销 　• 价格

- 预算
- 管理/控制/监督计划
- 取消应急
- 开始和停止
- 风险评估和风险管理

| 5. 规划的价值 |
| 6. 持续性或者参与者的应急路线 |
| 7. 延续性和变动的标准 |

资料来源：改编自 Rossman and Elwood Schlatter（2008）

在一个规划方案中，持续性意味着经过计划的规划方案阶段后规划是否可持续。在社区发展规划中，延续性是一个重要的因素，因为任何一个公共部门的支持，或财政拨款，而这一支持都将会有一个有限期。社区是否可以接管并运行规划？如果一个规划可能在计划期限最后停止了，对参与者来说，制定退出路线很重要。例如：当一个规划在计划好的末期停止的时候，参与者能去哪里继续参与活动或者怎样转化至其他的活动机会？

16.6.1 规划方法的调整

就休闲规划而言，组织在做决策时应考虑两方面因素。一方面，应该采取哪种战略规划方向？另一方面，为了完成目标策略，应该采取哪种方法？这就是为什么休闲管理者要亲身参与其中，因为可以利用自身的知识、技能和经验进行判断。其中指导原则之一就是规划必须符合具体的环境和文化。这里有不同的社区、设施和地区，提供不同的环境需要和挑战。一个好的管理者必须是一个现实主义者，他知道在计划和操作规划中使用何种方法来有效地满足客户需求并合理利用资源。

需求评估是一个复杂的过程。一些解决方法渐渐使人们能够解读和表达他们的需求并选择最适合他们的规划类型。因此，在商讨规划方案时，管理者必须让人们参与进来。休闲管理者必须做到以下几点：理解并学习各种战略和方法；发现当前休闲规划中存在的问题和机遇；理解客户当前和潜在的需求；设计一套符合环境的有逻辑性和目标性的方法，了解规划组织目标和可利用的资源。

16.6.2 特定群体目标

在所有部门都存在这样一种情况，即比起那些在社会、经济和其他方面处于劣势的人群，富裕和流动性强的人群会更多地使用休闲设施。在商业部门，这不是个问题——吸引客户支付和赢利是组织的重要目标。商务休闲服务关注那些可以帮助实现赢利的人群，具体指那些富有且受过教育的人，后者是寻求包括艺术、文化遗产游、乡村游与体育运动等多种形式在内的休闲方式的重要驱动力。有些国家数据将帮助商业组织瞄准特定的地理区域，如英国的 A-CORN，这是一个从全国人口普查中通过调用多种形式的社会经济和人口统计数据进行社区分类的系统。全国调查数据也确定了活动和规划最可能吸引来自高社会经济领域的付费客户，调查数据不仅跨越不同的休闲形式，而且涉及特定的休闲活动，比如体育运动等。例如，英国"活跃分子"调查项目提供了关于每项运动和活动的参与度是如何随着收入、就业、社会经济团体、汽车与房子拥有权等其他变量发生变化的详情。此类信息可以帮助商业供应商制定可能吸引付费客户的规划方案。

然而，公共部门组织有一个更广泛的职责，它关注为所有人提供机会，尤其是那些遭受社会排挤的人。关于社会经济恶劣状况与休闲参与度的关系，我们可以在上面提到的相同数据源里找到答案，尤其可以参考全国调查数据。有效的公共部门休闲管理衡量可以部分通过社区内不同的服务吸引市场细分下不同人群的平衡程度。然而，证据显示，那些最不可能使用休闲设施的人群通常具有低社会经济地位、低收入、低教育成就和差的流动性。以运动、艺术和文化遗产为形式的户外运动似乎与弱势群体关系不大，他们的限制因素主要在于为人父母的压力、资金短缺、无私家车；也由于偏好于其他方式打发休闲时光等。这对于公共部门休闲规划者是一个重大的挑战。

然而，在使用公共部门休闲机会时实现自己的代表性有多种多样的选择方式。表 16 - 3 总结了其中的一部分方式，并展示出现有设施的规划是不够的，需要结合合适的外展计划和财政、市场营销决策来补充这个规划项目。

表 16 – 3　鼓励社区广泛使用积极的规划

财政	拓展
● 成本补贴	● 援助自助小组
● 减少/免费会员（费用）	● 保姆服务
● 折扣卡或免费通行证（不仅针对儿童）	● 邻里交往
● 避免一次性支付	● 社区设施
● 公交卡	● 移动设施
规划	**营销**
● 娱乐计划和家庭假日	● 休闲咨询
● 年轻妈妈项目	● 广告效益
● 交通，如往返小巴	● 帮助服务
● 低成本或无成本托儿所	● 休闲信息服务
● 休闲技能学习——艺术、工艺、体育	● 与其他社区服务相关的服务和志愿团体
● 团体	
● 品酒师课程	
● 家庭活动	
● 开放日	
● 社会和社区项目	

对许多弱势群体而言，人们常常认为参与成本是其最主要的一个限制因素。即使提供免费租赁设施，管理者将仍然需要促销、提供支持和备份服务，比如更多的托儿所设施、品酒会、亲子活动等。然而，仅通过促进和激励措施吸引人们是不够的。服务管理和运营风格也同样重要。那些对服务缺乏信心的人很容易"接受或离开"服务并推迟服务。服务的第一印象很关键。一些用户很容易将运动与休闲会所员工的服务方式理解为"恐吓"，特别是在招待会上。比如说，各种程序、各种规章、会员卡和不得不问的优惠信息等使一些潜在客户非常气恼。面对面交流是休闲活动最成功的促销方式。因此，关于客户服务的员工培训至关重要。

16.7　规划休闲中心

多功能休闲中心对休闲活动规划员来说是最大的挑战。这些中心通常包含一个体育馆、游泳池、健身房、活动房间和可能的户外场地。这样的休闲中心可以在相同空间里做不同用途的规划。例如，我们可将游泳池设计为"赛道游泳"、"水上娱乐"、"水中有氧运动"、"水疗法"、晚会和划艇场地。体育馆可用于音乐会、古董博览会、舞会、时尚秀和圣诞派对，以及大型运动会和其他体育活动。甚至健身房都有弹性空间提供给如动感单车、普拉提、循环训练、太极以及拳击等相关运动的课程使用。

案例研究 16.2

Ponds Forge 国际体育中心

　　这家坐落于英格兰谢菲尔德的体育中心是欧洲技术最先进的中心之一。它的设施包括三个水池——一个国际比赛池、一个国际跳水池和一个休闲水池，以及一个相当于 10 个羽毛球场和当举办运动会时可供 1000 人就座的国际排球场般大小的体育馆。本案例研究重点关注 50 米比赛池，该池可以根据规划需要，配置一个大池或 2~3 个小池——这是灵活性的一个重要因素。对一些水上活动规划的考虑必须体现公司一般政策的需求，这种政策包括国内和国外、社区和俱乐部、个人休闲和团体、训练和娱乐之间的平衡。管理者要克服的规划问题包括：竞争需求与参与度的矛盾；俱乐部的阵容和结构化活动与休闲使用的矛盾；赢利活动与谢菲尔德城市信托，该中心的所有者对其优秀服务和社会需要标准的发展。

　　网站上突然发布设施的计划发生改变从而打断了活动原来的连续性这一问题在生活中经常发生。例如，从 2009 年 11 月 21 日起的一个月内，因为全国及当地赛事，连续两个周末共 32 小时的赛道游泳无法进行；同时因为举办赛事，取消了 15 小时的游泳和跳水课程，体育馆在 9 天内也无法按计划正常开放。它们的困难处境在于，Ponds Forge 中心兼任大型赛事举办场地以及一个为普通客户——从休闲的参与者到俱乐部精英成员——提供正常体育活动项目的公共场所。这种仅在每年四个周末举行的赛事为该中心赢利不少，因此毫无疑问，定期参与者必然会商讨建立与该中心合作的周末赛事长期规划。

　　Ponds Forge 中心作为全国重要的赛事中心，完全由谢菲尔德城市信贷中心承建。赛事吸引了大量的媒体关注并为城市带来了经济效益。直到 2002 年，这里还存在关于缺乏公共娱乐性游泳机会的抱怨，随后对游泳规划的主要审查给游泳项目带来很大改观，中心现在提供了更多可供公共游泳的机会。此外，Ponds Forge 中心还主动通知常客因赛事而取消活动的时间——不仅通过他们的网站，还通过新闻、Facebook 和微博发布消息。这一市场信息沟通的重点并不仅仅是通知客户由于赛事取消活动，也是在赛事期间为老主顾寻求补偿额外的游泳机会以维护他们的游泳权益，如将当日游泳时间调整到比赛结束后的晚上；或通过使用休闲池甚至在周末使用城市里其他地方的游泳池来协调解决。

除了大型赛事和休闲娱乐性质的游泳，该规划还不得不适应各种要求，包括精英和强化训练队伍，健身赛道游泳、游泳课，以及水球和赛艇等一些水上活动。一个成功的设施场馆一般呈现出一种超额需求的状态，如 Ponds Forge 中心希望有更多的训练时间，民众希望有更多的赛道游泳机会；大量等候上游泳课的人，还有大量来不及安排的赛事。因此，统一和平衡规划方案非常重要，正如创造性地思考如何更好地利用空间和时间一样。自从 2002 年审议以来，该规划并没有出现什么重大问题，所以只是对规划做了微调，比如在 1/3 的主池里同时上 4 堂游泳课以便为其他活动腾出空间。规划中，新要素的一些改变和实验项目是对客户反馈做出的反应。

（作者对 Ponds Forge 工业安全委员会总经理海伦·布罗德本为本案例研究提供的信息表示诚挚感谢。）

案例研究 16.2 提供的是一个关于大型休闲中心的规划案例，它展示了一个混合型的规划方法，以及与超额需求有关的核心问题。不过，不仅是大型休闲中心需要良好规划，有时资源与空间有限的小型中心在规划时花费的精力更多。例如，在一个单场地体育馆（相当于 4 个羽毛球场）的规划中可能包括各种各样的运动（为学校、俱乐部、教练和个人休闲准备）、音乐会、舞蹈、展览和古董博览会。这样一个多功能空间的典型问题是，虽然规划中包含了很多很好的想法，但是没有足够的空间容纳所有人，特别是在每天、每周和每年的高峰时段。而规划决策正是解决这个问题的办法。

讨论问题

1. 当赛事打断了常规计划而致使老主顾不满时，Ponds Forge 中心可以通过哪些措施来安抚他们的情绪？

2. 针对某个周一晚上，一家空间有限的体育馆面临大量竞争者（包括各种俱乐部、课程、临时客户和当地企业）的情况，使用先前提到的哪种方法可以尽可能地解决问题？这是最好的方法吗？

16.8　规划阶段

本章一开始便对"规划是一个过程"做了基本阐述。因此，设计一个系统的规划过程需要符合一定的逻辑，该过程需要一种对各种可能的情况以广泛而开放的视角来看待的态度。一方面，该方法必须能够使得主要策略——社会规划和社区发展规划相互包容或混合使用。另一方面，该方法必须能够处理任何一种复杂的选择方法，从一种极端权力机构的方法到另一极端社区取向的方法。

不同的方法在不同的时间适应不同的情况。但所有规划都是按阶段进行，它的形成包括准备、交付和审查的循环。托克尔岑（2005）提到他的具体规划阶段为"有目标的规划"，但是在实际中，任何规划方法都应由清晰且可衡量的目标来驱动。大部分规划包含明确目标、制定目标、进行规划、实施规划、监测规划、评估规划和反映规划等相似的功能。这是一个实际的方法，它把任务分解成连续的阶段，它与计划（第 14 章）和营销（第 15 章）的过程方法相似。

从本质上讲，规划使人们参与休闲活动并从休闲体验中受益。我们所知道有关休闲行为的事实是，若休闲体验令人满意，它可能会成为习惯。因此，规划需要保持一定程度的连贯性。因为一旦规划建立，在短时间内很难改变。此外，规划还需要时间、资源和财政，以便提升和组织规划。因此，参与性规划设计必须至少运行几个月，除非它们只是短假期或周末单休日规划，或只是尝试性计划。

因此，休闲规划在大多数情况下是一个持续的循环过程。一旦启动规划，它就会像长篇小说一样重复循环。虽然它可能更容易让这些有着相同内容的问题不断重复，但是好的规划者将不断审查这些方案，推出新举措或完善它们，重新规划、重新运行方案、实施、评估并再次审查，因此其周期可以持续运行。市场需求的改变使得休闲管理者不得不调节规划以适应市场。

后文讲到的"过程"很大程度上是有关在首选位置建立规划。但是大多数规划都关注于解决正在运行的有着审查、提前规划、实施和评估等正常循环过程的规划项目。

16.8.1 明确方针，树立目标和任务

明确你的组织目的、理念和基本信念。为了实现以上目的，你需要做到如下几点：树立一个"公司使命"和"目的陈述"，如组织的宗旨和目标；建立规划政策导向和方向性策略；若没有书面理念或政策存在，高层管理者需要解

释组织目标并与其他人沟通交流，制定书面政策说明并获取认可。

16.8.2 评估目前和潜在的需要和要求

若要你细化描绘出目前和潜在顾客，以及能满足顾客需求的服务和活动类型的轮廓。你需要做到如下几点：评估当前设施和服务的绩效，确定空余容量和超额需求水平；收集所有的市场信息，包括：用户调查、投诉和建议、顾客恳谈会、居民调查，以及来自社区委员会和其他相关组织的信息；建立相关人群的简介，如某些可能参与活动的个人或团体，以及他们可能存在的需求和动机；评估即将来临的机会，如历史性的庆祝活动，国家或国际重大赛事；通过服务和规划明确市场缺口并确定哪些是缺乏地区。

16.8.3 评估组织的资源

为了交付规划，指出组织现存和潜在的容量，需做到以下几点：明确现存的资源、设施、组织、服务、规划和机会；评估现有交付规划员工的能力和潜在的发展空间；评估其他机构做出的实际贡献，如公益部门、商业机构、教育部门和产业化俱乐部；评估能够增强资本的潜能，如合作、赞助等；评估对规划方案做出贡献的潜在社区。

16.8.4 设定目标

将政策、市场需求和有用资源转化为实际目标；将事情按优先排序使得每个目标具有可行性，并能在一定时间内实现（第17章）。以下是其中的几点要求：在设定目标时将主要利益关系者包含其中；在每一个设施区域或地理区域建立短期目标，一般以一段精确时间计算：周（如假日规划）、月（如新手课程）、年（如财务目标、社会目标等）；在不同的规划方式间保持适当平衡；在被动式与主动式休闲间，在不同目的不同活动间建立平衡点。如进行自我提升、健身、社交、娱乐等活动以实现目标；认同绩效指标，包括参与率、财务比率和目标（第17章）。

16.8.5 规划方案

规划员的一句格言：贵在事先规划。计划如下：思考如何让规划适应市场战略，如与商家合作的方式和特定促销；因为时间是规划运行的基础，将时间精确到以每小时、每天、每周、每季度来使用；考虑固定的和灵活的时间表；明确规划区域，如活动类型；明确规划形式，如临时活动、俱乐部、课程、赛事等；充分了解不同人的不同需求，如对于不同年龄、性别、种族群体等的娱乐、竞争、初学者、高标准等需求；选择和分析最符合共同利益的，能够在有限资源内实现目标的活动；在不同用户和不同活动并有着冲突观点的规划中建立优先顺序；不仅要考虑规划使用和收入方面，也要考虑资源和成本上的要求；在规划中增加有价值的要素，如在健身俱乐部中，由技能培训师开展新的课程；为规划增加灵活性，使它更具多样化、广泛性和平衡性；为规划变动的建立和分解做好资源和时间上的充分考虑，特别是新赛事；考虑员工安排计划和管理风格、劳动分工、责任、培训等；尝试确保每个社区发展规划都充分考虑其可持续性，或者是类似机会的应急方案；建立易处理和易理解的系统和方式，即客户和组织都能够容易理解方案，以防出现管理问题；充分利用信息技术和现代计算机系统。

16.8.6 实施和管理项目

这一阶段包括以下内容：启运通过协议的营销策略，使用营销"组合"方案来补充规划，例如促销、定价和渠道等方式；处理员工安置需求，根据社会发展，工作人员或者帮助者需要支持新成立的团体，直到他们自食其力，同时考虑拓展其技能发展；尝试将新技术用于规划上，如视频、计算机、大屏幕信息、在空间和规划方案是用视觉显示可用性、自助式服务、自主预约等，例如，利用信息技术的优势；确保灵活性以满足不断变化的情况。灵活的方法配合娴熟的管理，使个人参与到他们想要的活动方式中去；通过适当的人员编制和授权、财务和运行系统来控制规划；设计监控系统，以便为管理者提供有关当前信息的利用水平、用户的配置文件以及变化趋势等有用信息；预计可能出现的问题并准备好备选方案；通过健康与安全、公众议论、年龄和比赛水平等来避免不相容的活动；使用新活动，新方法和新人拓展计划；给规划进行"包装"，而不只是单一项目；做一些尝试，尝试区域性或全国性的时尚活动，却能提高当地的业绩；通过多样化新型交付方式的改变来延长产品生命周期；通过使用各种通信系统让所有利益相关者，特别是潜在和实际用户了解规划的运行情况。

规划控制是一项管理功能，这有助于一名管理者全面负责地进行管理工作。重要的是，这样的规划方法可以满足甚至超过顾客的期望，同时员工也会完全致力于规划的成功开展。但是，有些看似很小的项目往往阻碍了规划的成功开展，如重复预订，它引起的问题远远超过了小错误本身。

16.8.7 项目评估

你如何了解你是否已成功完成项目？在何种程度下，规划目标就算得到了实现？为此你应该做到以下几点。评估投入：规划方案里有哪些投入要素：资源，人员，时间，成本。评估过程：方案实施过程中发生了什么。评估产出和结果：如何比较目标和指标？客户和顾客对规划提供的机会是否满意。衡量经营的有效性：工作实施如何？员工是否充足？员工绩效如何。使用一些不仅仅是财务上的标准来衡量规划中每一个要素的绩效。运用数量与质量相结合的评估方法，如不仅使用生产能力、用户的社会经济状况、收入、成本效益、赞助达到的水平等要素，还有用户对预约简洁性、员工帮助、活动选择范围、活动时间等要素。明确用户信息、服务区域等方面的任何变化，并与之前的规划进行比较。获得用户或非用户的反馈，如通过社区团体和代表。评估市场策略的影响，如意识水平、机会的吸引度、信息的分类和外展服务的分配。确定规划改变的影响。

16.8.8 适当修改方案

在适当修改方案时应做到：强化并尽可能地扩大规划的成功要素；如果规划或其要素失败了，应先从监测和评估中寻找原因；然后，针对原因采取相应措施，如改变规划的部分内容，对员工进行培训和再培训，补充混合的营销方式如定价或促销等；根据绩效调整目标，目标应既具有挑战性又符合实际（第17章）。

16.9　监测和评估

在保证规划是一个循环过程中，监测和评估是两个至关重要的功能。因此它能综合、系统地审查规划方案，审查过后，上述规划阶段可以重新开始，甚至可能再次考虑组织的目标。

16.9.1 监测

监测包含连续并定期收集相关信息，并将其作为正常规划管理信息系统的一部分。因为这一信息需系统地收集，我们能对其定期检查，并在短期运行中采取适当措施修正出现的任何问题，或从任何意想不到的机会中获益。收集的信息可能包括：参与者的身份和注册信息（如果收集得到），以及他们的出席记录；与计划相比，每次的参观次数；与预算相比，收集信息的实际支出；来自客户（和员工，如果系统地收集他们的信息）的意见和建议。

16.9.2 评估

评估更多的是一次性的行为，它通过额外努力去收集信息，用以判断一个规划的优点和弊端。它可能发生在规划中某个选定的时间点，但更典型的是发生在规划季期的某个合适时间。在评估中，除了利用收集到的监控信息外，还可采用如调查、小组讨论和采访关键人物等其他方式增加信息的收集等。评估应该寻找顾客观点、核心利益相关者、员工和管理者的看法。它应该产生一个行动方案，比如下一步该做什么，因为它促使组织重新规划方案。

资源通常受到操作方案的限制，所以，我们需要对方案进行评估。事实上，许多方案在实施时并没有进行任何评估，这是一个严重的错误。关键资源决策即谁来进行评估。评估可由一组或两组主要人员进行承担。

员工内部评估更加注重员工感受，虽然可能带有个人偏见并缺乏客观性，但更能证明失败的必然性或免除过失。此外，通常内部员工就足以运行规划，如果他们没有充分意识到评估的重要性，就会将评估视为一种额外不必要的部分。

外部评估。例如，教育机构或者管理顾问等，它们的评估可能更客观，但也可能受员工怀疑或担心结果。同时，它通常比员工内部评估方法更昂贵。

无论使用何种资源来评估，其中最重要的是，一定要包含对规划预算的评估。而后，规划很可能可以进展下去了。

16.10　从过去的错误中学习

无论什么组织，其良好规划的标志之一是，它实现的目标和对客户满意度的重视。管理者应该从当前实际规划的成功和问题中获取经验教训。下面是在社区休闲中心规划中发现的一些问题。在重要程度上，它们没有先后之分。没有评估需求（第 14 章）；没有衡量目标（第 17 章）；规划过于传统、静态。有许多同样陈旧的事情、同样的活动，同样的交付；规划缺乏多样性和新颖性；不管规划是否符合社区目标群体的需求，通常采取一种"采纳或舍弃"的方法；没有完全评估不同用户系统（如临时用户、会员、折扣卡用户）的优缺点等；俱乐部临时使用和赛事间的平衡，不是依据政策，而是依据其便利性；很少考虑需要分析不同活动的收益；定期的、习惯性活动（如每周例会），由于突然的一次性规划打断了，就像毫无征兆地将原有模式分为几部分；比如没有适当考虑季节性的规划模式；有时将不相容活动规划在一起；将缺乏灵活性的规划用于新需求中；没有充分探索扩展繁忙时段规划的方式（比如提早的/晚的预约）；信息技术和计算机系统并未发挥最大优势来提高效率（比如自助服务）；官僚主义和烦琐的行政系统仍然比比皆是；判断规划的价值越来越依据财务数据的可行性；定性规划在这种压力下会失去控制；风险规避导致了一种呆滞的方法，对于年轻人来说，这种方法缺乏创造力、扼杀了活动计划 、缺乏冒险精神且无吸引力；一些社区使用的设施只有很少的目的，这些设施只占一小部分时间，吸引了一小部分的细分市场；计划并没有考虑延展服务的可能性，许多潜在的社区卫星资源保持在未使用状态：如学校、教堂、俱乐部、商业和产业化的运动与休闲设施等；规划监督和系统评估无法被执行，用于改善规划内容和实施。

　　并非所有不好的规划都可以在一夜之间做出改变。因为已建立的模式和"现时租客"等情况，使规划恢复正常运转很可能需要几个周期的时间。然而，大多数问题可以在容易调整的阶段得以解决。

讨论问题

在你熟悉的一个休闲设施或服务中，你可以从中找到规划失败的原因吗？

16.11　小结

　　好的规划可以提供选择、提供平衡、吸引市场回应股东和客户的需求。相反，差的规划将会导致组织目标不能得到满足，产生有限的选择和太多不满的顾客。在休闲服务中，市场产品的核心是规划，也是本章的基本理论。然而，规划需要从其他营销组合中获得支持，比如定价和促销，及从管理的其他方面，包括财政和人力资源。

　　规划的核心压力介于连续性和创新性之间。一方面，存在稳定型和可预测型客户，特别是在运动规划中。另一方面，创新和机会同时吸引现有和新客户，尤其是在艺术方面。连续性的优点使休闲管理者安于他们对规划的保守性考虑，不冒险、不碰运气。然而，创造力也是一个重要的属性，虽然它伴随着风险，特别是客户微弱反应的风险，但这是一场必须进行的博弈。

　　在规划中，创新和创造要求大胆预测未来需求。第14章包括回顾需求预测的方法，但其中的一个主要问题是，一些预测方法主要是基于先前的需求模式——再次回到连续性的问题上。创新在规划中，特别是在艺术领域，意味着大胆决策，承担风险和接受一些规划项目的失败。但如果失败发生了，通过评估并深刻反省而从中获得经验教训是非常重要的。我们甚至也要分析成功的规划，以便了解和确定促使规划成功的核心驱动因素。当然，对失败和成功规划的敏锐分析也可获得宝贵经验。

实际任务

1. 用一个星期的时间对相同的休闲设施场所或空间进行设计规划，第一个人用独裁式方法，第二个人用自助式方法。比较使用两种方法分别对当前规划的影响，讨论不同方法的优点。

2. 对于你选择的休闲设施或服务，根据一定数量的顾客得到一个一周典型计划，并确定规划中的最弱因素。思考为什么这些因素最弱，以及这些因素的成本。

拓展阅读

关于规划问题的概述和规划理论的总结：

Edginton, C. R., Hudson, S., Dieser,, R. and Edgionton, S. (2004) Leisurre Prrogramming: a service – centred and benefits approach, 4th edition, McGraw Hill, New York..

关于如何进行有效规划的工作手册以及有关规划核心决策的回顾：

Rossman, J. R. and Elwood Schlatter, B. (2008) Recreation Programming: designing leisure experences, 5th edition, Sagamore Publishing, Champaign, IL.

关于规划评估：

Henderson, K. A. (2008) 'Evaluation and documenting programmes', in G. Carpenter and D. Blandy, Arts and Cultural Programming: a leisure perspective, Human Kinetics, Champaign, IL.

实 用 网 站

关于 Ponds Forge 国际体育中心：

www. ponds – forge. co. uk

关于 Creswell 休闲中心：

www. bolsover. gov. uk

第 17 章
运动与休闲的质量和绩效管理

本章内容

- 质量和绩效管理是什么；
- 质量框架中最重要的组成部分是什么；
- 不同的质量奖励包含什么内容；
- 质量奖励是如何改进组织绩效的；
- 良好的组织目标是什么；
- 如何设计一个良好的绩效指标；
- 什么是标杆管理，它有何作用。

概　要

当代组织管理中，质量管理和绩效管理是评定良好组织的两个重要方面。近几年，这两方面受到越来越多的关注。目前，存在很多能促进和识别良好组织管理的系统。一般来说，许多系统都是针对所有组织或是公共服务部门来设计的。然而，也有一些专门针对运动和休闲活动的系统。

质量管理关注过程，这一过程有助于实现组织的持续改进，质量管理旨在满足并希望超越消费者的期望。通用质量框架可以促进组织质量管理的自我评估，它包括欧洲质量管理基金会等，而文化和体育改进工具包则是一个专为运动和休闲服务设计的框架。这些框架将质量管理的原则转化成组织切实可行的评价标准。

绩效管理包含了一些与质量管理相同的原则，但它更加注重以下方面：具体可衡量的目标、选择合适的绩效指标、建立目标、评估绩效、使用依据审查目标和行为等。平衡计分卡等一般绩效评价系统可以改进组织绩效管理。同时，在运动与休闲组织中，也有一系列提升组织绩效管理的评价系统。

最后，组织也需进行全面的绩效考核，而标杆分析法就是以上考核的一个工具。总之，绩效评价系统就是将组织绩效与其他运动与休闲行业中类似组织的绩效进行比较。

17.1　引言

就像其他行业一样，质量也是运动与休闲行业中满足客户需求的一个重要决定因素。无论在商业部门、公共管理部门，还是在志愿部门，服务把消费者吸引过来，所以应优秀地管理服务和设施，也就是说，质量和服务需要有质量地管理。但是，质量不会自然而生，它应该去做和被管理。

戴明被誉为全面质量管理的第一大师。全面质量管理关注这样一个共同愿景，即所有组织和组织的持续改进过程。戴明的质量改进工作彻底改变了日本在第二次世界大战后的工业生产力。他以戴明循环（也称 PDCA 循环）而著名，戴明反复循轩是一个质量持续改进模型，这一模型包括计划、执行、检查和处理四个循环反的步骤。通过这样一个持续改进过程，最终能实现组织目标（戴明，1986）。在质量原则的发展中，另一个重要人物是朱兰，朱兰整合了质量管理的概念，并在巩固这一概念整体方面做了很多贡献，此外，朱兰更加强调沟通和人员管理，并根据重点客户来确定其是"以健身为目的"还是以产品或服务的"质量"为目的。

在 20 世纪 90 年代，质量计划在发达国家的公共部门很受欢迎并得到快速发展，包括公共休闲服务。质量计划需要考虑以下因素：一个注重客户的增长战略；核心专业机构提升质量管理；商业服务中以更高的服务标准推动不断攀升的客户期望；公共服务中巨大的政府压力和法律责任。

英国质量协会将质量管理定义为"能准确理解客户需求，并能始终如一地在预算、时间和最小损失上为社会提供准确解决方案的一种组织通用方法"。如图 17 – 1 所示，该协会通过创新和责任来描述质量，该图演示了所有质量概念的运行过程。

罗宾逊（2004）为质量管理中的一些其他重要名词重新创建了定义：

- 质量：产品和服务如何始终如一地发展以满足和超越消费者的期望和需求（克拉克，1992）；

- 质量控制：达到质量要求的具有可操作性的技术和活动（BSI，1987）；
- 质量保证：安排好组织所有系统化的操作，这些操作应需确保产品和服务能满足质量提出的要求（BSI，1987）。

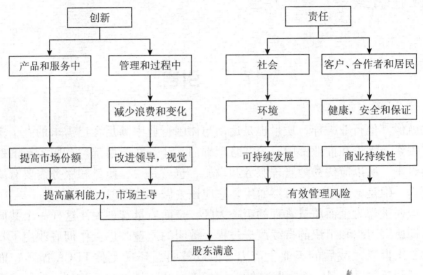

图 17 – 1   质量协会的质量原则

资料来源：质量协会，http://www.thecqi.org/

　　"绩效管理"包含了一些与"质量管理"相同的原则，但它更加注重绩效考核和行为后果。绩效管理预示着管理决策与适当的计划、目标、指标、绩效考核和审查有关。

　　这里有许多质量管理系统。通过运用质量管理程序和技术的正式过程，组织获得一些质量管理依据，从而获得外部机构的认证。这些程序可能涉及客户协商、严格评估组织和持续改进质量管理等。认证也可以为组织提供竞争优势。然而，特别对于小的组织和志愿部门来说，质量管理系统的费用是昂贵的。一般来说，当地政府使用质量管理认证较多，因为它能帮助政府用自己的标准评估委员会提供的服务是否优良。

质量认证对什么最有用，是改进管理还是给利益相关者汇报？

17.2　全面质量管理

全面质量管理是一种从整体上改进业务有效性的方法，即一项过程，这项过程包含组织中的每一个人，目的是确定客户满意度。因此，全面质量管理关注客户需求，并在这些需求和经营目标之间建立了一种逻辑关联。

莫斯科的罗鹏和斯托瑞兹（1990）制定了全面质量管理的原则：将优秀作为目标，并在正确的第一时间实现优秀；在每一次交易中，每一个人都是一个客户或是一个供应商，业务中的每一次交易和交易链上的每一个环节，都有一个供应商和一个客户；明确客户需求；客户的看法是主要的；从管理最高层进行承诺；所有的关键产出都是可衡量的；预防但不责备；分担责任；训练和教育；将全面质量整合到经营中，这是一项渗透到休闲运营每一个方面的核心经营活动。

换句话说，运营的每一个方面要求每一个人都是优秀的，并优秀地做事。经营中的所有活动应不断满足顾客和客户的需要。很明显，这是一个理想的不可能完全达到的状态。为了达到全面质量管理，面临以下挑战：组织的行为通常不是和谐一致的，而是常常带有单独的部门利益特征；识别所有客户变化的需求是非常困难的，而识别客户的期望则更加困难；制定组织目标通常不是提升全面质量管量的方法，因为它们太常用且不可衡量；测量所有产出始终是很困难的，且需要产品是资源密集型。

在以下讲述中，将对这些问题进行更详细的探讨。在学习案例研究 17.1 时，同时思考如何处理在质量管理中，为了追求完美而常常忽略的地方。

鉴于其巨大的要求与挑战，全面质量管理能实现吗？

案例研究 17.1

餐饮业服务失败的案例及其挽救策略：来自美国的例子

许多质量文献都关注组织积极的一面——为改进质量，采取什么措施是对的。然而，例如"正确的第一时间"等原则表明，我们不能给错误留机会。然而，错误还是发生了，特别是在服务行业中，错误出现得很突然。此外，有这样一个经验，从不满意顾客口中说出的消极话语比从满意顾客口中说出的积极话语会传给更多的人。马克（2000）说，"为了平衡无缺陷服务的需要和不可避免的失败，组织必须前瞻性地预测可能发生的失败或投诉，并且预测挽救失败的恰当方式"。为了解这一过程，马克调查了 20 个受访者服务失败的案例，受访者是来自美国东南部城市在餐厅工作的服务人员。同时，马克询问了他们在餐饮中经历服务失败的危急事件。

20 个受访者确定了 14 个服务失败的案例，案例中大多数失败的直接原因都是员工（厨师或者接待员）所致，如无理由的服务速度慢、错误的上菜顺序或者烹饪错误。人们认为，大多数失败案例中，餐厅应负主要责任。甚至因此，几乎一半的受访者都指出，发生错误的餐厅将再次上菜，只有四分之一的受访者表示他们不会再次上菜（这一判断是不确定的）。所以，那些经历服务失败的顾客很显然已经原谅了这些错误。然而，从顾客嘴里说出的潜在消极话语则是相当多的，甚至是那些已经原谅餐厅错误的顾客。

超过五分之一的服务失败案例表明，餐厅对此的反应是"没什么"。然而，在其他情况下，也有一些挽救策略，包括纠正和更换食物（17%），免费更换食物（17%），道歉（15%），提供免费饮料或开胃菜（14%），还有专业术语"过度消耗免费食物"，即更换食物和提供免费食物或饮料（7%）。更重要的是，58% 的受访者都经历了一次餐厅为恢复影响而作的主要错误判断，而餐厅担心这一努力的效果是"差的"。

　　正如马克所述，"一次良好的挽救不应夸大，而事实就是，在这项研究中，88.5%的案例显示采取良好的挽救方法是有效的，并且顾客表示他们将再次在这些餐厅用餐"。当问到餐厅还将做什么来对他们所犯的错误进行挽救时，大多数受访者通常的回答是"仅仅承认所犯的错误"，虽然很多人都这样回答，但这一回答要求餐厅用主要行动来弥补过失，而不仅仅是纠正或者更换食物。

　　更有趣的是，马克的研究发现，不同类型的餐厅对失败的理解和挽救的方法无显著差异——麦当劳的经验与其他高档消费餐厅的经验相似。因此，这些经验包括：

- 试着找到服务失败产生的原因并阻止它们发生；
- 当错误发生时，主动向顾客承认；
- 计划并执行有效的挽救策略，将口口相传的消极话语产生的影响降到最低。

资料来源：马克等人（2000）

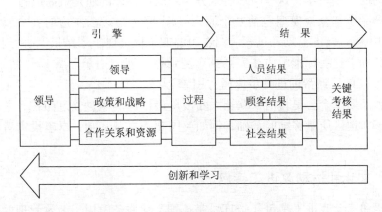

图 17 - 2　欧洲品质基金会卓越模型

注：欧洲品质基金会卓越模型是 EFQM 的一个注册商标。

资料来源：EFQM, http：//ww1. efqm. org/en/Home/tabid/36/Default. aspx.

17.3　质量框架

质量框架有助于管理者在工作中评估和提升全面质量管理。质量框架不是通过设立奖项，而是通过能够实现的全面质量管理，建立一套实践过程。下面总结了两个质量框架：一个是经常用到的一般模型，欧洲基金会设立的卓越质量管理模型；另一个是最近在英国政府中较为提倡的，专为运动和文化服务的模型，文化和运动改进工具包。

17.3.1　欧洲品质管理基金会的卓越质量管理模型

1988 年，欧洲品质基金会建立起来，它有利于巩固欧洲组织的地位，增强他们管理的有效性和效率。欧洲品质基金会卓越模型也以卓越商业模型而出名，它是一个用来帮助持续改进组织的管理框架。它是非指令性的，当然，它也不是为了弥补质量考核的相关标准，而是建立在自我评估的基础上。

将组织与模型标准相比，可以确定组织的优势和不足，并能提供一个关于组织活动的明确暗示，这一暗示能区分组织是世界级的还是最高级的。

欧洲品质基金会模型包括九个原则（图 17-2）。图左边的五个属于"引擎"，即组织运行的行动和过程。图右边的四个标准属于"结果"，即组织达到的具体目标。这些标准的内在关系具有逻辑性，即"引擎"导致"结果"，来自"结果"的反馈帮助进一步提高"引擎"。

欧洲品质基金会是目前在欧洲大陆使用最广泛的质量管理架构，并已成为主要国家和地区质量奖励的基础，例如英国商务卓越奖励，卓越投资者和"寻求"。

17.3.2 文化和运动改进工具包

文化和运动改进工具包（CSIT）是英国文化服务中用于绩效管理的国家框架。它由 IDeA 发展起来，是英国政府发起的，通过与其他机构协商后成立的改进和发展机构，协商的机构包括专业团体、文化部门、传媒和运动部门（核心政府部门）、审计委员会（公共部门的监督机构）。2009 年，走向和优良服务等其他三个系统替代并合并了文化和运动改进工具包。

文化和运动改进工具包是一个改进计划的自我评估工具包，它有助于其他如欧洲品质基金会、投资和人员投资者等质量系统的完成。IDeA（2008）将其描述为一段"改进旅程",因为它是一个持续改进的过程。由于社会需要和客户期望不断发生改变,所以持续改进是必要的。文化和运动改进工具包不仅采用自我评估,而且采用"360 度反馈",这是一个内部员工及客户和外部股东共同参与的过程,通过这一过程,产生了对服务的不同看法。

　　文化和运动改进工具包认为有八个关键"主题"影响文化和运动服务的质量,以下进行了罗列。大部分"主题"参考了图 17 – 2 中欧洲品质基金会模型的一些结构特点。每个主题都嵌入了两个原则——"平等"和"服务访问":领导和公司治理;政策和战略;社会参与;工作伙伴关系;资源管理;人员管理;客户服务;绩效,成就和学习。

　　第九个"主题"是有效性,在编写本书之际还未试行。在每一个"主题"里,为了证明组织提供了优秀的服务,标准也在不断发展。定义标准的关键特征更广,且这些标准更注重自我评估,每一项标准都基于以下四个等级:优、良、中和差。而 360 度反馈的结果用于调整自我评估的分数。

　　文化和运动改进工具包的另一重要特征是检验,它很大程度上靠独立审查和挑战来完成,即通过与员工面谈、审查自我评估的书面材料等方式。同行评审是另一种选择。一旦评估和检验完成,将形成一份能将结果转化为行动的书面改进计划。IDeA(2008)阐明,改进计划是文化和运动改进工具包过程中最重要的部分,它也是引导自我评估和 360 度反馈的主要原因。

17.4　质量奖励计划

　　在质量管理中,质量奖励计划鼓励和促进良好实践的顺利开展。然而,奖励不仅包括给予组织表彰和地位;奖励也是运动员训练和集体努力的结果,它是对质量管理系统的应用和改进。因此,奖励比证书和奖杯更有意义。

　　质量奖励以申请组织而非认证机构制定的标准为基础。一些有竞争性的、受认可的质量奖励是最好的;而其他的奖励则对"冠军"没有限制,因为"冠军"很容易判断而不需使用奖励标准。目前,有国际性的、国内的、地区间的奖励和业界奖励。其中,国际性质量奖励包括:欧洲质量奖励,1992 年建立,由欧洲质量基金组织为质量管理而发起;亚太地区金质奖;戴明奖,该奖励创始于 1951 年(1984 年变成国际性的),由日本科学家及工程师联合会建立并提供。

　　一个国家质量奖的例子是马尔科姆·波多里奇奖,1987 年由美国国会建立并以美国原商业部部长命名。它主要提供质量意识，并建立在七类可衡量的核心绩效标准上：领导；战略计划；目标客户和市场；可衡量性；分析；知识管理；人力资源关注；流程管理；经营绩效。另一个国家奖的例子是欧洲卓越奖，它是欧洲基金会为质量管理而设立的一个国家合作组织，由英国质量基金会管理。

当然也有业界奖的例子。如爱尔兰的白旗奖，这是一项由爱尔兰旅游局和爱尔兰酒店联盟认可的质量奖，它针对游泳池、体育厅、健身房和其他户外休闲设施而设。在英国和威尔士设有绿旗奖，它用于承认和鼓励优质公共公园的建立。绿旗奖由"让英国保持洁净组织"、英国保育志工信托和绿地组织管理。

此外，许多休闲、运动和娱乐机构也设有奖励计划。例如，在英国设有运动、公园和休闲机构领导奖，创新奖，健康与身体活动识别项目。在澳大利亚，设有澳大利亚公园休闲卓越奖。在美国，有国家公园和娱乐协会为社区设立的金牌奖，这一奖励证明社区在长远规划、资源管理和机构识别上的卓越性。

17.4.1 英国标准协会

20 世纪 70 年代，英国标准协会开发出 BS5750 系统以改进质量管理，该系统通过使用标准化和程序化的结构系统，并贯穿整个管理过程。19 世纪 80 年代，贸易和工业部鼓励英国产业使用质量举措参与国际竞争。1994 年，三个存在的标准——英国、欧洲和国际性的标准合并为 ISO 9000 质量管理体系（威廉姆斯和布斯维尔，2003）。目前，这项相关标准是 BN EN ISO 9001：2000。

这项标准包含了覆盖八条原则的系统：顾客导向，领导作用，全员参与，过程方法，管理的系统方法，持续改进，基于事实的决策方法和与供方互利的关系。这八项标准是一个质量保证的系统而非全面质量管理，因为它关注组织是否按规定的操作程序进行，而非确定结果是否完成。

17.4.2 卓越客户服务

卓越客户服务是英国政府为使客户服务卓越而在公共部门设立的标准。它取代了查特在 2009 年设立的认可标准。卓越客户服务通过在线自我评估工具作为持续改进的驱动力；它是一个技能开发工具；它也能进行独立的检验和认证。为了达到卓越，需要满足以下五个标准。客户洞察：通过鉴定、参与和协商，对客户满意度进行衡量，以此达到对客户的深入了解；组织文化：通过适当领导、政策、职业精神和员工的态度引导，实现以客户为中心的文化；信息和访问：在一个适当的范围内，为客户提供有质量的信息、便捷的服务、与其他供应商进行合作；交付：服务交付的卓越标准，既满足客户的期望，又能有效地处理问题；即时性和服务质量：通过可衡量的标准，即时产出并即时交付。

以上标准适用于公共服务中，前三个标准关注客户体验，后两个则关注组织到达的程度，这个组织是客户面对的并能告知客户需求和满意度。比如，文化和运动改进工具包这个质量框架关注的范围更有限，它更多地考虑服务组织自身，如伙伴关系、资源管理、人员管理、绩效和学习。

17.4.3 人员投资者

英国人员投资者是英国非政府部门的公共机构，1991 年由英国政府建立，并用于商业支持和咨询服务。通过人力资源开发的良好实践与人员投资者标准为改进经营绩效提供了一个框架。通过人员投资者标准，2009 年英国存在超过 35000 个投资者认定的组织，这些组织雇用了超过 700 万的雇用者——约占劳动力市场的 31%。

人员投资者标准是一项建立在十个外部评估指标基础上的奖励，分为三个阶段：

第一阶段是计划：改进组织绩效的发展战略，包括：经营战略；学习和发展战略；人员管理战略；领导和管理战略。

第二阶段是执行：采取行动，包括：管理有效性；认可和奖励；参与和授权；学习和发展。

第三阶段是审查：评估影响，包括：绩效测评；持续改进。

这些指标包含 39 个需要的依据。此外，一个人员投资标准评估会随机选择员工做一个保密访谈。

正如休闲常常被称作"民族工业"一样，人员投资标准关注人力资源管理的绩效。在人员投资标准下，如果公司的原则成功地运用在人力资源管理上，将对组织绩效产生更深远的影响。2008 年，有两项对以上关系的研究。一个是考林的（2008），他使用了 2500 个英国私人部门组织的调查数据，调查了人员投资标准对每个雇用者毛利润的影响。结果显示，与没有使用人员投资标准的公司相比较，使用了人员投资标准的公司每个雇用者获得 128.38 英镑毛利润，而没有使用人员投资标准的公司毛利润只有 34.40 英镑。此外，调查也显示，运行更好的组织不是只因为选择了实施人员投资标准才获得更高的绩效。

另一项研究是鲍尔尼的（2008），他进一步支持了人员投资标准的有效性。该研究使用了私人商业组织的 10 个深入案例，并结合了来自商业组织中 196 个受访者的调查。这项调查得出，人员投资标准可以改善人力资源政策，改进组织的社会环境（信任、合作和参与），提高员工的灵活性。这将促进非财政业绩（包括产品和服务的质量、客户满意度、吸引并留住员工）的改善，而非财政业绩反过来对财务业绩有积极影响。然而，鲍尔尼和考林的研究都强调使用商业公司的数据，并涵盖了一个范围广阔的行业，而不是具体休闲产业。

17.4.4 卓越投资者

卓越投资者在 2003 年由英国米德兰卓越发展起来。它是一个伴随着一系列质量改进活动的非营利和不结盟机构。我们将卓越投资者标准描述为一个以协调改进活动、绩效增长和得到认可为目的的框架。这个标准不是考核业绩而是欧洲品质基金会卓越模型。

17.4.5 探索

探索也以欧洲品质基金会卓越模型为基础。因为它是为运动与休闲而设的英国质量奖励计划，所以也有自己的不同之处。它从 1996 年起开始运行，由PMP 运动和休闲咨询公司进行管理。它设有两个奖励：一个是探索设施管理，针对商业、志愿和公共部门的运动和休闲设施；另一个是探索体育发展，针对地方政府、国家管理机构和志愿机构等体育发展单位。

为了更好地实现英国运动与休闲的运行，英国质量基金会引入"探索"标准，同时"探索"也得到英国四个体育委员会和一系列在计划发展中扮演了重要角色的行业代表机构的支持。达到探索需要经过以下三个主要阶段：自我评估，与行业标准相比较并经过最佳实践。刺激形成正确的组织文化，有利于识别组织的优势和不足，也有利于组织行动计划的发展。外部检验。为设施和神秘客户访问而设立，由独立的评估员承担。为保持注册进行为期两年的日常维护。为使注册能保持两年时间，必须对设备进行不间断的维护，这涉及评估员访问，也包含远程神秘客户的访问。

表 17 – 1　探索评估领域及问题

设施操作	标准，系统和监控
	清洁
	客房介绍
	维修
	设备
	环境管理
	更衣室
	健康和安全管理
客户关系	客户关怀
	客户反馈
	研究
	营销
	预订与接待
人员配备	人员监督计划
	人员管理
	管理风格
业务开发与审查	经营管理
	项目发展
	合作关系
	绩效管理
	信息通信技术
	持续改进

资料来源：探索，www. questnbs. info/

　　"探索"评估着眼于管理中的 4 个核心领域，涉及 22 个管理问题（表
17 – 1）。表中列出的这些问题表明，这样一个系统中的一般原则是如何渗透到
服务交付的具体实施中的。

17.5　质量奖励和休闲设施的绩效

　　成功获得质量管理奖励的组织在大多数质量方案中都设有"底线"，而这
一"底线"的设置使组织拥有更好的绩效。例如，人员投资者标准将它自己描

述为"一个旨在提高组织绩效的业务改进工具"。罗宾逊（2003）发现，由休闲设施管理人员提出的为什么要使用质量方案的问题通常有两个经常被引用的理由，一个是为了改善服务，一个是为了提高效率。但是，是否有证据表明，是因为质量奖励而导致了更好的绩效呢？

人员投资者标准的两项研究已经注意到了以上问题，但它们不是具体休闲。瑞姆切达尼和泰勒（2011）通过英国国家标杆管理服务，使用了 98 个正在运行的中心的样本，调查了四种不同质量奖励对运动与休闲中心绩效产生的影响。这些质量奖励有"探索"、查特·马克、人员投资者标准和 ISO 9002 等。瑞姆切达尼和泰勒分析了 37 项绩效指标，这些指标包括：到达中心的弱势群体、财务信息、使用率、满意度和满意度重要性的差距。他们得出以下结论，不管中心有没有使用质量奖励，只要有一个指标不在 37 个绩效指标之内，都会有一个统计意义上的不同——来中心的首次访问就是访问的百分比——对这项指标来说，中心没有使用任何奖励，但却有更高的绩效。

瑞姆切达尼和泰勒同时调查了个人奖励的影响，总结如下：

- 查特·马克与更高的访问绩效有关；
- "探索"与更好的财务、使用率和客户满意度有关；
- 人员投资者标准与更高的使用率和客户满意度有关；
- 对所有的奖励来说，没有奖励的中心在某些方面比有奖励的中心有更高的绩效。

瑞姆切达尼和泰勒总结，完成一项质量奖励不必改进绩效的所有方面，应选择组织最先考虑的绩效方面。

讨论问题

为完成一项休闲组织的工作，如果你不得不选择一项质量管理奖励，那么你会推荐哪一种奖励方法？为什么？

在案例研究 17.2 中，我们将进行另一种学习，即在运动组织运行中有关质量系统产生影响的调查。该案例介绍了运动专项质量系统的设计及其有效性。

案例研究 17.2

比利时弗兰德体育组织中的质量管理

1997 年，弗兰德政府为体育城市弗兰德斯建立了一个战略计划（弗兰德斯位于比利时北部，属于荷兰语系的一部分），计划强调在所有的体育系统和组织中对质量和绩效管理做改变。这一目的将导致体育服务的所有提供者——包括联合会、俱乐部和公共服务——监控他们系统的质量和有效性。它也将有利于"更多的专业素质和能力，以换取补贴和其他形式的支持"。联合会和俱乐部通常由政府和地方当局支持。

弗兰德体育全面质量管理的系统化改进与其他改变都有联系，特别是一些俱乐部成员对管理提出了更现代的要求，而有经验的志愿者数量却出现了下降。我们希望，质量和绩效管理将帮助组织更好地应对内外部挑战。

梵霍伊科等（2009）调查了已经使用过 IKGym 的体操俱乐部，这对于引导体操俱乐部创新是一个开始，内容包括体操俱乐部的服务质量、质量实施原则和绩效管理；告诉股东成功的关键因素；提供更广泛的志愿性的专业建议和支持；改进体操俱乐部的管理以便增加产出，提高绩效。

IKGym 系统包含一个外审部分，外审部分通过七个战略维度（组织管理和战略计划；内部沟通过程；外部沟通和树立形象；组织文化；组织结构；人力资源管理；组织的有效性）和五个操作维度（教练；训练队伍的规模；训练的组成部分和强度；设施设备的质量；绩效和产出）来衡量一个俱乐部的绩效。每一个维度都有一系列的衡量标准。总分计算后并提供给绩效作为证明，同时附有定量和能提供优势和不足的定量报告，这一过程将持续三年。

72 个已经参与了 IKGym 的体操俱乐部都同意这种观点，那就是 IKGym 体系为他们组织的绩效提供了一个美好蓝图（梵霍伊科，2009）。在这些俱乐部的一半中，IKGym 系统引导他们开展审计过程并刺激组织在结果出来前就进行改进。90% 的俱乐部采取了针对性措施以纠正审计确定的薄弱环节。IKGym 因此成为能影响组织进程改变的重要部分。

IKGym 也运用在比利时其他体育组织的一般质量系统中——包括体育俱乐部的 IKSport 组织和青少年中专的 PASS 组织。梵霍伊科（2009）的研究表明：这些系统因它们在通知质量改进中审计的准确性和有用性而受到参与俱乐部的欢迎。

资料来源：Van Hoecke et al.（2009）

17.6　绩效管理原则

　　绩效管理是一个循环、持续的过程，它包括以下几方面内容：为组织制定合适的目标；采用合适的能代表这些目标的绩效指标；为组织绩效设置有挑战性但现实的管理目标；采取必要的行动实现这些目标；测量绩效；评审成果并重新考虑组织的目标、指标、目的和行动。

　　这一过程符合对以上质量管理系统进行审查，但是它不太关注绩效评估和行为产生的后果。特别是在公共和志愿部门，这并不一直由休闲管理者承担。例如，英国审计委员会发布了一系列在公共休闲管理中开创性的报告，报告包括运动（1989），娱乐和艺术（1991a），博物馆和艺术画廊（1991b）等。然而，自从这些报告以来，英国一直采用一系列绩效管理系统用于帮助公共部门管理者达到持续改进的目的。

　　审计委员会（2000a）已经清楚地指出为什么绩效测评是绩效管理的核心（表17-2）。如果没有正确的依据，你很难判断身处何处，更不必说如何判断一个组织的对错，也不知道组织下一步将做什么。

表 17-2　为什么需要评估绩效

绩效评估有助于有效服务

- 可衡量的工作才能完成

- 如果你不能衡量结果，你就不能区分成功和失败

- 如果你看不见成功，你就不能从中得到奖励

- 如果你没能从成功中得到奖励，你可以从失败中得到教训

- 如果你看不见成功，你也不能从中学到东西

- 如果你不能认清失败，你也不可能纠正它

- 如果你能证明结果，你也能赢得公众支持

资料来源：审计委员会（2000a）

> 讨论问题

许多运动与休闲组织不能很好地评估绩效，讨论出现这种情况的可能原因。如果可能，使用你熟悉的组织案例进行说明。

17.6.1 目标

在绩效管理中，最基本的第一步是设置特定组织目标。目标是组织未来理想的方向。泰勒（1996）为组织目标设定了一些理想属性：

指定目标。即在一个适当时期的最后时刻，应很容易看到目标是否已经达到。这意味着需要衡量目标。每一个目标要求有合适的绩效指标，用这些指标来衡量绩效是可能的。

目标关注目的而非手段。例如，"为社会中的弱势群体制定低价"就不是一个目标。相反，"为了增加人数，将弱势群体变为服务的使用者"就是一个目标。

目标的先后次序也很重要，因为有时目标可能相互冲突。例如，"增加收入"可能与"增加弱势群体对体育设施的使用率"相冲突。如果相互冲突的目标极易权衡，选择应最先考虑的。否则，在某些情况下，管理者将遭受某种不可避免的失败。

目标属性可概括为缩写 MASTER：可衡量的、可实现的、具体的、明确的时间表、目的而非手段、排序。

特别是在公共部门，组织目标的表达通常是含糊的或是一般化的，以至于不管它们有没有实现，确定它们都是比较困难的。非具体目标的例子包括"全面运动"和"服务社会需要"。这些例子都是"目的"而非目标——它们基础广泛且不可测量。它们需要通过绩效指标等更多具体的、可衡量的目标来修正，并用于指导管理决策的制定。

公共部门的运动组织在制定正确目标上比商业组织有着更加复杂的任务，因为社会目标对公共部门管理很重要，例如弱势群体对设施的使用率，当地社区服务的满意率，甚至是诸如让高危犯罪远离年轻人的影响，以及更多的传统财务和客户满意目标等。在一个可衡量的形式下，诸如减少犯罪和破坏行为、改善健康和公民关系等社会影响比诸如使用率和财政等经营目标更难表达。

17.6.2 绩效

对于休闲组织而言，绩效意味着更多数字的东西，它依靠于指定的目标。

本节描述了绩效的不同方面，而这些方面很可能使管理者产生很大兴趣：

财政。在私人部门中，这是描述绩效最常见的维度。简而言之，它指的是利润，但事实上财政绩效包含更广泛的内容。

经济。它仅仅关注成本，即投入到产出的过程。如果投入要求更低的成本，那么经济将得到提高。当然，过分强调经济也带来一些风险。例如，产出的质量更低。又例如，在休闲服务中，一个主要的投入通常是劳动力，为了降低劳动力成本的风险，可能形成"虚假经济"，这样的问题也称为劳动力高流出率或是低技能。

效益。关注产出和达到的目标。效益的一个基本衡量标准是生产率，如一周内的访问量。然而，这是一个相当基本的指标，因为它不包含已经被吸引的这类游客的指标，或者这项服务能最大限度地满足游客的需要——客户市场调查能轻易地衡量以上两者。评估这些服务的效益可能会在一定程度上对当地社会产生影响，即超出了当前使用量和客户满意率。

效率。关注以最小的成本完成目标，所以它同时考虑了投入和产出。它有时称为"成本效率"或是"成本有效性"，有时也称为"生产力"或是"物有所值"。在最近几年，特别是在公共服务部门，使用得较为频繁的是"效率储蓄"；但是效率要求保持服务产出而非削减成本，这是一件很难达到的事情。

公平。它与公共部门的服务密切相关，公平意味着，在服务分配上对不同类型的客户都是公平的，如年龄、性别、种族和能力。它适用于很多领域，如对于所有的当地居民，对服务的使用都是公平的（不同类型的客户有平等使用的机会或在得到服务时是公平的）。

客户满意度。质量管理的核心。问卷调查、评论单或投诉等方法可以直接衡量客户满意度。有时，比较服务属性的满意度与顾客期望；有时，比较服务属性的满意度与其对客户的重要性。在公共部门，不管当地居民有没有使用这项服务，他们对服务满意度的衡量都很重要。这可能产生一个矛盾：如果一个人没有使用过服务，他们怎么可能评价呢？然而，社区在服务绩效上有一个集体利益，这是常有的事，尤其因为他们为此共同付出过。一个运动与休闲服务对"高危"青少年影响的例子就是，在当地社会，很多人持这样一种观点，不管对服务是否满意，由无聊年轻人口中传出的令人讨厌或更糟的恐惧言论将从父母和邻居口中传到其他人耳里。

公共运动与休闲设施的绩效维度的社会影响是否太困难而无法衡量？联系改善健康、减少犯罪和故意破坏、改进教育成就等经常引用的影响，对此进行讨论。

17.6.3 绩效指标

绩效指标是一组衡量组织绩效的经验数据，它能在时间和组织间进行比较。英国审计委员会（2000b）制定了良好的绩效指标标准（表 17 – 3）。虽然标准是为公共部门设计，但同时也适用于其他部门。

制定一套达到表格中所有标准的绩效指标具有挑战性。审计委员会建议，国内绩效指标应该是定义清楚、可比较、可检验、明确的和有效统计的。而当地社会指标首先应重点考虑相关性和易理解性。绩效指标应该能衡量休闲服务中各个独立的部分，这点也是很重要的，因为即使是一台设备很可能不同的目标适用于服务的不同部分。

在运动与休闲设备中，一个经常使用的绩效指标是每平方米占地面积的年参观量。讨论在何种程度上，这项指标能达到表 17 – 3 中审计委员会提出的标准。

过硬的质量数据是可靠绩效信息的基本要素，所以建立能够胜任这样任务的绩效指标数据至关重要。审计委员会（2007）定义了六个用来评估数据质量的关键特征，这些特征用于构建绩效指标分数，它们是：准确性、合法性、可靠性、及时性、相关性和完整性。大多数特征直接采用了表 17 – 3 中规定的绩效指标。考虑绩效数据的完整性是一个重要的提示，它提示我们，数据的有效性和可靠性同样也取决于遗漏的信息和收集的信息。然而，应强调一点，在实际中任何一套指标都无法达到所有特征。所以，数据质量很难达到如管理者需要的那样，为了提高数据质量，应接受并开放对使用数据的限制。

17.6.3.1 私人、商业部门

对于一个私人、商业组织，虽然有很多值得考虑的其他重要因素，但绩效在很大程度上指定在财政方面。商业会计比率主要用于规划目的（战略评估）

和控制目的（运行评估）。财务比率不仅关注利润，而且关注增长、流动性、资产使用率、偿债能力和投资绩效。表17－4 给出了这样比率的一个样本。

例如，英国 ICC 公司财务数据集使用了以上或更多的会计比率来详细描述个人公司和工业部门的商业资源，这一数据集是戴尔罗格公司和行业情报的组成部分，它涵盖了世界范围内大约 50 万家公司。

比率应该非常详尽地解释。许多时候，将单个公司进行时间比较比将它与其他公司比较要更为合适，特别是当公司来自不同的行业或部门时。有时，比率以不同的方式进行评估，因此比较它的相似之处是比较困难的，如评估库存和无形资产。有时比率值是个年平均数，因此从收支平衡表中得到的信息可能是不可靠的，它只是将一年开始和最后的情况进行了平均，所以我们需要对全年数据进行更多的观察，如使用流动率。

私人公司有时也对除财务比率之外的其他绩效方面感兴趣。市场份额是一个重要的目标，因为在当地或者地区水平上时，这一目标通常是可衡量的。市场份额是产品需求中一些可能的指标之一。它对于通知组织自然变化和一些改变是非常重要的，这有助于组织提供服务。市场调查是形成这项依据的典型方法。

表17 – 3　良好绩效考核指标标准

标　准	解　释
相关性	与组织战略目标有关并包含所有相关绩效维度的指标
明确的定义	有明确定义的绩效指标，以确保数据收集一致和进行公平比较
易理解和使用	一个描述为在信息使用期间用户能很快理解信息内容的绩效指标
可比较的	这个指标定义为在组织和协议间通过一个一致的基础进行比较，两者也应该在时间一致基础上进行比较
可证实的	此指标以一种能证实信息和数据的方式来收集和计算。因此，它以强大的数据收集系统为基础，对管理者来说，证明信息的准确性和使用方法的一致性是可能的
成本效率	需平衡收集信息的成本和它的实用性。如果可能，这一指标应以信息的可能性为基础，并与现有数据收集活动相关
意向明确的	能明确解释指标的变动情况。以便我们能清晰地看到，指标值的增长是否代表服务的改善或恶化

续表

标　准	解　释
可归属的	服务管理者能够依据这项指标来测评绩效
响应的	一个能顺应变化的绩效指标。但绩效的微小变动很可能太小以至于不能记录下来，这将限制指标的使用
避免错误的激励	这项指标不易操纵，因为可能鼓励适得其反的活动
鼓励创新	这项指标着眼于结果和用户的满意度，它可能更多地鼓励创新而非因循守旧
有效统计	指标应是有效统计，这很大程度上取决于样本的大小
及时性	在一个合理的时间表内，绩效考核指标的数据是可以使用的

资料来源：改编自审计委员会（2000b）

表 17 - 4　商业组织的绩效比率

	解　释
增长率：$\dfrac{(报告期水平 - 基期水平)}{基期水平} \times 100$	关键变量今年与去年同期相比百分比变动情况。其中，关键变量如收入、支出、利润、资产、负债
利润率：$\dfrac{毛利润或是净利润}{销售额}$	毛利率或净利率，无规则。它在行业和公司间变化很大
$\dfrac{税后净利润}{总资产}$	资本回报率，无标准定义，所以在公司和行业间作比较时需仔细
流动率：$\dfrac{流动资产}{流动负债}$	"流动率"，拇指规则 = 至少是 1∶1，最好是更高
$\dfrac{流动资本 - 投资资本}{流动负债}$	"酸性测试比率"，"速动比率"或"流动比率"，运用它可以更准确地评价企业的偿债能力
$\dfrac{现金}{流动负债}$	"现金比率"，一种忽略如股票等流动性较差资产的更加保守的方法

续表

	解　释
$\dfrac{资产负债表中的应收账款 \times 365}{销售总额}$	商业债务的平均托收期，即贷款回收的平均天数
资产利用率： $\dfrac{销售额}{固定资产}$	指出运用固定资产来获得销售额的有效性
$\dfrac{销售成本}{存货}$	"库存周转率"，在行业间变动较大
$\dfrac{销售额}{员工数量}$	表示收入的劳动生产率
偿债： $\dfrac{净值}{总资本}$	表明股东的商业利益（净值＝普通股＋优先股＋准备金）
$\dfrac{借贷}{净值}$	"杠杆比率"，资本结构风险指标
$\dfrac{总负债}{总资本}$	"负债比率"，债权人能力超出组织还债能力的指标
投资： $\dfrac{每股股息}{每股市场价格}$	"股息生息率"，表明股票的投资回报率
$\dfrac{净利润 - 优先股股息}{普通股数目}$	每股普通股收益
$\dfrac{每股市场价格}{每股收益}$	"价格比率/市盈率"，表明市场对股份的评估

注：以上比率的使用详情参阅自一些优秀的会计书。

资料来源：格瑞特和泰勒（Gratton and Taylor）（1988）；威尔逊和乔伊斯（Wilson and Joyce）（2010）

　　大多数大型私人休闲组织都有营销部和市场调查部。他们通常雇用外面的市场调查机构或者咨询公司进行专业的市场调查，以这样的方式对公司产品和服务进行持续监控。此外，一些咨询公司生成规范的市场调查信息报告，随之还附有不同行业的财务数据分析。例如，来自明特尔的 2009 年报告包含了以下内容，英国关于高尔夫（3 月）和宾果（4 月）的报告；爱尔兰关于美食旅游（5 月）和短暂休息市场（7 月）的报告；美国关于记录娱乐（2 月）和主题公园（4 月）的报告；以及国际性的关于航空公司（2009 年 6 月）和未来欧洲度假包的报告（5 月）。2009 年 Key Note 为英国做的市场调查报告，包括，电影市场（4 月）、足球俱乐部和财务（7 月）、假日购物模式（6 月）和体育设备（5 月）等内容。

17.6.3.2 公共部门

近几十年来，公共部门因为责任问题承受的压力不断增加。这不仅意味着花消费者应该花的钱；也意味着公共花费的钱应物有所值。这就需要合适的绩效指标来衡量。在英国，标准绩效指标的报告过程在近几年由最有价值立法，特别是综合绩效评估，最近更多的是综合区域分析推动。这些政府需求已经迫使当地政府公布了一套国内绩效指标的信息。表 17 - 5 显示了这些指标与公共部门文化服务具有相关性。综合绩效评估限制了这些指标，虽然现在当地政府能选择需要的指标去报告，但在综合区域分析之下，这些列出的指标包含了更多的活动。在表 17 - 5 的最后一列里，我们看到，当地政府采用的文化指标是可变动的，这里有两个常用的指标（参与运动与休闲活动、青年人参与的积极活动），但是政府很少选择使用其他指标，当然，选择这两项指标的也较少（参观博物馆和美术馆、公共图书馆的使用）。

在个人服务水平上，我们找到更多的综合性绩效指标。例如，为公共运动与休闲中心而设的英国国家标杆管理服务，如表 17 - 6 所示，该服务横跨 4 个绩效维度，计算了 47 个绩效指标。

英格兰国家运动标杆分析服务是一项综合性考核指标，但它也未能包含管理者和行政人员想要达到的公共设施绩效的所有方面。英格兰国家运动标杆分析服务并不能衡量大多数设施产生的广泛社会影响，例如改善健康、改善生活质量、减少犯罪和破坏行为或是教育福利——这些方面都很难考虑以至于不能在使用这些设施的特定条件下进行定期衡量。英格兰国家运动标杆分析服务不能衡量未使用者和残疾人的看法——这将要求当地社会进行调查，但这项调查的费用是昂贵的。英格兰国家运动标杆分析服务也不能记录意见、行为等，如 11 岁以下的青少年，人们认为他们不适合回答调查问题。这些例外表明，在实际绩效测量系统中常常需要妥协，因为指标一方面需要是可取的，另一方面需要真实衡量且在合理成本之下。

选择一系列可管理的指标来反映组织目标是每个组织的责任。对于公共部门的供应商，它可能包含如妇女、老人、低收入者和残疾人等为特殊客户群体而设的生产能力指标，因为正确处理这些目标群体可以监控组织是否有效。它也可能包含财务绩效等常规指标，表 17 - 4 中给出的一些与商业供应商相关的指标。特别是对于没有特殊"社会服务"作用的服务部分，如酒吧、咖啡馆、自动售货机和其他机器销售等。

表 17 - 5 在英国，公共部门的国家指标与文化服务具有相关性

a) CPA 评估 2007 - 8

每 1000 个参观/使用博物馆和美术馆的人（包括调查询问和浏览网站）

每 1000 个参观博物馆和美术馆的人

组织来参观博物馆或美术馆的孩子们

遵守公共图书馆服务标准

资源：审计委员会，www. audit - commission. gov. uk/localgov/audit/bvpis/pages/guidance. aspx.

b）CAA 分析 2009 +

国内指标	当地区域的同意数量，包括每个指标	在人口上进行排序，[1]超过 152 个指标
成年人参与运动和康乐活动	82	16
年轻人参与积极活动	75	22
参与一般志愿性活动	42	43
参加艺术活动	24	65 =
儿童和青少年参与高质量的体育运动	24	65 =
公共图书馆的使用	10	95 =
参观博物馆和美术馆	2	142 =
儿童和青少年对公园和游艺场所的满意度	0：一直定义为同意	不适用

注：1. 排序是根据每一个指标在当地区域的同意数量得出的。例如，成年人参与"运动和康乐活动"这项指标有 82 个同意，在这样一个同意值下，它在最流行指标中排第 16 名。

资料来源：IDeA，www. idea. gov. uk/idk/core/page. do? pageld = 8399555

表 17 - 6　NBS 绩效指标

a）访问

关键

11 ~ 19 岁参观人员的百分比 ÷ 11 ~ 19 岁属区人口的百分比

来自 NS - SEC 6 和 7 阶级的参观人员的百分比 ÷ 属区内 NS - SEC 6 和 7 阶级人口的百分比

60 岁以上参观人员的百分比 ÷ 属区内 60 岁以上人口的百分比

来自黑人、非洲和其他种族的参观人员的百分比 ÷ 相同属区的人口的百分比

小于 60 岁的残疾参观人员的百分比 ÷ 属区内小于 60 岁的残疾人口的百分比

其他

20 ~ 59 岁参观人员的百分比 ÷ 相同属区人口的百分比

第一次参观人员的百分比

有打折卡参观人员的百分比

不适宜用打折卡的参观人员的百分比

女性参观人员的百分比

60 岁以上残疾人员参观的百分比 ÷ 属区内 60 岁以上残疾人口的百分比

失业人员参观的百分比

注：

1. NS - SEC 6 和 7 阶级是在英国的行政阶级中的两个最低收入阶级。

2. 折扣卡的不适宜人群：超过 50 岁的人、学生、失业人员、残疾人、单亲父母、政府扶助对象、政府资助的学员、寡妇、锻炼转送人员和优秀表演者。

b）使用率

关键

每平方米（有用空间，即除去办公室和过道空间）每年的参观人员

其他

每平方米（外部空间的总面积，包括办公室和过道空间）每年的参观人员

每周随意游玩而非组织来参观中心的人数的百分比

作为属区人口的百分比

c) 财务

关键
每个参观者的补贴

其他
成本回收的百分比
每个公民的补贴
每平方米的补贴
每个参观者的总运行成本
每平方米的总运行成本
每平方米的维护和维修成本
每平方米的能源成本
每个参观者的总收入
每平方米的总收入
每个参观者的直接收入
每个参观者的二次收入

d) 客户满意度和重要分数的服务属性

可访问性	在方便的时间里可能进行的活动 预订方便 活动费用 活动可能的范围
设施/服务的质量	体育场馆地板的质量 体育场馆里灯光的质量 设备的质量 游泳馆里水的质量 游泳馆水温 馆内人数 停车场地点的质量 食品和饮料的质量
清洁	更衣区的清洁 活动空间的清洁

续表

人员	接待人员乐于助人 其他人员乐于助人 教练/指导员的标准
物有所值	活动物有所值 食物/饮料物有所值
只为全满意	参观的所有满意度

　　绩效指标依据需要多久才能得出呢？通常来说，绩效指标以一年进行平均计算。然而，如果想要操作性更强的绩效指标则可能需要更长的周期。指标决定可能因提升、规划和人员安排随时修改，所以一个定期更新的最新信息能帮助我们做这样的决定。这一考虑提醒我们，绩效衡量的主要目的是帮助管理者作决定。当然，它的第二个目的也很重要，就是向股东报告组织绩效。

17.6.4 目标

　　目标准确地描述为任务完成时达到的境地。目标支持绩效管理的过程，因为它们是改进持续目标的有形资产表现形式，同时目标也是修正改进的重要参考点。目标通常是定量的，如依靠 5% 的少数民族人口未增加访问量。

　　目标是如何决定的呢？最合适的基础就是，将组织之前的绩效和其他相似组织的绩效作为制定目标的依据。虽然目标设定者很难达到这样的依据，但此依据有利于平衡理想和现实间的差距。目标需要挑战性，但它们也要能够实现。如果目标过于容易达到，或是很难达到，它们会很快陷入绝境。目标能随着时间进行改变。目标需要保持持续的审查，因为它们与组织的运行环境密切相关。

> **讨论问题**
>
> 如何简单地根据以下目的设定目标：（1）改善客户满意度；（2）增加客户多样性；（3）增加设施非高峰期的使用率？

17.7　平衡计分表

平衡计分表由卡普兰和诺顿设计（1996）。它是一种绩效衡量体系，世界各地的不同组织和部门都在使用这种计分表。平衡计分表的主要目的就是将战略上的非财务绩效衡量也纳入传统以财务衡量为主的评价方法中，从而给予组织绩效一个更为"平衡"的观点。平衡计分表如图 17 –3 所示。

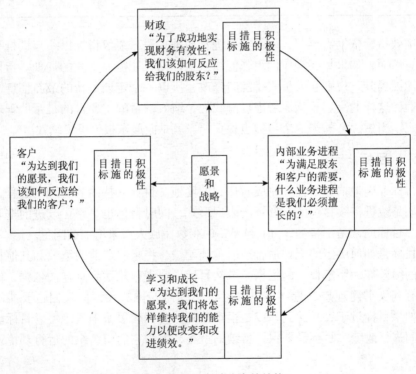

图 17 –3　平衡计分表的结构

资料来源：http：//www. balancedscorecard. org/

图 17 –3 不仅表明绩效衡量的发展超越了财务本身，而且表明它是具体目标的一致过程。为了实现组织目标，通过为具体目标制定措施、设定目标并制订计划来实现。平衡计分表不仅仅是一个绩效衡量工具，这也是将计分表转化为绩效管理系统的最后过程。

17.8　标杆分析法

到目前为止，我们已经讨论了适合组织运营的绩效衡量标准。不管组织管理者的决定发生了怎样的变化，他们都能认识组织的绩效究竟如何。然而，组织很可能想要和其他相似组织进行比较来全面了解自己的绩效。而标杆分析法就具有这样一种功能，它有以下两种主要类型：

数据标杆分析法。即在一个特定的服务中，通过比较数值标准（如平均数）来计算绩效指标。这种标杆通常组成相似组织的相关"家庭"。

流程标杆分析法。即对不同组织采用的不同流程进行比较。通过将绩效数据标杆分析法与流程标杆分析法一起使用，帮助管理者理解如何改进绩效。相似组织的"标杆分析俱乐部"使用这种分析是方便的。

对绩效来说，外部标杆分析非常重要，因为组织可以通过与其他相似组织比较，确定本组织的绩效。其他机构也能对参与标杆分析调查的所有组织的相关绩效进行评估。在公共部门，这是特别重要的，中央政府通常对监控单个当地政府服务的相对绩效感兴趣。在许多国家，这项工作由独立审计员完成。

在私人部门和公共部门，比较绩效信息是可能的。例如，在私人部门，ICC 英国财务数据集为个人公司提供详细的依据，包括行业间一些关键商务比率的比较。同样地，Key Note 为每个英国产业部门提供商务比率报告。

在英国公共部门，公共财政和会计的特许机构在两个年度的出版物里为运动和休闲提供了标杆分析。以上标杆分析包含文化、运动、娱乐统计和休闲服务费用等。前者主要包含金融统计数字，这些数字是当年估计的，而非执行结果。在运动与休闲中，其他三个明确的标杆分析一个在澳大利亚和新西兰（CERM），另外两个在英国（APSE 绩效网和 NBS）。

17.8.1 CERM 绩效指标

CERM 绩效指标项目在南澳大学由环境和娱乐管理中心管理，现在澳大利亚和新西兰运行。它有来自公共部门、志愿者和商业设施的客户。起初，它是为公共水上和休闲中心而设立，现在延伸为一系列运动和休闲服务，包括高尔夫球场、大篷车和旅游公司、野营地、滑冰公园和户外中心等。

CERM 绩效指标为 26 个运行的绩效指标提供了标杆分析，包括服务（如每周上节目的机会），营销（如将促销成本作为总成本的一部分），组织（如每个参观者的清洁和维护成本）和财务（如每个参观者的盈余/补贴）。CERM 绩效指标也提供客户服务质量的标杆分析，如客户期望与满意度之间差距的服务属性等。

17.8.2 APSE 绩效网

APSE 绩效网覆盖了 15 个英国地方当局服务区域，包括公民、文化和社区场所；文化、休闲和运动；运动和休闲设施管理；公园，开放空间和园艺服务。APSE 通过以下绩效维度收集数据和发布报告：客户满意度；服务成本；员工缺席；人力资源和人员管理过程；质量保证和社会咨询过程。

APSE 将个别地方当局的绩效与其他相同类型的地方当局进行比较，类似的总分由一系列指标项决定，这些项目包括设备类型和大小、位置特点、竞争、交通、停车场、定价政策、规划和投资。

17.8.3 英国国家标杆管理服务

英格兰国家运动标杆分析服务是户内体育和休闲中心测量绩效的标准。对服务衡量的绩效指标如表 17 - 6 所示。英格兰国家运动标杆分析服务测试的结果是为了将访问、财务和使用绩效与四个基准评价相比较，这些基准评价已经被实际测试并证明已经对绩效产生了结构性影响。中心的类型：湿，干（有/无户外设施）和混合（有/无户外设施）。社会经济的中心位置：高剥削、中剥削、低剥削；由最底层的两个社会经济阶级所属人口的百分比进行衡量。中心的大小：大，中，小。中心的管理类型：内部地方政府、信托、商业承包商。

如果采用三种标杆分析。对于一项绩效指标来说，如果将所有中心的得分从最低得分到最高得分排列起来，25%、50% 和 75% 的标杆分析分别对应 1/4、1/2 和 3/4 点在分数上的分布。

讨论问题

通过标杆分析数据可以看到，对于如"青年人参观"这样一个重要的绩效指标来说，它表现在底部四分位数的位置。如果由你管理一个运动与休闲组织，你将采取什么措施（不包含"辞职"方式）。

对于重要性和满意度属性（表 17 - 6），NBS 报告包括以下三种途径：将不同类型设施的"满意度分数"与行业平均水平作比较；客户对"重要性"

和"满意度平均分数"之间差距的看法——差距最大的也就是最强烈的问题信号;客户对每个属性"不满意"的百分比。

17.8.4 标杆分析法的好处

APSE(2009)提出"标杆分析法的真正好处是使当局从那些表现特别好的组织中得到能力的学习,以便改进服务交付"。APSE 组织了咨询小组、标杆分析会议和研讨会来促进共同学习。

英格兰国家运动标杆分析服务的客户对绩效管理过程表现出一些一般性的学习反应,例如:生成正确的信息;有意义的解释结果;使用绩效计划的结果,即当前行动计划、长期合约规范和发展战略等。

案例研究 17.3 讲述了英国当地机构使用英格兰国家运动标杆分析服务很多年的故事,并讨论了英格兰国家运动标杆分析服务对设施管理者有哪些好处。

案例研究 17.3

英格兰国家运动标杆分析服务带给米尔顿凯利斯休闲中心管理者的好处

米尔顿凯利斯休闲中心从 2003 年开始,定期地把英格兰国家运动标杆分析服务放入它的五个中心中使用。对于米尔顿凯利斯委员会来说,英格兰国家运动标杆分析服务的一个关键好处就是能在一个一致性和可比较的方式下修正不同中心的绩效,同时将它们与国内标准进行比较。NBS 也能为年度报告和内阁/委员会报告结论提供绩效数据,并帮助组织改进资金水平并进行深入调查。

米尔顿凯利斯委员会对绩效和英格兰国家运动标杆分析服务的好处作了共同探讨。当报告完成时,委员会召集所有中心管理者、委员会核心工作人员参加研讨班,对英格兰国家运动标杆分析服务专业服务进行国家性引导。以下是参与研讨班人员讨论英格兰国家运动标杆分析服务的好处:

---

1. 绩效性能。由英格兰国家运动标杆分析服务提供目标，将法律批准的一套外部绩效方法提供给设施管理者。当地管理者能运用他们当地环境赋予的知识解释并讨论这一信息。就像人们指出的那样，虽然就客户而言，NBS只是一张绩效"照片"，但是因为它对用户的调查只用了九天多一点的时间。

2. 培训股东。英格兰国家运动标杆分析服务数据能帮助政府官员了解情况，特别是有关休闲中心的真实绩效。实际上，一个当地的政府官员在米尔顿凯利斯参加了英格兰国家运动标杆分析服务所有的研讨班。但是，中心的两个管理者却认为英格兰国家运动标杆分析服务要达到此目的具有有限性。例如，他们并没有使用英格兰国家运动标杆分析服务数据告知客户，因为他们认为要正确地理解数据需要一定的背景知识。

3. 对管理者和政府官员事先形成观点的挑战。事实上，NBS数据常常肯定事先形成的观点，但是它们也偶尔抛出一些无法预料的令人惊讶的观点来。对于管理者来说，观点可能是消极的，也可能是积极的。这一观点导致了在米尔顿凯利斯详细的讨论，讨论不仅考虑到有关英格兰国家运动标杆分析服务依据的修正期望，而且涉及其依据的准确性问题。例如，如果英格兰国家运动标杆分析服务来自国家模型，当地知识对于所属区域的设施来说可能具有挑战性。

4. 期望和目标。英格兰国家运动标杆分析服务数据帮助管理者及其他股东形成有关绩效可能的期望，这一数据不仅由他们自己中心的绩效给出，而且与国家标杆分析进行比较。在米尔顿凯利斯，英格兰国家运动标杆分析服务数据为来米尔顿凯利斯委员会的工作人员和中心管理者提供了一个务实的讨论过程，从讨论中得出，达到共同期望需要好几年时间。接着，委员会"刺激"中心改进计划，通过使用它们资金的10%有条件地改进已经确定的绩效指标分数。一个中心管理者认为，通过对中心优势项目和当地环境的考察，英格兰国家运动标杆分析服务数据可以帮助米尔顿凯利斯委员会为不同的中心制定不同的目标。

5. 以依据为基础的管理文化。收集数据和接收标杆分析报告的经验帮助管理者形成一种更多信息需求的意识。一个需要定性研究的例子准确地解释了"为什么对于一项特殊的服务属性，客户却给予一个相对较低的满意分数"。虽然中心管理者认为当前英格兰国家运动标杆分析服务的研究已经足够，但是其他人却认为英格兰国家运动标杆分析服务数据能引出更深远的研究问题。然而，寻找资源来解决这些问题也是一件难事。

6. 标杆分析法的过程。标杆分析法的数据有利于选择合作者，并与合作者一起讨论具体的绩效指标，从而得出如何产生更好的绩效。米尔顿凯利斯管理者的英格兰国家运动标杆分析服务研讨会是在当地水平下实现这一过程的良好典范，它在绩效下对中心英格兰国家运动标杆分析服务优势和不足进行了一次有活力的开放式探讨。管理者也对使用米尔顿凯利斯之外的其他英格兰国家运动标杆分析服务客户进行了比较，证明这是最好的实践运用。

7. 为质量管理系统提供数据。大多数米尔顿凯利斯的管理者强烈赞同这一点。他们的中心也参与了"探索"（英国质量奖励计划），并且他们强调这两个系统是多么好：英格兰国家运动标杆分析服务提供数据，特别是来自客户的数据，因为这些数据能告知"探索"的关键要求。

此外，米尔顿凯利斯的管理者认为，英格兰国家运动标杆分析服务数据使米尔顿凯利斯委员会利用机会检查他们的系统在工作中使用得有多广泛，如他们的休闲（折扣）卡系统。

17.9　小结

质量和绩效管理实际上是讲述什么是良好管理的问题。回顾本章，许多实例的原则都是相同的，它们都以戴明理念为基础——计划、执行、检查和处理。质量和绩效管理服务的目的就是持续改进，而改进的目的就是更好地满足客户需求。质量和绩效管理促进良好评估体系的形成是为了收集和使用合适的依据。

达到文化的全面质量管理是一种理想状况，即在组织中的单个个人都由一种优秀文化联结起来。当然，这种理想主义也是企业的文化目标之一，持续改进的目的部分是使组织更近地达到全面质量管理的理想状态。

好的绩效依据能识别弱点、制订计划、采取行动和提高效果——这些是绩效管理的主要目的。然而，得到一个合适的依据不是一件容易的事。一些目标，特别是公共部门的目标，在绩效指标中很难以一个合理的成本表示。生成准确和一致的测量数据也是一个问题，例如：尽管有会计法则，但财务数据仍可以改变；同时，市场调查数据也很容易出错，如欺骗性样本和误导性问题。

良好绩效管理的另一个主要目的是将绩效与其他组织进行比较。这一点利用标杆分析法可以做到。然而，最好不要使用非正式专业网的数据进行比较。本章中，标杆分析系统的一个关键好处在于，它们能提供目标、进行同比比较。然而，特别对于公共休闲服务，标杆分析系统不能涵盖所有的范围——特别是它们不能很好地涵盖公共服务在当地社会上的重要影响。这个弱点暴露了绩效管理的局限性，承认这一点是非常重要的——如果绩效的特定类型很难评估，那么管理它们将更加困难。

讨论问题

1. 从你熟悉的一个运动或休闲组织的运行过程开始，根据文化和运动改进工具包系统，确认它在多大程度上帮助你了解组织的优势和不足？如果你采用了这个质量框架，能发现组织的一些其他优点吗？

2. 为你熟悉的一个运动或休闲组织制定三个目标，如当地俱乐部会或当地设施。设计一套能衡量目标的绩效指标。确定你选择衡量绩效的指标需要哪些数据。评估收集这些数据时，组织面临的主要问题。

拓展阅读

关于质量问题的详细讨论：

William, C. and Buswell, J. (2003) Service Quality in Leisure and Tourism, CABI Publishing, Wallingford.

关于公共部门的质量和绩效管理的全面讨论：

Robinson, L. (2004) Managing Public Sport and Leisure Services, Chapters 7 and 8, Routledge, London.

关于绩效衡量的原则：

Audit Commission (2000a) Aiming to Improve: The Principles of Performance Measurement, Audit Commission, London.

关于绩效管理系统的细节：

Kaplan, R. S. and Norton, D. P. (1996) The Balanced Scorecard, Harvard Business Press, Boston, MA.

IDeA (2010) Culture and Sport Improvement Toolkit, IDeA, London.

实　用　网　站

质量框架：

Chartered Quality Institute，www. thecqi，org/

Culture and Sport Improvement Toolkit，www. idea. gov. uk/idk/core/page. do? pageId = 8722761

EFQM，Http：//ww1，efqm. org/en/Home/tabid/36/Default. aspx

IDeA，英国机构对当地政府服务的改进和发展（用在文化、旅游和体育方面）：

www. idea. gov. uk/idk/core/page. do? pageId = 11216202

质量奖励：

UK Excellennce Award，www. bqf. org. uk

British and International Standards，www. bsi – global. com

Customer Service Excellence，www. cse. cabinetoffice. gov. uk/homeCSE. do，and www. cse. cabineroffice. gov. uk/UserFiles/Customer ＿ Service ＿ Excellence ＿ standard. pdf

Green Flag Awar，www. greenflagaward. org. uk/

Investors in People，www. investorsinpeople. co. uk

Quest，www. questnbs. info/

White Flag Award，http：//81. 17. 252. 145/ – whiteflag/

绩效衡量系统：

APSE Performance Networks，www. apse. org. uk/performance – network. html

Balanced Scorecard，www. balancedscorecard. org/

CERM Performance Indicators，http：//unisa. edu. au/cermpi/

National Benchmarking Service，www. questnbs. info/

绩效衡量：

CIPFA statistics，www. cipfastats. net/

ICC British Company Financial Datasheets，http：//library. dialog. com/bluesheets/html/bl0562. html

Keynote，www. kenote. co. uk

Mintel，http：//reports. mintel. com/

第 18 章
运动与休闲产业的财务管理

本章内容

- 在运动与休闲产业中，财务管理的目的是什么；
- 财务中有哪些关键术语；
- 财务账目的关键规律是什么；
- 如何报告财务状况，如何衡量财务业绩；
- 如何制订财务计划和实行财务控制；
- 对于运动与休闲组织，财务管理和评估意味着什么。

概　要

　　今天，运动与休闲管理的学生和员工都要求了解行业的财务这一面，以便组织在出现复杂问题和巨大市场波动时提供众多成本有效的解决方法。因此，本章介绍了运动与休闲组织开始计划、做有效决策和控制时，需要应用的关键财务规律和进程。本章认为，在运动与休闲组织中，虽然财务通常不指挥其运行，甚至在私人部门中通常也不以财务为基础，但是本章强调财务管理的重要性和重大责任，并强制性要求赋予至所有组织。在本章最后，提供了一个完整评估组织财务状况的框架，以促使组织更经济地运行。

18.1　引言

　　在开始讲述财务管理前，建立一些基本的财务规则非常重要。简单地说，财务不仅仅是数字，当然，你不必为理解一套财务报表而成为一名优秀的数学家。相反地，你需要理解财务的指导规则和原则，它能帮助你编制和形成一套账目。作为一名在运动与休闲行业工作的学生或是管理人员，理解财务管理及其职责是非常重要的，因为你能将核心财务信息传达给内外部股东。现今，运动与休闲行业拥有广阔的市场。体育产业研究中心（SIRC①）（2008）指出，运动与休闲部门的价值约 200 亿英镑，大约相当于客户支出的 2.5%。到 2011年，人们预期它的价值将增至约 240 亿英镑（SIRC，2008）。这证明运动与休闲行业的潜力比人们想象的更重大、更有意义。

运动与休闲的商品化和职业化导致大量资金投入不同级别的赛事中，例如，沃肯协斯 1997 年投资格罗斯特橄榄球俱乐部，在短时间内将其发展为职业俱乐部；2005 年，格雷泽花 7 亿英镑购买了曼联。斯图尔特（2007）也为证明运动与休闲建立了一套自己的机制，这套机制用于为全世界各地的人们创建个人意义、文化认同（如购买一件足球球衣复制品）和有利可图的职业道路。德罗勤的欧洲足球财政年度报告（德罗勤和塔其，2008）指出，一年内，10个俱乐部的收入超过了 200 亿欧元。在美国，一些职业运动员的收入超过了100 万美元；在英国，"黑人休闲"公司记录了至 2006 年年底，公司有 1450 万英镑的净利润。

不幸的是，从财务管理的观点来看，运动与休闲行业却落后于其他商业部门。大部分的体育营销、规划和战略主导着体育商业管理的教育，由此导致了这一领域的日益成熟。人们常常忽略财务管理，据说是因为有些人声称有点害怕数字。现在，有些体育管理人员和已经获得体育管理学位的大学生一直致力于理解损益表和资产负债表，更不用说他们能自信地判断一个组织的财务运行状况。然而，就如威尔逊和乔伊斯（2008）指出的那样，不管是耗资数百万英镑的大型组织，还是小的、当地的或是志愿性的体育俱乐部，它们每年都需要建立一套财务报表。因此，如果组织需要做财务报表，管理者希望成功就业，他们也必须理解并会运用财务信息。

18.2　关键术语

一般来说，企业会计有两种账户类型：财务账户和管理账户。根据用户需

---

① SIRC：体育产业研究中心

要的基本信息，账户类型可能大有不同。从以上内容你应该已经注意到，财务信息可以使用两种方法查看。当向后查看时，即进入过去年份。当财务账户准备外部使用时，它们以历史信息为基础，所以检查财务账户是很正常的。当然，两种账户也受法律约束。例如，一套财务账户可以说明组织过去的财务状况和财务业绩。

讨论问题

请描述"财务会计"这一术语用于记录财务交易历史的术语，并将交易信息以摘要形式呈现出来。

然而，如果管理者希望更主动地检查组织的未来趋势和问题，他们必须查看更多组织的未来会计信息。但是，这样的信息在财务账户里无法找到，因此出现了管理账户。该账户着眼于未来，并依据账户提供的信息帮助管理者做计划、决策和控制组织。管理账户不像财务账户，它没有法定要求。对管理者来说，理解两种账户间的区别非常重要。因为只有理解了两种账户，才能知道在哪里找到有用信息。当然，这两种类型的账户在下文也有涉及。在讲述到本章最后提到的管理账户之前，我们先应检查财务账户信息。

讨论问题

是否"管理会计"这一术语常用于描述为做计划、决策和控制目的的未来财务数据。

事实上，管理者应理解财务账户和管理账户间的工作是密切相关的。虽然法律规定，财务账户的构建必须遵循国际会计标准，但是在管理者的正常思维里，他们都不会按要求记录财务交易，也不希望成为最好的典范。相反地，他们将计划他们的经营方案、考虑他们决策的意义并控制他们的组织，而这样一种方式（大多数情况下）能实现组织的目标。为了计划和有效决策，管理者不得不采用优良的管理账户原则，如预算、盈亏平衡分析和成本核算——这些原则将在本章的最后进行讲述。因此，对于一个成功的管理者来说，完全理解两种账户的应用和实践是非常必要的。

在我们继续下面的讲解之前，有必要了解更多的关键术语，因为当你继续浏览财务账户其他部分时，你可能碰到以下术语。利润表或损益表：财务业绩的一种概述，即公司在一定期间里的现时收入和支出；资产负债表：公司在某一特定日期的财务状况报表；现金流量表：通过一段时间对资金流入和流出表现的一种预测；资产：公司拥有的一些有价值的东西，如建筑、设备、车等；债务人：占有公司钱或服务的个人或组织，如向你借钱的人；负债：与资产相对的就是负债，如一个信用卡公司；债权人：你欠钱或服务的个人或组织；折旧：随着时间流逝，资产在价值上的损失，如一台电脑在使用后将不值以前的价格。

18.3　财务管理的重要性

　　财务管理的概念并不是简单地去管理利润，更重要的是如何监控、评估并控制组织的收入和支出。对运动与休闲管理者来说，以下两点是至关重要的，一是理解三个部门提供模型的变动价值（如第二部分所述），二是认识到为达到社会目标而提供的大量体育服务。体育组织的运营会亏损，并且一般来说，它也需要政府提供补贴。但是，这并非意味着适当的财务控制不重要。为了使体育经营作为有效的业务实体产生利润，或确定没有将纳税人的钱浪费在无聊的计划或是想法上，运动与休闲管理者了解他们所提供产品和服务的成本构成至关重要。

　　许多组织通过贷款实现扩张计划；事实上，如果组织希望保持竞争力，借贷是日常生活中不可或缺的一部分。然而，借贷一般以这样的简单假设为基础，即假定组织未来的收入足以承担还贷和任何相关业务。但是，当组织遭遇财务危机时，则会经常发生问题。因此，当债务到期时，在经济成功和最终破产的组织中，两者的偿债能力常常大相径庭。如果管理者准备做有效计划和决策，他们就必须控制组织的财务。当然，借贷并非坏事，也不必在意债务这件事——主要问题就是能够偿还债务。南安普顿休闲控股公司（南安普顿足球俱乐部的母公司）发现偿债是一条艰难的道路，对，这确实是个棘手的问题（参考案例研究18.1）。

案例研究 18.1

财务、足球和南安普顿休闲控股公司

2003 年，在足协杯总决赛中，南安普顿足球俱乐部以微弱差距输给了安森纳。2 年后的 2005 年 5 月，在英国足球的巅峰之战中，南安普顿足球俱乐部委托给足球锦标赛委员会管理。随着移交过后，南安普顿有了一批新管理者、新球员和新主席。2006 年，鲁伯特·劳辞职了，这时公司在巴克莱银行有 340 万英镑的存款。此外，公司还支付如沃尔科特这样优秀的球员工资。然而，到 2008 年鲁伯特·劳回来的时候，630 万英镑的透支取代当初银行里的现金存款，尽管在球员销售上收回 1270 万英镑的利润，但还有一个高达 490 万英镑的整体营业亏损！此外，更重要的是，在考虑财务管理时，俱乐部正在花费 81% 的营业额用于支付球员/教练的工资。这意味着俱乐部每产生 1 英镑收入，就有 81 便士单独花在球员和教练上；剩下的 19 便士才用于其他的所有开支，其中包括对体育场 32000 个座位的维护。

有效财务管理的核心是组织偿还到期债务的能力。南安普顿处在这种情形时做得并不好。对组织损益表和资产负债表更深入的分析能反映更多问题，例如广播收入（足球俱乐部的致命弱点）从 810 万英镑下降到 300 万英镑，比赛日的收入由 1050 万英镑下降到 790 万英镑，商业收入由 460 万英镑下降到 330 万英镑，然而花费在球员和教练成本上的营业费用却从 1050 万英镑上升到 1220 万英镑。

足球俱乐部常常将财务和场上的表现进行博弈，当利兹联队由于未能晋级冠军联赛而遇到财政困难时就是最好的说明（威尔逊和乔伊斯，2008）。对于南安普顿来说，在 2007/8 赛季重返英超并不现实——他们的收入减少但成本提高了。

2007 和 2008 年，公司的亏损总额达 500 万英镑，公司的价值也下跌了（从 730 万英镑到 230 万英镑），而同时有 2750 万英镑的净债务困扰着集团，这加剧了本已岌岌可危的财务状况（足球俱乐部 1920 万英镑的净债务）。对大多数小组织而言，当其净债务达到 100 万后便会解散！

2009 年 4 月 25 日，南安普顿正式移交给联赛。南安普顿进入联赛管理后确保了它开始新的赛季，但是联赛需扣除它 10 个点的利润。在参加足协杯的六年里它都是亚军，它也是联盟杯的竞争对手并正从英超联赛第八名的位置上消失。2009 年 5 月底，俱乐部已经不能履行对其员工做出的财务承诺，即它不能负担起人员工资，并且它还不得不要求员工免费工作。俱乐部管理员警告说，除非找到一个买家，否则俱乐部将面临破产。当面对俱乐部传奇人物马特·乐特撒的财团时，他们没有达成购买俱乐部的一致协议。然而，在 2009 年 7 月 8 日，俱乐部找到一个新的买家，他就是瑞士商人马克·利伯赫。从那以后，俱乐部的财务开始改善，2009 年 10 月，南安普顿开始着手由 10 个点的利润累计至 11 个点，这部分得益于新签约的瑞奇德·勒姆波特。然而，我们相信未来俱乐部的经济将呈现稳定状态，在撰写本书之际，如果它能爬出降级区并到达安全区域，我们将能看到这一景象。

　　资料来源：数据取自南安普顿休闲控股公共有限公司，2008 年年度报告和账目。

　　在本案例的财务管理中有两个基本问题。第一个问题是，管理者需要评估他（或她）管理公司所在的市场，而这些将为其考虑成本提供一些指导。在南安普顿的案例中，花费营业额的 81% 用于球员和教练工资上是非常不经济的事情。第二个问题是关于债务的。很明显，与公司的价值相比，南安普顿在经营时已经承担了一个相当高的负债水平。然而，既不是因为债务的原因，也不是因为借贷的原因，而导致公司的衰落。问题是，南安普顿无法偿还债务，因为财富只集中在少数富人手中。

讨论问题

　　导致南安普顿足球俱乐部财务下滑的最重要问题是什么？其他的足球俱乐部面临的相同问题是什么？

18.4　财务信息的使用者

　　对于广大股东来说，财务信息非常有用。它常常跨越不同部门，并且每一份财务报表能满足不同的信息需求。例如，马尔科姆·格雷泽（曼联足球俱乐部的老板）想要知道他的公司赢利多少，以便确保他能获得足够的利息收入以偿还他在 2005 年接管公司时拿出的资金。谢菲尔德市议会想知道，他们需提供多少补贴来保证休闲服务在这座城市里的正常运行，以确保纳税人的钱用在实处。切尔滕纳姆游泳馆的主席和水球俱乐部想要确定，通过捐献和资助能否收到足够的钱来维持他们的运营成本。

　　一般来说，组织的所有者、管理者、贸易往来者（如供应商）、资金提供者（如银行）、员工和顾客等用户群体对与财务有关的信息非常感兴趣。如果是一个商业组织，所有的这些用户群体都想要确定，组织是否强大，组织能否支付债款、能否赢利、能否保证营业。用户指示性列表和用户群体感兴趣的领域如表 18 - 1 所示。

> **讨论问题**

　　在以下组织类型中，哪类用户最想了解组织的财务信息：（1）私人的商业运动与休闲组织；（2）当地政府的运动与休闲服务中心；（3）志愿性运动与休闲俱乐部。

表 18 - 1　财务信息的使用者和他们的信息需求

用户群体	感兴趣的领域
公司所有者	所有者想要知道组织每天的管理怎么样，从组织日常运行中能获利多少
管理者	管理者需要财务信息，以便他们能为组织做远期计划，并查看他们的决定有多么有效
贸易往来者（供应商）	供应商和其他贸易往来者需要知道，组织能否及时还款
资金提供者（银行）	银行和其他借款人需要确定，组织能否在它们借钱和还钱这段时间里及时地归还债务和利息
女王陛下的收入和民族风俗习惯（英国），国内税收服务（美国）和澳大利亚税务局，等等	税收政府需要知道组织的利润信息，以便能计算组织欠税多少。他们也需要知道增值税和员工收入税等详细信息
员工	组织的员工希望了解，他们的工作是否安全，他们的工资能否按时发放
客户	对客户来说，了解购买货物/服务的交付/供应情况是非常正常的。同时，他们可能对投资公司感兴趣，因此想要了解公司是否有一个良好的前景

18.5　运动与休闲产业的法定要求

在运动和休闲产业中，判定一个组织是否是有效管理，不仅要求个人能理解财务管理，还要求会使用财务工具。正如诺特承认的那样，对财务记录和报告系统的理解和应用能更迅速、更容易地掌握一个组织的财务状况。所以，对于任何管理者来说，不管组织的规模、形式或是类型，这一点都是非常必要的，因为管理者不得不创建一套包括资产负债表和利润表（之前被称为损益表）的财务报表。简而言之，资产负债表就是组织在特定时间点拥有的所有资产和负债。提到它常常是将其作为组织在特定时间点资产状况的报表（一般是财务年的最后日期）。另一方面，损益表描述了在一段时间里由利润（或损失）计算出的财务业绩。利润的计算方式是收入减去成本。

任何有限公司都需要创建一个为期一年的损益表；然而，一般来说，管理者会创建一个临时损益表，这个临时损益表与预算相关，并以一个季度甚至是一个月为基础——需要更多说明的是财务会计和管理会计之间的联系。例如，慈善机构和一些俱乐部，或是社团等非营利性组织，它们需要创建一个类似称作收入账户和支出账户的报表，该账户描述了相对于利润来说的盈余。本章讲述的就是有关这些报表的例子。

然而，财务报表可能不能满足所有用户群体的需求，但是必须承认，财务报表有一个法定要求，即每一个组织都必须创建财务报表，不管是公共部门、私人部门或是志愿部门。以下所列的是一些国际股票交易市场，如富时指数公司（英国）、纳斯达克证券交易所（美国）或澳洲证券交易所（加拿大），如果这些公司想要走得更远，就有责任公布它们的报表并将复印件传给它们的股东们。

18.6　财务报表

财务账户的目标是为用户提供有用信息，而不管用户是谁。因此，包含在账户里的信息，关注的是资源的配置情况。这意味着该账户能用来说明组织运行得多么经济，而非是否达到它的组织目标。因此，专业的会计师或是会计部门常常建立以下三种主要报表：财务业绩报表或利润表，它报告组织收入和产生的费用；财务状况报表或资产负债表，它描述了资产、负债和资本的流动水平；现金流量表，它提供了组织每日活动的详细情况，这些活动如资产的买卖和资金的安全及借贷等。

运动与休闲管理者只有明确理解以上三种报表，他们才有机会有效管理一个组织。因此，仔细查看组织的主要报表是一件有价值的事。只有这样，你才能了解账户的总体布局并理解账户的关键数字，而这些关键数字对预测组织的未来发展方向有重大意义。为使这些信息更具一致性和说服力，我们将采用竞技场休闲公共有限公司的年度报表作为参考资料（参考案例 18.2）。

案例研究 18.2

竞技场休闲公共有限公司的简介

竞技场休闲公共有限公司是英国一个管理 7 个赛马场的休闲类集团，它旗下包括唐卡斯特（Doncaster）、乌而弗汉普顿（Wolvethampton）和伍斯特郡（Worcester）等赛马场。整个集团每年接待量占所有混合比赛的 25%，这使它成为英国最大的赛马经营商。它们的竞赛组合包括如 St Leger 等经典竞赛，此外还有如在皇家温莎举行的"周一晚上赛马季"等临时赛事。

7 个赛马场的每个组织都提供相应的会议和宴会设施，以确保一年 365 天都能为消费者服务。赛马场提供的相关服务有三项，前两项分别是 18 孔高尔夫课程和休闲俱乐部，第三项是品牌酒店。公司未来计划包括：建设两座以上的宾馆、一个赌场、新增观众观看区域、大量的会议和展览设施等。

资料来源：改编自竞技场休闲公共有限公司（2008）

18.6.1 利润表：财务的衡量

关于利润表，首先要指出的是，提到它有各种各样的术语。虽然它现在叫利润表，但它最初是作为损益表、或是非营利部门中的收支账户来使用。

利润表指明历史财务业绩，换句话说，是一个组织在一段时间内的可获利润。建立公司存在的意义就是赢利，或者最坏也要保本，利润表给我们提供了大量重要财务信息。简单地说，衡量利润首先需要计算组织产生的收入。接着，在收入扣除支出之前，将组织的费用加总，然后看最后结果是赢利还是亏损（威尔逊和乔伊斯，2008）。

人们熟知的利润、收入或营业额都是一个意思，它通常分经营性和非经营性两种，即组织每天活动产生的收入（经营性收入），特殊项目、资金或赠款等产生的收入（非营业性收入）。一般来说，就像斯蒂沃特承认的那样，运动与休闲产业的收入在过去一些年里戏剧性地增加了，但是对于一般的非营利性体育俱乐部来说，其收入仍完全依赖于会员费、门票收入、筹款活动、赞助商和接待顾客等。

因为收入相对容易分解，所以我们应更加谨慎对待费用。遗憾的是，国际会计准则允许以两种方式划分费用：靠职能和靠性质。基本上，这意味着组织能选择大多数正确的方式呈现组织的业绩构成。然而，为了确定组织能公平地与其他组织比较，需设置明确的标准来阐述应披露信息的实际费用，其费用包括资产贬值和人员成本。为阐述以上几点，学习表 18－2 的竞技场休闲公共有限公司的利润表是非常值得的。

表 18－2 描述了由国际会计准则列出的常见的"靠职能"划分格式。格式的主要组成部分包括收入（贸易收入）、总利润费用计算前的利润、经营利润和当期利润，这样的格式是为了便于读者阅读。报表显示，利息和纳税前的利润不足 580 万英镑（第一列的中间部分），年利润约为 380 万英镑（第二列的最后部分）。我们希望看到的记录账户项目核心组成部分（如收入）的更多信息可以在附注里找到。竞技场休闲公共有限公司的附注如表 18－3 所示。

表 18－2　竞技场休闲公共有限公司的利润表

合并利润表

截至 2008 年 12 月 31 日

	附注	贸易 英镑'000	单列项目 英镑'000	2008 总计 英镑'000	贸易 英镑'000	单列项目 英镑'000	2007 总计 英镑'000
收入	5	64825	–	64825	57920	–	57920
销售成本		(47270)	–	(47270)	(42024)	–	(42024)
总利润		17555	–	17555	15896	–	15896
其他经营收入	7	760	1667	2427	1352		1352
行政费用,不含减值损失		(12848)	–	(12848)	(11351)		(11351)
减值损失	16	–	–	–	–	(1050)	(1050)

续表

	附注	贸易 英镑'000	单列项目 英镑'000	2008 总计 英镑'000	贸易 英镑'000	单列项目 英镑'000	2007 总计 英镑'000
经营利润	6	5467	1667	7134	5897	(1050)	4847
非营利性收入和费用	8	–	–	–	–	1370	1370
合资企业税后股份	19	310	–	310	(215)	–	(215)
利息和纳税前的利润		5777	1667	7444	5682	320	6002
财政费用	12	(3046)	(1445)	(4519)	(2053)	–	(2053)
财政收入	12	1091		1091	1895		1895
净财政费用	12	(1973)	(1445)	(3428)	(158)		(158)
税前利润		3804	212	4016	5524	320	5844
所得税费用	13	–		–	–		–
年利润		3804	212	4016	5524	320	5844
归因于							
——母公司的股东权利	14	3871	212	4083	5615	320	5935
——少数股权		(67)	–	(67)	(91)	–	(91)
年利润		3804	212	4016	5524	320	5844

				便士			便士
每股收益:	14						
每股基本收益				1.12			1.63
摊薄每股收益				1.12			1.63

资料来源:竞技场休闲公共有限公司(2008)

表 18–3 竞技场休闲公共有限公司账户中的附注

收入

	2008 英镑'000	2007 英镑'000
出售服务	64825	57920

集团只有一部分:跑马场营业。在这部分里,营业额被分析如下:

	2008	2007
	英镑'000	英镑'000
HBLB	18993	18918
BAGS(媒体权利收入和特许赌马办公室)	10399	9883
其他与赛马活动相关的收入	35433	29119
	64825	57920

＊2007 年股东的一致性表决，分配方案已经做了调整。

资料来源：竞技场休闲公共有限公司（2008）

当用户检查一套财务报告时，他们常常只检查一些"关键信息"。在表 18－2 中，关键数字是"年利润"，因此当用户看到公司获得 380 万英镑利润的数字后得出公司运行良好的结论时，我们认为这是合情合理的判断。虽然建立财务业绩是一个有用的衡量尺度，但是有效的管理者应该认识到它仅仅是对绩效的衡量。同时，一个全面的财务状况评估虽然超出了本章学习的范围，但是在查看检查资产负债表之前，也应考虑利润表的其他有用部分。

为了全面了解财务业绩，有必要知道"年利润"是如何得到的。换句话说，就是组织做了什么获得利润以及利润与去年相比怎么样？通过比较 2008 年（约 6480 万英镑）和 2007 年（约 5790 万英镑）的收入。可以得出公司产生了 690 万英镑的增加收入，增长率达 11%。此外，我们还得出，"总利润"的增长接近 160 万英镑（从 2007 年的约 1590 万英镑到 2008 年的约 1750 万英镑）。

然而，当费用有一个适度的增长时，你可能希望收入也有所增长。但是年利润却在 2007～2008 年间下降了约 200 万英镑，这主要是由于 2007 年收到了"其他收入"。这一简单分析表明，管理人员应如何更全面地理解和掌握财务。当然，利润表也为管理人员做未来决策提供了更多的详细信息。

讨论问题

利润表能衡量一个组织的财务业绩。这类报表其功能的主要局限性是什么？主要优点又是什么？

18.6.2 资产负债表：衡量财务状况

资产负债表与利润表不同，虽然在大多数情况下，你能通过资产负债表查看一个组织的利润和损失，但你不能用它来决定完整全面地看待财务业绩。相反地，资产负债表提供了一个组织财务状况的详细信息，包括强调组织拥有的资产价值、负债价值（欠别人的钱）和资本价值。为了巩固财务思想，应牢记等式：资产 – 负债 = 资本。

单看资产负债表的定义，它左右应该是平衡的，因此列为上述等式。但是，该等式仅仅只能精确地描述组织每天的发生量，因为资产和负债的价值极易变动。这就是为什么提到资产负债表时，它常常作为一张报表或是一幅静止的图片。虽然这张图片能精确地描述每天的发生量，但是它很快就过时了，显然这展示给管理者的价值是微弱的。

一般而言，资产负债表将资产和负债分为固定资产和流动资产、流动负债和非流动负债。在检查一张资产负债表之前，你需要自己熟悉以下关键术语的意思。

资产：组织拥有并给组织带来经济利益的项目和资源。一般而言，资产分为固定资产和流动资产。两者最基本的不同就是，固定资产是组织想要保持并使用一段时间的东西，而流动资产是组织在交易中能转化成现金的东西。关于两者区别的一个典型例子就是，组织的建筑物和机动车辆是固定资产，而股票和现金是流动资产。

负债：组织欠别人而非自己的财物。一般而言，负债分为一年内支付的负债（流动负债）和一年后支付的负债（非流动负债）。关于两者区别的一个典型例子就是，银行透支和供应商账户是流动负债，而银行借款则是非流动负债。

通常，一张资产负债表包含一些账目附注，这与利润表很相似。我们需要考虑的关键问题是组织的总资产、总负债和总资本的价值。为了说明这些要点，表18–4展示了竞技场休闲公共有限公司的资产负债表。

虽然资产负债表是反映组织财务状况的报表而它具有局限性，但是它和利润表一起提供了一些非常强大的有用信息。例如，竞技场休闲公共有限公司的资产负债表表明，此组织价值7260万英镑。此外，我们也能确定组织是如何自控的，以及债权人是否真的控制了债务发生。表18–4表明，竞技场使用银行透支（在流动负债的第一项）来缓解现金问题，并使公司总负债达到约6200万英镑。

表 18 – 4　竞技场休闲公共有限公司的资产负债表

合并资产负债表

截至 2008 年 12 月 31 日

	附注	2008 英镑'000	2007 英镑'000
非流动资产			
财产、厂房和设备	16	119734	108283
无形资产	17	5596	5596
合资企业的投资——资产总值的份额		2699	2624
——负债总值的份额		160731	164371
尊重合资企业的商誉	19	133741	138131
贷款给合资企业	19	1580	1580
	19	4965	4979
联合投资		3171	2746
	19	–	–
非流动资产总值		128501	116625
流动资产			
投资	20	544	415
应收账款	21	5415	6191
库存商品	22	100	–
货币资金	24	179	3735
流动资产总值		6238	10341
总资产		134739	126966
流动负债			
银行透支	24	110331	–
应付账款	23	178501	164751
应交税金	26	129401	127961
预提费用及预收款	25	166911	165851
流动负债总值		1184841	1158561

续表

	附注	2008 英镑'000	2007 英镑'000
非流动负债			
应交税金	26	1404481	1371451
预提费用及预收款	25	131631	135541
非流动负债总值		1436111	1406991
总负债		1620951	1565551
总净资产		72644	70411
所有者权益			
资本	29	18210	18210
资本溢价	30	223	223
重估增值准备	30	5417	5417
留存收益	30	46985	44685
股东权益		70835	68535
少数股权	30	1809	1876
总资本		72644	70411

资料来源：竞技场休闲公共有限公司（2008）

　　检查组织拥有的资产类型是可行的。对于债权人来说，回收他们的钱非常重要，因为如果一个组织拥有太多固定资产（一般很难转化成现金），意味着它将很难立即支付欠款。在竞技场的案例中，公司固定资产（非流动资产）达到近12850万英镑，而流动资产相比只达到大约600万英镑。虽然我们并没有针对固定资产和流动资产提供多少比例合适的黄金法则，但是你能做出这样的判断：竞技场需要更多的流动（容易转化成为现金）资产。

　　关于财务状况，最后需要说明的一点是，一个组织的资产是否够负债之用。通常而言，专业的运动与休闲组织的运行非常紧凑，以便于组织能处理那些突出的债务——这就如曼联俱乐部是如何继续经营的。虽然格雷泽家族债务累累，但是俱乐部的资产足以应付他们偿还未来的债务。在竞技场的案例中，与近6200万英镑的总债务相比，他们拥有大约13400万英镑的总资产，所以他们的未来是明朗的。

讨论问题

资产负债表能衡量一个组织的财务状况。它的这种功能的主要局限性是什么？主要优点又是什么？

18.6.3 现金流量表

监控财务业绩最简单的一个方法就是，确定一个组织是否有偿债能力。如果不能满足债权人的要求而又没有任何理由，组织将出售资产以偿还这些突出债务。就传统而言，公司通过预算和现金流量表来监控现金状况。无论一个组织的利润有多少，如果它没有现金就不能继续交易。虽然利润表帮助我们建立了组织的财务业绩，但是它并没有告诉我们任何有关现金流的问题。如果债权人想要了解组织是否有充足的现金来及时偿还他们的债务，那么了解现金流是非常重要的。当然，对于管理者来说，这也是非常重要的，因为他们能够了解到，可以使用哪一部分现金去购买原材料或提供服务。

所以，现金流量表试图在以下三个主要方面描述现金流动的情况：营业活动、投资活动和财务活动。做这些的目的就是得到一张组织内外现金流动表。竞技场休闲公共有限公司的现金流量表如表 18－5 所示。列在表中的这些交易是为了展现如下信息：每天的花费（营业活动），包括工资和薪金（现金流入）或人员收入（现金流入）这样的事情；资产（投资活动）的购买（资金流出）和销售（资金流出）；资本进程和资金借贷（财务活动），包括如借款（现金流入）和还款（现金流出）这样的活动。

初看现金流量表后，人们可能认为它可以决定一个组织的利润和损失，而非净现金流量。然而，必须注意到，这里有很多支出项都不是现金交易，因此，它只出现在利润表中。竞技场休闲公司 2007 年的现金流量表指出，它提供了超过 370 万英镑的净现金流量，我们认为这是个积极的信号。然而，在 2008 年，公司的现金主要用于财务活动，所以为了满足组织的需要，必须找到 82.4 万英镑的现金以便完成组织的交易活动。本质上说，现金流量表对于现金的用途做了一个清楚而详细的展示，并使现金储备支持现金支付更加方便。竞技场的案例表明，2007 年，竞技场必须有现金储备（主要来自财务活动的净现金）。

讨论问题

为什么说对于一个管理者而言，区分利润和现金的不同是非常重要的？

表 18 - 5   竞技场休闲公共有限公司的现金流量表

合并现金流量表

截至 2008 年 12 月 31 日

	附注	2008 英镑'000	2007 英镑'000
经营活动产生的现金流			
年利润		4016	5844
调整			
折旧		3370	26164
索恩韦尔跑马场因遭受洪水损坏的资产的保险盈余	16	–	113701
稀释获得	8	11291	–
减值准备	19	–	1050
共同基础上的支付费用	16	220	153
净财政支出	33	3428	158
分享合资企业的利润/损失	12	13101	215
出售财产、厂房和设备的利润	19	116151	141
格兰特摊销		1711	1531
公司资本和规定改变前的在经营活动上的现金流		8.909	8.909
应收账款		776	263
增加投资		11291	13981
应付账款		110031	11251
经营活动的净现金		8553	8349
投资活动产生的现金流			
购买房地产、厂房和设备		1139051	1272501
销售财产、厂房和设备所得		1760	66
因遭受洪水受损的资产的保险收益	8	–	4586
对联营公司投资的销售额	19	–	100
合资企业欠款的减少/增加	19	14	110031
收到利息	12	1091	962

	附注	2008 英镑'000	2007 英镑'000
投资活动中使用的净现金		1110401	1225391
筹资活动产生的现金流			
少数股权出资	30		2000
银行和其他借贷所得		–	21687
收到资本类赠款		6243	882
偿还负债			11431
偿还融资租赁负债		132431	121
偿付利息	12	14	117711
偿付红利	15	130831	118581
		120031	
财务活动的净现金		120721	20,795
现金及现金等价物增加额/（减少额）	24	145591	6605
期初净现金及现金等价物余额	24	3735	128701
期末净现金及现金等价物余额	24	18241	3735

资料来源：竞技场休闲公共有限公司（2008）

18.7　管理账户的价值

正如本章开篇所述，我们介绍了两种主要的会计信息类型：历史（财务）账户包括三种财务报表；管理账户提供了更多的远期信息。然而，重要的是，这两种账户就如同同一硬币的两面，有效的管理者只有合理地使用两种账户，才能使决策更为有效。

当管理会计产生的信息应用在做计划、做决定和控制目的中时，它将使管理者变得更主动。管理账户不像财务账户，管理账户信息的产生和展示是为了迎合有准备的组织需要，而财务账户的信息必须满足大多数用户的需要。最后，管理会计信息一般着力于资源使用的效率和效果，这一点也很重要。所以，为了做有效决定，依靠有效计划是至关重要的，因此作为一个管理者，你必须学会使用管理会计信息。

然而，管理会计信息的范围超出了本章所述，所以我们只考虑它最基本的一项职能——预算，这将给管理者提供一些如做计划、做有效决定和控制组织未来发展等信息。管理会计信息的其他职能包括资产投资评估，即判断投资不同项目是否是一个好的想法，这将在第 21 章进行讲述。

18.8　计划和预算

为了支持计划、做决定和控制管理过程，对管理者来说，评估执行计划的成本和费用是至关重要的。管理者也需要确定一系列可能增加的资源，以支持组织战略和经营计划的开展。理解和应用常规预算技术是对组织财务进行有效管理的第一步。介绍计划和预算的目的是非常简单的。假定每一个组织都设计目标以便成功到达，不管组织的经营目标是什么，组织都会制定一些计划，以便管理者和员工朝着共同的目标前进。

在运动与休闲组织里，计划和预算的结果非常不同。在私人部门，绿色健康和减肥中心想要尽可能多地从它的会员中获得利润，所以它提供一个高质量的服务来达到目的。在公共部门，当地政府想要以一个成本有效方式使提供的运动与休闲服务满足全体社区成员的需求。而在志愿部门，小型体育俱乐部想要从它们的会员中获得足够多的收入，但大多数情况下收入仅仅能维持生存。一旦通过计划，管理者不得不通过比较事实发生和计划决定来监控和控制活动。这是连接财务账户和管理账户的第一个环节。如果管理者能控制组织的年度成本，那么他们也能管理组织的现金流，最后帮助控制活动以产生利润，或者至少能弥补成本。倘若管理者控制了组织计划，就可以弥补任何重大的偏差，同时管理者也可以采取行动使组织回到正轨，实现其目标。

因此，我们可以回到预算。预算本质上描述为财务条款上的行动计划。通常，预算以小结形式出现，但是我们也可以容易地将其表达为大量细节。例如，预算不像利润表，预算的类型和详细程度在不同的组织间也有很大差异，因为它们没有一个法定要求。最理想的预算应包含组织的所有活动和涉及的所有人员准备。通常，人们认为预算应由一名会计人员而非整个团队来完成，这是对提前预算的一个常见误解。如果发生这种情况，我们将认为组织未包含它的所有员工，预算通常也是不合理的。最后，预算应强调实事求是，并确定组织所能达到的目标和理想；这样也能有助于其他如计划、协调、激励、沟通和控制等管理职能的运行。

组织在实现目标的过程中，可以通过管理预算采取一些反复检查措施以促进组织发展。然而，在最基本的水平下，管理者将对一个项目、计划活动或一般业务列出所期望的收入和支出。如果支出超过了收入，预算需要重新检查，并考虑一个更经济的选择以降低组织成本。预算的建立通常都是不完美的，它们需要不断地监控和改进。

18.8.1 预算流程

预算在保持组织财务在轨道上运行起着核心作用，同时，它能确定组织能否支付到期债务。为了使预算更加实事求是，预算流程包含成本、预估收入和采购财务资源等部分。一般而言，预算以下列信息为基础：组织的历史财务信息；一般经济形势；合理预估资源可能产生的收入和支出；来自竞争对手的数据。

在交易年之前，一个好的管理者就会花时间考虑他的预算，通过使用以上列出的所有信息并将信息与组织目标进行比较。预算能有效迫使管理者事先考虑问题，并根据要求采取纠正措施，或从原始预计成本中解释差异存在的原因。预算应包含一个确定时间段和与预算有关的部分，这样预算能为利润表的建立提供信息支持。延续预算和从零开始的预算，这两种基本预算类型在本章的后部分将进行探讨。预算流程的描述如图 18－1 所示。

一般而言，我们使用绩效衡量工具来监控组织目标是否实现，它们一般着眼于财务预算和财务衡量。运动与休闲行业的三个部门都能运用这些衡量工具来增强它们的运营效益，并最终达到良好的财务状况。

18.8.2 控制预算

在商务中，控制的意思非常简单：就是猜想一个组织发生了什么？倘若你赞同并理解这一点，我们就能简单地将预算定义为，组织目标在财务条款上的简单表达，你也可以开始通过每天的经营活动来练习更多的控制。我们不得不监控和控制任何要实现的计划，以便确定组织是否瞄准了它的目标。如果组织不在正确的方向上，我们必须采取纠正措施。如果未控制预算的执行，组织很可能不能实现它的目标。这就需要我们找到一个方法来使组织的战略计划转化成现实的财务目标，使组织里的每个成员能够看到他们所处的位置、组织将运行何处。然而，为了控制预算，管理者有责任搜集监控到的真实成本和收入，以便能及时识别任何组织问题。

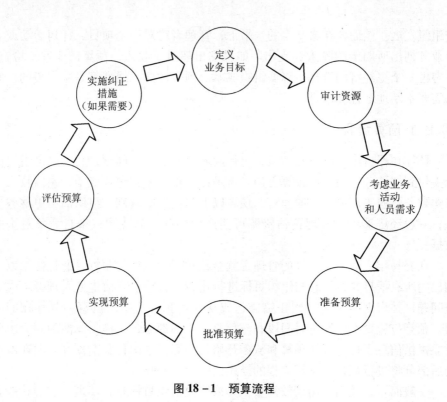

图 18 - 1　预算流程

18.8.3 延续预算

　　在运动与休闲行业，特别是志愿部门俱乐部和公共部门休闲服务中，通常使用的预算方法是延续预算。本质上说，这种预算类型提到这样一种观念，即组织在一个贸易时期到下一个时期里一般不会改变它的重大目标。这样的一个观念并不能促进组织成长，因为它并未挑战组织的目标和理想。然而，在运动与休闲组织里，这是一种极易应用和常见的预算方法。从积极的一面来说，如果组织的运营一直有效并获得利润或达到其他目标，我们可以说，延续预算是一种合理的和成本有效的单边财务控制方法。

　　延续预算框架有两种预算类型：增量预算和递减预算。增量预算假设组织的成长伴随通货膨胀。因此，管理者将在前一年的基础上乘以通货膨胀率得到新一年度的预算数据。另一方面，递减预算假设组织内有一个停顿或资金减少，所以预算的结果或者上下浮动，或者在特定区域内供应量减少。一个增量预算和递减预算的例子如表 18 - 6 所示。

表 18 –6　住宅型运动野营活动的收入和支出预算

支出

描述	单位	成本（英镑）	原始预算，2008（英镑）	预计预算，2009（英镑）
租用设备	1	6000	6000	6180
住宿和餐饮				
住宅露营者	130	60	7800	8034
住宅员工	10	60	600	618
人员				
教练的工资	12	250	3000	3090
助教的工资	8	100	800	824
队医	1	500	500	515
CRB 检查	25	36	900	927
设备				
理疗设备	—		200	206
租用电台	—		300	309
租用货车	—		500	515
媒体设备				
媒体设备	—		150	515
营销和推广				
印刷	—	—	—	—
商品	100	7	700	721
促销材料	1	1058	1058	1090
证书设计和印刷	1	1000	1000	1030
奖杯	—	—	—	—
奖品	1	400	400	412
人员服装	25	30	750	773
5% 的意外开支	1	4000	4000	4119
总支出			28658	29518

续表

收入				
描述	单位	费用（英镑）	总收入（英镑）	
住宅野营者	130	295	38350	39501
商品	100	20	2000	2060
总收入			40350	41561
盈余/赤字			11692	12043

资料来源：改编自弗尼克斯和威尔逊（2009）

讨论问题

延续预算的优缺点分别是什么？

18.8.4 从零开始的预算

从零开始的预算（ZBB）最初开发是用于解决那些指向批评延续预算的传统预算方法。延续预算不能表现管理者具有挑战性，它也不鼓励组织成长。从零开始的预算则持有完全相反的观点，它利用成本/利润方法为组织创造预算。表面上看，从零开始的预算对管理者是一个挑战，即需要对可能产生收益基础上的每一项单独支出项目都很了解。

这种预算常用的一种办法就是，拿出一张空白的纸，从零开始！例如，从零开始计划出一整个部门的支出，清晰地评估部门职能组成部分的活动，以便决定它们是否有一个合适的获益水平、组织的活动是否有必要。对于组织来说，给定的资源是有限的，这种预算方法允许管理者通过产生的最大收益来优先考虑支出。在运动与休闲组织里，因为支出常常是无法确定的，所以这样一种预算方法在非营利部门变得越来越流行。当使用以下这些简单的问题时，能方便地运用从零开始的预算：支出的目的是什么；支出究竟用于做什么；量化支出的好处是什么；被提议的支出的替代品是什么；削减支出的结果是什么？

从零开始的预算使管理者识别和改变效率低下的经营活动，同时，它通过询问重要的问题来鼓励避免支出浪费。然而，它也意味着强调短期回收而非长期收益，因为前者更容易衡量。此外，它假定决定支出承诺是在准备预算的时候，例如，如果由从零开始的预算得出的支出不能获得通过，组织活动也将终止。此外，成本/收益分析方法也存在缺陷，它需要管理者花时间对组织作详细的了解。

讨论问题

从零开始的预算的优缺点分别是什么？

18.8.5 分析预算

本章讲述的是财务管理的问题，所以需要评估财务报表，并列出计划和预算的关键组成部分，那么理解如何分析预算将是非常重要的。预算（或管理会计更常见）最初的目的是帮助管理者做出组织的计划、决定和控制。为了达到这一目标，拥有一个能提供实际业绩与计划业绩定期比较的框架是非常必要的。表 18－7 简单描述了这一过程是如何实现的。本质上说，我们很关注实际业绩和计划业绩的差异，所以我们教你在空白表格上创建你自己的预算，实际业绩扣除计划业绩就是方差。一旦完成上述方差，便可以记录结果了，即有利和不利因素，这也解释了出现这一方差结果的原因。表 18－7 使用了表 18－6 的预算收入和支出，并运用了这些概念。

表 18－7 中有五列。"预算"列是财务年度批准的预算。"实际"列提供了组成组织会计系统的整个细节，它用来建立财务报表，常常与预算的数字不同。"方差"是上述列出的实际业绩与预算业绩的差额，而"方向"列则为方差对财务业绩产生积极（有利 F）还是消极（不利 U）影响提供了详细说明。最后，"附注"表示交叉引用对方差的书面解释（图 18－2）。因为仅仅是一个数字还无法解释事实，所以需要提供一个定性解释。

如果一个员工阅读了管理账户报告，他能清楚地知道为什么方差报告发生了，他也能使用交叉引用方差法了解其他相关信息。在表 18－7 的例子中，当支出的增加不能弥补收入的增加时，组织必须采取措施，野营的最后只剩下可怜的 400 英镑盈余，而这点盈余也不知道能不能收到。

给：露营主管
来自：管理账户
回复：住宅的实际预算附注
附注 1：租用设备

租用设备的预算是 6000 英镑。然而，由于野营人数的增加，导致储存设备的空间增大。所以下一年度的预定价格由最初的 500 英镑打折至后来的 200 英镑。露营人数增加的收入弥补了设备租用费用的增加（参见表 18-7中附注 8）。

图 18-2 方差的定性解释

表 18-7 住宅型运动野营活动在收入和支出预算上的方差分析

描述	预算（英镑）	实际（英镑）	方差（英镑）	方向	附注
租用设备	6000	6200	200	U	1
住宿和餐饮					
住宅露营者的旅馆（含早餐）	7800	8000	200	U	2
住宅员工	600	600	—	F	
人员					
教练的工资	3000	3000	—	F	3
助教的工资	800	1050	250	U	
队医	500	500	—	F	
CRB 检查	900	900	—	F	
设备					
理疗设备	200	200	—	F	4
租用电台	300	300	—	F	
租用货车	500	500	—	F	

续表

描述	预算（英镑）	实际（英镑）	方差（英镑）	方向	附注
媒体设备					
媒体设备	150	150	–	F	5
营销和推广					
商品	700	800	100	U	6
促销材料	1058	1058	–	F	
证书设计和印刷	1000	1000	–	F	
奖杯	–				
奖品	400	400	–	F	
人员服装	750	750	–	F	
	–				
5%的意外开支	4000	4000	–	F	
总支出	28658	29408	750	U	7
收入					
描述	总收入				
住宅露营者	38350	38700	350	F	8
商品	2000	2000	–	F	
总收入	40350	40700	350	F	
盈余	11692	11292	400	U	9

注：F＝有利；U＝不利

资料来源：改编自弗尼克斯和威尔逊（2009）

关键术语在本章小结之前，请注意管理会计中的一些关键术语，包括：

预算：组织的业务或整个计划在财务条款上的表达。

现金预算：组织在一个给定时间里对可能改变的现金期望的分析。

延续预算：预算的履行以政策或优先权上的无变化为基础。

方差：实际业绩与计划业绩的差额。

从零开始的预算：从组织的优先级开始，并根据它们等级次序的重要性优先分配资源的一种预算方法。

讨论问题

为什么将预算业绩与实际业绩相比较是非常重要的，作为一个管理者通常应怎样做呢？

18.9　业绩分析

预算过程使管理者建立目标，然而，控制过程需要对业绩进行监控并能采取纠正措施。所以，在本章的管理会计框架里，最后一步是业绩分析。通过增强管理者的技能，帮助管理者成功过渡到下一财务阶段，并使组织继续前进。

在任何管理职能里，一些类型的评估必不可少。如果没有评估，一个组织将不能审查它的业绩并制定来年的预算，然而财务信息的用户们，并未提供详细充足的信息以满足他们的需要。私人商业部门的运动与休闲组织想要了解从本年到下一年是否创造了更多的利润；公共部门组织想要了解社区是否活跃；志愿和非营利组织想要以一种不负债的方式为他们的会员提供服务。

提供主要财务报表的分析和一个组织的预算，将帮助一个管理者证明老板雇用他（或她）是否有价值，因为应用财务管理技能将帮助一个组织继续前进。可以说，如果一个组织的经营很糟糕，使用这些技能会变得更加重要，因为它能帮助组织走出困境。虽然本章只提供了一个评估组织财务状况的框架，但是它假定一般运动或休闲管理者尚不具备这一系列技能，特别是在公共和非营利部门中。

18.10　小结

本章讲述的目的是展示在运动与休闲组织中财务管理的重要性。虽然一些详细的分析超出了本章的范围，但在一般情况下，还是为管理者提供了必要的技能以了解一个组织的财务健康状况。规划、计划和控制过程的循环，再加上财务会计信息和管理会计信息中分析方法的应用，可以增强运动与休闲行业的管理者拥有工具包的使用技能。不管是在营利组织还是在非营利组织，也不管这些组织的大小还是地位如何，都不应低估这一过程的重要性。

所有组织的主要目的都是利用他们自身的资源进行经营活动，以便于他们能继续交易。在本章中提到的预算工具，能够帮助实现这一过程。此外，使用财务会计信息和管理会计信息是相同硬币的两面——虽然人们很少认同，它将为管理者做计划、决定和练习财务控制提供原则和信心。

利润表、资产负债表和现金流量表为管理者提供一些信息，这些信息能判断一个组织的财务业绩和财务状况，同时也能说明利润和典型现金稀缺资源的不同。这些报表通过资产和负债描述了一个组织的组成情况，以便组织做有效投资、借贷和服务决策等。此外，报表也能判断组织是否应与特定的组织进行业务往来，或者组织的竞争对手是否能到期支付债款。

当然，我们不可能在一章里囊括所有的财务健康比率和预算方法。然而，你应该明确这样一个观点，财务管理非常重要，它是构成组织完整的一个重要部分。当然，管理者也需要如营销活动、培训和发展计划等其他管理技能，所以，管理者只有理解了财务，他才能使组织在第一阶段里，财务状况是否健康、是否有价值，甚至是否有必要。具备完全的财务管理技能的一个最好的方法是，达到对理论概念的彻底理解，并在实践中掌握一些切实可行的财务经验。

实 践 任 务

1. 查看竞技场休闲公司的利润表、资产负债表和现金流量表中的关键数字。一旦你找到了可以理解的数据，这是一件值得高兴的事情。使用你选择的运动与休闲组织的利润表、资产负债表和现金流量表，回答以下问题：

（1）这个组织的财务业绩怎么样？

（2）这个组织的财务状况怎么样？

2. 自己建立月度预算。你可以使用银行报表上的必要信息。提供一个月的收入和支出详单并计算财务业绩。一旦你产生了这一预算，试着用从零开始的预算方法重新建立预算。考虑收入和支出的所有来源，然后确定是否是经济且切实可行的。记得问自己一些与预算方法相关的问题。例如，健身会员的要求是什么？哪部分成本能支付汽车保险等？

拓展阅读

指导记录和报告财务信息：

Wilson, R. and Joyce, J. (2008) Finance for Sport and Leisure Managers: an introduction, , Routledge, London.

一般运动资金的更多信息，特别是非营利性组织：

Stewart, B. (2007) Sport Funding and Finance, Butterworth Heinemann, London.

休闲的会计观点：

Owen, G. (1994) Accounting for Hospitality, Tourism and Leisure, Pitman Publishing, London.

实 用 网 站

运动与休闲行业对组织的免费年度报告：

www . precisionir . com/investors/ars. aspx

学术期刊对体育财经的一个重要看法：

www. fitinfotech. com/IJSF/IJSF. tp1

日常刊物的商务和体育部分对运动与休闲财经的讨论：

http: //news. bbc. co. uk/sport/default. stm

www. ft. com/arts – leisure

www . timesonline . co. uk/tol/spotr/

第 19 章
法律与运动休闲管理

本章内容

- 为什么运动休闲管理者需要了解法律知识；
- 哪些法律原理与管理者息息相关；
- 什么是过失以及管理者该如何避免过失；
- 运动与休闲管理者是如何受到法律责任约束的；
- 法律在儿童工作中是如何运用的；
- 运动休闲管理者需要了解哪些雇佣法律；
- 良好的风险管理必须具备哪些要素。

概　述

　　这一章重点阐述了运动与休闲管理者应当承担的责任以及它们所涉及的一些重要法律领域。其中最重要的是避免过失。避免过失是以管理者对所有消费者及志愿者（拜访和监督确定该机构是否履行其应尽义务的人）有注意义务为前提的。其他的重要法律问题包括占有人责任和替代责任。占有人责任涉及对所有参观者的共同注意义务，而替代责任是关于雇员行为的责任。

　　儿童工作相关法律近年来有相当大的变动，最终在新的法律里面体现为：任何在英国参与儿童或弱势成人工作的员工必须在独立安保局登记，并且提供相关先例展示其以前在学校体育中如何明确责任的。

　　本章简单地展示了潜在雇主对员工应当进行的法律思考。最后，本章以对风险管理的思考结束，即风险管理就是防止过失，在组织体系里明确责任，尤其是在聘用和培训员工的过程中。风险管理的核心要素是风险评估。风险管理要求在风险评估里面用最简单的方法识别风险并采取措施使风险最小化。

19.1　引言

　　这一章主要介绍一些影响或可能影响从事运动休闲行业工作者的关键法律问题。由于法律是个很广泛的学科，本章只能剖析部分代表性的问题。如果读者希望了解更多的信息，可以根据参考文献所提供的方法查阅。大多数文献所提供的案例都是根据判例法制度判定的，而判例法对于开创先例又至关重要。

　　就其本质而言，不同国家其法律制度都不一样。为了保持内容的一致性，本章将重点阐述英格兰和威尔士法律的运行方式（法费斯基等，2007）。但是本章所讲解的大多数法律原理在其他国家的法律系统中也有体现，只是它们以不同的立法和诉讼程序表现出来，其法律条例也不一样。

　　如果想要找出本章引用的判例法和其他立法的出处，需要熟悉对主要的法律数据库的搜索。网络上有大量的法律材料（案例报告，期刊文章，法规条例等），可惜大部分仅供其缴纳一定费用的组织和图书馆使用。大多数大学都至少有一些渠道可以获得这些资料库，你应当咨询图书馆管理员，从而获得详细的指导去使用这些资料库。三个主要的商业性资料库分别是 Westlaw，Lexis-Nexis 和 Lawtel。就使用的方便程度来说，这里推荐使用 Westlaw，它有谷歌一样清晰、明了的界面，还包含了一系列使其超越初始搜索的特点，使用者还能通过专业术语或者其他不同的方式进行搜索。

19.2　过失（疏忽）

　　在现实中，人们参加体育或休闲活动的时候会经常受到伤害，有时候这些伤害被视为"只是一件类似事件"。然而有些情况下，当个人或组织至少对受到的伤害负有一部分责任的时候，受伤的一方通常会提起诉讼、要求赔偿，这些诉讼大多数是以过失的名义提起的。

　　人们似乎都认为，追究过失责任可以消除社会风险，因此要求赔偿的风气盛行。因为这种极端的做法，英国最近甚至专门颁布了旨在保护一些提供公益活动的体育组织及类似机构的法律——《赔偿法》（2006）。该法律提出，法庭需要考虑的是机构所采取的使其免责的措施会不会阻碍其发展个别活动。学校组织郊游活动和户外活动课程的规定与法律联系紧密。当参与者参加露营、皮艇、洞穴探险、定向越野、攀岩等活动发生事故时，教师和休闲活动组织者都可能遭到控告。

新的立法中，最受争议的一点是降低了运动休闲行业工作者们受到控告的风险，因此工作者们是受益的一方。在考虑如何避免过失方面，管理者必须谨记一些基本要求，就是让指导者和消费者的行为都合理、得当。这并不是要求消除一切风险以确保活动 100% 安全，而是合理做好一切准备，尽可能地确保参与者的安全。它们之间存在一种平衡——过失的风险越大，可预见风险带来的后果越严重，因此防止风险发生所采取的预防措施越重要。

过失制度应用广泛，其中包括在运动与休闲活动环境中，帮助调节个人行为和组织行动。对于受伤一方来说，想要成功通过过失告诉获得赔偿就必须要向法庭证明他们的损害是由于或部分由于行为人的行为造成。他们必须要证明被告方没有采取合理的保护措施保障他们的安全，并且是由于缺乏合理的保护而导致这一损害的发生。损害可能是有形的（身体和财产）、心理的或者是经济上的。想在过失告诉中获胜，原告必须要证明以下几点：

- 被告负有对原告的注意义务；
- 被告违反了注意义务；
- 被告违反其对原告的注意义务造成损失和伤害。

一定要注意的是，当起诉方提起刑事诉讼的时候，则不需要对其解释以排除合理怀疑。这些仅仅是依据"可能性平衡"得出的容易达到的标准。接下来的部分会将一个过失诉讼案件分解成几个部分以分析运动与休闲环境中法律的运行操作方式。

19.2.1　注意义务

说明过失的诉讼理由首要的是要证明被告对其负有注意义务。一般而言，运动与休闲设施的供应商总是对其客户承担注意义务，他们有责任在整个运行中考虑消费者的安全问题。

运动与休闲活动中存在多种关系，其中一方必定对另一方承担注意义务，例如：参与者对参与者；教师对学生；赛事组织者对观赛者；私人俱乐部成员对俱乐部成员；体育管理部门对参与者；随队医生对体育参加者；官员对参与者；探险游经营者对游客；体育用品制造商对消费者；在赛事中雇用者对当勤警察；滑雪度假中成人对成人；体育中心在职者对合法参观者（甚至是非法闯入者）；催眠师/戏院/俱乐部对观众志愿者；在非正式的休闲/娱乐活动中，青少年对其他青少年。

几乎所有体育与休闲环境中的关系，义务主体都需要在活动的时候充分考虑另一方的安全等事项。例如，一位旅游业的经营者应对其客户尽合理范围内的所有安全保障义务。休闲中心的所有者或者经理需要确保该中心对所有来访者都是相当安全的。并且不仅是体育设施，甚至是自助餐厅都需要对其消费者来说足够安全。同样重要的还有一个前提，该中心工作环境相当安全，以确保雇员的安全。

法庭判定一方是否违反义务则依据该方是否做出了适当的行为或者采取了合理的措施以确保另一方的安全。

19.2.2 违反义务

一旦注意义务形成，接着就要证明该义务是否被履行（迪肯等，2007）。在体育与休闲中，义务就是采取所有合理措施确保参与者和观众安全。然而，准确理解究竟什么样的行为被称为"合理行为"有根本性意义。马车赛和滑水运动中"合理行为"的标准就截然不同。换句话说，马车赛的性质决定了，更加粗心的行为才更易违反义务。

在现代环境下，活动的性质和其固有的危险，如英式橄榄球联合会，仅仅是疏忽并不能构成，违反义务只有类似于不顾后果的行为才能造成违反义务。不同的是，在其他活动中，如保龄球或者羽毛球中，如果一方疏忽，并且由于疏忽而损害到另一方，违反义务成立。决定性的因素是情形，这是至关重要的问题。这个事件中的事实是怎样的，存在哪些固有危险，天气情况可能会怎样，参与者的能力如何，临场或平时的保护性设备怎样等。这些问题和其他一些因素对于组织方行为是否合理、是否履行应尽义务的评估意义重大。

案例研究 19.1 包含了最新的对于如何评估运动与休闲环境中违反义务的解释。

讨论问题

在一场足球比赛中，一名队员由于对方队员的拦截抢球而受伤的情况下，哪些事实对于评估其是否违反义务至关重要？

案例研究 19.1

考德威诉马奎尔与菲茨杰拉德（2001）—英格兰
及威尔士上诉法案民事案件 1054

这一体育参与者过失案例在英国同一类型的案例中意义重大。它是由上诉法院审理的，其重要意义在于该法庭花费了大量时间判断注意义务的认定标准。在 Caldwell 之前的案件中，被告所承担的注意义务的评判很模糊，不确定因素很大。该案件中，一名职业赛马骑师因为被其他两匹马挤压而摔下来受伤，被摔下马受伤。审理中，法庭认为两名被告不对原告 Caldwell 的受伤负有责任。在解释其推理论证的过程中，上诉法院竭力阐述体育比赛中过失的定位，该法庭认可以下五大点：

1. 在合法的体育赛事中（尤其是竞速比赛中）每个选手都对彼此和所有其他选手负有注意义务。

2. 为了避免使其他选手受伤，一起参赛的选手在当时的环境中有义务在比赛规定的赛道内行动。

3. 一般性事实包括参赛选手需要有正确的参赛目的和符合适当的参赛要求，并且参赛选手需要了解比赛本身带有的危险性（如果有的话）、比赛的规则、惯例、比赛的标准、技术和判断。因此，在赛马这个特别的案件中的一般性事实包括了选手有义务在给定跑道内同其他选手比赛，其他选手认为专业骑手应当清楚比赛规则、骑手的标准、技术和判断。

4. 考虑到一般性事实的性质，实际上的责任标准必然很高；紧张的比赛中，选手判断失误或者技术上的一时疏忽并不能作为受害方指控其违反义务的证据。这些情况都是体育活动中必然伴随的受伤风险。

5. 因此在实际情况中，如果原告缺乏行为证据，即证明对方确实存在全然不顾危害其他参赛选手安全的行为，就很难证明对方是否违反了义务。我们要强调的是法律原则的表达与举证责任实用性之间的区别。

前两项提议很清楚地阐明了体育参与者之间存在注意义务的关系，义务就是结合当时所处的情况采取合理的行为方式。换句话说，预期的行为等级在不同活动中各不相同，比如说竞争激烈的橄榄球赛与其他活动中的预期行为不一样，情形决定了注意义务的标准。第三条提议尝试介绍一些影响评估该方是否履行义务的事实。这些事实包括了特定体育比赛中存在的固有危险，参与者的技能水平等问题。这绝不是最后的详细列表；对不同的情形和可变化的因素的考虑仍然留有余地，有些人担心法律责任会阻碍一些人参加体育活动。第四项提议的执行就是想消除这些人的疑虑。它清楚地表明了只有严重的过失行为才会对过失方追究责任。最后一项提议则是想调和一个学术争论，这个争论自 1963 年的一起案件发生以后持续至今。法庭在判定这个体育过失案件中所采取的方法赢得各界人士的支持，通过强调这一点，说明不合理的行为就会造成违反义务。根据当时事实，有些行为的疏忽是合理的事实，只有那些不顾危险后果的行为才称为不合理行为，从而造成过失侵权。

在 2004 年的一个案件中，上诉法院将孩子间的嬉戏视为有组织的体育活动并且强调嬉戏和有组织的体育活动之间真正的区别在于前者没有正式的比赛规则。这可能对所有参加体育与休闲活动的人来说都是适用的。上诉法院将嬉戏大体上视为有组织的体育活动的裁决暗示着体育过失原理应当被应用于所有范围的活动中，不论该活动是不是两厢情愿的休闲活动。也意味着依据活动的情形，是不顾后果的行为而不是普通的疏忽行为最终造成了违反义务。

体育管理部门必须采取充分的安全保障措施以保障体育活动的参与者免于遭受可预见的风险。2001 年，拳击手麦克·华生成功地控告了大不列颠拳击管理委员会，理由是他在同查理斯·尤班克争夺世界杯冠军时受到损伤。他能够证实举办方适当的安全保障措施不能够充分保障他免于可预见的损伤，导致在比赛要结束时，被对手打成脑出血。

这是由于事后及时治疗不到位而不是这个比赛导致的过失行为。华生了解拳击比赛存在风险，他不能接受的是大不列颠拳击运动管理委员会在华生受到这样的伤害（明显可预见）的时候，采取了不恰当的安全保障措施。

案例研究 19.2

沃特华斯与古德伍德赛场案件（2004）

这个案件中，受害人的遗孀对三方提起诉讼，分别是古德伍德运动场，国家管理部门（赛车运动协会）和国际管理部门（国际汽车联合协会）。原告称她丈夫是由于安全栏构造不恰当而死亡的。古德伍德赛场承认根据 1957 年颁布的占有人责任法案他们负有注意义务，但是他们辩护自己没有违反赛车运动协会与国际汽车联合协会所指定的保障跑道安全的所有建议的义务。

从审判过程中可以清楚看出国家汽车，古德伍德赛场和国家汽车协会对跑道的安全规定有详细的解释和多次的检查，并且远远多于国际汽车联合会。从以上理由看，古德伍德赛场确实已经履行了应尽的义务，不再被追究此责任。基于沃特华斯先生死于的赛事不属于国家汽车协会的官方赛事（官方赛事通常会颁发许可证书）这一事实，国家汽车协会不认为其对死者负有注意义务。同样，法庭也判定被告方也需要承担相应的责任。被告方作为国家管理部门不仅仅给赛场颁发许可证，而且要提供详细的安全建议，一直同赛场紧密合作，提供专家意见和指导，确保场地适当的安全性，因此让它承担注意义务是公平，公正，合理的。但被告也已经采取了合理的安全性的建议，所以它实际上并没有违反义务并在后期给予保障和支持。法庭尤其强调了国家汽车协会巡查员的经验和专业性，因为巡查员首要任务就是将风险降到最低。另外，对国际汽车协会的诉讼也失败了，因为该组织级别较高，对国家级的赛事（授权于国家运动机构的赛事安全不负有直接责任），国际汽车协会对沃特华斯先生不负有注意义务。法庭的结论是这场事故是由沃特华斯先生一时判断失误造成的，他的车在致命的时刻飞出线外十几米远，导致他与栅栏相撞死亡。组织该赛事的任何一方对此都无过失，他们都已经采取了所有合理措施保障这位赛车手的安全。

被告方只需要完成合理的义务预防伤害的发生。这也体现了前面提到的公式，受伤的后果越严重，消除风险的重要性越大。这并不是说必须消除所有风险，在曲棍球（1951）一案中，当地正在进行一场曲棍球比赛，击出场外的球砸伤了一名行人，受损伤的一方为所受伤害提起诉讼。法庭在审理这起案件的时候被告知在过去的 30 年中球以这种方式被击出场外只发生过 6 次，频率明显很低，因此要求被告方提防这种小概率的风险是不合理的。法庭判定被告没有履行不合理范围内的可预见风险的义务。

如果活动组织者和设施的所有者或管理者要确保自己始终处于诉讼中有利的一方，他们有必要始终遵守合适的被认可的安全标准。这些考虑在两起隔了30 多年审理的案件中意义非凡。第一起案件，橄榄球案（1969），一名运动员在拦截抢球中受伤，他称是由于橄榄球赛场周围的边界墙的建造导致他撞墙受伤。橄榄球联盟的规章中规定任何围墙必须至少离边线 2 米远。这个案件中围墙离边线比管理部门规定的标准还要远。法庭驳回了诉讼请求。

第二起案例，沃特华斯与古德伍德赛场案（2004），详细内容可见案例研究 19.2. 一名骑手与由轮胎和土堆建造的安全墙相撞死于一场比赛中。

然而，我们也要认识到，仅仅遵守经过管理部门认可的一些特定的条例和标准并不意味着就能经得起法律审查。就像麦克·华生案件中所见，尽管管理部门和/或活动组织方遵守了管理部门的指导原则，仍然要为该事故负责。

运动场馆所有者和占有者的责任和义务在英国的立法中有进一步的定义，叫作占有人责任，下面一部分会简要地介绍这项立法和它的影响。

19.3　占有人责任

组织运动和休闲活动的一方以及提供设施的一方最关键的注意点是他们要承担的潜在责任。1957 年和 1984 年的《占有人责任法》在这一领域尤其适用。1984 年的法案涉及非法进入场地的拜访者（典型的是非法闯入者）；1957 年的法案涉及合法拜访者，这类人包括官员，教练/指导者和所有在现场的观众。

占有者对所有合法进入场地的来访者负有共同注意义务。典型的占有者就是场地的所有者或者是管理者。通常占有者会被定义为管理该场地的个人或企业。占有人的义务是确保被邀请的拜访者在应邀参加的活动中场地是足够安全的。当然，任何拜访者在活动中都可能因过失行为而受伤。然而根据 1957 年占有人法案中提出的义务，若是由于场地的状况而发生事故，占有者遭到起诉时，相比于根据前面提到的普通过失原则胜诉的可能性大得多。

如果访客应邀参加活动的场地不安全，占有者有义不容辞的责任使得场地安全或者确保拜访者在场地内是安全的。在一起足球案件（1991）中，足球流氓打破地上的水泥地，并且用地上的水泥块砸伤了当值的保安。除了足球流氓的蓄意行为直接导致了保安受伤这一事实外，俱乐部不仅没有保证场地的安全性，而且让足球流氓们自由进入这片有问题的区域加重了场地的危险性。俱乐部可以通过限制进入场地特定区域（有瑕疵的水泥地）的权限来解决这个问题。

仅仅确保场地的安全性是不够的，确保拜访者在应邀参加的活动中是安全的才是关键。例如一些警示提醒可以使一些人保持安全，需要注意警示提醒必须清楚地说明存在什么危险和如何避免危险的发生，而不仅仅是为了逃避责任。

另外，任何警示必须要考虑到拜访者个人的特点，因此当拜访者是个孩子或者视力有问题时需要更多的注意事项（汉普伍德，2009）。如果占有者完成了应有的安全检查，采取了所有的建议措施，并且这些足够保证拜访者的安全，占有者就完成了应履行的义务，不会遭到诉讼。就如在前面案件中提到过，法庭驳回诉讼，因为管理部门遵循了管理部门相关的技术建议。

很多人惊讶于占有者对非法闯入者竟然负有注意义务（虽然是有限的）。尽管这项义务只覆盖人身伤害，不涉及财产损害，长期的非法闯入者的性质有时候和合法拜访者甚至是一样的。履行义务就是在所有事件中注意实施合理措施以防止非法闯入者受到任何可预见的伤害。多次警示就足以免于被追究责任。瑞切立夫与麦克·康纳案例（1999）很好地阐述了这一点（参考案例研究 19.3）

19.4　替代责任

如果一个雇员在受雇用工作的期间，做出侵权行为（民事违法行为，如过失行为），那么雇主就对这种侵权行为负有替代责任。替代责任的实际意义在于雇主（或者保险公司）是真正对起诉者进行补偿性赔偿的一方，如果它可以证明：被告是一名雇员（如是休闲中心的救生员或者是健身房的健身教练）；侵权行为（如过失）发生在受雇工作过程中。

如果雇员签署了劳动合同，第一个问题就相对简单了，但是如果雇员是独立合同人，这个问题就棘手了。要证明这个员工是否是一名雇员从而找出替代责任人则需要依据案件中的事实，否则很难评定。而且被告方雇主对活动的控制程度对于评估替代责任也非常重要。例如，一案判定夜总会的所有者还要为其雇员承担替代责任，除了一群实际是由安保公司雇用的门卫，因为他完全地控制其他雇员的工作行为。

一旦被告是雇员这一事实成立，第二个要跨越的是要清楚地说明导致伤害造成的行为发生在雇用工作过程中。虽然没有明确的原则适用所有的案件，但是如果雇员的行为为雇主带来利益，或者由于雇员的立场使得他们自己采取了遭到投诉的行动，也很可能被解释为发生在受雇工作中的行为。

即使雇员作出被雇主禁止的行为，但如果这个行为为雇主带来利益，或者他们工作性质要求他们要执行这些任务，他们的行为很可能被认为发生在受雇过程中。

案例研究 19.3

瑞切立夫与麦克·康纳案件（1999）

在本案中，一个学生和他的两个朋友在喝酒之后（尽管没喝醉）闯入学校游泳馆。他们翻过锁上的门。游泳馆有两处警示通知明确写着游泳馆已关门，并且警告不能带玻璃杯和玻璃瓶从入口进入游泳池。在游泳池的深端和浅端都有非常重要的警示通知"深端尽可用浅水跳水法"。另外还有两盏感应灯（虽然其中一个不够亮）。学生跳入水中，碰伤头部，导致终生瘫痪。

最高法院的最终裁决对原告有利（法院认为原告应当承当40%的共同过失责任），原告认为学校了解学生经常在禁止时间内进入游泳馆，但没有特别警告新生，没有详细地告之学生具体的开馆时间，通常没有禁止跳水。在这个事件中，学校没有合理地履行其注意义务，例如，警示该场地存在危险或者劝阻他人的危险行为。

在上诉中，上诉法院强烈地谴责了高级法院的裁决。上诉法院发现该名学生实际上潜水深度比他本想潜水的深度更深。酒精可能是部分原因造成他自己错误判断。另外，该法院没有找到该学校学生长期滥用游泳池的证据，而且学校还贴出了警示告知闭馆时间禁止入内。根据1984年的占有人责任法案，在审判该案件时判定学校（占有人）在涉及非法闯入者的事件中，已经采取了所有合理措施预防风险的发生。游泳池里常常出现的危险有两种，分别是溺水和出现事故，就像本案中的学生一样，这些危险对于和他同龄和心智成熟程度不相上下的人来说显而易见。对于所有的游泳池，以上两种危险情况都普遍存在，被告已经按要求完成了合理范围内的预防风险的措施，上诉法院概述它的立场如下：

问题的关键在于被告是否要为原告提供更多的保护，以防止原告遭受他本应当完全意识或已经完全意识到的风险。

上诉法院对此的回答是否定，原告（这个案件中是一名学生）没有得到任何补偿。从这个案件中可以很清楚地了解到每个案件的判决都依据其事实。判定被告是否有义务以及义务是否被履行还需要考虑到原告的年龄，智力水平或者是危险的性质和占有者所有的资源。

在另外一起两个公交司机竞速行驶，一个司机造成另一个司机受伤，即原告的案件中替代责任成立，尽管公交公司明令禁止公交司机竞速驾驶，但是驾驶员是受雇驾驶公交，竞速驾驶只是以一种未授权的方式完成受雇所做的工作。与此相反，在另一起案件（1991）中，公交售票员在开动公交后致使他人受伤，公交公司对此不负有替代责任，因即使这些行为是禁止的或违背法律的，雇主还可能被认定要为雇员的蓄意行为（不是过失行为）负责。如果雇员所处的情形促成其行为或者是雇员的行为为雇主带来利益，那么雇主就要为雇员负替代责任。在李斯特与豪尔案件（2002）中，即涉及一个孩子在寄宿家庭中遭到看护人的性侵犯。这个法则至关重要，上议院判定是由于看护人受雇用所处的情形使得这名看护人做出侵犯的行为，并且这些行为与他受雇的工作紧密联系在一起。因此，判定雇主对看护的行为负替代责任是公平、公正、合理的。在之后的格瑞威尔与安诺（2008）案件中，再次得到运用。这个案件中，一名橄榄球联盟运动员的临时雇主要为其替代责任。在一场比赛中，这名球员在无球跑位时一拳将对手眼部打成重伤，雇主需要为其支付一大笔外科重建手术费。

这些案件想要展示的是雇主/管理人员在雇用、指导和培训员工的时候，要时刻注意在替代责任原则下让他们尽量降低遭到赔偿诉讼的可能性。雇主使自己免于由于雇员的过失行为而要负潜在的替代责任最首要的方法就是确保雇员不会做出过失行为。雇主可以通过以下方式来预防雇员过失，如严密的监视和经常的培训，定期的员工评估评测等。在雇用过程中，岗前更严密的检查和安全措施可以起到有效预防作用。当然，雇主也要一直确保他们的工作系统是安全的，尽量改善、升级他们的安全条例。如上所述，管理者要永远记住最根本的要求，那就是行为合理。管理者不能保证安全性和安全条例的作用，但是只要雇主采取了所有合理范围内的措施确保雇员行为妥当，在这类法律诉讼中，雇主就不会处于不利地位。

19.5　与儿童们一起工作

运动与休闲行业很多工作都会涉及儿童，这也必然带来了很多挑战。为了应对这一挑战，英国教育与技术部门为英国法律体制制定了一个指南，这个文件几乎可以用于所有帮助提升社会福利和关心儿童安全的个人和组织（包括许多运动休闲组织）。

在 1989 年颁布的《儿童法》中，在英国，一名照看儿童的成人必须在事件中采取所有合理措施保障儿童安全和提升儿童的福利。所有对儿童负有责任的组织方必须采取合适的正当手续和措施以确保其照顾下的儿童的安全。1999 年的儿童保护法创立了儿童保护名单。这个名单是由国务大臣拟定的，主要公布了不适合参与儿童工作的个人名单。这也意味着所有需要为儿童提供服务的合格的机构都有义务参考该名单，以及可能会被列入名单的人。结果是所有可能接触过儿童的有可能入职的员工必须要经犯罪记录局审查。如果发现任何有可能入职的或现职的员工在犯罪记录局的名单内就不能被雇用。雇用任何一个在照顾儿童的资格（或其他受到规管的资格）方面上了名单的人，企业则是违反了法案。

这份名单是继 List99（2002 年教育法案提出的信息）之后公布的一份有效名单，两份名单一起给雇主参考，让他们了解哪些人禁止参与英格兰和威尔士的学校和教育界工作。这些名单现在都已经被审核禁止计划所取代。审核禁止计划是对索汉姆谋杀案做调查时建议提出的。这是一起 2002 年发生在校园的凶杀惨案，一名看门人杀死了曾经在他工作的地方上过学的两个 10 岁女孩。这起案件促使了该管辖区内，独立安全局提出新的儿童保护名单——弱势成人保护名单。名单的合理性和在总括机构下的监管在 2006 年颁布的《弱势群体安全保护法》中占据重要地位，这项立法是由于索汉姆谋杀案的发生而通过的。

审查和禁止计划已经引入了新的保障措施。如果名单上的个人为儿童或者弱势成人工作或者申请这种工作，都被认为是刑事犯罪。同样，名单上的任何人如果参与任何受规管的活动，这样的犯罪行为至多会被判 5 年的有期徒刑。

另外，雇主、地方当局、专业管理者和其他管理部门有义务参考名单上的受雇个人的信息，看看他们在同孩子或弱势成人工作时是否造成过伤害或有造成伤害的风险。

任何想要从事这类受到规管的有偿工作的人员都要缴纳费用才能加入该计划，获得资格，但志愿者除外。如果雇主允许被禁止的人参加任何受规管活动都会构成刑事犯罪。新英国联合政府此时已经停止发展审核禁止计划，目的在于反思这项计划并且使它不那么遥不可及而普及成为一种共识。

讨论如果你在一个面试小组中，想为当地的休闲中心指派一名儿童运动教练，你应当负有哪些法律义务？如果没有履行这些义务，会造成什么后果？

19.6　学校体育中的过失责任

很多学生在参加学校体育活动时因受伤而起诉老师，这种案件屡见不鲜，对于学校作为教师的雇主来说，很有可能要对此负替代责任；对于运动与休闲中心的管理者来说，他们雇用教练为孩子（或成人）服务，他们同委托人和教师同校方之间存在着同种法律关系。因此首先从招聘入手到适当地培训和指导员工工作以尽量从源头减少受伤的风险，这对学校（休闲中心）都极为有利。

最近发生了一个非常重大的案件，一个小男孩在橄榄球比赛中受伤（2007）。这名 14 岁的男孩控告裁判或挑选人和学校在同年龄范围组橄榄球比赛中允许超龄选手参加，小男孩因此受伤。虽然校方最后被判对此负有责任，但实际上，在英国学校橄榄球联盟的规则中，没有禁止不属于同一年龄的孩子参加同一场比赛的条例。而且，导致男孩受伤的拦截抢球的动作并未犯规，年龄大一点的男孩也没有因为其身材稍微高大而做出其他行为导致事故的发生。

如果挑选人/裁判适当考虑了规则和年龄大一点的孩子参加比赛的合适性或者在进行适当的风险评估之后允许年龄大一点的孩子参赛，之后就不会被追究其责任。挑选人/裁判没有考虑到允许年纪大一点的男孩参加比赛可能会造成的后果这一事实对案件至关重要。

这个案件的意义尤其对青少年体育的发展具有深远影响。尽管我们无法知道有多少学生参加比他们年龄低的年龄组的学校体育比赛，毫无疑问的是这样的案件经常发生，并且发生时理由充分。实际上，如果不允许超龄学生参加比赛，机构甚至不能够组织起一支完整队伍，超龄选手成了一个必要条件。由此可以看出，过低的青少年体育活动参与率严重影响了安全体育活动的正常举行。

员工和教练在参加儿童活动时还可能会产生一些其他问题，例如一个孩子在拦截抢球教学活动中受伤，就出现了责任的问题。教师或教练在展示和解释拦截抢球时必须要对孩子采取合理的保护，并且尤其要注意参与的成人和儿童/学生之间年龄、体型和生理成熟程度上的差异。

有时候，尤其是当教师清楚知道某些活动不适于某些特定的青少年参与时。青少年需要自我保护，在莫尔与汉普舍一案（1982）中，一名患有先天性髋关节问题的 12 岁女孩被禁止参加体育活动，她的老师了解这一情况但允许她参加了体育活动。她的老师已经知道她不能参加却仍然允许她参加最终造成女孩活动时踝骨骨折，校方被判定要为教师的过失行为负责。这个案件的寓意在于教练或者教师必须要了解他们的学生是否有已知的原因被限制不能够参加一些特定的活动，接着教师或教练的雇主就需要确保他们员工遵守这些限制条件，否则就要为员工承担后果。

责任不仅仅同体育活动组织方有关。例如在一节体育课上，教师组织了热身活动，两个女孩在热身活动中相撞。当然校方要为教师组织热身活动不当负替代责任。但要再次强调的是学校和其他处于监督位置的组织方在解决儿童和青少年的问题时，只需要采取所有合理的提前预防措施。

法庭不希望精确地检查不同休闲体育活动的每个方面。例如，在案件鲍宾与克勒斯一案中（2004），一名四年级的女生在三四年级学生混合上的体育课上受伤，她尝试做一个常规技巧动作，从跳板上跳下，抓住一根很高的横杆，然后放手落地。不幸的是，这个动作导致她右臂骨折，对学校提起诉讼，原告称任课教师应负过失责任。法庭裁决对学校有利，让大家知道，期待课堂绝对免于风险是不合理的，另外任何避免风险的行动都可能会不利于体育活动的展开。

这是个绝对令教育者和运动休闲服务业的管理者为之振奋的消息。这个裁决重申了管理者的法律义务是对"邻居"实施合理的关注。这样的倾向保护了运动与休闲行业的工作者及管理者，他们不用为活动中所有受伤事故负法律责任。

讨论问题

假如你是一家拥有三支儿童橄榄球队的运动中心的经理。一个周末，其中的一支队伍缺少运动员，没有咨询你，教练就自己从年龄小一点的橄榄球队中调用了三名球员，补全这支队伍。然而比赛时，三名年纪更小的球员中有一名队员受了很严重的伤，探讨你可能要承担的法律后果。

19.7　雇用法问题

任何运动休闲行业的管理者都会在某些阶段参与招聘员工或者不得不与员工发生分歧。因此下文会简要地介绍如何处理由这些原因引起的一些法律问题。

我们需要记住任何雇用合同通常包含明文规定的条款和默认条款。后者虽然没有被写下来，但却被默认为是合同中的一部分，通常包括保障雇员的健康和安全的义务，这些义务有时候会被写入附录里面，还包括合理关注和要求雇员掌握的技能。雇员也有默认的约定义务，例如使自己适应新的工作环境，工作的时候实施合理的关注和恰当运用技能。默认条款对雇主和雇员均有约束力。

19.7.1 雇用过程

在英国，雇用关系生效后两个月之内，雇主需为雇员提供书面的雇用细节（《雇用权利法》，1996）。任何由于不公平解雇、裁员和歧视的案件中，没有完成以上条例的违法行为要另外赔偿雇员 2～4 周的薪水（《雇用法》，2002）。

19.7.2 歧视

在英国，雇主歧视雇员的性别、种族、残疾、年龄、性取向和宗教信仰，或者区别对待全职、兼职及固定任期合同工都是违法的。反歧视法在雇佣关系开始之前的招聘广告阶段生效。如果任何雇主有任何一方面的歧视行为就要负责赔偿大部分的赔偿金。歧视可能是直接的（如不雇用某人仅仅因为性别不符合要求）或者是间接的（如招聘时附加条件男士优先或者女士优先等情况），这两种形式的歧视都是违法的。

当然《反歧视法》也不会禁止雇主由于特殊工作性质或者真正的职业要求的需要而制定带有性别要求或者种族要求的条例。同样如果提出的条件是为了达到正当的目标，这种类型的间接歧视被视为合法的。例如，在潘纳斯与纳斯特案件中，要求工作人员不能蓄胡须和长发，尽管这会造成对锡克教信徒（不能遵守这条规则）的歧视，但是考虑到健康、安全和个人清洁等因素，这种行为是合法的。在可以达成目标的必要条件中，非常重要的一点是任何间接歧视行为都应该做出最小的限制，并且不能超出这一点。雇主也有义务不歧视残疾人，且必须为残疾人工作地点做出合理的调整以确保残疾人不会受到歧视。这项义务延伸到对公众开放的组织，如商店、休闲中心等，意味着它们要对场地做出合理调整，确保残疾人也有平等的服务。

讨论问题

讨论城市体育设施（或你工作的地方）和服务需要有哪些改变，才能够遵从 1995 年的《反歧视残疾人法案》。

19.7.3 合同终止

由不正当解雇或不公平解雇导致的雇用关系终止会遭到法律诉讼，因此管理者要避免此类解雇发生——不正当解雇和不公平解雇。当雇佣关系基于雇主违反合同条款的原因结束时被称为不正当解雇。典型的是雇员遭到雇主无故的立即解雇，但是如果雇主遵守相关的通知期限，就会在不正当解雇中胜诉。另外，如果雇主可以说明雇员犯有根本性违约（比如严重渎职），他们就可以立即解雇雇员而不用考虑通知期限。

在英国，雇员要提起不公平解雇的诉讼其工作必须至少满一年。法律（《雇用权利法》，1996）中规定了一些解雇的潜在公平理由，例如雇员从事的工作的资格要求，雇员的行为、裁员和达到常规退休年龄。同时法律也提出了详细的会被认为是显然不公平的原因，比如说怀孕或者生病，基于工会会员资格，裁员时不公平的挑选，或者是雇员因保护公众利益的披露行为，如检举。这里列出的仅仅是一部分，但是都应该被认真考虑到，通常诉讼要求的一年的雇用期限的条件对于不公平解雇在违背法律明文规定的一些条例时不适用。

英国的纪律审查程序中很重要的一点是当事人最好遵守咨询调解仲裁处（ACAS）提出的指导原则。尽管这些指导原则不是法律法规，但是一些很好的建议，如果不遵照这些指导原则，可能会导致高额赔偿。指导原则如下：迅速、准时地提出问题，确保没有不合理的延迟；雇主必须通过合理的调查查明事实真相；雇主在做任何决定之前，应该给雇员机会接受他们的回应；雇员应当被允许由工会代表或同事陪同参加听证会；应当提供雇员上诉的权利。

雇主有义务解释他们的解雇行为都是公平合理的。例如，说明其他雇员如果犯同样的过错，是否会被解雇？如果雇主通过违背合约的基本原则的行为迫使雇员辞职，称为不公平推定解雇，雇员也可以就此提出诉讼。这是用于防止雇主寻找其他理由迫使或诱使雇员自己辞职，而逃避不合法解雇的法律责任。这些原因包括单方降低薪酬，没有调查性骚扰的申诉，参与侵害或者对侵害行为给予不适当的纪律处分。当雇员已经被不公平解雇或者不公平推定解雇，以下是可能补救的办法。恢复他原来的职位；重新聘用他于薪水和年资等相似的职位；补偿。补偿费高低通常会考虑的因素包括：雇员的年龄，工作时间和薪水；还有其他的因素包括可能的加班损失，津贴损失甚至雇员寻找可替换的工作造成的损失。

19.8　风险管理：健康和安全

任何组织远足尤其是青少年远足的组织都很清楚风险评估的必要性。如果有必要的话，识别和管理风险也非常重要。英国涉及风险管理和职业健康与安全的法律框架绝大部分都在《工作场所健康与安全管理条例》1999 和《职业健康与安全法》等法规中被覆盖。1974 年的法案和 1999 年《工作场所健康与安全管理条例》规定：

第一，每个雇主都应当制定相当充分的风险评估，评估内容如下：雇员所处工作环境中的健康和安全风险；不在工作期间，由于企业管理不当或者与企业的管理相关的原因而产生的健康和安全风险……

第二，个体经营者也应当制定相当充分的风险评估，评估内容如下：自己所处的工作环境中的健康和安全风险；不在工作期间，由于企业管理不当或者与企业的管理相关的原因而产生的健康与安全风险。

因此所有雇主和个体经营者必须制定正式的风险评估，评估内容不仅要涉及他们的雇员而且要包括其他会受到他们行为影响的人。条例把大部分注意力集中在工作场所青少年所处的情形——尤其和运动与休闲行业工作者相关。该条例很清楚地阐明除非青少年经过检查或者是制定了其相关材料的评估，否则应当考虑以下特定细节：青少年缺乏经验，风险意识和心理不成熟；工作场所和工作站点的设备装配和布局；受物理，生物和化学因素影响的本质，程度和时间长短；工作设备的形式、范围和使用以及工作时的使用方式；活动组织程序；对青少年提供或者即将提供健康和安全延伸培训；关于青少年工作保护中列出来的各种外界因素，雇用过程和工作中存在的危险。

19.8.1《职业健康与安全法案》(1974)

这项法案颁布了英国风险宽泛的原则而不是详细的对雇主与雇员的要求，与法案联系最密切的内容在下面会进行详细介绍：

第一部分：序言。这一部分强调了雇主的义务，雇主的义务是确保这些宽泛的条例可以保护人们工作时免于健康和安全风险，另外控制危险物质的保存和使用。第一部分中条件（1）如下：保障人们工作时的健康，安全和福利；保护非工作人员免于由工作人员的活动而引起或者相关的健康和安全风险；控制保存和使用爆炸性、易燃或其他危险物质，通常禁止非法获得、拥有和使用此类物质。

第二部分：雇主对雇员的责任。这一部分说明了雇主要切实可行地确保雇员的健康、安全和福利，参考工作保障体系条款，培训和指导条款，以及工作场所安全保障。接着，继续详细地说明了适当地维护和修改程序，将变更通知职工，当制定和维护确保员工健康和安全协议时咨询工会或雇员代表的必要性。

第三部分：雇主和个体经营者对雇员以外的人的责任。同前一部分一样，雇主和个体经营者要切实可行地确保员工以外的人（如拜访者和消费者）不会受到健康和安全风险威胁。另外，雇主和个体经营者应当告知雇员以外的人可能会危及他们健康和安全的商业活动是怎样运行的。

第四部分：场地相关人员对雇员以外的人的责任。这一部分交代了雇主确保场地以及场地以内的设施既安全又合理可行的义务。

这项法案也规定了雇员在工作地点的责任，包括：对自身和其他可能受自己行为及工作过失影响的人的健康和安全实施合理注意；当涉及任何雇主施加的或者他人在相关法定条例下带来的责任和要求，雇员要同他们合作直到这些责任和要求被执行或遵守。

繁多的法律条例似乎令人生畏。值得重申的是任何风险管理政策的初衷是组织者必须采取所有切实可行的措施使人们免于风险。雇主辨识工作场所存在的风险并且通过采取合理的健康安全措施来控制风险是合法的要求。这些条例并不是要求消除所有的存在的风险，并且在运动与休闲行业这一点尤为重要，因为许多与它相关的活动本质上就带有风险；如果消除了所有的风险，活动的本质就会被破坏掉。例如，在夏季参加徒步旅行会非常安全，但如果在冬天，在不同的地点和天气状况下可能会变得非常危险。同样，穿越小湖的皮艇旅行很安全，然而在更大的湖中或者沿海水域中，正确的风险评估可能会得出完全不同的结论。

本部分的目的不在于耸人听闻地介绍各种已经在运动休闲行业这一领域中发生过的各种事故，而是引导读者听取有效建议去理解这些法律。学习过这部分之后，你就可以毫不费力地制定合理的保障工作人员安全的政策，同时这些政策符合法律和道德要求。同时，未来保持企业和企业组织的活动的中心地位，所有的休闲活动管理者都有义务制定适当的风险评估，值得指出的是没有制定这样的评估并不会自动被视为违反义务。在 2008 年的一起案例中，原告对一家提供了低等级的攀爬设施的活动中心控告失败，原告（一名没有经验的攀爬者）从一面墙上尝试跳到另一面墙上，抓住墙上的扶壁，然而他由于没有掌握技巧摔落到底下的垫子上，摔伤了脖子，并且永远瘫痪。虽然事实上被告没有制定任何风险评估、提供指导和向原告做任何风险的解释等，但是被告被判定没有违反义务。摔落而导致受伤的风险很明显是这项活动的固有风险。法庭宣布："没有掌握技巧而从攀爬设施上摔落引发的可能发生的严重受伤的风险是显而易见的，不支持申诉人认为应当由被告承担告知义务。"

这是一个令人非常欣慰的裁决（尤其在没有制定风险评估的情况下），因为所有的活动组织者都担心会被追究法律责任。这个案件和两个相继发生的案件强调了许多活动本身就存在风险。在那些存在明显的固有风险活动中，将过重的法律责任强加于活动管理者是不合理的；个人也要注意自己的行为。

19.8.2 风险评估指导

英国健康与安全执行委员会制定了大量非常有用的小册子，供组织制定风险评估时参考，良好的风险管理的核心部分是有效的风险评估，英国健康与安全执行委员会这样定义它：

"风险评估仅仅是对工作时可能对人们产生伤害的仔细检查，因此你可以通过它来掂量是否已经做了足够的预警措施或应该做更多措施预防伤害的发生。员工和其他人有权利受到保护从而免于由于缺少合理的控制措施导致的伤害。"

尽管有许多制定风险评估的方式，英国健康与安全执行委员会提供了制定风险评估的指南。任何运动与休闲行业的工作者制定风险评估时，若遵照这个指南，都是理智的选择。HSE 确定了风险评估过程中五个不同的步骤，分别是：

第一，识别风险。简单地绕工作场所走一走，就可以识别出什么可能会造成危害。通过咨询雇员可以了解更多，当然也可以考虑联系英国健康与安全执行委员会和任何行业协会等其他实际方法。

第二，判断谁可能会受到伤害和如何受到伤害。需要注意的是特殊群体（如待产孕妇、公众人士、残障人士和工作新手）的特殊需要可能会带来新的风险。类似的情况中，需要注意非正常工作时间在工作场所内的人，如清洁工、合约商或者倒班员工的特殊需要。

第三，评定风险和选定预防措施。法律要求组织方要采取所有切实可行的办法规避风险，但不是要求消除所有风险，最合理的措施是尽量遵循行业惯例标准，特别注意应当遵循的程序、使用的设备、提供的警示和福利设施。同样，同员工探讨这类问题，在提议和评估过程中听取他们的意见也很重要。

第四，记录下你的检验情况并且应用它们。如果一个组织的员工少于5个，就没有法律义务记录下检验结果。然而，如果有的雇主要严格遵循所有惯例，就应当这样做。英国健康与安全执行委员会提供可供下载的良好实践做法的例子，但最重要的是雇主必须能够解释以下五条：适当地检查；雇主要调查谁可能会受到影响；考虑，并采取措施预防明显存在的危险和判断可能受到危害的人的数量。就考虑到的风险来说，受危害的人越多，危害后果越严重，采取措施预防这些危害发生的责任越大；采取了合理的预防措施使风险发生的可能性变低；员工（或者员工代表）适当地参与这一过程。

第五，审查你的评估，必要时及时更新。建议每年做一次正式的评估复审，经常做非正式检查。这样可以确保新员工、程序和管理完全体现在风险评估过程中。英国健康与安全执行委员会概述该问题如下：一年中，如果有任何重大改变，立即核查你的风险评估，在需要修改的地方进行修订。如果可能的话，在你计划作出变动时就考虑风险评估——让你自己的灵活性更大。

应当有适当的检测和更新系统。定期进行正式的更新不要等到事故发生才采取行动，在过程中保持谨慎和听取员工意见同正式的更新一样重要。

英国健康与安全执行委员会清楚地总结了关于这方面的雇主和员工的所有责任，以及一旦发生这一领域的问题时其联系人的信息。如果遵守了英国健康与安全执行委员会所有的指导方针，运动与休闲行业的管理者就不用担心会被追究运营期间发生事故的法律责任。健全的风险评估和清晰的风险管理政策在这个行业非常重要。这些方法促使了良好惯例的形成，相应地防止事故中责任的追究。更重要的是，人们能够在享受这个行业提供的益处时，参加活动的时候会体验到其中固有的一般风险但不会轻易遭到不合理的风险危害。

19.9 小结

法律和运动休闲行业的联系很广泛，这一章只触及了冰山一角，简单介绍了几个非常重要的问题。反复出现在本章的一个主题就是如果管理者行为合理，那么他们就不会在诉讼中处于不利的地位。一再强调管理者不应当仅仅以避免被追究他人受伤的责任而行动、制定政策和惯例；他们应当确保所有活动都考虑到安全问题，避免和消除所有不必要的危险。这样结果当然会让他们不用承担不必要的法律责任，但是他们需要把重点放在参与者的安全上而不是逃避责任上。

如果所有运动休闲和娱乐行业的相关人员都能够把握上述方法的重点，就可以大大降低人们参与活动的风险，同时组织者的行为也不会受到限制。如果活动本质需要，合适的风险管理和管理的维护非常重要。法庭不会倾向"赔偿文化"或者"健康与安全狂潮"。虽然这类问题中这些考虑都是必要的，但任何法庭在审判案件时都要提前参照更大案件的背景。霍夫曼勋爵早在 2003 年总结评论道：当然可以理解皇家学会这样的组织支持避免人们参与冒险活动的政策，他们希望以此避免引发事故。他们的职能是预防事故，明显地这样的政策可以帮助他们达成目的。但是他们没有考虑这种限制背后的金钱和自由的代价。法庭自然重视该组织对预防事故发生等方面所采取的专业措施，但是专家在考量风险和自主性方面不这样认为。这是法庭必须做出的裁决，也反映了英国人对普通法的价值观。

实 践 任 务

1. 阅读澳大利亚法案。在相似的情况下，在英国观众、参与者和非法闯入者受伤时组织者要采取哪些安全措施才能免于被追究法律责任？

2. 为一个你所了解的俱乐部活动（比如一场客场比赛，一个比赛项目，一场音乐会），参照英国健康与安全执行委员会的指导方针制定风险评估。完成以后思考活动中俱乐部的一名成员可能会发生的事故，然后评估事故的法律意义。

拓展阅读

法院和司法判例结构：

Fafinski, S. and Finch, E. (2007) Legal Skills, Oxford University Pres, Oxford.

一般过失原则：

Deakin, S., Johnson, A. and Marrkesinis, B. (2007) Markesinis and Deakin's Tort La, 6th edition, Oxford University Press, Oxford.

法院一般原则：

Harpwood, V. (2009) Modern Tort Law, 7th edition, Routledge Cavendish, London.

儿童工作的法律指导：

HM Government (2006) Working Together to Safeguard Children: a guide to inter-agency working to safeguard and promote the welfare of children, The Stationery Office, London.

《雇用法》问题：

Taylor, S. and Emir, A. (2009) Employment Law: an introduction, 2nd edition, Oxford University Press, Oxford.

《健康安全法》袖珍品质手册：

HSE (2009) Health and Safety Law: what you need to know, HSE, London.

实 用 网 站

关于法律缩写的指导：

http://learnmore, lawbore. net/index. php/Understand_ Legal_ Abbreviations

关于案例研究 19.1 的评论：

http:/digitalcommons, shu. ac. uk/cgi/viewcontent. cgi? article = 1007&context = lrg_ papers

关于英国儿童工作的法律框架：

www. dcsf. gov. uk/everychildmatters/resources - and - practice/IG00060/

关于独立安保局（ISA）的审核及禁止计划：

www. isa - gov. org. uk

关于咨询、调解和仲裁服务（ACAS）纪律审查过程的指导方针：

www. acas. org. uk/

关于健康和安全执行委员会的风险评估：

www. hse. gov. uk/risk/fivesteps. htm

案 例

替代责任：

Beard v, London General Omnibus Co. （1900）2 QB 530

Gravil v. Carroll Anor（2008）EWCA CIV 689

Limpus v. London Ggenral Omnibus Co（1862）1 H & C 526

Lister v. Hesley Hall（2002）AC 215

Hawley v. Luminar Leisure plc（2005）EWHC 5（QB）

体育/娱乐活动中的过失：

Caldwell v. MaGuire Fitzgerald（2001）EWCA Civ 1054

Parker v. Tui Ltd［2009］EWCA Civ 1261

Poppleton v. Trustees of Portsmouth Youth Activities［2008］EWCA Civ 646

Uren v. Corporate Leisure（UK）Ltd Ministry of Defence［2010］EWHC 46（QB）

Watson v. BBBC（2001）Q. B. 1134

学校体育活动中的过失：

Mountford v. Newlands School（2007）EWCA Civ 21

A（a minor）v. Leeds CC（1999）CLY 3977

Moore v. Hampshire CC（1982）80 LGR 481

Babbings v. Kirklees Metropolitan Council（2004）EWCA Civ 1431

占有人责任：

Bolton v. Stone（1951）A. C. 850 HL

Cunningham Others v. Reading Football Club Ltd, The Times, 22 March 1991（HC）

Ratcliff v. Mcconnell（1999）1 WLR 670

Simms v. Leigh Rugby Football Club Ltd（1969）2 ALL ER 923

Tomlinson v. Congleton Borouth Council（2003）UKHL 47

Wattleworth v. Goodwoood Road Racing Company Ltd（2004）EWHC 140

歧视：

Panesar v. Nestle Ltd（1980）ICR 144

立 法

《儿童法》1989；

《赔偿法》2006；

《雇佣法》2002；

《雇佣权利法》1996；

《职业健康安全法》1974；

《职业健康安全管理条例》1999；

《占有人责任法》1957；

《占有人责任法》1984；

《儿童保护法》1999；

《弱势群体保障法》2006；

第 20 章
赛事的重要性以及赛事管理

本章内容

- 为什么赛事具有重要性；
- 赛事的主要利益相关者有哪些；
- 赛事的短期和长期目标是什么；
- 大赛筹备过程中分为哪几个不同阶段；
- 成功筹备一次赛事有哪些要求。

概　要

赛事对人们生活的影响程度不易衡量；但我们清楚地看到，在历史进程中，赛事得到了详细记载并被看作社会变更的动因。从另一个角度看，很难想象一个人在一周之内没有参加任何活动或关注赛事。对于社会来说，无论多大规模的赛事都是重要的。这些赛事可以作为衡量社会、文化、经济、环境和政治成果的标尺，也能增强运动、艺术、音乐、舞蹈、商业和政治等方面的参与度与竞争性，换言之，赛事具有极大的影响力，涉及了社会生活的各个方面。当今各世界顶级赛事也十分重要，备受追捧和竞投。

一场成功的赛事策划应在"确定目标—评估结果—反馈意见"的全过程中把握逻辑性和阶段性，并要不断重复此过程进行持续评估。如果我们的目的是要形成一种思想并完善一个策略，那么每一个阶段都会有评估去确保策划能够达到预期目标，并能利用筹划赛事中产生的机会创造收益。

20.1　引言

赛事不仅仅是一场比赛，它有很多方面的含义，无论赛事规模大小，都能够对社区产生巨大的作用。这一章将会解释这种作用是为何产生以及如何产生的。一场赛事以一个关键信息开始是很重要的，这也是赛事乐趣所在。无论观看赛事、参与赛事还是组织赛事都是充满乐趣的。然而赛事管理并不是每个人都能做的，只有对那些热爱它的人、那些看到售完标志就激动、按秩序为之工作和想为复杂的问题提供解决办法的人们而言，赛事管理对其自身的意义远比站在台前或场上重要。赛事管理是幕后工作，策划并完成赛事目标是一个完成使命、获得独特体验的享受过程。

本章在介绍如何策划和实施赛事的基础上，对赛事组织的工作进行了述评。首先，我们应当认真思考赛事为什么重要，赛事是什么以及通过赛事我们能获得什么。

20.2　什么是赛事

在文献资料中对于赛事的定义有多种解释。《牛津英语词典》（2008）中，赛事被描述为"发生的事件"，"一个公共或者社会的场合"，或者"一场竞赛"。赛事管理学对其定义更为广泛。一场赛事可以是短暂的，有固定的时间并且是独特的（盖茨，1997）。它也可以是有计划或未经过策划的。最著名的一场未经过策划的赛事，就是在"一战"期间休战敌对双方进行的战壕内的足球赛。这次比赛几乎没有赛前准备，但回过头看，我们仍视之为一场赛事。但是谈及赛事管理，我们应当关注精心策划的赛事，或称为"特殊赛事"（艾伦等，2005；盖茨，1997；戈德布拉特，1997）。

然而，当涉及如"重大赛事"、"特大型赛事"或者"标志性赛事"时，通常会出现不一致。诸如奥运会，就是一个标志性赛事（戈德布拉特，1997），其他的称为大型赛事。重大事件会在一座特定的城市重复发生，例如温布尔登网球锦标赛每年都在伦敦举办（盖茨，1997；艾伦等，2005）。一些大型赛事不但规模巨大，拥有广泛的目标受众，能吸引众多媒体的关注，而且拥有地区甚至国际的政府利益相关者、商业部门合伙人和优秀的技术素质以及人力资源

（现代，1997；韦斯特比克等，2006）。另一方面，大型事件可能是大规模的，具备"戏剧性，满足大众诉求以及具有国际意义"的特征（罗氏，2000）。

　　对于"大"的定义也不准确。对于一个室内音乐会，若其容积达到温布利室内运动场的 12500 位，则 5000 名观众就是少的。一场当地小镇举办的丰收庆典有 1000 个参与者就是受欢迎的。曼彻斯特联队主场比赛观众如果少于 70000 人，那么这场赛事的营利性将会遭到质疑，因为老特拉福德梦剧场可以容下超过 76000 位观众，并且门票通常会被抢购一空。因此，将观众的多少作为标准并不完全具有特定的目的（埃默里，2002）。

　　杰戈和肯（1998）提供的模型，解释了重大赛事、标志性赛事和特大型赛事之间的关系。它包含了以上提到的所有词条并结构性地提及了事件的大小和规模。图 20 - 1 参考一系列重大赛事和中小型赛事，特大型赛事和标志性赛事。

　　对赛事的分类包括社会，文化，体育，政治，经济等各个方面，也可分为室内的或者室外的，专门建造的或临时场馆，参与性的或观赏性的，竞技性的或娱乐性的。例如：文化盛事：艺术展，舞台展示；流行，摇滚，古典与歌剧音乐会；舞蹈展示；食品饮食秀，电影节。体育盛事：学校或俱乐部的单项或多项运动会；地区性的、国家队和国际的赛事；当地的，地区的和国家的为增强体育参与性的项目；频繁的联赛和非经常行动的世界杯竞赛。政治盛事：当地的和国家的集会，会议和习俗；阅兵和示威游行；就职典礼和庆典。商业盛事：博览会；交流座谈会，贸易展览；媒体出版社发行；产品发布会，体验式营销和展示；旅游博览会。

　　地方性赛事十分重要，尽管人们对特大型赛事，标志性赛事和重大型赛事非常关心，但对人们生活影响最大的还是地方性赛事，地方性赛事一般充满趣味性和娱乐性，也可能充满冒险和魅力。通过拢和和整合地方各社团，地方性赛事能提高人们的意识并且促进各种组织及其目标的发展。一些赛事能够吸引 A 类的表演者或者其他当地组织的 C 类表演者。但是它们总能够展示他们首创者的天分和当地特色。它们通常都是作为休闲娱乐项目重要部分，这类对赛事的结构组织，技巧发展，以及同等水平赛事管理的能力不断得到重视。

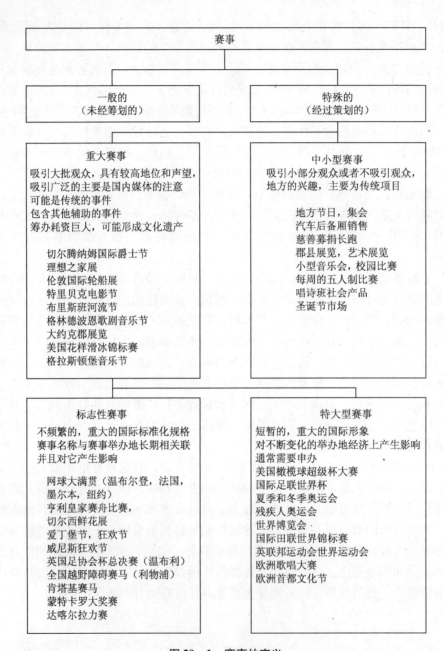

图 20－1　赛事的定义

资料来源：来自杰戈和肖（1998）

20.3　赛事的重要性

在历史发展过程中，赛事在社会发展方面扮演了重要的角色，在很多情况下，与众不同的人有时候反而能够从小事中创造出具有重大意义的事件。人们总是庆祝或纪念特殊的时刻，如生日、忌日、周年纪念日、日食和季节；并且我们现在庆祝的民间的一些节日、庆典、竞赛和展览是源自几百年甚至几千年前的。这样，赛事就成了社会的派生物，并且起到规范社会的作用。

在古希腊，赛事是如此的重要以至于它能够调解甚至阻止战争。在第一次世界大战期间的一场足球比赛就暂时地停止了了敌对双方的战事。据记载，在1914 年的圣诞节这一天，一场战壕内的足球赛在敌对双方的士兵中间展开，尽管记录不尽相同，这场比赛现在已经成为了传奇。

宗教在赛事的创造方面发挥了重要作用，使赛事成为许多社会传统的一部分，在一定情况下，它们大量地包含了艺术，音乐和体育的文化。如今奥林匹克运动会不仅是一场体育盛事，还是舞蹈、音乐和艺术的盛宴。古代犹太人庆祝82 个神圣的日子，其中的 59 天是没有工作的假期，他们任命赛事管理者去举办具有特定主题的特殊赛事（史密斯，1831）。最近，一些教会组织在发展体育运动方面起到了积极的作用。比如，篮球起源于一项娱乐性的游戏，这项游戏由新英格兰学校的基督徒詹姆斯·奈史密斯于 1891 年开创（篮球名人堂，2003）。在英国，一些最早的足球俱乐部和足球队都是由一些教会组织演变而来的。在利物浦的斯特·道明戈教堂所属的教区，成立了一支球队并且成为后来在 1897 年成立的埃弗顿女足。埃斯顿·韦拉女足由韦拉跨韦斯利教堂所属教区于 1874 年成立于伯明翰（马斯特曼，2009）。

另一些来源则混合了多种因素，既有宗教因素也有政治因素，而这些因素所涉及的赛事是深植于文化的：英国的五一国际劳动节和苏格兰的新年活动，美国的返乡活动和感恩节以及世界各国的国庆节。许多人义无反顾地去追求他们的信仰，有些人把赛事作为他们成功的动力。汤姆·韦德戴尔曾因构想出1982 年在圣弗朗西斯科举办的快乐运动会而受到赞颂。格莱德本节在 1934 年开幕式之后成为了世界领先的歌剧比赛，这是约翰·克里斯汀和他的妻子安德烈努力的结果。格莱斯顿博雷节是一个国际性的著名的摇滚音乐节，首次被麦克·艾维斯提出并且于 1970 年在他的故乡首次举办。这一系列的例子阐述了个人及其创造和举办的赛事对社会产生了一定的影响。本书较早的版本中准确地提出了赛事作为历史的里程碑具有重要作用。

当代的赛事与我们的生活息息相关。赛事既取自社会同样也成为社会的规范者和塑造者。赛事不论大小都与政治相关联，这是因为只有当满足一些符合健康、安全、雇用、财政报告和许可的法律规则的基本要求的情况下，赛事才成为可能。除了赛事活动也有一些政治性的活动，如集会、国会、示威游行等。一场赛事的成功举办能为当地的首脑带来更多的民意选票，比如 1998 年在举办国际足联世界杯期间的法国。同样地，如果执政者没有按预期计划举办赛事则可能导致反对，比如英国伦敦的千年圆屋顶的竣工时间推迟，2000 年新年庆典的管理失误以及它最初缺乏资金的问题在当时对英国政府都产生了消极的影响。

科技的发展和赛事存在着内在的联系。运动器材材料的进步，如球拍和球、数字计时、复杂的售票呼叫操作中心都与体育赛事的成长和发展有着内在的关联（马斯特曼，2009）。

在 2008 年，科技是个有争议的话题，南非双腿被截肢的短跑选手奥斯卡·皮斯托瑞斯不被允许使用他的碳纤维修复工具参加比赛，因为国际运动员协会认为他在技术上占有不合法的优势（罗宾逊，2008）。烟火通常会出现在许多赛事中，烟火，曾经作为赛事的促进因素，现在却成了部分赛事的焦点。7 月 4 日在美国波士顿海港举办的烟火庆典使成千上万的居民和游客着迷。作为赛事的主播方和传播方的电视媒体，扮演着日益重要的角色，同等重要的传媒还有网络、移动电话和无线通信。这些媒体不仅提供了广阔的、全球的观众，也作为一天 24 小时可使用的宣传工具和销售渠道，极大促进了赛事举办，同时也为社会提供了重要的交流平台。

艺术、音乐、舞蹈和体育运动的发展依靠赛事提供的优势。只要有更多的观众观看比赛，那么赛事的观看率和参与率才能够得到更大的提高。邀请群众参与的比赛是旨在扩大群众参与度的直接方式，如俱乐部开放日、教练讲习班、暑期学校和试讲，赛事也因此成为潜在促进发展的方式。然而，必须意识到，可持续的发展需要有切实地根据最初参与程度而定的后期计划。比如说开放日，能够引导大批的群众趋向于去运动，去电影院，欣赏艺术或者练习乐器，但是这些活动都需要有一个能够确保新加入的成员长期保持兴趣的策略来支撑。虽然如此，赛事对于社会的重要性需要社会发展者以新的方式去融入。

20.4　赛事的主办方、宣传者和管理者

从观众、参赛者到组织者，都在不断地追求更优秀的赛事管理。大型赛事都是由经过专业训练的、富有经验的宣传方、领导机构和各组织机构联合举办，地方性赛事则多由业余的管理者、场馆管理者以及各方志愿者举办，往往能取得出乎意料的成功。赛事的主办方并不一定是赛事本身的组织者。赛事管理组织、机构和推动者通常都会举办一些非经常性的赛事。赛事也可能只是一个更大项目的组成部分，在这样的项目中，有一些组织机构举行可能需要或不需要密切合作的选举。比赛由地方性比赛到地区性比赛再到国家级比赛阶段，这在赛事中经常发生，特别是在学校和俱乐部。一种特殊的形式就是从当地到地区再到全国范围的比赛。例如，斯托克斯雷 13 岁以下女子足球队，经历了从地区、郡县和地区赛到成为全国冠军的进程，然后在苏格兰、北爱尔兰和威尔士的类似级别的比赛中击败其他队伍成为英国锦标赛 2008～2009 赛季的冠军。在国际水平的比赛中，专业级别网球协会巡回赛和欧洲高尔夫协会以相似的方式运作他们的巡回赛，他们以这样的形式延续了包括全世界各个城市举行的不同赛事的年度计划。

大体上，每一个赛事都有一个不同的推广者，尽管存在着诸如国际管理组织这样的一些运作良好规模庞大的组织竞标，然后获得权利去宣传网球和高尔夫各自的联赛赛事。另一方面，也有一些独立的宣传公司更青睐以小规模的形式举办的固定赛事，比如齐里亚克和他的合作伙伴，以及马德里大师赛的组织者。尽管摇滚乐队能够在许多城市进行表演，音乐巡演通常会在为期 1～2 个月的时间里每日举办音乐会。布鲁斯·斯普林斯汀和他的 E 街乐队于 2009 年在美国、英国、意大利、西班牙、荷兰、芬兰、瑞典、挪威、瑞士、德国，爱尔兰和奥地利这些国家进行巡演。另一个与体育赛事不同的是音乐巡演通常只由一个宣传方组织，但也不排除与其他组织者合作的情况。在斯普林斯汀 6 个月的"为梦而作"音乐巡演中，斯普林斯汀同时也接受了其他的宣传活动，包括英国的格拉斯顿伯里音乐节。另一方面，剧场巡演通常由一个宣传者来组织并且在演出地点的时间更长。比如，在伦敦西区剧场上演的"约瑟的神奇彩衣"和最近出现的英国电视剧——《英国人的天赋》，都是 2008～2009 年间分别在英国地区剧场和竞技场上演的巡演。

赛事的主办方也可以是推广者。诺万国际组织街头长跑，这个在英格兰西北

进行的世界闻名的半程马拉松比赛，使得在英国乃至国外衍生出了一系列的长跑。英国的曼彻斯特和谢菲尔德城市机构都有自己的赛事部门，拥有并且管理赛事，同时花费大量的时间积极吸引其他的主办方和投资方去他们的城市。比如诺万国际，在举办街头长跑时与曼彻斯特城市机构的赛事部门密切合作，并且于2009年为了一场邀请100米短跑世界纪录保持者尤赛恩·博尔特来参与电视转播比赛。在城市最主要的商业街丁斯盖特街设置了一条60米的特殊跑道。

政府，地区的或者当地的管理机构、教育机构、俱乐部和商业宣传者都可以独立拥有或者举办赛事。如果是体育赛事，则必须根据惯有的规则去举办赛事，同时申请官方机构的许可也需要一个更加复杂的过程。赛事也会涉及更加复杂的经营策划过程。主办城市需要得到由许多合作伙伴和利益相关者组成的合作组织团队的支持，就能够通过向赛事权力拥有方进行申请去获得举办权。谢菲尔德城市机构的赛事单元自1991年成立以来，共举办了诸如世界大学生运动会这样的赛事超过600场，包括它与许多不同的合作伙伴一起竞标的比赛。

许多主要的国际赛事由当局政府、地区发展机构、国家统治机构、商业投资者和国家政府组成的团队申办。这些赛事有着重大的意义并且大体上都与体育运动有关。在澳大利亚和美国，这个模型基于国务院。例如，维多利亚的运动和娱乐被一个精明的策略所驱使，这个策略见证了墨尔本多次举办澳大利亚一级方程式锦标赛，国际飞行展和澳大利亚网球公开赛，同样也竞标了2006年的联邦国家赛事和2003年的橄榄球世界杯比赛。在犹他州，盐湖城主办了2002年的冬季奥运会（马斯特曼，2009）。随着城市的出现和国务院的不断强调，重大赛事的重要性正逐步被市政机构所认可。

在较小规模的比赛方面，所有的学校，专科学院和大学为了内部以及机构间的互相竞争而组织体育赛事，但是他们也组织展览和会议旨在展示学生和职工的才能。此后他们成为了传播知识的艺术展览、时尚设计展、音乐会、戏剧和会议的主办者。这些事件由于支持教育项目而被称赞与牢记，同时通过举办这些赛事能够吸引科研项目投资，商业合作和学生参与，它们也能够向学生家长证明学生在这里学到了哪些知识。

其他的机构和组织同样也意识到了赛事优先策略的重要性。在快速消费品生产商看来，赛事能够提高产品形象和销量。例如，许多饮料公司将饮料以及赛事主办方联系起来，比如可口可乐公司和可口可乐音乐节，百事可乐生活方式展示盛会，红牛饮料飞行比赛以及吉尼斯Witnness音乐节。

无论赛事规模的大小，志愿者都是关键的因素。夏季奥运会规定招募10万名志愿者，这也已经成为每届夏季奥运会志愿者招募的定额，2012年伦敦奥运会招募到了和 2008 年北京奥运会数目相当的志愿者。然而，志愿者在许多当地赛事组织中的投入也是非常重要的。在体育运动中，志愿者们通过经营者俱乐部，联盟和社团，以确保运动员们能够参与到比赛中来。据估计，仅在英国就有超过 600 万的志愿者参与赛事（英格兰志愿服务，2009）。然而，志愿者也参加娱乐和他们规定的活动中。在整个英国，当地的艺术、音乐和戏剧团体以展览、音乐会、戏剧和童话剧的形式为他们的社区提供娱乐，只是极少数的成员偶尔会接到多任务的派遣去确保赛事的成功举办。

20.5 赛事的目的

减少赛事的消极影响以及获得潜在的积极影响的关键在于有效的赛事策划（马斯特曼，2009）。为了筹划一场赛事，赛事管理者需要为明确的目标而工作。以下的标准组成了举办赛事的不同形式的目的，其中的一些是存在内在联系的。

20.5.1 社会文化目标

赛事对于文化和社会都是有益的。第一，参与和组织赛事是有趣的，在这个程度上他们将会满足不同人群的个人需求。由于赛事本身的趣味性以及能够满足一些个人的价值观，它们能够很容易被认可，而且赛事的举办是社会为了社会内涵，凝聚力和人民的顺从而使用的一种有用的工具。所以赛事能够使那些不同宗教信仰、不同种族、不同年龄和性别的人聚到一起。并且它们能够使这些不同的社会群体凝聚起来，使社会更加和谐。

同样，赛事也能够为那些社会上违反法律的人提供机会，并且为他们提供更加能够被接受的活动。纽约的哈莱姆，是为人们所熟知的在这条路上付出努力的地区，成立了一系列的拳击和其他体育运动俱乐部，如由霍坎比·鲁克成立的鲁克篮球联赛，就是为了激励哈莱姆的青少年并且给他们灌输"原则，忠诚和团队合作"的思想（威廉姆斯和瑞维斯，2006）。在 2009 年，航空空间健身房举办了一场以拳击为特征的名为"拳击手套"的锦标赛和庆典去帮助东部哈莱姆学校，并且为那里的小学生提供更多的机会。

赛事举办的区间和赛事本身都能够有效地扩大它的社会文化影响力。大体上，国际奥委会认可扩大奥林匹克运动会影响的重要性以及赛事所聚焦的运动，这样就能够直接影响到整个社会。例如，国际奥委会把文化项目定为"奥林匹克运动会开幕式的必要因素"，并且每一个主办国家都要求要提供其中一个必要因素（马斯特曼，2009）。比如，盐湖城奥运会，由可口可乐公司赞助，举办了一个包括60场演出、10项主要展览和50个社区项目的艺术节（马斯特曼，2009；盐湖城，2002）。

20.5.2 政治目标

任何规模的比赛都具有政治性。首先，赛事能够被高水平地运用而实现政党的政治目标。利用高水平的赛事，达到宣扬符合某个政党的利益和价值观的政治理想。大型活动的政治目标是获得世界范围的认可，特别是通过旅游业和内部投资获得可测量的经济收益，是新型的政治策略（霍尔，2001；普鲁斯，2004）。巴塞罗那利用它在1992年举办奥运会的契机，获得更长远的利益是一个很好的例子。据报道称，巴塞罗那这座城市的主要目的是为城市的发展建设提供一个可行的方案，加泰罗尼亚地区可能会与西班牙首都马德里竞争争夺主办权（罗氏，2000）。北京也利用2008年北京奥运会作为一种渠道，向世人展示中国的文化。然而对于国家试图通过对奥运会的政治操作去提高国家认同和文化认同的方式，还存在一些争议。

文化事件也可以被用于外交目标。例如，管弦乐队，在一些时候被认为是"软外交"的核心（希金斯，2009）。

讨论问题

赛事发展到什么程度能够或者应该具有政治意义？用你所熟知的一个或几个的相关赛事去讨论这个问题。

20.5.3 发展目标

一场赛事也是一次展现，并且通过有目的性地增加参与程度或者提高人们的支持和兴趣，它能够增加人们对艺术、音乐、体育运动、舞蹈乃至一种政治理念或者一件商业产品的意识。对赛事的支持和兴趣增加粉丝和追随者的数量，以及增加付费观众或者会员的数量。"共同弹奏乐器"的方法是一个简单的概念，由丽塔·嘉汉于1976年在芝加哥创办的人民音乐学校开创了这个方法的先河。这所学校通过为学生提供免费的辅导给予所有不同经济背景的年轻人们学习的机会，并且他们还拥有自己的节庆。"一起来尝试艺术"也是一个简单并且有效的想法，它使得成年人和孩子平等地参与进来。在澳大利亚布里斯班，画画工场被城市机构安排在街上，旨在使人们参与艺术。

虽然所有的体育赛事都能够被用来促进体育运动相关产业的发展，新出现的赛事也同样能够被用作特定的目的。以伦敦为首，在 1980 年首先创立了青少年运动会，而如今郡县的青少年运动会贯穿到国家的各个地区。这些赛事能够使不参与比赛的年轻人参与运动，同时也促进了他们和那些已经参与运动的年轻人们之间的竞争。

案例研究 20.1

艺术的外交作用

通过音乐、艺术和乐队演奏来达到政治目标已经不再新鲜了；早在 50 多年以前，一支西方的管弦乐队，叫作"纽约交响乐团"就曾被带去苏联。尽管这并不是非常明确，但是毫无疑问的是，当强硬的国际政治关系处在敏感时期或者外交不成功时，一支巡演的管弦乐队是可以视为一种软外交策略。这个吸引力在于管弦乐队以及其他的艺术家是无恶意的，并且他们的艺术就是他们进入那个国家的通行证，甚至当两国关系极为不稳定的时候（希金斯，2009）。诸如管弦乐队这样的艺术形式是非常好的外交工具。一场艺术巡演可以被看作一个象征着在政治前沿两国关系仍然有发展空间的标志。

例如，2009 年古巴同时邀请了纽约管弦交响乐团和皇家芭蕾舞剧团在古巴首都哈瓦那演出。这是具有重大意义的一次行动，自 1959 年古巴成为社会主义国家以来是史无前例的。通过提出这次邀请，古巴暗示着其希望与美国和英国发展积极友好的关系。当然这次邀请被拒绝了，但是在这种情况下，奥巴马总统取消了对古巴 40 年的禁令，允许管弦乐队访问古巴。自 30 年前莫斯科芭蕾舞剧团访问东部集团以来，皇家芭蕾舞剧团是第一次访问古巴（卡罗琳，2009）。

这个目标不仅是去平息政治动荡；这也是一种强加的敌对的威胁。2008 年当奥塞特的一些地区被俄罗斯政府干扰的时候，经过仔细的筛选，俄罗斯总统普京的好朋友，出生于奥塞特的导演维勒瑞·葛瑞格受到邀请，带领俄罗斯交响乐团去奥塞特南部演出。尽管这是表现合作意愿的一次选择，但是对于音乐的选择也同样非常重要——乐曲包括贝多芬第七交响乐，这个篇章反映了与列宁格勒有关的一段故事（希金斯，2009）。

20.5.4 经济目标

生产和服务部门的商业公司并不是唯一从赛事中获得收益的组织。公益事件是为慈善机构筹集资金的，而音乐、舞蹈和体育运动的推动者是为了实现利益的最大化。无论有没有确立发展目标，赛事的主办者通常会选择去追逐利益，只有这样才能筹集资金去增加他们整个的发展实践程度。无论大型赛事还是小型赛事都会有经济目标，尽管在开始的时候，赛事可能会被当作亏本出售的商品，然而所有赛事管理者的最终目标是至少实现收支平衡。受到预算的驱使，大多数赛事管理者都会争取贸易顺差，不管这个顺差是用于商业目的或者是非营利的目的。

案例研究 20.2

北约克郡青少年运动会

北约克郡青少年运动会，由北约克郡运动组织运行，这一郡县运动，自 2000 年以来每年举办一次，自 2005 年以来便在安普佛斯学院举办。2009 年在北约克郡运动会 10 周年纪念日上，北约克郡运动组织完成了募集来自他们新的赞助商利兹三人组和圣徒学院的赞助。运动会的高潮是 8 月中所有的参赛队伍和所有学龄的男子女子运动员会聚一堂的一天。各队伍纷纷展示北约克郡当地社区体育网络、室外地滚球、冰壶、橄榄球联盟与协会、游泳、定向越野、越野跑、运动员、拉拉队长、足球、曲棍球、少年棒球、篮球、网球和体操。为了晋级决赛，他们以联盟为单位进行竞争并且争取在本年内在他们辖区完成角逐。

这次比赛的目标是发展和维持体育运动的参与度和竞争性。许多赛事的主管部门都是通过他们的地方管理和训练机构来参与活动的，旨在提高赛事水平同时提高青年人对体育运动的热情，关键是要使这份热情能够持续，使得这些运动员在比赛之后仍然能够坚持运动。当然，只要青少年们在学校里，就会有他们可以参加的各种比赛，这样他们就能不断有机会参与到运动中来。但是，重要的是要确保他们有资格参加比赛，换句话说，在校外和毕业之后，他们还能有这样的机会进行运动。在人生的后半部分脱离了体育运动是英国运动机构特别关注的问题。

　　北约克郡青少年运动组织作为一个合作伙伴，不仅包括当地的地区委员会，还包括那个地区不同学校的运动合作伙伴，还有国家政府机关地方代表。这使得北约克郡青少年运动组织能够和其他合作方进行对话并且和学校、运动俱乐部都能够进行项目合作。为了在学校和俱乐部之间搭建桥梁、创建联系，它对比赛的运作包含了学校和俱乐部队伍。

　　除了有 1500 名年轻人参与到比赛中来，还有更多的年轻人是全年都在参加各种比赛，北约克郡青少年运动组织用一个政府投资项目"运动无界限"去支持这次活动，同时，这个项目提供的资金正在影响着超过 27000 名 5～19 岁的参与到运动中去的年轻人。

讨论问题

北约克郡青少年运动会是怎样实现商业化发展的？

　　尽管赛事本身是受到利益驱使的项目，仍然有可以考虑的更加广阔的经济收益空间。对于重大赛事、标志性赛事和特大型赛事，更加广阔的经济影响具有关键性的作用。对经济产生的消极影响会对纳税人产生长期影响。例如，1976 年蒙特利尔奥林匹克运动会和 1991 年的谢菲尔德世界学生运动会，对于两座城市都产生了长期的繁重的财政负担。然而，在赛事开始之前，通过吸引内部投资，赛事期间发展旅游业，之后从赛事中获得的名誉，赛事结束后利用其树立的良好形象吸引商业活动，这些都能产生积极的结果（普鲁斯，2004）。

　　例如，1992 年在巴塞罗那举办的奥林匹克运动会，巴塞罗那有效吸引对内投资加强海滩的基础设施建设，自此以后，最初的利益成为了现在被认可的长期的积极遗产。当初的奥林匹克区现在成为了一个包括码头、零售店和居民住宅区在内的繁荣名胜区域，而过去这里是一个旧城区。城市方面也宣称通过举办赛事，增加了他们举办会议、奖励、国会和展览贸易的机会。在 1990 年，有 10 万名国会与会者，而在赛后的 1996 年与会者增加到 20 万人。

　　当回忆起经济效益的时候，体育赛事总是会成为媒体讨论的热点话题，关于一些城市通过举办文化赛事获得经济效益的例子还有很多。例如，欧洲电视歌曲大赛和欧洲首都文化比赛曾经被用作经济的催化剂。赫尔辛基在 2008 年举办欧洲电视歌曲大赛，其宣称娱乐了 4 万名观众并且收益达到 1260 万欧元。然而，2008 年欧洲首都文化比赛举办地利物浦，利用本次赛事大幅度增加了旅游人数，在 2002 ～ 2006 年间，旅游人数增加了 16%，旅游收入增加了 24%（赫尔辛基，2008；利物浦，2009a，2009b）。世界博览会是一个追求经济影响力的大型盛事，上海利用 2010 年举办上海世博会的契机，不仅创建了新的基础设施，发展商业贸易，还为它的两个关键区域创造了新的联系，一个区域是坐落在黄浦江对面的浦西区，是著名的摩天大楼天际线的所在地，另一个是旅游业更加著名的区域浦东新区。

所有关于赛事的经济影响的研究问题都集中在其积极影响上。尽管城市认为通过举办重大赛事发展他们的经济是具有可行性的，但这在学术领域并没有得到广泛的认可。我们不能准确地预测赛事的长期效益，然而我们也不确定这种效益究竟是不是举办赛事的结果（琼斯，2005）。

20.5.5 环境目标

大型赛事被认为是绿化再生和发展项目的潜在催化剂。例如，南非的环境事务部门和旅游部门在 2009 年任命环境评估单位和固定绿化部门为大型体育赛事提供绿化指导方针。但是，这个方针不仅着眼于 2010 年国际足联世界杯，也考虑到其他体育赛事的绿化问题（环境流行病学研究所，2009）。2000 年悉尼奥运会将废物管理和回收作为赛事管理者的重点建设项目开创了先例，并且得到了广泛的认可（阿兰等，2005）。自此绿色赛事成为奥林匹克委员会的定性要求。例如，2004 年雅典奥运会，雅典进行废物管理，治理水质和空气污染，又如 2008 年北京奥运会，北京进行了植树造林，防治空气污染，特别是回收水装置等一系列努力，都是为了举办好绿色奥运（马斯特曼，2009）。

所有的赛事，无论规模大小、举办地在哪，变得更加绿色环保，是一种潜在发展能力，更是一种责任。音乐会对场馆的暂时使用需要借鉴最佳实践。当涉及废物处理，卫生实用工具提供的问题，以及场馆使用完毕交回时，至少应该使场馆保持原来的状态。在赛事举办期间，废物处理是一个频繁进行的活动，这项工作通常是外包给其他公司的。

可以被用于各类活动领域的环境标准是碳足迹评估。很明显，这一章节中作为例子的许多赛事，其中有很多邀请到世界最好的表演者进行世界巡游，参与国际赛事，然而这些来自全球各地的参赛者需要飞行才能到达目的地。要说明的是尽管电视和网络传媒技术的发展允许观众不需要到达现场也能够观看比赛，然而所有的比赛的成功之处在于他们是现场进行的，参与到现场赛事中去体验才是赛事提供的主要产品。正因为如此，对于赛事管理者来说，要将人们对媒体的注意力移开的阻力一直存在。

20.5.6 再生目标

把再生目标放入赛事策划，使赛事作为市政目标成果的催化剂将会产生许多益处。为举办赛事而开发使用的废弃土地，为将来的社会、文化和经济收益留下了物质遗产。对于一些城市，赛事的举办能够证实当初举办赛事的费用是合理的。这种现象仅局限于大型事件和大型体育赛事，例如，2000 年奥林匹克运动会，澳大利亚悉尼体育馆的再利用；2002 年英联邦运动会，曼彻斯特曼城地区的再生；2012 年的奥运会对英国的东区进行了改造。通过赛事领导策略对城市空间进行转换是一种"城市热心拥护"的形式，因为赛事被认为是促进城市经济再发展的刺激物，赛事便成为吸引市政的议题（安德罗诺维奇等，2001；希勒，2000）。

20.5.7 基础建设或更新目标

这是一个容易引起争论的目标，并不是因为赛事不能刺激新设施的建造，而是因为许多赛事由于建造好的设施未得到充分利用，而成为废弃的遗产或者是"白象"（大而无用的东西）。特别是与体育赛事和奥运会有关的赛事更为明显。例如，澳大利亚体育场，至今仍有财政挑战，2004 年雅典奥运会，奥林匹克主体育场现在几乎是未使用、形同废弃。解决问题的关键在于策划——在策划大型赛事之外保留基础建设的使用是完全有可能的，曼彻斯特为英联邦运动会建造的相关基础设施自 2002 年以来一直在使用中，这为我们展示了这一计划的可行性（马斯特曼，2009）。

纵观历史，奥运会主办城市有三种类型——第一类是追求体育设施和城市基础设施改造最小的模式，比如承办 1984 年奥运会的洛杉矶和承办 2002 年奥运会的盐湖城；第二类是大量建造体育设施但很少改善城市基础设施，比如1972 年慕尼黑奥运会；第三类是体育设施和城市基础设施改造同步发展，比如2000 年悉尼奥运会；2004 年雅典奥运会。值得注意的是，这些都不是属于特殊时期举办赛事的城市；还有一些城市较早地发展了基础设施，并且最近还有一些节俭办比赛的例子。

建立重大赛事新建设施和其他城市基础设施之间的联系是非常重要的。特别是住宿、电信和交通这样的"硬性条件"。例如，在废弃的土地和郊区建立设施，就需要提供充足的交通设施，这些不仅仅是为了赛事本身。很明显，这需要进一步的投资，如2000年悉尼奥运会花费了8000万美元，这些基础设施未来的使用将与它们所服务的体育设施的成功运营密切相关。

相比较而言，赛事并不以膳宿、酒店和房间增加等形式刺激经济的发展。很少有因为赛事而促使酒店新建、整修和革新的例子，因赛事而增加的旅游被证明并不是可持续的。

另外，有两种赛后使用的形式——举办社区组织的运动、休闲和娱乐活动或者举办其他未来赛事的。1992年巴塞罗那奥运会是城市现代化长期规划的一部分，它提供了一个融合了赛后使用的两种形式。"巴塞罗那2000"规划，在20世纪80年代中期实施，包括6个新的体育场馆，一个在海滩上的奥运村，一个新的机场和通信塔。两个完全不同的组织创造性地完成了这次策划，一个是吸引和经营重大赛事，另一个促进公众对体育运动的参与度。这个策划帮助"奥林匹克赛事实现大众化"，在赛前设施管理方面，进行公共与私人部门的合作，并且通过公众促进赛后设施的充分使用。

> **讨论问题**
>
> 为了获得地方政治和财政上对你社区内新赛事的支持，你认为哪个目标是最重要的？

20.6 赛事策划过程

为了达成以上所考虑到的综合目标，无论赛事的规模大小，赛事管理者都需要经历一个赛事的筹划过程。本文剩余的部分，我们将致力于解释这个过程，同时包含了赛事实施的短期要求和针对赛事遗产的长期目标。图20-2涵盖了这一策划过程模式。

赛事策划过程模式包括了近十个不同的步骤。从图20-2中看到，每一个步骤都应经过反复地检测以便能够与所要求的目标进行校准（马斯特曼，2009）。

20.6.1 目标

任何赛事策划的第一步就是要确定赛事目标，上文的讨论为我们提供了许多选择。长跑最初是为了扩大在英格兰东北部跑步的参与度而举办的。特里贝克电影节是罗伯特·德尼罗为了促进纽约城作为一座国际电影拍摄中心城市而创办。曼彻斯特举办 2002 年英联邦运动会旨在刺激被废弃的地区重新投入生产，增加就业机会。

　　具体的可衡量的目标的设定能够为赛事规划提供方向、执行力和评估标准。为了做到这些，所有的利益相关者应该拥有鉴定和咨询的权利，以便他们的要求能得到考虑，并且在需要的时候，可以纳入赛事的策划。赛事的利益相关者有：

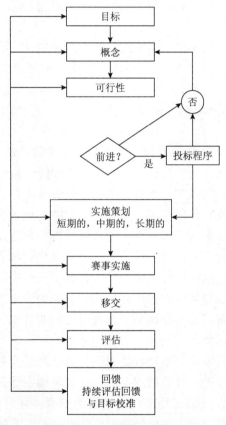

图 20 - 2　赛事策划过程

资料来源：马斯特曼，2009

　　顾客。个人或团体购票者、参与者或者竞争者、广告商、企业联合买家（如特许经营的厂商）、赞助商、商人。

　　提供者。通常是提供与赛事相关的设备，服务或者商品的组织，例如设备、法律建议、食品和饮料、交通、安全和急救服务。

合作伙伴。大多数体育赛事都不可能脱离相关地区、国家和国际主管部门的批准。合作伙伴也许是当地的，地区的或者国家政府机构。组织一件赛事的管理机构能将俱乐部，社会和机构结合起来。赞助商通常以合作伙伴的身份被提及，既是他们作为赞助应有的权利，也因为他们合作关系的长久和密切，另一方面，媒体也在争相购买赛事报道权。

投资者。以上的一些合作伙伴可能也是投资者，因为他们通过提供资金或者实物服务获得既定权益。市政机构投资通常会获得如运动、文化或者社会发展这样的非经济型回报。

职员。固定职员、短期的赛事雇用的个人、外包合约职员和志愿者。

外部影响。这包括赛事的公布对赛事的成功举办极为重要，因此影响到每一个决策的制定，即使它不会在以上提到的任何方面直接地与赛事产生联系。例如，赛事举办的当地社区、压力团体、当地和国家政府、政治家和媒体。

接下来对利益相关者的分析和咨询，关于赛事管理的一些关键问题如下：为什么要举办赛事；要获得些什么；谁将受益？如何受益？

如果赛事是由指定的机构来管理，那么了解赛事主办方发表的声明是非常重要的，因为这是构成目标的基础。通常这些声明构成了为赛事管理定下目标的前提，也就是这样它形成了以下计划的最早的指导方针。

一旦完成目标规划，它们就会成为下一个赛事规划步骤的基础。作为调整后期规划的机制，建立这些目标是必要的。在这个过程中的所有步骤，还需要按时进行评估，看看规划是否按预期计划实行。如果策划实施发生偏差，或者出现新的机会，那么就需要重新调整。通过对与短期的和长期的目标相关联的绩效指标的识别进行调整。

对于任何规模的赛事，筹划过程是识别它自己的综合指标，也就是说，通过所获得的预算收入水平、合适的现金流转、规定的媒体报道水平，或者同提供者、合作伙伴签订合理的契约来设定最后的期限。并且在计划实施过程中，整合机制去开发能够提升策划的任何新的机会也是非常重要的。

20.6.2 理念

一旦目标被确定，赛事就能展开规划。设计或者赛事理念是由明确的、可衡量的目标来指导的。北京奥林匹克运动会采取了这样的方式，通过与上海、青岛等其他城市进行合作，使用这个城市已存在的或者新的设施，包括市郊和更远的野外。2000 年伦敦千禧巨蛋长达一年的表演，通过创造陈列技术和像马戏团这样的趣味元素，去提供尽可能宽广的世界图画。

通过对利益相关者进行分析，为以下的赛事策划选择决策者。在这一步骤中的关键问题如下：什么是赛事？赛事是怎样的？赛事的目标观众和顾客是谁？

使用环境分析工具，包括竞争分析将保证能够完全达成理念去完成目标。以下的因素也应该纳入考虑范围：赛事的规模；如何运作；什么时候举办；将在哪里举办：位置和场馆；需要哪些设施和设备；主要的合作伙伴是谁——是地方政府或者是国家政府、主管部门、赛事主办方，宣传者和慈善机构。

眼下应该考虑要表演什么样的节目。所有的赛事都是具备娱乐性的并且举办费用是昂贵的，所以确定基本要求，加强规范的可能性是非常必要的。对赛事举办位置和场馆也许提供了一些已经有效的要求；然而赞助商们会提供其他的优化处理，比如辅助的娱乐、装饰和特殊的影响。表演的质量是关键，所以演员的水平在这一步也是一个需要考虑的方面。如果能够获得消费者的满意，那些昂贵的以及通常被忽略以便使开销在控制范围内的项目也许也是必要的因素。例如，废物处理、卫生间清理、免费进入的公园、信息量大的管事部门，也许都是开销很大的，但是它们也是影响竞争优势的因素。

在这一步骤中，赛后使用也是需要重点考虑的问题。无论赛事规模的大小、设施、设备和场馆都需要移交给他们的拥有者；或者选择性地撤资也是一个选择。因为涉及花费和工作人员的努力，所以这些被放入考虑和策划之内是必要的，只有这样移交才能够在正确的时间有效执行，尽管眼下看来还有很长的路要走。

讨论问题

为你所在的当地乡镇，为满足以下目标你会开展哪些活动主题？

- 综合社区各行业和年龄层的人群；
- 包含当地团体，协会，社区；
- 支持当地零售和商业利益；
- 使用当地户外设施和空间；
- 开发小镇当地人的兴趣和意识以及当地的资源。

20.6.3 可行性

策划过程中的可行性这一步骤是决定理念是否能运行以及怎样运行的。只要运用灵活的方法，理念都是可以反复斟酌直到确定了它的可行性为止。

理念需要通过检验。也许需要最后的彩排或者是将重要环节从头到尾排练一遍。对于重大赛事也许会涉及交付一个或两个用作学习曲线的问题。例如，北京受国际奥林匹克委员会的要求，在2008年之前开展了许多高规格的赛事，在奥运会场馆举办了包括国际跆拳道锦标赛、国际游泳锦标赛、国际潜水锦标赛和国际水球锦标赛（北京2008，2008）。

对于财政上的稳定理念需要进行彻底的审核。无论赛事规模的大小，为了制定预算，需要对花费和收益进行评估。这能够使管理者更好地处理资金流转，也将有利于形成合适的绩效指标。在决策之前确定花费的数额可以使得策划继续进行，管理者可以确保减少不必要的开销并且避免预算之外的花费。2000年曼彻斯特和2012年伦敦奥运会的申办都包括了未解决的税收问题。这可能是英国的特征。

在这一步骤中，更多地应该考虑长期的赛后使用的可行性，或者在赛事的最后是否需要递交遗产。

为了减少开销，确定预算，需要考虑下列问题：谁来负责目标的交付（短期的和长期的）以及所涉及的时间秩序？需要什么资源，什么时候需要，资源来自哪里——财务、个人的、设施、设备、市场、服务？如果存在竞标过程，需要满足什么标准？花费多少？这些能报销吗？或是还给投资方，即使是竞标失败的投资方？对于赛事的实施，执行和评估有什么要求？什么时候进行？是否有任何的遗产处理计划？它们如何进行移交，移交给谁？眼下对于设施的赛后长期使用要求是否有需要特别说明的？

无论赛事规模的大小，都需要有一个总体规划。对于一些小型赛事，总体规划也许是手写的或者是在家用文字处理机制作出来的。然而，赛事越是复杂，对需要策划的个人方面的要求就越高，于是我们创造了总体规划，它包括：设备；员工和个人；管理，资料和财务；市场营销；设施；展示和传媒；支持服务；健康和安全。

对于大型赛事，总体规划就更加复杂；例如，北京2008年奥运会包括以下部门，每一个部门都提供独立的分支计划，通过项目管理部门来协调（马斯特曼，2009；北京2008，2008）。

- 国际关系：联络国际奥林匹克委员会和国家奥林匹克委员会；

- 运动：所有的竞赛组织；
- 媒体和传播；
- 建设和环境；
- 市场：赞助和许可；
- 技术：办公、赛事传播；
- 合法事宜：合同和合法决策；
- 赛事服务：住宿、交通、登记和观众服务；
- 审核和监督：审查资金流向，考察员工表现；
- 人力资源：招募、训练和管理职员；
- 财政：预算管理；
- 文化服务：节日管理；
- 安全；
- 媒体关系：出版中心运作；
- 场馆管理；
- 后勤：赛事材料和服务；
- 残奥会：联络国际残疾人奥林匹克委员会；
- 交通；
- 火炬传递；
- 委派：运动员、官员和重要人物；
- 庆典；
- 奥运村：膳宿管理；
- 志愿者：招募、训练和管理；
- 售票：票务销售和发放。

20.6.4 赛事进程

如果赛事是可行的，就可以做出决定是否要继续进行策划。如果这个赛事被认为是不可行的，那么还有机会再次考察目标和理念去决定前进的道路。如果确定能够达到效果那么就可以决定继续往前走，如果不能，也同样可以选择中止比赛。

20.6.5 竞标

对于一些更大规模的赛事则需要进行申办。这也是现在一些艺术领域权利拥有者开始接受的方式，或者说至少是予以考虑的，为了计划把他们的赛事带到世界的各大城市。例如，2007 年国际印度电影颁奖盛典在英国的布拉德福德举办。布拉德福德打败了纽约和墨尔本成为主办城市，并且后面赛事的成功举办使得在 2009 年的时候，联合国教科文组织宣称这是世界上第一座电影之城。显然申办赛事是非常昂贵的，而且最终只有一名胜出者，其余的都是失败者，而这些失败城市在申办时所花费的费用就不见踪影了。因此，决定是否进行申办和申办将会产生的费用，都应该在策划进程中进行可行性评估时就考虑。

由于申办费用高昂，对于申办城市来说，仔细评估他们在申办时可以达成的目标是非常普遍的，换句话说，希望在投资竞标时获得回报，即使竞标失败了。例如，古巴哈瓦那递交 2012 年奥林匹克运动会举办权的申请，获胜的概率是很小的。即使在早期一轮的竞标过程中它的申请就被拒绝了，但我们可以假设，在外交上，也许甚至是贸易上，古巴都通过竞标而获得了利润。

20.6.6 实施计划

下一步是为赛事实施制订计划。这是当短期和长期的计划发展达到设定好的目标时需要做的。对于赛事本身的交付，短期运行策略需要涵盖许多重要领域，每一个领域可能都会由一支忠诚的队伍组织成为一个单元并且进行协调。每一个赛事都是独一无二的，但是在策划之下就能进行大体的预测。

无论对于全职工作人员还是志愿者，各自的技能都是有明确区分的，而对于大型的赛事，则需要聘请管理、财政、营销和公共关系、支持服务、给养、赞助、设施和媒体管理方面的专家。技能全面的赛事主管能够适应经营各种形式的赛事，而这些也是他们所追寻的。然而，对于那些低层次配给的赛事，管理队伍的规模小一些，并且在许多方面，一个人需要具备多种技能。

如果拥有长期的目标，长期策略的实施是非常重要的。对于这些赛事，在经济生产、城市复兴、城镇建设、城市营销、文化、体育事业的发展和环境的可持续性发展方面的专门技术是必须具备的。

要求递交赛事的短期和长期策略需要包括在关键路线的发展之中。对照赛事目标进行调整在需要继续评估的方法中又是重要的因素。在这一过程中，再次修订预算要求，评估绩效指标能够确保赛事计划在既定的轨道上进行。

一场赛事是一个复杂的项目，这就需要项目管理技能。一名成功的赛事管理者将会完成在赛事举办过程中寻找、识别，然后完成所有任务的过程。并且把他们放入一个能够将效力和效率最大化的时间计划。关键路线就是一个时间计划，为每一个清楚识别的关键任务排序，确定先决条件。任何一场赛事的各个领域和形式都是关键的，这些任务都必须提前了解，并且根据时间先后去完成它们，是赛事计划实施的主干，也是所有任务的进度时间表。

　　详细计划也可能变得十分复杂，为了识别任何有冲突的计划或任务都需要优先考虑。网络分析能够被用来决定关键路线，在规定期限内完成任务。这个分析表明这些任务对其他的影响程度并且约束它的影响力。赛事管理者从而能够得出没有完成任务的结果并且鉴别出哪一方面能够互相协调。

　　复杂性会限制甘特设计方法的使用，许多国际赛事使用其他软件或者使用它们自己的程序。然而，目标仍然是一样的：一个有力且有效的任务设定能够按照正确的顺序运行。在开始这个过程的时候，以下方面的工作应该纳入考虑。项目：计划的调整，每个程序的排序，主要步骤和辅助活动，与节目运动员和演员、舞蹈预演、娱乐表演进行联络；员工：全职员工和志愿者的管理和委派，人力资源问题，培训，福利和工资待遇；管理和服务：财政和资源管理，合法协议和合同，场馆预订和安排，设备和设施的协调，外包合同和供应商，许可、安全、交通、膳宿的招募和协调；营销：产品、价格、分配和促销经营；商业：引进赞助，处理关系，特许经营空间，许可和推销经营，广告，零售，票务销售；技术：协调购买，雇用，设施的供应，有力合法的健康安全规定，视听效果和通信的创新和执行，环境的可持续发展，卫生设备；给养：零售经营，医疗和员工给养；媒体：出版和广播公司关系经营；公共关系：政府联络，管理机构联络，利益相关者的发展和促进。

20.6.7 赛事实施

　　一旦制订了计划就能够执行，所以这个过程是相对独立的。然而，在实施计划之前，一些对计划能够完成的假设都是不必要的，也是不实际的。只有当一些决定对其他决定互相产生的影响被完全考虑了之后才能够实施。在所有计划中，尤其是那些时间跨度大的计划，应该具有灵活性，为最初未预见的机会留有空间。例如，2012 年伦敦奥运会的组织者在申办成功之后不得不去处理全球经济萧条问题，而经济萧条对建设和购买物品的开销都产生了影响，并且减少了赞助商的收益。

　　如果计划的实施与设定的目标相符合，那么就可以办一场成功的赛事。当然，事实上，在赛事策划和赛事举办期间总会出现各种机会和问题，而这些都是需要去处理的。如果计划能得到很好的理解，那么就有更多的时间和能力去解决。如果对可预见的因素进行很好的规划，那么也可以更好地处理隐形的因素。

20.6.8 移交

至此赛事仍然还有其他三个步骤没有完成。这个步骤开始于赛事闭幕以及返还设施和设备给权利所有者。例如，伦敦肯伍德的一场爵士音乐会结束之后的公园土地、座位和舞台。另一个例子包括一场在农场土地上结束的定向越野比赛的森林管理问题，以及北京的洲际酒店在 2008 年奥运会时用作媒体中心之后的移交问题。也有一些例子是在很长的时期内完成遗产移交的，比如把新设施移交给新的拥有者。这也许是在像雅典卫城（剧院），维罗纳的圆形剧场（歌剧院），或者英国队新球（莎士比亚）这样的古代场馆中新建舞台，座位和后台设施，来进行长期的艺术展示。

关闭场馆涉及把场址恢复到原始的状态或者与收入管理达成一致的状态。这也许涉及了场馆的清扫和清理，并且需要制定一个尽可能有力有效的策略去完成，因为这是一个花费时间并且没有收入回报的过程。因此应该将这一计划纳入其中的一个步骤。有一些赛事需要花费很长的一段时间并且特别消耗人力物力。悉尼奥林匹克公园在 2000 年奥运会闭幕之后一年的时间内没有移交，曼彻斯特城市体育馆也在移交给曼彻斯特俱乐部承租人之前，在 2002 年英联邦运动会之后，花费了一年的时间进行重新配置。对于这些赛事，在长时间范围内评估遗产的价值是移交之前的责任（阿迪拜，2002；波尼斯汀，2002）。

20.6.9 评估

对已达成共识的评估应该在赛后的短期内完成，很少有考虑长期评估的。在赛事完成之后的评估主题是共同的。然而当时间消耗和开支过大时，违背设定的目标衡量是一个常见的问题。在长时间内评估赛事的影响不是一个有相似经验的广泛实践。也许正是因为这个任务的责任没有很好地分配，对于最高水平的国际奥委会本身，这也是非常普遍的，只有在 2002 年转换学科项目的时候用一个综合的方法完成了短期的评估。即使是现在国际奥委会也不确定怎样支持赛事主办城市进行长期的评估。

一个最小化的、完整的、正式的，至少涵盖了整个策划进程到赛事闭幕的评估报告是必需的，这就使得下一场赛事的管理者容易决定新的赛事策划应该怎样递交（菲里，2002）。然而，讨论结果显示，评估并不只在进程的最后才是必要的。无论赛事的规模大小，始终保持依据目标进行调整是整个策划过程的要求。

20.6.10 反馈

进程的最后一步是为了确保从这次策划中学到的一切能够作为下一场赛事的经验。所以关于赛事运行好或不好的评估，完成了一些还是全部目标，使用的策略、战术和工具，都需要用于指导以后的决策。因此，这个过程要求确保评估报告和正式的讨论能够被使用，并且使得计划过程中任何变化和新的发展都能够被知晓。

20.7　小结

人们对赛事重要性的认识越深，在赛事管理领域获得更大的进步的需要越强烈。现在在赛事管理的许多方面都可以对实践者进行培训和教育，科学研究的支持力度也在不断增强。然而，仍然存在一些职业标准和行业规范的分歧。例如，赛事评估方面，存在着评价工具与实际运用之间的不协调。同样在策划的方式上也大有不同。

在早期并没有赛事管理的专业学位，直到 20 世纪 90 年代中期。当时世界上出现了许多成功举办的赛事，这些赛事持续地打破预期，取得了成功。这些成功或失败，逐渐地为这个领域提供经验，促使我们以更好的方式去利用和管理赛事。

实 践 任 务

1. 从你的临近社区选择一场当地人感兴趣的赛事。分析谁是利益相关者并且为这场赛事寻求所要达到的目标。

2. 对于一个小型的当地的比赛，比如体育锦标赛，或者公园狂欢节，修订一个关键路线初稿，包括赛事要传达的主要任务以及要完成这些的最少时间。

3. 对于你所了解的过去的赛事，从个人经验或者从媒体报道中，分析主要问题并且讨论更好地持续的评估是否能阻止这些问题的发生。

拓展阅读

关于包含赛事管理和筹备的一篇文章：

Getz. D. (1997) Event Management and Tourism, Cognizant, New York.

关于包含体育赛事管理和筹备的一篇文章，文章涉及一系列赛事的例子，并特别提到 2008 年北京奥运会：

Masterman, G. (2009) Strategic Sport Event Management; Olympic edition, Elsevier, Butterworth—Heinemann, Oxford.

关于赛事的营销传播计划的一篇文章：

Masterman, G. and Wood, E. (2006) Innovative Marketing Communication; strategies for the events industry, Butterworth—Heinemann, Oxford.

关于包含项目管理及其对赛事管理运用的一篇文章：

O, Toole, W, and mikolaitis, P. (2002) Corporate Events Project Management, John Wiley & Sons, New York.

关于包含如奥运会等特别重大赛事的经济情况的一篇文章：

Press, H. (2004) The Economic of Staging the Olympics; a comparison of the Games 1972—2008, Edwards Elgar, Cheltenham.

实 用 网 站

关于奥林匹克运动和奥运会的信息：

www. olympic. org

关于纽约翠贝卡电影节：

www. tribecafilmfestival. org

关于格拉斯顿伯里音乐节：

www. glastonburyfestival. co. uk

关于 IMG 集团，它是世界上最大的体育、艺术和赛事管理组织之一：

www. imgworld. com

关于 Octagon，一个国际性的体育管理组织：

www. octagon. com

关于新星国际运作的赛事的网站：

www. greaturn. org

关于查询奥运申办城市及其申办进程信息更新，以便国际奥林匹克委员会

（IOC）决定其是否能成为下一届奥运会的主办方的网站：

www. gamesbids. com

关于运动业务的每日信息更新：

www. sportsbusinessdaily. com

关于 Ticketmaster，一个主要的国际性的赛事售票机构：

www. ticketmaster. com

关于国家户外赛事协会的官方网站：

www. noca. org. uk

第 21 章
运动与休闲产业中的创业和企业家能力

本章内容
- 什么是创业和企业家能力；
- 如何判断一个人是否具有进取心；
- 怎样确定当下的商业地位；
- 用什么样的战略去激励创新和变革；
- 一份商业计划书的关键要素是什么；
- 怎样降低风险。

概　要

　　创业是通过企业家技能来实现新的业务拓展。创业和企业家能力涉及很多在管理中所谓的"最佳实践"。他们存在于所有经济领域中，而且并不仅限于个体或商业部门中的新企业。创业同样出现在现有组织中，也存在非营利部门里——社会企业。创新和变革是创业的核心。

　　本章作为最后一章，在很多方面是总结性的一章，在分析创业和企业家能力时需要用到前面各章介绍的许多技能与技术。本章的内容包括企业家品质；创业的商业和政府融资渠道；商业计划和财务规划以及风险管理。但是，本章也综合了前面所涵盖的内容，并与之前的各章互相参照。本章的核心内容是根据业务拓展的三个阶段进行阐述：评估当前的商业地位；确定变革战略；规划如何实现期望的变革。

21.1　引言

创业是对良好的组织领导能力和决策制定的本质概括，传统上是在新企业和商业公司的背景下探讨创新，但更普遍的是现有的运动休闲机构和公共志愿部门对创新的接纳。企业并不仅局限于一些个人的成功，如理查德·布兰森（维珍公司）和蒂姆·斯米特（伊甸园计划），还包括无数管理者通过寻求创新和改善组织活动去实现企业的成功。正因为企业有如此普遍的相关性，将企业作为本书最后一章的主题来探讨是恰当的。本章分析了成功创业的基本要素，而成功创业作为最佳管理实践的概要也在其他地方作为参考，特别是第四部分。在创业中比拼的是创新，因此本章所回顾的最佳实践必然是为组织改革服务的。

本章首先总结了企业家的特征，这些知名人士推动了新的发展，然后探讨了创业的三个阶段：企业定位：企业现在处于什么位置；企业战略：企业将会向什么方向发展；企业规划：怎样去实现企业战略（巴罗等，2006）。

本章所回顾的原理和技巧都与新的独立企业相关，企业生命周期的开始阶段，战略和商业计划是非常关键的要素。然而，本章讨论的是更为广义和普遍的企业创新的概念，其中既包括已有组织内的创新也包括全新组织具体发展。

一开始对于相关概念进行定义描述是必要的，简单来说，创业是新的首创精神，冒险精神和实干精神的发展；同时企业家能力是一组有利于创业的技能和技巧。本章的重心是企业家能力。首先，内部创业是用来描述公司创业力，即现有机构内部中的一个新计划，而不是一个新的自主创业。大量运动与休闲企业是通过内部创业建立的，它们是现有组织中产生的新的服务，比如，健身中心中引入私人健身教练。公益创业与传统商业部门中的创业不同，是在志愿和社会部门中的创业。社会创业是以服务社会为目的的企业，常常有慈善机构的地位，比如案例研究 21.2 中介绍的三位一体帆船信托。英国的第三部门办公室估计英国有 62000 个社会企业，为英国产出贡献了 240 亿英镑。

企业家是冒险家，因为为了自主创业他们必须筹集大量资金去实现梦想。然而，虽然许多企业家创建了自己的小公司，但并不是所有小公司都表现出创业精神。以医院为例，医院里有许多床位、餐厅以及小咖啡馆，是一个稳定的企业，并不表现出创新或改变。尽管在建立初期这些企业曾有企业家精神，但它们并不是企业家精神的例子。

创新是企业家精神的灵魂，形式多样。但所有创新都是为了寻求一个机遇去用不同的方式更好地做一些事。这些创新包括：新的产品、服务和品牌；新的生产和物流传输技术；新的告知顾客方式；新的处理人际关系的方式。

廉价航空是旅游业近十几年来一个有着重大意义的新服务。得克萨斯州的西南航空为了降低价格，引进了简单但极度高效的削减成本的创新方法。世界各地其他公司也成功地追随了这一经营模式，包括瑞安航空、易捷航空和英伦航空。这些航空公司都通过使用更小型的飞机、取消旅行代理商环节、纸质机票和免费食物等来降低成本。

另一个引人注目的企业案例是布朗车队（参考案例研究 21.1），这是极端境况下一个结合了新产品、新品牌和新融资的企业。这意味着创业精神是可以是带给人灵感的，特别是当它出现于消极的刺激中时。

案例研究 21.1

布朗车队，2009

距离 2009 年第一轮 F1 赛季开始还有三周时间，本田汽车公司就退出了这项比赛。之后出现了一个戏剧性的转折，正应了一句古老的谚语"需要是发明之母"，车队经理罗斯·布朗组织收购了这个车队，并且将它改名为布朗车队。从此布朗车队成为了近年来体育历史上最成功的企业范例之一。

然而交易的融资过程并没有公开。有报道称，本田汽车公司和伯尼·埃克尔斯通（F1 比赛的商业权所有人）对其贡献不少——前者拿出的钱要远远少于 2008 年赛季的预算。此外，普利司通和雷朋自从在 2009 年春天通过维珍公司、瑞士满汇、和亨利·劳埃德的发起设立加入赞助以来依然保持赞助商的身份。尽管有这基本的赞助资金，布朗必须创新的是从根本上削减成本，包括大幅削减两个主要车员延森·巴顿和鲁宾斯·巴里切罗的工资，并且取缔了备用车，将大奖赛的支持车队减少到 55，而上个赛季是 100。

　　布朗也策动了两个重要的技术革新。第一，他改装了梅赛德斯·奔驰的引擎；第二，他的车是少数使用动能回收系统（KERS）的赛车——通过动能恢复系统周期性地提高发动机动力。尽管多年来赛车手在比赛中获胜的重要性一直存在争论，而对于赛车质量是没有争议的。布朗车队在如此短时间内获得技术上的成功十分突出。

　　2009 年布朗车队从死气沉沉中振兴，一举成名获得成功，赢得了世界车队冠军赛。2009 年年底布朗车队被戴姆勒汽车公司买下产权，阿巴尔投资公司也买下了 75.1% 的股份，这件事虽然没有大肆宣扬，但是对于这家公司的未来也是同样重要。这家公司的新名字是梅赛德斯大奖赛车队——梅赛德斯车队自从 1955 就开始参加比赛。罗斯·布朗和董事长尼克·福来保留了公司股份的 24.9%，所以他们已经为 2009 年年初所冒的风险获得了巨大的财政回报，并且他们会在 2010 年继续领导这个团队。

　　资料来源：articles in the finacial times, 1 March 2009 and 17 November 2009；and in the independent, 18. Aprial 2009

21.2　有进取心的个体

　　创业精神能借助企业得到充分发挥，而个人是创业精神的核心。赫里斯等（2005）给出了成为企业家需要的 3 组技能：技术方面（沟通和技术）、企业管理方面（规划、营销和财政）和个人方面（冒险精神，创新和领导能力）。威克汉姆（2006）、库拉科和霍杰茨（2007）专注于研究企业家的个体特征（表21-1）。透过这张清单，在很多方面企业家给人的印象是杰出的个体。然而，当许多人努力工作，搜索资讯，解决问题，接受改变并忠诚于他人时，很少具备企业家品质，比如说冒险的、自我激发的、机会主义的、有梦想同时不害怕跌倒。

　　一个强烈的个人愿景是企业家的典型特征，这是一个管理技巧并有利于确定企业的发展方向与怎样向这个方向发展。个人愿景可以成为企业家的驱动力。就像愿景宣言可以重要到成为组织的路标。愿景帮助企业家明确项目目标，并对团队的发展和动机的指导极为重要。创造力是愿景的一个重要元素。企业家并不只在核心理念中有创新，而且在实现愿景的方式上也要有创意，包括融资活动。

讨论问题

威克汉姆的企业家特质是与生俱来还是通过教育和培训实现发展的？

学术界一直存在企业家的品质是与生俱来，还是通过社会历练包括教育而发展出来的争论，这和"先天与后天，遗传与环境"争论是相同的，而这些争论在其他许多领域中也存在。然而，要衡量表 21 – 1 中的这些特质的程度是很难的，更不必说一些因素可能对这些特质的影响；因此争论很可能会一直持续。除了企业家的个人特质，莫里森等（1999）还总结了环境和社会对创业管理的影响（表 21 – 2），其中的一些影响因素也很难去衡量，但科学上它们与企业家行为息息相关。与"先天与后天"很多方面相似，基因和环境是决定个体企业家行为的重要因素。

创业不仅需要一个好的理念，它更需要一个合理的计划和冒险行为去落实理念。伴随着这个理念而来的是创造力，创新可以让想法成为现实。就像詹宁斯（2009）说的，创造力是个人创业最基本的驱动力，但是也需要结合逻辑分析。他认为麦当劳的理念是这种结合体的一个很好的例子——全球特许经营体系核心的一个简单但灵活的理念。

库拉科和霍杰茨（2007）及詹宁斯（2009）区分了左脑和右脑活动。左脑活动促进理性、线型和逻辑分析；右脑通过直觉和想象力刺激并挑战常规和习俗，寻求更好的方式去完成一件事。创造性的思维属于右脑活动的领域，而逻辑分析是左脑活动的产物。但是一个具有后续力量的企业精神如创新则需要一种通过逻辑分析发展出的创造性。创造性思维的一个正式例子是"头脑风暴"，它不受任何限制，想法随机。当遇到一个特殊的难题时，往往会引入"集体研讨"。

企业家也必须处理库拉科和霍杰茨（2007）称为创业"黑暗面"的问题。他们要处理的不仅是各种风险，还要关注金融、家庭、职业和信心，也包括与压力相关的负面问题。压力可以总结为期望与结果之间的缺口。企业家很容易感觉到压力，因为他们倾向于"角色超载"，即承担太多。背负多种任务并且过度的责任常常与"控制狂"联系在一起。

创业想法从何而来？布拉格（2005）认为将近 50% 的新业务理念是来自现

有的工作环境；超过 25% 的理念来自二次信息，比如贸易杂志或风险投资公司；15% 的理念是来自改善现有技术、产品或服务的愿望；然而有 10% 的理念是受到想象力的刺激。

表 21 - 1　企业家的特质

特　质	注　解
努力工作 自我激发	企业家一般要工作很长时间。 他们不会等待指令，而是带领别人确定任务并开展任务，为进度负责
有洞察力，制定个人目标	他们是梦想家，有战略定位——就像目标对组织很重要，清晰严格的目标对企业家也很重要，通过制定的目标企业家能衡量取得的进展
适应性强，有决心	失败是学习的一部分。一个好的企业家不惧怕失败并且能从失败中吸取教训
自信，乐观，并且愿意冒险	企业家一般都很自信，不仅是对自己自信，也对他们提出的革新有信心。他们因此习惯了冒险与风险管理
现实	企业家会寻求实用的解决方法，不会孤注一掷而去冒一些预期风险
能接受新思想	自信并不代表会拒绝从他人身上学习——企业家也会认识到自己的缺陷并接受合适的建议
坚定自信并善于激励	这是最本质的交流特质——能将重要的理念传达给他人，这项技能会转化为领导能力
寻求信息	有钻研精神也是确保能了解发展的重要特质
渴望学习，解决问题	企业家能意识到潜在的改进方法。好的学习态度能帮助实现改革，甚至能从企业的失败经验中学习，并为下一次的创业改进
足智多谋，多才多艺	企业家能适应不同的情况并且正面地、实质性地应对改变
机会敏感	这意味着企业家能寻求合适的机遇和抓住机遇
忠诚于他人	认识到自己不能做完所有事，有必要时会依靠身边有用的人
喜欢权力	权力可以令人腐败，但是这也是成功企业家的一部分。权力是促进可持续发展的其中一个元素

资料来源：adapted from Wickham（2006）；Kuratko and Hodgets（2007）

表 21-2　社会对企业家行为的影响

好榜样的实用性
生命周期中的职场经验
缺乏社会教育
家庭背景
家庭地位
创业传统的继承
教育水平程度
负面或正面的企业家影响
社会边缘性
不适应大型的官僚组织

资料来源：Morrison et al.（1999）

赫里斯等（2005）强调了现有顾客或潜在顾客的重要性。这些顾客是新理念的来源，通过小组讨论和集体研讨可以正式地咨询他们，也可以非正式性地倾听他们的抱怨和需求。

因此创造性、创新和创业管理对正在创业的个人是很重要的，但这并不是他们所独有的。正在现有组织中工作的个人是不会缺乏创造性的，因为他们的工作环境，特别是现有的顾客可以成为新理念强有力的激励因素。个体需要做的是确定企业商机并在企业发展初期驱动理念。同样重要的是内部企业家工作的组织要促进理念的创新，并且接受评估、测试和发展这些理念。

讨论问题

对于一个你了解的运动与休闲机构（比如你所属的一个俱乐部或者你支持的一个职业队），想出一个创业理念改变它的运作对象或者运作方式。可以考虑它提供的服务、产品或者它分销的市场。

21.3　评估当前商业地位

若一个企业不是全新的企业，促进一项创新的发展最本质的第一阶段是了解机构当下的商业地位。这项评估必然会对理念的改进起激励作用。它涉及许多前面章节涵盖的问题，包括：任务和核心目标；SWOT 分析和 PEST 分析；财务；人员、结构和系统。

评估当前商业地位的一个关键概念是组织匹配或战略匹配，即组织活动匹配企业环境的程度。莫里森等（1999）认为"匹配"有三种方法：个人企业家或公司内部企业家，或组织和环境之间。战略匹配特别重要，因为企业环境变化迅速。电子商务的发展是一个明显的例子，或者像公共场合的禁烟令这样的法律条例。案例研究 4.1 是关于英国房屋管理的变化，这个案例表明法律有能力改变市场中的企业环境。而自从《酿酒商酒吧限拥法案》于 1989 出台以后，在接下来的 10 年里，独立经营的酒吧以 70% 速度增长。

相对于最佳实践，标杆管理对确定机构地位也很重要。这种标杆管理包含较多数据、结构和过程的比较。巴罗等（2006）给出了机构可以进行自我比较的七种最佳实践的组织特征。外向型：监控机构对顾客、竞争者、市场、技术和相关法律的了解；愿景：组织内人人共享的清晰目标；文化：雇员对机构的认同感和自豪感；赋权：对出现的问题有主人翁意识；采取行动时积极进取；灵活的结构：适应各种要求；通常是更小和更平面的结构，并合理地外包某些项目；团队协作：通过转换工作角色建立企业形象，比如通过跨部门会议提高对集体功能的理解；回报和认可：确定什么对绩效有影响，并且给予肯定。

讨论问题

为了想出改革理念的点子而与最好的组织进行比较是否总是必要的？失败的例子只能用来激发创造性吗？

21.4　提高业务的战略

一旦确定了当前机构的形态和在外部环境中的当前商业地位，这为组织绘制未来方向和特定新企业提供了可靠基础。这一过程需要许多战略决策，特别是关于市场和融资方面。同样地，对于新企业来说，一旦一个创造性的企业理念开始成形，战略会推动这个理念成为一个业务框架。

第 15 章已经介绍了两个有用的营销工具——波士顿矩阵和安索夫矩阵。前者分析了现有机构中的产品组合并且为业务改革提出了重要的启示。比如说，用"金牛"（高市场份额和低市场增长）产生的资金去投资"明星"产品（高市场增长预期和高市场份额）在多大程度上是可能的？缩减在"瘦狗"产品上面的投资（低市场份额和低市场增长）能有多快？持续投资"问题"产品（低市场份额和高市场增长）要承担多少风险？这些问题需要有效的答案，不然惯性会不利于改革和创业管理，因为投资在"金牛"和"瘦狗"产品上的资源会约束"明星"产品和"问题"产品的潜力。

安索夫矩阵是决定组织发展形态的一个有用的工具——对现有组织来说。可供选择的范围从低风险市场渗透（将现有产品引入到现有市场）到高风险多元化经营（将新产品引入新市场），而这些并不是彼此的替代方案，但是组织的增长投资组合需要一个合适的产品组合决策。比如，在许多公共部门的体育组织中，高增长的体育活动是由短期资金运营的，而只有当资金用尽时才会意识到企业不能支撑下去。回报和风险是影响增长决策的核心因素，高风险的发展战略可能会有高回报，但那是有风险的；另一方面，低风险的市场渗透一般会有比较暗淡的发展前景，却提供了可靠的现金去投资更高风险的企业。

战略选择评估有利于新企业确定最好的变革前景。这除了考虑到波士顿矩阵和安索夫矩阵强调的因素外，还需要考虑到许多因素。这些因素包括：组织目标；关键成功因素（取决于顾客）；增长潜力；现金潜力；风险；资金需求。

任何选择评估都有助于定量分析，比如每一个发展选择，无论进入一个新市场，或在现有市场中发展一个新服务都可以根据以上的几个重要因素来评定。核心利益相关者会权衡各个因素，因为这些因素对机构的战略方向有重要的作用。最后会对不同因素进行定量排序以帮助指导组织的战略决策。

当考虑进入市场的竞争战略时，应该参考企业成功的主要元素。波特（2004）认为结合五个方面的竞争力就可以判定一个商业组织的成功及一个行业商业成功的可持续能力，特别是对新组织而言。

新竞争者的进入。前提条件是市场进入壁垒，包括为进行有效生产而存在的规模经济（包括创办资本资金要求）；绝对成本优势；品牌忠诚度的程度（可能是由巨大的广告支出创造的）；有权使用销售渠道；法律屏障，比如专利、执照或政府。例如，进入餐饮业相对来说简单，因为市场进入壁垒低，较弱的品牌忠诚度和相对较小的创办资本资金要求。

替代品的威胁。不仅是直接替代品的威胁。在运动休闲产业中通常会有多种花费时间和金钱的方式可供消费者选择。替代品的相对价格很重要，因为这反映了消费者购买替代品的可能性（以品牌忠诚度的程度为条件）。健身俱乐部产业是相对有竞争性的产业，因为保持健康的方式多种多样，品牌忠诚度也较低，同时有相当多的俱乐部可供选择（大多在发展中国家的城市地区）。

购买者的议价能力。零售商和批发商。影响购买者议价能力的因素包括品牌忠诚度；对价格变化的敏感度；产品分化（产品的主要差异）；买方集中目标（目标产品越少，越大的议价能力）。在大多数运动与休闲产业中，购买者是个体或小型群体，因此他们的议价能力就较弱，此外，他们一般对价格变动相对不太敏感。这些因素增加了企业成功的机会。

供应商的议价能力。影响供应商议价能力的因素包括投入的重要差异，比如人力和原料，及替换投入的能力；供应商集中程度（越少的供应商，更大的议价能力）；接管供应商的可能性（向后整合）。公共部门的工会是供应商议价能力的一个例子，商业合同公司与信托机构的成功主要是由于过去的许多年中，劳动合约没有受到其与公共部门的工会所签订的国家协议的限制。

同行业中企业之间的竞争强度。进入一个高竞争的市场会降低利润率，并且会让企业受到竞争者的战术干扰，比如价格折扣战争，大量竞争广告，甚至是收购。比如在旅游业和服务业中，竞争公司之间一直表现出高强度的竞争，这不仅导致价格战争和大型收购活动，也导致高破产率，即使是最大型的企业也会发生。

莫里森等（1999）就组织形态给出了一些发展企业的战略选择，以及确定了独立组织或现有机构中新部门的传统形态，这些形态包括以下形式：

加盟连锁。在服务业尤其重要。加盟连锁通过吸引其他个体企业家的资金和兴趣将原始概念推广到更广阔的市场，因此实现了企业增长但分散了风险，这在快餐业尤其常见并且与波特的三大原则紧密相关：企业通过招募加盟商进入企业而不是建立竞争企业，既降低了市场进入壁垒又降低了竞争；并且这样的经营规模提高了企业对供应商的议价能力。

收购。为现有组织提供了进入其他战略兼容行业的机会。如果被收购的公司是一个相似的企业，这样可以降低竞争。如果被收购的公司是供应商，可以降低供应商的议价能力。同样，成功的企业家可以通过收购从中获利并为新业务融资。

全部买下企业。现有机构中的一个特有经营分裂成为一个全新的，独立的企业。一个明显的例子是英国经营公共体育和休闲设施的商务合同管理公司。20世纪80年代末，在强制竞争性招标之后，许多前身是地方当局的离散事业单位被引进。这些事业单位变得更加企业化，然后从地方当局买下了企业，因此逐渐变成了商业企业。这样的组织可以在融资收购之前发展大量的重要企业并积累经验，因此市场进入壁垒较低。

战略联盟和联合经营。一个保证规模经济和促进新发展同时分担风险的手段。战略联盟在航空公司和酒店集团中非常常见，因为在他们的运营和市场中有明显的协同效应。例如，寰宇一家联盟，11家航空公司组成的一个国际性的联盟。

无论制定了什么样的改革战略，琼森等（2008）强调需要评估战略的适合性和适时性。他们给出了三种最基本的战略评估方向。适合度：战略解决机构定位中关键问题的程度；可行性：新的发展方案是否有可操作性；是否有相应的资源，包括人力、财务、运营；可接受性：战略是否能达到关键利益相关者的预期效果，特别是创办者，也有可能是规划者和有关的政府机构。

讨论问题

如果一个英格兰足球俱乐部的战略意图是提高在美国的球迷基础，你会怎样评定这个战略的适合度，可行性和可接受性？

21.4.1 商业融资企业

融资是企业发展中一个本质的因素。对一个商务企业来说，两个主要的融资选择是内部融资和外部融资。内部融资来自现有组织中的利润和营运资本，或来自新企业存款。这种融资方式比较受局限但是不能被忽视。比如说，通过更大的成本控制获得的利润或从"金牛"中得到的现金可以为新企业的融资起到巨大的帮助。适用于商务企业的外部融资有两种重要的融资形式：借债和普通股。组织的债务与净值的比率（主要是普通股）是一个关键比率——标杆比率——而银行对小型和中等企业正常期望的标杆比率应该是1：1（巴罗等2006）。更高的标杆比率如2：1对给定的利润能得到更大的股份资本回报。但是如果利润降低，企业不能满足付息要求的风险会更大。一个合适的标杆比率取决于企业风险本身的特点——高风险的企业（如业务多元化）是不适合有高标杆比率的，因为无论如何债务利息是必须支付的。

银行通常是债务融资最常见的来源。但是也有专门的信贷公司为人们创办新企业。比如在英国：优等信贷，针对超过 50 岁的人；王子信托基金，针对年轻人；产业共同所有权金融基金，针对合作社、雇员所有的企业和社会企业；社区发展金融机构，针对贫困地区。

政府常与银行补充签订其他协议来协助银行以促进债务融资。在英国，企业融资担保计划（之前被称为小型企业贷款担保方案）是政府为了帮助小型和中型的企业进行商务计划融资而组织的。该计划为贷方提供 75% 的个人贷款的风险敞口担保；这要求借款人支付政府部门 2% 的贷款余额。在英国只要每年营业额达到 2500 万英镑的企业就可以申请贷款，但是银行会就是否进行贷款做出商业决定。欧洲投资银行也和高街银行签署了一份提供低成本、长期贷款给小型和中型公司的协议。贷款的目的可以有很多种，包括购买实物资产，提高营运资本，或用作研究和发展。

普通股是外部投资者筹集的资金，通常以换取企业分红。普通股的两种主要来源是风险投资和商业天使。风险投资者是可以为增长迅速的企业制定整体融资计划的公司，他们期望高回报并在企业中拥有重要的股份。商业天使是富有的个人，而不是公司。他们自己通常是企业家，用自己的资本去资助新的发展。不像其他形式的企业融资，他们希望参与其中，并用自己的经验和技能去提供商务和融资建议。他们的回报是新公司的股份。电视节目《龙穴之创业投资》中有一个商业天使小组，他们可以决定是否提供投资和给出相关的理论建议。除此之外，英国政府积极促进股权融资，特别是通过政府资金促进创业基金。当不能用传统方式去融资时，企业基金可以为企业提供更长期的融资；企业投资计划通过为买公司股份的投资者减免税收以帮助更小的公司筹集资金。

讨论问题

为新企业寻求资金时，分析向银行经理申请而不是向商业天使求助的利与弊。

21.4.2 社会融资企业

对于非营利机构而言，债务和普通股不是筹措资金的普遍方式。资金募集才是志愿部门融资最主要的方式，同时一些政府补助金在短期内对公共部门和志愿部门是有效的。比如，在英格兰体育中，无限运动项目的融资通过郡级体育合作企业流向组织，这些组织可以鼓励非职业青年运动员更多地参与体育。

在英国，公民社会办公室（前第三部门办公室）为志愿部门协调中央政府融资机会。2009～2010年公民社会办公室为第三部门机构总共提供了超过4000份补助金、贷款和合同，但是这个数字包括了很多方面，不仅仅指运动与休闲。许多补助金在一般项目里是可用的，也对某几个志愿部门和体育休闲组织开放。这些项目包括：能力建设者，针对辅助服务以提高志愿组织的有效性；未来建设者，帮助前线第三部门机构提高公共服务的规模和范围；草根资助，促进地方社区组织，由社区发展基金会管理；V机构，一个独立的英国慈善机构。它负责提供改善后的质量，数量和年轻人做志愿者的多样性机会。

这些项目的一个特征是他们旨在模拟志愿组织中的变化和发展——社会企业的关键特征。案例研究21.2回顾了未来建设者投资的一个项目，表明了为提高第三部门机构容量而进行投资的重要性。

案例研究 21.2

三位一体帆船信托：依赖公共资金的一个社会企业范例

1999年建立在英格兰德文郡的三位一体帆船信托是一个慈善机构。它共有两大目标：让贫困和残疾的年轻人坐传统船只在近海航海以帮助他们拓展个人能力；修复并保护作为海洋遗产重要例证的传统船只。船队的管理者和船员们有多方面的帮助者，包括志愿者，受托者和资助者。每年有超过500名贫困的年轻人有机会通过帆船训练得到发展。这个训练通过三位一体帆船信托支付提供。像这样的项目还有很多通过社会企业运作。运动休闲活动是激励年轻人的催化剂，这些活动能够改变他们的态度和期望，并鼓励他们采取措施去改变生命轨迹。

这个信托机构得到了许多法令、政府和青年机构的支持，但是也进行了大量的募捐活动。通过三船募捐，获得了接近一半的经费。然而，为了支付运营成本需要付出相当大的努力，这意味着几乎没有钱去进行商业开发。

政府赞助的项目"未来建设者"投资了 2 万英镑给三位一体帆船信托，就修复第四个帆船船只进行一项可行性研究。三位一体帆船信托可以通过加船扩张业务，为处于劣势的年轻人的个人能力发展提供更多的公共服务合同。另外的 63000 英镑被投资到第四艘船只的翻新，并增强了三位一体帆船信托从事其他业务的能力。

三位一体帆船信托是社会企业为业务扩展而进行资本融资的优秀案例。此次融资满足了一次性的能力建设的要求，这意味着更有可能出现可持续的业务增长，而不是用短期的收入支出拨款去承担运营成本，不到 10% 的未来建设者资金是用来支付运营支出的。

通常来说，在资本融资发布之前需要进行资助可行性研究和制定商业计划。社会企业往往没有资源去独立开发商业计划，因此对政府建议和融资越来越重要的方向是帮助制定这些计划并确保社会企业在牢固的基础上发展。

资料来源：www. futurebuilderss—england. org. uk \ and www. trinitysailingtrust. org

讨论问题

讨论简明扼要和具体化在商业计划书中的冲突。你认为计划中哪一部分需要更多的细节哪一部分需要更少的细节？

21.5　商业计划

对于任何一个新企业，特别是在商业部门，有一个具体并有说服力的计划是很重要的。计划并不仅仅是企业所有相关考虑的整合，而且是和他人，特别是潜在资助者沟通的重要工具。此外，商业计划是未来持续运营业务管理的一个工具，因为企业在经历了创始阶段后变得成熟。商业计划包括以下元素：

- 清晰并引人注目的任务、视野和目标；
- 了解企业的环境和定位。用宏观环境分析模型（PEST）和基准测试；
- 战略：用波士顿矩阵和安索夫矩阵开发产品组合；

- 操作计划：地点、设备、车间和器材、供应商；
- 财务计划：改善财务状况，确定预算，评估资本投资，确保合适的财源；
- 销售计划：利用成功的关键因素，力图使用营销组合改善四点分析（SWOT），并考虑到每日和每周的峰值和非峰值波动及长期季节性波动预测销售额；
- 人物计划：加强建立在领导者的个人能力上的领导能力，包括招募和保留雇员，开发组织文化，计划雇员数量和任职要求及发展，构思有效的结构，系统，沟通方式和激励措施；
- 风险评估：制定应对偶然事件方案并管理风险。

关于现有业务的这些元素大多已在前几章涉及（特别是第 13 章、第 15 章、第 17 章和第 18 章）。首先要有清晰并具有说服力的目标，任务和愿景；了解现有业务的市场环境和当前业务的性质；制定"实现梦想"的战略。总体战略要分解成独立的功能战略——销售、财务、人力资源和生产。这些战略为企业的方向描绘了宏图——比如说，细分市场、融资来源、组织机构、产品质量等，并且调整企业发展方向以适应企业环境和企业目标。

商务计划的核心是细化操作细节，即为每个职能部门制定操作计划书。这要求具体的经营目标、有形资本和人力资本的大纲以及实现目标的方法和步骤。对需要完成的任务来说，技术将具体计划串联起来，这些任务的顺序和花费的时间如下：关键路线分析；项目评估和评审技术（PERT）；网络图；甘特图。

商业计划是有关于变革的管理，特别是当在现有机构中引入一个新企业或建立一个新的独立企业时。商业计划具有前瞻性，并且通过变革推出完善的理念而不只是做出反应，但是这种变革并不是由危机驱动的过度频繁的变革。针对新发展的商业计划是用来提高产出的，而且要让产出发生变化是需要几个月，甚至几年的时间去实现的。巴罗等（2006）参考了 U 形曲线之后发现，当实施变革之后，生产力会立即下降，因为雇员需要适应主要变革。当雇员已经习惯了新发展后，生产力有望上升直至超过变革前的情况。在现有机构的结构和过程中进行了显著的改革之后，初始结果往往是消极的，因为人们需要时间去适应，而且消除排斥情绪也需要时间。只有在这样的调整之后才能实现正面的改革。

在现有组织中，改革必须有目的，不能为了改革而改革。可以说公共部门是最倾向于后者的，因为执政的政客总在频繁地改变。最好的例子是英格兰体育，在 20 年里因为新的政治领导实施了新的评审制度，所以英格兰体育要忍受无止境的组织结构变革。当为了改革而改革时，往往会失去核心员工而不是增加和激励核心员工，而且对产出产生不好的影响。虽然变化是企业生活中不争的事实，一定的稳定性对企业也是有益的。巴罗等（2006）认为在一个组织当中，内部因素（推动）和外部因素（拉力）是促进变化的必要元素。

讨论问题

讨论一个你熟悉的运动休闲组织，比如说，一个当地俱乐部或体育会所，休闲中心，电影院或博物馆，分析它变革可能的内部和外部原因。考虑以下问题：它的外部市场在改变吗？它的内部组织结构适合变革吗？它的基础设施建设灵活到足够适应改变吗？

21.5.1 财务计划

财务底线对于一个新企业的商业计划是非常重要的，特别是对于资助机构来说。财务预测是由以下六个阶段组成的。预测销售收入：特别来源于营销计划，要求用计划价格预测销售量；确定必需的资本支出：通过资本投资评估展示将实现的收益；确定运转成本：尤其是劳工成本，这是至关重要的资源，也是运动与休闲服务中首要的运转成本，除此之外还有年度房屋成本，材料成本，营销成本和辅助服务成本等；制作收益表：确定最主要的收益流和支出流；起草资产负债表：说明资产和负债情况；核查现金流要求：展示了组织中现金的流动情况。

为了达到预算通常要进行一个灵敏度分析。这项技术需要根据关键因素做出不同假设，并重做预测。敏感度分析展示了财务底线随关键变量变化的敏感性。比如说，预期价格之下的产品需求，竞争程度，资本投资开始运作所需的时间，所需员工的数量和素质，或债务的利息支付。敏感度分析经常被简化为"最坏情况"和"最佳情况"。然而，虽然进行了分析，要意识到任何预测都是基于假设，是有可能出错的。

在财务计划中，有一组特定的技术有很重要的功能——资本投资评估。因为固定资产相对来说有较长的使用期，所以评估这样的资产投资（新企业的一部分）在使用期内是否能产生足够的收益非常重要。评估新资本支出最好的技术是折现技术，因为它考虑到随时间推移而变化的货币价值。两种折现技术包括净现值和内部收益率——在这里不会详述这些技术的数学运算，但是会计学课本会给出细节。许多组织仍然在使用非折现技术，比如回报——主要要求计算投资收回最初资本成本需要的时间。对于一家企业来说要期望能收回资本投资一般需要 3 ~ 5 年。对于小规模的资本投资来说，比如一件新设备，预期的回报周期可能短至 1 年。对于非常大规模的投资来说，预期的回报周期可能是 10 年或更长。

无论用什么投资评估方法，主要依靠精确地确定资本成本和新企业产生的利益增长。成本能更准确地得到估计，但是许多项目很难去估计成本增长。最有名的例子是英国伦敦的新温布利球场，最初预算是 32.6 亿英镑但是最终花费了 82.7 亿英镑建造。收益更加难以预知，因为企业外部环境中有无法预料的变化。敏感度分析在进行投资评估的时候是一个明智的方法，比如说，在不利的贸易环境下它可以评估收回资本需要的时间。

21.5.2 计划制订和风险管理

以上对敏感度分析的考虑是为了识别商业计划风险，构建场景并制订计划去解决问题。以下关于风险的例子来自斯塔图利（2002）：

- 日趋激烈的竞争，特别是来自新的市场进入者；
- 变化的市场/减少的销售额，比如，近来的经济萧条；
- 产品质量问题/服务质量问题，比如，运动设施的清洁问题；
- 资源限制，比如，技能短缺和技能缺口，特别是在高劳工成本的地区比如伦敦；
- 非高峰时段的剩余服务能力，比如在体育运动中心和博物馆；
- 投入不足，比如说，城市地区停车位的缺乏；
- IT 系统问题，比如，不足的实时管理信息；
- 内部政治和内部关系，比如，在关键利益相关者之间；
- 缺乏生产力的员工；
- 现金流问题；
- 提高利率；
- 货币汇率的变化。

其中一个降低竞争风险的方法是用法律保护新发展的知识产权，比如专利或版权。自一开始有了创业的想法，企业家就对他们的企业进行了大量的智力投资，而法律保护能确保企业家能充分利用这个优势。除了一些全球性的协议，不同的国家有不同的方案来保护知识产权。它们确保了在特定的时段内企业家可以在没有直接竞争的情况下发展他们的理念，除非这个理念已被批准和授权给其他人应用。知识产权的主要形式包括：

- 专利：在政府处登记并涵盖产品设计和生产工艺；
- 商标：也要登记，通常用文字和标识代表一个品牌，比如，苹果公司、维珍公司和微软公司；
- 版权：不需登记，但是适用于新作品和原创作品的创作，比如说一本书，一部电影，一件艺术品和一首曲子。

除了通过法律途径降低企业的竞争风险，埃里奥特（2004）给出了管理风险的更普遍的步骤：确定危害和威胁；估计商业活动危害的可能影响；估计风险可能性并确定主次；考虑替代选择，包括预防和控制措施，保险或修改计划以避免特定风险。

对于新企业来说，只要承认风险并制订计划就大势已定了，这与特别危机管理相比简单很多。根据可能发生的销售额变化，资源变化和成本变化，如果风险可以被量化，那么就可以使用商业计划的技术去确定可能的替代结果。在此之后有必要去计划补救行动，因为风险有可能成为现实。比如说，如果健身房会员的销售额在经济萧条中下降了，降低会员费用将对会员数量有什么影响？对销售收入有什么影响？降低什么成本可以在短时间内弥补销售收入的减少？这些规划训练，为意外事件预演，对于意外事件的预测是很有必要的。

讨论问题

对于一个依赖会费的运动休闲组织，当会员离开组织并选择自己竞争对手时，怎样能降低自身风险？

与制订风险计划同等重要的是绩效监控——尽快确定出现的风险。比如，在英格兰的国家标杆管理服务中，财务执行者对来商业计划的组织绩效变化是非常敏感并迅速地采取应对措施，参考案例研究 21.3。

21.5.3 实用性

商业计划应尽可能的简短，一般少于 50 页。这主要是因为沟通作用导致的；那些你想要说服的人是不太可能有时间辛苦地阅读几百页纸的细节，然而，商业计划应在必要细节与简明扼要之间达到平衡。一份商业计划需要讲述一个连贯的故事且不能是一个无穷无尽的点式列表集合。

为了有效地交流沟通，斯图利（2002）认为商业计划中的主要内容：告知他们你将要告诉他们的内容，即执行概要；告诉他们商业计划的内容，商业计划中的主要部分；总结你刚刚说的内容，结论。

开头的短幅信息介绍和中间较长的正文同样重要。巴罗等（2006）认为执行概要应该是整个计划中最重要的一个部分。一份商业计划能说服许多不同类型的人，而其中一些人只会被执行概要吸引。的确，"电梯演讲"的原理——花一分钟说服一个有影响力的人接受你的商业理念——确实是有逻辑的。商业计划的本质是在短时间内吸引预订目标，这也是电视节目龙穴之创业投资背后的原理。如果执行概要不能引起注意，那么商业计划的细节部分就已经有缺陷了。

商业计划的目标多种多样。如果计划书关注一个现有机构的新发展，那么应该关注各级人员，包括高级管理人员，争夺发展基金的内部竞争对手和喜欢问棘手问题的人。如果计划书涉及一个需要外部资金支持的发展项目，那么这份商业计划需要说服商业金融家，比如风险资本家、商业天使或政府赞助进行融资。不管通过哪种方式融资，商业计划都要在激烈的竞争环境之下有出众的闪光点，因为无论商业计划的预订目标是谁，他们会想要看到不同凡响的东西。一些人会将注意力集中在概要并评估它的可行性，而其他人想知道他们的领导能力和管理潜质能否完成开发项目。在现有机构中，另一个要担忧的问题与开发项目的内部协同有关。商业计划必须预计到各种问题并且能全部解答。

案例研究 21.3

公共设施中商业管理的风险管理

在英国，大约1/3的运动休闲中心使用国家标杆管理服务，该服务是商务合同公司运营的。这些公司中有许多是20世纪80年代末颁布强制竞争性招标法例之后出现的。依据社区部门和当地政府（2007），英国大约有10%的公共休闲设施是由商务合同公司管理的。

每年（英国）国家标杆管理服务会颁奖给数据集表现最佳的中心机构，该奖项中有一类是为财务表现出色的中心而设立的。商务合同公司在争夺这些财务奖项中表现出色，而最主要的原因是他们非常关注账本底线和降低风险。这些公司通常会非常频繁地（每周）监控详细的产品销售收入和成本以确定计划的偏差，凭借这些信号可以尽可能快地调整异常状况。这并不仅仅为了总公司的利益——中心经理也很重视这种报告，因为它即时反馈了公司的运作情况和眼下的工作重点，因此中心经理可以在必要的时候采取正确而又迅速的措施。

　　制订预算是合同公司商业计划中一个主要部分。而实现预算的一个有效的方法是全方位地激励员工进而提高收益并削减开支。这包括采取一些与销售相关的积极行动，比如，建议顾客通过直接借记加入会员的方式来省钱。这种销售文化的好处是使顾客的满意度得到了改善——让顾客感到自己逐渐受到更多关注。这种制度不仅仅是为了让顾客花更多钱，更重要的是为了改善服务，反过来又可以提高收益。

　　在成本方面，企业总会奖励提出提高生产力理念的员工，比如增加工作弹性。在以人为本的服务环境中这当然要求进行员工培训以应付多重任务。奖励员工也是出于节能建议的考虑。

　　国家标杆管理服务获奖者的反馈显示，要获得财务上的成功的方法并不仅仅是固定的，但是这也并不是复杂的事。2009 年的财务研讨会报告提出："成功来自文化、关注商学精要、合理的规划、全体员工拥有预算所有权、注重细节、提供及时反馈、恰当的奖励系统、肯定优质工作，以及能给企业带来成功的一个好产品。"

　　资料来源：National Benchmarking Service Improvement Conference workshops, 22 Aprial 2009

讨论问题

　　当推出一个新理念时，你的论证在说服直线管理者和潜在资助者时有怎样的差异？

　　库拉科和霍杰茨（2007）、赫里斯等（2005）和斯图利（2002）总结出了几种商业计划失败的原因，包括以下几个方面：目标不现实或不可测量；企业家对企业缺乏奉献精神；企业家没有计划业务的经验；企业家不能准确预期到商业案例中潜在的威胁和薄弱环节；没有足够证据表明顾客的需求和市场类型；表达的缺点，比如，计划书不整洁；内容太长或太短；敏感度分析不够；财务预测过于乐观。

　　斯图利认为如果计划书是由专业的咨询顾问制订的，而不是企业家，这也可能是商业计划失败的一个原因，因为企业家才是驱动计划的人。然而，咨询顾问的使用对弥补企业家能力上的技术漏洞也是很重要的。同样，在第三部门和慈善机构中，寻求专业人员的帮助往往在可行性阶段是非常必要的。在之前的案例（案例研究21.2）中，三位一体帆船信托将启动资金用于制定专业的商业计划，然后用投资基金支付资本支出，这是一个很好的例子。

在更积极的方面，巴罗等（2006）认为商业计划要成功，需要考虑以下方面：市场定位的迹象，也就是说要意识到发展所在的市场环境，和与产品相关的市场细分；客户的认可度的证据，指市场调查的结果和市场测试；专有权，凭借专利权、版权或商标保护等实现降低风险和竞争的目的；可信的预测，基于合适的先例和事实而不是期望；尽职调查，充分展示核心人物的工作记录和能力足以胜任该项计划。

21.6 企业失败

将企业失败作为这一章的一部分可能看似有点奇怪，但是事实上仅有一半的新企业可以生存18个月，只有20%的新企业能够生存10年（莫里森等，1999）。运动与休闲产业的企业失败率更高，比如，恩哈扬会计事务所（2007）指出在服务业和饮食业，企业倒闭的几率是一般企业的3倍多。因此确定新企业失败的主要原因是很重要的，并且就像一个好企业家做的那样，要学会避免失败。企业失败的迹象一般适用于所有企业——不仅是新企业，也不仅是运动与休闲企业——没有任何理由去认为运动与休闲企业失败的原因会有所不同。

依据莫里森等（1999）的研究表明，管理缺陷和财务缺陷是企业失败常见的因素。莫里森等人回顾一些研究（1999）更密切地检视了"管理缺陷"的原理，认为是态度和行动出了差错，而不是技术上的管理技能有问题。证据表明有两个更详细的原因解释了企业为什么会失败：一个是在做决策的时候依赖直觉和情感而没有计划；另一个是当问题开始出现时企业缺乏灵活性。另一个造成企业失败的因素应该是管理上的经验不足，但是这就是为什么失败对于企业家来说是学习过程中很重要的一部分——因为这是一次难忘的经验！

莫里森等（1999）指出了另一个企业失败的因素，这个因素可能更适用于运动与休闲企业——将兴趣发展成为企业。许多来自其他产业的成功商人经营的职业足球俱乐部最后都没有成功，随着时间的推移，这种情况并不少见。同样的，许多餐厅和小型的健身房就是由一个爱好（如烹饪、运动）变为一个企业的产物。虽然这些企业家有极大的热忱，但这也会损害一个合理的商业计划。然而，这只是推测，仍需要更多的研究去探寻运动与休闲企业最后走向失败的原因。

21.7　小结

考虑到企业代表了良好管理的核心，引用巴罗等（2006）的话来结束本章和本书是非常合适的。巴罗为有活力和成功的企业提供了 12 个黄金法则。它们是：在雇员身上进行投资，雇员是很重要的资源，特别是在运动与休闲服务中；制订商业计划并遵循计划，只要将计划当作蓝图来使用，那么这个计划一定能起作用；展示财务纪律，财务是另一个重要的资源，特别是对现金流的监控管理；保持对企业的热情，领导者对企业要有奉献精神；监控绩效，雇员要对商业计划负责；内部交流绩效，做出持续的承诺并统一目标；了解竞争，避免出现不可收拾的后果；有效率地工作，而不是长时间地工作，也就是说，重要的是决策的质量，而不是工作的时长；利用网络，电子商务对大多数企业越来越重要；不离本行，对于现有组织来说，核心业务是向现有的市场销售现有的产品；灵活融资，不要依赖一种资金来源，而是要有多种来源；全局思维，特别针对供应来源。

虽然这 12 个黄金法则明显是针对商务企业的，但是其中有许多法则与公共部门和第三部门的成功组织是相关的。重要的是要记住这些建议在适用于现有业务的同时也适用于新企业。变革是不可避免的，特别是在运动休闲管理的动态环境中更不能选择坐以待毙。所有运动休闲的管理人员都可以得益于创业，这可以帮助他们自己和他们的企业在一个行业中繁荣兴旺，而这对于人们的生活变得越来越重要。

实 践 任 务

1. 为你熟悉的一个现有的运动休闲机构想出一个新的理念。可以是一个新产品，一个新服务，并为新客户类型（比如，年轻人或老年人）提供一项新服务，或者换一种方式提供服务，然后为这个新理念选择市场，并且考虑这个市场适合的营销组合；创建和经营企业需要的成本；实现以上目标的资本从何而来；实施这个理念需要的技能。最后，设计一个一分钟的"电梯演讲"向一个有影响力的人推销你的理念，这个人可以是相关管理者或一个重要的资助者。

2. 对于一张新的桌球球台来说，要调查购买它需要多少钱，在合适的地方安装并管理它所需的费用（比如俱乐部或酒吧）；无论你收费多少，估计它的客流量；此外要计算收回资本成本的时间。这张桌球台是否值得投资？

拓展阅读

关于创业的概述：

Barrow, C, Brow, R. and Clarke, L. (2006) The Successful Entrepreneur, s Guildebook Kogan Page, London and Philadelphia.

关于商业计划的概述：

Stutely, R. (2002) The Definitive Business Plan, 2nd edition, Pearson Education, Harlow.

关于酒店和餐馆的例子：

Morrison, A, Rimmington, M. and Williams, C. (1999) Enterpreneurship in the Hospitality, Tourism and Leisure, Elsevier Butterworth—Heinemann, Oxford.

实 用 网 站

关于业务创新和技能的部门：

www. bis. gov. uk \ policies \ enterprise – and – business – support

关于业务连接，为企业作咨询服务：

www. businesslink. gov. uk

关于王子信托：

www. princes – trust, org. uk

责任编辑：李冉冉　付　蓉
责任印制：冯冬青
封面设计：中文天地

图书在版编目（CIP）数据

　　托克尔岑的运动与休闲管理／（英）泰勒编；徐茂
卫译. --北京：中国旅游出版社，2014.1
　　书名原文：Torkildsen's sport and leisure
management
　　ISBN 978 - 7 - 5032 - 4815 - 3

　　I. ①托… Ⅱ. ①泰… ②徐… Ⅲ. ①休闲娱乐 - 体
育运动 - 管理学 Ⅳ. ①G811.4 - 05

　　中国版本图书馆 CIP 数据核字（2013）第 237010 号

北京市版权局著作权合同登记号：01 - 2012 - 8292

Torkildsen's Sport and Leisure Management 6th Edition / by Peter Taylor ISBN：978 - 0 - 415 - 49793 - 0

Copyright@ 1983, 1986, 1992, 1999, 2005 George Torkildsen; 2011 selection and editorial material Peter Taylor, individual chapters the contributors
Authorized translation from English language edition published by Routledge Press, part of Taylor & Francis Group LLC；All rights reserved；本书原版由 Taylor & Francis 出版集团旗下，Routledge 出版公司出版，并经其授权翻译出版. 版权所有，侵权必究.

China Travel & Tourism Press is authorized to publish and distribute exclusively the Chinese (Simplified Characters) language edition. This edition is authorized for sale throughout Mainland of China. No part of the publication may be reproduced or distributed by any means, or stored in a database or retrieval system, without the prior written permission of the publisher. 本书中文简体翻译授权由中国旅游出版社独家出版并在限在中国大陆地区销售. 未经出版者书面许可，不得以任何方式复制或发行本书的任何部分.

Copies of this book sold without a Taylor & Francis sticker on the cover are unauthorized and illegal. 本书封面贴有 Taylor & Francis 公司防伪标签，无标签者不得销售.

书　　名：托克尔岑的运动与休闲管理

译　者：徐茂卫
出版发行：中国旅游出版社
　　　　　（北京建国门内大街甲 9 号　邮编：100005）
　　　　　http：//www.cttp.net.cn　E-mail：cttp@cnta.gov.cn
　　　　　发行部电话：010 - 85166503
经　　销：全国各地新华书店
印　　刷：三河市灵山红旗印刷厂
版　　次：2014 年 1 月第 1 版　2014 年 1 月第 1 次印刷
开　　本：720 毫米×970 毫米　1/16
印　　张：38
字　　数：694 千
定　　价：118 元
ISBN　978 - 7 - 5032 - 4815 - 3